논어강설

논어강설

李基東 譯解

성균관대학교 출판부

제4판 서문

『논어』라는 책은 2500여 년 동안 줄기차게 읽혀 온 지혜의 보고다. 『논어』는 사람의 바른 삶을 인도하는 가장 보편적인 진리를 담고 있다. 그러므로 사람들은 『논어』를 먼저 읽은 뒤에, 살면서 부딪치는 갖가지 문제들을 『논어』에 있는 내용을 기준으로 판단하고 결정하면 잘못될 일이 없다. 그런 면에서 『논어』의 내용은 영원히 변치 않는 삶의 기준이 된다.

『논어』에서 말하는 핵심사상은 인仁이다. 이 인은 한국인들의 옛 조상인 고대 동이족의 '따뜻한 마음'을 설명한 것이다. 그렇기 때문에 『논어』는 한국인들과는 밀접한 관계가 있다. 그런 의미에서 『논어』는 한국인에게 쉽게 다가오는 책이기도 하고, 매우 중요한 의미를 가진 책이기도 하다.

최근 중국에서 공자의 사상을 부각시키면서 동시에 『논어』 읽기가 붐을 일으키고 있다. 경제적인 면에서 중국의 역할을 감안할 때 앞으로 『논어』의 중요성 또한 커질 것이다.

그런데 『논어』는 2500여 년 전에 기록된 책이기 때문에 그 당시의 예법이나 당시의 인물을 평한 것 등이 다소 들어 있다. 이러한 부분들은 오늘날의 사람들에게 번잡하고 또 절실하지 않을 수도 있을 것이라 생각하여 상당 부분 삭제했다.

끝으로 『논어』는 인생을 설계하는 단계인 청소년 시절에 읽는 것이 효과적이라 생각하여, 청소년이 읽기에 편하도록 쉽고 평이하게 해설을 덧붙였다. 이 책을 읽는 독자들에게 많은 도움이 되기를 간절히 바라는 바이다.

2013년 가을

오륜동 우거에서 이기동

제3판 서문

『논어』의 말씀은 인생을 살아가는 데 가장 참고가 되는 철칙이고 진리다. 지나친 경쟁을 일삼다가 마음이 황폐해져 버린 현대인들에게는 더욱 귀중한 말씀으로 다가온다.

오늘날 현대인들에게 인仁을 찾아보기 어렵다. 옛날 인으로 살던 시대는 따뜻한 바람이 부는 훈훈한 시대였다. 길을 가던 길손이 잘 때가 되면, 남의 집에 들러 하룻밤 자고 가는 것이 예사였다. 그러나 오늘날은 이를 상상하기조차 어렵다. 옛 사람들이 보면 현대인들은 사람처럼 보이지 않을 것이다. 단군시대의 우리 조상들은 그런 사람들을 짐승으로 생각했다. 짐승처럼 사는 것은 불행한 것이고, 잘못된 것이다. 그러니 사람이 되지 않으면 안 된다. 사람이 되는 방법은 동굴에 들어가 마늘과 쑥을 먹으며 햇빛을 보지 않으면 된다고 했다. 물론 거기서 가만히 있으면 된다는 뜻은 아니다. 바로 거기서 인을 회복해야 한다.

오늘날 인을 회복하는 데 가장 요긴한 책 중 하나가 『논어』다. 많은 사람들이 방에 들어앉아서 그 방을 동굴로 생각하며 『논어』를 읽을 때, 비로소 사람다운 사람이 사는 훈훈한 사회가 도래할 것이다.

처음 『논어강설』을 내놓았을 때에는 한글 독음을 달지 않았다. 모르는 글자는 일일이 사전을 찾아가면서 읽어야 효과가 있다고 생각했다. 그러나 보다 많은 사람들이 읽기 위해서는 한글 독음이 붙어 있는 것이 좋겠다는 주문이 많았다. 그래서 이번에 다시 독음을 달았다.

우리 조상들은 온 세상 사람들이 모두 한마음으로 살아갈 때 실현되는 홍익인간을 염원했다. 그 한마음이 인이다. 이 『논어강설』의 간행이 많은 분들에게 한마음을 회복하는 계기가 될 수 있기를 기원해 본다.

2010년 12월

오륜동 우거에서 이기동

제2판 서문

일반인들이 읽을 수 있도록 쉽게 해설해 놓은 사서삼경이 시중에 없다는 사실을 알고 해설서를 쓰기 시작한 지가 벌써 10년이 훨씬 넘었다. 먼저 『대학·중용강설大學·中庸講說』을 출간했고, 다음으로 『논어강설論語講說』·『맹자강설孟子講說』·『주역강설周易講說』·『시경강설詩經講說』 등을 출간했다. 이제 『서경강설書經講說』을 남겨두었다. 천성이 게으른 탓도 있고 잡무에 쫓기어 시간을 충분히 내지 못했기 때문이기도 하다. 독자 여러분께 미안한 마음을 감출 수 없다.

이미 간행된 책들을 많은 독자가 애독해 주셨다. 참으로 고마운 일이다. 인쇄를 거듭하다 보니 가장 먼저 출간했던 『대학·중용강설大學·中庸講說』은 필름이 거의 망가진 상태에 이르렀다. 그래서 사서삼경을 완간하기 전에 부득이 '사서강설四書講說' 3권 모두 새판을 짜기로 했다. 판을 다시 짜면서 훑어보니 십수 년 전에 씌어진 것이라 내용이 미비한 것도 있고 잘못된 문장도 눈에 뜨인다. 부분적으로 수정하여 다시 내놓는다. 독자 여러분의 관심이 계속되기를 기대하는 바이다.

2005년 1월

오륜동 우거에서 역해자

초판 서문

대학 강단에서 동양고전을 강의하기 시작한 지 어언 7년의 세월이 흘렀다. 그간 시중에 나와 있는 동양고전의 번역본을 조사해 본 결과, 원문을 직역한 것이나 일본어로 된 번역본을 재번역한 것이 많고 원문을 직접 알기 쉽게 풀이한 해설서는 별로 눈에 띄지 않아 아쉬움이 많았다. 그리하여 누구라도 이해할 수 있는 쉬운 해설서를 직접 집필하기로 작정하고 강의시간에 사용한 강의록을 바탕으로 하여 자료를 모아 지난번에 『대학·중용강설大學·中庸講說』을 내놓았고 이번에 『논어강설論語講說』을 내놓게 되었다. 『대학大學』과 『중용中庸』은 『논어論語』, 『맹자孟子』 등을 읽기 위한 입문서이기도 하기 때문에 이러한 점을 감안하여 누구든지 쉽게 이해할 수 있도록 원문에 해석순서를 아라비아숫자로 붙였으나 『논어강설』에서는 번거로움을 피하기 위하여 생략하였다. 그 외 난해한 글자 또는 문법적 설명이 필요한 부분은 따로 설명을 하고, 원문을 직역한 것 외에 「강설」이란 대목을 따로 설정하여 내용을 알기 쉽게 풀이한 것은 『대학·중용강설』에 있어서와 마찬가지다. 원문의 장章의 분류는 주자朱子의 『논어집주論語集註』를 따랐다. 『논어집석論語集釋』(정수덕程樹德 찬撰, 중화서국中華書局 간刊), 『논어집주』(성백효成百曉 역주, 전통문화연구회傳統文化研究會 간刊), 『논어論語』(전석한문대계全釋漢文大系 I, 히라오카 타케오平岡武夫 역주, 일본 집영사集英社 간刊), 『사서율곡언해』 등을 참조하였음을 밝혀둔다.

나름대로는 심혈을 기울인 것이지만 처음 시도한 것이기 때문에 부족한 점이 있으리라 본다. 독자 여러분의 질정을 바라는 바이다.

1991년 가을

오륜동 우거에서 이기동

| 목 차 |

해설 - 1. 『논어』를 읽어야 하는 이유
2. 『논어』는 어떤 책인가?
3. 공자의 생애

1. 『논어』를 읽어야 하는 이유

2500여 년 전에 쓰인 『논어』를 오늘날 우리가 읽어야 하는 이유가 무엇일까? 모든 것이 변하기만 한다면, 『논어』에 기록되어 있는 내용들 중에 오늘날에 유용한 것은 하나도 남아 있지 않을 것이다. 그러나 아무리 세월이 흘러도 변하지 않는 것이 있다. 지상에 자라고 있는 나무는 바람의 방향에 따라 쉬지 않고 흔들리지만, 그 움직임이 가능한 것은 움직이지 않는 지하의 뿌리 때문이다. 사람의 삶도 그러하다. 사람의 삶의 모습이 아무리 바뀌어도 바뀌지 않는 마음이 있다. 그 마음을 가지고 살아야 삶이 안정을 찾을 수 있다. 『논어』는 바로 그러한 삶의 방식을 설명하고 있다. 『논어』를 읽어야 하는 이유가 여기에 있다. 지금의 세상은 유사 이래 보기 드물 정도로 다양하고 복잡하다. 그럴수록 『논어』읽기의 중요성은 그만큼 더 크다. 『논어』읽기의 중요성은 몇 가지로 요약할 수 없지만, 오늘날의 상황에서 볼 때 대략 다음과 같은 점들을 들 수 있을 것이다.

1) 시대의 흐름에 적응하기 위하여

역사의 흐름은 거대한 사이클을 가지고 흐른다. 역사의 흐름을 주도하는 두 견인차는 인간의 두 요소인 몸과 마음이다. 역사는 몸 중심의 가치관과 마음 중심의 가치관이 번갈아가면서 견인해 가는 거대한 사이클이다. 지금은 몸 중심의 가치관이 견인해 가고 있는 몸 중심시대이다. 지금이 물질주의 시대인 것은 몸이 물질이기 때문이고, 지금이 자본주의 시대인 것은 몸에 가장 필요한 것이 돈이기 때문이다. 몸을 중심으로 보면 사람은 각각 남남이기 때문에, 몸 중심시대에 사는 사람들은 무한경쟁을 하는 것이다. 물질의 발달은 경쟁보다 더 빠른 것이 없다. 지금 같은 물질주의 시대에는 경쟁에 능한 사람들이 선두에 선다. 그러한 사람들이 서구인이고 일본인이다. 그래서 지금은 서구인들과 일본인들이 선두에 서 있고, 그들 덕분에 물질이 풍부해졌다.

그러나 경쟁이 너무 심해진 결과 지금 사람들은 마음이 얼어붙었다. 지금은 사람들이 경쟁을 너무 하다가 친구가 없는 시대가 되었다. 친구도 경쟁자일 뿐이다. 그래서 지금의 사람들은 외로워졌다. 친구끼리도 경쟁자이기 때문에 나에게 좋은 일이 있으면 겉으로는 축하를 하지만 속으로는 배 아파한다. 나에게 나쁜 일이 있으면 겉으로는 위로를 하지만 속으로는 기뻐한다. 친구의 말도 잘 새겨보면 나를 저주하는 것 같기도 하다. 그래서 많은 사람들은 사람을 싫어하게 되었다. 많은 현대인들은 사람 대신 개와 노는 것을 좋아한다. 사람이 개보다 못한 시대가 된 것이다. 그러면서 사람에 대한 사랑이 사라지고 있다. 현대인은 말들을 한다. '행복이란 남의 불행을 보는 것'이라고, 그리고 '불행이란 남의 행복을 보는 것'이라고. 이러한 마음으로 경영이 제대로 될 수 없다. 오늘날 미국에서 출발한 금융위기의 근본 이유는 여기에서 비롯된 것이다. 남이야 불행하든 말든 나의 이익만 챙기면 되는 것이니까.

사람들은 친구를 사귀거나 연애를 할 때도 경쟁적이다. 조금이라도 더 유리한 상대를 구한다. A라는 친구를 사귀다가도 B라는 친구를 사귀는 것이 더 유리하다면 서슴지 않고 A를 버리고 B와 사귄다. 이는 기업과 기업, 국가와 국가 간에도 예외가 아니다. 또 A라는 애인과 사귀다가도 B라는 애인과 사귀는 것이 유리해지면 서슴지 않고 A와 B를 바꾼다. 그렇기 때문에 사람들은 연애를 하고 있어도 외롭다. 나도 그를 바꿀 수 있지만, 그도 나를 바꿀 수 있기 때문이다. 이 외롭고 불안한 마음은 결혼을 해도 없어지지 않는다.

그런데 한국인들은 예로부터 정情이 많고 마음이 따뜻했다. 그 따뜻한 마음이 아직도 남아 있어, 한국의 영화나 드라마에 나타난다. 그러므로 현내의 외로운 사람들은 한국의 드라마나 영화를 보면 위로를 받는다. 어떤 외국의 자폐증 환자는 〈대장금〉을 일흔 번 본 뒤에 병이 나았다고 한다. 이러한 것이 오늘날 한류 붐을 일으키고 있는 근본 이유이다.

한류 붐이 일어나고 있는 현상은, 몸 중심의 시대가 가고 마음 중심의 시대가 온다는 신호탄이다. 이제 역사의 사이클에서 방향이 바뀌기 시작했다. 이 변화의 시기는 혼란기다. 혼란기는 위기이기도 하지만, 잘 대응하면 기회가 되기도 한다. 마음의 시대로 바뀌면 사람의 가치관도 마음 중심으로 바뀌고 삶의 방식도 마음 중심으로 바뀐다. 새로운 시대가 되면, 미리 마음을 챙긴 사람은 살아남지만 그렇지 못한 사람은 도태된다.

한국인은 예로부터 끊임없이 마음을 중시해 온 사람들이다. 한국인들은 사람을 꾸짖을 때, '네가 사람인가?' '제발 사람 좀 되라.'고 하기도 한다. 이는 몸을 두고 하는 말이 아니다. 마음이 사람의 마음을 가지고 있지 않다는 꾸짖음이다. 사람의 마음을 가지고 있지 않으면 짐승이다. 사람이 짐승처럼 살 수는 없다. 그래서 마늘과 쑥을 먹으며 햇빛을 보지 않고 동굴에 들어가 사람의 마음을 찾아서 나오는 숙제를 했다. 곰이 동굴에 들어갔다가 사람이 되는 것은 아니다. 곰이란 진짜 곰이 아니라 곰같이 되어버린 사람을 말한다.

한국인은 긴 역사 속에서 끊임없이 마음을 챙겨온 사람들이고, 마음을 챙기는 뛰어난 능력을 가진 사람들이다. 그렇기 때문에 마음의 시대가 되면 세상의 선두에 서서 시대를 이끌어갈 것이다. 따라서 마음 중심시대에서의 성공비결은 한국에 있을 것이다. 세계적인 경영학자가 되는 비결은 외국의 일류대학에서 공부하는 데 있는 것이 아니라, 경주 최부자의 경영원리를 연구하는 데 있을 것이고, 세계적인 정치학자가 되는 비결 또한 세종대왕의 정치철학을 연구하는 데 있을 것이며, 세계적인 교육학자가 되는 비결도 퇴계 선생의 교육철학을 공부하는 데 있을 것이다. 그러므로 앞으로는 한국과 한국인의 정서를 연구하고 한국인의 장점을 찾아내어, 그것을 부활시키는 것이 매우 중요한 과제가 될 것이다.

한국인의 마음에 깔려 있는 핵심적인 정서는 '너=나'라고 하는 정서이다. '너=나'이기 때문에 '너'도 아니고 '나'도 아닌 '우리'로 바뀐다.

한국인들은 이런 말을 한다. "친구야 우리 집에 가자. 우리 마누라가 너 온다고 밥 해놓고 기다린다." 이 말을 외국어로 번역하면 심각한 오해를 살 것이다. 그러나 한국인들은 곧잘 이런 식의 표현을 한다. 이는 한국인의 마음속에 '너=나'라는 등식이 들어 있기 때문이다.

이러한 한국인에게 나타나는 특징 중의 하나는 나누기를 잘못한다는 것이다. 몇 사람이 식당에서 밥을 먹고 나갈 때 먼저 나가는 사람이 전체의 밥값에서 자기의 몫을 나누어 내면 그는 좀 이상한 사람 취급을 받게 된다. 전체의 밥값을 다 내고 나가든지 그것이 싫다면 신발을 천천히 신는 것이 좋다. 어쩔 수 없이 나누어서 내야 하는 상황이라면 미리 걷어서 한 사람이 내는 형태를 취하곤 한다. 걷을 때도 정확하게 나누기하는 것이 아니다. 대충 나누기하여 더 내는 사람도 있고 덜 내는 사람도 있다.

한국인들은 함께 식사를 한 뒤에도 바로 나누어지지 못하고 차를 한잔 마시자고 한다. 술집에 가서 술을 마신 뒤에도 나누어지지 못하고 2차를 가고 3차를 간다. 그러다가 급기야 '우리 집에 가서 한잔 더하자'라는 형태로 진전되기도 한다.

이러한 한국인의 정서에서는 많은 장점이 나타난다. 그중에서 중요한 것은 한국인은 정이 많고 마음이 따뜻하다는 것이다. '너=나'이기 때문에, 너의 고통이 나의 고통이고, 너의 슬픔이 나의 슬픔이다. 네가 아프면 나도 아프고 네가 울면 나도 운다. 초상집에 달려가 함께 슬퍼하며 밤을 지세우기도 한다. 친구가 어려운 지경에 빠지면 자기의 일은 제쳐두고 나선다. 한국인의 마음이 따뜻한 까닭은 여기에 있다. 마음이 따뜻한 한국인에게는 남의 의견이 자기의 의견처럼 귀하게 들린다. 그래서 늘 남의 의견을 경청하고 인정한다. 남의 말을 경청하고 남을 나처럼 인정하면, 주위의 사람들은 활기가 넘치고 신바람이 난다. 한국인은 신바람이 나면 무슨 일이든 해낸다. 열두 척의 배를 가지고 수백 척의 적군들을 무찌르기도 한다. 세계에서 가장 좋은 글자도 잠깐이면 만들 수 있다. 이런 기적들은 남의 말을 경청하고 남을 인정하는 데서 나온다. 물론 그것은 따뜻한 마음을 가지고 있을 때만 가능하다. 그런데 한국인의 따뜻한 마음은 한국인들이 오랫동안 방치했기 때문에 알기 어렵다. 다행히 고맙게도 그것을 잘 정리해 놓은 사람이 있고, 그 정리한 내용도 남아 있다. 공자와 공자의 인仁사상이 바로 그것이다. 『논어』를 읽으면 그것을 알 수 있고 터득할 수 있다. 오늘날 『논어』를 읽어야 하는 이유가 여기에 있다.

2) 한국의 발전을 위하여

한국의 정치가 시행착오를 거듭하고 교육이 제대로 되지 않는 것은 어제 오늘의 일만이 아니라 근래에 들어 계속되는 현상이다. 국민들은 이제 정치인들에게 실망을 하는 정도를 넘어 싫증을 내는 지경에 이르렀다. 왜 이런 현상이 일어나는 것일까? 정치인들이나 교육을 담당하는 사람들의 학력이나 교양이 모자라서 그런 것도 아니다. 그들 중에는 명문대학 졸업생들이 즐비한데도 조금도 개선되지 않는다. 그렇다면 구조적인 어떤 문제가 있는 것은 아닐까? 그 근본 원인은 무엇일까?

우리 집의 자녀교육은 평화적이었다. 아이가 친구에게 얻어맞아 울며 들어오면, "친구와 놀다가 보면 그럴 수도 있으니, 용서하고 다시 잘 사귀어라."고 타이른다. 그런데 옆집은 다르다. 아이가 친구에게 얻어맞아 울며 들어오면, "야! 이 머저리 같은 놈아, 너는 손이 없느냐?" 하고 야단을 치며 집에서 쫓아낸다. 이렇게 되면 얻어맞는 것은 늘 우리 집 아이다. 그러다가 어느 날 우리 집 아이가 자각을 한다. "우리 부모의 교육이 나빴다." 이렇게 자각을 한 아이는 부모에게 등을 돌린다. 그리고 정치·교육 등을 위시한 삶의 방법 전체를 옆집 부모의 것을 따른다.

개화 이래 100여 년 간 우리가 취한 방법이 바로 이런 것이었다. 우리는 우리 조상들이 하던 것을 다 나쁜 것으로 여겼다. 정치나 교육만이 아니다. 생활방식이나 가치관 전반에 걸쳐 다 좋지 않다고 생각했다. 그래서 우리의 것을 버리고 서구의 것을 따르기에 급급했다. 사회 전반에 걸쳐 시행하고 있는 우리의 제도는 서구의 제도다. 우리의 법 또한 서구의 법이다. 우리는 어릴 때부터 서구의 학문을 배웠고, 서구의 음악을 배웠으며, 서구의 미술을 배웠다. 결혼식이나 장례식 등도 서구의 것으로 교체했다. 100여 년 간 우리는 민족개조론의 선상에서 살아왔다. 그러나 아직까지도 민족이 개조되지는 않았다. 완전히 서구처럼 되지도 않으면서 우리의 것을 잃어버려 우왕좌왕하는 것이 우리의 현실이다. 한단邯鄲 사람의 걸음걸이를 배우러 간 시골 청년이 바로 오늘날 우리의 자화상이다.

『장자』라는 책에 다음과 같은 한단학보邯鄲學步의 고사가 소개되어 있다. 옛날 중국 전국시대의 일이다. 연나라의 시골 청년이 유행의 첨단을 걷던 조나라의 서울 한단邯鄲에 가서 한단 사람의 걸음걸이를 배우려 했으나 제대로 배우지도 못하고 오히려 자기의 걸음걸이를 잊어버려 기어서 돌아갔다고 한다.

물론 우리가 조선시대의 것으로 돌아갈 수는 없다. 또 돌아가서도 안 된다. 가장 바람직한 것은 우리의 것을 상황에 맞게 계승하여 발전시키는 것이다. 우리는 일제에 의해 36년이라는 단절의 시간이 있었다. 이 단절을 우리는 극복하지 못했다. 지금이라도 우리의 사상, 우리의 정서, 우리의 체질을 찾아내어 거기에 바탕을 둔 방식들을 재정립하지 않으면 안 된다.

한동안 우리는 우리의 것을 찾기 위해 우리의 무속이나 탈춤을 연구하기도 하고 민속이나 민간신앙을 연구하기도 했다. 그러나 이것으로는 부족하다. 우리의 사상 그 자체를 이해하는 것이 가장 중요하다. 우리의 사상이나 정서를 잘 이해할 수 있는 대표적인 서적 중의 하나가 『논어』다. 이러한 의미에서 『논어』읽기는 중요하다.

3) 중국 및 일본과의 원만한 교류를 위하여

최근에 들어 세계의 역학구도가 많이 바뀌었다. 지구상의 무게중심이 유럽에서 미국으로 이동했다가, 최근에는 중국을 위시한 동아시아로 바뀌고 있다. 가장 주목할 것은 역시 중국의 급부상이다. 중국인들에게는 예로부터 중화사상이라는 특이한 것이 있다. 중화사상은 중국이 중심이 되어야 한다는 사상이고, 중국이 일등을 하지 않으면 안 된다는 사상이나. 그런데 지금 중국은 세계의 중심도 아니고 일등도 아니다. 미국에게 그 자리를 내어주고 있다. 그래서 지금의 중국인은 몹시 불편하다. 중국인의 안중에는 언제나 미국이 있다. 미국을 넘어가는 것이 아마 지상목표일 것이다.

중국인들은 시장경제를 받아들여 급격하게 경제발전을 했다. 그러나 중국의 경제가 미국을 따라잡는 데 가장 큰 걸림돌은 정치체제다. 공산주의 정치체제를 가지고는 경제발전에 한계가 있다. 공산주의 정치체제하에서는 무한경쟁을 할 수 없다. 그렇다고 중국이 자유민주주의를 받아들이지는 않을 것이다. 중국인들이 가장 싫어하는 것 중의 하나는 소수민족의 독립이다. 티베트·신장·내몽고 등이 독립을 하면 미국을 대항하기에 어렵다고 판단한다. 오늘날 중국의 소수민족들이 독립하지 못하는 가장 큰 원인은 바로 중국의 중화사상 때문이다.

중국은 오늘날 딜레마에 빠졌다. 공산주의 정치체제를 유지할 수도 없고 버릴 수도 없는 상황에 부딪혔다. 중국인들은 외래의 사상이나 제도 때문에 문제가 생겼을 때, 그것을 해결하는 노하우가 있다. 과거 당나라 말기, 불교 때문에 심각한 문제가 생겼을 때 그것을 해결한 것은 전통이었다. 중국의 전통인 유학을 가지고 극복했다. 물론 그 유학은 과거의 유학 그 자체가 아니었다. 그것은 새로운 체제로 부흥시킨 새로운 유학이었다. 훗날 그것을 신유학·주자학·성리학·송학 등으로 부른다.

오늘날 중국인들이 구상하고 있는 것도 또한 이러한 방식일 것이다. 공산주의 정치체제를 대신하는 새로운 정치체제는 유학사상을 토대로 만들어질 가능성이 크다. 그러나 지금 당장 유학적 정치체제로 갈 수는 없다. 문화혁명을 거치면서 계속 공자를 비판해 왔기 때문에 중국인들의 의식 속에는 공자의 부정적 이미지가 강하게 남아 있다. 먼저 이를 개선하여 사람들이 유학에 대해 긍정적인 이미지를 갖게 한 뒤에라야 가능하다. 그래서 중국에서는 지금 중·고등학교에서 『논어』를 가르치며 암송시키고 있다. 또 천안문 광장에 거대한 공자의 동상을 세우기도 했다. 이런 일들은 유학사상에 대한 사람들의 이미지를 긍정적인 것으로 바꾸기 위한 것이다. 이러한 과정을 거치면서 중국에서는 유학사상이 부각되고 『논어』읽기가 일반화될 것이다.

우리는 이 점을 놓치지 않아야 한다. 지금 중국의 역사는 마음을 중시하는 시대와 힘을 중시하는 시대가 교차한다. 마음을 중시하는 시대는 종교가 발달하고 평화를 애호한다. 그러나 힘을 중시하는 시대는 물질과학이 발달하고 팽창주의 정책을 펼친다. 지금의 중국은 중국역사 속에서 볼 때, 힘을 중시하는 시대에 진입해 있다. 그렇기 때문에 지금의 중국은 힘으로 이웃 나라들을 압박한다. 이 경우 우리들은 상당히 힘들어진다. 이 어려운 국면을 극복할 수 있는 아주 좋은 방법 중의 하나가 바로 『논어』를 활용하는 것이다. 중국인을 만나면, 중국의 긴 역사와 문화를 찬양하면서 중국과 중국인에 대한 존경심을 표하는 것이 좋다. 그런 뒤에 중국을 좋아하는 가장 중요한 이유로서 『논어』 같은 좋은 책이 중국인의 손에서 나왔다는 것을 강조하고, 그 내용 중에 힘을 중시하거나 힘을 자랑하는 것은 군자의 도리가 아니라는 대목을 찾아내어 들려주면 좋을 것이다. 그러면 중국인 스스로가 마음의 문을 열 것이다. 그리고 방명록에 방명을 할 때에도 『논어』에 나오는 구절을 붓으로 쓰면 아주 효과가 클 것이다. 중국과의 외교문서에도 『논어』에 나오는 문구를 활용하는 것이 좋을 것이다.

이러한 장점들을 살리기 위해서는 평소에 『논어』에 나오는 문장 몇 구절과 자기의 이름을 붓으로 쓸 수 있도록 연습을 해두는 것이 중요하다.

『논어』를 활용하는 것은 일본과 외교나 교류를 할 때에도 매우 유용할 것이다. 뿐만 아니라 온 세계의 다른 나라들과 교류를 하는 데 있어서도 『논어』의 정신은 매우 유용할 것이다.

4) 올바른 삶을 위하여

사람들은 다 똑같지가 않다. 바둑이나 태권도를 하는 사람들에게 급이나 단과 같은 단계가 있듯이 사람의 품격에도 보이지 않는 등급이 있다. 등급이 높은 사람은 품위가 있지만 등급이 낮은 사람은 유치하다. 등급이 낮은 사람은 매력이 없기 때문에 인간관계를 원만하게 유지하기 어렵다. 사람의 성공은 지식보다는 품격이 좌우한다. 품격이 높은 사람은 매력이 있기 때문에 사람들이 호의적으로 대한다. 바둑의 급수를 빨리 높이는 제일 좋은 방법은 바둑 급수가 제일 높은 사람에게 배우는 것이다. 사람의 품격도 마찬가지다. 품격을 빨리 높이는 제일 좋은 방법은 품격이 가장 높은 사람에게 배우는 것이다. 이런 의미에서도 『논어』읽기는 중요하다.

『논어』읽기의 중요성은 또 있다. 세상에는 사기꾼도 많고 거짓말쟁이도 많다. 그런 사람들을 알아보지 못하면 속기도 하고 사기를 당하기도 한다. 그래서는 세상살이를 제대로 할 수 없다. 세상을 사는 데 무엇보다도 중요한 것은 사람을 알아볼 줄 아는 것이다.

사기꾼의 사기나 거짓말쟁이의 거짓말은 시간이 지나면 탄로가 난다. 얄팍한 것은 금방 드러나지만 지식이나 사상으로 사기를 친 것은 상당한 시간이 지난 뒤에 드러난다. 그러므로 어떤 사람의 진위를 판단하는 것은 시간이 흐르면 확인되겠지만, 투표를 해야 하거나 계약을 해야 하는 경우처럼 빨리 판단해야 하는 경우에는 문제가 생긴다. 이런 경우 제일 좋은 방법은 『논어』에 나오는 내용과 견주어보는 것이다. 어떤 사람의 행동이나 말의 진위를 판단하는 좋은 방법은 그와 유사한 것을 『논어』에서 찾아 비교해 보는 것이다. 『논어』에 있는 내용과 일치하면 참된 것이고, 그렇지 않으면 거짓이다. 『논어』는 진실한 내용을 담고 있다. 그 내용은 2500년을 지나면서 검정이 된 것이다. 시대에 따라서 비판을 받은 때도 있지만, 그런 것은 시간이 지난 뒤에 바로 회복된다.

사람은 제일 먼저 받아들인 것에 제일 많은 영향을 받는다. 음식의 맛이나 취미 등도 어릴 때 먼저 접한 것일수록 영향을 많이 받는다. 잘못된 지식이나 사상도 그것을 제일 먼저 받아들이면 그것을 기준으로 판단하기 때문에 옳은 것을 그르게 보고 그른 것을 옳게 보게 된다. 사이비 종교에 빠져 불행하게 되는 사람도 그것을 먼저 받아들였기 때문이다. 그러므로 사람의 사상이나 가치관 등을 바르게 확립하는 제일 좋은 방법은 다른 책을 읽기 전에 『논어』를 먼저 읽는 것이다.

5) '나' 개인의 행복을 위하여

『논어』읽기의 제일 중요한 이유는 바로 나의 행복 때문이다. 이 세상에서 제일 중요한 것은 '나'다. '나'보다 더 중요한 것은 없다. 한국이 중요한 것은 내가 한국인이기 때문이고, 지구가 중요한 것은 내가 지구에 살고 있기 때문이다. 이런 점에서 볼 때 어떤 것을 위해서 나를 희생하도록 권유하는 사람이나 이론이 있다면, 그것은 잘못이다.

이 세상에서 제일 중요한 것이 '나'이기 때문에 나는 행복해야 한다. 내가 행복해지는 것보다 더 중요한 것은 어디에도 없다. 내가 행복해지는 것, 그것을 위해 우리는 『논어』를 읽어야 한다. 공자의 핵심사상은 인仁이다. 공자가 말하는 행복은 분명하다. 인을 얻으면 행복하고 인을 얻지 못하면 불행하다. 인은 모든 사람이 공통으로 가지고 있는 한마음이다. 그 한마음은 본심·양심·천심 등으로 표현되기도 한다. 그렇다면 한마음이란 무엇일까?

하나의 나무를 열 토막으로 잘라 꺾꽂이를 했다고 가정해 보자. 지금 자라고 있는 나무는 열 그루이다. 이 경우 두 가지의 판단법이 나온다. 원래의 한 나무를 안다면 열 그루가 아니라 하나다. 하나로 보는 것이 본질이다. 그러나 한 나무였던 것을 망각했다면 자라는 것은 분명 열 그루의 나무이다. 나무는 원래 한 그루였기 때문에 하나로 보는 것이 진실이다. 열 그루로만 보는 것은 본질을 망각한 데서 오는 가상이다. 그것은 진실이 아니다. 사람도 이와 다르지 않다. 부모라는 존재를 안다면, 형제는 부모의 세포를 공통으로 나누어 가진 자이기 때문이 남남이 아니다. 형제가 남남이 아니면 사촌도 남남이 아니고 육촌도 남남이 아니다. 이렇게 확산하면 모든 사람은 남남이 아니다. 사람뿐 아니라 동물들이나 식물들까지도 모두 하나다. 심지어는 아메바까지도 사람과 하나다. 실지로 아메바의 유전자도 사람의 유전자와 거의 같다. 이를 도식으로 그리면 다음과 같이 된다.

(진실한 세계) 모두가 하나 — 서로 사랑 — 영생하는 삶 — 행복한 삶 — 군자

(가상의 세계) 각각 남남 — 각각 경쟁 — 늙고 죽는 삶 — 불행한 삶 — 소인

모두가 하나인 줄 아는 사람은 진실한 세계에 사는 사람이다. 그런 사람은 서로 사랑한다. 그 사랑하는 마음은 모두가 다 같이 가지고 있는 한마음이다. 공자가 말하는 인仁은 이 한마음을 말한다. 한마음으로 사는 사람은 자기 몸이 죽어도 죽는 것으로 여기지 않는다. 한마음은 영원한 마음이고 무한한 마음이기 때문에 무한히 크고 영원하다. 그러므로 한마음을 가지고 사는 사람은 영생한다. 그런 사람이 행복한 사람이고 군자다. 이와 반대로 각각 남남인 줄 아는 사람은 가상세계에 사는 사람이다. 그런 사람은 진실한 사랑을 할 수 없다. 그런 사람은 늘 남과 경쟁하는 삶을 산다. 그런 사람은 몸에 구속된 사람이다. 그런 사람은 늙고 죽는다. 그런 사람은 불행한 사람이고 소인이다. 이 세상의 가르침들은 가상세계에 국한된 것이 많다. 가상세계에서 느끼는 행복은 진실한 행복이 아니라 착각이다. 『논어』는 그런 행복을 가르치는 것이 아니라 참된 행복을 가르친다. 『논어』읽기가 중요한 이유는 여기에 있다.

2. 『논어』는 어떤 책인가?

『논어』는 공자孔子(BC 511~BC 479)의 어록語錄이 담긴 성경聖經이다. 내용은 대략 다음과 같이 구성되어 있다. ① 공자의 말, ② 공자와 제자 사이의 대화, ③ 공자와 당시 사람과의 대화, ④ 제자들의 말, ⑤ 제자들끼리의 대화 등이다. 이 중에서도 공자의 말씀이 대부분을 차지하고 있으며 제자들끼리의 대화나 제자들의 말도 대개는 공자의 말씀을 부연 설명하는 내용이다. 『논어』는 공자 당시에는 없었다. 공자께서 돌아가신 뒤에 문인門人들이 공자에게 들은 말씀 등을 모아 논찬論纂하였으므로 『논어』라 부른 것이다.

『논어』는 모두 20편으로 나누어져 있다. 그리고 각 편의 이름은 모두 그 편 첫머리의 첫 구절 맨 위의 글자를 딴 것이다. 예컨대 첫 편인 학이편學而篇은 첫 구절 맨 위의 글자가 '학이學而'로 시작하기 때문에 그 두 글자를 따서 편명으로 삼은 것이다.

『논어』의 내용은 정치·경제·교육·예술·시·철학·종교 등에 다양하게 걸쳐 있는데, 그것들은 사람들의 삶의 기준이 되고 지침이 되는 것들이다. 그러므로 동양에서 정치·경제·교육·예술·시·철학·종교 등의 정의를 내릴 때 대부분 『논어』에서 근거를 찾는다. 『논어』에서 진리에 이르는 수단으로 제시하고 있는 것은 학문이다. 학문을 통한 방법은, 믿음을 통해 진리에 이르는 기독교의 방식이나, 깨달음을 통해 진리에 이르는 불교의 방식보다 복잡하고 또 시간이 많이 걸리는 단점이 있지만, 그 반대로 확실하게 진리에 도달할 수 있는 장점이 있다. 이러한 장점 때문에 『논어』는 학문의 대상으로 끊임없이 연구되고 읽혀졌다.

『논어』는 모든 경전 가운데에서 가장 많이 연구되었는데, 현전하는 가장 오랜 주석은 위魏나라 하안何晏 등이 쓴 『논어집해論語集解』이다. 이 『논어집해』 이래로 수많은 주석서가 나왔으며 가장 유명한 것은 송나라 주희가 쓴 『논어집주論語集註』이다. 주희는 불교와 노장사상을 섭렵한 상태에서 과거의 유학을 새롭게 해석했는데, 그 새로운 유학을 과거의 유학과 구별하여 주자학이라고 부른다. 주자학은 주희가 완성했다는 뜻으로 불리는 이름이다. 이 외에도 송대에 완성했다는 뜻에서 송학, 정이와 주희가 완성했다는 뜻에서 정주학, 성性과 리理가 중심 개념이라는 뜻에서 성리학, 그 중에서도 리理가 중심 개념이란 뜻에서 리학理學, 성인이 되기 위한 학문이란 뜻에서 성학聖學, 새로운 유학이란 뜻에서 신유학 등으로 불리기도 한다. 주자학이 등장하면서 유학이 크게 유행하게 되었고, 『논어』도 따라서 크게 읽혀지게 되었다.

우리나라에서는 일찍이 『논어』를 들여와 학자의 필독서로서 널리 보급하였다. 고구려에서는 소수림왕 2년(372)에 태학을 설립했다는 기록이 있는데, 태학에서의 교과서는 당연히 『논어』가 으뜸이었을 것이다. 신라에서는 실총薛聰이 방언方言으로 구경九經을 읽었다는 기록이 있는데, 이 구경에 『논어』가 포함된다. 그 뒤 신문왕 2년(682)에 예부禮部 소속으로 국학國學을 설치하였는데, 국학에서 가장 중요한 교과서로 유가의 여러 경전과 함께 『논어』가 채택되었다. 백제 때에는 일본에 『논어』와 『천자문千字文』 등을 전했으며, 왕인王人 박사가 건너가 일본 태자에게 여러 가지 경전을 가르쳤다. 고려시대는 건국 이래 국세가 안정되면서 『논어』가 널리 보급되어 읽혀졌다.

우리나라에 『논어』읽기가 크게 유행하게 된 것은 고려 충렬왕 때 안향安珦이 주자학을 도입하여 육경六經과 『논어』를 위주로 학문을 일으킨 데서 비롯된다. 고려 말기에 주자학이 유행하기 시작한 뒤로 『논어』는 가장 중요한 유교경전으로 인식되어 널리 읽히게 되었다. 조선시대에는 고려시대 말기에 들어온 주자학을 그대로 계승·발전시켰으므로 『논어』는 계속 중시되었다. 조선시대의 국립대학인 성균관에서의 교육 과목은 사서四書 즉, 『논어』·『맹자』·『대학』·『중용』과 삼경三經 즉, 『시경』·『서경』·『주역』이 중심이었는데, 이 중에서도 『논어』의 비중은 단연 으뜸이었다. 그 결과 우리나라에서는 임금과 태자로부터 모든 지식인들에 이르기까지 꼭 읽어야 할 필독서로 자리를 잡았다. 퇴계 이황李滉 선생은 선조 3년(1570)에 『삼경사서석의三經四書釋義』를 지었고, 율곡 이이李珥 선생은 『논어율곡언해論語栗谷諺解』 네 권을 저술했다. 이외에도 많은 연구자들이 수

많은 『논어』 연구와 주석서를 내었고, 현재 한글로 연구되거나 번역된 『논어』만 해도 백 종이 훨씬 넘는다.

일본의 유학은 후지와라세이카(藤原惺窩)가 임진왜란 때 포로로 잡혀간 강항姜沆 선생에게 유학을 배우면서 본격화되었다. 그 뒤 유학은 계속 연구되었는데, 그중에서 『논어』 연구가 중심이 되었다. 이토진사이(伊藤仁齋)의 『논어고의論語古義』, 오규소라이(荻生徂徠)의 『논어징論語徵』 등은 특히 유명하다. 일본의 유학은 계속 발전하여 에도시대에는 매우 번성하였으나 명치유신을 맞으면서 쇠퇴하였다. 지금에 와서는 학자들에 의해 주로 연구되는 정도이고 일반인들의 삶에는 크게 영향을 끼치고 있지 않다.

유럽에 『논어』가 처음 알려진 것은 16세기 말엽 스페인 사람 멘도사(J. G. de Mendoca)가 『중국대제국사(Historia del Gran Reyno dela Chinas. Roma, 1585)』에서 공자와 『논어』를 소개하면서부터이다. 최초의 완전한 번역은 1687년 쿠플레(Philipp Couplee, 중국명 柏應理)와 인토르케타(Prospero Intorcetta, 중국명 殷鐸澤)·헤르트리쉬(Christiani Herdricht)·루쥐몽(Francisci Rougemont) 네 사람이 『대학』·『중용』·『논어』의 라틴어역에다 『공자전』까지 붙여 『중국의 철인 공자(Confucius Sinarum Philosophus)』란 책을 낸 것이 그것이었다. 이후에도 『논어』와 공자, 혹은 사서·오경 등이 계속 번역 소개되었지만, 본격적인 중국고전의 번역은 1839년 선교사로서 중국에 왔던 제임스 레게(James Legge, 중국명 理雅各)의 사서 및 『시경』·『서경』·『춘추좌씨전』의 번역이었다. 이것은 이후 서양의 중국학 발전에 크게 공헌하였다. 1885년에는 프랑스인 선교사 쿠브뢰르(S. Couvreur)가 사서를 번역했는데 이것은 중국고전의 유럽어 번역 중 뛰어난 것의 하나라고 일컫는다. 근세에 들어와서는 1938년 영국인 웨일리(Arthur Waley)의 『논어』 번역이 심도 있는 번역으로 알려져 있다.

3. 공자의 생애

공자孔子(BC 551~BC 479)는 유교儒敎의 개조開祖로서 세계 4대 성인聖人 중의 한 사람으로 일컬어진다. 그는 중국 춘추시대春秋時代에 활약했던 대사상가大思想家이고 교육자이다. 공孔은 성이고, 자子는 남자의 미칭美稱으로 '선생'이란 뜻이며, 이름은 구丘, 자는 중니仲尼이다. 노魯나라 창평향昌平鄕 추읍鄹邑(지금의 山東省 曲阜縣 남쪽 鄒縣) 출신이다. 탄생 연도에 대해서는 BC 551년(周 왕실 靈王 21년, 魯 襄公 22년)이라는 설(司馬遷의 『史記』「孔子世家」)과, BC 552년이라는 설(『春秋公羊傳』·『春秋穀梁傳』)이 있다. 아버지는 숙량흘叔梁紇, 어머니는 안징재顔徵在이다. 숙량흘이 60세가 넘어 젊은 안징재와의 사이에서 공자를 낳았다고 한다. 안징재는 공자를 낳기 위해서 니구산尼丘山에서 기도를 드렸다 하는데, 공자의 이름이 구丘이고 자가 중니仲尼인 것도 니구산과의 관계에서 온 것이라 한다. 혹은 나면서부터 머리 꼭대기 가운데가 움푹 들어가 언덕처럼 생겼으므로 이름을 구丘라고 했다고도 한다(『史記』).

공자의 조상은 망한 은殷나라의 왕족이었다. 은나라가 망하고 그 왕족이 봉해진 나라가 송나라였는데, 송나라 제6대 왕 양공희煬公熙의 아들 불보하弗父何가 공자의 조상이다. 그 뒤 이름난 조상으로는 송나라의 10대 대공戴公에서 무공武公·선공宣公에 걸쳐 임금을 보좌한 재상 정고보正考父가 있었다. 정고보의 아들 공보가孔父嘉가 송나라의 정쟁政爭에 휘말려 살해되자(BC 710), 그의 아들 자목금보子木金父는 송나라를 떠나 노나라로 옮겨와 살게 되었다. 공자의 성인 '공'은 공보가의 '공'에서 유래한다. 자목금보의 고손자高孫子가 공자의 아버지 숙량흘이다. 숙량흘은 키가 크고 힘이 센 장군이었다. 『춘추좌씨전』에는 숙량흘이 전쟁에 나가 무공을 세웠다는 기록이 두 군데(襄公 10, 17년) 나온다. 공자도 용모나 몸집이 보통 사람과는 달랐다고 한다.

1) 청소년기

공자의 가계는 훌륭했으나 공자가 태어났을 당시 공자의 집안은 가난하고 보잘 것이 없었다. 공자의 아버지 숙량흘에게는 공자의 어머니 외에 본래의 부인이 있었고, 그 본부인 사이에서도 아들이 있었다. 그렇기 때문에 공자는 본가에서도 환대를 받지 못했다. 마을에서는 따돌림을 당하기도 했다. 더욱이 공자가 세 살 되던 해(BC 549)에 아버지가 돌아가셨으므로 그 뒤로는 매우 어렵게 살았다. 너무도 가난한 나머지 어려서부터 일터에 나가 온갖 일들을 했다. 그렇게 어렵게 성장한 공자는 사춘기에 접어들어 학문에 눈을 뜨기 시작했다. 좌절은 학문의 길로 들어서기 위한 밑거름이다. 순탄하기만 한 사람은 평생을 순탄하게 살다가 인생의 마지막 길에서 크게 좌절하는 경우가 많다. 그러나 일찍 좌절한 경험이 있는 사람은 인생의 의미를 생각하곤 한다. 그러다가 참된 인생길을 찾기 위해 큰 뜻을 세운다. 그렇기 때문에 좌절이란 바르고 참된 길을 찾기 위한 밑거름이 되는 것이다.

공자는 15세 때 학문에 뜻을 두었다. 많은 사람들은 남과의 경쟁에서 이기기 위해 온갖 노력을 기울인다. 마치 경쟁에서 이기는 것이 인생의 목적인 것처럼 되어버린다. 그러나 아무리 남에게 이긴다 하더라도 결국은 죽음이라는 거대한 함정 속으로 들어감으로써 인생을 마감한다. 일단 죽음이라는 함정에 들어가고 나면, 이긴 자나 진 자나 차이가 없다. 그것을 모르는 채 사람들은 눈앞의 경쟁에서 이기는 데 최선을 다한다. 공자는 이를 알았다. 많은 사람들이 자기가 지혜롭다고 뽐내지만, 그것은 참으로 지혜로운 것이 아니라는 것을 알았다. 참으로 지혜로운 것은 죽음이라는 거대한 함정에 빠지지 않는 것이다. 공자는 그 길을 택했다. 그것이 학문의 길이었다.

학문의 길에 들어선 공자도 취직을 하지 않을 수는 없었다. 어머니를 봉양해야만 했고 결혼도 해야 했다. 공자는 19세 때(BC 533) 노나라의 위리委吏 벼슬을 하였고, 그해에 기관씨亓官氏 집안 딸에게 장가들어 다음해에 아들 리鯉를 낳았다. 위리는 나라 창고의 물건을 관장하는 낮은 관직으로서, 생활을 위한 수단이었다. 다시 21세(BC 531) 때에는 승전리乘田吏(『闕里誌年譜』에 의거, 『史記』에는 司職吏라 하였다)가 되었는데, 역시 나라의 가축을 기르는 낮은 관직이었다.

그렇게 벼슬을 하던 공자에게 크나큰 시련이 또 다가왔다. 24세 때에 어머니 안징재가 돌아가신 것이다. 어머니를 잃은 슬픔에 공자는 한동안 정신을 가누지 못했다. 직장도 이때 그만둔 것으로 보인다. 슬픔이 크면 클수록 죽음이 무엇인지, 그리고 그것을 해결하는 방법이 무엇인지 궁금하게 되었고, 그럴수록 학문에 정진하게 되었다. 공자가 어떻게 공부했는지, 또 누구를 스승으로 삼았는지에 대해서는 분명한 기록이 남아 있지 않다. 다만 추측할 수 있는 것은 공자의 학문의 대상이 당시로부터 2천여 년 전의 인물이었던 요와 순의 사상이었다는 것이다. 요순의 사상을 익힐 목적으로 학문에 주력한 공자는 그 목적을 이룰 수 있는 길이 있다면 누구에게나 배웠다. 담자郯子가 노나라를 방문했을 때 공자는 그가 고대의 관제官制에 대하여 잘 알고 있다는 말을 듣고 찾아가 관제에 대하여 묻고 배웠다는 기록이 있고, 사양자師襄子에게 가서 금琴을 배웠으며, 노자老子를 찾아가 예禮에 대하여 물었다는 기록도 있으며, 주나라로 가서 장홍萇弘에게 음악을 공부하였다는 기록도 있다.

진리로 향하는 학문의 과정은 욕심을 없애는 것과 본심을 회복하는 것으로 집약된다. 공자의 학문은 우선 욕심을 없애는 데로 집중된다. 욕심을 없애는 제일 좋은 방법은 예를 실천하는 것이다. 욕심에 따른 행동은 예가 아니고, 본심에 따른 행동은 예에 해당한다. 그렇기 때문에 예를 실천하면 욕심이 억제된다. 30세가 된 공자는 예를 실천하는 것이 몸에 배었다. 예를 실천하게 된 공자의 학문은 그만큼 원숙해진 것이다.

2) 장년기

공자는 30대로 접어들어 학문이 원숙해지고 예를 터득하였으므로 제자를 가르칠 수 있을 정도가 되었다. 30세 때 공자는 금장琴張이라는 제자에게 가르쳤다는 기록이 있다. 스승으로서 공자의 교육은 이때부터 본격적으로 시작되었던 것으로 보인다. 그러나 이 무렵 노나라의 정치가 극도로 혼란해졌다. 대부인 계씨가 방자해져 임금을 무시한 채 군대를 사병화私兵化하고, 자신의 채읍采邑을 넓히며 많은 가신家臣을 두어 나라의 재물을 멋대로 좌우하였다. 이러던 중 공자가 35세 되던 해 노나라의 임금 소공이 무력으로 계씨를 제거하려다가 오히려 패배하여 제나라로 도망한 사건이 일어났다. 정치는 예에 맞게 해야 하는 것이다. 예의 실천이 몸에 배어 있는 공자에게는 노나라의 정치상황을 받아들일 수 없었다. 그래서 공자는 소공이 망명한 제나라로 갔다. 제나라로 가서의 행적은 확실치 않으나 『사기』 「공자세가」의 기록에 의하면 공자는 제나라로 가서 대부大夫 고소자古昭子의 가신家臣이 되어 고소자의 힘을 빌려 경공景公을 만났다. 이때 경공은 공자의 말을 듣고 매우 기뻐하며 공자에게 니계尼谿의 땅을 떼어주고 중용重用하려 하였으나 여러 신하들의 반대로 실현되지 않았다. 공자는 제나라를 여행하면서 제나라의 음악 책임자인 태사太師를 만나 음악을 논하기도 하고, 순임금의 음악인 소韶를 듣고 크게 감동하기도 하는 등 음악 공부에 대하여 이해를 넓히는 데 성과를 얻었다.

제나라에 있을 때 공자에게는 많은 유혹이 있었던 것으로 보인다. 제나라의 경공으로부터 정치적인 유혹도 있었다. 부귀영화를 누릴 수 있는 기회도 있었던 것으로 보인다. 예를 실천하여 욕심을 버리는 것을 학문의 주요 과제로 삼고 있었던 공자에게 욕심을 채우고 싶은 유혹이 손을 내민 것이다. 그런 와중에서도 공자는 계속 학문에 정진하여 욕심을 줄여나갔다. 그리하여 마침내 40세가 되었을 때 온갖 세속적인 유혹으로부터 벗어날 수 있게 되었다. 예를 완전히 실천하면 예에 얽매이지 않을 수 있다. 예를 실천하는 것은 욕심을 버리기 위함이지, 예를 실천하는 것 그 자체가 목적은 아니다. 세속적인 유혹에서 벗어난 공자는 예가 지켜지지 않는 현실에 대해서도 얽매이지 않게 되었다. 공자의 관심은 오로지 본심을 회복하는 데로 집중되었다. 공자는 학문에 집중하기 위해 노나라로 돌아왔다.

공자가 42세 되던 해(BC 510)에는 노나라 소공이 제나라에서 객사하여 정공定公이 그 뒤를 이었으나, 정공은 아무런 권한이 없었다. 또한 노나라 권세가인 계씨 집안도 질서가 어지러워 실제로는 계씨의 가신인 양호가 권력을 잡고 있었다. 특히 계씨가 죽은 뒤로 모든 권력은 완전히 양호에게 돌아갔다. 권력을 잡은 양호는 공자를 자기편으로 끌어들이려고도 했다. 그 뒤 정공 8년(BC 502) 계씨의 또 다른 가신인 공산불뉴公山不狃가 양호를 충동하여 반란을 일으켰다가 계환자季桓子에게 진압을 당하는 일이 일어나기도 했다. 공자는 이러한 혼란 속에서도 더욱 분발하여 자신의 학문을 닦는 한편 제자들의 교육에 힘을 쏟았다.

공자는 50세가 되었을 때 천명을 알았다. 사람들의 본심은 모두 하나로 연결되어 있다. 그 하나로 연결되어 있는 본심을 하늘의 마음이라 한다. 나의 본심이 하늘의 마음이고, 하늘의 마음이 나의 본심이다. 이 하늘의 마음을 기준으로 보면 내가 하늘 안에 있고, 하늘이 내 안에 있음을 알 수 있다. 하늘의 마음은 만물에게 삶을 향해 나아가도록 명령을 내린다. 모든 존재는 살고 싶어한다. 그 살고 싶어하는 것은 내 마음 깊은 곳에서 우러나오는 나의 본심의 소리이기도 하고, 하늘의 뜻이기도 하다. 공자는 50세에 그 하늘의 뜻을 알았다. 일반인들도 하늘의 뜻을 안다. 배고플 때 먹고 싶고, 피곤할 때 쉬고 싶은 것은 다 하늘의 뜻이기도 하다. 그 하늘의 뜻을 지키는 것은 일부분일 뿐이다. 그 외의 삶들은 욕심에 끌려가고 만다. 하늘의 뜻을 알고 닦는 한편 제 욕심에 끌려가지 않고 하늘의 뜻을 따르는 삶을 살게 되었다. 부모는 모든 자녀들이 행복하게 살기를 바란다. 하늘의 뜻도 이와 같다. 하늘은 만물들이 모두 행복하게 살기를 바란다. 공자는 하늘의 뜻을 알고 닦는 한편 모든 사람들이 행복하도록 노력하지 않으면 안 되었다. 자신의 행복은 학문을 통해서 이룩한 것이었으므로, 다른 사람들에게 행복하도록 유도하는 것 또한 학문을 통한 것이어야 한다. 그러나 혼자서의 노력에는 한계가 있었다. 많은 사람들에게 학문을 하도록 열어주려면 역시 정치적인 방법밖에 없다. 그리하여 공자는 51세가 되었을 때 중도재中都宰라는 벼슬에 올랐다. 중도재란 중도를 다스리는 장관이었다. 공자가 그 벼슬을 맡은 지 일 년 만에 중도는 다른 고을이 모두 본받을 정도로 질서가 잡히고 사람들은 예의와 윤리를 알게 되었다.

다음 해인 노나라 정공 10년(BC 500, 공자 52세)에 노나라 정공과 제나라 경공이 화평을 위해 협곡夾谷에서 회동을 하였는데, 이때 공자가 예를 돌보는 관리로 정공을 수행하였다. 여기서 공자는 정공과 경공의 사이에서 외교상의 공로를 세움으로써, 제나라는 노나라의 영지였던 세 고을을 다시 노나라에게 돌려주고 화해를 하게 되었다. 이로써 공자는 다음 해 곧 육경六卿의 하나로 국토를 관장하는 벼슬인 사공司空에 임명되고, 다시 다음 해에는 나라의 법을 다스리는 벼슬인 사구司寇에 임명되었다. 공자는 사구에 임명되자 당시 문란한 정치적 질서를 바로잡고, 나라의 정치를 어지럽히던 대부 소정묘少正卯를 처단했다. 사람들에게 가장 큰 해를 끼치는 사람은 강도도 아니고 도둑도 아니다. 뛰어난 지식을 가지고 훌륭한 사람으로 위장하고서 자기의 이익을 챙기기 위해 뭇사람들을 현혹시키는 사이비들이다. 소정묘는 그런 사이비였다. 공자는 굳은 신념과 올바른 판단을 바탕으로 사구의 직책을 수행하여 명성이 국내외에 높아졌다. 그 때문에 다시 다음 해에는 사구에 재상宰相의 일까지 겸임하였다.

이러한 공자의 혁신정치가 효력을 나타내자 이웃한 제나라에서는 크게 경계하고 공자를 제거할 계책을 꾸몄다. 곧, 제나라에서는 정공과 실권자인 계환자季桓子에게 악무樂舞에 능한 미녀 80명과 좋은 말 120필을 선물로 보냄으로써 정공 등이 즐김에 빠져 정사를 돌보지 않고, 법도에 어긋나는 행동을 자행하도록 하였다. 공자는 이를 말리다가 결국 벼슬자리를 떠났다. 공자의 목표는 벼슬을 하는 것이 아니었다. 벼슬은 세상 사람들을 구하기 위한 수단일 뿐이었다. 그러므로 세상 사람들을 구할 수 없는 상태로 벼슬하는 것은 공자에게는 아무 의미가 없었다. 벼슬자리를 떠난 공자는 다시 세상을 구할 수 있는 방법을 찾아 노나라를 떠났다.

3) 주유열국周遊列國

모든 벼슬을 버린 다음 해인 55세 때, 공자는 자신의 이상을 실현할 나라의 임금을 찾아서 국외로 나갔다. 그 뒤 68세 때까지 13년 동안 공자는 여러 나라의 임금을 만나 세상을 구할 방법을 강구했다. 그러나 어지러운 천하를 바로잡으려는 이 긴 여정에서 공자는 여러 어려움을 겪었다. 곧, 위衛나라를 떠나 진陳나라로 가다가 광匡 땅에서 양호陽虎로 오인받아 그곳 사람들에게 위협을 받은 일도 있고, 위衛나라를 떠나 조曺나라를 거쳐 다시 진陳나라에 가려고 송宋나라를 지나다, 송나라의 대장군 사마환퇴司馬桓魋에게 죽을 고비를 넘긴 적도 있었다. 진나라에서 삼 년 가량 머물다가 다시 위나라로 돌아가려고 광 땅 근처의 포蒲 지역을 지나다가 포 땅 사람들의 방해를 받은 적도 있었다. 한번은 공자가 진나라와 채나라 사이에 오랫동안 머물러 있다가 초楚나라 소왕昭王의 초빙을 받은 적이 있었다. 이때 진나라와 채나라에서는 현명한 공자가 강한 초나라로 가게 되면 큰일이라고 생각하여 군대를 동원하여 공자의 가는 길을 막았다. 그 때문에 공자 일행은 꼼짝도 못하게 된 채 양식도 떨어지고 병든 제자가 생기는 등 고생을 겪었다. 이처럼 공자가 13년 간 여러 나라를 돌아다닐 때 수많은 고난이 뒤따랐으나, 한편으로는 이미 이론과 실천을 겸비한 정치가로서 명성이 높았고, 뛰어난 학문과 심오한 사상으로 많은 제자들을 거느리는 처지였으므로 찾아간 곳마다 상당한 대우를 받기도 했다. 그러나 난세의 사람들은 공자의 사상에 한결같이 공감하고 찬동은 하면서도 도덕을 바탕으로 한 이상사회理想社會 건설에 발 벗고 나서는 군왕君王은 없었다. 그래서 공자는 결국 68세 때 노나라로 돌아왔다.

혹자는 공자가 정치에 참여하였다가 실패했다고 말하기도 하지만, 그것은 옳은 판단이 아니다. 공자는 실패한 적이 없다. 공자는 하늘의 뜻을 따르기만 할 뿐이었다. 성공한 것처럼 보이는 것도 하늘의 뜻을 따른 결과였고, 실패한 것처럼 보이는 것도 하늘의 뜻을 따른 결과였다. 사람들을 인도하는 공자의 방법은 근본적으로 학문을 통한 것이었다. 학문을 인도하는 스승이 호의호식을 하면 따르는 제자들이 열심히 공부하지 않는다. 고생하는 스승을 볼 때 학생들은 감동을 받고 열심히 공부를 한다. 공자가 실패한 것처럼 보이는 것은 이 때문이다. 정치적 역량을 통해서 사람들을 제대로 인도할 수 없다는 것을 안 공자는 노나라로 돌아왔다.

학문의 방법을 정리하고, 제자들을 가다듬기 위해서였다. 제자들을 가다듬고 학문의 방법을 정리해 놓으면 후대의 사람들을 인도할 수 있는 길이 열리기 때문이었다.

4) 만년晩年

노나라로 돌아온 공자는 국로國老의 대우를 받으면서 국정의 자문諮問에 응하기도 하였다. 그러나 무엇보다도 그가 힘을 기울인 것은 서적의 편찬과 제자 교육이었다. 당시의 제자들 중 염유冉有를 비롯하여 자공子貢·자로子路·자유子遊·자하子夏·재여宰予 등이 각기 정치에 참여하여 중요한 벼슬을 하고 있었다. 공자는 먼저 후세에 전할 전적으로 육경六經을 정리했다. 육경이란 『시경詩經』·『서경書經』·『역경易經』·『예기禮記』·『악경樂經』·『춘추春秋』의 여섯 가지 유가儒家의 기본 경전을 말한다. 이들 육경은 앞서 간 사람들의 정치·사회·문화·사상·생활 등에 관한 여러 가지 지식을 획득하는 한편, 올바른 성정性情을 닦고 인격을 수양하는 데 큰 무게를 두고 있다. 공자의 교육은 비교적 성공적이어서, 제자가 삼천 명에 달할 정도가 되었다. 제자들 중에는 뛰어난 인재들이 많아 노나라를 중심으로 하여 그 밖의 여러 나라에서도 눈부신 활약을 했으므로 스승인 공자도 높은 명성과 대우를 받았다. 그러나 개인적으로는 불행이 거듭되었다. 69세 되던 해 외아들 리(鯉, 字는 伯魚)가 50세의 나이로 먼저 죽었으며, 다음 해에는 공자가 가장 사랑하고 기대를 걸었던 제자 안연顔淵이 죽었다. 공자에게 안연의 죽음은 큰 충격이었으며 절망에 가까운 슬픔을 안겨주었다. 다시 그 다음 해인 BC 481년 공자 71세 때 노나라 서쪽에서 기린麒麟이 잡혔다. 기린은 예로부터 어진 짐승으로서 성인이 나와 세상을 구제하기 전에 나타나는 것으로 알려져 있었다. 난세에 잘못 나와 어리석은 인간들에게 잡힌 기린을 보고, 공자는 슬펐다. 『춘추』의 저술도 이 '서수획린西狩獲麟'에서 끝맺고 있다. 그 다음 해인 공자 72세 때에는 오랜 제자로 깊은 애정을 지니고 있던 자로가 위나라에서 벼슬하다가 그곳 내란에 휩쓸려 전쟁 중에 죽었다. 이러한 겹친 불행을 겪은 공자는 BC 479년(魯 哀公 16년) 4월 기축일己丑日에 일생을 마쳤다. 그의 나이 73세였다.

공자가 서거하자 노나라 애공도 공자의 높은 덕을 추모하는 뇌문誄文을 지어 보냈다. 『예기』에는 다음과 같은 기록이 있다. 공자는 자신이 세상을 떠나기 칠일 전에 죽음을 예견했다. 공자는 아침 일찍 일어나 뒷짐을 지고 지팡이를 끌고 문 앞을 거닐면서, "태산이 무너지는구나, 들보가 부러지는구나! 철인哲人이 시드는구나!"라고 읊었다. 그리고 방으로 들어가 제자들에게 자신의 죽음에 대해 얘기하고 칠일 후에 돌아가셨다. 노나라 성城 북쪽의 사상泗上에 장사葬事지냈는데, 오늘날 이곳을 공림孔林이라 부른다.

5) 공자의 제자들

『사기』「공자세가」에는 공자의 제자 수가 3천 명이었으며, 그중 육예六藝에 통달한 사람이 72명이었다고 기록하고 있다. 같은 책의 「중니제자열전仲尼弟子列傳」에는 공자로부터 학문을 전수받아 이에 통달한 제자가 77명이었다고 하였다. 이 밖에 『맹자孟子』「공손추公孫丑」·『대대례大戴禮』「위장군문자衛將軍文字」·『회남자淮南子』「요략要略」·『한서漢書』「예문지藝文志」 등에 모두 공자의 제자 수를 70명이라고 하고 있다. 『사기』「중니제자열전」이나 『공자가어』「제자해」 등에 이름이 기록되어 있는 이들은 모두 80명 정도이다. 『논어』에는 27명의 이름이 보이는데, 「선진先進」에 이른바 공문사과孔文四科의 십철十哲로서, 안연·민자건閔子騫·염백우冉伯牛·중궁仲弓·재여宰予·자공子貢·염유冉有·자로子路·자유子游·자하子夏를 들었다.

공자의 가르침은 그의 생시生時에는 실행되지 못하였고, 사후에 제자들이 각지에 전파하였으나 제자백가諸子百家가 일어남에 따라 교세가 약해졌다. 이를 다시 일으킨 이는 맹자였으며, 또 전국시대 말기에 순자荀子도 이를 계승했다. 그 후 한漢나라의 무제武帝가 유교를 국교國敎로 삼음으로써 공자의 지위는 부동의 것이 되었고 이후 2천여 년 간 동양의 사상계를 이끌어왔다. 후세의 제왕들도 공자의 봉작封爵을 계속 높여, '왕王'과 '성聖'의 칭호로 올림으로써 지극히 존중하게 되었으며, 각지에 '공묘(孔廟 : 文廟)'가 세워져 춘추春秋로 석전釋奠을 받들고 있다. 우리나라에서는 성균관과 지방의 향교에서 매년 봄과 가을에 석전을 받들고 있다.

※ 〈논어는 어떤 책인가〉 및 〈공자의 생애〉에 관한 내용은 『儒教大事典』(儒教辭典編纂委員會 편, 博英社 간)에서 발췌한 것임.

論語

一. 학이편 學而篇

제1장

子曰學而時習之하니 不亦說乎아 有朋自遠方來하니 不亦樂乎아 人不知而不慍하니 不亦君子乎아
(자왈학이시습지 불역열호 유붕자원방래 불역락호 인부지이불온 불역군자호)

| 국역 |

공자孔子께서 말씀하셨다. "배우고 제때에 그것을 익히니 또한 기쁘지 아니한가! 벗이 먼 지방에서도 오니 또한 즐겁지 아니한가! 남이 알아주지 아니해도 화가 나지 아니하니 또한 군자답지 아니한가!"

| 난자풀이 |

1 子 : 일반적으로 노자老子·맹자孟子·장자莊子 등의 예에서와 같이 남자에 대한 존칭으로서 오늘날 '선생' 또는 '선생님' 등의 뜻이다. 성 밑에 붙여서 쓴다. 공자가 제일 먼저 사립학교를 만들어 제자들을 가르쳤기 때문에 제자들이 볼 때 당시에 공자 외에 다른 선생이 없었으므로, 공자에 대해서는 성姓을 생략하고 자子 자 하나만 썼다. 그 뒤 공자 이외의 사람들에 대해서는 반드시 성을 붙여 불렀다. 따라서 자왈子曰로 시작하는 문장은 모두 공자의 말임을 알 수 있다.

2 時 : 보통 '때로' 또는 '때때로'로 번역하는데, 그렇게 하면 '때로는 학습을 하지만 때로는 학습을 하지 않는 것'으로 오해될 수 있기 때문에 여기서는 '제때에', '때맞추어' 등으로 번역하는 것이 좋을 것이다. 『맹자』에 나오는 '시우時雨'가 '제때에 오는 비', '때맞추어 오는 비' 등으로 번역되는 것도 같은 경우이다.

3 之 : 동사로 쓰이면 '간다'는 뜻이 되고, 소유격 조사로 쓰이면 '~의'라는 뜻이 되지만, 타동사의 목적어로 쓰이면 대명사가 된다. 뜻은 '그것'인데, 타동사의 목적어가 구체적으로 제시되지 않고 막연하게 쓰일 때는 '그것'이라고 번역하지 않고 생략하는 것이 순조롭다. 이 문장에서는 習의 목적어로서 앞의 學 즉, 배운 내용을 가리킨다. 學도 타동사이므로 원래 이 문장은 '學之而時習之'로 되어야 할 것이지만, '之'가 두 개 있으므로 앞의 것이 생략되었다.

4 不 : 非가 명사를 부정하는 역할을 하는 데 비해 不은 동사나 형용사를 부정하는 역할을 한다. 위 문장의 不 다음에 나오는 '說', '樂', '君子'는 모두 형용사로 해석해야 한다.

5 說 : 열悅 · 탈脫 등과 통용되는데 여기서는 悅과 통용된다. 따라서 '기쁘다'는 뜻이 되고 음은 '열'.

6 有 : 조음소. 한 글자로 된 단어(특히 나라이름 등) 앞에 붙여 두 글자로 만듦으로써 음률을 부드럽게 하는 역할을 할 뿐이고 다른 뜻은 없다.

7 自 : 부사로 쓰이면 '스스로'라는 뜻이 되지만, 장소를 나타내는 말이나 행위를 나타내는 말 앞에 놓이면 행위의 기점起點을 나타낸다. '~으로부터', '~하는 것에서부터' 등으로 번역하면 된다.

8 方 : '지방', '방소'의 뜻을 나타내는 공간적 개념으로 쓰이기도 하고, '방금', '이제', '바야흐로' 등의 뜻을 나타내는 시간적 개념으로 쓰이기도 한다. 따라서 이 문장은 '먼 지방에서도 오니'라고 해도 되고, '멀리서도 바야흐로 오니'라고 해도 된다.

9 人 : 일반적으로는 '사람'이란 뜻으로 쓰이지만 '자기'의 상대개념으로 쓰일 때는 '남'이란 뜻이 된다.

10 君子 : '불不'이 동사나 형용사를 부정하는 역할을 하므로 여기서의 군자君子는 형용사로 해석하여 '군자답다'로 번역해야 할 것이다.

| 강설 |

배운다는 것은 무엇인가? 우리들이 지금까지 공부해 온 것들이 공자의 말처럼 기쁜 가운데 이루어져 왔던가? 우리들이 영어단어를 외우고 수학문제를 풀고 국어문법을 외우고 하던 배움의 과정이 기쁨으로만 이어져 오지는 않았다. 그렇다면 공자가 거짓말을 한 것일까? 어떤 사람이 거짓말을 하는지 아닌지를 알 수 있는 방법에는 세 가지가 있다. 하나는 그 사람보다 수준이 높으면 된다. 그러나 그렇지 않다면 긴 역사 속에서 검정이 된 사람의 말은 믿어도 된다. 그리고 그 검정된 사람의 말에 비추어 보아 그것에서 벗어나지 않은 사람은 믿어도 된다. 이 중에서 공자는 두 번째에 해당한다. 공자는 오랜 세월 동안 검정을 거친 사람이다. 그러므로 그의 말은 믿을 수 있다.

그렇다면 우리들이 배웠던 내용은 공자가 말하는 배움의 내용과 일치하는 것이 아닐 것이다. 우리들의 배움의 내용은 무엇이고, 공자가 말하는 배움의 내용은 무엇일까? 잠시 생각해 보기로 하자.

우리들이 지금까지 살아오면서 공부하고 노력한 것은 무엇을 위한 것이었던가? 아마도 대부분은 나의 육체가 필요로 하는 먹이(구체적으로는 의·식·주 등을 마련하는 데 필요한 돈)를 구하기 위한 것이었을 것이다. 우리들은 고등학교에 진학하기 위해 중학교 과정의 공부를 했고, 대학교에 진학하기 위해 고등학교 과정의 공부를 했으며 취직하기 위해 대학교 과정의 공부를 하지는 않았던가? 그런데 취직이란 결국 나의 육체가 먹고 입고 거주하는 데 필요한 돈을 벌기 위해 하는 것이라 해도 과언이 아니다.

육체는 물질이며 다른 물질을 먹어야만 유지되는 속성을 가지고 있다. 그런데 먹이는 제한되어 있기 때문에 남이 먹어버리면 나는 먹지 못한다. 따라서 인간 사회는 먹이를 구하기 위해 서로 경쟁하는 장소로 되어 있으며, 나도 또한 그 속에서 경쟁해 오고 있는 것이다. 그러므로 우리들의 학문의 목적도 주로 남과의 경쟁에서 이길 수 있는 능력을 배양하는 것이었다.

그런데 앞으로도 이와 같이 우리의 삶이 경쟁에서 이기기 위한 노력으로만 일관한다면, 나의 앞길에는 어떠한 것이 예상되는가? 정년퇴직을 한 후 쓸쓸히 살아가고 있을 나 자신을 상상해 보자. 그리고 내가 향유할 수 있는 삶의 기간이 점점 줄어들어 어쩔 수 없이 죽음이라고 하는 무無의 세계에 직면하게 될 나 자신을 상상해 보자.

육체를 위해 추구해 왔던 모든 것은 육체가 없어지는 순간 육체와 함께 모두 허무하게 되고 마는 것임을 느끼지 않을 수 없을 것이다. 비록 한때는 영광스러운 일이 있었다 하더라도 나의 일생은 결국 허무한 것으로 귀결되는 것이므로, 괴로움과 고달픔을 참고 견디며 노력해 온 공부의 대가도 모두 사라지고 만다.

이와 같은 나의 일생을 예견해 본다면, 앞으로의 나의 삶을 지금까지와 같은 방법으로는 살 수 없다. 그렇게 되면 나는 이제 '나는 무엇 때문에 살며, 참으로 가치 있는 삶이란 어떤 것이며, 앞으로는 어떻게 살아가야 할 것인가?'라고 하는 근본적인 물음 앞에 내던져진다. 그렇게 되면 나는 지금까지 살아온 삶의 궤도에서 벗어나 방황하지 않을 수 없다.

이 방황은 매우 값진 방황이다. 그래서 나는 이 방황을 '철학적 방황'이라 이름 붙인다. 이 방황은 참된 인생길을 찾기 위한 홍역이다. 옛날에는 모든 어린아이가 거치지 않으면 안 되는 홍역이라는 무서운 질병이 있었다. 그 홍역을 통과하는 것이 과거시험에 합격하는 것처럼 어렵기 때문에 사람들은 그것을 '과거'라고 했다. 우리의 부모들은 자녀를 낳아도 홍역을 치르기 전에는 인간이 된다는 보장이 없기 때문에 호적에 이름을 올리지 않고 있다가 홍역을 치른 뒤에 올리곤 했다. 사람의 몸이 홍역을 치러야 사람 구실을 할 수 있듯이 철학적 방황을 거쳐야 참된 인간이 될 수 있다. 방황할 때는 괴로움이 따르지만 지나고 보면 방황은 그만큼 값진 것이다. 참다운 삶이 어떤 것인지 방황하다가 보면, 과거에 부러워했던 지위가 높은 사람, 돈이 많은 사람, 유명한 사람 등이 이제는 부럽지 않을 뿐더러 관심조차 없게 될 것이다.

그런데 방황을 하지 않는 사람들이 있다면 그 까닭은 무엇 때문일까? 그것은 자신의 미래에 대해 진지하게 생각해 보지 않았기 때문이다. 자신의 남은 일생이 까마득하게 많이 있다고 생각하기 때문이다. 그러나 지나온 시간을 생각해 보면 그렇지 않다는 것을 알 수 있다. 10년 또는 20년 지난 것이 한 달처럼 느껴질 정도로 순식간이었다는 것을 생각해 보면 남은 인생은 두 달처럼 느껴질 정도로 금방 다가올 것이다. 몸이 아파 병원에 갔다가 생명이 두 날 남았다는 진단을 받았다면 어떻게 될 것인가? 아마도 하던 일을 계속하지는 않을 것이다. 하던 일을 그만두고 강가에 가서 고개를 떨어트리고 앉아 있을지도 모른다. 술집에서 술을 마시며 분노할지도 모른다. 산천을 뛰어다니며 울부짖을지도 모른다. 남은 인생이 두 달처럼 느껴지는 사람의 심정 또한 이와 같을 것이다.

방황을 할 때는 괴로운 나머지 차라리 방황하지 않고 사는 다른 사람들이 더 나을 것이라는 생각이 들 수도 있을 것이다. 그러나 곰곰이 생각해 보면 결코 그렇지 않다는 것을 알 수 있다. 방황의 괴로움은 숙제를 하는 것과 같다. 학생 시절에 숙제를 하는 학생보다는 숙제를 하지 않고 노는 학생이 더 행복한 것으로 보이지만, 정작 숙제 검사할 때가 되면 상황이 달라진다. 숙제를 해놓은 학생은 즐겁게 검사에 응하지만, 그렇지 못한 학생은 그때 경을 친다. 사람에게는 누구나 숙제가 있다. 그런데도 숙제를 하지 않는 사람은 숙제가 있다는 것을 모르기 때문이다. 생명이 두 달 남은 사람도 진단을 받지 않으면 자기가 두 달 남았다는 것을 모르고 방심한다. 우리는 모두 두 달 남은 것 같은 그런 존재인데도 잘 생각해 보지 않으면 그것을 모른다. 생각해 보지 않는 것이 바로 진단을 받지 않는 것이다. 자기의 인생에 대해 곰곰이 생각하는 것이 자가진단이다. 청춘은 인생을 생각해야 하는 때이고, 자가진단을 해야 하는 때이다. 이때 제대로 자가진단을 하지 않으면 자기의 인생을 망치고 만다.

방황을 하는 사람은 세상사에 관심이 없다. 강가에서 고개를 떨어트리고 있는 사람은 세상사에 관심이 없다. 오직 관심이 가는 것이 있다면 나처럼 강가에 와서 고개를 떨어트리고 있는 사람에 대해서일 것이다. 그리고 그와는 금방 공감대가 형성될 것이다.

그러나 그에게 관심은 가지만, 그가 매력 있는 사람은 아니다. 그 또한 괴로워하면서 방황하는 사람이기 때문이다.

그런데 그 사람이 어느 날 환하게 웃으면서 나타났다면 어떠할까? 어째서 그렇게 환하게 웃고 있느냐고 물었을 때, 그가 "나는 뒷산에 가서 약초를 캐먹고 나왔다."고 말한다면 어떠할까? 그에게 바짝 다가가 어떤 약을 어떻게 찾아 먹었느냐고 물을 것이다. 그가 바쁘다고 하더라도 결코 그를 놓아줄 수 없을 것이다. 이 세상에 그보다 더 중요한 일은 없다.

인생의 길에서 방황하던 우리는 지금 활짝 웃고 있는 공자를 만났다. 방황하기 전에 생각했던 공자와는 전혀 다르다. 그 전의 공자는 남에게 들어서 알고 있는 피상적인 공자였다. 기득권자의 권익을 적당히 옹호하는 보수적인 사람인 듯도 하고, 예의범절이나 까다롭게 따지는 따분한 서당훈장 같은 모습을 떠올리기도 했다. 그러나 방황하다가 만난 공자는 전혀 다른 모습이다. 두 달 정도 남은 생명줄에 매달려 안간힘을 쓰고 있는 절박한 나에게 약을 가르쳐줄 수 있는 구세주 같은 그런 존재다. 우리는 공자에게 다급하게 물을 수밖에 없다. "선생님께서는 어떻게 인생을 고민했고, 절대로 후회하지 않을 인생길을 어떻게 찾았습니까?" 그때 공자의 답변이 바로 이것이다. "나는 배워서 알았다." 그렇다면 우리도 배워야 한다. 이때의 배움은 이 세상의 어떤 것보다도 값지고 기쁜 일이다. 『논어』 첫머리에서 "배우고 익히니 기쁘지 아니한가!"라고 한 공자의 말씀은 그래서 나온 말이다.

우리도 공자가 배웠던 방식으로 배우면 절대로 후회하지 않을 인생길을 찾을 수 있고, 최고의 행복을 얻을 수 있다. 그러나 이때 한 가지 문제가 있다. 배움을 완성할 때까지는 많은 시간이 걸리기 때문에, 그때까지 어떤 방식으로 살아야 하는지의 문제가 남는다. 이 문제를 해결하는 가장 좋은 방법은 공자를 비롯한 옛 성인의 삶의 방식을 따라하는 것이다. 그렇게 하면 형태상으로는 바른 삶이 된다. 그리고 나중에 참다운 인생길을 터득하였을 경우에도 후회하지 않을 삶이 될 것이기 때문이다.

성인의 삶에서 나타나는 모든 행동양식을 표현한 것이 예禮이다. 다른 사람과 식사를 할 때 혼자서 배불리 먹으려 하지 않으며, 손으로 집어먹지 않으며, 숟가락으로 밥을 다지거나 많이 뜨지 않으며, 뼈를 씹지 않으며, 먹던 고기를 접시에 올려놓지 않으며, 부모를 모시고 있을 때 겨울이 오면 부모를 따뜻하게 해드리며, 자기 전에 잠자리를 보살펴드리며, 아침에 문안인사를 드리며, 외출할 때 반드시 알리며, 돌아와서는 반드시 인사를 드리며, 남의 집을 방문할 때 먼저 기침소리를 내어 알리며, 문 밖에 신이 두 켤레 놓여 있을 경우 목소리가 들리면 들어가지만 들리지 않으면 들어가지 않으며, 문 안으로 들어설 때는 아래쪽을 바라보며, 문의 손잡이는 두 손으로 잡으며, 두리번거리거나 사방을 둘러보지 않으며, 들어갈 때 문이 열려 있었으면 열린 채 놓아두지만 닫혀 있었으면 뒤에 따라 들어오는 사람이 없을 경우 닫는 등과 같은, 성인聖人의 일거수일투족이 모두 예禮에 속하며, 나아가서는 관혼상제 등에 관한 모든 의식과 절차, 사회의 모든 제도와 질서를 준수하는 성인의 행동양식이 모두 예에 속한다.

그러므로 공자가 말하는 배움의 대상은 우선 예로 모아진다. 예를 배워서 실천하는 것이 배움의 일차적인 목표인 것이다. 그런데 예는 성인의 모든 행동양식이기 때문에 너무 복잡하고 다양하다. 그 복잡하고 많은 예를 일일이 다 공부하여 알기는 지극히 어렵다. 그러나 그 많은 예가 아무 연결고리가 없이 제각각 따로 존재하는 것이 아니다. 수많은 나뭇잎이 제각각 따로 존재하는 것 같지만 사실은 여러 갈래의 줄기로 연결되어 있는 것처럼, 예에도 그것을 연결하는 여러 갈래의 줄기가 있다. 그러므로 예를 체계적으로 이해하기 위해서는 예에 연결되어 있는 그 줄기를 이해하는 것이 급선무이다. 예에 연결되어 있는 줄기는 오륜五倫이라고 하는 다섯 줄기다.

오륜은 다섯 가지 인간관계에서 나타나는 삶의 질서를 말한다.

모든 인간관계는 부모와 자녀의 관계, 임금과 신하의 관계(이는 계급적인 모든 상하관계를 포함한다), 남편과 아내의 관계, 형과 아우의 관계(이는 선배와 후배 등의 모든 비 계급적인 연령별 상하관계를 포함한다), 친구관계의 다섯 가지 유형으로 분류할 수 있다. 이 다섯 가지 인간관계를 잘 유지할 수 있는 가장 바람직한 방법이 무엇인지 찾아내야 할 것이다. 맹자는 그것을, 부모와 자녀의 관계에서는 친親, 임금과 신하의 관계에서는 의義, 남편과 아내의 관계에서는 별別, 연장자와 연소자의 관계에서는 서序, 친구관계에서는 신信이라고 했다.

부모와 자녀의 관계에서의 친이란 어떤 것인가? 친이란 '하나가 된다.'는 뜻이다. 하나가 된다는 것은 남의 몸에 피가 날 때 내 몸에서 피가 나는 것처럼 내 마음이 아프게 되는 것인데, 자녀에 대한 부모의 마음이, 그리고 부모에 대한 자녀의 마음이 그러한 것이다. 사람이 경쟁에 시달리면 시달릴수록 하나가 되는 인간관계를 확보하기 어렵다. 사람이 '나 혼자 외톨이가 되는 것'보다 슬픈 일은 없다. 모든 슬픔은 따돌림을 당하는 것에서 비롯된다. 늙음이 슬픈 이유는 젊음으로부터 따돌림을 당하는 것이기 때문이고, 죽음이 슬픈 이유는 삶으로부터 따돌림을 당하는 것이기 때문이다. 그러므로 슬픔에서 벗어나는 방법은 따돌림을 당하는 현실에서 벗어나는 것이다. 따돌림을 당하는 현실에서 벗어나는 가장 좋은 방법은 남과 하나가 되는 것이고, 남과 하나가 되는 제일 좋은 방법 중의 하나가 부모와 자녀가 하나 되는 것이다. 부모와 자녀가 하나 되는 것, 그것이 친親이고, 그것이 행복이다. 그러므로 부모와 자녀 사이에서 있을 수 있는 모든 행동방식은 부모와 자녀가 하나가 되는 것이어야 하는데, 그런 것이 모두 예에 해당한다.

임금과 신하, 윗사람과 아랫사람 사이에서 지켜야 하는 의義란 무엇인가. 의란 본래 인仁을 실천하는 구체적 행동원리이다. 인은 원래의 상태를 의미한다. 사람과 사람의 관계는 원래 하나로 연결되어 있는 관계다. 형제는 부모를 매개로 할 때 하나로 연결되어 있고, 사촌은 할아버지를 매개로 할 때 하나로 연결되어 있다. 이처럼 확산해 가면 모든 사람이 하나로 연결되어 있을 뿐만 아니라, 모든 생물이 또한 하나로 연결되어 있다. 모든 존재가 하나로 연결되어 있는 것이 본질이고, 본질적인 것이 인이다. 몸은 비록 각각 분리되어 있는 것처럼 보이지만 본질적으로는 하나이기 때문에 사람의 마음은 모두 하나로 연결되어 있다. 그 하나로 연결되어 있는 마음이 한마음이고 인이다. 임금과 신하도 원래는 하나이고, 상관과 부하도 원래는 하나이다. 윗사람은 명령하고 아랫사람은 그 명령을 좇아야 하는 상관관계가 성립되지만, 그것은 본래적인 관계가 아니다. 그러면 인간의 상하관계는 왜 생겨나게 되었을까? 모든 사람은 원래 모두 하나로 연결되어 있다. 그러므로 서로 화합하고 서로 사랑하면서 사는 것이 바람직하다. 다투거나 미워하면서 사는 것은 잘못이다. 세상은 하나의 가정처럼 되는 것이 가장 이상적이다. 가정에는 부모와 자녀로 구성되어 있다. 따라서 이 세상에 있는 모든 집단의 구성원은 부모와 자녀의 관계처럼 구성되는 것이 가장 이상적이다. 모든 집단이 임금과 신하, 상관과 부하처럼 윗사람과 아랫사람으로 나누어지는 것은 그 때문이다. 윗사람은 부모가 자녀를 대하듯 아랫사람에게 대해야 하고, 아랫사람은 자녀가 부모를 대하듯 윗사람에게 대해야 한다. 그런데 부모와 자녀는 본래적인 관계이지만, 윗사람과 아랫사람은 임시적인 관계이다. 이 임시적인 관계에 있는 윗사람과 아랫사람 사이의 행동원리가 의이다. 윗사람은 부모가 자녀와 하나가 되듯 하나가 되어야 하고, 부모가 자녀를 보호하듯 보호해야 한다. 윗사람이 그러할 때 아랫사람은 윗사람에게 부모를 받들 듯 해야 한다. 그것이 의이다. 그러나 윗사람이 도저히 윗사람 역할을 하지 못할 때 아랫사람은 윗사람을 다른 사람과 바꾸어야 한다. 그 또한 의이다. 윗사람과 아랫사람 사이에서 지켜야 하는 모든 삶의 방식은 이 의義를 지키는 차원에서 이루어져야 하는데, 그것이 모두 예에 해당한다.

남편과 아내는 어떠해야 할까? 남편과 아내가 지켜야 하는 도리를 별別이라 했다. 별은 달라야 하고, 다르게 여겨야 한다는 말이다. 달라야 하는 것은 하나이기 때문이다. 한 줄기에서 갈라진 두 가지는 각기 다른 방향으로 뻗는다. 이 두 가지가 전혀 각각 다른 가지라면 다른 방향으로 뻗는 것을 불공평하게 여길 것이고, 그 차이 때문에 다툴 것이다. 그러나 한 줄기에서 뻗어난 하나이기 때문에 그 하나임을 공고하게 하기 위해 열심히 다른 방향으로 뻗을 수 있다. 다른 방향으로 뻗을수록 온전하고 바람직한 것이다. 남편과 아내도 이와 같다. 남편과 아내는 둘이지만 하나이어야 한다. 그것이 행복이다. 이를 알 때, 둘은 다를 수 있다. 남편은 남편의 일을 하고, 아내는 아내의 일을 하여 서로 다르게 사는 것이 행복이다. 이외에도 별의 의미에는 남편이 아내를 다른 여인과 다르게 여기고, 부인은 남편을 다른 남자와 다르게 여긴다는 뜻도 있다. 부부는 사랑으로 맺어지지만 남녀간의 사랑은 원래 조건적이다. 예를 들면, 어떤 남자가 특정의 여자를 사랑할 때는 연령·성격·체격 등의 무엇인가가 자신의 기호에 맞았기 때문이라는 등의 그 특정의 여자를 선택하게 된 이유가 있는 것이며, 그것이 사랑이 결실을 맺게 된 조건이 된다. 그런데 그러한 조건은 더 많이 갖추고 있는 여자가 이 세상에 있을 수 있기 때문에 그러한 여자가 나타난다면 사랑은 그 새로운 여자에게로 옮겨갈 것이다. 그렇게 되는 것은 불행하다. 부모와 자녀가 하나일 때 행복하듯, 사랑하는 사람끼리도 하나가 될 때 행복하다. 그런데 사랑의 속성은 옮겨갈 수 있는 것이기 때문에 사랑은 늘 불안하다. 이때의 해결책이 바로 결혼이다. 결혼이란 조건적 사랑을 무조건적인 것으로 바꾸는 것이다. 결혼을 하여 아내에 대한 남편의 사랑은, 또 남편에 대한 아내의 사랑은 무조건적인 것으로 바뀐다. 부부간의 사랑은 100점짜리 사랑이다. 남편과 아내가 그런 사랑을 할 때 행복하다. 아내에게 100점짜리 사랑을 하는 남편은 어떤 여자에게도 사랑이 옮겨갈 수 없고, 100점짜리 사랑을 하는 아내는 어떤 남자에게도 사랑이 옮겨갈 수 없다. 그렇게 사는 것이 별이다. 남편과 아내가 이 두 가지 의미의 별을 실천하는 모든 삶의 방식이 모두 예이다.

늙은이와 젊은이의 관계에서 나타나는 서序란 무엇인가. 서는 차례이다. 늙은이와 젊은이가 차례를 지키는 것이 서다. 많은 사람이 길을 가다가 극도로 목이 말랐을 때 하나의 우물을 발견했다고 하자. 동시에 마실 수 없는 상황이라면 누가 먼저 물을 마셔야 할까? 늙은이와 젊은이가 완전히 남남이라면 서로 마시기 위해 경쟁을 할 것이다. 그러다가 힘이 센 사람이 먼저 마실 것이다. 그러나 본질적으로 늙은이와 젊은이는 남남이 아니다. 그렇기 때문에 힘센 자가 먼저 마시는 것이 아니라 허약한 늙은이부터 먼저 마셔야 한다. 이러한 삶의 원리가 서이다. 서는 늙은이와 젊은이의 관계를 유지하는 가장 좋은 방법이다. 이 서를 지키는 구체적인 방법이 또한 모두 예에 해당한다.

벗과의 관계에서 지켜야 하는 신信이란 무엇인가? 사람은 남과 하나가 되는 것이 진실한 것이고 행복한 것이다. 그러한 관계 맺음은 벗과의 사귐에서도 가능하다. 벗과의 사귐을 통해서 서로 하나가 되는 관계가 유지된다면 사람은 진실해질 수 있고, 행복해질 수 있다. 그렇기 때문에 벗과의 사귐이 그만큼 중요한 것이다. 그런데 득을 보기 위해 벗을 사귀는 사람들이 있다. 그런 사람은 욕심을 채우기 위해 사귀는 것이다. 그런 사람은 벗을 사귀는 것이 손해가 될 때는 언제든지 그 벗을 버린다. 그런 사람은 벗과의 사귐에서 진실해질 수도 없고 행복을 얻을 수도 없다. 벗과 사귈 때는 욕심을 버려야 한다. 오직 진실한 마음으로 사귈 때 행복해진다. 진실한 마음은 한마음이고 변하지 않는 마음이다. 벗과 변하지 않는 마음으로 사귀는 것이 신이다. 그리고 그러한 마음으로 사귀는 모든 방식들이 모두 예이다.

이상의 설명에서 보면, 예를 지키는 모든 방식은 친親 · 의義 · 별別 · 서序 · 신信을 유지하는 것으로 수렴됨을 알 수 있다. 이를 『

중용中庸』에서는 '모든 인간이 공통적으로 지켜야 하는 도리'란 의미에서 '오달도五達道'라 했다.

이렇게 하여 공자가 말하는 학學의 대상은 예禮에서 도道로 변모된다. 도를 터득하는 것이 학의 2차적인 목표가 되는 것이다.

객관화된 인간의 행동규범이 예이고 그 예의 성립근거가 도이므로 도는 객관적으로 존재하는 것처럼 보이지만 사실은 인간이 없으면 그것은 성립되지 아니하므로, 그 성립근거는 인간존재의 내면세계에 연유될 수밖에 없다. 따라서 지금까지의 학문적 관심은 예를 중심으로 한 외부세계의 행동규범과 그 예의 성립근거인 도에 있었으나, 이제부터는 도의 성립근거를 알기 위하여 인간의 내면세계로 향하지 않을 수 없게 된다.

인간존재의 본질은 무엇인가? 지금까지 나는 나의 '몸'이 '나'인 것으로 착각하고 있었다. 나의 '몸'이 죽는 것을 내가 죽는 것으로 여겨왔으며, 내 '몸'이 남자인 것을 내가 남자인 것으로 착각하고 있었던 것이다. 그러나 잘 생각해 보면, 나의 '몸'은 원래 오늘날의 이러한 모습으로 존재하고 있었던 것이 아니다. '모음'이란 '몸'의 어원에서도 알 수 있듯이, 부모에게서 생겨난 조그만 물체가 물·밥·쇠고기·돼지고기 등의 다른 물체를 받아들여 모아놓은 것이다. 원래 나의 것이 아니었던 물체들을 도로 돌려주고 나면 남는 것은 아무것도 없다. 그러므로 내 '몸'에는 '나'라고 하는 실체가 없다. 이렇게 생각하고 보면 '몸'을 중심으로 영위되는 현재의 삶은 '나'의 본래적인 삶이 아니다. 현재의 나는 본래의 나를 잃고 있는 것이다. 따라서 참다운 삶을 영위하기 위해서는 잃고 있는 본래의 '나'를 찾아야 하고, 본래의 나의 삶을 회복하여야 한다. 학문이란 잃어버린 '나'와 나의 삶을 되찾는 길이다.

나의 '몸'이 생겨나게 된 동기는 아버지와 어머니의 결합에 기인하는 것인데, 잘 생각해 보면 그것은 아버지와 어머니의 뜻이라기보다는, 근본적으로 모든 양(남성)은 음(여성)을 좋아하고, 모든 음은 양을 좋아하게끔 되어 있는 '자연의 이치'(창조원리라고 해도 무방

함)에 의한 것이고, 나의 몸이 태어나게 된 것도 음과 양이 결합하면 새로운 생명체가 생겨난다는 '자연의 이치'에 의한 것이며, 새로운 생명체가 호흡을 하고 심장이 뛰며 먹고 자면서 점점 자라게 되는 것도 모두 '자연의 이치'에 의한 것임을 알 수 있다. 내가 호흡을 하는 것이 아니라 그 '자연의 이치'에 의하여 호흡을 하게 되는 것이고, 내가 잠을 자는 것이 아니라 자게 되는 것이다. 나의 뜻대로 호흡하는 것이라면 호흡하지 않을 수도 있어야 하고, 자지 않을 수도 있어야 하기 때문이다. 따라서 삶 그 자체는 기본적으로 내가 영위하는 것이 아니라 영위되는 것이다. 그렇다면 삶의 주체는 단지 삶이 영위되는 도구에 불과한 이 '몸'에 있는 것이 아니라, 이 몸의 삶을 주도하고 있는 '자연의 이치' 바로 그것이라고 할 수 있다. 이러한 사실들을 바로 인식하고 보면, 내 '몸'의 삶을 영위하는 주체로서의 '나'는 '자연의 이치' 바로 그것임을 명확히 알 수 있다.

'자연의 이치'는 내 '몸'의 삶을 영위하는 주체이면서 동시에 남의 '몸'의 삶을 영위하는 주체이기도 하며 만물의 삶을 영위하는 주체이기도 하기 때문에, '자연의 이치'를 나의 참 존재로 파악하면 나의 참 존재가 너의 참 존재이며 만물의 참 존재이다. 참 존재에 있어서 만물은 모두 하나가 되는 것이다.

'자연의 이치'는 태양이 비치도록 하고 사계절이 순환되도록 하는 등 만물 전체의 삶의 조건을 제공하면서 동시에 만물 하나 하나를 낳고 기르는 원동력이 되기도 하는데, 유학에서는 '자연의 이치'가 갖는 이 두 측면을 구별하여 전자를 천명天命이라고 하고, 후자를 성性이라고 한다. 천명이란 만물이 생겨나고 자라도록 명령하는 것과 같다는 의미에서 붙여진 이름이고, 성이란 만물 하나하나에 주어져 있는 생성과 성장의 원동력을 '살려는 의지'로 파악함으로써 붙여진 이름이다. 성性이라는 글자가 忄(마음)과 生(삶)을 합한 것인 점에서 보면, 성性의 의미를 '살려는 마음', '살려는 의지' 등으로 파악할 수 있다. 그리고 피조물인 만물은 또 이 '자연의 이치'에 따라서 각각의 삶을 유지하는데, 이때에 '자연의 이치'에 따라서 사는 길을 도道라고 한다. 다시 말하면, 천명이 만물의 각 객체에 내재되어 있는 것이 성이고 그 성이 밖으로 나타나는 길이 도이다.

이렇게 하고 보면, 참 존재로서의 '나'의 삶은 궁극적으로 천명 그 자체를 실현하는 것이고, 또한 '성'을 실천하는 것이기도 하지만 구체적으로는 도를 따라서 사는 것으로 나타난다.

사람은 만물을 낳고 기르는 '자연의 이치'에 의하여 생겨났기 때문에 만물과 마찬가지로 처음에는 '자연의 이치'대로 삶을 영위함으로써 질투·미움·사기·투쟁·배신·압박·착취·독재 등 남과 나의 구별에서 나타나는 갈등을 하지 않았다. 오직 평화롭고, 서로 사랑하며, 남과 조화를 이루는 아름다운 존재였다. 그러던 것이 사람의 몸에 있는 감각기관이 작용하면서부터 보는 자, 듣는 자, 냄새 맡는 자, 맛보는 자, 생각하는 자로서의 감각주체가 형성되고, 그 감각주체를 '나'로 착각하게 됨으로써 그 '나'를 주체로 하는 육체적 삶을 영위하는 존재로 전락하고 말았다.

이와 같이 육체 중심의 삶은 '나'와 대립된 개념으로 생겨난 '너'와 더불어 몸이 필요로 하는 먹이를 구하기 위하여 다툴 수밖에 없는 고달픈 삶이 되고, 또 죽음과 함께 그 내용이 끝나고 마는 허무한 삶이 될 수밖에 없다. 그러므로 이를 극복하는 방법은 전락하기 이전의 삶의 형태를 회복하는 길밖에 없다.

그 방법은 무엇인가? 천명을 실천하는 것이 성을 실천하는 것으로 구체화되고, 다시 도에 따라서 사는 것으로 구체화되기 때문에, 사다리를 타고 위로 올라가는 사람이 자기 몸에 가장 가까운 아래에서부터 밟고 올라가듯이 우선 가장 구체화된 도에 따라서 사는 삶을 회복하는 것이다. 도는 성이 나타나는 길인데, 그 길이 제 역할을 못하는 까닭은, 자기만이 잘 살려고 하는 사람의 욕심이 성의 작용을 막아버리기 때문이다. 따라서 사람이 그 길을 다닐 수 있게 하기 위해서는 막힌 그 길을 다시 닦아야 한다.

그런데 엄밀히 말하면, 사람들은 무의식적으로는 늘 그 길을 실천하고 있다. 만약 길이 완전히 막혀 성의 작용이 완전히 차단된다면 그 순간 호흡이 멎을 것이고 심장의 박동이 멈출 것이다. 호흡을 하고 심장이 뛰며 밥 먹고 잠자는 등 사람이 삶을 영위하고 있는 까닭은 기본적으로 잠시도 쉬지 않고 이 도를 실천하고 있기 때문이다. 그러므로 사람이 도를 막음으로써 실천되지 아니하는 것은 의식적인 삶에 국한되는 것이다. 도가 실현되지 않아서 고통받는 것도 의식에서 일어나는 일이다.

천명으로서의 성은 모두에게 공통적으로 내재하지만, 성이 나타나는 정도는 그것을 가로막는 욕심의 크기에 따라서 다르기 때문에 욕심의 크기에 따라 성을 실천하는 능력이 달라진다. 성을 실천하는 능력은 마음의 능력에 속하는 것인데, 그것을 덕德이라고 한다. 德(덕)의 원래의 글자는 悳(덕)이다. 悳(덕)은 直(직)과 心(심)을 합한 글자이므로, 곧게 발휘하는 마음의 능력이란 뜻이다. 곧게 발휘한다는 것은 성을 곧게 발휘하는 것이므로, 덕이란 '성을 곧게 발휘할 수 있는 마음의 능력'이 된다.

이렇게 하여 '도를 닦아서 실천한다'고 하는 학문의 목적은 다시 '덕을 확충하는 것'으로 심화된다. 『대학』에서는 이를, 사람에게 원래 성을 실현하는 능력이 있었음을 감안하여, '명명덕明明德' 즉, '과거에 밝았던 덕을 다시 밝히는 것이다'라 하였다.

그러면 덕을 밝히는 방법은 무엇인가? 예문을 들어 생각해 보기로 하자. 빵이 하나 있다고 할 때, 성 즉, '살려는 의지'는 나의 몸과 남의 몸이 동시에 살아가도록 유도하는 의지이기 때문에 남과 동시에 살기 위하여 나누어 먹으려는 마음으로 발휘되지만, 남이 먹어버린 것만큼 나는 먹지 못하기 때문에 내가 살기 위해서는 내가 다 먹어야 되겠다는 생각에 영향을 받으면 나누어 먹으려는 마음이 굴절하여 혼자 먹으려는 마음으로 변하게 되고, 이는 다시 투쟁하려는 마음으로 변한다. 이때 전자의 경우는 덕이 있다고 할 수 있고, 후자의 경우는 덕이 없다고 할 수 있다.

위의 예문에서 보면, 덕을 밝히는 방법에는 두 종류가 있음을 알 수 있다. 하나는 나누어 먹으려는 마음을 굳세게 갖는 것이고, 다른 하나는 자기 혼자만이 먹으려는 이기적인 생각을 하지 않는 것이다. 이 두 가지 방법 중에서 전자에 해당하는 것이 성의誠意이고 후자에 해당하는 것이 지경持敬이다. 성誠은 단절되고 왜곡됨이 없이 계속 이어지게 하는 것이고, 의意는 성이 나타난 순간의 마음이다. 성이 나타나 구체화된 마음이 정情이다. 그러므로 의意는 성에서 나타나기는 했으나 아직 정으로 구체화되지는 아니한 상태에 있는 마음 즉, 성에서 정으로 가는 과정에 있는 마음을 말한다. 따라서 성의誠意란 성이 나타나 정으로 가는 과정에 있을 때 단절되거나 왜곡됨이 없이 곧바로 이어지도록 한다는 뜻이 된다.

지경持敬은 유지한다는 뜻의 지持와 경건하다는 뜻의 경敬이니, 마음을 경건한 상태로 유지한다는 말이다. 성이 정으로 나타날 때 생각하고 헤아리고 계산하는 등의 의식작용이 개입하면 성이 곧게 나타나지 못하고 왜곡되지만 의식작용이 개입하지 않으면 곧게 나타나므로, 생각하고 헤아리고 계산하는 등의 의식작용을 개입시키지 않고 마음을 경건하게 유지할 필요가 있는데, 그것이 지경이다.

성의와 지경을 철저하게 하면 사람은 성을 실천할 수 있지만, 그것이 쉽지 않다. 누군가에게 뇌물로 돈을 받게 되면 사람들은 양심의 가책을 받는다. 양심은 성에서 나오는 마음이기 때문에 사람이 양심의 가책을 받는 것은 받지 말라는 성의 명령인 것이다. 이때 양심의 명령을 정성스럽게 따르면 받지 않고 돌려줄 수 있다. 그렇게 하는 것이 성의이다. 그러나 돌려주기 전에 '잠깐 양심을 어기면 된다.' '보는 사람이 아무도 없는데 뭘.' 또는 '지금 아들 등록금을 내야 하는데, 아들을 위한 것은 나쁘지 않은 것이다.' '남도 다 받는데 나만 안 받는 것은 바보 같은 짓이다.' 등의 생각을 하면 돌려주지 않고 받게 될 때가 있다. 그러므로 아예 아무 생각도 하지 말고 마음을 경건하게 유지하면 된다. 말하자면 지경을 하면 되는 것이다.

그런데 성의나 지경의 방법이 쉽지는 않다. 그러므로 양심을 지킬 수 있는 또 하나의 방법은 양심을 지키는 것이 얼마나 중요하고 귀한 것인지를 알면 된다. 양심을 지키는 것은 성을 따르는 것이다. 성을 따르는 것은 하늘마음으로 사는 것이다. 도둑의 마음으로 사는 사람이 도둑이고, 놀부의 마음으로 사는 사람이 놀부이듯이 하늘마음으로 사는 사람은 하늘이다. 하늘이 사는 곳이 천국이다. 양심을 어기면 도둑이 되고 사는 곳이 지옥이 되지만, 양심에 따라 살면 하늘처럼 되고 사는 곳이 천국이 된다. 양심을 지키는 것이 이처럼 중요하다는 것을 알면서도 양심을 어기는 사람은 없을 것이다. 그런데 사람들이 양심을 어기는 것은 양심이 무엇인지, 그리고 양심을 지키면서 사는 것이 얼마나 중요한 것인지를 몰라서 그런 것이다. 그러므로 양심을 지키는 좋은 방법은 양심을 아는 것이고, 양심을 아는 것은 성을 아는 것이다. 따라서 덕을 밝히는 것으로 귀결되었던 학문의 목적은 다시 성性을 인식하는 것으로 심화된다.

성은 어떻게 인식할 수 있는가? 나의 성은 내 마음 깊숙한 곳에 내재해 있는 것이므로 쉽게 알기 어렵다. 이는 내 몸 깊숙한 곳에 있는 내 몸의 간을 알기 어려운 것과 같다. 그런데 내 몸의 간을 알 수 있는 하나의 방법이 있다. 남의 간을 꺼내보면 된다. 의학도들이 시신을 해부하는 이유는 그 때문이다. 나의 성을 아는 방법도 마찬가지다. 나의 성이 남의 성이므로 남을 관찰하여 남의 성을 알면 된다. 이를 격물치지格物致知라 한다. 격格은 '이른다', '다가간다'는 뜻이고, 물物은 나 이외의 모든 것이므로 격물格物은 '다른 것에 다가간다'는 뜻이다. 그리고 치지致知는 '앎을 이룬다'는 뜻이니 격물의 결과 다른 것에 내재해 있는 성을 인식하고 그것을 통하여 나의 성을 알게 된다는 뜻이다.

나의 성은 남의 성과 같은 것이고 만물의 성과도 같은 것이므로 그런 의미에서 그것을 천명天命이라 한다. 그러면 성을 아는 것으로 귀결되었던 학문의 종착역은 결국 천명을 아는 것이 된다. 천명을 인식하고 천명을 실천하면 학문의 목적은 달성되고 학문이 완성된다.

천명을 알고 천명을 실천하게 되면 천명이 나의 주체가 되고 나는 천명을 실천하는 도구가 된다. 천명은 하늘의 뜻이다. 하늘의 뜻이 성이고 성은 모두가 다함께 가지고 있는 것이므로 하늘의 뜻으로 사는 사람은 남과 하나가 된다. 남과 하나가 되는 사람은, 남이 나이기 때문에 남과 경쟁하지 않는다. 남과 경쟁하지 않는 사람은 늘 여유가 있고 느긋하다. 그런 사람은 건강하다. 그런 사람은 늘 남을 사랑한다. 남을 사랑하는 사람은 남도 그를 사랑하고, 남을 존경하는 사람은 남도 그를 존경한다. 그러므로 하늘의 뜻으로 사는 사람은 언제나 남에게 사랑을 받고 존경을 받는다. 그런 사람은 하는 일마다 성공을 한다.

하늘의 뜻으로 사는 사람은 모두와 하나가 되기 때문에 늙어도 기쁘다. 개인주의로 사는 사람에게는 늙음이 슬픔으로 다가온다. 늙음은 청춘을 상실하는 슬픔이다. 그러나 모두와 하나로 사는 사람은 자기 개체가 늙는 것은 다른 사람들이 자라는 것이 된다. 자라는 것은 기쁜 일이다. 그래서 하늘의 뜻으로 사는 사람은 늙어도 기쁘다. 개인주의로 사는 사람에게는 죽음이 절망으로 다가온다. 죽음이란 자기가 지구상에서 사라지는 것이다. 그보다 더 절망적인 것은 없다. 그러나 하늘의 뜻으로 사는 사람은 죽음이 절망이 아니라 희망이다. 하늘의 뜻으로 사는 사람은 모두가 다 살기를 바란다. 모두가 사는 방식은 늙은 사람이 죽는 것이다. 지금까지 아무도 죽지 않았다면 한 사람도 살 수 없을 것이다. 따라서 하늘의 뜻으로 사는 사람에게는 늙어서 죽는 것이 모든 사람의 사는 방식으로 느껴진다. 그것은 희망이다. 하늘의 뜻으로 사는 사람에게는 죽음이 없다. 죽음은 개체의 몸에서만 있는 것일 뿐이다. 전체의 생명은 영원히 이어진다. 그러므로 전체와 하나로 사는 사람은 영원하다. 이런 의미에서 볼 때 하늘의 뜻으로 사는 사람은 영생하는 사람이다. 하늘의 뜻으로 사는 사람에게는 늙음이 자람의 기쁨이 되고, 죽음이 영생의 희망이 된다. 하늘의 뜻으로 사는 것, 이보다 더 좋은 일이 없다. 그것이 배움으로 이룰 수 있는 것이라면 세상에 배움보다 더 기쁜 일은 없다.

진리는 자연의 이치이고 하늘의 뜻이다. 하늘의 뜻으로 사는 것이 진리로 사는 것이다. 그것은 기쁜 일이다. 그러나 하늘의 뜻이 무엇인지 배워서 알았더라도 그 순간부터 바로 남과 경쟁하지 않게 되는 것도 아니고 늙어가는 자신의 모습이 기쁨이 되는 것은 아니다. 그것은 왜 그럴까?

수영하는 법을 교실에서 배워서 다 알았다 해도 깊은 물에 들어갈 수는 없다. 배워서 아는 것은 머릿속에서만 아는 것이지 몸으로 아는 것은 아니다. 몸으로 알지 못하면 물에 빠진다. 그러므로 배운 내용을 몸에서 알 수 있을 때까지 연습을 해야 한다. 진리를 배우는 과정도 이와 같다. 진리의 내용을 배워서 아는 것은 머릿속에서만 아는 것이지 몸으로 아는 것이 아니다. 그렇기 때문에 끊임없이 연습을 해야 한다. 가장 좋은 연습법은 배운 내용을 실천해 보는 것이다. 경전을 통해서 성인의 말씀을 읽고 그 내용을 실천하는 것보다 더 좋은 연습법은 없다. 실천은 몸으로 한다. 실천을 통해서 진리의 내용을 익히게 되면 몸에서 느낌이 나온다. 진리를 터득하여 실천하는 것보다 더 행복한 것은 없다. 그 행복은 느낌으로 확인된다. 행복은 느낌이다. 부자가 되어도 불행하게 느끼는 사람은 불행한 것이지만, 가난해도 행복하게 느끼는 사람은 행복한 사람이다. 공자가 배움을 강조한 까닭은 그것이 행복으로 가는 과정이기 때문이다.

공자는 기쁨에 충만해 있었다. 그런 공자를 바라보는 사람들도 그 기쁨을 공유하고 싶어졌다. 그래서 사람들은 공자에게 배우기 위해 모여들었다. 가까이 있는 사람들은 물론이고, 멀리 있는 사람들까지도 모여들었다. 많은 사람들이 모여 함께 진리로 나아가는 것은 즐거운 일이다. 즐거움은 기쁨이 발전된 형태이다. 배고플 때 먹을 것을 얻게 되면 기쁨을 느끼지만, 그냥 먹지 않고 맛있게 요리를 하여 여럿이 나누어 먹으면 그 기쁨이 즐거움으로 발전된다. 학문하는 기쁨에 있어서도 이와 마찬가지이다. 멀리서 찾아온 사람들까지 기쁨을 나누어 가질 때 그것은 즐거움으로 발전되는 것이다. "벗들이 이제 먼 곳으로부터도 모여들고 있으니, 또한 즐겁지 아니한가!"라고 한 공자의 말씀은 이를 두고 한 말이다.

학문의 길은 원래 기쁨을 터득하는 과정이기 때문에 그 자체로 기쁜 것이다. 남이 알아주고 알아주지 아니하는 것에 구애되지 아니한다. 남이 알아주어서 함께 학문을 하게 되면 즐겁지만, 알아주는 사람이 없어도 화가 날 일은 없다. 공자에게는 사람들이 많이 모여들 때도 있었지만 많은 사람이 떠나갈 때도 있었다. 세상에는 욕심 많은 사람들이 많다. 그런 사람들은 욕심을 채우기 위해 공자에게 왔다가 실망을 하고 떠나기도 했다. 어떤 때는 다른 사람들까지 데리고 떠나기도 했다. 그러나 공자는 서운하지 않았다. 그런 모습이 군자의 모습이다. 배움은 자기가 좋아서 하는 것이지 남이 알아주기를 바라고 하는 것이 아니기 때문이다.

군자는 ① 다스리는 위치에 있는 사람, ② 덕을 회복하여 실천하는 사람, ③ 진리를 배우는 사람 등의 뜻으로 쓰이는데, 여기서는 ③ 진리를 배우는 사람이란 뜻으로 쓰였다.

진리를 얻는 방법에는 여러 가지가 있다. 인도와 같은 무더운 나라에서는 스승을 찾아다니며 배우는 방법보다는 시원한 나무 밑이나 동굴 속에서 명상을 하여 깨닫는 방법이 효과적일 것이며, 늘 이동하면서 살 수밖에 없는 척박한 사막에서는 학문을 할 수 있는 여건이 되지 못하기 때문에, 탁월한 재능으로 먼저 깨달은 선지자의 말씀을 믿고 따르는 방법이 효과적일 것이다. 그러나 공자가 살았던 중국 산동지방은 기후가 온화하고 토지가 비옥하여 사람들이 정착생활을 하며 풍요롭게 살 수 있었으므로 배움을 지속할 수 있는 여건이 되어 있었고, 또 고대로부터 진리의 내용이 전해오고 있었으므로 배우기만 하면 누구나 진리를 얻을 수 있었다. 공자가 배움을 강조한 것도 이 때문이다.

제2장

有子曰其爲人也孝弟요 而好犯上者鮮矣니 不好犯上이요 而好作亂者未之有也니라 君子務本이니 本立而道生하나니 孝弟也者는 其爲仁之本與인저

(유자왈기위인야효제 이호범상자선의 불호범상 이호작란자미지유야 군자무본 본립이도생 효제야자 기위인지본여)

| 국역 |

유자有子가 말했다. "그 사람됨이 효성스럽고 공손하면서 윗사람에게 덤비는 것을 좋아하는 자는 드물다. 윗사람에게 덤비는 것을 좋아하지 않으면서 어지러운 일을 만드는 자는 있지 않다. 군자는 근본적인 것에 힘쓴다. 근본적인 것이 확립되면 방법은 생기기 마련이다. 효도와 공손함은 인仁을 행하는 근본이 되는 것이다."

| 난자풀이 |

1 有子 : 유有는 성姓, 명名은 약若, 자字는 자유子有. 공자孔子의 제자로서 공자보다 43세 아래이고 노魯나라 사람이다. 용모가 공자와 닮았다고 전해진다. 유약有若에 대해서 남자에 대한 미칭美稱인 '자子'를 붙여 유자有子로 칭한 것을 보면, 이 문장이 유약有若의 제자에 의해 기록된 것으로 짐작할 수 있다.

2 爲人 : 사람됨. 사람의 됨됨이.

3 弟 : '동생'이란 뜻인데, 이것이 '형에 대한 동생의 마음'이란 뜻으로 발전되고, 다시 '윗사람을 공경하는 마음'이란 뜻으로 발전된 것이다. 후세에는 제悌로 표기하여 '동생'을 의미하는 제弟와 구별한다.

4 之 : 다음에 오는 유有와 도치되어 있다. 문법적으로 말하면, 부정을 나타내는 말 + 타동사 + 타동사의 목적어가 연결될 때, 타동사와 목적어(여기서는 之)가 도치되는 경향이 있다.

예) 未有之也 → 未之有也. 莫能禦之也 → 莫之能禦也.

5 道 : 방법. 도리.

6 爲仁之本 : 위爲를 인지본仁之本의 서술어로 보아 '인仁의 근본이 된다'로 번역하는 사람도 있으나, '위인유기爲仁由己', '자공문위인子貢問爲仁', '난여병위인의難與並爲仁矣' 등의 문장에서 위인爲仁이 독립적으로 쓰이고 있는 것을 보면, 위爲는 인仁을 목적으로 하는 타동사로 보는 것이 타당하다. 따라서 해석은 '인仁을 하는 근본'이 된다.

7 與 : 추측의 뜻을 나타내는 조사. 후세에는 여歟로 쓰이기도 하였다.

| 강설 |

유약有若은 사회의 혼란이 작란作亂 즉, 현대어로 말하면 쿠데타를 일으키는 데서 비롯되고, 그것은 다시 아랫사람이 윗사람을 해치려는 마음을 갖는 데서 유래하며, 그것은 또 부모에게 효도하고 윗사람에게 공경하는 마음의 결핍에서 유래한다고 봄으로써, 사회의 혼란을 극복하는 근본적인 방법으로 효孝와 제弟의 실현을 제시하였다. 사회적 안정을 이룩하는 방법으로서의 이와 같은 유약有若의 이론은 일면 타당성이 있다. 윗사람이 아무리 잘못하더라도 아랫사람이 가만히 있기만 하면 혼란은 일어나지 않을 것이기 때문이다. 그러나 이 이론은 윗사람, 궁극적으로는 정치의 책임자인 왕에게 혼란의 책임을 묻지 않고 있다는 데에 문제점이 있다. 이러한 이론은 윗사람의 입장에서 윗사람을 옹호하는 이론이 되기 쉽다. 공자孔子라면 이러한 이론을 제시하지 않았을 것이다.

인仁은 ① 자自와 타他가 구별되지 아니하는 만물일체萬物一體의 상태이며, ② 만물일체萬物一體를 실천하는 마음의 상태, 다시 말하면 남을 나처럼 아끼고 사랑하는 마음의 상태이며, ③ 몸이 본래의 상태대로 움직이지 아니하는 것을 불인不仁이라 하는 것에서 보면 몸이 본래의 모습대로 움직이는 상태이며, ④ 살구·복숭아 등에서 영속永續하는 부분이 씨알인데, 그 씨알을 행인杏仁·도인桃仁이라 부르는 것에서 보면, 영속永續하는 상태를 말한다. 본래의 모습에서는 시간적·공간적 단절이 극복되는 것이다.

현실적 인간관계 속에서 남과 내가 하나임이 실현되는 것은 부모와 자녀의 관계에서이다. 그러므로 자녀에 대한 부모의 마음은 한마음이고, 부모에 대한 자녀의 마음 또한 한마음이다. 부모가 가지는 한마음을 특히 자慈라고 하고, 자녀가 가지는 한마음을 특히 효孝라고 한다.

자애로운 부모는 늘 자녀와 한마음이 되고, 효도하는 자녀는 늘 부모와 한마음이 된다. 부모와 내가 하나이듯이 부모와 형도 하나이기 때문에 부모에게 효도하는 자녀는 형을 부모처럼 받든다. 그것이 제弟이다. 효도하는 자녀는 형과 하나이기 때문에 큰아버지나 작은아버지와도 하나가 된다. 이처럼 확산해 가면 나와 하나가 되는 관계가 사촌四寸·오촌五寸·육촌六寸 등으로 확산되어, 결국 모든 인류와 하나가 되고 만물萬物과도 하나가 된다. 만물과 하나가 되는 상태가 인仁이므로, 효孝와 제弟가 인仁을 이루는 근본적인 방법이 된다.

인仁을 실현하는 방법에는 학문을 통한 방법 외에도 효도를 통한 실천적 방법이 있다. 그러므로 이 장章을 제1장 뒤에 붙여 인仁을 실현하는 두 방법을 제시한 것이다.

제3장

자 왈 교 언 영 색 　 선 의 인
子曰巧言令色이 鮮矣仁이니라
　　 1 　 2 　　 3 4

| 국역 |

공자께서 말씀하셨다. "말을 교묘하게 하고 얼굴빛을 곱게 꾸미는 사람 중에는, 드물다. 인仁한 사람이!"

| 난자풀이 |

1 巧 : 교묘하다. 아름답다.

2 令 : 좋다. 곱다. 교언영색巧言令色은 '말을 교묘하게 하고 얼굴빛을 곱게 꾸미는 사람'이란 뜻으로 해석하는 것이 좋다.

3 鮮 : 드물다. 곱다.

4 矣 : 긍정문의 끝에 붙이는 조사. 선의인鮮矣仁은 '어진 사람이 드물다'는 뜻이므로 인선의仁鮮矣로 되어야 할 문장이지만, 인을 강조하기 위해 뒤로 뺐다. 어떤 단어를 강조할 때는, 그 말이 앞에 있을 때는 뒤로 빼기도 하고, 뒤에 있을 때는 앞으로 내기도 한다.

| 강설 |

공자가 사람을 판단하는 방법에 대해 말한 것이다. 대개의 사람들은 말을 잘하고 얼굴을 깨끗하게 꾸민 사람을 좋게 보는 경향이 있다. 대통령 출마자나 국회의원 출마자들이 토론을 하는 장면을 보는 사람들은, 얼굴이 깔끔하고 말을 교묘하게 하는 사람을 훌륭한 사람으로 판단하는 경우도 있다. 그러나 사실은 그 반대다. 부모는 자녀를 남으로 여기지 않기 때문에 자녀에게 잘 보이기 위해 말을 교묘하게 하거나 얼굴을 예쁘게 꾸미지 않는다. 한마음을 가진 사람도 이와 같다. 그는 다른 사람을 남으로 보지 않기 때문에 남에게 잘 보이려는 마음이 없다. 마음먹은 것을 있는 그대로 솔직하게 말할 뿐이다. 말을 교묘하게 하고 얼굴빛을 보기 좋게 꾸미는 사람은 남에게 잘 보이기 위해 욕심을 부리는 사람이다. 그런 사람은 자기의 욕심을 채우기 위해 나에게 접근하는 사람이다. 그러므로 그런 사람을 훌륭한 사람으로 알고 신용하면 나중에 반드시 후회하게 된다.

제4장

증자왈오일삼성오신 위인모이불충호 여붕
曾子曰吾日三省吾身하노니 爲人謀而不忠乎아 與朋
1 2 3

우교이불신호 전불습호
友交而不信乎아 傳不習乎아니라
4 5

| 국역 |

증자는 말했다. "나는 날마다 세 가지로 내 몸을 살피노니, 남을 위하여 일을 도모하면서 진실한 마음으로 하지 아니했는가? 벗과 사귀면서 미더운 마음으로 하지 아니했는가? 전해주신 선생님의 가르침을 익히지 아니했는가?"

| 난자풀이 |

1 曾子 : 증曾은 성姓이고, 이름은 참參, 자字는 자여子輿. 노魯나라 사람이다. 공자보다 46세 아래지만 공자의 학통을 후세에 전한 중요한 인물이다. 『대학』을 서술했다고 전해진다. 이 문장에서는 이름을 쓰지 않고 증자曾子로 기록하였으므로, 이는 아마도 증자의 문인에 의하여 기록된 것으로 추측할 수 있다.

2 三 : '여러 번'으로 해석하는 사람들도 있으나 세 가지의 반성하는 내용이 나오므로 '세 가지로'로 해석하는 것이 좋을 것이다.

3 忠 : 중中과 심心을 합한 글자다. 中은 속이라는 뜻이므로 충忠은 '속에 있는 마음', 즉 '꾸밈없는 진실한 마음'을 의미한다. 속에 있는 마음은 성性이므로 충忠과 성性은 같은 의미이다. 같은 마음이지만, '속에 있는 마음'이란 뜻으로 쓸 때는 충忠이라 하고, '살고 싶은 마음'이란 뜻으로 쓸 때는 성性이라 한다.

4 信 : 미더운 마음. 속에 있는 마음은 변하지 않는 마음이므로 믿을 수 있다. 신信은 충忠·성性과 같은 마음이지만, '변하지 않는 미더운 마음'이란 뜻으로 쓸 때는 신信이라 한다.

5 傳 : 선생님이 전해주신 가르침.

| 강설 |

증자는 공자의 제자 중에서 독실하고 신중하며 효성이 지극한 것으로 유명한 사람이다. 그의 아내가 시장에 따라가려는 아들을 달래기 위해, 시장에 갔다 와서 돼지를 삶아주겠다고 거짓으로 약속하는 것을 들은 증자는, 부모가 거짓말을 하는 것은 자녀에게 거짓말하도록 유도하는 것이므로 불가하다고 생각하여, 약속대로 돼지를 잡아서 삶아주었다는 유명한 이야기가 『한비자韓非子』에 전한다.

증자는 머리가 좋은 사람도 아니었고 재주가 뛰어난 사람도 아니었다. 오직 성실하게 선생님의 가르침을 익히는 사람이었다. 학생들에게 가장 중요한 것은 이 점이다. 공자의 학통을 후대에 전한 사람은 증자였다. 수제자인 안연도 아니었고, 재주가 뛰어난 자공도 아니었다. 이를 보면 성실하게 공부하는 것이 얼마나 중요한 것인지를 알 수 있다.

진리로 나아가는 길은 욕심을 제거하는 것에서 시작된다. 욕심을 제거하는 데 가장 중요한 것은 반성이다. 반성할 줄 모르는 사람은 결코 진리로 나아갈 수 없다. 자기는 잘못하는 일이 없다고 생각하는 사람은 진리를 얻지 못한다. 자기는 부끄러운 일을 한 적이 없다고 생각하는 사람은 진리를 얻지 못한다. 자기가 똑똑하다고 생각하는 사람도 진리를 얻지 못한다. 자기가 훌륭하다고 생각하는 사람도 진리를 얻지 못한다. 자기가 착한 사람이라고 생각하는 사람도 진리를 얻지 못한다. 자기는 사회봉사를 많이 하는 사람이라고 뿌듯하게 생각하는 사람도 진리를 얻지 못한다. 그런 사람들은 반성을 하지 않기 때문이다. 진심으로 자기 마음을 들여다보고, 거기에 가증스런 욕심덩어리가 도사리고 있는 것을 아는 사람은 부끄러워할 줄 안다. 부끄러워할 줄 아는 사람만이 반성을 할 수 있고, 반성을 하는 사람만이 자기의 욕심을 버리는 데 주력할 수 있으며, 욕심을 버리는 데 주력하는 사람만이 진리에 도달할 수 있다.

증자는 하루도 빠짐없이 반성을 했다. 사람이 산다는 것은 끊임없이 남과 만나는 과정이고, 그중에서도 친구들과 만나는 기회가 많다. 사람이 남과 만날 때는 남에게 이기려는 욕심이 발동하기 쉽다. 남의 일을 할 때는 더욱 그렇다. 본심은 남과 나를 구별하지 않는 한마음이다. 한마음으로 일을 하기란 참으로 어렵다. 그래서 증자는 남의 일을 할 때 욕심이 발동하지 않는지 늘 반성했다. 친구를 만날 때도 욕심이 발동한다. 모든 친구를 똑같이 대하기는 어렵다. 권력이나 재력을 가진 자를 우대하기도 하고, 유명한 자와 어울리기를 좋아하기도 한다. 이런 것은 모두 욕심 때문이다. 욕심으로 사람을 사귀는 사람은 믿을 수 없는 사람이다. 이익이 될 때는 사귀다가도 손해가 되면 돌아서기 때문이다. 그러므로 친구를 사귈 때 마음을 들여다보고 발동하는 욕심을 그때그때 지우는 것이 진리를 얻는 좋은 방법이 된다. 증자가 친구를 사귈 때마다 반성한 것도 이 때문이다. 이 두 가지 외에도 증자는 하루도 빼놓지 않고 선생님이 가르쳐주신 것을 익혔다. 선생님의 가르침은 진리를 얻는 것으로 집약되어 있다. 그러므로 선생님의 가르침을 열심히 익히는 것이 진리를 얻는 지름길이다. 증자는 하루도 쉬지 않고 진리를 얻는 일에 매진했다. 증자는 진리를 얻었다.

제5장

자 왈 도 천 승 지 국　　경 사 이 신　　절 용 이 애 인
子曰道千乘之國하되 敬事而信하며 節用而愛人하며
[1] [2] [3] [4]
사 민 이 시
使民以時니라
[5] [6]

| 국역 |

공자께서 말씀하셨다. "천승千乘의 나라를 다스리는 법은 '일을 경건하게 처리하고 미덥게 하며, 쓰는 것을 절약하고 사람을 사랑하며, 백성을 부리기를 알맞은 때로써 하는 것'이다."

| 난자풀이 |

[1] 道 : 도導와 통용되어 '인도한다', '다스린다' 등의 뜻이 된다.

[2] 乘 : 말 네 마리가 끄는 전차戰車. 일승一乘에 갑옷 입은 무사 3인, 걸어서 다니는 병졸 72인, 취사병 10인, 피복 담당자 5인, 수송 담당자 5인, 땔나무와 물 담당자 5인, 도합 100인이 따라붙는다. 원칙적으로 천자는 전차 만 대, 제후는 천 대, 대부는 백 대를 보유한다.

[3] 敬 : 경건함. 이기적이고 자기중심적인 생각을 하지 않고 마음을 진실하게 간직하는 것을 말한다.

[4] 人 : 민民과 구별된다. 인人은 원래 인방족人方族, 즉 동이족東夷族을 지칭하

는 고유명사였는데, 동이족이 원래 어질고 예절 바른 군자들이었으므로 나중에 '군자', '관리' 또는 '귀족'이란 뜻으로 사용되다가 '사람'이란 뜻으로 보통명사화된 것이다.

5 民 : 백성. 주로 농민을 지칭한다. 민民은 원래 중국 서부지역의 사람들을 가리키는 고유명사였다는 설이 있다. 고대에는 서부지역의 사람들이 동부지역의 사람들보다 열등했으므로 나중에 민民이 '서민'이란 뜻으로 쓰이다가, 국가의식이 강해진 뒤에는 백성이란 의미로 쓰이게 되었다.

6 時 : 알맞은 때. 제때. 여기서는 농민을 부리기에 알맞은 '농한기'를 의미한다.

| 강설 |

제후국을 다스리는 방법은 천자가 천하를 다스리는 방법과는 다르다. 천자가 천하를 다스리는 방법은 『중용』에 자세하게 언급되어 있다. 그 내용은, ① 먼저 천자 자신의 인격을 완성하는 것, ② 정치이념을 올바로 설정하는 것, ③ 친인척들이 화목하게 되는 것, ④ 대신들을 존중하는 것, ⑤ 하급관리들과 일체감을 조성하는 것, ⑥ 서민들을 사랑하고 농업을 발전시키는 것, ⑦ 공업을 발전시키는 것, ⑧ 복지정책을 실시하여 소외되는 계층이 없게 하는 것, ⑨ 제후들을 잘 회유하는 것 등의 아홉 가지다.

공자가 살던 당시에는 천자가 천하를 다스리고 제후들이 제후국을 다스리던 시대였다. 오늘날 우리의 상황으로 보면, 천자가 천하를 다스리는 것은 대통령이 국가를 다스리는 것에 해당하고, 제후가 제후국을 다스리는 것은 도지사가 각 도를 다스리는 것에 해당한다. 도지사가 각 도를 다스리는 방법은 대통령이 나라를 다스리는 것과 같을 수는 없다. 도지사는 정치이념을 수립할 필요가 없다. 국가 전체의 이념에 따르면서 오직 맡겨진 일에 최선을 다하기만 하면 된다.

도지사가 일을 처리할 때 주의해야 할 것은 자기의 욕심이 끼어들면 안 된다는 것이다. 도로를 내거나 발전 계획을 세울 때, 자기에게 유리한 쪽으로 진행하면 일이 순조롭게 진행되지 못한다. 자기중심적인 계산을 하지 말고 경건한 마음으로 가장 알맞은 방법을 찾아야 한다. 공자가 일을 경건하게 해야 한다고 한 것이 바로 이를 말하는 것이다.

다음으로 주의해야 할 것은 일을 미덥게 해야 한다는 것이다. 국민들에게 한 약속을 꼭 지키며, 일을 일관되게 추진하면 국민들은 그 정치를 믿는다. 국민들에게 신뢰받지 못하는 정치는 성공할 수 없다.

세 번째로 주의해야 할 것은 절약해야 한다는 것이다. 도지사가 돈을 쓰는 것은 자기가 벌어서 쓰는 것이 아니다. 국민들이 낸 세금을 쓰는 것이다. 국민들이 낸 세금을 쓰면서 절약하지 않는 것은 국민들을 무시하는 것이다. 정치하는 사람이 국민을 무시하면 국민도 그들을 무시한다. 국민들에게 무시를 당하는 정치가는 성공할 수 없다. 다음으로는 훌륭한 사람들을 사랑하며 그들을 등용하는 것이다. 정치의 승패는 훌륭한 사람들을 찾아내어 등용하는가의 여부에 달려 있다. 마지막으로 일반 서민들에게 불편을 주지 않는 것이다. 옛날에는 국민들에게 부역을 시키는 일이 많았다. 그럴 때는 농번기를 피해야 한다. 농번기 때 부역을 시키면 서민들은 농사를 지을 수 없다. 오늘날에는 서민들에게 부역시킬 일이 없으므로, 대신 도로의 수리를 할 때는 출퇴근 시간을 피하고 대중교통 이용을 편리하게 만드는 것 등이 이에 해당할 것이다.

일을 경건하게 하고 신의를 지키며 훌륭한 사람을 사랑하는 것은 도덕을 실천하는 것이고 비용을 줄이고 농한기에 부역시키는 것은 경제를 부흥시키는 것이므로, 이로써 도덕의 실천과 경제의 부흥이라는 정치의 두 요소가 구비된다. 이렇게만 하면 잘못될 일이 없다. 오늘날 일부 지방자치단체장들이 많은 빚을 지면서까지 청사를 호화롭게 지어서 많은 비난을 받게 된 것은 이와 같은 공자의 가르침을 지키지 않았기 때문이다.

제6장

子曰弟子入則孝하고 出則弟하며 謹而信하며 汎愛衆하되 而親仁이니 行有餘力이어든 則以學文이니라

(자왈제자입즉효 출즉제 근이신 범애중 이친인 행유여력 즉이학문)

| 국역 |

공자께서 말씀하셨다. "어린이는 들어와서는 효도하고 나가서는 공경하며 삼가고 미덥게 하며 널리 사람들을 사랑하되 어진 사람과 친해야 한다. 행하고서 남은 힘이 있으면 그 힘을 가지고 글을 배운다."

| 난자풀이 |

1 弟 : 원래는 '아우'라는 뜻이지만, 아우는 형을 공경하므로 '공경한다'는 뜻이 된다.
2 謹 : 삼가다. 정중하다. 침착하다.
3 汎 : 널리. 두루두루.
4 而 : 앞의 문장과 뒤의 문장을 잇는 접속사이다.
5 仁 : 여기서는 '어진 사람', '착한 사람'이란 뜻으로 쓰였다.
6 以 : 이以는 기본적으로 以A爲B라는 문형으로 쓰이고, 'A를 가지고 B를 한다'고 해석한다. 여기서는 이以의 목적어인 A가 생략되었다. 생략된 내용은 앞에 나온 여력餘力이다. 원래는 '이여력학문以餘力學文'이라 해야 할 것을 앞 문장에 여력餘力이 있기 때문에 생략한 것이므로, '남은 힘을 가지고 글을 배운다'로 해석해야 한다.

| 강설 |

제자弟子는 글자 그대로 동생과 자녀를 지칭한다. 오늘날의 말로 번역하면 어린이로 해야 하며, 초·중·고교까지의 학생이 이에 해당될 것이다.

공자가 말하는 자녀교육의 첫 번째는 자녀를 효도하는 자녀로

만드는 것이다. 만약 부모에게 효도하지 못하면서 공부만 잘하면 그는 반드시 문제아가 된다. 그가 자라서 많은 능력을 가지게 되면 그는 그 능력을 남을 위하는 일에 쓸 수 없다. 부모를 위할 줄 모르면서 남을 위한다는 것은 있을 수 없는 일이기 때문이다. 그러므로 효도할 줄 모르는 아이가 나중에 큰 능력을 가지게 되면 그는 그 능력으로 집안을 망치고 나라를 망치는 일을 하게 될 것이다.

그러므로 공자는 효도를 자녀교육의 첫 번째 철칙으로 제시했다. 그러면 효도란 무엇이며, 그 내용은 어떤 것일까?

어린이들은 밖에 나가면 다른 아이들과 경쟁하느라 긴장한다. 학교에서 담임선생님에게 벌을 받기도 하고 그 때문에 급우에게 비난을 받기도 하며 무시당하기도 한다. 이러한 경우에는 마음에 심한 상처를 받는다. 이 상처가 아물지 않고 깊어지면 정상적인 삶을 살아갈 수 없다. 이 상처를 아물게 하는 최선의 방법은 부모를 만나는 것이다. 부모는 자녀를 무조건적으로 사랑한다. 자녀를 위해서는 자기희생도 감수한다. 자녀가 병이 들어 아파하면 부모도 함께 아프다. 심지어는 그 아픔을 대신하고 싶어한다. 부모는 어떠한 경우라도 자기의 자녀를 인정한다. 자녀가 슬퍼하면 함께 슬퍼하고 자녀가 울면 함께 운다. 이러한 부모의 사랑에 의해 자녀의 마음의 상처는 치료되는 것이다. 어린이의 성장 과정은 이처럼 상처받기도 하고 치료되기도 하는 과정의 연속이다. 그러므로 부모의 사랑을 받지 못하는 어린이들은 상처가 치료되지 않기 때문에 정상적으로 성장할 수 없다.

이러한 상황은 성장해서도 마찬가지다. 사회에 나가면 경쟁이 더욱 치열해진다. 그럴수록 경쟁에서 지지 않기 위하여 긴장해야 하는 피곤함이 쌓인다. 이러한 경우일수록 이에서 벗어나기 위해서 절대로 경쟁상대가 아닌 사람, 절대적으로 자기를 인정해 주는 사람을 만나고 싶게 마련이다. 그런 사람이 바로 부모다. 부모를 만나면 그 간의 긴장이 다 해소되기 때문이다.

그러므로 사회생활에서 긴장을 많이 하고 스트레스를 많이 받는 사람일수록 부모의 존재를 더욱 필요로 하며, 가난하거나 어려운 환경에 있는 사람일수록 부모를 더 그리워한다. 생명이 위태로울 정도의 어려움을 당한다면 부모의 존재는 절대적이다. 이러한 사실을 안다면 부모의 사랑이 얼마나 귀한 것인지를 알게 될 것이다. 이를 인식한다면 평소 귀찮아하기도 했던 부모의 잔소리 정도는 아무 문제도 되지 않을 것이다. 이 세상에 부모의 사랑보다 더 중요한 것이 없고 부모의 사랑보다 더 행복한 것이 없다.

부모의 사랑을 받는 것이 행복의 보루라는 것을 안다면, 그리고 그것이 가장 귀한 것인 줄을 안다면 사람은 누구나 그 부모의 사랑을 지속적으로 받고 싶어할 것이고 그렇게 되도록 노력할 것이다. 그 노력이 바로 '효'다. 다시 말하면 '효'란 '부모의 사랑을 지속적으로 받기 위한 자녀의 노력'이라고 정의할 수 있다. 이 정의에 의하면 '효'란 부모에게 주는 것이 아니라 받기 위한 것이다. 받기 위한 것이 아니고 일방적으로 주는 것이라면 '효'라고 할 수 없다.

부모의 사랑을 지속적으로 받기 위해서는, 그리고 부모와 한마음의 상태를 계속 유지하기 위해서는 우선 부모가 살아 있도록 해야 한다. 그러나 부모가 살아 있기만 하고 자녀를 사랑하지 않는다면 그것은 의미가 없기 때문에, 부모에게 사랑을 받을 수 있도록 부모의 뜻을 받들고 따라야 한다. 따라서 '효'를 실천하는 방법은 부모가 살아 계시도록 잘 봉양하는 것과 부모의 뜻을 잘 받드는 것, 이 두 가지로 수렴된다.

불효자가 성공한 예는 없다. 성공한 사람들은 모두 효자들이다. 부모도 위할 줄 모르는 사람은 남을 위할 줄 모른다. 남을 위하지 않는 사람은 남도 그를 위하지 않는다. 남의 도움을 받지 않고 혼자서 성공하는 사람은 없다. 그러므로 부모를 위할 줄 모르는 사람은 결코 성공할 수 없다. 효도는 성공의 원동력이다. 이러한 이유에서도 효도는 중요하다.

공자가 제시한 자녀교육법의 두 번째 원칙은 자녀로 하여금 형이나 이웃 어른을 공경하도록 인도하는 것이다.

공경은 효도의 연장이다. 부모에게 효도하는 아이는 저절로 형을 공경하게 된다. 그러므로 역으로 형을 공경하도록 유도하는 것이 또한 부모에게 효도하게 하는 방법이 되기도 한다. 형을 공경하지 않고 이웃 어른을 공경하지 않으면서 공부를 잘하여 능력을 갖게 된 사람은 그 능력을 남을 위해서 쓸 수 없다. 그는 그 능력을 자기만을 위해서 쓰다가 결국 자기도 망하고 남도 망칠 것이다. 그러므로 효자로 만드는 것 다음으로 힘써야 하는 것이 자녀로 하여금 공경하는 마음을 갖도록 하는 것이다.

공자가 제시한 자녀교육의 세 번째 원칙은 침착하고 집중력 있는 자녀로 만드는 것이다. 집중력이 없는 아이가 능력을 발휘하기란 어렵다. 당장 공부를 잘 못하더라도 집중력만 있으면 걱정할 것이 없다. 그만큼 집중력은 능력을 발휘하는 데 중요하다. 집중력은 하루아침에 길러지는 것이 아니다. 평소에 훈련을 통해서 꾸준히 길러야 한다.

공자가 제시한 자녀교육의 네 번째 원칙은 미더운 자녀로 만드는 것이다. 거짓말하는 아이가 성공하는 경우는 없다. 사람은 누구나 남과 어울려 살게 마련이다. 혼자 살 수 있는 사람은 없다. 사람이 남과 함께 어울려 살 수 있는 밑천은 믿음이다. 믿음이 없는 사람은 남들이 함께 어울리려고 하지 않기 때문에 외톨이가 되고 만다. 성공한 사람이 거짓말하는 경우가 많은데, 이는 성공한 뒤에 그렇게 된 것이다. 거짓말을 잘 하는 사람이 성공한 법은 없다. 오해하면 안 될 것이다.

자녀로 하여금 거짓말을 하지 않도록 유도하기 위해서 제일 중요한 것은 부모가 먼저 거짓말하지 않아야 한다. 자녀는 부모를 따르게 마련이다.

공자가 제시한 자녀교육의 다섯 번째 철칙은 대중적인 사랑을 실천하는 자녀로 만드는 것이다. 대중적 사랑이란 모든 사람을 예외 없이 골고루 사랑하는 것을 말한다. 못나고 돈 없고 공부 못하는 아이를 무시하는 습관이 된 아이는 나중에 능력을 가지게 되면 사람을 차별한다. 그런 사람은 어리석고, 못나고, 가난한 사람을 사랑하지 못한다. 그런 사람은 결국 모든 사람을 사랑하지 못한다. 대중적 사랑은 효도와 공경의 연장이다.

공자가 제시한 자녀교육의 여섯 번째 철칙은 자녀로 하여금 착한 친구를 사귀도록 유도하는 것이다. 자녀가 사귀는 친구는 소수에 불과하다. 많은 아이를 친구로 사귈 수는 없다. 아이들은 친구에게 많은 영향을 받기 때문에 어떤 아이를 친구로 사귀는가는 매우 중요하다. 많은 부모들은 자기의 자녀들이 공부 잘하는 아이나 부잣집 아이, 또는 유복한 아이를 친구로 사귀도록 기대하지만, 그것은 바람직하지 않다. 그러한 아이를 친구로 사귀도록 유도한다면 그렇지 못한 아이를 무시하는 마음이 생길 것이다. 공자가 제시한 친구의 조건은 착한 아이이다. 어떤 조건도 따지지 말고 오직 착한 아이만을 사귀도록 유도해야 한다.

만약 나쁜 아이를 친구로 사귀고 있을 경우, 말로 그 아이와 사귀지 말라고 하면 어떤 일이 일어날까? 대중적 사랑의 실천을 하는데 방해가 된다. 그러면 나쁜 아이와 사귀지 않게 하는 방법은 아이가 모르게 조용히 연구해야 한다. 그 아이와 등교와 하굣길이 같다면 다른 곳으로 이사를 가는 것도 하나의 방법일 것이다.

이상의 여섯 가지 원칙을 다 행하고 남는 힘이 있을 때 비로소 그 힘을 가지고 글자를 익히게 한다는 것이다. 오늘날 많은 부모들이 자녀교육의 목표를 자녀의 성적향상에 두는 것은 잘못이다. 인성이 바르지 못하면서 공부만 잘하는 어린이는 바람직한 성인으로 자라지 못한다. 그런 어린이는 성장하여 자기도 고달프게 되지만, 남도 괴롭힌다. 참으로 주의해야 할 일이다.

제 7 장

자하왈현현 / 역색 / 사부모 / 능갈기력
子夏曰賢賢하되 易色하며 事父母하되 能竭其力하며
[1] [2] [3]

사군 / 능치기신 / 여붕우교 / 언이유신
事君하되 能致其身하며 與朋友交하되 言而有信이면

수왈미학 / 오필위지학의
雖曰未學이라도 吾必謂之學矣라하리라
[4] [5] [6]

| 국역 |

자하子夏가 말했다. "어진 이를 어질게 여겨서 좋아할 때는 색色을 좋아하는 마음과 바꾸며, 부모를 섬길 때는 있는 힘을 다할 수 있으며, 임금을 섬길 때는 자기 몸을 바칠 수 있으며, 친구와 사귈 때는 말할 때마다 믿음이 있으면, 비록 배우지 않았다고 말하더라도 나는 반드시 그를 배운 사람이라고 말하겠다."

| 난자풀이 |

[1] 子夏 : 성姓은 복卜, 명名은 상商, 자하子夏는 그의 자字. 공자보다 44세 아래이며 위衛나라 사람이다. 특히 예禮를 중시했던 사람이다.

[2] 賢賢 : 앞의 현賢은 '어질게 여겨서 좋아한다'는 뜻의 동사이고, 뒤의 현賢은 그 동사의 목적어로서 '어진 사람' 또는 '어진 것'이란 뜻이 된다.

[3] 易色 : 하안何晏이나 주자朱子는 다 역易을 '바꾼다', 색色을 '여색女色'으로 봄으로써 '여색을 좋아하는 마음과 바꾼다'고 해석했고, 왕념손王念孫은 『광아廣雅』에 '역易은 여如와 같다'고 한 말을 참고하여 '여색을 좋아하는 마음과 같도록 한다'고 해석했다. 일설에는 易의 음을 '이'로 읽고 경輕의 의미로 보아 '여색을 가볍게 여긴다'로 해석하는 경우도 있고, 또 색色을 '얼굴빛'으로 보아 '얼굴빛을 바꾼다'고 해석하는 경우도 있으며, '현현역색賢賢易色' 넉 자를 부부관계의 윤리로 보아, 부부관계에 있어서는 '현명함을 현명하게 여기고 성생활을 가볍게 여긴다'고 해석하는 경우도 있다.

[4] 謂 : '이른다', '말한다'는 뜻이지만, 이 경우는 대상에게 직접 말한다는 뜻이 아니라 대상을 '평가한다'는 뜻으로 쓰였다.

[5] 之 : 대명사로서 현현賢賢에서부터 언이유신言而有信까지에 해당하는 사람을 지칭한다.

6 學 : '배운 사람', '학문을 완성한 사람'이란 뜻이다.

| 강설 |

현명한 사람을 보고 좋아하는 마음은 본심에서 우러나오는 마음이다. 욕심이 가득한 사람은 모든 것을 욕심의 눈으로 보기 때문에, 본심으로 살아가는 사람을 이해하지 못한다. 오히려 위선자로 보며 싫어한다.

남녀간의 사랑은 본심에서 나오는 것도 있고 욕심에서 나오는 것도 있다. 본심에서 나오는 것은 담담하고 잔잔하지만, 욕심에서 나오는 것은 뜨겁다. 욕심은 '내 것' 챙기는 마음이므로 욕심에서 나오는 사랑은 소유욕이다. 사람들은 소유욕을 사랑이라는 말로 포장하는 경우가 많다. 욕심이 가득한 사람은 성욕 · 재물 · 권력 · 명예 등에 집착한다.

어진 이를 좋아하는 마음과 성욕에 집착하는 마음을 바꿀 수 있는 사람은 욕심에서 벗어날 수 있는 사람이다.

부모를 섬기는 것은 부모에게 사랑받기 위한 것이다. 맹목적으로 있는 힘을 다해야 한다고 한다면 그것은 잘못된 말이다. 임금을 섬길 때 자기 몸을 바쳐야 한다는 말도 잘못된 말이다. 임금을 섬기는 것보다 국가를 사랑하는 것이 더 중요하다. 국가에 해를 끼치는 임금을 섬기는 것은 잘못된 것이다. 국가를 사랑하는 것보다 세계평화가 더 중요하다. 세계평화를 해치면서 자기 국가만 위하는 것 또한 잘못된 것이다. 세계평화보다 더 중요한 것은 진리를 터득하는 것이다. 따라서 임금을 섬길 때 자기 몸을 바쳐야 한다는 자하의 말에는 문제가 있다.

학문을 하지 않으면 진리를 터득할 수 없다. 학문을 하지 않아도 행실만 반듯하면 학문한 사람이라고 할 수 있다는 자하의 말 또한 문제가 있다. 공자라면 이렇게 설명하지는 않았을 것이다.

제8장

자왈군자부중즉불위 학즉불고 주충신 무
子曰君子不重則不威며 學則不固니라 主忠信하며 無
1 2 3 4

우불여기자 과즉물탄개
友不如己者며 過則勿憚改니라
5

| 국역 |

공자께서 말씀하셨다. "군자가 신중하지 아니하면 위엄이 없으며, 배우면 고루하지 않게 된다. 충忠과 신信을 중시할 것이며, 자기만 못한 자를 벗하지 말 것이며, 허물이 있으면 고치기를 꺼리지 말아야 한다."

| 난자풀이 |

1 君子 : 여기서는 '진리를 얻기 위해 배우는 사람'이란 뜻으로 쓰였다.

2 重 : '무게를 잡거나 권위를 과시하다'는 뜻이 아니라 '신중하고 조심스럽게 한다'는 뜻이다.

3 威 : '힘으로 위압한다'는 뜻이 아니라, '마음속의 경건함과 성실함이 밖으로 나타나 다른 사람이 매력을 느끼고 공경하게 된다'는 뜻이다.

4 固 : 고루하다. 주자는 '견고하다'는 뜻으로 보아 '군자가 신중하지 아니하면 위엄도 없고 배워도 견고해지지 아니한다.'라고 해석하였다.

5 不如己者 : 나보다 못한 자. 여如는 같다는 뜻이므로 불여不如는 같지 않다는 뜻이 될 것 같지만, 그렇지 않다. 우리말에도 같지 않다, 즉 같잖다는 말은 못하다는 말이다. 그러므로 불여기자不如己者는 '나와 같지 아니한 사람'이 아니라 '나보다 못한 사람'이란 뜻이다.

| 강설 |

이 문장은 공자가 제자들, 그중에서도 특히 어린 제자들에게 학문에 임하는 바람직한 태도에 대해 설명한 것이다.

배우는 사람은 신중하고 조심성이 있어야 한다. 행동할 때마다 마음을 들여다보고 그 마음이 욕심에서 나온 것인지 본심에서 나온 것인지를 판단하여, 욕심에서 나온 것이면 들어주지 말고 본심에서 나온 것이면 들어주어야 한다. 이러한 방식으로 살기만 해도 사람은 신중해진다. 마음을 살펴보지도 않고 즉흥적으로 행동하는 사람은 배우는 사람의 태도가 아니다. 신중하게 행동하는 사람은 매력이 있다. 욕심을 자제하기 때문에 늘 예에 맞게 행동한다. 그런 사람은 위엄이 있다. 그런 사람은 존경스럽고 매력이 있다.

사람들은 자기의 의식 속에 각자의 가치관이나 인생관을 넣어놓고, 그것을 바탕으로 살아간다. '권력이 가장 좋은 것'이라고 넣어놓은 사람은 열심히 권력을 추구하고, '돈이 가장 좋은 것'이라고 넣어놓은 사람은 돈을 벌기 위해 동분서주한다. '명예가 제일 귀한 것'이라고 넣어놓은 사람은 열심히 명예를 추구하고, '풍류를 누리는 삶이 중요한 것'이라고 넣어놓은 사람은 풍류를 추구한다. '종교적 진리가 중요하다'고 넣어놓은 사람은 종교에 귀의하여 살지만, '과학적 지식이 중요하다'고 넣어놓은 사람은 과학적 지식에 따라서 산다. 좌파의 이론을 넣어놓은 사람은 좌파의 이론에 따라서 살고, 우파의 이론을 넣어놓은 사람은 우파의 이론에 따라서 산다. '처음 만난 남자와 손을 잡는 것은 부끄러운 일'이라고 넣어놓은 여인은 남자가 악수를 청하면 피하지만, '처음 만난 남자하고도 악수를 하는 것이 예의'라고 넣어놓은 여인은 먼저 악수를 청하기도 한다. 사람마다 행동이 다른 이유는 의식 속에 넣어놓은 삶의 방식이 다르기 때문이다. 사람들은 자기가 넣어놓은 의식에 자기가 얽매여서 산다. 의식의 노예가 되어 살아가는 고루한 인생인 것이다.

의식 속에 넣어놓은 것 중에 아주 위험한 것이 있다. 그것은 절대자에 대한 것이다. 신神에 대한 사람들의 설명이 다 다른 이유는, 사람들이 진짜 신을 말하는 것이 아니라 의식 속에 넣어놓은 신을 이야기하기 때문이다. 사람이 자기의 의식 속에 신이라는 존재를 넣을 때는 자기에게 유리하게 넣는다. "하나님! 저의 죄를 용서해 주시겠지요?" 하고 기도하면, "그래, 너의 죄를 사하노라."

하고 응답하는 하나님이고, "하나님! 저 놈은 죽여야 되겠지요?" 하고 기도하면, "그래, 그 놈은 죽여야 된다." 하고 응답하는 하나님이다. 그런 하나님은 진짜 하나님이 아니라 자기에게 봉사하는 자기의 똘마니다. 똘마니 하나님을 의식 속에 넣어놓은 사람은 하나님의 이름으로 못할 것이 없다. 하나님의 이름으로 사람을 죽일 때는 눈도 하나 깜짝하지 않고 죽인다. 끔찍한 일이 얼마든지 일어날 수 있다. 일본의 우익들이 천황의 이름으로 저지르는 끔찍한 일들도 이러한 형태로 이해할 수 있다.

의식에 넣어놓은 잘못된 고정관념은 버려야 한다. 배움이란 다른 것이 아니다. 의식 속에 넣어둔 고정관념을 도로 버리는 것이다. 의식 속에 있는 고정관념을 버리면 자연의 생명력으로 충만해진다. 자연의 생명력, 그것이 바로 진짜 하느님이다. 자연의 생명력에 충만한 사람은 고루하지 않다. 일어나야 할 때 일어나고, 자야 할 때 자며, 먹어야 할 때 먹고, 쉬어야 할 때 쉰다. 말해야 할 때 말하고, 침묵해야 할 때 침묵한다. 이런 삶의 방식이 공자가 말하는 시중時中이다. 시중이란 상황에 맞게 사는 것을 말한다. 배움의 목적은 시중을 실천할 수 있는 경지에 도달하는 것이다.

충忠과 신信의 중용성에 대해서는 증자가 매일 세 가지씩 반성하는 대목에서 이미 나왔으므로 여기서는 설명을 생략한다.

다음으로 공자가 제시한 것은, 자기보다 못한 자와 사귀지 않는 것이다. 나보다 나은 사람하고만 사귀려고 한다면, 나보다 나은 사람은 나와 사귀지 않을 것이므로 사귐 자체가 성립되지 않을 수도 있다. 이런 이유를 가지고 공자의 이 말의 모순성을 지적하는 사람도 있다. 그러나 그렇지 않다. 말을 들을 때는 귀로만 듣지 말고 마음으로 헤아리는 것이 중요하다. 그것이 말귀를 알아듣는 것이다. 달리던 자동차가 고장이 났다. 차를 길가에 세워두고 보닛을 열어보아도 원인을 알 수가 없다. 이때 지나가던 사람이 "차가 고장 났나요?"라고 물었을 때, "보면 모릅니까? 안 그래도 화가 나는데, 불난 집에 부채질하는 건가요?"라고 성질을 부렸다면, 그것은 귀로만 들은 것이다. 마음으로 헤아렸다면, 그 말은 "내가 차를 고칠 줄 아는데, 도와 드릴까요?"라는 말임을 알 수 있다. 그것을 알았다면 "좀 도와주시겠습니까?"라고 응답하는 것이 옳다. 공자의 말씀도 마음으로 헤아려야 한다. 사람들 중에는 자기를 돋보이게 하려는 욕심 때문에 자기보다 못한 사람과 사귀기를 좋아하는 사람이 있다. 자기보다 못생긴 사람과 함께 다니면 항상 자기가 잘생긴 사람이 된다. 자기보다 공부를 못하는 사람하고 다니면 항상 자기가 공부 잘하는 사람이 된다. 그러면 자기보다 못한 사람은 자기와 다니는 것을 좋아하지 않을 것이다. 그렇기 때문에 밥도 사주고 차비도 대주면서 함께 다닌다. 그렇게 하면 친구는 고마워하기보다는 심한 열등감에 시달린다. 그런 친구는 나중에 기회가 왔을 때 잔인하게 복수하는 경우가 있다. 늘 은혜를 베풀었던 친구에게 배신당하는 것은 대개 그런 경우이다. 공자의 가르침은 이를 경계하는 말이다. 자기를 돋보이게 할 욕심으로 친구를 사귀면 안 된다. 선부른 동정심도 금물이다.

다른 사람에게 자기의 허물을 지적당했을 때 화를 내는 사람이 있다. 자기의 허물을 지적당하는 것은 남보다 자기가 못하다는 것이 증명되기 때문이다. 그러나 군자는 그렇지 않다. 군자는 자기의 욕심을 없애기 위해 최선을 다한다. 잘못은 욕심에서 나온다. 자기의 잘못을 아는 것은 욕심을 지울 수 있는 좋은 기회다. 그렇기 때문에 잘못을 지적해 주는 사람은 고마운 사람이다. 군자는 자기의 잘못을 알면 바로 고치지만, 소인은 화를 내며 변명을 한다.

제9장

증자왈신종추원 민덕 귀후의
曾子曰愼終追遠이면 民德이 歸厚矣니라

| 국역 |

증자가 말했다. "마침(初喪)을 신중히 치르고 (돌아가신 분을) 멀리까지 추모하면 백성의 덕德이 후厚한 데로 돌아간다."

| 강설 |

신종愼終이란 초상初喪에 그 예禮를 다하는 것이고, 추원追遠이란 제사에 그 예禮를 다하는 것이다.

군자의 일거수일투족은 백성들의 본보기가 된다. 군자가 초상을 당했을 때 '이제 부모를 모셔야 하는 부담에서 벗어났다'고 생각함으로써 슬픔을 다하지 않거나, 또 '돌아가시면 모든 것이 끝났으므로 두고두고 제사지내는 것은 비경제적'이라고 함으로써 제사를 지내지 않거나 하면, 백성들도 모두 계산적이고 이기적인 사람으로 바뀌게 되어 민심이 각박해진다.

제10장

자금 문어자공왈부자지어시방야 필문기정
子禽[1]이 問於子貢[2]曰夫子至於是邦[3]也하사 必聞其政하시

구지여 억여지여 자공왈부자 온량공검양이
니 求之與[4]아 抑[5]與之與아 子貢曰夫子는 溫良恭儉讓以

득지 부자지구지야 기저이호인지구지여
得之시니 夫子之求之也는 其諸[6]異乎[7]人之求之與인저

| 국역 |

자금이 자공에게 물었다. "선생님께서 어느 나라에 가시면 반드시 그 나라의 정치에 대해 듣게 되는데, 그런 것을 구한 것입니까? 그렇지 않으면 주는 것입니까?" 자공이 말했다. "선생님은 온순하고 어질고 공손하고 검소하고 겸양함으로써 얻으시는 것이니 선생님의 구하시는 방식은 다른 사람의 구하는 것과는 다르다."

| 난자풀이 |

1 子禽 : 성은 진陳, 이름은 항亢, 자금子禽은 그의 자字이다. 위衛나라 사람이다. 공자의 제자라고도 하고 자공의 제자라고도 한다.

2 子貢 : 성은 단목端木, 이름은 사賜, 자공子貢은 그의 자字이다. 위衛나라 사람이며 공자보다 31세 연하이다. 공자의 대표적인 제자 중의 한 사람이다. 말을 잘하는 것으로 유명하고 돈을 잘 벌었다. 경제적으로 공자를 많이 도운 것으로 전한다.

3 是 : 이, 그, 어느, 어떤. 시방是邦은 공자가 방문하는 어떤 나라를 말한다.

4 與 : 의문조사.

5 抑 : 그렇지 않으면.

6 諸 : '기저其諸 … 여與'로 된 문장은 추측을 나타내는 말로 쓰인다. 이 어투는 『춘추공양전』에 많이 나오는데, 제齊나라의 방언이라고 한다.

7 乎 : 어於와 같은 역할.

| 강설 |

공자가 어떤 나라에 가면, 반드시 그 나라의 정치가에게 초청을 받는다. 그리고 정치를 어떻게 하면 잘할 수 있는지에 대해 질문을 받는다. 어째서 그럴까? 유명 인사들은 외국에 갈 때, 만나고 싶은 사람들에게 사전에 연락을 하여 약속 시간과 장소를 조율해 둔다. 공자도 그렇게 해서 만나는 것일까?

공자는 그렇지 않았다. 공자는 따뜻하고 선량하고 공손하고 검약하고 양보하는 사람이다. 따뜻하고 선량하고 공손하고 검약하고 양보하는 모습은 인자한 어머니의 모습이다. 그런 모습은 한마음으로 대할 때 나오는 모습이다. 공자의 그런 모습을 사람들은 좋아한다. 한마음은 하늘마음이다. 하늘마음에서는 무궁무진한 지혜가 쏟아져 나온다. 공자는 그런 지혜를 가졌다. 사람들은 공자의 그런 지혜를 필요로 한다. 이 두 가지 이유 때문에 공자에게는 사람들이 많이 모인다. 나라의 임금들이 공자를 초청하여 공자의 가르침을 청하는 이유도 그 때문이다.

공자는 56세 때 노나라에서 위나라로 갔다. 그 뒤 68세 때 다시 노나라로 돌아오기까지 송宋 · 진陳 · 채蔡 등을 두루 돌아다녔으며 그때마다 그 나라의 정치에 참여하여 그 나라의 왕들로부터 많은 정치적 자문을 요청받았다. 모두 공자의 인품과 지혜로 인한 것이었다.

사람들 중에는 자기의 자랑을 늘어놓는 사람들이 있다. 자기의 대단한 능력을 과시하는 사람도 있다. 그런 사람의 말을 곧이들으면 안 된다. 그런 사람일수록 문제가 많은 사람이다. 따뜻함·선량함·공손함·검약함·사양하는 마음, 이 다섯 가지를 훌륭한 사람을 평가하는 기준으로 삼으면 틀림이 없다. 이 다섯 가지를 갖추면 훌륭한 사람이고 그렇지 않으면 훌륭한 사람이 아니다.

제11장

子曰父在(자왈부재)에 觀其志(관기지)요 父沒(부몰)에 觀其行(관기행)이니 三年(삼년)을 無改於父之道(무개어부지도)라야 可謂孝矣(가위효의)니라

| 국역 |

공자께서 말씀하셨다. "아버지가 살아 계실 경우에는 그 뜻을 관찰하고, 아버지가 돌아가시고 안 계실 경우에는 그 행동을 살피는 것이니, 3년 동안 아버지가 하시던 방법에서 바뀌는 것이 없어야 효孝라 할 수 있다."

| 강설 |

아버지가 있는 사람은 아버지의 뜻에 따라 행동하므로 그 사람의 행동으로 그를 평가할 수 없다. 오직 마음속에 있는 뜻을 살펴야 한다. 그러나 아버지가 없는 사람은 자기 뜻대로 행동하기 때문에 그 사람의 행동으로 그 사람을 평가할 수 있다.

부모가 돌아가시자마자 '이제는 내 세상이 되었다'고 생각하고

자기 마음대로 하는 것은 부모를 그리워하는 사람의 태도가 아니다. 부모는 돌아가신 뒤에도 돌아가셨다는 실감이 나지 않는 법이다. 그것이 현실로 느껴지기까지는 최소한 3년이 걸린다. 그러므로 최소한 3년 동안은 부모가 아끼시던 물건, 부모가 쓰시던 방, 부모가 고용한 사람들 등을 바꾸기 어렵다.

제12장

유자왈예지용　화위귀　선왕지도사위미　소
有子曰禮之用이 和爲貴하니 先王之道斯[1]爲美라 小

대유지　유소불행　지화이화　불이례절지
大由之니라 有所不行하니 知和而和요 不以禮節之면

역불가행야
亦不可行也니라

| 국역 |

유자有子가 말했다. "예禮를 하는 데는 조화로움이 귀하다. 선왕先王의 도道가 그렇기 때문에 아름다운 것이다. 작은 예와 큰 예가 모두 그러한 방식에 말미암았다. 하지 않아야 할 것이 있으니, 조화로운 것이 좋다는 것만 알아서 조화로운 것만 추구하고, 예禮로써 절제하지 아니한다면 또한 안 되는 것이다.

| 난자풀이 |

[1] 斯 : 주자는 정자程子의 말을 인용하여, '사위미斯爲美'를 '이사위미以斯爲美'로 해석하였으니 이에 의하면 '선왕지도先王之道가 이러한 것 즉, 예禮를 하는 데 조화로움이 있는 것 때문에 아름다운 것'이라는 뜻이 된다.

| 강설 |

어떤 집의 시어머니가 아파서 병원에 입원을 했는데, 세 며느리가 하루씩 번갈아가면서 간병한 일이 있었다. 첫째 며느리는 예의를 차리며 깍듯하게 간병을 했고, 둘째 며느리는 예의를 차리지 않고 허물없이 간병을 했으며, 셋째 며느리는 첫째 며느리처럼 예의를 차리며 깍듯하게 간병을 했다. 그런데 시어머니는 세 며느리 중에서 둘째 며느리를 제일 좋아했다. 까닭을 알아보니, 첫째 며느리와 셋째 며느리는 시어머니를 시어머니로 대했고, 둘째 며느리는 친정어머니로 대했던 것이다.

첫째 며느리와 셋째 며느리는 예의를 갖추었지만 마음에 조화로움이 없었고, 둘째 며느리는 마음에는 조화로움이 있었지만 예의를 갖추지 않았다. 예의를 갖추는 것보다는 마음의 조화로움이 더 중요하다.

제일 좋은 것은 예의도 갖추고 마음에 조화로움도 가지는 것이다. 그런 며느리가 있다면 둘째 며느리보다도 훨씬 더 낫다. 유자가 바라는 것은 그런 경우이다.

최악의 경우도 있다. 예의도 갖추지 않으면서 마음에 조화로움도 없는 것이다. 최근에는 이 최악의 경우가 많은 것 같다.

제13장

유자왈신근어의 언가복야 공근어례 원치욕
有子曰信近於義면 言可復也며 恭近於禮면 遠恥辱

야 인불실기친 역가종야
也며 因[1]不失其親이면 亦可宗[2]也니라

국역

유자有子가 말했다. "신의를 지키는 마음이 의로움에 가까우면 말을 번복하지 않을 수 있다. 공손함을 실천하는 것이 예禮에 가까우면 치욕을 멀리할 수 있다. 자기의 버팀목이 되는 사람과의 친親함을 잃지 않으면 또한 으뜸의 역할을 할 수 있다.

| 난자풀이 |

1 因 : 버팀목이 되는 사람. 사람은 혼자서 살 수는 없다. 누구인가의 힘을 바탕으로 해서 살아간다. 그런 사람이 자기의 버팀목이 되는 사람이다. 학생이 버팀목으로 삼아야 하는 사람은 선생이고, 선생이 버팀목으로 삼아야 하는 사람은 학생이다. 자녀가 버팀목으로 삼아야 하는 사람은 부모이고, 부모가 버팀목으로 삼아야 하는 사람은 자녀이다. 대통령이 버팀목으로 삼아야 하는 사람은 국민이고, 국민이 버팀목으로 삼아야 하는 사람은 대통령이다.

2 宗 : 근본. 핵심, 으뜸. 으뜸이 되는 것은 100점짜리가 된다는 것이다.

| 강설 |

사람들은 약속이라는 것을 하지만, 약속할 때의 마음이 다 같은 것은 아니다. 본심으로 하는 약속도 있고 욕심으로 하는 약속도 있다. 본심은 변하지 않기 때문에 본심으로 한 약속은 언제나 지킨다. 그러나 욕심은 이해득실에 따라 변하기 때문에, 욕심으로 한 약속은 이익이 될 때는 지키지만 손해가 될 때는 지키지 않는다.

본심을 구체적으로 표현한 것이 인의예지仁義禮智다. 인의예지가 네 마음인 것은 아니다. 하나의 마음이지만 그 마음의 발휘되는 양태에 따라 넷으로 이름을 붙였을 뿐이다. 부모의 마음은 자녀를 사랑하는 마음 하나뿐이다. 그 마음을 인으로 표현한다. 그러나 자녀가 나쁜 길로 갈 때는 매로 때리기도 하다. 그 때리는 마음은 사랑하는 마음인 인仁이지만, 사랑하는 것과 다른 양태로 나타나므로 특히 의義로 표현한다. 또 부모는 자녀에게 모든 것을 양보한다. 먹을 것도 양보하고 입을 것도 양보한다. 그런 것을 예禮로 표현한다. 부모는 자녀와 한마음이므로 자녀에 대해서 바로 안다. 자녀에게 좋은 일이 있어도 금방 알고 괴로운 일이 있어도 금방 안다. 배고플 때도 금방 알고 피곤할 때도 금방 안다. 그런 마음을 특히 지智로 표현한다. 인은 사랑하는 마음이고, 의는 잘못된 것을 미워하고 부끄러워하는 마음이며, 예는 양보하는 마음이고,

지는 잘 알아보는 마음이다.

신의를 지키는 마음이 본심에서 나온 것이라면 인에서 나온 것이라고 해도 되고, 의에서 나온 것이라고 해도 되고, 예에서 나온 것이라고 해도 되고, 지에서 나온 것이라고 해도 되지만, 욕심을 따르는 것을 싫어하는 마음을 특히 의義로 표현하므로, 욕심을 따르는 마음의 반대개념으로 쓸 때는 주로 의義로 표현한다.

의로운 마음으로 약속한 말은 번복하지 않고 되풀이하지만, 욕심으로 약속한 말은 손해가 될 때 번복한다.

공손한 마음이란 자기를 낮추고 남을 높이는 마음이지만, 일정한 기준이 없이 자기를 지나치게 낮추고 남을 지나치게 높이면 남의 종처럼 되어 치욕을 당한다. 그러므로 공손한 마음을 실천할 때도 일정한 기준이 있어야 한다. 그 기준은 한마음에서 나온다. 그 한마음에서 나온 삶의 방식이 예이다. 욕심으로 사는 사람은 이와 반대다. 욕심으로 사는 사람은 자기에게 이익을 주는 사람에게는 비굴하지만, 자기에게 이익을 주지 않는 사람에게는 오만하다.

사람은 혼자서 살 수 없다. 누구인가의 힘을 바탕으로 해서 살아간다. 그런 사람이 자기의 버팀목이 되는 사람이다. 학생에게는 선생이 버팀목이고, 선생에게는 학생이 버팀목이다. 자녀에게는 부모가 버팀목이고, 부모에게는 자녀가 버팀목이다. 대통령에게는 국민이 버팀목이고, 국민에게는 대통령이 버팀목이다.

학생은 선생과 한마음이 될 때 으뜸의 학생이 될 수 있고, 선생은 학생과 한마음이 될 때 으뜸의 선생이 될 수 있고, 자녀는 부모와 한마음이 될 때 으뜸의 자녀가 될 수 있고, 부모는 자녀와 한마음이 될 때 으뜸의 부모가 될 수 있다. 대통령은 국민과 한마음이 될 때 으뜸의 대통령이 될 수 있고, 국민은 대통령과 한마음이 될 때 으뜸의 국민이 될 수 있다.

으뜸이 되는 것은 100점짜리가 되는 것이다. 한 학생이 으뜸이 되었다고 해서 다른 학생들이 으뜸이 될 수 없는 것이 아니다. 모두가 100점짜리가 되면 모두가 으뜸이 될 수 있다. 모두가 으뜸이 되는 세상이 가장 좋은 세상이다. 모두가 주인공이 되는 세상이 가장 좋은 세상이다.

제14장

子曰君子는 食無求飽하며 居無求安하며 敏於事而愼於言이요 就有道而正焉이면 可謂好學也已니라

(자왈군자 식무구포 거무구안 민어사이신 어언 취유도이정언 가위호학야이)

| 국역 |

공자께서 말씀하셨다. "군자는 먹는 것에 배부름을 구하지 아니하며, 거처하는 것에 편안함을 구하지 아니하며, 일하는 데에는 민첩하고 말하는 데에는 조심하며, 도를 가진 자에게 나아가서 자기의 잘못된 점을 바로잡는다면 배우기를 좋아한다고 이를 만하다."

| 난자풀이 |

1. 有道 : 도道를 가진 사람. 제대로 아는 사람.
2. 正 : 질정한다. 바로잡는다.

| 강설 |

이 말씀은 배우는 자의 바람직한 태도에 관한 것이다. 진리를 배우는 자는 마음 챙기기에 주력해야 한다. 진리를 배우려고 하면서 여전히 몸 챙기기에 매달려 있으면 결코 진리를 얻을 수 없다. 먹는 것, 입는 것, 자는 것 등은 대충 챙기면 된다. 수업시간에 배움에 집중하여 기쁨을 얻은 사람은 방과 후 청소를 하거나 설거지를 할 때 기쁜 마음으로 열심히 하지만, 그렇지 못한 학생은 떠들기만 할 뿐 일에 열중하지 못한다.

배우기를 좋아하는 사람은 방과 후 일이 끝나도 놀지 않는다. 수업시간에 잘 이해하지 못한 것이 있으면 잘 아는 사람에게 찾아가 바로잡는다.

제15장

자공왈빈이무첨 부이무교 하여 자왈
子貢曰貧而無諂하며 富而無驕면 何如[1]하니잇고 子曰

가야 미약빈이락 부이호례자야 자공왈시
可也나 未若[2]貧而樂하며 富而好禮者也니라 子貢曰詩

운여절여차 여탁여마 기사지위여 자
云如切[3]如磋[4]하며 如琢[5]如磨[6]라하니 其斯之謂與[7]인저 子

왈사야 시가여언시이의 고저왕이지래자
曰賜[8]也는 始可與言詩已矣로다 告諸[9]往而知來者온여

| 국역 |

자공이 말하였다. “가난하되 아첨함이 없으며 넉넉하되 교만함이 없으면 어떠합니까?” 공자께서 말씀하셨다. “괜찮으나 가난하면서도 즐거워하며 넉넉하면서 예를 좋아하는 것만은 못하다.” 자공이 말하였다. “『시경』에서 ‘자르는 듯하고 미는 듯하며 쪼는 듯하고 가는 듯하다.’ 하였으니, 이것을 두고 한 말이군요!” 공자께서 말씀하셨다. 사賜는 비로소 더불어 시詩를 말할 만하구나! 지나간 것을 말해주면 올 것(말해주지 않은 것)을 아는 자로다.”

| 난자풀이 |

1 何如 : ‘어떠합니까?’ 글자 그대로 번역하면 ‘무엇과 같습니까?’이다.

2 未若 : ‘아직도… 만 못하다’.

3 切 : 칼과 톱으로 자르는 것. 여기서는 뼈나 뿔로써 물건을 만들기 위하여 자르는 것을 말한다.

4 磋 : 환과 대패로 미는 것. 뼈나 뿔로써 물건을 만들 때 빛을 내기 위해서 미는 것을 말함.

5 琢 : 망치와 정으로 치고 쪼아내어 형상과 바탕을 이루는 것. 여기서는 옥이나 돌로써 물건을 만들 때를 이름.
6 磨 : 모래와 돌로 가는 것. 역시 옥이나 돌로써 물건을 만들 때 빛을 내기 위해서 가는 것을 말함.
7 之 : 앞의 글자 사斯와 뒤의 위謂가 도치되어 있음을 나타내는 역할을 한다.
8 賜 : 자공의 이름. 공자는 제자들을 아들처럼 생각하기 때문에 이름을 불렀다.
9 諸 : 보통 지之와 어於를 합한 의미로 쓰이는데 여기서는 단순히 지之의 의미로 쓰였다. '그에게'란 뜻이다.

| 강설 |

자공은 똑똑하고 재주가 있으며 돈을 잘 벌어 부자가 된 사람이다. 미인들은 남에게 미인이란 말을 듣는 데 익숙해져 있기 때문에 미인이란 말을 해주지 않으면 서운해하고, 똑똑한 사람은 남에게 똑똑하다는 말을 듣는 데 익숙해져 있으므로 똑똑하다는 말을 해주지 않으면 서운해한다. 자공은 공자에게 똑똑한 사람이란 말을 듣고 싶었다. 자공은 가난할 때도 아첨함이 없었고 부자가 된 뒤에도 교만함이 없었다. 그 점에 대해 공자에게 칭찬을 듣고 싶었다. 그래서 "가난하되 아첨함이 없으며 넉넉하되 교만함이 없으면 어떠합니까?" 하고 물었다. 자공이 기대한 답변은 이러하다. "그것은 너의 이야기로구나. 너는 정말 훌륭하다. 너처럼 훌륭한 제자를 두어서 나는 정말 기쁘다." 공자가 이를 모를 리 없다. 그가 원하는 답을 해주면 그는 기뻐하겠지만, 그의 자만심만 커질 뿐 그의 발전에 도움이 되지 않는다. 공자는 언제나 상대의 발전에 도움이 되는 답변을 한다. "그것도 괜찮지만 가난해도 즐거워하고 넉넉해도 예를 좋아하는 것이 더 낫다."

괜찮다는 말은 나쁘지는 않다는 말이다. 그러나 그것이 최선은 아니다.

사람의 삶의 방식에는 두 종류가 있다. 한 그루의 나무를 토막토막 잘라서 꺾꽂이를 하면 여러 그루의 나무가 된다. 이 경우 한 그루였던 원래의 모습을 잊어버리면 여러 그루의 나무는 각각 별개의 나무로 자라고 있는 것처럼 보이지만, 원래의 모습을 잊어버리지 않는다면 여러 그루의 나무는 별개의 나무가 아니라 모두 하나다. 사람도 예외가 아니다. 형제는 한 부모에게서 갈라져 나왔기 때문에 남남이 아니라 하나다. 사촌도 하나고 육촌도 하나다. 이렇게 추론해 보면 모든 사람은 하나다. 하나인 것은 사람뿐만이 아니다. 사람과 아메바도 유전자가 거의 같다. 모든 존재는 다 하나인 것이다. 그런데도 사람들이 남남인 줄 아는 것은 본질을 잊어버렸기 때문이다. 모두가 하나인 것임을 알고 사는 사람은 본질적인 삶을 사는 사람이고 진실한 사람이다. 반대로 그것을 잊어버리고 남남으로 사는 사람은 착각 속에서 사는 거짓된 사람이다. 참된 사람은 모두와 한마음을 가지고 서로 사랑하면서 산다. 그런 사람은 죽지 않는다. 전체가 자기 자신이므로 개체가 죽는 것은 죽는 것이 아니다. 그렇게 사는 것이 참된 삶이고 행복한 삶이다. 이를 도식화하면 다음과 같다.

전체가 '나'인 사람 = 서로 사랑하는 사람 = 영생하는 사람 = 행복한 사람 = 군자 (진실, 참)
개체가 '나'인 사람 = 경쟁하는 사람 = 늙어 죽는 사람 = 불행한 사람 = 소인 (거짓, 착각)

위의 정의에서 다음과 같은 내용을 도출할 수 있다. 남과 경쟁하는 사람, 남과 다투는 사람, 마음속에 미워하는 사람이 있는 사람, 자기가 잘났다고 생각하는 사람, 스스로 행복하다고 생각하는 사람, 스스로 훌륭하다고 생각하는 사람, 스스로 착하다고 생각하는 사람, 남보다 못났다고 생각하는 사람, 스스로 뒤떨어진다고 생각하는 사람, 스스로 불행하다고 생각하는 사람 등은 모두 불행하다. 그들은 개체를 '나'로 착각하며 사는 사람이고, 늙어죽는 사람이다.

반면에 서로 사랑하는 사람, 마음속에서 남과 나를 구별하지 않는 사람, 자기가 잘났거나 못났다는 개념이 없는 사람, 자기가 착하거나 나쁘다는 개념도 없는 사람, 불행하거나 행복하다는 개념도 없는 사람, 그런 사람은 행복하다. 그런 사람은 전체를 '나'로 아는 진실한 사람이고, 영생하는 사람이다.

자공은 아직도 개체적인 존재로 사는 사람이다. 남은 가난하면 아첨하지만 자기는 아첨하지 않으므로 남보다 낫다고 생각한다. 그러므로 자공은 개체적인 존재로 사는 사람들 중에는 괜찮은 사람이지만, 그것으로는 안 된다. 전체적인 존재로 사는 사람으로 바뀌어야 한다. 전체적인 사람이 되면 가난해도 행복하고, 죽어도 그 행복이 변하지 않는다. 사람들은 가난할 때는 정이 많다. 가난한 집의 자녀들은 대체로 우애가 많다. 가난해도 서로 나눈다. 그러다가 부자가 되면 물욕이 생기고 집착이 커져서 나눌 줄을 모른다. 부잣집의 자녀들이 재산 싸움을 많이 하는 것은 이 때문이다. 그러나 전체적인 존재로 사는 사람은 부자가 되어도 가난할 때와 변함없이 나눌 줄을 안다. 그래서 공자는 가난해도 즐겁고 넉넉해도 예를 안다고 했다. 예는 한마음으로 나누는 삶의 방식을 말한다.

개체적인 사람들이 공부하는 이유는 경쟁력을 높이기 위해서지만, 공자가 말하는 공부는 전체적인 존재가 되기 위함이다. 자공은 공자의 말뜻을 알아들었다. 알아들은 자공이 만약 "저더러 열심히 공부하라는 말씀이시군요." 하고 답했다면 격이 떨어진다. 자공의 대화는 격조가 높다. 자공은, "『시경』 위풍衛風 기욱편淇澳篇에 '뼈나 뿔로써 물건을 만드는 사람들이 톱으로 자를 때나 대패로 밀 때처럼 정성스럽게 학문을 하고, 옥이나 돌로써 물건을 만드는 사람들이 망치로 쫄 때나 모래로 갈 때처럼 정성껏 수양을 한다.'는 말이 그 뜻이군요." 하고 답변했다. 정성껏 학문에 전념하는 것을 절차탁마라고 한다. 공자에게는 말을 잘 알아듣는 자공이 대견스럽게 보였을 것이다. "자공아 이제 너하고 시를 논할 수도 있겠구나, 이것을 말하면 저것까지 아는구나!"

제16장

子曰不患人之不己知요 患不知人也니라
(사왈불환인지불기지 환부지인야)

국역

공자께서 말씀하셨다. "남이 자신을 알아주지 못함을 걱정하지 말고 내가 남을 알아주지 못함을 걱정해야 한다.

난자풀이

1 人 : 기己와 상대개념으로 쓰이면 '남'이란 뜻이 된다.
2 己知 : 지기知己의 도치된 형태이다. 부정을 나타내는 말(여기서는 불不) 다음에 타동사가 오고 그 다음에 타동사의 목적어가 올 때 타동사와 목적어의 순서가 바뀌는 경향이 있다.

강설

소인은 늘 남과 경쟁하며 산다. 늘 남에게 이기려고 하고 인정받으려고 노력한다. 소인은 모든 것이 자기중심이다. 늘 자기가 남보다 돋보이고 싶다. 그럴수록 자기를 알아주지 않는 사람들에게 불만이다. 그러나 군자는 다르다. 전체를 자기로 생각하기 때문에 남과 경쟁하지 않는다. 다른 사람이 남이 아니기 때문에 다른 사람을 제 몸처럼 아끼고 사랑한다. 사랑하는 사람에게는 관심이 많다. 많은 것을 알고 싶어한다. 남에 대해 관심이 없다면 그것은 사랑하지 않는 것이다. 군자는 늘 그것이 걱정이다.

세상은 참 묘하다. 나를 알아주기를 바랄수록 나를 몰라주고, 바라지 않을수록 알아준다. 나를 알아주기를 바라는 것은 욕심이다. 욕심을 보이는 사람은 매력이 없다. 욕심이 없는 사람은 한마음을 가진 사람이다. 그런 사람들에게 사람들은 모여든다.

세상이 나를 알아주지 않을까 걱정할 것이 없다. 오히려 너무 알아주는 것이 걱정이다. 세상은 유능한 사람을 찾으려고 혈안이 되어 있다. 유능하기만 하면 남이 먼저 알아주게 되어 있다. 그러므로 유능하게 되는 것이 문제이지 남이 알아주지 않는 것은 문제가 되지 않는다.

二. 위정편爲政篇

제 1 장

자 왈 위 정 이 덕 　비 여 북 신 　거 기 소 이 중 성 공 지
子曰爲政以德이 譬如北辰이 居其所而衆星共之니라
[1] [2]

| 국역 |

공자께서 말씀하셨다. "정치하기를 덕으로써 하는 것은 비유하면, 북극성이 제자리에 머물러 있어도 모든 별들이 그에게로 향하는 것과 같다."

| 난자풀이 |

[1] 北辰 : 북극성.
[2] 共 : 향한다.

| 강설 |

밤하늘의 별을 보면 북극성은 언제나 제자리에 있고, 다른 별들은 북극성을 가운데 두고 원을 그리며 돈다. 덕 있는 사람이 정치를 해도 그렇다. 임금의 임은 애인이란 뜻이고, 금은 검, 즉 거룩하다는 뜻이므로, 임금은 거룩한 애인이란 뜻이다.

덕 있는 사람은 한마음을 실천하는 사람이다. 덕 있는 사람은 남을 나처럼 아끼고 사랑한다. 한마음은 부모의 마음이다. 부모는 자녀를 남으로 여기지 않는다. 그러나 부모의 마음은 제한적이다. 자기의 자녀에게는 한마음으로 대하지만 다른 사람에게는 한마음으로 대하지 못한다. 그런데 세상에는 모든 사람을 자기의 자녀처럼 대할 수 있는 사람이 있다. 그런 사람이 덕 있는 사람이다. 그런 사람이 성인이다. 성인이 정치를 하면 국민들은 자녀가 부모를 따르는 것처럼 그 성인을 따를 것이다.

자녀들은 객지에 나가 있어도 마음은 언제나 고향에 계신 부모님께 가 있다. 날씨가 추워지면 부모님께서 감기 걸렸을까 걱정한다. 돈을 벌어도 부모님께 갖다 드리고 싶어진다. 성인이 정치를 해도 이와 같다. 국민들의 마음은 언제나 임금님에게로 향한다. 국가에 세금을 낼 때는 부모님께 용돈을 드린 것처럼 신이 난다.

부모는 자녀를 위해 모든 것을 희생한다. 부모의 일생은 자녀를 위한 희생으로 일관된다. 임금님도 그렇다. 임금님이란 백성을 위해 희생하는 사람이다. 자기를 위한 것은 하나도 없다. 오로지 희생하는 것만이 임금님의 역할이다. 그러므로 세상에서 가장 하기 싫은 것 중의 하나가 임금님이다. 임금님의 자리를 권좌라고 생각하면 오산이다. 오늘날 대통령이 되고 싶어하는 사람들의 생각은 이와 다른 것 같다. 대통령 되는 것을 최고의 권력을 잡는 것으로 생각하는 것 같다. 그렇다면 그것은 정치의 의미를 잘 모르는 데서 오는 오산이다. '정권을 재창출한다' '집권을 한다' 등의 말은 잘못된 말들이다. 공자의 가르침을 통해서 정치의 의미를 다시 한번 새겨보아야 할 것이다.

제 2 장

자왈시삼백 일언이폐지 왈사무사
子曰詩三百을 一言以蔽之하니 曰思無邪니라
[1] [2] [3]

| 국역 |

공자께서 말씀하셨다. "『시경』 삼백 편의 내용을 한마디의 말로 대표할 수 있으니 '생각함에 비뚤어짐이 없다'는 것이다."

| 난자풀이 |

[1] 詩 : 『시경』을 말한다. 『시경』은 305편인데 여기서 300이라 한 것은 어림수로 말한 것이다.
[2] 蔽 : '덮는다'는 뜻. 전체를 덮는다는 말은 전체를 대표한다는 말이다.
[3] 思無邪 : 『시경』 노송魯頌 경편駉篇의 마지막 부분에 나오는 말이다.

| 강설 |

시는 무엇인가? 공자는 『시경』에 있는 305편의 시의 내용을 한마디로 정의하여, '생각함에 비뚤어짐이 없는 것'이라 했다. 사람의 마음에는 생각에 의해 비뚤어진 마음도 있고, 비뚤어지지 않고 곧게 발휘된 마음도 있다. 곧게 발휘된 마음은 하늘마음이 변질되지 않고 나타난 본마음이고, 비뚤어진 마음은 '내 것 챙기려는 생각'에 의해 왜곡된 욕심이다. 공자의 정의에 의하면, 본심으로 읊은 것은 시가 되지만 욕심으로 읊은 것은 시가 되지 않는다.

총각이 처녀를 만났을 때 또는 처녀가 총각을 만났을 때 설레는 경우가 있다. 설레는 마음은 사랑하는 마음이다. 그런데 그 사람이 다른 사람과 손을 잡고 있다면 어떨까? 손을 놓으라고 말할 수는 없다. 속만 탈 뿐이다. 이런 상태의 마음을 짝사랑하는 마음이라 한다. 다음날 혼자 있는 그를 만나 사랑을 나누게 되었다면 매우 기쁠 것이다. 그런데 그 다음날 그 사람이 다른 사람과 사랑을 나누고 있다면 어떨까? 아마도 그러지 말라고 야단을 칠 것이다. 처음 만났을 때는 아무 말도 하지 못하다가 사랑을 나누고 난 뒤에 야단을 치게 되는 것은 무엇 때문인가? 처음과 나중의 차이는 무엇인가? 처음 만났을 때는 그 사람을 '내 것'으로 생각하지 않았지만 사랑을 나누고 난 뒤에는 그 사람을 '내 것'이라고 생각하기 때문이다. '내 것'이라고 생각하면, 나하고만 어울려야 한다고 고집을 부리게 된다.

'내 것'이라는 생각, 그것이 비뚤어진 생각이다. 내 것은 어디에도 없다. 나의 몸도 내 것이 아니다. 여러 물체가 잠시 모여 있는 것일 뿐이다. '내 것'이라는 생각은 어떤 경우에라도 착각이다. 순수한 사람은 착각에서 벗어난 사람이다. 만약 사랑하는 사람을 대할 때 '내 것'이라는 생각을 하지 않는다면 언제나 처음 만날 때와 같다. 언제나 짝사랑하는 마음으로 일관되는 삶은 언제나 신선하다. 그런 마음을 표현하기만 하면 다 시가 된다.

욕심이 많은 사람은 사람을 제대로 볼 수 없다. 그런 사람은 자기의 욕심을 채워줄 수 있는 사람을 좋은 사람으로 보고, 채워주지 못하는 사람을 좋은 사람으로 보지 않는다. 오직 순수한 마음을 가진 사람만이 사람을 제대로 본다. 훌륭한 사람을 훌륭하게 보고, 나쁜 사람을 나쁜 사람으로 본다. 순수한 사람이 훌륭한 사람에 대해 읊은 것도 시이고, 나쁜 사람에 대해 읊은 것도 시다. 그러므로 시를 읽으면 자기도 모르는 사이에 훌륭한 사람을 닮아가고 나쁜 사람을 경계한다. 공자가 아들에게 제일 먼저 시를 읽도록 권한 이유가 여기에 있다.

제3장

자왈도지이정 제지이형 민면이무치 도

子曰道[1]之以政[2]하고 齊[3]之以刑이면 民免而無恥니라 道

지이덕 제지이례 유치차격

之以德하고 齊之以禮면 有恥且格[4]이니라

| 국역 |

공자께서 말씀하셨다. "(백성을) 인도하기를 정치적 술수로써 하고, 질서 잡는 것을 형벌로써 하면, 백성들은 (형벌을) 면하려고만 하고 부끄러워함이 없다. 인도하기를 덕으로써 하고 질서 잡는 것을 예로써 하면 (백성들은) 부끄러워함이 있고 또 (마음 씀씀이를) 바르게 할 것이다."

| 난자풀이 |

1 道 : 도導와 통용. '인도한다', '이끈다' 등의 뜻
2 政 : 정치적 술수.
3 齊 : 가지런히 한다. 질서 잡는다
4 格 : 바르게 한다. 마음 씀씀이를 바르게 한다.

| 강설 |

노자老子는 『노자』 제17장에서 정치가의 수준과 정치의 내용을 네 단계로 나누어 설명한 적이 있다.

최고 수준의 정치를 하면 국민들은 그 정치가가 있다는 사실만을 안다. 정치 현상을 어린이 놀이터의 관리에 비유해 보기로 하자. 최고로 우수한 관리인은 어린이들이 놀이터에 나오기 전에 어린이들이 다치지 않도록 유리 조각이며 돌멩이 등을 제거하여 어린이들이 맘 놓고 뛰어놀 수 있게 한다. 그 덕에 어린이들은 종일 아무 탈 없이 즐겁게 놀 수 있다. 이 경우 어린이들은 놀이터 관리인이 있다는 사실만 알 뿐, 그에 대한 고마움을 알지 못한다. 이러한 관리인은 아무나 할 수 있는 것이 아니다. 우선 다른 사람의 평가에 초연할 수 있는 차원 높은 사람이 아니면 안 된다. 그리고 사고 위험이 있는 것을 미리 간파하여 대처할 수 있는 능력이 있어야 한다.

그 다음 수준의 정치가 행해지면 국민들은 그 정치가를 좋아하고 찬양한다. 어린이 놀이터 관리인의 예를 다시 들어보자. 두 번

째 수준의 관리인은 최고 수준의 관리인처럼 기미를 보고 대처하지 못했다. 그는 사전에 어린이들이 다칠 수 있는 요인들을 다 제거하지 못했다. 그러나 그는 낮에 어린이들이 놀다가 유리에 찔리거나 돌멩이에 걸려 넘어지기라도 하면 그들을 정성을 다하여 보살피고 치료해 준다. 그렇게 되면 어린이들은 그 관리인을 자기 부모를 대하듯 좋아하고 따른다. 그래서 좋아하고 찬양한다고 했다. 이 수준의 정치가도 자기의 공을 내세우지 않기는 마찬가지다. 그런 정치가의 마음은 부모의 마음이다. 부모는 자녀에게 자기의 공치사를 하지 않는다. 그의 정치는 부모가 자녀를 사랑하듯 정성스럽다.

그 다음 수준의 정치가 행해지면, 국민들은 그 정치가를 두려워한다. 세 번째 단계의 정치인은 욕심이 많은 사람이다. 정치가는 많은 일을 해야 한다. 이 세상을 낙원으로 만드는 일은 쉬운 일이 아니다. 그 일을 수행하기 위해 국민들은 그에게 일할 수 있는 힘을 실어준다. 그 힘을 정치가들은 권력으로 착각하는 경우가 많다. 이 세상에서 가장 하기 싫은 직업 중의 하나가 대통령일 것이다. 대통령은 자기 개인의 행복을 위한 시간을 가지지 못한다. 국민을 위해 모든 것을 희생한다. 그런 자리이기 때문에 대통령을 하라고 하면 싫어하는 것이 당연할 것이다. 그런데도 대통령이라는 자리를 차지하겠다고 나서는 사람들은 거의가 본분을 망각한 사람들이다. 권력을 차지하기 위해서는 국민들의 지지를 받아야 한다. 자녀가 부모를 지지하듯, 그런 절대적인 지지를 받으면 최상이다. 그런 지지를 받는 방법은 국민들의 아픔을 지극정성으로 달래는 것이다. 이 경우 전제조건이 따른다. 국민들의 아픔을 달래는 것은 먼저 국민들에게 아픔이 있을 때 가능하다. 그러므로 이 세 번째 단계의 정치인들은 국민들의 아픔을 자극하기에 바쁘다. 국민들의 아픔을 자극한 뒤에 그 아픔을 자기가 고쳐주겠다고 약속한다. 이는 어린이들을 위한 지극한 정성은 없지만 어린이들에게 존경을 받고 싶은 욕심이 있는 관리인과 같다. 그런 관리인은 다친 어린이들을 치료해 주기 위해 전날 밤에 유리 조각과 돌멩이를 몰래 뿌려놓는다. 그리고 다친 아이들이 있으면 열심히 치료해 준다. 이런 방식이 정치적 술수다. 어떤 여인을 손에 넣기 위해 폭력배들을 매수한 남자가 있다. 그는 폭력배들을 사주하여 그 여인을 덮치게 하고는, 갑자기 나타나서 폭력배들을 물리치고 그 여인을 구출한다. 구출받은 여인은 그 남자에게 고마움을 느낀 나머지 그 남자의 여인이 된다. 속은 것이다. 정치적 술수를 쓰는 정치인들에게 국민들은 속는다. 성공하는 정치인들 중에는 이 세 번째 단계의 정치가들이 많다. 갑자기 나타나 달콤한 말을 하는 사람, 그런 사람들은 속이는 사람들이다. 정치인들이 정치적 술수를 많이 써왔기 때문에, 사람들은 그런 것이 정치인 줄 착각하기도 한다.

그 다음 수준의 정치가 행해지면, 국민들은 그 정치가를 업신여긴다. 네 번째 단계의 정치는 최악의 정치다. 어린이 놀이터 관리인 중에 최하 수준의 관리인은, 전날 밤에 유리 조각과 돌멩이를 뿌려놓았지만, 다음날 낮에 다친 아이들을 치료해 주지 못하는 사람이다. 이 경우에는 아이들이 그를 업신여긴다. 그런 관리인은 도움이 되기는커녕 해만 입게 된다. 어린이들은 그런 관리인이 차라리 없는 것이 낫다고 생각한다. 네 번째 단계의 정치가는 국민을 위하는 정치가가 아니다. 그들은 자기의 권력욕을 채우기 위해 움직이는 사람들이다.

위의 네 단계의 정치 수준 중에서 세 번째 단계와 네 번째 단계의 정치가 정치적 술수를 쓰는 정치다. 정치인들이 정치적 술수를 쓰면 국민들은 반발하고 사회는 혼란해진다. 사회가 혼란해지면 정치적 술수를 쓰는 사람들은 그것을 형벌로 해결한다. 그렇게 되면 국민들은 법에만 걸리지 않으면 무슨 짓이든 한다. 국민들은 양심의 가책을 받지 않는다. 국민들이 양심을 지키지 않으면 사회의 혼란은 걷잡을 수 없다. 아무리 법을 엄하게 만들어도 다 막을 수 없다.

양심을 지키는 사람은 양심에 부끄러운 일을 하지 않는다. 그러므로 사람들로 하여금 양심을 지키도록 하면 사회는 저절로 안정된다. 첫 번째 단계와 두 번째 단계가 그런 경우다. 덕으로 정치를 하고 예로써 질서를 잡으면 사람들은 양심에 어긋나는 일을 부끄러워한다. 양심을 지키면서 살면 마음이 바르게 된다.

제4장

子曰吾十有五[1]而志于學하고 三十而立하고 四十而不惑하고 五十而知天命하고 六十而耳順하고 七十而從心所欲이나 不踰[2]矩[3]호라

(자왈오십유오이지우학 삼십이립 사십이불혹 오십이지천명 육십이이순 칠십이종심소욕 불유구)

| 국역 |

공자께서 말씀하셨다. "나는 열다섯에 학문에 뜻을 두었고, 서른 살에 예를 지킬 수 있게 되었으며, 마흔 살에 유혹을 받지 않았고, 쉰 살에 천명을 알았으며, 예순 살에 귀가 순했고, 일흔 살에 마음이 하고 싶은 대로 따라 해도 법도에 어긋나지 않았다."

| 난자풀이 |

[1] 十有五 : 십十에 오五가 있으므로 열다섯이 된다. 십오十五라 하면 십十이 다섯 있으므로 오십五十이 된다.

[2] 踰 : '넘어간다', '벗어난다' 등의 뜻.

[3] 矩 : 직각을 그리는 데 쓰는 자. 자는 표준이 되므로 여기서는 '준칙' 또는 '법도'의 의미로 쓰였다.

| 강설 |

사춘기는 생각이 많을 때이다. 태어나는 순간은 어머니와 분리되

는 첫 번째 순간이다. 분리되는 것은 고독해지는 것이고, 고독해지는 것은 슬픈 것이다. 그래서 울면서 태어난다. 어머니에게서 분리되는 충격은 다시 어머니의 품속으로 들어감으로써 완화된다. 그러다가 동생이 태어나면 어머니의 품속은 동생에게 양보해야 하기 때문에 그때 또 한 번 충격을 받는다.

공자에게는 동생이 없었다. 동생이 없었기 때문에 동생에게 양보해야 하는 충격은 없었다. 가난하게 자랐고 불우하게 자랐지만 그런 충격은 어머니의 사랑으로 다 덮을 수 있었다. 그러나 사람에게는 어머니의 사랑만으로 다 덮을 수 없는 시기가 찾아온다. 사춘기다. 사춘기는 부모의 품으로부터 정신적으로 독립하는 시기이다. 이성異性에 눈뜨는 시기이기도 하다. 자기 개인의 인생에 대해서 깊이 생각하게 되는 시기이기도 하다.

공자에게도 사춘기가 찾아왔다. 이미 15년 가량을 살았고, 육체적으로는 거의 성인成人이 되었지만 정신적으로는 성인이 되지 못했다. 사춘기란 정신적으로도 성인이 되기 위해 몸부림치는 때다. 사춘기가 되었을 때 가장 강력하게 다가오는 물음은 바로 이것이다. '산다는 것이 무엇인가?'

지금까지의 삶을 돌아보면 경쟁으로 일관된 것이었다. 가난하게 살았던 공자에게는 그 경쟁이 더욱 치열했다. 그날그날의 끼니를 해결하기 위해 계속 일을 해야 했다. 공자는 안 해본 일이 없었다. 15년이란 세월은 짧은 시간이 아니다. 그러나 그 세월이 지나고 보면 한 순간이다. 열다섯이 된 공자는 자기가 살아온 세월을 돌아보았다. 고생하며 살아온 세월이었다 하더라도 그것은 한 순간이었다. 그렇다면 남은 일생도 한 순간일 것이다. 세월은 쉬지 않고 흐른다. 잠시도 쉬지 않고 흐르는 물처럼 한 순간도 멈추는 일이 없다. 공자는 어느 날 물가에서 흐르는 물을 보고 탄식한 적이 있다. "모든 것은 이 물처럼 흐른다. 조금도 쉬지 않고 밤낮으로 흘러간다." 사람의 일생도 저 물처럼 쉬지 않고 흘러간다. 지금 이 순간에도 계속계속 흘러간다. 흐르고 흐르다가 도달하는 곳은 죽음이라는 바다다. 바다에 들어가는 일, 그것은 조만간 다가온다. 그리 먼 훗날의 일이 아니다. 그 바다에 도달하면 잘난 사람과 못난 사람이 차이가 없다. 이긴 사람이나 진 사람이나 매한가지다. 똑똑한 사람이나 어리석은 사람이나 다를 게 없다. 그런데도 사람들은 그 바다에 들어가는 일은 생각하지도 않은 채 남들과 싸워 이길 궁리만 한다. 자기가 남들보다 똑똑하다고 뽐내기에 바쁘다. 그런 것이 무슨 의미가 있을까? 공자는 이를 깨달았다. 조만간 다가오는 죽음의 바다, 살아생전에 이루어놓은 것이 모두 물거품이 되고 말 그 바다, 그 바다가 눈앞에 와 있다. 사람들에게는 그 바다가 까마득한 먼 훗날의 일로 느껴질지 모르지만, 지난 15년이란 세월이 순간처럼 느껴진 공자에게는 그것이 눈앞의 일로 다가왔다. 공자는 절박했다. 의사에게 두 달밖에 남지 않았다는 말을 들은 말기 환자와 같은 심경이었다. 공자는 지금까지와 같은 방식으로 계속 살 수는 없었다. 어제처럼 내일을 살 수는 없다. 그렇게 사는 것은 의미가 없다.

공자는 방황을 했다. 어떻게 살아야 하는지, 어떻게 살아야 가치 있는 삶인지, 그것을 몰라 방황을 했다. 공자는 다른 사람에 대해서도 관심이 없었다. 두 달밖에 남지 않은 절박한 환자에게는 다른 사람의 일이 관심사가 될 수 없다. 자기의 문제가 너무 다급해 누가 어떻게 성공을 했는지, 성공한 사람들 중에서 누가 더 훌륭한지 등등에 대해 관심을 가질 수 없다.

인생의 의미를 몰라서 절박하게 방황하던 공자는 다른 사람에게 관심이 없었지만, 자기처럼 방황하는 사람에게는 관심을 가지지 않을 수 없었다. 두 달 밖에 남지 않았다는 말을 듣고 방황하다가 강가에 앉아 고개를 떨어뜨리고 있는 말기 암 환자는 세상사에 관심을 가지지 않지만, 자기 옆에 와서 자기처럼 고개를 떨어뜨리고 있는 환자를 보면 사정이 달라진다. 그에게는 관심을 가지지 않을 수 없다. 더욱이 두 달밖에 살 수 없어서 그렇다는 말을 들었다면 바로 친근해진다. 동병상련同病相憐, 병이 같으면 서로 어여

삐 여기는 마음이 생기기 때문에 그렇다. 그렇지만 그에게 매력이 있는 것은 아니다. 그도 자기처럼 방황하고 있는 고통스런 존재이기 때문이다. 그러던 어느 날 그가 활짝 웃는 얼굴로 나타났다면 어떨까? 그냥 넘어갈 수가 없다. 어떻게 그렇게 되었느냐고 묻지 않을 수 없다. 만약 그에게서 약을 만들어 먹고 나았다는 말을 들었다면 상황은 완전히 달라진다. 그는 자기의 병을 고쳐줄 수 있는 생명수로 다가온다. 그에게 매달려 어떤 약을 어떻게 만들어 먹었느냐고 묻지 않을 수 없다.

절박하게 방황하던 공자는 어느 날 그런 사람을 만났다. 요堯·순舜·우禹·탕湯·문왕文王·무왕武王·주공周公 같은 사람들이 그런 사람이었다. 부모님은 그립다. 나를 낳아주었고 길러주었을 뿐만 아니라, 나를 위해 자기의 목숨도 내어줄 그런 존재이기 때문에 그렇다. 그리운 사람은 부모만이 아니다. 나를 죽음에서 건져주는 사람을 만나도 마찬가지다. 그런 사람은 부모처럼 그립고 부모처럼 고맙다.

그리운 사람을 그리워만 하고 있어서는 의미가 없다. 그들과 만나고 그들처럼 되어야 의미가 있다. 공자가 그들을 만나고 그들처럼 되는 방법은 배움을 통해서였다. 공자의 배움은 두 달밖에 남지 않은 절박한 환자가 약을 구하는 것과 같은 것이었다. 세상에 그보다 더 기쁜 일은 없다.

공자는 15세 때 배움의 길에 들어섰다. 세상의 어떤 것도 이보다 더 기쁠 수는 없다. 공자가 말하는 배움이란 다른 사람이 말하는 배움과 내용이 다르다. 다른 사람이 말하는 배움이란 남을 이기기 위한 지식 쌓기가 대부분이지만, 공자가 말하는 배움은 그런 것이 아니었다. 많은 사람을 이긴 사람도 늙어죽기는 마찬가지다. 그런 사람에게 참다운 행복은 없다. 참다운 행복은 늙어죽는 길에서 벗어날 때 찾아온다. 공자가 말하는 배움은 참다운 행복을 찾는 길이다. 그 길은 자기를 바로잡는 데서부터 시작된다.

배움의 목표는 옛 성인처럼 되는 것이다. 옛 성인은 하늘마음으로 산 사람이다. 사람의 마음에는 두 마음이 있다. 하늘마음과 욕심이 그것이다. 욕심은 원래 없었다. 원래는 하늘마음뿐이었으나 욕심이 들어와 하늘마음을 밀어낸 것이다. 사람들의 모든 고통은 욕심에 지배를 받기 때문이다. 욕심을 없애고 하늘마음을 회복하기만 하면 모든 고통은 일시에 해결된다. 배움이란 다른 것이 아니다. 욕심을 없애고 하늘마음을 회복하는 것뿐이다. 욕심을 없애는 방법은 여러 가지가 있지만, 예를 지키는 것이 중요한 방법 중의 하나다. 예를 지키면 욕심이 줄어든다. 공자는 예를 배우고 예를 지켰다. 그러기를 어언 15년, 서른 살이 되었을 때는 예에 맞게 살 수 있게 되었다. 공자가 '삼십이립三十而立' 즉, "서른이 되어서 섰다."고 한 것은 '입어례立於禮' 즉, 예를 실천하는 삶에 서 있었다는 말이다.

예를 실천할수록 욕심은 작아진다. 하늘마음은 무한히 크지만 대부분의 사람의 경우, 마음 보따리 속에 들어와 있는 하늘마음은 욕심에 밀려 욕심보다 작아져 있다. 대부분의 사람들이 자기 마음이라고 생각하는 것은 자기의 본래 마음이 아니라 욕심이다. 욕심은 밖에서 들어온 마음이므로 자기의 마음이 아니다. 대부분의 사람들은 자기의 마음이 아닌 것을 자기의 마음으로 착각하고 있는 것이다.

욕심은 아교처럼 끈적끈적하다. 욕심은 집착하는 마음이다. 욕심이 줄어들어 하늘마음보다 작아질 정도가 되면 심하게 집착한다. 정치권력에 대한 집착, 재물에 대한 집착, 명예에 대한 집착 등은 다 욕심에서 기인한다. 공자에게도 욕심이 남아 있었다. 그 욕심이 공자에게 온갖 유혹을 했다. 그러나 공자는 유혹에 넘어가지 않고 학문을 계속했다. 학문은 알코올 중독자가 금주하는 것과 같다. 중독자가 금주할 때는 심한 유혹을 받는다. 그 유혹을 이기지 못하고 다시 술을 마시면 그간의 노력이 허사가 되는 것처럼, 학문도 욕심의 유혹을 뿌리치지 못하면 이룰 수 없다. 유혹을 뿌리치고 또 뿌리쳐서 욕심이 더 이상 유혹할 힘이 없어질 때가 되어야 비로소 성공의 길에 들어선다. 공자는 마흔이 되었을 때 유혹에 휘말리지 않을 수 있게 되었다. 욕심에 유혹받지 않게 되면 학문에 탄력이 붙는다. 공자의 학문은 나날이 성숙해 갔다.

공자는 쉰 살이 되었을 때 천명을 알았다. 천명이란 하늘의 지시다. 하늘은 사람을 살리기 위해 잠시도 쉬지 않고 지시를 한다. 밥 먹을 때가 되면 '밥 먹어라'고 지시하고, 피곤하면 '쉬어라'고 지시한다. 그것은 귀로 들리는 것이 아니라 느낌으로 전달된다. 사람이 사는 것은 하늘의 지시를 따르기 때문이다. 그렇지만 사람이 하늘의 지시를 따르는 것은 일부분이다. 대부분은 욕심에 가려서 따르지 못한다. 학문이란 욕심을 줄여서 하늘의 지시를 따르는 부분을 넓혀가는 과정이다. 이는 외국어를 공부하는 과정과도 같다. 처음 외국어를 공부한 사람이 외국어 방송을 들으면 몇 마디 단어는 알아듣지만 대부분의 말을 듣지 못한다. 그러나 공부를 계속하면 차츰 알아듣는 단어가 많아지다가 어느 날 귀가 뚫리는 때가 온다. 귀가 뚫리기 전에는 알아듣는 단어가 많아도 외국어를 한다는 말을 하지 못하지만, 귀가 뚫리고 난 뒤에는 외국어를 한다고 할 수 있다. 하늘의 지시를 알아듣는 과정도 이와 같다. 하늘마음이 자꾸 커지다가 욕심을 능가하는 순간이 온다. 그때가 천명을 안다고 말할 수 있는 때다. 공자는 쉰 살이 되었을 때 천명을 알았다. 진리를 얻는 순간이고, 득도하는 순간이다. 이 순간은 기쁘기 한량없다. 외국어를 배우다가 귀가 뚫리는 순간을 맞았을 때도 기쁘지만, 진리를 얻을 때의 기쁨과는 비교가 되지 않는다.

외국어를 공부하다가 귀가 뚫렸다고 해서 공부가 완성된 것이 아니다. 그때부터는 모르는 단어가 계속 나온다. 귀가 뚫리기 전에는 아는 단어 수를 불려가지만 귀가 뚫리고 난 뒤에는 모르는 단어 수를 줄여나간다. 공부를 계속하여 모르는 단어가 거의 없어지면, 그때는 외국어가 마치 우리말처럼 술술 들린다. 하늘의 지시도 마찬가지다. 천명을 알고 난 뒤에도 욕심의 소리가 계속 섞여 들어오기 때문에 그것을 분별하기 위해 귀를 곤두세워야 한다.

하늘의 소리면 잘 듣고 실천해야 하지만, 욕심의 소리면 듣지 않고 참아야 한다. 이런 과정을 계속하다가 욕심이 거의 없어지면 하늘의 소리만 술술 들리게 된다. 공자는 예순이 되었을 때 그렇게 되었다. 하늘의 지시가 술술 들리면 다른 사람의 말도 술술 들린다. 내 마음에서 나온 소리가 하늘마음의 소리인지 욕심의 소리인지 분별이 되지 않을 때는 다른 사람의 말을 들어도, 그것이 하늘마음에서 나온 말인지 욕심에서 나온 말인지 구별이 되지 않는다. 아무리 귀를 곤두세워도 알 수 없다. 그래서 증거를 확인하기도 하고 앞뒤 문맥을 따져보기도 한다. 그러나 하늘의 지시가 술술 들리게 되면, 다른 사람의 말을 들어도 그것이 어떤 마음에서 나온 것인지 바로 알 수 있다. 귀를 곤두세울 일이 없어진다.

욕심이 조금이라도 남아 있으면 아무리 귀가 술술 들린다고 해도 학문이 완성된 것은 아니다. 보통의 사람에게는 자유가 없다. 사람이 무엇이든 마음대로 해도 좋다면 세상은 혼란해질 것이다. 큰 자루를 가지고 은행에 가서 현금을 담아가는 사람도 있을 것이고, 대통령이 앉는 자리에 앉아 큰 소리를 치는 사람도 있을 것이다. 그러나 그런 것을 할 수 없다. 하고 싶어도 참지 않으면 안 된다. 그러나 욕심이 하나도 남아 있지 않다면 다르다. 은행의 돈을 가지고 싶은 마음도, 대통령의 자리에 앉아보고 싶은 마음도 생기지 않는다. 그러므로 마음 내키는 대로 행동해도 문제될 것이 없다. 절대자유란 그런 것이다. 공자는 일흔이 되었을 때, "마음이 하고 싶은 대로 따라 해도 법도에 어긋나지 않았다."고 술회했다. 공자는 일흔 살에 학문이 완성되었고, 완전한 자유를 얻었다.

공자의 위의 말씀에서 다음과 같은 말이 도출되었다. 15세를 지학志學, 30세를 이립而立, 40세를 불혹不惑, 50세를 지명知命, 60세를 이순耳順, 70세를 종심從心이라 한다.

제5장

맹의자문효 자왈무위 번지어 자고지왈맹
孟懿子[1]問孝한대 子曰無違니라 樊遲[2]御러니 子告之曰孟

손 문효어아 아대왈무위 번지왈하위야
孫이 問孝於我어늘 我對曰無違라호라 樊遲曰何謂也잇

자왈생사지이례 사장지이례 제지이례
고 子曰生事之以禮하며 死葬之以禮하며 祭之以禮니라

| 국역 |

맹의자가 효孝를 묻자 공자께서 말씀하셨다. "어김이 없어야 한다." 번지가 수레를 몰고 있었는데 공자께서 그에게 말씀하셨다. "맹손씨가 나에게 효孝를 묻기에 어김이 없어야 한다고 대답했다." 번지가 물었다. "무엇을 이르신 것입니까?" 공자께서 말씀하셨다. "살아 계실 때는 섬기기를 예禮로써 하고 돌아가신 후에는 장사지내기를 예禮로써 하며, 제사지내기를 예禮로써 하는 것이다."

| 난자풀이 |

[1] 孟懿子 : 노魯나라의 대부. 성은 중손仲孫, 이름은 하기何忌. 민공閔公을 시해한 사람의 이름이 공중共仲이므로, 중仲자를 피하여 중손仲孫을 맹손孟孫이라 부르게 되었다. 의懿는 그의 자字, 자子는 미칭美稱으로 붙인 말. 시호를 쓴 것을 보면 이 문장이 하기何忌가 죽은 후에 기록된 것임을 알 수 있다. 맹의자孟懿子의 아버지 맹희자孟僖子는 죽음에 임하여 "예禮는 사람의 삶을 영위하는 근간이 되므로 예禮가 없으면 바로 설 수 없다(예禮, 인지간야仁之幹也, 무례無禮, 무이입無以立)."고 하고 두 아들 설說과 하기何忌로 하여금 공자에게 가서 예禮를 배우도록 부탁했으므로 중손하기仲孫何忌는 공자의 제자가 되었다.

[2] 樊遲 : 성은 번樊, 이름은 수須, 자字는 자지子遲. 공자보다 36세 연하의 제자다.

| 강설 |

맹의자가 효孝에 대해서 묻자 공자는 '어기지 않는 것'이라 대답했다. 효孝는 부모와 자녀간의 하나 됨[親]을 유지하기 위한 자녀의 노력인데, 부모와 자녀간의 하나 됨을 유지하는 구체적인 방법이 모두 예禮로 나타나 있으므로, 효孝는 예禮를 어기지 않고 지키는 데서 출발된다. 예禮를 모르면 사람 구실을 할 수 없으므로, 공자는 사람들에게 우선 예禮를 권한다. 사람이 된 후에라야 무엇이든 논할 수 있기 때문이다.

돌아오는 길에 생각해 보니 답변이 미흡했다. '어기지 않는 것'을 예禮를 어기지 않는 것으로 바로 알아들었으면 문제가 없지만, 부모의 뜻을 어기지 않는 것으로 알아들었으면 크게 잘못된 것이다. 부모의 뜻에는 본마음에서 나온 것도 있지만 순간적인 욕구나 충동에서 나온 것도 있기 때문에, 전자를 따르는 것은 효孝지만 후자를 따르는 것은 불효不孝가 된다. 순舜의 아버지는 계모의 말을 듣고 두 차례에 걸쳐 순舜을 죽이려 하였는데, 그 아버지의 뜻에 따라 죽음을 택했더라면 그것은 큰 불효가 되는 것이다. 아버지가 본마음을 회복하였을 때 느끼는 슬픔이 어떠하겠는가를 생각해 보면 쉽게 이해가 된다.

이에 공자는 평소에 말을 몰고 있는 사람에게는 말을 걸지 않으면서도 번지에게 말을 걸었다. "맹손이 나에게 효孝를 물었을 때 '어김이 없는 것'이라 대답하였는데, 그 말뜻은 예禮를 어기지 말라는 것이니 오해가 있어서는 안 될 것이다."

제6장

맹무백 문효 자왈부모 유기질지우
孟武伯[1]이 問孝한대 子曰父母는 唯其疾之憂[2]니라

| 국역 |

맹무백이 효孝를 문자 공자께서 말씀하셨다. "부모로 하여금 오직 그 자녀의 질병만을 근심하시게 하는 것이다."

| 난자풀이 |

1 孟武伯 : 맹의자孟懿子의 아들. 이름은 체彘, 시호가 무武이며 백伯은 그가 맏아들이기 때문에 붙여진 것이다. 형제가 여럿 있을 때 맏이가 백伯, 둘째가 중仲, 셋째가 숙叔, 막내가 계季가 된다.

2 之 : 앞 글자인 질疾과 뒷 글자인 우憂가 도치되어 있음을 나타내는 역할을 한다. '유우기질唯憂其疾'로 보면 된다.

| 강설 |

맹무백은 애공哀公 11년에 우사右師를 거느리고 제齊나라 군대와 싸워서 패한 일이 있고 『춘추좌씨전春秋左氏傳』 애공哀公 14년조條에는 성읍成邑의 사람들과 다툰 사실이 기록되어 있다. 맹무백이 성成 땅에서 말을 기르려고 하자, 성成의 재상 공손숙公孫叔은 맹무백을 성成을 해롭게 할 사람으로 보고 말을 기르도록 해주지 않았다. 그러자 맹무백은 화가 나서 성成을 공격해 들어갔는데, 얼마나 빨랐는지 부하들이 미처 따라 들어갈 틈도 없었다. 성成에 들어가서는 재상의 부하들을 회초리로 치고서 분을 풀었지만, 다 풀리지 않아서 나중에 그 아버지 맹의자孟懿子의 장례식 때 문상 온 성成의 사람들을 기어코 받아주지 않았다.

위의 사실에서 보면 맹무백은 힘이 센 무인이며 거칠고 성질이 급하여 화를 잘 내며 좀처럼 남을 용서하지 않는 사람으로 보인다. 따라서 그 아버지 맹의자는 늘 그 아들이 전쟁을 하거나 사람들과 다투다가 화를 당하지 않을까 하고 걱정했을 것으로 짐작된다. 그 맹무백이 공자에게 효孝에 대해서 묻자 공자는 대답한다. "효도를 하는 사람은 신중하게 처신하므로, 그 부모는 자녀의 건강 외에는 다른 걱정을 안 하게 되는 법이다. 그런데 너의 부모는 온갖 걱정을 다 하고 있으니 어떻게 된 것이냐? 부모에게 걱정을 끼치지 않도록 하라."

부모가 자녀에게 바라는 것 중에 가장 큰 것은 살아서 대를 이어주는 것이므로, 자녀가 아무리 신중하더라도 떨쳐버릴 수 없는 걱정은 자녀의 건강이다. 그러므로 아무리 효자라 하더라도 부모로 하여금 그 걱정을 하지 않게 할 수는 없다. 오직 그 걱정만 하게 하고 나머지 걱정은 일체 하지 않도록 하는 것이 효다.

제7장

자유문효 자왈금지효자 시위능양 지어견
子游問孝한대 子曰今之孝者는 是謂能養이니 至於犬
[1]
마 개능유양 불경 하이별호
馬하여도 皆能有養이니 不敬이면 何以別乎리오

| 국역 |

자유가 효孝를 묻자 공자께서 말씀하셨다. "지금 사람들이 생각하는 효孝는 부모봉양 잘하는 것을 말한다. 그러나 사람들은 개나 말까지도 다 봉양하고 있다. 공경하지 않는다면 무엇으로 구별하겠는가!"

| 난자풀이 |

[1] 子游 : 공자의 제자. 성은 언言, 이름은 언偃, 자유子游는 그의 자字. 『사기史記』에 의하면 오吳나라 사람으로 공자보다 45세 연하이지만, 『공자가어孔子家語』에 의하면 노魯나라 사람으로 35세 연하이다.

| 강설 |

지어견마개능유양至於犬馬皆能有養에 대한 해석에는 대체로 ① 개와 말도 집을 지키고 일을 하는 등 사람을 봉양함이 있다, ② 개나 말도 먹이를 주어 봉양하고 있다, ③ 개나 말과 같은 짐승들도 늙고 병든 짐승을 돌봄이 있다 등의 세 가지가 있다. ①은 개나 말이 사람을 기른다는 것이 되므로 부적절하고 ③은 개나 말이 효도한다는 것은 확인할 수 없으므로 따를 수 없다.

효孝는 부모의 사랑을 지속적으로 받기 위한 자녀의 노력이다. 부모의 사랑을 지속적으로 받기 위해서는 부모가 살아 계셔야 한다. 그러므로 부모를 봉양하는 것이 효孝의 첫 번째 내용이 된다. 그러나 부모가 살아 계시더라도 사랑을 받지 못하면 의미가 없다. 사랑을 받는 방법은 부모의 뜻을 받드는 것이다. 그러므로 부모의 뜻을 받드는 것이 효의 궁극적 내용이 된다.

자유는 공자의 말씀을 곧이곧대로 실천하는 성실한 사람이므로 공자의 가르침대로 부모 봉양에 열과 성을 다하였을 것이다. 이에 공자는 자유의 발전을 위해 자극을 주었다. "자유야! 지금 사람들은 부모 봉양하는 것만을 효도라고 생각하고 있지만, 사실 개나 말 같은 짐승도 먹이를 주어 봉양하고 있으니, 부모와 짐승의 차이가 없다. 사람이 해야 할 참다운 효도는 부모의 뜻을 받드는 것이다."

제8장

자하문효 자왈색난 유사 제자복기로
子夏問孝한대 子曰色難이니 [1] 有事어든 弟子服其勞하고 [2]

유주사 선생찬 증시이위효호
有酒食어든 [3] 先生饌이 [4] 曾是以爲孝乎아 [5]

| 국역 |

자하가 효孝를 묻자 공자께서 말씀하셨다. "얼굴빛을 보고 뜻을 헤아리는 것이 어려운 것이다. 일이 있을 때 동생이나 아들이 그 수고로움을 대신하고, 술과 밥이 있을 때 아버지나 형에게 잡숫게 하는 것, 이런 것을 효孝라고 하겠는가?"

| 난자풀이 |

[1] 色 : 주자朱子는 '부모 앞에서 얼굴빛을 온화하게 갖는 것'이라 하였다. 그러나 앞 문장과 이 문장은, 효孝의 내용을 몸을 봉양하는 데서 뜻을 봉양하는 데로 심화시키는 것에 목적이 있으므로, 색色은 '부모의 얼굴빛을 보고 뜻을 헤아려 받드는 것'으로 보는 것이 좋을 것이다.

[2] 弟子 : 선생의 반대 개념으로서의 제자가 아니고, 글자 그대로 동생과 자녀

를 말한다.

3 食 : '밥'이라는 뜻의 명사로 쓰일 때는 음이 '사'가 된다.

4 先生 : 글자 그대로 먼저 태어난 사람, 즉 아버지와 형.

5 曾 : 일찍이, 곧, 이에. 허사虛辭이기 때문에 여기서는 굳이 해석하지 않는 것이 좋다.

| 강설 |

부모의 봉양에 충실한 것이 효孝의 전부가 아니다. 참다운 효는 부모의 뜻을 받들어야 한다. 부모와 한마음이 된 사람은 부모의 얼굴빛만 보고도 마음을 헤아릴 수 있다. 자애로운 부모도 마찬가지다. 자녀의 얼굴빛만 보아도 자녀의 마음을 헤아릴 수 있다.

제 9 장

자왈오여회언 종일불위여우 퇴이성기사
子曰吾與回言(1)하되 終日不違如愚러니 退而省其私(2)한대

역족이발 회야불우
亦足以發(3)하나니 回也不愚로다

| 국역 |

공자께서 말씀하셨다. "내가 회回와 말을 할 때 보면, 종일토록 거부하지 않아 마치 어리석은 사람 같았다. 그러나 물러나와 그가 개인적으로 행동하는 것을 살펴보니, 또한 내가 말해준 것을 잘 실천하고 있었다. 회는 어리석은 사람이 아니었다."

| 난자풀이 |

1 回 : 성은 안顔, 자字는 자연子淵, 회回는 이름이다. 노魯나라 사람. 공자보다 30세 연하이다. 안회顔回는 공자의 문하에서 가장 우수한 제자로서 공자로부터 가장 많은 사랑과 기대를 받았다. 그러나 단명하여 41세의 젊은 나이로 죽었다. 이에 상심한 공자가 통곡하였다는 말이 『논어』에 전한다.

2 私 : 사생활. 개인적인 행동.

3 以 : '내가 말해준 내용을 가지고'란 뜻이 된다.

| 강설 |

공자의 교육 방식은 오늘날처럼 교실에서 많은 학생들 앞에서 강의하는 것이 아니라, 제자들과 합숙하면서 1 대 1의 상태에서 한 사람씩 문답 형식으로 진행하는 경우가 많았다. 제자들은 선생님과의 개별 교육이 끝나면 물러나와 혼자서 복습하기도 하고, 선배들에게 묻기도 하면서 개인적인 생활을 보냈다. 공자가 안회를 가르칠 때, 안회는 종일토록 가르친 내용에 대해서 의심을 품고 질문하거나 반박함이 없었으므로 마치 어리석어서 하나도 못 알아듣는 것 같아 보이기도 했다. 그러나 수업이 끝나고 강당을 물러나 그가 생활하는 것을 본 공자는, 그가 가르친 내용을 하나도 빠짐없이 실천하고 있는 것을 알았다. 안회가 수업시간에 가만 있었던 것은 어리석어서가 아니라 모두 알아들었기 때문인 것이었다. 천하의 영재를 얻어서 교육시키는 것이 세 가지 즐거움 중 하나라고 맹자는 말했다. 안회를 가르칠 때의 공자는 교육자로서 만족스러웠을 것이다.

제10장

子曰視其所以(자왈시기소이)[1]하며 觀其所由(관기소유)하며 察其所安(찰기소안)이면 人焉(인언)[2]廋哉(수재)[3]리오 人焉廋哉(인언수재)리오

| 국역 |

공자께서 말씀하셨다. "그 하고 있는 바를 보며, 그 말미암은 바를 살피며, 그 편안하게 여기는 바를 관찰하면, 사람들이 어디에 (자신을) 숨기겠는가? 사람들이 어디에 (자신을) 숨기겠는가?"

| 난자풀이 |

1. 以 : 이以의 기본구문은 以A爲B이다. 즉 A를 가지고 B를 한다는 뜻이다. 以A爲B는 A를 생략하고 以爲B로 하기도 하고, B를 생략하고 以A爲로 하기도 한다. AB를 생략하고 以爲로 쓰기도 한다. 여기서 以 한 자만 쓴 것은 以A爲B를 생략한 것이다. 以爲로 보아도 된다. 『대대례大戴禮』 문왕관인편文王官人篇에 '고기소위考其所爲, 관기소유觀其所由, 심기소안審其所安'이란 문장이 있는 것을 보면, 여기서의 이以는 이위以爲의 뜻으로 쓰인 것이고, 뜻은 '지금 하고 있는 것'으로 풀이된다.
2. 焉 : 조사나 의문대명사로 쓰일 때 장소를 나타내는 경우가 많다. 여기서도 '어디에'로 번역하는 것이 좋을 것이다.
3. 廋 : 숨긴다는 뜻. 음은 '수'.

| 강설 |

시視는 시示(보일 시) 변이다. 보이는 대로 보는 것을 말한다. 관觀은 저울의 눈금을 살피는 것이니, 꼼꼼히 살피는 것이다. 찰察은 집에서 제사를 지내는 것이니, 보이지 않는 조상신과 소통하는 것이다. 보이지 않는 것을 세밀하게 살피는 것을 말한다.

소이所以는 현재 하고 있는 것, 소유所由는 현재의 상태에 이르게 된 이유 또는 동기를 말하고, 소안所安은 현재의 마음상태를 말한다.

성실하게 일하는 사람도 있고, 게으름을 부리는 사람도 있고, 놀기 좋아하는 사람도 있다. 그것만 보아도 본심대로 사는 사람인지 욕심에 빠져 있는 사람인지 대충은 알 수 있다. 그러나 욕심을 채우기 위해 노력하는 사람도 최선을 다하는 경우에는 성실하게 보이기도 하기 때문에 그것 하나만으로 판단할 수는 없다. 그 일을 하게 된 동기나 이유를 따져봐야 한다. 당선되는 것을 목적으로 출마한 정치인은 아무리 성실하게 보이더라도 성실한 것이 아니다. 돈 버는 것만을 목적으로 하는 사업가는 아무리 성실하게 일하는 것처럼 보이더라도 성실한 것이 아니다. 금메달을 따는 것을 목적으로 운동하는 선수는 아무리 성실하게 노력하는 것처럼 보이더라도 성실한 것이 아니다. 그들이 성실하게 보이는 것은 욕심이 너무 크기 때문이다. 욕심에 빠져 성실하게 노력하는 사람은 중독자다. 중독자는 노예다. 노예 중에서도 충실한 노예다.

중독자란 욕심에 빠져 헤어나지 못하는 사람을 말한다. 도박이나 알코올에 중독된 사람도 있다. 일이나 운동에 중독된 사람도 있다. 중독자가 욕심을 추구하는 것은 성실하게 보이지만 성실한 것이 아니다. 참으로 성실한 사람은 행복하고 편안하지만, 중독자는 그렇지 않다. 중독자는 누구나 중독에서 벗어나야 한다는 생각을 하지만 벗어날 수 있는 힘이 없을 뿐이다.

그러므로 외형적으로 성실해 보이는 사람과 참으로 성실한 사람을 분별하지 않으면 안 된다. 성실해 보이는 사람 중에서 참으로 행복하고 편안한 사람만이 참으로 성실한 사람이다.

제 11 장

자왈온고이지신　가이위사의
子曰溫故而知新이면 可以爲師矣니라
[1] [2]

| 국역 |

공자께서 말씀하셨다. "옛것을 파악하여 새로운 것을 알아야 스승이 될 수 있다."

| 난자풀이 |

[1] 溫 : '따듯하게 익힌다'는 말이므로 '파악한다'로 번역하면 된다.
[2] 以 : 온고이지신溫故而知新을 목적어로 한다. 가이온고이지신위사의可以溫故而知新爲師矣의 뜻이지만 온고이지신溫故而知新이 앞에 나왔으므로 생략한 것으로 볼 수 있다.

| 강설 |

스승의 역할은 사람들에게 바람직한 삶의 방법을 제시하는 것이다. 그러기 위해서는 앞으로 다가올 일을 파악하여 그것에 대처할 수 있는 능력이 있어야 한다. 앞으로 다가오는 일에 대처하는 것에는 크게 두 가지로 나누어 생각해 볼 수 있다. 하나는 개인적인 삶에서 나타나는 것이고, 다른 하나는 인류사회 전체에서 나타나는 것이다. 전자는 개개인의 문제이고, 후자는 인류 전체의 문제이다.

먼저 개개인의 삶의 문제에서 보자. 개개인은 모두 남들과 어울려 살아야 한다. 사랑도 해야 하고 취직도 해야 한다. 가정을 가져야 하고 자녀도 낳아야 한다. 그러면서 늙고 병들어 죽어간다. 이런 삶의 과정에서 개개인은 모두 행복해야 한다. 어떻게 하면 행복할 수 있을까? 그 해답은 과거에 있다. 과거의 시대에 가장 행복했던 사람들을 공부하는 까닭은 오늘날을 살아가는 우리들이 행복하게 살기 위해서다. 만약 그렇지 않고 과거의 사람들을 과거의 것으로만 공부한다면 아무런 의미가 없다. 과거의 사람들을 공부하여 행복하게 사는 법을 배우고, 그 방식을 오늘날에 적용할 수 있는 사람은 오늘날에도 행복할 수 있다. 그런 사람은 다른 사람에게도 행복하게 살도록 인도해야 한다. 그런 사람이 스승이다.

인류 전체의 삶의 방식은 어떠한가? 인류의 역사는 거대한 흐름을 형성하며 진행된다. 앞으로 다가오는 것은 과거에서 현재까지 이어진 흐름의 연장이다. 공자는 "순천자順天者는 살고, 역천자逆天者는 망한다."고 했다. 하늘이 의미하는 것 중의 하나가 흐름이다. 흐름을 타는 자는 살지만, 흐름을 거스르는 자는 죽는다. 과거에서 현재에 이르는 흐름의 방향과 법칙을 파악하지 못하면 살아남지 못한다. 산다는 것은 흐름을 탄다는 것이다. 과거의 사실을 공부하는 가장 중요한 목적은 여기에 있다. 과거의 사실을 공부하여 역사의 흐름을 파악함으로써, 자신도 그 흐름에 탈 수 있고 다른 사람에게도 그 흐름에 탈 수 있도록 인도하는 사람이 스승이다. 과거의 사실을 단순히 암기하여 학생들에게 전달하는 것만으로는 스승으로서의 자격이 없다.

인류의 역사는 사람들이 엮어가는 거대한 흐름이다. 역사의 흐름에 역행하면서 살 수 있는 사람은 없다. 공자는 역사의 흐름에 관심을 가졌다. 역사의 흐름을 파악하고 그 흐름에 대응해야 원만한 삶을 유지할 수 있다. 다른 사람을 인도해야 하는 사람이라면 더욱 그렇다. 역사의 흐름은 앞선 시대의 것을 가감하면서 진행하기 때문에 그 진행의 법칙만 안다면 미래의 역사를 헤아릴 수 있다. 모든 흐름은 음양으로 진행된다. 역사의 흐름을 끌고 가는 법칙도 예외가 아니다. 『주역』 계사전繫辭傳에서는 "음이 되었다가 양이 되었다가 하면서 진행되는 것이 길이다."라고 했다.

인류 역사의 흐름도 음양으로 진행된다. 인간의 두 요소는 마음과 몸이다. 마음이 양이라면 몸은 음이다. 이 두 요소 중에서 어느 하나라도 없으면 인간의 삶은 영위될 수 없다. 인간은 이 두 요소를 번갈아가면서 챙긴다. 한동안은 몸을 챙겼다가 다시 한동안은 마음을 챙긴다. 인류의 역사도 이와 같다. 몸을 주로 챙기는 시대와 마음을 주로 챙기는 시대가 번갈아가면서 진행된다. 개인의 경우에는 몸을 챙기는 때와 마음을 챙기는 때의 사이클이 매우 짧지만, 역사의 경우에는 그 사이클이 매우 길다. 400년 또는 500년이 되기도 한다.

지금은 몸을 주로 챙기는 시대다. 몸은 물질이므로 물질주의가 되었고, 몸 챙기는 데 돈이 가장 중요하므로 자본주의가 되었다. 그러나 지금은 몸 챙기는 시대의 말기이다. 조만간 마음을 주로 챙기는 시대가 온다. 이에 대비하여 마음 챙기는 노력을 하는 사람은 다음 시대에 원만한 삶을 유지할 수 있을 것이다.

제12장

子曰君子(자왈군자)는 不器(불기)니라

| 국역 |

공자께서 말씀하셨다. "군자는 그릇처럼 살지 아니한다."

| 강설 |

그릇은 특정한 형태를 가지고 있고 그 형태에 맞는 역할만을 한다. 자신의 몸 챙기는 삶을 위주로 하는 사람은 소인이고, 하늘마음에 따라서 사는 사람은 군자다. 소인의 삶은 그 주체가 몸이기 때문에 몸이 처해 있는 시간과 공간의 제한을 받는다. 즉, 내가 남자라면 나는 여자가 아니며, 내가 현대인이면 고대인이 될 수 없다. 따라서 이러한 삶에서는 나는 왜 여자가 아닐까, 나는 왜 고대에 태어나지 않았을까, 나는 왜 미국에서 태어나지 않았을까, 나는 왜 부잣집에 태어나지 않았을까, 나는 왜 죽을 수밖에 없는가 등등의 불만이 끊임없이 제기된다. 세상은 언제나 불공평하고, 삶은 비극일 수밖에 없다.

그러나 군자의 삶은 그렇지 않다. 하늘의 뜻에 따라 살기 때문에 삶의 내용이 하늘이다. 하늘처럼 사는 사람은 나는 나이기도 하고, 동시에 너이기도 하다. 나는 만물이고, 하늘이고, 우주다. 나는 태곳적부터 존재했고, 앞으로도 무궁히 존재한다. 나는 시간적·공간적 제한에서 벗어난다. 나의 몸은 하늘마음을 실천하는 도구일 뿐이다. 나의 몸이 초야에 묻혀 평생토록 이름 없이 살아도 불만이 없다. 나의 삶은 언제나 평화로움과 조화로움으로 충만된다. 절대 자유를 누리는 행복한 삶 그 자체이다.

소인은 몸만 챙기는 사람이다. 몸은 남과 구별되는 개체다. 따라서 소인의 삶은 경쟁으로 이어진다. 소인이 목표로 삼는 것은 오직 남과의 경쟁에서 이기는 것이다. 남과의 경쟁에서 이기는 가장 좋은 방법은 첫째, 자기의 적성에 맞는 일을 찾아서, 둘째 어릴 때부터 그 일을 시작하고, 셋째 죽도록 그것만 하는 것이다. 오늘날에는 학문을 하는 방법도 그렇다. 수학을 전공하는 사람은 수학만을 공부하고, 어학을 전공하는 사람은 어학만을 공부한다.

인생이 무엇인지 행복이 무엇인지, 그런 것을 추구하지 않는다. 이러한 삶에서는 아무리 성공을 해도 불행하다. 군자는 그릇처럼 살지 않는다. 공자의 이 말씀은 오늘 우리들에게 더욱 새롭게 다가온다.

제 13 장

자공문군자 / 자왈선행기언 / 이후종지

子貢問君子한대 子曰先行其言이요 而後從之니라

| 국역 |

자공이 군자에 대해서 묻자 공자께서 말씀하셨다. "먼저 그 말을 행하고, 그 뒤 그 말을 따른다."

| 강설 |

자공은 말을 잘하고 임기응변에 능하며 가끔 사업에 손을 대거나 투기를 하여 큰돈을 벌기도 했다. 그러나 아무리 그렇더라도 그러한 것만으로는 군자가 되지 못한다. 만약 군자가 되는 것을 목표로 삼지 않는다면, 만약 하늘마음을 되찾는 것에 뜻을 두지 않는다면 다른 어떤 목표를 세워서 달성하더라도 행복할 수는 없다. 자공은 영특하고 총명하지만 아직 목표를 확고하게 세우지 않았다. 그래서 공자는 자공에게 주문했다. 먼저 자기의 확고한 목표를 말로 표현하고, 다음으로 그 목표에 따라 열심히 나아가야 한다.

불교에 정진하는 사람들은 모임을 시작할 때나 끝날 때, '중생을 다 건지오리다', '번뇌를 다 끊으오리다', '진리를 다 깨치오리다', '불도를 다 이루오리다'라고 하는 네 가지의 큰 맹세[사홍서원四弘誓願]를 한다. 먼저 그 말을 행하는 것이다.

맹자는 "먼저 그 큰 뜻을 세워야 한다."고 했고, 퇴계 선생은 큰 뜻을 이루는 것을 '인생 일대의 환희'라 했다.

제14장

子曰君子는 周而不比하고 小人은 比而不周니라
(자왈군자 주이불비 소인 비이불주)

| 국역 |

공자께서 말씀하셨다. "군자는 두루두루 어울리지, 특정한 사람만을 따르지는 않는다. 소인은 특정한 사람만을 따르고 두루두루 어울리지를 않는다."

| 난자풀이 |

1 周 : 모든 사람과 두루두루 어울린다.
2 比 : 이익을 얻기 위해 자기에게 유리한 사람에게 줄을 선다.

| 강설 |

군자에게는 남이 없다. 모두가 나다. 그렇기 때문에 군자는 모든 사람과 두루두루 어울린다. 군자도 이익을 추구하지만, 이익추구를 인생의 목표로 삼지는 않는다. 이익이 되는 사람에게 가서 줄 서는 일이 없다.

소인은 이와 반대다. 소인은 늘 남과 경쟁하고 이익에 민감하다. 이익을 얻기 위해서라면 수단과 방법을 가리지 않는다. 이익이 되는 사람에게는 줄을 서서 따라다니지만, 손해가 되는 사람은 거들떠보지도 않는다.

어느 라인(line)에 설 것인가? 민감한 부분이다. 사장 라인에 설 것인가? 전무 라인에 설 것인가? 여당에 줄을 설 것인가? 야당에 줄을 설 것인가? 교장 라인에 설 것인가? 교감 라인에 설 것인가?

어느 라인에 섰는가에 따라 승패가 결정되는 경우가 많다. 그래서 사람들은 라인에 민감해진다. 라인에 서는 것, 참으로 피곤한 일이다. 자기 라인의 사람들을 맹목적으로 지지하고, 다른 라인의 사람들을 조건 없이 비난한다. 파당을 형성해서 떼를 지어 다닌다. 참으로 한심한 작태다. 이렇게 살 일이 아니다.

라인에 서면 성공할 확률과 실패할 확률이 반반이다. 그러나 라인에 서지 않으면 100퍼센트 실패다. 그렇다면 라인에 서야 하지 않을까? 이런 생각을 하는 사람은 소인이다. 경쟁에서 져도 행복할 수 있고, 경쟁에서 이겨도 불행할 수 있다는 것을 알아야 한다. 뻐꾸기 새끼를 기르는 뱁새는 뻐꾸기 새끼를 아무리 잘 길러도 불행하다. 어느 라인에 서는가가 중요한 것이 아니다. 묵묵히 군자의 길을 가기만 하면 된다.

내가 윗사람에게 잘 보일 것을 생각할 것이 아니다. 내가 윗사람에게 필요한 사람이 되면 된다. 군자의 모습으로 당당하게 사는 것, 행복은 거기에 있다.

제 15 장

子曰學而不思則罔[1]하고 思而不學則殆니라
(자왈학이불사즉망 사이불학즉태)

국역

공자께서 말씀하셨다. "배우기만 하고 생각하지 않으면 답답하고, 생각하기만 하고 배우지 않으면 위태롭다."

난자풀이

[1] 罔 : 어둡고 답답함.

| 강설 |

말을 들을 때는 말귀를 알아들어야 하듯이, 어떤 것을 배웠을 때는 그 의미를 헤아려야 한다. 사람들은 많은 고정관념을 가지고 살아간다. '돈은 좋은 것이다', '명예는 좋은 것이다'라는 고정관념을 가진 사람이 그것이 왜 좋은 것인지, 그 의미에 대해 잘 헤아려 보지 않는다면, 맹목적으로 돈과 명예만 추구하는 답답한 인간이 되고 만다. 답답한 인간은 고정관념의 노예다. 돈의 노예이고, 명예의 노예이다.

배운 내용을 잘 헤아려서 그 의미를 알아야 부작용이 없다.

배우지 않고 생각만 하는 사람이 있다. 골똘한 생각 끝에 어떤 것을 알아낸 사람은 그것이 제일인 줄 안다. 그런 뒤에는 자기가 알아낸 것에 갇혀서 남에게 그것을 강요한다. 그런 사람은 위태롭다. 도를 깨쳤다는 사람은 더욱 위태롭다. 그런 사람들은 대개 사이비 교주가 되어 세상을 어지럽게 한다.

높은 곳에 가서 깃발을 꽂아야 깃발이 높이 펄럭인다. 높은 곳에 가는 것은 배움을 통해서 가능하고, 깃발을 꽂는 것은 생각을 통해서 가능하다. 배우기만 하고 생각을 잘 못하면, 높은 곳에는 가지만 깃발을 꽂지 못한다. 생각을 하고 배우지 않으면, 낮은 곳에서 깃발만 꽂는다. 둘 다 안 될 일이다.

제16장

子曰攻乎異端이면 斯害也已니라
(자왈공호이단 사해야이)
① ② ③

| 국역 |

공자께서 말씀하셨다. "이단에만 오로지 하면 해가 될 뿐이다."

| 난자풀이 |

[1] 攻 : 오로지 그것만을 추구하는 것. 전공. 문학을 전공한다는 것은 오로지 문학만을 추구하는 것을 말한다.

[2] 異端 : 기이하고 극단적인 것. 정상적인 삶이란 몸과 마음이 두루 갖추어져 조화를 이루는 것이다. 마음만 주로 챙기는 것도 이단이고, 몸만 주로 챙기는 것도 이단이다. 이단의 상대개념은 중용이다.

[3] 已 : '…뿐이다'는 뜻을 가진 조사.

| 강설 |

학문 중에도 이단이 있다. 몸 챙기는 것만 주로 가르치는 것도 이단이고, 마음 챙기는 것만 주로 가르치는 것도 이단이다. 이단을 공부하는 것은 좋지만, 그것만 하고 다른 것을 하지 않는다면 정상적인 삶을 살 수 없다.

몸만을 주로 챙기는 사람은 늘 남과 경쟁하느라 긴장되고 피곤하다. 그러다가 어느 정도 성공을 하더라도 늙고 병들어 죽는다. 인생이 비극으로 끝날 수밖에 없다. 반대로 마음만을 주로 챙기는 사람은 몸 챙기는 것을 가볍게 생각하거나 오히려 천박한 것으로 여겨 독신생활로 일관하거나 자살을 하는 등 극단적인 삶의 방식을 택하기도 한다. 둘 다 문제가 있다. 둘 다 이단이다. 이단의 반대는 중용이다. 중용이란 몸과 마음을 두루 챙겨서 조화롭게 사는 것이다.

제17장

자왈유 회여지지호 지지위지지 부지위부지
子曰由[1]아 誨女知之乎[2]인저 知之爲知之요 不知爲不知

시지야
是知也니라

| 국역 |

공자께서 말씀하셨다. "유야 너에게 안다는 것이 무엇인지 가르쳐 주겠다. 아는 것을 안다고 하고 모르는 것을 모른다고 하는 것, 그것이 아는 것이다."

| 난자풀이 |

1 由 : 성은 중仲, 자는 자로子路, 유由는 그의 이름. 공자보다 9세 연하다.
2 之 : 앞의 글자 지知를 타동사로 만들어주는 역할을 하는 타동사의 목적어이다. 따라서 지之가 없으면 지知는 명사가 된다.

| 강설 |

자로는 힘이 세고 용기가 있으며 무술이 뛰어난 사람으로서 남에게 지기를 싫어하는 사람이다. 스승인 공자를 욕하는 사람이 있으면 가만두지 않으므로 '자로가 제자가 된 뒤로 공자를 욕하는 사람이 없어졌다.'는 말이 『사기』에 전한다. 공자에게도 자기주장을 굽히지 않고 끝까지 논쟁을 벌이는 내용이 『논어』의 여러 군데 기록되어 있다. 남에게 지기 싫어하는 자로의 이러한 성격은 자로로 하여금 자기가 모르는 것을 인정하거나 남의 의견을 받아들이는 데 인색하게 만들었다. 공자가 볼 때 자로의 학문은 아직도 완성되지 않았다. 그런데도 자로는 자신의 부족한 점을 좀처럼 인정하지 않는다. 자기에게 모르는 것이 있다는 사실은 특히 더 싫어한다.

진리는 자기에게 모르는 점이 있다는 것을 알고 보충할 때 찾아온다. 공자는 자로를 깨우치고 싶어 말을 걸었다. "유야, 안다는 것이 무엇인지 깨우쳐주겠다. 아는 것을 안다고 하고, 모르는 것을 모른다고 하는 것이 참으로 아는 것이다."

남에게 질문을 받았을 때 '모른다'고 대답할 수 있는 사람이 실력자다. 실력이 없는 사람은 남에게 무시당하는 것이 두려워 모른다는 대답을 하지 못한다. 자신 있는 사람만이 모르는 것을 모른다고 대답할 수 있다.

제18장

자장　　학간록　　자왈다문궐의　　신언기여즉과우
子張이 學干祿한대 子曰多聞闕疑요 愼言其餘則寡尤
1　　　2 3　　　　4

　다견궐태　　신행기여즉과회　　언과우　　행과회
며 多見闕殆요 愼行其餘則寡悔니 言寡尤하며 行寡悔

　녹재기중의
면 祿在其中矣니라

국역

자장이 벼슬자리 얻는 방법을 배우려 하였는데, 공자께서 말씀하셨다. "많이 듣고서 의심스러운 부분은 빼놓고, 그 나머지를 조심스럽게 말하면, 허물이 적으며, 많이 보고서 위태로운 것을 빼놓고, 그 나머지를 조심스럽게 행하면, 후회하는 일이 적을 것이니, 말에 허물이 적으며, 행실에 후회할 일이 적으면, 관직이 그 가운데 있는 것이다."

난자풀이

1 子張 : 성은 전손顓孫, 이름은 사師, 자장은 그의 자字이다. 진陳나라 사람. 공자보다 48세 연하이다.

2 干 : '구한다'는 뜻. 음은 '간'.

3 祿 : 벼슬해서 받는 봉록. 봉록을 구한다는 말은 벼슬자리 얻는 방법을 구한다는 말이다.

4 闕 : '빼놓는다', '보류한다'는 뜻. 음은 '궐'.

강설

자장은 벼슬자리 얻는 데 관심이 많았던 사람이다. 공자가 어느 나라에 가든지 그 나라의 정치에 관여하게 되었고, 공자의 제자

중에는 벼슬하는 사람들도 많았다. 벼슬자리 얻는 데 관심이 많은 자장은 공자가 벼슬자리 얻는 방법을 잘 알 것으로 생각했다. 그래서 자장은 벼슬자리 얻는 구체적인 방법을 물었다. 자장의 관심은 실세를 파악하여 찾아가는 등의 구체적이고 가시적인 방법이었을 것이다. 그러나 그런 방식으로 벼슬자리를 얻는 것은 바람직하지 않다. 그런 방식으로는 벼슬자리를 얻는다 해도 뜻을 펼 수 없다. 벼슬을 하는 것은 벼슬하는 것에 목적이 있는 것이 아니다. 진리를 펴는 것에 목적이 있다.

공자의 관심은 벼슬하는 것에 있지 않았다. 하늘의 뜻을 따르는 데 있었고, 진리를 펴는 데 있었다. 진리를 펴는 일은 우선 자신이 진리를 얻는 것에서 출발하지 않으면 안 된다.

이에 공자는 자장에게 먼저 진리를 얻도록 유도한다. 진리는 욕심을 비울 때 찾아온다. 자장은 욕심이 많았다. 남에게 과시하고 싶어 참지 못했다. 들어서 아는 것이 있으면 확실하지 않더라도 남에게 함부로 말을 하고, 보고 아는 것이 있으면 확실하지 않더라도 함부로 행동했다. 공자는 자장의 그런 점을 깨우쳤다.

많은 것을 듣고서, 의심스럽거나 잘 이해되지 않는 것까지 남에게 말하면 실수가 되고 허물되는 일이 많다. 많은 것을 보고서, 의심스럽거나 잘 이해되지 않는 것까지 남에게 행하면 실수가 되고 후회할 일이 많다. 그것은 모두 욕심에서 비롯된다. 욕심을 채우는 사람은 남들이 인정하지 않는다. 욕심을 버리고 남을 받아들일 때 남도 나를 받아들이는 법이다. 자장은 재주가 많고 유능하다. 그런 사람이 욕심을 버린다면 남들이 가만 놓아두지 않는다. 벼슬자리는 저절로 얻어진다.

모든 것에는 인因과 연緣이 있다. 벼슬할 수 있는 능력과 자격을 갖추는 것은 인因이고, 벼슬자리를 얻게 되는 계기는 연緣이다. 인이 없는 사람이 연을 추구하면 일이 성사되어서도 안 되고, 될 수도 없다. 그러나 인을 갖추면 연은 추구하지 않더라도 언젠가는 찾아오는 법이다. 공자는 인을 갖추도록 인도할 뿐, 연을 해결하는 방법을 가르쳐주지는 않는다.

제19장

애공　　문왈하위즉민복　　공자대왈거직조저
哀公이 問曰何爲則民服이니잇고 孔子對曰擧直錯諸
[1]　　[2]　　[3]　　[4] [5]

왕즉민복　　거왕조저직즉민불복
枉則民服하고 擧枉錯諸直則民不服이니이다

| 국역 |

애공이 물었다. "어떻게 하면 백성이 복종합니까?" 공자께서 말씀하셨다. "정직한 사람을 등용하여 굽은 사람 위에 올려놓으면 백성들이 복종하며, 굽은 사람을 등용하여 정직한 사람 위에 올려놓으면 백성들은 복종하지 않습니다."

| 난자풀이 |

[1] 哀公 : 노魯나라 임금. 성은 희姬, 이름은 장蔣, 애공哀公은 그의 시호. 기원전 494년에 즉위하였다.

[2] 服 : '복종한다', '따른다'는 뜻.

[3] 孔 : 임금의 물음에 답한 경우는 공자의 성을 붙여서 기록했다. 애공과 공자는 사제관계가 아니기 때문이다.

[4] 錯 : '내버려둔다'는 뜻과 '놓아둔다'는 두 가지 뜻이 있다. 음은 '조'.

[5] 諸 : 앞의 글자 조錯를 '내버려둔다'로 해석할 경우에는 '여러', '모든'이란 뜻이 되고, '놓아둔다'로 해석할 경우는 지之 + 어於의 뜻이 된다.

| 강설 |

정직한 사람이 위에 있으면 아랫사람이 일을 처리할 때 정당하게 하는 것은 통과되지만, 뇌물을 쓰는 등의 편법을 가지고 부당하게 하는 것은 통과되지 않는다. 그 결과 아랫사람들도 다 정직하게 되어 공평무사한 정치가 실현됨으로써 백성들은 그 정치를 믿고 따를 수 있게 된다. 이와 반대로 윗사람이 정직하지 아니하면 아

랫사람의 정당한 방법이 통하지 않고 뇌물을 쓰는 등의 편법이 통하므로, 그 아래에는 정직하지 못한 사람들로 가득 차게 되어 불공평한 정치가 실현된다. 정치가 불공평하면 백성들은 불만이 많아지고 반발한다.

애공은 백성들이 복종하지 않는 것을 백성들의 문제로 보고, 백성들로 하여금 복종하도록 하는 방법을 백성들에게서 찾으려 했다. 그러나 공자는 그 원인이 임금의 잘못된 정치에서 비롯된 것임을 깨우치고 임금의 문제로 돌려놓았다.

주자朱子는 조錯를 '내버려둔다'는 뜻으로 보고 '거직조저왕擧直錯諸枉'을 '정직한 사람을 등용하고, 모든 굽은 자는 내버려둔다.'고 해석했다. 주자의 해석은 대체로 뜻이 통하지만 문맥이 순조롭지 않다. 모든 굽은 자를 내버려두는 것이라면 구태여 언급할 필요가 없다. 거직擧直 하나만 말하면 될 것이다.

제20장

계 강 자 문 사 민 경 충 이 권　　　여 지 하　　　자 왈 임 지 이
季康子問使民敬忠以勸하되 如之何잇고 子曰臨之以
[1] [2] [3] [4] [5] [6] [7]
장 즉 경　　효 자 즉 충　　거 선 이 교 불 능 즉 권
莊則敬하고 孝慈則忠하고 擧善而敎不能則勸이니라
[8] [9] [10]

국역

계강자가 물었다. "백성으로 하여금 공손하고 충성스러우며 그러면서도 (일에) 힘쓰도록 하려면 어떻게 해야 합니까?" 공자께서 말씀하셨다. "(백성들에게) 임하기를 장엄하게 하면 공손하게 되고, (부모에게) 효도하고 (자녀를) 사랑하면, (백성들은) 충성스럽게 되고, 우수한 사람을 등용하고 잘 못하는 자를 가르치면 백성들은 (일에) 힘쓰게 됩니다."

| 난자풀이 |

1 季康子 : 노魯나라에서 권세를 제일 많이 가지고 있었던 계손씨季孫氏를 말함. 이름은 비肥. 강康은 그의 시호. 그의 아버지 계환자季桓子는 공자와 함께 노魯나라의 행정을 담당한 적이 있다.

2 敬 : 윗사람을 공경하는 것. 공손함.

3 忠 : 중中과 심心을 합한 뜻. '속에 있는 마음'을 뜻한다. 속에 있는 마음은 진실하므로 '진실한 마음'이란 뜻도 된다. 계강자는 경敬을 '윗사람에게 공손하게 대하는 마음', 충忠을 '윗사람에게 복종하는 마음'으로 이해하고 있었을 것이다.

4 以 : 경敬과 충忠이 이以의 목적어가 된다.

5 勸 : 일에 힘쓰는 것. 앞에 이以가 있으므로 '공손하고 진실한 마음을 가지고 일에 힘쓰는 것'을 말한다.

6 如之何 : '어떻게 하는가!'라는 의미로서 관용구로 쓰임.

7 臨 : 위에서 아래로 대하는 것을 임臨이라고 함. 예) 군임君臨.

8 孝 : 늙은 백성들에게 대하기를 부모에게 효도하는 마음으로 하는 것. 맹자는 '노오노이급인지노老吾老以及人之老'라고 하여 '자기 집의 늙은 부모를 대하는 마음을 미루어 다른 집의 늙은 부모에게 대해야 한다.'고 제나라의 선왕에게 설명한 적이 있다.

9 慈 : 자기 아이들을 사랑하는 마음으로 어린 백성들을 사랑하는 것. 맹자는 역시 제나라의 선왕에게 '유오유이급인지유幼吾幼以及人之幼'라 하여 '자기 집의 어린아이를 보살피는 마음으로 남의 집 어린아이를 보살펴야 한다.'고 역설하기도 했다.

10 善 : 잘하는 사람. 경건한 마음과 진실한 마음으로 일을 열심히 하는 사람.

| 강설 |

자기에게 존경하지도 않고 충성하지도 않으면서 일도 열심히 하지 않는 백성들에게 불만을 가진 당시의 권력자 계손씨가 공자에게 물었다. "백성들로 하여금 나에게 존경하고 충성하도록 하며, 그러면서도 열심히 일할 수 있도록 하는 방법이 무엇입니까?" 계손씨 역시 애공과 마찬가지로 백성이 따르지 아니하는 이유를 백성에게서 찾으려 했는데, 공자는 역시 계손씨 자신의 문제로 환원하여 답변했다. 백성들에게 정책을 시행할 때 무게 있고 일관성이 있는 장엄한 것이어야 한다. 그렇지 못하고 가볍고 변덕스러우면, 백성들은 어떤 정책에 따라야 손해를 보지 않을지 요리조리 계산만 할 뿐 공손한 마음을 갖지 않는다. 임금이 부모에게 효도하고 자녀들에게 자애롭게 대하면 백성들도 따라서 효도하고 자애롭게 된다. 임금이 열심히 일하는 사람을 등용하고 무능한 사람을 잘 교육시키면 능력 있는 사람은 모두 등용될 수 있도록 노력할 것이고, 능력 없는 사람은 열심히 노력할 것이다.

제21장

或謂孔子曰子는 奚不爲政이시니잇고 子曰書云孝乎惟孝하며 友于兄弟하여 施於有政이라하니 是亦爲政이니 奚其爲爲政이리오

(혹위공자왈자 해불위정[1] 자왈서[2]운효호유효 우우형제 시어유[3]정 시역위정 해기위위정[4])

| 국역 |

어떤 사람이 공자에게 말했다. "선생께서는 어찌하여 정치를 하지 않으십니까?" 공자께서 말씀하셨다. "『서경書經』에 '효孝로다. 오직 효孝하며 형제간에 우애하여 정사政事에 베푼다.'고 하였으니 이 또한 정치를 하는 것이다. 어찌 그 정치한다는 것만을 일삼겠는가!"

| 난자풀이 |

1 奚 : 어찌. 음은 '해'.
2 書 : 『서경書經』. 『서경』 군진편君陳篇에 '유효惟孝, 우우형제友于兄弟, 극시유정克施有政'으로 되어 있기 때문에 주자朱子는 서운효호書云孝乎에서 구句를 떼어 '『서경』에서 효孝에 대하여 말하였다'고 하였으나, 군진편은 공자 당시에 현재와 같은 형태로 존재하였던 것이 아닐 수 있다. 서운효호書云孝乎에서 구句를 떼는 것은 문맥상 매끄럽지 않다.
3 有 : 운율을 맞추기 위하여 뜻 없이 들어간 글자. 한문은 고문일수록 넉 자씩 맞추는 경향이 있다.
4 爲政 : 정치하는 것. 정치 일선에 나가 나라를 다스리는 것.

| 강설 |

큰 역량이 있으면서도 정치에 참여하지 않는 공자를 의아하게 생각한 어떤 사람이 공자에게 물었다. "선생께서는 왜 정치를 하시지 않습니까?"

질문의 내용에는 '정치가가 되어 정치일선에서 활약하는 것이 정치'라는 것이 전제되어 있으나 그런 것이 정치가 아니다. 공자는 정치의 본질을 말하여, 관심의 초점을 근본적인 문제로 환원시켰다.

정政이란 바르지 않은 것을 바르게 만드는 것이다. 개인적으로는 욕심에 끌려다니는 불행한 사람이 본심으로 살아가는 행복한 사람으로 바뀌는 것이며, 사회적으로는 욕심 많은 사람들의 투쟁장소인 이 사회를 한마음으로 살아가는 군자들의 낙원으로 바꾸는 것이다.

군자가 아닌 사람은 이 세상을 낙원으로 만들 수 없다. 그러므로 군자가 아닌 사람은 정치할 자격이 없다. 세상을 낙원으로 바꾸는 것은 군자가 되는 것에서 시작된다. 수신·제가·치국·평천하라 했다. 수신이 되지 않고서 천하가 다스려지는 법은 없다. 수신을 해서 부모에게 효도하고, 형제와 우애 있게 지내는 것이 정치의 출발이다. 수신을 하지 않은 사람이 정치를 하는 것은 본말이 전도된 것이다.

— 제22장 —

子曰人而無信이면 不知其可也로라 大車無輗[1]하고 小車[3]無軏[4]이면 其何以行之哉리오

(자왈인이무신 부지기가야 대거무예 소거 무월 기하이행지재)

| 국역 |

공자께서 말씀하셨다. "사람이 되어 미더움이 없으면, (사람일 수 있는) 가능성을 찾을 수 없다. 큰 수레에 끌채가 없고, 작은 수레

에 끌채가 없으면, 무얼 가지고 끌고 가겠는가?"

| 난자풀이 |

[1] 大車 : 소가 끄는 짐수레.
[2] 輗 : 수레를 끄는 채의 끝부분. 음은 '예'.
[3] 小車 : 말이 끄는 작은 수레.
[4] 軏 : 수레를 끄는 채의 끝부분. 음은 '월'.

| 강설 |

사람은 혼자 사는 것이 아니다. 사람들과 어울려야 살 수 있다. 사람들과 어울릴 수 있는 조건은 미더움이다. 미더움이 없는 사람과는 어울릴 수 없다.

제23장

자 장 문 십 세 가 지 야 　 자 왈 은 인 어 하 례 　 소 손 익
子張問十世[1]可知也잇가 子曰殷因於夏禮하니 所損益을
가 지 야 　 주 인 어 은 례 　 소 손 익 　 가 지 야 　 기 혹 계
可知也며 周因於殷禮하니 所損益을 可知也니 其或繼[2]
주 자 　 수 백 세 　 가 지 야
周者면 雖百世라도 可知也니라

| 국역 |

자장이 물었다. "십 대 뒤를 알 수 있습니까?" 공자께서 말씀하셨다. "은殷나라는 하夏나라의 예禮를 바탕으로 삼았으나 손익損益[가감加減]한 것을 알 수 있으며, 주周나라는 은殷나라의 예禮를 바탕으로 삼았으나 손익損益한 것을 알 수 있다. 그 누군가 주周를 계승해 간다면 백 대 뒤라도 알 수 있을 것이다."

난자풀이

1 世 : 주자는 '한 왕조'란 의미로 해석했다. 공자가 하夏·은殷·주周 등의 왕조를 단위로 설명한 것에 근거한 것이다. 그러나 세世는 사람의 세대를 말하는 것이므로 대개 30년 정도 되는 기간이다. 지금은 세世보다 대代라는 말을 많이 쓴다. 세世와 대代는 차이가 있다. 가계를 따질 때, 시조가 일세一世이고 시조의 아들이 이세二世가 되지만, 시조의 아들이 일대一代가 된다.

2 或 : '누군가가', '…함이 있다' 등으로 해석한다. 여기서는 '누군가가 …함이 있다'로 해석하는 것이 순조롭다.

강설

자장은 부귀영화를 누리고도 싶고 남보다 돋보이고 싶은 욕심도 많다. 먼 훗날을 내다볼 수 있는 초능력이 있다면 남에게 돋보일 수도 있을 것이다. 그래서 자장은 그런 욕심을 채우기 위해 공자에게 물었다. "십 대 뒤의 일을 알 수 있습니까?"

공자가 자장의 욕심을 모를 리 없다. 십 대 뒤의 일을 내다보는 초능력에 대해 설명할 까닭이 없다. 그 대신 차분하게 역사의 발전 법칙을 설명한다. 역사의 흐름은 학문을 통해서 알 수 있다. 역사의 흐름을 아는 것, 그것이 역사학의 목적이기도 하다.

강물의 흐름이 하나로 이어지듯이, 역사의 흐름도 하나로 이어진다. 은殷은 하夏를 이어가고, 주周는 은殷을 이어간다. 그러나 그냥 그대로 이어가는 것이 아니라, 가감하면서 이어간다. 그것이 역사의 흐름이다. 그 흐름은 사계절이 순환하는 것처럼 사이클을 형성한다. 과거를 이어온 역사의 사이클을 알면 미래를 이어가는 역사의 사이클도 알 수 있다.

제24장

자왈비기귀이제지 첨야 견의불위 무용야
子曰非其鬼而祭之는 諂也요 見義不爲는 無勇也니라

| 국역 |

공자께서 말씀하셨다. "자기의 귀신이 아닌데 제사지내는 것은 아첨하는 것이고, 의義로운 일을 보고도 하지 않는 것은 용기가 없는 것이다."

| 강설 |

자기가 제사지내야 할 귀신이 아닌데 제사지내거나, 자기가 모셔야 할 상관이 아닌데 모시는 것은 잘 보여서 이익을 얻고자 하는 마음에서 나온 아첨이다. 이와 반대로 마땅히 해야 할 일인데도 하지 않는 것은 용기가 없는 것이다.

의義는 인仁을 실천하는 구체적인 방법이다. 인의 실천은 나로부터 시작하여 가족·이웃·국가·세계 등으로 확장된다. 따라서 다른 사람으로부터 내 가족을 구하는 것, 다른 동네 사람으로부터 내 이웃을 구하는 것, 다른 나라로부터 내 조국을 구하는 것이 모두 의義가 된다. 그러나 이웃끼리 싸우거나 다른 나라끼리 싸우는 것에 개입하지 않았다고 해서 의로움에 손상이 가는 것은 아니다.

三. 팔일편八佾篇

제1장

孔子謂季氏하시되 八佾로 舞於庭하니 是可忍也면 孰不可忍也리오

| 국역 |

공자께서 계씨에 대해서 말씀하셨다. "뜰에서 여덟 줄로 춤추게 하니 이것을 차마 할 수 있다면 무엇인들 차마 하지 못하겠는가?"

| 난자풀이 |

1 謂 : 위왈謂曰은 '~에게 말하다'는 뜻과, '~에 대해서 말하다'는 뜻이 있다. 여기서는 후자이다.

2 季氏 : 계손씨季孫氏. 계강자季康子라는 설도 있고, 계환자季桓子라는 설도 있고, 계평자季平子라는 설도 있다.

3 佾 : 줄. 일무佾舞는 줄을 서서 추는 춤. 가로줄과 세로줄의 인원수가 같다. 팔일八佾은 가로 세로 8명씩 64명이 추는 춤이다. 천자는 제사나 잔치를 할 때 팔일무를 추게 하고, 제후는 육일무를 추게 하며, 대부는 사일무를 추게 하고, 사士는 이일무를 추게 한다.

4 忍 : 차마 한다. 해서 안 되는 일을 차마 한다는 뜻이므로 '인내한다'는 의미의 좋은 뜻이 아니라 '잔인하다'는 뜻의 나쁜 의미이다.

| 강설 |

예법에 의하면, 계씨는 대부이므로 행사가 있을 때는 사일무를 추게 해야 한다. 계씨는 대부이지만 천자가 되고 싶었고 천자의 기분을 내고 싶었다. 그래서 집에서 행사를 할 때 팔일무를 추게 했다. 이는 계씨가 이미 마음속에서 천자 노릇을 하고 있다는 증거다. 마음속에서 천자 노릇을 한다는 것은 마음속에서 이미 역적이 된 것이다. 몸으로 실천하지 않았더라도 마음속에서 역적이 되었으면 이미 역적이다. 여건이 되지 않아서 아직 역적이 되지 않은 것이지, 여건만 되면 언제라도 역적질을 할 사람이다. 몸보다 마음이 더 중요하다.

제2장

삼가자이옹철　자왈상유벽공　천자목목
三家者以雍徹이러니 子曰相維辟公이어늘 天子穆穆을
[1]　[2] [3]　[4]　[5]

해취어삼가지당
奚取於三家之堂고

| 국역 |

삼가三家라는 자들이 (제사를 마친 후) 『시경詩經』의 옹장雍章을 노래하면서 철상撤床하였다. 공자께서 말씀하셨다. "'돕는 것은 오직 제후들이요 천자는 목목하도다.' 라는 노래가사를 어찌 삼가三家의 집에서 취하는가?"

| 난자풀이 |

[1] 三家 : 노魯나라 대부 맹손씨孟孫氏(중손씨仲孫氏)·숙손씨叔孫氏·계손씨季孫氏를 말한다. 이들은 노魯나라의 경제권 및 군사권을 장악하고 있었다.

[2] 雍 : 『시경詩經』 주송周頌에 있는 편명. 천자가 조상에 제사를 지내고 철상할 때 이 시를 연주한다.

[3] 徹 : 철상하는 것. 철撤과 통용. 음은 '철'.

4 辟公 : 제후.
5 穆穆 : 근엄한 모양.

| 강설 |

노魯나라의 경제권 · 군사권을 장악하고 있는 맹손씨孟孫氏 · 숙손씨叔孫氏 · 계손씨季孫氏는 집에서 제사를 지내고 철상할 때, 천자의 제사 때 연주하는 『시경』의 옹장雍章을 연주케 했다. 이를 못마땅하게 여긴 공자가 비판했다. "'돕는 것은 오직 제후들이요 천자는 근엄하도다.'라고 하는 노래가사는 천자의 제사 때 연주하는 것인데, 어찌 세 대부의 집에서 연주하는가?"

이 장은 전 장과 마찬가지로 노나라의 대부들이 예를 어기는 것에 대한 비판이다. 천자의 예禮를 자신들이 쓰고 있는 것은 실제로는 쿠데타를 일으키지 않았으나 마음속에서는 이미 쿠데타를 일으킨 것이다. 그들은 앞으로 정치에 혼란을 일으킬 사람들이다.

제3장

자왈인이불인 여례하 인이불인 여악하
子曰人而不仁이면 如禮何며 人而不仁이면 如樂何리오
(1: 而)

| 국역 |

공자께서 말씀하셨다. "사람이 되어서 어질지 못하면 예를 어떻게 하며, 사람이 되어서 어질지 못하면 음악을 어떻게 하겠는가?"

| 난자풀이 |

1 而 : 앞의 문장과 뒤의 문장을 이어주는 접속사다. 그렇기 때문에 앞의 말인 人을 문장으로 봐야 한다. 문장으로 해석하기 위해서는 '사람이 되어서'로 번역할 수밖에 없다.

| 강설 |

예란 무엇인가? 예란 하늘마음으로 사는 사람의 행동방식이다. 하늘마음으로 사는 사람은 다른 사람의 좋은 일을 보면 자기의 일처럼 기뻐하며 축하를 하지만, 욕심으로 사는 사람은 다른 사람에게 좋은 일이 있을 때 시기하고 질투하며 행패를 부린다. 이 두 경우 중에서 전자의 경우는 보기에 좋지만, 후자의 경우는 보기에 좋지 않다. 따라서 이를 보는 사람들은 전자의 방법을 모방하게 되는데, 그것이 예다. 사람이 예를 실천하지 않으면 사회가 혼란해진다. 그러므로 사람이 예를 실천할 수 있어야 사회생활을 할 수 있는 기본요건이 갖추어진다. 공자는 이를 "예에서 사회생활을 할 수 있는 조건을 갖춘다."고 했다.

하늘마음으로 사는 사람이 행동하는 방식은 정해진 예를 하는 것이 아니라 마음이 내키는 대로 하기 때문에 그때그때 다르다. 그러므로 그 사람에게 전에 했던 방식을 다시 해보라고 하면 하지 못한다. 그러나 예를 실행하는 사람은 기억한 방식을 모방하여 따르는 것이기 때문에 되풀이할 수 있다.

처음에 예를 한 사람과 그것을 따라서 한 사람의 경우, 행동방식은 같지만 내용은 다르다. 처음에 예를 한 사람은 마음에서 우러나온 대로 행동했기 때문에 행동과 마음이 일치하는 자연스러움이 있지만, 그것을 따라서 한 사람의 경우는 마음과 행동이 일치하는 것이 아니기 때문에 부자연스럽다. 그러므로 그것은 진정한 의미의 예가 아니다.

참다운 예는 그 예가 하늘마음에서 우러나오는 것이어야 한다. 그렇게 되기 위해서는 우선 예를 기억하여 실천하면서, 다른 한편으로는 하늘마음을 회복하기 위해 열심히 노력해야 한다. 예의 형식만 고집한다면, 그 예는 오히려 하늘마음을 회복하는 데 걸림돌이 되고 만다. 늘 예의 본질을 생각하여 예가 형식에만 그치지 않도록 노력하는 것이 중요하다. 하늘마음을 완전히 회복하면 그때는 더 이상 예의 형식에 고집하지 않아도 된다. 그냥 마음이 내키는 대로 행동하기만 하면 된다. 남들이 볼 때 그것이 다 예에 맞지만 정작 자신은 예를 의식하여 지키는 것이 아니다. 이런 방식의 삶이 자유자재한 삶이다. 70세가 되었을 때의 공자의 삶이 그랬다.

악樂이란 무엇인가? 하늘마음으로 사는 사람은 늘 즐겁다. 즐거우면 흥겹고 흥겨우면 노래가 나오고 악기를 연주한다. 이를 보는 사람들에게는 그것이 듣기에 좋기 때문에 그것을 모방하게 되는데, 그것이 악이다.

하늘마음으로 사는 사람의 음악은 정해진 방식으로 하는 것이 아니라 마음이 내키는 대로 하기 때문에 그때그때 다르다. 이는 음악뿐 아니라 모든 예술이 다 그렇다. 즐거운 마음으로 흥얼거리면 그것이 노래가 되고, 몸을 놀리면 춤이 되며, 붓으로 그림을 그리면 그림이 되고, 글씨를 쓰면 서예가 된다. 그러므로 그 사람에게 전에 했던 것처럼 똑같이 해보라고 하면 하지 못한다. 그러나 예술을 모방하는 사람은 기억한 방식을 따르는 것이기 때문에 되풀이할 수 있다.

처음에 예술을 한 사람과 그것을 따라서 한 사람의 경우, 표현된 방식은 같지만 내용은 다르다. 처음에 예술을 한 사람은 마음에서 우러나온 대로 표현했기 때문에 표현된 형식과 마음이 일치하는 자연스러움이 있지만, 그것을 모방한 사람의 경우는 마음과 표현형식이 일치하는 것이 아니기 때문에 부자연스럽다. 그러므로 그것은 진정한 의미의 예술이 아니다.

참다운 예술은 그 예술이 하늘마음에서 우러나오는 것이어야 한다. 그렇게 되기 위해서는 우선 예술의 표현형식을 기억하여 따르면서, 다른 한편으로는 하늘마음을 회복하기 위해 열심히 노력해야 한다. 예술의 표현형식만 고집한다면 그 예술은 오히려 하늘마음을 회복하는 데 걸림돌이 되고 만다. 늘 예술의 본질을 생각하여 예술이 표현형식에만 그치지 않도록 노력하는 것이 중요하다. 하늘마음을 완전히 회복하면 그때는 더 이상 예술의 형식에 고집하지 않아도 된다. 그냥 마음이 내키는 대로 표현하기만 하면 된다. 남들이 볼 때는 그것이 다 예술의 표현형식에 맞지만, 정작 자신은 예술의 형식을 의식하여 지키는 것이 아니다. 그런 예술이 창작이다. 창작은 표현형식을 초월한다. 표현형식을 초월하여 새로운 예술로 창작된 예술이 진정한 예술이다.

그러나 주의해야 할 것이 있다. 욕심 많은 사람이 선불리 창작예술을 시도하는 것은 잘못이다. 욕심 많은 사람이 창작예술을 추구하여 표현형식에 얽매이지 않으면, 그것은 표현형식을 초월한 것이 아니라 무시한 것이다. 그런 것은 작품을 한 것이 아니라, 장난을 한 것이다. 표현형식에 얽매이지 않았다고 해서 다 창작이 되는 것은 아니다. 창작과 장난을 구분하지 않으면 안 된다.

제4장

林放(임방)[1]이 問禮之本(문예지본)한대 子曰大哉(자왈대재)라 問(문)이여 禮(예)는 與其奢(여기사)[2]也(야)론 寧儉(영검)이요 喪(상)은 與其易也(여기이야)[3]론 寧戚(영척)이니라

| 국역 |

임방이 예의 근본을 묻자, 공자께서 말씀하셨다. "크도다. 물음이여! 예는 사치하기보다는 차라리 검소한 것이 낫고, 상을 잘 치르기보다는 차라리 슬퍼하는 것이 낫다."

| 난자풀이 |

[1] 林放 : 자는 자구子丘, 노나라 사람. 공자의 제자.

[2] 與其 : 뒤에 나오는 녕寧과 함께 구문을 이룬다. 與其A寧B는 'A보다 차라리 B가 낫다'로 해석된다.

[3] 易 : 다스린다. 이때의 음은 '이'.

| 강설 |

예의 본질은 마음에 있다. 예의 형식을 지키는 것보다는 마음이 더 중요하다. 마음에서 우러나와 예의 형식에 맞아야 참된 예다. 예의 본질은 망각한 채 예의 형식만 지키는 것은 잘못이다. 그런데도 사람들 중에는 예의 형식만을 가지고 이러쿵저러쿵 따지는 경우가 많다. 공자는 평소 이를 안타까워했다. 그러던 중 임방이 예의 근본을 물었으므로 공자는 기쁜 마음으로 답변했다. "훌륭한 질문이구나. 예는 형식이 중요하지만, 그 형식이 마음에서 우러나온 것일 때만 의미가 있다. 예의 형식에만 집착하여 호화스럽게 진행하다가 남과 위화감을 조성한다면 그것은 잘못이다. 차라리 예의 형식에 다소 벗어나더라도 검소한 마음을 가지는 것이 더 중요하다.

예 중에서 중요한 비중을 차지하는 것이 상을 입는 것이다. 상을 입는 목적은 슬픈 마음을 표현하기 위함이고 슬픈 마음을 달래기 위함이다. 그러므로 상을 치를 때 예에 맞게 잘 치르는 것도 중요하지만, 그보다는 슬픈 마음을 표현하는 것이 더 중요하다. 그래야 슬픈 마음을 달랠 수 있다.

제5장

자왈이적지유군　불여제하지무야
子曰夷狄之有君이 不如諸夏之亡也니라
1　2

| 국역 |

공자께서 말씀하셨다. "이적(오랑캐)에게 임금이 있어도 제하諸夏(중국의 여러 제후국)에 없는 것만 못하다."

| 난자풀이 |

1 之 : 이적夷狄과 유군有君이 도치되었음을 나타낸다. 바른 순서는 '유군어이적불여망어제하야有君於夷狄不如亡於諸夏也'이다. 이적夷狄과 유군有君이 도치되면서 가운데 지之가 들어가고 어於는 생략되었다.

2 亡 : 무無와 통용. 음은 '무'. 『논어論語』의 문장에서는 주로 목적어가 있을 때 무無를 쓰고 없을 때 망亡을 쓴다.

| 강설 |

이미 설명한 바에서도 알 수 있듯이 공자가 일차적으로 심혈을 기울이고 있는 부분은 예禮이며 학생들을 가르치는 내용도 대부분 예禮이다. 예禮를 실천할 수 있어야만 인간이 인간 구실을 할 수 있고 사회가 인간사회로서 성립될 수 있기 때문이다.

중국에서는 정치가 혼란하여 임금이 정치적 질서를 바로잡을 수 있는 능력이 없으므로 임금이 없는 것과 마찬가지지만, 주공周公이 만들어놓은 우수한 예禮가 아직도 노魯나라나 제齊나라 등에 많이 남아 있으므로, 문화의 수준으로 본다면 정치적 질서는 유지되고 있지만 예문화가 없는 오랑캐보다 여전히 우수하다고 할 수 있다. 정치적 질서보다는 문화적 질서가 훨씬 높은 것이다.

주자朱子는 '임금이 있는 이적夷狄의 문화가 중국의 그것보다 낫다'고 해석했는데, A不如B를 'A가 B보다 낫다'고 해석하는 경우는 다른 데서 찾아볼 수 없다. 주자의 해석에는 무리가 따른다.

제6장

季氏旅於泰山이러니(계씨여어태산) 子謂冉有曰女弗能救與아(자위염유왈여불능구여) 對曰(대왈) 不能이로소이다(불능) 子曰嗚呼라(자왈오호) 曾謂泰山不如林放乎아(증위태산불여임방호)

(난자풀이 번호: 旅 1, 泰 2, 冉有 3, 救 4, 與 5, 嗚呼 6, 曾 7, 謂 8)

| 국역 |

계씨가 태산에 여旅라는 제사를 지내려 했다. 공자가 염유에게 말씀하셨다. "네가 막을 수 없겠느냐?" 염유가 대답했다. "막을 수 없습니다." 공자께서 말씀하셨다. "아아! 태산의 신령이 임방만도 못하다고 생각하느냐?"

| 난자풀이 |

1 旅 : 제사의 이름. 임시로 지내는 큰 제사의 일종.
2 泰山 : 노魯나라에 있는 명산名山. 예禮에 그 나라 안에 있는 명산대천名山大川에 대한 제사는 그 나라의 임금이 지내는 것으로 되어 있다.
3 冉有 : 공자의 문인. 염冉은 성, 자字는 자유子有, 이름은 구求. 공자보다 9세 연하. 당시 그는 계씨季氏의 재상이 되어 있었다. 선진편先進篇 제3장에 '정사政事에는 염유冉有, 계로季路'라는 말이 있는 것을 보면, 염유는 정사政事에 능했던 것으로 보인다.
4 救 : 바로잡다. 여기서는 '막는다'는 뜻이다. 구화救火는 불을 끄는 것이고, 구수救水는 물길을 잡는 것이다.
5 與 : 의문조사. 음은 '여'.
6 嗚呼 : 감탄사. 음은 '오호'.
7 曾 : 일찍. 일찍이. 진작. 곧. 말을 시작할 때 상투적으로 쓰는 말이므로 여기서는 번역을 생략했다.
8 謂 : 생각한다.

| 강설 |

계씨가 태산의 산신에게 여旅라는 제사를 지냈다. 이 제사는 노魯나라의 임금이 지내야 하는 것인데 예禮를 깨고 계씨가 지내려 한 것이다. 예禮를 지키지 않으면 인간의 대열에도 설 수 없다. 정치는 더더욱 할 수 없다. 나라의 질서를 바로잡아야 할 정치가가 예禮를 어기면, 그것은 개인의 문제에 끝나지 않고 온 나라를 혼란에 빠트릴 것이므로 신경을 쓰지 않을 수 없다. 특히 계씨와 같은 사람은 임금만이 할 수 있는 것을 자기가 하니, 아직 쿠데타를 일으키지 않았을 뿐이지 마음속에서는 이미 쿠데타를 일으킨 것이다. 나라를 어지럽힐 장본인이다. 이에 공자는 안타까운 나머지 계씨의 재상이 되어 있는 염유에게 "네가 못하게 할 수 없느냐?"고 물었지만, 제자에게서 불가능하다는 대답을 들은 공자는 한스러웠다. "아아! 임방도 예禮의 형식보다 본질이 중요하다는 것을 아는데, 태산의 산신이 예禮의 본질에 어긋나는 제사를 받아먹을 것이라고 생각하느냐? 자기가 제사지내야 할 귀신이 아닌데 제사지내는 것은 아첨일 뿐이다."

—제7장—

子曰君子(자왈군자)는 無所爭(무소쟁)이나 必也射乎(필야사호)인저 揖讓而升(읍양이승)하고 下而飮(하이음)하나니 其爭也君子(기쟁야군자)니라

| 국역 |

공자께서 말씀하셨다. "군자는 다투는 것이 없으나, 반드시 활쏘기 경쟁은 한다. 읍하고 사양하며 올라가고, 내려와서는 마시니, 그 다투는 모습이 군자다운 것이다."

| 강설 |

군자는 천명天命에 따라 남과 조화를 이루는 삶을 영위하기 때문에 경쟁하는 일이 없지만, 만약 있다면 그것은 활쏘기 경쟁이다. 활쏘기는 목적이 남에게 이기기 위한 것이 아니라 스스로의 정신 통일을 위한 수양 방법이다. 진행 방법에 있어서도 그 차례를 서로 사양하면서 올라가서 활을 쏘며, 다 쏜 후에도 사양하며 내려와 술을 마시니, 그것은 경쟁하는 모습이 아니라 조화를 이루는 모습이므로 군자답다.

제 8 장

자 하 문 왈 교 소 천 혜 　 미 목 반 혜 　 소 이 위 현 혜
子夏問曰巧笑倩兮며 美目盼兮여 素以爲絢兮라하니
1 2 　 3 　 4 　 5

하 위 야 　 자 왈 회 사 후 소 　 왈 예 후 호 　 자 왈 기
何謂也잇고 子曰繪事後素니라 曰禮後乎인저 子曰起
6

여 자 　 상 야 　 시 가 여 언 시 이 의
予者는 商也로다 始可與言詩已矣로다

| 국역 |

자하가 물었다. "'교묘한 웃음에 보조개여, 아름다운 눈매에 또렷한 눈동자여, 깨끗한 마음으로 화려한 무늬를 만들었구나.' 하였으니 무엇을 말한 것입니까?" 공자께서 말씀하셨다. "그림 그리는 일은 흰 바탕이 있은 뒤에 한다." (자하가) "예는 나중이군요?" 하니 공자께서 말씀하셨다. "나를 일으키는 자는 상商이로다. 비로소 함께 시를 말할 수 있게 되었구나."

| 난자풀이 |

1 倩 : 보조개.
2 兮 : 시나 부賦에 주로 쓰이는 어조사. '~여'.
3 盼 ; 눈동자가 또렷한 모양. 음은 '변' 또는 '반'.
4 素 : 희다. 소박하다. 깨끗하다. 여기서는 깨끗한 마음.
5 絢 : 화려한 무늬. 고운 문채.
6 繪 : 그림을 그리는 것.

| 강설 |

현존하는 『시경』에 기록되어 있지 않지만, 여인의 아름다움을 노래한 시가 있었다. '교묘한 웃음에 보조개여, 아름다운 눈에 또렷한 눈동자여, 깨끗한 마음으로 화려한 무늬를 만들었구나.' 자하가 이 시의 의미를 공자에게 물었다.

미인의 조건 중에 다음의 두 가지가 있다. 첫째는 예쁜 입모양이다. 미인대회에 나가는 아가씨들은 거울을 보면서 예쁘게 미소짓는 연습을 한다. 양 볼에 볼우물이 예쁘게 파이면 금상첨화다. 그 다음은 아름다운 눈모양이다. 눈이 크고 시선이 은근하면 최고다. 거기다가 눈동자가 또렷하면 더할 나위가 없다. 눈동자는 검은 부분과 흰 부분이 분명하게 나누어져야 또렷하다.

그러나 미인의 조건 중에 가장 중요한 것은 마음씨다. 얼굴이란 '얼 꼴'에서 온 말이다. '얼'은 마음이므로 '얼 꼴'은 '마음 꼴'이란 말이다. 사람의 마음은 얼굴에 나타난다. 마음이 선량한 사람은 선량한 얼굴을 하고, 마음이 험악한 사람은 험악한 얼굴을 한다. 마음이 깊은 사람의 얼굴은 신비감이 감돌 정도로 깊지만, 마음이 얄팍한 사람의 얼굴은 보기에도 얄팍하다. 얼굴은 마음을 보는 거울이다. 마음보다 더 좋은 화장품은 없다.

위의 시는 이를 노래한 것이지만, 공자는 이러한 내용을 설명하지 않았다. 공자는 그림 그리는 일에 비유하여, "그림을 그리는 일은 흰 바탕이 있은 뒤에라야 가능하다."고 답했다.

동양화는 흰 바탕이 없으면 그릴 수 없다. 산골짜기나 깊은 물은 물감을 칠하지 않고, 흰 바탕을 그대로 노출시켜서 표현한다. 칠하지 않은 부분의 아름다움을 여백의 미라고 한다. 칠하지 않은 골짜기는 깊이를 드러내지 않는다. 신비감이 감돈다. 흰 바탕이 없었다면 표현할 수 없는 신비감이다. 그것은 감춤으로 드러나는 매력이다. 공자가 흰 바탕을 강조한 것은 이 때문이다. 공자의 답변에는 운치가 있다. 간단하지만 핵심을 찌른다.

자하는 공자의 말씀을 알아들었다. 얼굴의 모양에서 표현되는 아름다움보다는 마음에서 표현되는 아름다움이 더 중요하듯이, 예의 형식보다 예의 바탕이 되는 마음이 더 중요하다. 자하는 평소에 예의 형식을 중시하고 강조했지만, 공자의 말씀을 듣고 비로소 깨달았다. 예보다는 마음이 더 중요하다. 마음이 없는 예는 예가 아니다. 그래서 "예는 나중이군요?" 하고 다시 물었다.

공자는 기뻤다. 훌륭한 제자를 두는 것은 행복한 일이다. 선생은 훌륭한 제자에 의해 발전한다. 제자들이 예리한 질문을 할수록 선생의 발전은 가속도가 붙는다. 훌륭한 제자를 가르치는 것은 신나는 일이다. 공자는 기쁜 나머지 자하를 칭찬했다. "나를 일깨워주는 자는 자하로구나!"

훌륭한 선생에 의해 제자가 훌륭해지고, 훌륭한 제자에 의해 선생이 더욱 훌륭해진다. 선생과 제자는 상호보완적인 관계에 있다.

제9장

子曰夏①禮②를 吾能言之나 杞③不足徵④也며 殷⑤禮를 吾能言之나 宋⑥不足徵也는 文⑦獻⑧不足故也니 足則吾能徵之矣로리라

(자왈하례 오능언지 기부족징야 은례 오능언지 송부족징야 문헌부족고야 족즉오능징지의)

| 국역 |

공자께서 말씀하셨다. "하夏나라의 예禮는 내가 말할 수 있으나, 기杞나라에서 증거 삼을 것이 부족하며, 은殷나라의 예禮를 내가 말할 수 있으나, 송宋나라에서 증거 삼을 것이 부족한 것은 문헌文獻이 부족하기 때문이다. 충분하다면 내가 증거 삼겠다."

| 난자풀이 |

1 夏 : 순舜의 선위를 받아 임금이 된 우禹가 세운 나라.

2 禮 : 문물제도.

3 杞 : 하夏왕조가 망하고 은殷왕조가 섰을 때, 은왕조는 하왕조의 자손을 기杞(지금의 하남성河南省 기현杞縣)의 제후로 봉하고, 하왕조의 예禮를 계승하고 제사를 받들게 했다.

4 徵 : 징험한다. 증거 삼는다. 음은 '징'.

5 殷 : 혁명을 일으켜 하夏왕조를 멸망시킨 탕湯이 세운 나라. 음은 '은'.

⑥ 宋 : 은殷왕조가 망하고 주周왕조가 섰을 때, 주왕조가 은왕조의 자손을 송宋(지금의 하남성 상병현商兵縣)의 제후로 봉하고 은왕조의 예禮를 계승하고 제사를 받들게 했다.
⑦ 文 : 문서. 전적.
⑧ 獻 : 현賢과 통용되어 '현명한 원로 지식인'을 가리킴. 음은 '헌'.

| 강설 |

공자는 옛 문물제도를 모두 파악하고 있었지만, 그 파악하고 있는 내용을 남에게 믿으라고 강요하지는 않는다. 공자의 특징은 학문에 있는 것이니, 스스로 배워서 터득할 수 있는 길을 유도하는 것이다.

그러므로 공자는 객관적인 증거를 중요시할 수밖에 없다. 공자는 하夏나라의 문물제도를 다 알고 있었지만, 하夏왕조 후손의 나라인 기杞에 증거가 남아 있지 않으므로 말하지 않았고, 은殷왕조의 후손인 송宋에 증거가 남아 있지 않으므로 말하지 않았다. 증거가 있어야 남들이 그것을 증거로 하여 말한 내용을 확인하고 스스로 터득할 수 있기 때문이다. 안타깝게도 기杞나 송宋에는 증거로 삼을 만한 서적이나 원로 지식인이 남아 있지 않았다.

제10장

자왈체자기관이왕자 오불욕관지의
子曰禘①自既灌②而往③者는 吾不欲觀之矣로라

| 국역 |

공자께서 말씀하셨다. "체禘라는 제사를 지낼 때, 관주를 하고부터 그 뒤로는 내가 보고 싶지 않다."

난자풀이

1 禘 : 천자가 지내는, 시조와 하느님에 대한 제사.

2 灌 : '관주灌酒'를 말함. 사람이 죽으면 신령이 혼魂과 백魄으로 나누어져, 혼은 하늘로 올라가고 백은 땅으로 내려간다고 한다. 제사는 혼과 백을 불러와야 시작이 되는데, 혼을 부르는 의식은 분향焚香 즉, 향을 피우는 것이고, 백을 부르는 의식은 관주灌酒, 즉 땅에 술을 붓는 것이다.

3 往 : 후後와 같다.

강설

공자는 제사의 중요성을 알고 있었다. 오늘날에는 제사를 둘러싸고 많은 문제들이 나타난다. 제사 때문에 가족들간에 심각한 충돌이 일어나기도 한다. 그런 제사를 꼭 지내야 하는 것일까? 제사란 무엇인가? 어떤 의미가 있는 것일까? 제사의 기능은 다음의 네 가지 정도로 압축할 수 있다.

첫째 제사는 생기충전生氣充電의 기회다. 사람들의 삶은 남과의 경쟁으로 인한 긴장의 연속이다. 긴장이 계속되면 피곤해서 견디기 어렵다. 가끔씩 그 긴장을 풀어주지 않으면 안 된다. 긴장을 푸는 가장 좋은 방법은 부모를 만나는 것이다. 부모는 경쟁상대가 아니다. 부모를 만나면 긴장이 풀린다. 부모를 만나 긴장을 푸는 것은 세상을 사는 힘을 다시 얻는 것이다.

그런데 부모가 안 계신다면 어떻게 할 것인가? 부모가 안 계시면 생기를 충전할 수 있는 기회가 없다. 그럴수록 더욱 외롭고, 더욱 그립고, 더욱 보고 싶어진다. 이럴 때의 해결책이 바로 제사다. 제사는 부모와 만나는 자리이다. 이렇게 말하면 사람들은 반문할 것이다. 돌아가신 부모를 만난다는 것이 어떻게 가능할까?

사람들은 돌아가신 부모의 사진을 보기도 하는데, 그것이 무슨 의미가 있는 것인가? 사진이란 종이에 불과하다. 그 종이에 생전의 부모의 얼굴이 박혀 있다 하더라도 실지의 부모와는 관계가 없는 것이므로 사진을 보는 것은 아무런 의미가 없는 것이라고 생각할지도 모른다. 그러나 그렇지 않다. 사진을 보는 순간은 부모와 만나는 시간이다. 그 만남은 마음에서의 만남이다. 부모와의 만남은 언제나 가능하다. 사람들이 그리워하는 부모는 부모의 몸이 아니다. 『장자』라는 책에는 다음과 같은 이야기가 나온다. 공자가 일찍이 초나라에 사신으로 갈 때 목격한 일이다. 돼지 새끼들이 죽어가고 있는 어미 돼지에게서 젖을 먹고 있었는데, 조금 있다가 그 새끼들이 순식간에 모두 그 어미를 버리고 달아났다. 그 까닭은 그 어미가 이미 죽었기 때문이다. 이를 본 공자는 말했다. "돼지 새끼들이 그 어미를 사랑한 것은 그 몸을 사랑한 것이 아니다. 그 몸을 부리는 것을 사랑한 것이다." 사람도 마찬가지다. 사람이 부모를 그리워하는 것은 그 몸을 그리워하는 것이 아니다. 몸을 그리워하는 것이라면 돌아가신 부모의 시신을 방부처리해서 계속 보면 될 것이다. 그러나 그렇지 않다. 그리운 것은 부모의 마음이다. 그런데 부모도 사람이기 때문에 부모의 마음에도 두 마음이 있다. 본심과 욕심이 그것이다. 이 중에서 참으로 그리운 것은 부모의 본심이다. 본심은 모든 사람이 공통으로 가지고 있는 한마음이다. 한마음에서는 남과 나를 구별하지 않는다. 그 마음은 욕심에 가려져 잘 나타나지 않지만, 자녀를 대할 때의 부모에게서 가장 잘 나타난다. 자녀를 대하는 부모의 마음은 공자가 말하는 인仁이고, 석가가 말하는 자비慈悲이며, 예수가 말하는 사랑이다. 사람들이 부모를 좋아하는 것은 그 마음 때문이다. 그 마음은 천지에 가득한 하늘의 마음이고, 우주에 가득한 우주의 마음이다. 그 마음은 변치 않는다. 그 마음은 부모의 몸이 돌아가신 뒤에도 우주에 가득하다. 그러므로 그 마음은 마음만 먹으면 언제나 만날 수 있다. 하늘에게 받는 사랑과 부모에게 받던 사랑은 일치한다.

부모의 사랑을 다시 느끼기 위해서는 계기를 만들어야 한다. 사진을 꺼내서 보는 것도 좋은 계기가 되지만, 옛날에는 사진이 없었다. 그래서 찾아낸 방법이 제사다. 옛 사람들은 부모가 돌아가신 날을 부모와 만나는 날로 정했다. 부모의 제사를 지낼 때의 공자는 부모와 만났고, 부모의 사랑을 느끼고 있었다. 공자가 만난 조상은 조상의 몸이 아니라 마음이다. 부모를 만나 생전처럼 부모의 사랑을 듬뿍 느끼는 것, 그것이 제사를 지내는 가장 중요한 의미이다.

둘째, 제사는 살아 있는 사람들의 화합의 기회다. 모든 존재는 눈에 보이지는 않지만 하나로 연결되어 있다. 인간과 아메바도 유전자가 거의 같다고 한다. 그러므로 사람들의 가장 바람직한 판단은, 남을 남으로 생각하지 않고 남을 나처럼 여기는 것이다. 사람들이 서로 사랑하며 사는 것이 행복이고, 서로 다투고 갈등하며 사는 것이 불행이다. 그중에서도 서로 가까워야 할 가족이나 친척끼리 다투는 것은 큰 불행이다. 큰 불행에서는 빨리 벗어나야 한다. 옛 사람이 큰 불행에서 벗어나는 방법으로 찾아낸 것이 또한 제사다. 사람들이 다투는 까닭은 자기들이 하나라는 것을 망각했기 때문이다. 하나라는 것을 망각하면 형제도 다툰다. 형제는 한 부모의 몸을 받아서 태어났기 때문에 하나라는 사실을 가장 빨리 알 수 있다. 형제는 다투면 안 된다. 형제가 다투는 것은 큰 불행이다. 이 불행에서 벗어나는 가장 좋은 방법은 형제가 하나라는 것을 확인하는 것이다. 그 방법 중에 가장 효과적인 것이 제사다. 형제가 함께 부모의 제사를 지내면 부모를 통해서 서로 하나라는 것이 확인된다. 그렇게 되면 형제는 바로 화합할 수 있다. 사촌끼리 갈등이 생긴 경우에는 조부모 제사를 함께 지내면 해소될 수 있고, 육촌이 다투면 증조부 제사를 함께 지내면 해소될 수 있다. 한국인끼리 갈등이 많을 경우에는 다함께 단군 할아버지의 제사를 지내면 해소될 수 있고, 세상 사람들이 갈등을 하고 있을 경우에는 다함께 하느님 제사를 지내면 해소될 수 있다. 제사는 사람들 사이의 껄끄러움을 극복할 수 있는 좋은 기회가 된다. 제사를 통해 사람들이 화합할 수 있기 위해서는, 먼저 사람들이 제사에 참여하지 않으면 안 된다. 제사에 참여하는 것이 중요한 까닭이 여기에 있다. 공자는 제사에 직접 참여하지 않으면 제사를 지내지 않은 것이라 했다.

셋째, 제사는 그리운 사람들을 만날 수 있는 기회다. 사람들에게는 만나고 싶은 사람들이 많다. 가족이 멀리 흩어져 있는 경우는 더욱 그렇다. 한자리에서 다 같이 만나고 싶지만 날짜 맞추기가 쉽지 않다. 그래서 찾아낸 가장 좋은 날짜가 바로 제삿날이다. 제삿날이란 그리운 사람들을 다 만날 수 있는 축제날이다.

넷째, 제사는 자신감을 회복할 수 있는 기회다. 사람들은 경쟁사회에 살면서 남들에게 무시당하는 일이 많다. 남들에게 부정당하여 자기의 자리를 잃어버리는 경우도 있다. 자기의 자리와 역할을 빼앗기고 소외되는 것은 매우 불행한 일이다. 옛 사람이 이런 불행에서 벗어날 수 있는 방법으로 찾아낸 것이 또한 제사다. 제사에 참여하는 사람은 어느 누구도 소외되어서는 안 된다. 혼인하지 않은 어린이나 여자들을 제사에 참여시키지 않은 집안도 있는 듯하지만, 그것은 아주 잘못된 일이다. 아무리 무능하고 아무리 못난 사람이라도 제사에 참여한 경우에는 소외시키면 안 된다. 제사에 참여한 모든 사람은 각각 자기의 정해진 자리가 있다. 많은 사람이 제사에 참여한 경우에는 각각의 항렬에 따라 줄을 선다. 항렬이 높은 사람은 앞줄에 서고 항렬이 낮은 사람은 뒷줄에 선다. 사람들은 모두 자기의 정해진 자리를 통해 자기의 당당한 존재가치를 확인할 수 있다. 또 사회적인 명망이 있는 사람에게 아무 역할도 주지 않으면 그 또한 소외시키는 것이 되므로, 그들에게는 헌관이라는 중요한 역할을 준다. 능력이 있는 사람에게는 축관이나 봉작 등의 역할을 준다. 나이가 많지만 항렬이 낮고 능력이 없는 사람은 아무 역할이 없으므로 또한 소외감을 느낄 수 있다. 이를 해소하기 위해 그분들에게 먼저 음복주를 마시게 한다. 젊어서 아무 역할이 없는 사람은 음복주가 들어 있는 그릇을 들고 다니면서 사람들에게 따르는 역할을 하게 한다. 이처럼 제사에 참여한 모든 사람은 각각의 자리가 있고 각각의 역할이 있어, 그간 소외되거나 위축되었던 마음을 만회하는 기회를 갖는다.

제사의 기능은 이처럼 중요하다. 아무리 그리워도 만날 수 없는 사람을 만나는 자리이고, 껄끄러운 사람들이 만나 껄끄러움을 해소하는 자리이며, 보고 싶은 사람들을 한자리에서 만날 수 있는 자리이고, 소외되고 위축되었던 마음을 다 해소하는 자리이기도 하다. 이런 자리는 천국이다. 모두가 한마음이 되어 행복을 만끽하는 천국 체험이 바로 제사다. 사람들은 제사를 통해서 천국체험을 한다. 옛사람들이 제사를 중시했던 이유가 바로 여기에 있다.

옛사람들은 제사의 의미가 중요한 만큼 형식도 중시했다. 제삿날은 천국을 체험하는 설레는 날이다. 제삿날이 다가오면 설레는 마음으로 제사에 쓸 음식을 장만한다. 최근에는 제사음식에 대해 상당한 논란이 있다. 가장 많이 거론되는 주장은 조상의 혼령이 직접 음식을 먹는 것이 아니기 때문에, 제사상에 음식을 올리는 것은 의미가 없다는 것이다. 그러나 이는 잘못된 생각이다. 제사상에 음식을 올리는 것은 조상의 혼령이 먹는 것을 전제하는 것이 아니다. 조상을 만나는 것은 마음으로 만나는 것이지만, 조상을 만나면 우선 맛있는 음식을 대접하고 싶은 정성이 마음속에서 솟아나온다. 제사상에 음식을 올리는 것은 정성이다. 실지로 조상이 먹는지 어떤지는 상관할 일이 아니다. 그리운 사람이 멀리 있다면 그의 사진을 꺼내 보기도 하고, 혼잣말로 보고 싶다고 중얼거리기도 한다. 일본의 탄광에 징용으로 끌려간 한국인들이 탄광의 벽에 '어머니 보고 싶어요.'라는 글씨를 남겨 놓았다. 어머니가 보고 싶다고 탄광의 벽에 아무리 쓴들 어머니가 알 까닭이 없다. 그러나 어머니가 모른다고 해서 그것을 헛짓이라고 할 수는 없다. 어머니가 보고 싶은 정성을 표현한 것일 뿐이다. 정성은 결과에 따라서 평가되는 것이 아니다. 정성은 마음속에서 저절로 우러나오는 아름답고 귀중한 것이다. 제사상에 음식을 올리는 것도 바로 그 정성이다. 제사상에 음식을 올리는 또 하나의 이유는 제사에 참여한 사람들이 먹기 위해서다. 제사음식을 잘게 썰어 꼬치에 꿰는 것은 여러 사람이 바로 먹을 수 있도록 하기 위해서다. 제사는 천국 체험이고, 제사음식은 천국을 체험하면서 먹는 천국의 음식이다. 그러므로 제사음식은 가장 맛있고 진기한 것이어야 한다. 과거에 제사상에 올려놓았던 음식들은 당시로서는 가장 진기하고 맛있는 음식들이었다. 그러나 그 음식들은 지금은 진기한 음식이 아니다. 그런데도 그 음식들을 지금도 고집하는 것은 잘못이다. 지금의 제사음식은 지금의 세상에서 가장 진기하고 맛있는 음식이어야 한다. 제사에 쓰는 술 또한 매우 맛있고 진기한 것이어야 한다. 그 음식과 술 때문에라도 사람들이 제사를 기다리게 되는 그런 것이어야 한다. 홍동백서紅東白西, 조율이시棗栗梨柿, 동두서미東頭西尾 등의, 음식을 진설하는 방법에도 이제 얽매일 필요가 없다. 옛날에 그런 방식을 정한 것은 사람들이 음식을 진설하는 방법 때문에 논란이 일어나는 것을 방지하기 위해서였다.

제사상에 장만한 음식을 올려놓고 나면 지방紙榜을 붙이고 조상을 초청하는 예부터 시작한다. 사람의 몸은 천기天氣와 지기地氣의 결합체다. 사람의 몸은 생겨난 뒤에도 계속 천기와 지기를 섭취한다. 천기는 코로 섭취하고, 지기는 입으로 섭취한다. 코는 위로 천기를 섭취하는 곳이고, 입은 아래로 지기를 섭취하는 곳이므로, 코가 위이고 입이 아래며, 그 사이가 인중人中이다. 사람이 죽는다는 것은 모였던 천기와 지기가 도로 흩어지는 것이다. 천기 부분은 위로 올라가 하늘로 가는데, 이를 혼魂이라 하고, 지기 부분은 아래로 내려가 땅속으로 들어가는데, 이를 백魄이라 한다. 조상을 초청한다는 것은 이 혼과 백을 초청하는 것이다. 향을 피워 연기를 하늘로 보내는 분향焚香은 하늘에 가 있는 혼을 초청하는 예식이고, 모사茅沙에 술을 붓는 관주灌酒는 땅속에 가 있는 백을 초청하는 예식이다. 관주는 원래 땅에서 해야 하는 것이지만, 번거롭기 때문에 땅을 제사상 앞으로 가지고 왔다. 그것을 모사라 한다. 모사는 모래를 담은 그릇에 풀을 꽂는 것으로, 땅을 상징한다. 분향과 관주를 하고 나면 조상이 온 것이므로 모두 다 절을 하여 예를 표한다. 분향과 관주가 실지로 조상의 혼령을 부르는 방식이라고 주장할 필요는 없다. 그것은 사진을 꺼내드는 것과 같은 상징적인 방식일 뿐이다. 조상에게 모두가 인사를 한 뒤에는 술을 따라서 올리는 예를 세 번에 걸쳐서 하는데, 이를 초헌初獻·아헌亞獻·종헌終獻이라 한다. 헌관을 결정하는 방식은, 참여하는 사람이 많은 경우에는 사회적 지위 등을 고려해 적당하게 정하지만, 조촐한 가정의 경우에는 맏이가 초헌관, 둘째가 아헌관, 며느리가 종헌관으로 하면 된다. 맏이가 없고 맏며느리가 있는 경우에는 맏며느리가 초헌관을 해도 좋을 것이다. 세 차례 술을 올린 뒤에도 술을 더 올리고 싶은 사람이 있으면 번거로움을 피해 이미 올려놓은 술잔에 술을 약간 더 따르는데, 이를 첨잔이라 한다. 제사에 참여하는 사람이 많지 않을 경우라면 첨잔을 하기보다는 모두가 차례로 술을 올리는 것도 좋을 것이다. 술을 올린 뒤에는 차린 음식을 잘 드시라는 내용의 축문을 읽은 뒤에 한참 기다렸다가 하직인사를 하고 제사를 끝낸다. 제사를 끝낸 뒤에는 다함께 제사상에 올렸던 천국의 음식을 만끽한다. 제사상에 올렸던 술도 돌려가며 모두가 마신다. 이때만큼은 남녀노소 할 것 없이 모두 마시도록 한다. 어린이에게 술을 마시도록 권하는 것은 모양이 좋지 않다. 그래서 술을 마시라고 하지 않고 음복飮福을 하라고 한다. 복을 마시는 일에 남녀노소의 구별이 있을 수 없다.

제사의 방식은 제사의 의미를 손상하지 않는 범위에서 가감해도 좋을 것이다. 제사는 모두가 참여하는 것이 가장 중요하다. 그러므로 제삿날은 조상이 돌아가신 날 전후로 하되, 모두가 모이기 좋은 날짜로 정해도 좋을 것이다. 제사지내는 시간 또한 모두가 참여하기 좋은 시간으로 하는 것이 좋을 것이다.

제사지낼 때의 복장은 따로 정할 필요는 없을 것이다. 다만, 만나고 싶은 귀중한 사람을 만나는 날이기 때문에 정성스럽게 갖추어 입는 것이 좋다. 제사는 살아 있는 사람들의 화합에 중요한 목적이 있으므로 화합에 저해되는 말이나 행동은 하지 않도록 주의해야 한다. 또한 화합하는 데 도움이 될 수 있도록 이벤트를 겸하면 좋을 듯하다. 제사를 지내고 성묘를 하면서 소풍이나 산행을 겸하는 것도 좋을 것이고, 고적답사를 하는 것도 뜻 깊은 일이 될 것이다. 근처에 있는 어른을 찾아뵙고 귀한 말씀을 듣는 것도 좋을 것이다.

공자는 제사가 이처럼 중요하다는 것을 알고 있었다. 그런데도 체禘라는 제사를 지내는 당시 사람들의 모습을 보면 한심할 지경이었다. 분향과 관주를 할 때까지는 그나마 신중하게 임했지만, 그 뒤로는 건성이었다. 공자는 그런 모습을 보고 싶지 않았다.

제11장

혹문체지설 / 자왈부지야 / 지기설자지어천하

或問禘之說한대 子曰不知也로라 知其說者之[1]於天下

야 / 기여시저사호 / 지기장

也에 其如示[2]諸[3]斯乎인저하시고 指其掌하시다

| 국역 |

어떤 사람이 체禘에 대해 설명해 달라고 질문했더니, 공자께서 말씀하셨다. "모른다. 그 내용을 설명할 수 있는 자는 천하를 다스리는 것이 이것을 보는 것과 같을 것이다." 그러고서 그 손바닥을 가리키셨다.

| 난자풀이 |

[1] 之 : 주격조사. 지기설자지어천하야知其說者之於天下也가 주어부로 되어 있지만, 이 문장 안에서 또 지기설자知其說者가 어천하야於天下也의 주어가 되어 있다. 이러한 경우 주어와 술어 사이에 '지之'가 들어간다. 이 문장에서는 지之와 어於 사이에 치지治之가 생략된 것으로 보아야 할 것이다.

[2] 示 : 시視와 통용.

[3] 諸 : 지之 + 어於의 역할을 한다.

공자가 체禘와 같이 중요한 제사가 성의 없이 진행되는 것을 한탄하자, 어떤 사람이 체禘가 어떻게 진행되어야 하는지 설명해 달라고 요청하였다.

체禘에 대한 설명을 요구한 사람이 진지한 태도가 아니고 건성이었기 때문에 모른다고 했는지도 모른다. 또는 주공周公이 주周왕조의 창립에 큰 공로가 있었으므로 천자天子만이 지내게 되어 있는 체禘라는 제사가 주공周公의 봉국封國인 노魯에 허용되어 있어 노魯에서도 체禘의 제사를 지냈는데, 그것이 성의가 없으므로 공자가 체禘의 진행 과정을 설명하면 조국인 노魯를 욕되게 하는 것이 되기 때문에 모른다고 했는지도 모른다. 어쨌든 공자는 모른다고 대답을 했다. 그런데 모른다고만 대답하고 말면, '체禘란 공자도 모르는 것이므로 아는 사람이 없을 것이다. 그러므로 대충 할 수밖에 없다.'고 생각하게 될 가능성이 있다. 그래서 공자는 "체禘의 내용을 아는 사람이 천하를 다스리면 손바닥을 들여다보는 것처럼 쉬울 것이다." 하고 덧붙임으로써 그 중요성을 환기시킨 것이다.

제사는 그 제사에 참여하는 모든 사람들이 일체감을 조성하여 갈등을 극복하고 한마음이 되도록 하는 기능이 있다. 그 구체적인 내용은 『중용中庸』 제19장에 기술되어 있다.

시조를 제사지내면 그 시조의 자손에 해당하는 모든 사람이 화합하여 일체감을 조성할 수 있듯이, 이 세상의 모든 사람을 묶어줄 수 있는 공통분모에 해당하는 천제天帝에 제사를 지내면 이 세상의 모든 사람은 일체감을 조성하여 조화를 이룰 수 있다. 정치의 목적이 조화로운 세상을 만드는 것이라면, 천제에 대한 제사를 잘할 수 있는 사람이 곧 정치를 잘할 수 있는 사람인 것이다.

제12장

제여재 제신여신재 자왈오불여제 여 부제
祭如在하시며 祭神如神在러시다 子曰吾不與祭면 如不祭니라

| 국역 |

제사를 지내실 때에는 (선조가) 계신 듯이 하셨으며, 신神을 제사지낼 때는 신神이 계신 듯이 하셨다. 공자께서 말씀하셨다. "내가 제사에 참여하지 않으면 제사지내지 않은 것과 같다."

| 강설 |

공자가 조상에 대한 제사를 지낼 때 제자들이 보니까, 마치 조상이 앞에 계시는 것처럼 하고 제사지냈으며, 천신天神이나 산신山神 등에 제사지낼 때도 신神이 앞에 있는 것처럼 하고 제사지냈던 것이다. 다른 사람의 눈에는 보이지 않았지만 공자에게는 앞에 있는 신神이 보였기 때문인지, 아니면 정성이 지극하여 돌아가신 부모가 돌아가신 것으로 여겨지지 않았기 때문인지 확실하지 않다.

제사는 정성으로 하는 것이므로, 제사에 참여하지 않고 다른 사람으로 하여금 대신 참여케 하고서 제사를 지냈다고 하는 것은 의미가 없다. 공자의 말씀은 제사에 다른 사람을 대리로 참여시키고 있었던 당시의 많은 사람들을 일깨운 것이라고 생각된다.

제13장

왕손가문왈여기미어오 영미어조 하위야
王孫賈[1]問曰與其媚[2]於[3]奧[4]론 寧媚於竈[5]라하니 何謂也잇고

자왈불연 획죄어천 무소도야
子曰不然하다 獲罪於天이면 無所禱也니라

| 국역 |

왕손가가 물었다. "안방신에게 잘 보이기보다는 차라리 부엌신에게 잘 보이는 것이 낫다고 하는데, 무엇을 말한 것입니까?" 공자께서 말씀하셨다. "그렇지 않다. 하늘에 죄를 얻으면 빌 곳이 없다."

| 난자풀이 |

1 王孫賈 : 위衛나라의 영공靈公을 모시고 있었던 관리. 왕손王孫은 성이고, 고賈는 이름이다. 고賈의 음은 '상인'이란 뜻일 때는 '고'이고, 사람의 이름일 때에는 '가'이다.
2 與其 : 다음에 오는 녕寧과 함께 구문을 이룬다. 與其A寧B는 'A보다는 차라리 B가 낫다'는 뜻이다.
3 媚 : '아첨한다', '아부한다', '잘 보인다' 등의 뜻.
4 奧 : '집의 서남쪽 모퉁이'. '집의 가장 깊숙한 곳'. 여기서는 가장 깊숙한 곳에 있으면서 집 전체를 관장하는 '안방신'을 말한다.
5 竈 : 부엌. 여기서는 부엌을 관장하는 신을 말한다.

| 강설 |

위나라의 실세인 왕손가가 공자에게 넌지시 물었다. "집 전체를 관장하는 안방신에게 잘 보이기보다는 부엌을 관장하는 부엌신에게 잘 보이는 것이 더 낫다는 속담이 있는데 무슨 뜻입니까?" 이 말에는, "위나라의 임금에게 잘 보이기보다는 실세인 나에게 잘 보이는 것이 벼슬하기가 더 쉬우므로, 나에게 잘 보이라."고 공자에게 넌지시 귀띔해 주는 의미가 들어 있다.

공자가 벼슬하려는 것은 벼슬 그 자체에 목적이 있는 것이 아니었다. 벼슬 그 자체에 목적이 있었다면 왕손가에게 부탁하는 것이 가장 빠를 것이다. 만약 그랬다면 공자는 "잘 알고 있습니다. 앞으로 제가 잘 받들어 모시겠습니다. 잘 부탁합니다." 하고 부탁을 했을 것이다. 그러나 공자는 그렇지 않았다. 공자의 목적은 하늘의 뜻을 따르는 것이었다. 하늘이 공자에게 지시한 것은 세상에 진리를 펴는 것이었다. 공자가 위나라에서 벼슬하는 것이 진리를 펴는 길이라면 하늘이 공자에게 벼슬을 하도록 유도할 것이지만, 그렇지 않다면 벼슬하도록 유도하지 않을 것이다. 공자가 벼슬하는 것은 하늘에 달려 있는 것이지 왕손가의 손에 달려 있는 것이 아니다.

하늘의 뜻을 어기는 것은 하늘에 죄를 짓는 것이다. 공자가 벼슬을 하기 위해 왕손가에게 굽히는 것은 하늘의 뜻을 어기는 것이다. 하늘의 뜻을 어겨 하늘의 벌을 받게 되면 빌 곳이 없다.

제14장

자왈주감어이대　　욱욱호문재　　오종주
子曰周[1]監[2]於二代하니 郁[3]郁乎文[4]哉라 吾從周하리라

| 국역 |

공자께서 말씀하셨다. "주周나라는 하夏·은殷 이대二代에서 본보기로 삼았으니, 찬란하게 문채가 난다. 나는 주周나라를 따르겠다."

| 난자풀이 |

[1] 周 : 혁명을 일으켜 은을 멸망시킨 무왕武王이 세운 나라.
[2] 監 : 본보기로 함.
[3] 郁 : '빛난다'는 뜻. 음은 '욱'.
[4] 文 : 무늬, 문채.

| 강설 |

공자가 일차적으로 관심을 갖는 것은 예禮이다. 사회의 수준도 우선 예禮의 구비된 정도에 따라서 결정된다. 예禮가 있고 난 후에야 비로소 인간이든 인간 사회이든 이야기가 될 수 있기 때문이다. 예禮의 입장에서 보면, 주周나라의 예禮는 하夏와 은殷의 예禮를 참고하여 가감한 것이기 때문에 가장 훌륭하다. 따라서 주周를 따를 수밖에 없다. 그렇다고 하여 주나라의 예禮에서 머무는 것이 아니

라 더욱 발전시켜 나가야 함은 말할 나위도 없다.

이 문장은 공자가 예禮를 강조하는 입장에서 말한 것이다.

제 15 장

子入大廟하사 每事問하신대 或曰孰謂鄹人之子知禮乎아 入大廟하여 每事問이온여 子聞之하시고 曰是禮也니라

(자입태묘 매사문 혹왈숙위추인지자지례호 입태묘 매사문 자문지 왈시례야)

| 국역 |

공자께서 태묘에 들어가 매사를 물으시니 어떤 사람이 말했다. "누가 추 땅 사람의 아들이 예를 안다고 했는가? 태묘에 들어가 매사를 묻더라." 공자께서 이 말을 들으시고 말씀하셨다. "그렇게 하는 것이 예다."

| 난자풀이 |

1 大 : 태太와 통용된다. 음은 '태'.

2 廟 : 조상의 신주神主를 모신 사당. 여기서의 태묘大廟는 주공周公의 신주를 모신 사당을 말한다.

3 鄹 : 추陬 또는 추鄒라고도 쓴다. 지금의 산동성 곡부曲阜 근방이다. 공자의 아버지 숙량흘叔梁紇은 그 땅의 대부였다. 공자를 공자로 얘기하지 않고 추鄹 땅 사람의 아들이라 한 것은 공자를 경멸하는 마음이 있었기 때문이다.

| 강설 |

덕망이 높은 사람은 대갓집의 제사에 헌관으로 초청받는 경우가 있다. 우리나라에서도 명문가의 종가 제사 때 덕망이 있는 분을 헌관으로 초청하기도 하다. 태묘는 우리나라의 종묘 같은 곳으로, 임금의 조상들 신주를 모신 사당이다. 공자도 어느 날 태묘의 제사에 초청을 받았다.

공자가 태묘에서 제사를 지낼 때 제사의 형식을 하나하나 물어서 지냈다. 제사의 절차와 형식은 예禮로 정해져 있다. 그것은 매우 중요한 것이지만, 그보다 더 중요한 것은 예의 본질이다. 예는 하늘마음을 표현한 형식이고, 남과 하나 되는 마음을 표현한 형식이다. 남과 하나 되는 마음은 남과 조화를 이루는 마음이다. 자기가 아는 예의 형식을 고집하다가 남과 갈등을 일으킨다면 그것은 예의 본질을 흐리는 것이다. 따라서 남과 조화를 이루는 것이 예의 형식을 지키는 것보다 더 중요하다.

제사의 형식은 집집마다 다르고, 제사상에 올리는 제사음식도 집집마다 다르다. 집집마다 다르게 지내는 데는 다 이유가 있다. 그 이유를 무시하고 자기의 방식을 고집한다면 그들과 갈등을 일으킬 수밖에 없다. 바람직한 것은 자기의 방식을 고집하지 말고 그 집의 방식을 따르는 것이다. 그렇게 하는 것이 예의 근본정신이다.

다른 것은 제사만이 아니다. 사람의 사는 방식도 집집마다 다르고 나라마다 다르다. 사람들이 먹는 음식도 그렇다. 다른 나라에 간 사람은 그 나라의 삶의 방식을 따르고 그 나라 사람들이 먹는 음식을 먹는 것이 좋다. 그 나라 사람들이 그런 음식을 먹고 그런 삶의 방식을 취하는 데는 다 이유가 있다. 중국인들의 음식에는 향초라고 하는, 고약한 냄새가 나는 풀이 들어간다. 중국인들은 그 풀을 먹어야 그 풍토에서 오는 문제점을 극복할 수 있다. 그러므로 중국에 가서 살 경우에는 중국인처럼 그 향초를 먹어야 건강을 유지할 수 있다. 자기의 입맛만 고집하다가는 건강에 심각한 타격을 받을 수 있다.

다른 집이나 나라에 가서 살 때에는 자기의 고집을 버리고 그 집이나 그 나라의 방식을 따라야 한다. 그렇게 하는 것이 예다. 예의 형식이 따로 정해져 있는 것이라고 생각하면 오산이다.

제16장

子曰射不主皮는[1] 爲[2]力不同科[3]니 古之道也니라

(자왈사부주피 위력부동과 고지도야)

| 국역 |

공자께서 말씀하셨다. "활을 쏘는 것에서 가죽 뚫는 것을 중시하지 않음은 힘에 등급이 같지 않기 때문이니, 옛날의 도리이다."

| 난자풀이 |

[1] 皮 : 과녁에 있는 가죽을 뚫는 것.
[2] 爲 : …때문이다.
[3] 科 : 등급.

| 강설 |

활쏘기는 힘을 자랑하기 위해 하는 것이 아니라 마음을 수양하기 위해 하는 것이다. 그러므로 마음 수양의 수단으로써 하던 옛사람의 활 쏘는 법은 명중하였는지의 여부를 따지는 것이지 과녁의 가죽을 뚫었는지의 여부는 따지지 않았다. 그러나 요사이는 힘 자랑의 수단으로 활을 쏘는 사람들이 많다. 화살이 과녁의 가죽을 뚫고 지나가도록 쏜 사람은 으스댄다.

힘을 자랑하는 사람은 천박하다. 힘이 가장 중요한 것이라면 소가 사람보다 훨씬 더 위대할 것이다. 몸보다 마음이 더 중요하다. 하늘마음으로 사는 것보다 더 중요한 것은 없다.

제17장

자공 욕거곡삭지희양 자왈사야 이애기양
子貢이 欲去告朔之餼羊한대 子曰賜也아 爾愛其羊가
1 2 3 4 5
아애기례
我愛其禮하노라

| 국역 |

자공이 초하루에 (사당에) 아뢰는 제사에서 희생으로 쓰는 양을 없애려 하자, 공자께서 말씀하셨다. "사賜야, 너는 그 양을 아끼려느냐? 나는 그 예禮를 아낀다."

| 난자풀이 |

1 告 : '아뢴다'는 뜻. 이때 음은 '곡'.
2 朔 : 초하루. 음은 '삭'. 초하루에 사당에서 조상에게 아뢰는 것을 곡삭告朔이라 한다.
3 之 : 곡삭告朔과 희양餼羊이 도치되었음을 나타내는 역할을 한다. 욕거희양어곡삭欲去餼羊於告朔으로 보면 된다. 어於는 곡삭告朔이 앞으로 나갈 때 생략된다.
4 餼 : 제사에 쓰는 희생물. 음은 '희'.
5 愛 : 원래 '사랑한다'는 말인데, 사랑하면 아끼게 되므로 '아낀다'는 뜻으로 쓰인다.

| 강설 |

자공은 이재에 밝고 경제적 계산이 빠르므로, 초하루임을 알리는 곡삭告朔과 같은 간단한 제사에는 희생으로 쓰는 양을 쓰지 않으려 하였다. 그러나 예禮의 정신은 물질적 가치로 따질 수 없다. 예禮는 사회 전체의 질서와 조화를 이루는 것인데, 이기적인 계산으로 예禮를 지키는 데 들어가는 비용을 줄이려고 하다가 보면 결국 예禮 자체를 못 지키게 되고, 그 결과 사회가 혼란하게 되므로 모든 것을 잃게 되는 것이다.

제 18 장

자 왈 사 군 진 례 인 이 위 첨 야
子曰事君盡禮어늘 人以爲諂也로라
[1]

| 국역 |

공자께서 말씀하셨다. "임금을 섬김에 예禮를 다했는데, 남들은 아첨한다고 하는구나."

| 난자풀이 |

[1] 以爲 : …라고 여긴다. …라고 생각한다.

| 강설 |

시대는 혼란하고 사람들은 타락하여 예禮를 지키는 사람이 거의 없어졌다. 정치가 타락하였으므로 임금을 함부로 무시하는 풍조까지 생겼다. 이러한 때에 임금에 대한 신하의 도리를 다하는 공자를, 사람들은 아첨한다고 생각했다.

제 19 장

정 공 문 군 사 신 신 사 군 여 지 하 공 자 대 왈
定公問君使臣하며 臣事君하되 如之何잇고 孔子對曰
[1]
군 사 신 이 례 신 사 군 이 충
君使臣以禮하며 臣事君以忠이니이다

| 국역 |

정공이 물었다. "임금이 신하를 부리며 신하가 임금을 섬기는 것을 어떻게 해야 합니까?" 공자께서 대답하셨다. "임금은 신하를 부리기를 예禮로써 하고, 신하는 임금을 섬기기를 충성으로써 해야 합니다."

| 난자풀이 |

1 定公 : 노魯나라의 임금. 이름은 송宋, 정定은 시호. 공자는 정공定公에게 중용重用되기도 했다.

| 강설 |

임금에게 신하는 종속물이 아니다. 그러므로 임금은 신하를 함부로 부리면 안 된다. 원칙에 맞게 부려야 한다. 그것을 공자는 예禮에 맞게 부리는 것으로 설명했다. 신하가 임금을 섬기는 것도 마찬가지다. 신하는 임금의 종속물이 아니다. 따라서 비굴하게 아부해서는 안 된다. 이 세상을 평화롭게 만드는 원래의 목적에 위배되면서까지 임금을 섬기는 것은 잘못이다. 신하가 임금을 진실한 마음으로 섬기는 것, 그것이 충성이다.

제20장

子曰關雎는 樂而不淫하고 哀而不傷이니라
(자왈관저 낙이불음 애이불상)

| 국역 |

공자께서 말씀하셨다. "『시경詩經』의 관저편關雎篇은 즐거우면서도 지나치지 아니하고, 슬프면서도 상하지 아니한다."

| 난자풀이 |

1 關雎 : 『시경』의 제일 첫 번째 나오는 시의 편명. 관關은 강가에서 우는 징경이의 울음소리, 음은 '관'. 저雎는 징경이, 음은 '저'. 저雎라는 새, 즉 징경이는 일부일처를 지켜 늘 부부끼리 짝을 이루고 있으며, 한 쪽이 죽더라도 혼자 산다. 전통혼례 때 신랑이 나무로 조각한 징경이 한 쌍을 신부에게 바치는 것은 징경이처럼 부부관계를 갖겠다는 약속인 것이다. 그것을 전안례奠雁禮라 한다.

2 淫 : '지나치다', '정도가 괴이하다'는 뜻. 음은 '음'.

| 강설 |

『시경』의 관저편은 군자가 짝을 찾는 과정과 모습을 노래한 것이다.

사랑하는 사람에게 사랑받지 못할 때 짝사랑을 하게 되고, 그 정도가 지나치면 상사병이 되어 몸을 다치는 경우가 있다. 그러다가 뜻을 이루어 서로 사랑하게 되면 즐거움이 넘쳐서 음란하게 되기도 한다.

남자가 여자를 사랑하고, 여자가 남자를 사랑하는 것은 하늘이 시키는 일이다. 하늘은 만물을 살리기 위해 만물에게 먹는 즐거움을 주었고, 사랑의 즐거움을 주었다. 먹지 않으면 살 수 없고, 이성간에 사랑하지 않으면 생명을 이어가지 못하기 때문이다.

이에서 보면 남녀가 서로 사랑하는 것은 삶을 지속하기 위한 것임을 알 수 있다. 사랑은 삶을 이어가기 위한 것이므로, 사랑이 결실을 맺지 못해 몸이 상하는 것은 모순이다. 그것은 욕심에 눈이 멀어 사랑의 본질을 망각했기 때문이다.

또 사랑이 결실을 맺었을 때 음란할 정도로 즐거움을 추구하는 것도 잘못이다. 성적性的 결합에 즐거움이 있는 것은 자녀를 낳도록 유도하기 위해 하늘이 준 선물이다. 그러한 사실을 망각하고 성적性的 쾌락 그 자체에만 집착하는 것은 욕심에 매몰된 결과이다.

하늘의 뜻을 따르는 사람은 사랑을 이루지 못해 슬플 때도 몸이 상하지 않고, 사랑이 결실을 맺어 기쁠 때도 음란할 정도로 성적性的 즐거움을 추구하지 않는다.

제21장

哀公이 問社於宰我한대 宰我對曰夏后氏는 以松이요 殷人은 以栢이요 周人은 以栗이니 曰使民戰栗이니이다

子聞之하시고 曰成事라 不說하며 遂事라 不諫하며 旣往이라 不咎로라

| 국역 |

애공이 재아에게 사社(를 상징하는 나무)에 대해 물으니, 재아가 대답했다. "하후씨夏后氏는 소나무로 상징했고, 은殷나라 사람들은 측백나무로 상징했고, 주周나라 사람들은 밤나무로 상징했으니, '백성들로 하여금 전율케 하기 위한 것이었다.' 합니다." 공자께서 이를 들으시고 말씀하셨다. "이루어진 일이라 따지지 않으며, 끝난 일이라 말하지 않으며, 이미 지나간 일이라 허물하지 않겠다."

| 난자풀이 |

1 社 : 토지를 관장하는 신神. 대체로 나무를 심어서 그 신을 상징하는 것이 보통이다.

2 宰我 : 공자의 제자. 노魯나라 사람. 이름은 여予, 자字는 자아子我. 특히 변론에 능했다.

3 夏后氏 : 하왕조夏王朝를 가리킴. 하왕조의 시조인 우禹가 천자의 자리에 올랐을 때 하후씨夏后氏라 불렀다.

| 강설 |

애공이 재아에게 사직을 상징하는 나무에 대해 물었을 때, 재아는 하夏나라에서는 소나무를 심어 상징했고, 은殷나라에서는 측백나무를 심어 상징했으며, 주周나라에서는 밤나무를 심어 상징했다고

대답하고서, 밤나무를 심은 이유를, 밤나무의 음인 율栗이 '떤다'고 할 때의 율慄과 음이 같다는 데 착안하여, 백성들을 떨게 만들기 위한 것이었다고 함부로 지어내어 대답했다.

공자는 매우 불쾌했다. 정치란 백성들을 두렵게 만드는 것이 아니다. 재아의 엉터리 대답은 애공으로 하여금 공포정치를 하도록 유도하는 것이 되었으니 불쾌하지 않을 수 없었다. 심히 꾸짖고 싶지만 이미 엎질러진 물이다.

제22장

자왈관중지기소재 혹왈관중 검호 왈관씨유
子曰管仲之器小哉라 或曰管仲은 儉乎잇가 曰管氏有
1

삼귀 관사불섭 언득검 연즉관중 지
三歸하며 官事不攝하니 焉得儉이리오 然則管仲은 知
2

례호 왈방군 수색문 관씨역수색문
禮乎잇가 曰邦君이야 樹塞門이어늘 管氏亦樹塞門하며
3

방군 위양군지호 유반점 관씨역유반점
邦君이야 爲兩君之好에 有反坫이어늘 管氏亦有反坫
4

관씨이지례 숙부지례
하니 管氏而知禮면 孰不知禮리오

| 국역 |

공자께서 말씀하셨다. "관중의 그릇이 적구나!" (이 말을 듣고) 어떤 사람이 물었다. "관중은 검소했습니까?" (공자께서) 말씀하셨다. "관중은 삼귀三歸를 두었으며 관리들의 일을 겸직시키지 않았으니 어찌 검소한 것이겠는가?" "그러면 관중은 예禮를 안 것입니까?" "나라의 임금이라야 색문을 세우거늘 관씨도 색문을 세웠으며, 나라의 임금이라야 두 임금의 친선을 도모할 때 술잔 되돌려놓는 자리를 둘 수 있는데 관씨도 또한 술잔 되돌려놓는 자리를 두었으니, 관씨가 예禮를 안다면 누가 예禮를 알지 못하겠느냐?"

| 난자풀이 |

1 管仲 : 관管은 성, 중仲은 자, 이름은 이오夷吾. 제齊나라의 이름난 재상. 제齊의 환공桓公을 도와 천하의 패권을 잡게 만들었다.
2 三歸 : 귀歸가 시집가는 것이므로 삼귀三歸는 '부인을 셋 두었다'는 뜻이라는 설도 있고, '관중축삼귀지대管仲築三歸之臺'라는 『설원說苑』의 글을 보면 건물 이름이기도 하며, 이외에도 여러 설이 있어 뜻이 확실하지 않다.
3 樹 : 밖에서 안이 들여다보이지 않도록 나무로 엮어 만든 병풍을 가리개로 세우는데, 그것을 색문이라 한다. 천자는 대문 밖에 세우고, 제후는 문 안에 세우며, 대부는 발을 드리우고, 사士는 장막을 친다.
4 反坫 : 제후가 회합에서 술을 주고받을 때 술 마시고 난 빈 잔을 놓아두는 장소. 흙을 쌓아서 만들고 칠을 한다.

| 강설 |

관중은 제齊의 환공桓公이 패권을 잡는 데 결정적인 역할을 한 사람이므로 당시에 대단한 인물로 평가받고 있었다. 패권 다툼에 총력을 기울이던 당시의 제후들에게는 더욱 그러했다.

그러나 공자의 평가는 다르다. 힘으로 백성들을 복종시키는 관중의 정치는 참다운 정치가 아니다. 힘으로 이룩한 안정은 힘이 없어질 때 무너질 수밖에 없다. 덕德을 밝히지 못한 관중은 참다운 정치를 할 수 있는 그릇이 못 된다.

공자가 "관중의 그릇이 작다."고 평가하자, 관중을 훌륭한 사람으로 여기고 있던 어떤 사람이 공자의 말을 이해하지 못하고 '관중이 검소하다'는 뜻의 칭찬하는 말로 이해하고, "그것은 관중이 검소했기 때문입니까?" 하고 반문했다. 관중은 검소하지 않았다. 삼귀三歸라는 호화로운 건물을 지었고, 관리들의 일을 겸직시키지 않았다. 공자가 이러한 사실을 깨우치자, 관중을 훌륭하게 생각하던 사람은 역시 말뜻을 알아차리지 못하고, 관중이 그릇이 작은 것은 예禮를 지켰기 때문이라고 생각하고, "그렇다면 관중은 예禮를 알았던 것입니까?" 하고 반문했다. 관중은 예를 알았던 사람이 아니었다. 나라의 임금이라야 색문을 세우는데 관씨도 색문을 세웠고, 나라의 임금이라야 친선을 도모할 때 빈 술잔 놓아두는 반점을 만들 수 있는데 관씨도 반점을 만들었으니, 예를 알았던 사람이 아니다. 관중이 그릇이 작은 것은 정치의 요직에 있으면서 나라를 부강하게 만드는 데만 힘썼기 때문이다. 부귀영화를 담는 그릇은 아무리 커도 작은 그릇이다. 오직 진리를 담는 그릇이라야 큰 그릇이다.

제23장

子語魯大師[1]樂曰樂은 其可知也니 始作에 翕如[2]也하며 從之에 純如[3]也하며 皦如[4]也하며 繹如[5]也하여 以成이니라

(자어로태사악왈악 기가지야 시작 흡여야 종지 순여야 교여야 역여야 이성)

| 국역 |

공자께서 노魯나라 태사에게 음악에 대하여 말씀하셨다. "음악을 알 수 있을 것 같습니다. 처음 시작할 때는 마음이 하나로 모아지고, 죽 이어지면서 마음이 순수해지고 밝아져서, 삶의 이치가 술술 풀려나왔다가 완성됩니다."

| 난자풀이 |

1 大師 : '태사'로 발음함. 음악을 담당하는 수장.
2 翕如 : 모이는 것. 집중하는 것. 음악의 도입 부분에 산란한 사람의 마음을 모으는 역할을 한다. 주로 금속으로 된 타악기를 두드려 쇳소리를 낸다.
3 純如 : 마음이 하나로 모아지면서 잡념이 사라지고 순수해지는 것.
4 皦如 : 마음이 순수해져 어두운 구석이 사라지고 환하게 밝아지는 것.
5 繹如 : 마음이 순수해지고 밝아지면 실타래가 술술 풀리듯 하늘의 소리가 술술 들리기 시작하고, 삶의 이치가 술술 풀려나온다.

| 강설 |

음악은 하늘의 소리를 표현한 것이고, 자연의 흐름을 표현한 것이

다. 우주 공간은 생명력으로 가득하다. 그 생명력이 하늘이다. 하늘은 쉬지 않고 생명의 길로 인도하지만, 사람은 욕심에 눈이 멀어 그것을 감지하지 못한다.

음악의 가장 큰 목적은 사람들로 하여금 생명의 소리를 듣도록 유도하는 데 있다. 그러므로 훌륭한 음악은 들으면 우선 마음이 하나로 모아져 잡념을 떨칠 수 있다. 잡념이 사라지면 마음이 순수해지고 밝아져 하늘의 소리가 들려온다. 명명덕明明德이 되는 것이다. 음악은 진리로 가는 중요한 수단이다.

제24장

의 봉 인 청 현 왈 군 자 지 지 어 사 야 오 미 상 부 득 견 야
儀封人이 請見曰君子之至於斯也에 吾未嘗不得見也
1 2 3

종 자 현 지 출 왈 이 삼 자 하 환 어 상 호 천
로라 從者見之한대 出曰二三子는 何患於喪乎리오 天
4 5 6 7

하 지 무 도 야 구 의 천 장 이 부 자 위 목 탁
下之無道也久矣라 天將以夫子爲木鐸이시리라
8 9 10

국역

의儀라는 곳에 봉해진 사람이 뵙기를 청하며, "군자가 이곳에 오시면 내 일찍이 만나뵙지 않은 적이 없었다."고 하므로, 종자(수행자)가 뵙도록 하였더니, (뵙고) 나와서 말하기를, "그대들은 (공자가 벼슬을) 잃는다고 하여 무엇을 걱정하는가? 천하의 도道가 없어진 지 오래되었다. 하늘이 앞으로 그 사람을 목탁으로 삼으실 것이다."라고 하였다.

난자풀이

1 儀 : 위衛나라에 있는 지명.
2 見 : '뵙는다'는 뜻일 때는 음이 '현'이 된다.
3 之 : 주격조사.

4 從者 : 공자를 따르는 자, 수행원.

5 見 : '뵙도록 했다'는 뜻의 사역동사.

6 二三子 : '누세 아이'란 뜻으로 공자를 수행하고 있는 어린 제자들을 일컬음. '그대들은'이라고 번역하면 된다.

7 喪 : 벼슬을 잃게 된 것.

8 之 : 도치되었음을 나타내는 역할을 함. '무도어천하無道於天下'로 해석하면 됨.

9 夫子 : 그 사람. '선생님'이란 뜻과 '그 사람'이란 뜻이 있는데 의봉인儀封人은 제자가 아니므로 '그 사람'으로 번역해야 될 것이다.

10 木鐸 : 탁鐸이 쇠로 만든 방울이므로 목탁木鐸은 쇠로 만든 방울에 나무로 된 혀를 끼워넣은 것이다. 옛날에는 새로운 호령을 반포할 때 이 목탁을 흔들어서 사람들의 주의를 환기시켰던 것이다. 여기서는 '선각자'란 뜻으로 쓰였다. 군사軍事에서는 금탁金鐸을 쓴다.

| 강설 |

의儀라는 곳의 국경을 관장하는 사람이 국경을 지나가는 공자를 뵙고 하는 말이다. "자네들은 공자가 벼슬하지 못하는 것을 걱정하고 있지만, 걱정할 필요가 없다. 세상에 도道가 없어진 지 오래되었다. 지금 하늘이 공자를 목탁으로 삼아 세상을 깨우치도록 하려는 것이다. 공자가 벼슬을 하여 한 자리에 눌러 있으면 세상을 깨우치지 못하므로 공자가 벼슬하지 못하는 것도 하늘의 뜻일 것이다."

제25장

자위소 / 진미의 / 우진선야 / 위무

子謂韶1하시되 盡美矣요 又盡善也라하시고 謂武2하시되

진미의 / 미진선야

盡美矣요 未盡善也라하시다

| 국역 |

공자께서 소韶를 평하시되 "아름다움을 다했고, 착함을 다했다."고

하시고, 무武를 평하시되 "아름다움은 다했으되 착함은 다하지 못했다."고 하셨다.

| 난자풀이 |

1 韶 : 순舜이 만든 음악. 소韶는 '잇는다'는 뜻이니, 순舜이 요堯의 덕德을 이었다고 붙여진 이름이다.

2 武 : 무왕武王이 만든 음악.

| 강설 |

순의 음악인 소韶는 음악의 구성이나 테크닉 등에서 나타나는 아름다움이 극진하고, 또 음악 그 자체가 담고 있는 순수함도 최고에 달하고 있으나, 무왕의 음악인 무武는 아름다움은 극진하지만 순수함은 최고에 달하고 있지 않다. 순舜과 무왕武王의 인격의 차이에서 나타나는 것이다.

제26장

자왈거상불관 위례불경 임상불애 오하이
子曰居上不寬하며 爲禮不敬하며 臨喪不哀면 吾何以
관지재
觀之哉리오

| 국역 |

공자께서 말씀하셨다. "윗자리에 있으면서 너그럽지 않으며, 예禮를 실천하는 데 경건하지 않으며, 상을 입을 때 슬퍼하지 않는다면, 내가 무엇을 가지고 그를 살피겠는가?"

| 강설 |

세상에는 두 종류의 사람이 있다. 군자와 소인이 그것이다. 군자는 행복한 사람이고, 소인은 불행한 사람이다. 군자는 본심으로 사는 느긋한 사람이고, 소인은 욕심을 채우기 위해 안달하는 사람이다.

사람을 평가하는 제일 좋은 방법은 그가 군자인지 소인인지를 보는 것이다. 소인은 욕심을 채우기 위해 안달하는 사람이므로, 이익을 챙기기 위해 아랫사람이나 약한 사람을 압박하고 윗사람에게 아부한다. 그러므로 아랫사람에게 너그럽지 못한 사람을 보면 그가 욕심을 채우기 위해 안달하는 사람이라는 것을 바로 알 수 있다. 그가 윗사람에게 아부하는 사람이라는 것은 보지 않아도 알 수 있다.

그러나 혼자 있는 사람을 볼 때는 윗사람에게 대하는 것이나 아랫사람에게 대하는 것을 알 수 없으므로 다른 방식으로 판단해야 한다. 혼자 있는 사람은 그의 행동거지를 보면 된다. 행동거지가 예에 맞아야 사람이라 할 수 있다. 그러나 욕심이 많은 사람도 겉모양을 예로 포장할 수가 있기 때문에 진실한 사람인지 예로 포장하고 있는 사람인지를 따져야 한다.

예로 포장하기 어려운 것은 상을 입을 때이다. 상을 입는 것은 슬픔을 표현하는 방식으로, 욕심이 많은 사람은 상을 입을 때 위장하기 어렵다. 욕심이 많은 사람은 부모의 상을 당해도 슬프지 않다. 그런 사람은 상을 입을 때 슬픈 척해도 남의 눈을 속이기 어렵다.

그러므로 윗자리에 있으면서 너그럽지 않으며, 예禮를 실천하는데 경건하지 않으며, 상을 입을 때 슬퍼하지 않는 사람은 군자로 인정하려고 해도 인정할 수 있는 근거를 찾을 수 없다.

四. 이인편里仁篇

제1장

자왈이인 위미 택불처인 언득지
子曰里仁이 爲美하니 擇[1]不處仁[2]이면 焉得知[3]리오

| 국역 |

공자께서 말씀하셨다. "마을은 인심 좋은 곳이 아름답다. (마을을) 선택하여 인심 좋은 곳에서 살지 않는다면 어떻게 지혜로운 사람이겠는가!"

| 난자풀이 |

[1] 擇 : 마을을 선택하는 것.
[2] 仁 : 어진 사람. 어진 마을. 인심이 좋은 곳.
[3] 得知 : 지혜로운 사람. 지혜를 얻는 사람.

| 강설 |

사람이 사는 마을에는 여러 종류가 있다. 부자들이 사는 마을도 있고, 가난한 사람들이 사는 마을도 있다. 산마을도 있고 강마을도 있다. 조용한 주택가 마을도 있고, 시장 한복판의 시끄러운 마을도 있다.

어떤 마을에 집을 장만해야 할까? 지금의 사람들은 마을을 정할 때 교통이 편리하고, 가까이에 시장이 있으며, 명문 학교와 학원이 있는 곳을 많이 찾는다. 그런 곳에 있는 집들은 값이 올라갈 가능성이 많다. 사람들은 집을 재테크의 수단으로 삼기도 한다. 그러나 그런 방식은 옳지 않다.

사람은 환경의 영향을 많이 받는다. 거친 곳에서 살면 마음이 거칠어지고, 차분한 곳에서 살면 마음이 차분해진다. 어머니 품속처럼 포근하고 아늑한 마을에서 살면 마음이 따뜻해진다. 그런 마을에 사는 사람들은 인심이 좋다. 반대로 살벌하고 어지러운 마을에서 살면 마음이 흐트러진다. 그런 마을에 사는 사람들은 인심이 나쁘다. 인심 좋은 마을에서 살면 집중이 잘 되고 지혜가 생기지만, 인심이 나쁜 마을에서 살면 산만해지고 욕심이 생긴다.

마음의 행복을 추구하며 지혜롭게 살고 싶은 사람은 인심 좋은 마을을 택하지만, 욕심을 채우고 싶은 사람은 돈이 끓는 마을을 택한다. 돈이 끓는 곳은 인심이 사납다. 그런 곳에서는 지혜를 얻을 수 없다.

제 2 장

子曰不仁者(자왈불인자)는 不可以久處約(불가이구처약)[1]이며 不可以長處樂(불가이장처락)이니 仁者(인자)는 安仁(안인)하고 知者(지자)는 利仁(이인)이니라

| 국역 |

공자께서 말씀하셨다. "어질지 못한 자는 오랫동안 곤궁한 데에 처할 수 없으며, 장시간 즐거움에 처할 수 없다. 어진 자는 어질게 처신하는 것을 편안히 여기고 지혜로운 자는 어질게 처신하는 것을 이롭게 여긴다."

| 난자풀이 |

1 約 : 곤궁함. 빈천함.

| 강설 |

어진 사람은 남에게 베풀기를 좋아하는 사람이고, 어질지 못한 사람은 남의 것을 자기 것으로 착각하는 사람이다. 어질지 못한 사람은 '네 것이 내 것이고, 내 것은 내 것이라'는 식으로 판단한다. 그러므로 어질지 못한 사람은 자기보다 많은 것을 가진 사람을 보면 배가 아파 견디기 어렵다. 배고픈 것은 참아도 배 아픈 것은 참지 못한다는 말이 그래서 생긴다. 그런 사람은 남보다 가난한 것을 참지 못하고 발광을 한다. 그런 사람이 부자가 되면 남들도 자기에게 배 아파한다는 것을 알기 때문에, 남에게 빼앗기지 않을까 조마조마하다. 그런 사람은 오랫동안 즐거운 마음을 유지하지 못한다.

어진 사람은 남에게 베풀기를 좋아하기 때문에 남에게 베풀어야 마음이 편안하다. 지혜로운 사람은 이와 다르다. 지혜로운 사람은 이해타산이 빠르다. 지혜로운 사람은 남에게 베푸는 것이 이익이 된다는 것을 알기 때문에 이익을 얻기 위해 남에게 베푼다.

제 3 장

子曰(자왈)唯仁者(유인자)이아 能好人(능호인)하며 能惡人(능오인)1이니라

| 국역 |

공자께서 말씀하셨다. "오직 어진 사람만이 남을 좋아할 수도 있고 남을 미워할 수도 있다."

| 난자풀이 |

1 惡 : 동사로서 '미워한다'는 뜻. 이때의 음은 '오'.

| 강설 |

홍길동에게 얻어맞아 의식 속에 '홍길동은 죽일 놈'이라고 저장해 놓은 사람은 홍길동을 미워하면서 살지만, 홍길동에게 대접받아서 '홍길동은 멋쟁이'라고 저장해 놓은 사람은 홍길동을 만나면 반갑게 맞이한다. 두 사람의 의식 속에 들어 있는 홍길동은 진짜의 홍길동과는 거리가 멀다. 진짜의 홍길동은 죽일 놈도 아니고 멋쟁이도 아니다. 다른 사람의 의식 속에 들어 있는 홍길동은 가상의 홍길동이다. 가상의 홍길동은 실재하는 홍길동이 아니라 허깨비다. 사람들이 누구를 좋아하는 것도 허깨비를 좋아하는 것이고, 누구를 미워하는 것도 허깨비를 미워하는 것이다.

홍길동에게 얻어맞을 때는 홍길동이 싫어진다. 그 느낌은 홍길동으로부터 피하라는 하늘의 지시이다. 자연의 생명력이 삶에 충실하도록 유도하는 것으로 이해할 수도 있다. 홍길동에 대해 싫은 느낌이 들면 그 순간 홍길동을 피하기만 하면 된다. 피하기만 할 뿐, '홍길동은 죽일 놈'이라는 허깨비를 저장하지 않아야 한다. 허깨비를 저장하지 않은 사람은 홍길동에 대한 고정관념이 없다. 그런 사람은 다음에 홍길동을 만나더라도 싫은 느낌이 들지 않는다. 다음에 만났을 때 만약 홍길동이 호의적으로 대하면 그때는 좋은 느낌이 생긴다. 그런 경우에도 '홍길동은 멋쟁이'라는 허깨비를 저장하지 않는다. 그런 사람이 어진 사람이다. 어진 사람의 마음에는 일체의 고정관념이 들어 있지 않기 때문에 늘 깨끗하다.

어질지 못한 사람은 어떤 사람을 좋아해도 허깨비를 좋아하는 것이기 때문에 제대로 좋아하는 것이 아니고, 싫어해도 허깨비를 싫어하는 것이기 때문에 제대로 싫어하는 것이 아니다. 오직 마음이 깨끗한 사람만이 좋은 짓을 하는 사람을 좋아하고 미운 짓을 하는 사람을 미워한다. 좋아하고 미워하는 것도 그 순간에 그칠 뿐, 의식 속에 저장하지는 않는다.

욕심이 많은 사람은 욕심을 채울 수 있는 사람을 좋아하고, 손해가 되는 사람을 미워한다. 욕심이 없는 사람만이 좋은 사람을 좋아하고, 미운 사람을 미워한다.

제4장

子曰苟志於仁矣면 無惡也니라
(자왈구지어인의 무악야)

| 국역 |

공자께서 말씀하셨다. "진실로 인에 뜻을 두어야 나쁜 것이 없다."

| 강설 |

인은 한마음이고 하늘마음이며 우주 마음이다. 한마음으로 사는 것이 진실한 삶이고 행복한 삶이다. 그러므로 모든 사람의 목표는 행복 추구로 모아져야 한다. 만약 사람이 한마음을 상실하고 욕심으로 산다면, 그것은 거짓된 삶이고 불행한 삶이다. 욕심으로 사는 사람은 아무리 성공해도 불행하다. 그러므로 한마음을 회복하는 것 외의 목표는 어떤 목표라도 문제가 있다.

예를 들어 대통령이 되는 것으로 목표를 세운 사람이 있다면 어떨까? 그의 목표는 거의 이룰 수 없는 것이기 때문에 불만에서 벗어날 수 없다. 만에 하나 목표를 이루었다 하더라도 늙어야 하고 죽어야 하는 고통에서는 한 치도 벗어날 수 없다. 목표를 잘못 세운 것이다. 오직 인을 목표로 할 때만 잘못될 것이 없다.

제 5 장

자 왈 부 여 귀 시 인 지 소 욕 야 불 이 기 도 득 지 불 처
子曰富與貴是人之所[1]欲也나 不以其[2]道[3]得之어든 不處

야 빈 여 천 시 인 지 소 오 야 불 이 기 도 득 지 불
也하며 貧與賤是人之所惡[4]也나 不以其道得之라도 不

거 야 군 자 거 인 오 호 성 명 군 자 무 종 식
去也니라 君子去仁이면 惡[5]乎成名[6]이리오 君子無終食[7]

지 간 위 인 조 차 필 어 시 전 패 필 어 시
之間違仁이니 造次[8]에 必於是[9]하며 顚沛[10]에 必於是니라

| 국역 |

공자께서 말씀하셨다. "부귀는 사람들이 바라는 것이지만, 정당한 방법으로 얻지 아니하면 가지지 않는다. 반대로 빈천은 사람들이 싫어하는 것이지만, 정당한 방법으로 얻지 않았더라도 버리지 아니한다. 군자가 인을 버리면 어찌 (군자라는) 이름을 가지겠는가. 군자는 밥을 먹는 동안이라도 인을 어김이 없으니, 황급한 상황에도 반드시 이에서 벗어나지 않으며, 넘어지더라도 반드시 이에서 벗어나지 않는다."

| 난자풀이 |

[1] 所 : …하는 바, …하는 것. 뒤의 말을 동사로 만드는 역할을 한다.

[2] 其 : '제대로 된'이란 뜻이다.

[3] 道 : 도리. 방법.

[4] 惡 : 미워한다. 음은 '오'.

[5] 惡 : 어떻게. 음은 '오'.

[6] 成名 : '이름을 이룬다'는 말은 아버지는 아버지라는 이름, 아들은 아들이라는 이름, 임금은 임금이라는 이름, 신하는 신하라는 이름을 이룬다는 말이므로, 각자의 주어진 역할을 한다는 말이다. '이름을 바르게 한다'는 의미의 정명正名과 같다.

[7] 終食 : 식사를 마치는 것. 종식지간終食之間은 밥을 먹는 것을 마치는 시간이므로, '식사 한 끼 하는 시간'이란 뜻이다.

8 造次 : 황급한 시간.
9 於 : 어於의 앞에 동사 의依가 생략된 것으로 봐야 할 것이다.
10 顚沛 : 넘어지는 순간.

| 강설 |

공자는 맹자가 평한 바와 같이 인仁과 지知를 완벽하게 갖춘 성인이므로, 본질적으로는 남과 내가 하나인 인에 바탕을 두고서, 현실적으로는 남과 다르게 주어진 자신의 직분에 충실함으로써 남과 조화를 이루는 사람이다.

현실적으로는 남들처럼 부귀를 추구하지만 남과 다른 점이 있다. 남들은 부귀를 추구하기 위해 수단과 방법을 총동원하지만, 공자는 부당하게 얻어진 부귀는 가지지 않는다.

부귀를 목표로 삼아서는 안 된다. 부귀는 자신의 직분에 충실하게 살 때 얻어지는 결과물이어야 한다. 공자는 부귀와 명예를 행복의 잣대로 삼지 않았다. 오직 열심히 학문에 정진했고 열정적으로 가르쳤다. 그 결과 부귀와 명예가 얻어졌다.

사람들은 가난하고 천한 것을 불행으로 생각하기 때문에 가난하고 천하게 되면 고통스러워 견디지 못한다. 가난에서 벗어날 수 있고 천한 신분에서 벗어날 수 있다면 수단과 방법을 가리지 않는다. 그러나 공자는 달랐다. 공자는 한마음을 회복했고, 완전한 행복을 얻었다. 가난하게 살아도 즐겁고 천한 신분으로 살아도 행복했다. 그렇기 때문에 부당하게 가난해지고 부당하게 천한 신분이 된다 하더라도 벗어나기 위해 안달하지 않는다.

제6장

자왈아미견호인자 오불인자 호인자 무이상
子曰我未[1]見好仁者와 惡不仁者로라 好仁者는 無以尙[2]

지 오불인자 기위인의 불사불인자가호기신
之나 惡不仁者도 其[3]爲仁矣리니 不使不仁者加乎其身

유능일일용기력어인의호 아미견역부족자
이니라 有能一日用其力於仁矣乎아 我未見力不足者

개유지의 아미지견야
로라 蓋[4]有[5]之矣어늘 我未之[6]見也로다

| 국역 |

공자께서 말씀하셨다. "나는 아직 인仁을 좋아하는 자와 불인不仁을 미워하는 자를 보지 못했다. 인을 좋아하는 자는 더없이 좋다. 그러나 불인不仁을 미워하는 자도 인仁을 하게 될 것이다. 불인不仁한 것을 자기 몸에 다가오지 못하게 하기 때문이다. 하루만이라도 자기의 힘을 인仁에 쓰는 사람이 있는가? 나는 아직 힘이 모자라는 자를 보지 못했다. 아마도 그런 사람이 있을 것이지만 나는 아직 보지 못했다."

| 난자풀이 |

[1] 未 : 과거와 현재의 사실을 부정할 때 쓰는 말. 미견未見은 '미래는 몰라도 과거에서 현재까지는 보지 못했다'는 뜻이므로 미未를 '아직 …하지 않았다'로 번역하면 뜻이 더욱 분명해진다.

[2] 以 : '…을 가지고 그보다 더할 것이 없다'는 뜻이므로 그보다 나을 수 있는 그 무엇이 없다'는 뜻이다. 여기서는 '더없이 좋다'로 번역했다.

[3] 其 : 미래의 일에 대한 막연한 추측을 나타냄.

[4] 蓋 : 대개, 아마도.

[5] 有 : 타동사로 쓰였으므로 엄밀하게는 '(이 세상이) 그러한 사람을 가지고 있다'는 뜻이 된다.

[6] 之 : 뒤에 오는 견見과 도치되어 있다. 부정을 나타내는 말(여기에서는 未)과 타동사 그리고 목적어가 이어질 때 타동사와 목적어가 도치되는 경우가 많다.

| 강설 |

인仁을 좋아하는 사람이 제일이지만, 불인不仁을 싫어하는 사람도 괜찮다. 불인不仁을 싫어하는 사람은 불인한 것이 자기를 오염시키는 것을 싫어하기 때문에 차츰 인仁하게 된다.

인仁은 자기의 삶을 유지해 가는 원동력으로서 원래부터 자기에게 있는 것이므로, 힘쓰기만 하면 누구나 얻을 수 있다. 그런데도 어렵다고 하면서 단 하루도 인仁에 힘쓰는 자가 없다. 반성해야 한다. 인에 힘을 쓰려고 해도 힘이 부족한 사람이 있을 수는 있을 것이다. 그러나 공자는 그런 사람을 보지 못했다고 했다. 모든 사람에게 인에 힘쓰도록 유도하는 공자의 마음이 읽혀진다.

제7장

자왈인지과야 각어기당 관과 사지인의
子曰人之過也는 各於其黨[1]이니 觀過면 斯知仁矣니라

| 국역 |

공자께서 말씀하셨다. "사람의 허물은 각각 자기의 당에서 생기는 것이다. (자기 당 사람의) 허물을 본다면 그의 인仁함을 알 수 있다."

| 난자풀이 |

[1] 黨 : 집단 · 가정 · 학교 · 회사 · 종교단체 · 정당 · 국가 등이 모두 당黨에 속한다.

| 강설 |

『대학大學』에서 '인막지기자지악人莫知其子之惡'이라 했다. 자기 자녀는 사랑스럽기 때문에 나쁜 점은 보지 못한다는 뜻이다. 사람들은 자기의 가족, 동창, 같은 회사원, 같은 종교에 속하는 교우, 같은

정당에 속하는 사람, 자기 나라 사람 등을 우선함으로써 공평성을 잃어버리는 허물이 있다. 그것은 자기중심적 · 이기적 생각 때문이다. 그런 사람은 인자仁者가 아니다.

오직 인자만이 남의 좋은 점을 좋다고 하고, 자기 사람의 나쁜 점을 나쁘다고 할 수 있다. 그러므로 인자는 자기 당黨 사람의 허물을 볼 수 있다. 자기 당의 사람들을 무조건 두둔하는 것은 자기의 욕심에 기인한 것이므로 불인不仁한 것이지만, 그 당에 속하는 사람의 도리로서 두둔한 것이라면 그것은 불인한 것이 아니다.

하안何晏이나 주자朱子는 모두 당黨을 류類로 보고 "사람의 허물은 각기 그 유형대로 하는 것이니 그 사람의 허물의 유형을 보면 인仁한지 어떤지를 알 수 있다."고 해석했다. 이에 의하면, 모든 사람은 각기 유형대로 과실이 있는 것이 된다. 다시 말하면, 군자는 후하게 하는 허물이 있고, 소인은 박하게 하는 허물이 있으며, 군자는 사랑하는 것에 지나침이 있고, 소인은 잔인한 것에 지나침이 있게 되므로, 그 지나치는 유형을 보면 어떤 사람인지 알 수 있다는 것이다.

이 문장은 대화체이므로 문법에 꼭 들어맞지는 않는다. 문법적으로 너무 따지는 것은 옳지 않다.

제 8 장

자왈조문도 석사 가의
子曰朝聞道면 夕死라도 可矣니라

| 국역 |

공자께서 말씀하셨다. "아침에 도를 들으면 저녁에 죽어도 좋은 것이다."

| 강설 |

도를 듣는다는 것은 도를 안다는 것이고, 도를 안다는 것은 도를 실천한다는 것이다. 도를 아는 것은 한마음을 아는 것이고, 도를 실천하는 것은 한마음으로 사는 것이다. 한마음으로 사는 사람은 남을 사랑한다. 한마음으로 사는 사람은 하늘이고 우주다. 한마음으로 사는 사람은 전체가 하나이고 전체가 나이다. 자기 몸이 늙어도 늙는 것이 아니기 때문에 행복하고, 죽어도 죽는 것이 아니기 때문에 행복하다. 한마음을 회복하는 순간이 완전한 행복을 얻는 순간이다.

제 9 장

자 왈 사 지 어 도 이 치 악 의 악 식 자 　 미 족 여 의 야

子曰士志於道而恥惡衣惡食者는 未足與議也니라

| 국역 |

공자께서 말씀하셨다. "선비가 도에 뜻을 두고서도 나쁜 옷과 나쁜 음식을 부끄러워한다면, 아직은 그와 말을 섞을 가치가 없다."

| 난자풀이 |

1 士 : 학문에 뜻을 둔 사람. 선비.
2 者 : 조건을 나타내는 말로 쓰였다. '…면'으로 해석하면 된다.
3 未 : 아직은 …아니다.
4 足 : …할 가치가 있다. 미족未足 : 아직 …할 가치가 없다.
5 議 : 논의하다. 말을 섞다.

| 강설 |

도에 뜻을 둔 사람은 마음 챙기는 데 주력하는 사람이다. 마음 챙기기에 주력해야 할 사람이 아직도 값싼 옷을 입었다고 부끄러워

하고, 값싼 음식을 먹었다고 부끄러워한다면 앞뒤가 맞지 않는다. 그런 사람은 학문을 하기 위해 모였어도 학문을 할 자격이 없다. 그런 사람은 함께 진리를 논할 가치가 없다.

제10장

子曰君子之於天下也에 無適也하며 無莫也하여 義之與比니라
(자왈군자지어천하야 무적야 무막야 의지여비)

국역

공자께서 말씀하셨다. "군자가 세상에서 살아가는 모습은, 해야만 된다는 것도 없고, 하면 안 된다는 것도 없다. 그때그때 알맞은 도리 편에 서고, 알맞은 도리에 따른다."

난자풀이

1. 之 : 주격조사. 지之와 어於 사이에 동사가 생략되었다. 군자무적어천하君子無適於天下, 군자무막어천하君子無莫於天下, 군자의지여비어천하君子義之與比於天下의 세 문장이 하나로 압축되었다.
2. 適 : 가야만 된다는 것. 해야만 된다는 것.
3. 莫 : 하면 안 된다는 것.
4. 之 : 의義와 여비與比가 도치되었음을 나타낸다. 여비의與比義로 해석하면 된다.
5. 與 : 함께 한다.
6. 比 : 따른다.

강설

군자는 한마음으로 사는 사람이다. 한마음은 하늘마음이다. 하늘마음으로 사는 사람은 고정관념이 없다. 해야만 된다는 것도 없고, 하지 않아야 된다는 것도 없다. 그런 것은 다 고정관념이다.

하늘마음으로 사는 사람은 일체의 고정관념이 없이 오직 하늘의 뜻에만 따른다. 하늘의 뜻은 느낌으로 전달된다. 하늘의 뜻으로 사는 사람은 느낌에 충실한 사람이다. 그때그때의 느낌으로 그때그때의 상황에 알맞게 적응한다. 배고플 때 밥 먹고, 피곤할 때 쉬며, 졸릴 때 잔다. 안전한 곳을 택하고 위험한 곳을 피한다. 실패의 길을 피하고 성공의 길을 택한다. 느낌은 잠시도 쉬지 않고 가장 알맞은 길로 유도한다. 알맞은 길이 의義다. 의義는 의宜와 같다. 의宜는 알맞다는 뜻이다. 의로운 사람과 의롭지 않은 사람이 있다면, 군자는 의로운 사람 편에 선다. 의로운 일과 의롭지 않은 일이 있다면 군자는 의로운 일을 따른다.

욕심 많은 사람은 이와 반대다. 욕심 많은 사람은 해야 될 것도 많고, 하지 않아야 될 것도 많다. 욕심을 채울 수 있는 것은 다 해야 되는 것이고, 손해를 보는 것은 하지 않아야 되는 것이다. 그런 것이 다 헛된 고정관념이다. 욕심 많은 사람은 고정관념에 사로잡혀서 살아가는 노예 인생이다. 고정관념 중에 가장 강력한 것이 '나'란 것이다. '나'란 기억덩어리이고 욕심덩어리일 뿐이다. 그것은 실체가 아니라 허깨비다. 내 것 챙기는 것으로 일관하는 사람은 허깨비에 끌려다니는 사람이고, 몸과 함께 늙고 몸과 함께 죽는 허망한 사람이다.

제11장

子曰君子(자왈군자)는 懷德(회덕)하고 小人(소인)은 懷土(회토)하며 君子(군자)는 懷刑(회형)하고 小人(소인)은 懷惠(회혜)니라

1

| 국역 |

공자께서 말씀하셨다. "군자는 덕을 그리워하고 소인은 땅을 그리

워하며, 군자는 형벌 받는 것을 좋아하고, 소인은 혜택 받기를 좋아한다."

| 난자풀이 |

[1] 懷 : 마음에 품는다. 그리워한다. 좋아한다.

| 강설 |

군자는 늘 진리를 얻는 일에 주력한다. 도를 얻는 것이 군자의 목표이고, 덕을 실천하는 것이 군자의 꿈이다. 그러나 소인은 그렇지 않다. 소인은 돈을 버는 일에 주력한다. 소인이 땅을 그리워하는 까닭은 그것이 돈이기 때문이다. 소인의 목표는 부귀영화다.

군자도 실수할 때가 있고 법을 어길 때가 있다. 운전을 하다가 속도위반을 할 때도 있다. 그때 교통경찰에게 붙잡히면 처벌 받는 것을 좋아한다. 군자는 모두와 하나가 되어서 살기 때문에 전체의 안정과 질서를 위해 노력한다. 위법을 한 사람은 벌을 받아야 한다. 그래야 사회 전체의 질서가 유지된다. 그렇기 때문에 군자는 자기가 만약 위법을 했을 경우에는 기꺼이 벌 받는 것을 원한다. 그러나 소인은 그렇지 않다. 소인은 내 것 챙기기에 여념이 없다. 벌 받는 것은 잃는 것이 너무 많다. 그렇기 때문에 벌 받는 것을 싫어하고 혜택 받는 것을 좋아한다.

제12장

자왈방어리이행 다원
子曰放於利而行이면 多怨이니라
[1]

| 국역 |

공자께서 말씀하셨다. "이익에 따라서 움직이면 원한이 많다."

| 난자풀이 |

1 放 : 따르다.

| 강설 |

이익에 따라서 움직이면 원망하는 일도 많고, 원한을 사는 일도 많다. 이익다툼에 주력하다가 나보다 더 많은 이익을 챙긴 사람을 보면 원망스럽다. 나에게 피해를 준 사람을 원수처럼 생각하기도 한다. 또 내가 많은 이익을 챙긴 경우에는 반대로 다른 사람에게 원망을 받을 일이 많다. 뭇 사람들이 나에게 시샘을 한다.

이익다툼에 주력하는 사람에게는 친한 사람이 없다. 경허 스님의 어록에 다음과 같은 말씀이 있다. "횡재를 기뻐하지 말라, 잃은 자의 슬픔이 있다."

제 13 장

자왈능이예양 위국호 하유 불능이예양
子曰能以禮讓으로 爲國乎면 何有며 不能以禮讓으로
1 2 3 4

위국 여례하
爲國이면 如禮何오
5

| 국역 |

공자께서 말씀하셨다. "예양禮讓으로써 나라를 다스릴 수 있다면 무슨 어려움이 있으며, 예양禮讓으로써 나라를 다스릴 수 없다면 예禮를 어떻게 하겠느냐?"

| 난자풀이 |

1 能 : 뒤에 나오는 동사 위爲를 도와 가능태로 만들어주는 역할을 하는 조동사이므로 '예양禮讓으로써 나라를 다스릴 수 있다면'으로 해석하는 것이 낫다. 전통적으로는 능이예양能以禮讓에 구두를 떼어, '능히 예양禮讓으로써 한다면'이라 번역했다.

[2] 讓 : 예禮의 내용이다. 예禮 한 자만 써도 되지만 단조롭기 때문에 함께 쓴 것이다.

[3] 爲 : '다스린다'는 뜻. 치治의 의미로 쓰인다.

[4] 何 : 무슨 어려움. 하유何有는 하난지유何難之有의 생략된 형태.

[5] 何 : '여如…하何'로 쓰이면 '…를 어떻게 하겠는가?'의 뜻이 된다.

| 강설 |

예는 나라를 다스리는 원칙이다. 원칙이 분명하면 나라를 다스리는 데 어려움이 없지만, 원칙이 없이 나라를 다스리려 한다면 되는 일이 없다.

제14장

子曰不患無位요 患所以立[1]하며 不患莫己知요 求爲可知也니라

(자왈불환무위 환소이립 불환막기지 구위가지야)

| 국역 |

공자께서 말씀하셨다. "자리가 없음을 걱정하지 않고, (자리에) 설 수 있는 능력을 걱정하며, 자기를 알아주지 않는 것을 걱정하지 않고, 알려지게 되는 능력을 추구한다."

| 난자풀이 |

[1] 所以 : '…을 가지고 …하는 것'이란 뜻이므로 '…하는 수단'으로 해석할 수 있다. 여기서는 '…하는 능력'으로 해석했다.

| 강설 |

군자는 취직 걱정을 하지 않는다. 오직 하늘마음을 회복하는 것에만 주력한다. 하늘마음을 가지면 무한한 능력이 생긴다. 하늘마음

을 가지면 먹고 사는 문제는 저절로 해결된다. 하늘을 나는 새도 다 먹고 산다. 사람이 먹고 사는 걱정만 한다면 새보다 나을 것이 없다.

능력을 가지는 일에 주력하지 않으면서 취직 걱정을 하는 것은, 취하는 것을 싫어하면서 술을 마시는 것과 같다. 취하는 것이 싫으면 술을 안 마시면 되고, 취직을 하고 싶으면 능력을 가지면 된다.

남을 사랑하는 사람은 남도 그를 사랑하는 법이다. 한마음을 가지고 모든 사람을 사랑하는 사람은 모든 사람이 그를 사랑한다. 많은 사람이 그를 사랑한다면 그는 저절로 유명해진다. 유명해지기를 바라면서 한마음을 가지도록 노력하지 않는 사람은 취하기를 싫어하면서 술을 마시는 사람이다.

제15장

子曰參乎아[1] 吾道는 一以貫之니라 曾子曰唯라[2] 子出커시늘 門人問曰何謂也잇고 曾子曰夫子之道는 忠恕而[3]已矣시니라

(자왈참호 오도 일이관지 증자왈유 자출 문인문왈하위야 증자왈부자지도 충서이이의)

| 국역 |

공자께서 말씀하셨다. "참參아! 나의 도는 하나로써 꿰뚫고 있다." 증자는 "옛." 하고 재빨리 대답했다. 공자께서 나가시자 문인들이 물었다. "무슨 뜻입니까?" 증자가 말했다. "선생님의 도는 충忠과 서恕일 뿐이다."

| 난자풀이 |

1 參 : 증자曾子의 이름. 음은 '참'.
2 唯 : 재빨리 대답할 때 하는 말.
3 恕 : 여如와 심心을 합한 글자. 같은 마음은 한마음이다. 서恕는 한마음을 모든 사람이 다 같이 가지고 있다는 의미에서 쓴 말이다.

| 강설 |

증자는 성실한 학생이었다. 배운 내용을 하나도 빼놓지 않고 하나하나 외우고 있었다. 그렇게 공부하는 것도 중요하지만, 그것만으로는 부족하다. 수많은 나뭇잎을 하나하나 살피는 방법으로는 전체를 다 통찰할 수 없다. 나뭇잎은 모두 뿌리와 연결되어 있다. 뿌리의 뜻으로 싹이 트고, 뿌리의 뜻으로 일을 하며, 뿌리의 뜻으로 단풍이 들고, 뿌리의 뜻으로 떨어진다. 그러므로 나뭇잎을 살필 때 중요한 것은 뿌리의 뜻을 아는 것이다. 어느 순간 뿌리의 뜻을 깨달으면 일시에 전체 나뭇잎을 통찰할 수 있다.

사람 사는 이치도 이와 같다. 인생길은 다양하고 복잡하기 때문에 사람 사는 도리 또한 참으로 다양하고 복잡하다. 그 도리를 하나하나 배우고 익혀도 끝이 없다. 그런데 알아야 할 것이 있다. 사람 사는 도리는 참으로 다양하고 복잡하지만, 그것이 모두 별개의 것이 아니라 하늘의 지시를 따르는 것이라는 사실이다. 그러므로 중요한 것은 사람 사는 도리를 익히면서 하늘의 뜻을 알아가는 것이다. 하늘의 뜻을 아는 순간 모든 도리가 하나로 꿰어져 있음을 알게 된다. 공자는 사람 사는 이치를 다 알고 있었다. 어떤 질문을 해도 정곡을 찌르는 답을 한다. 학문을 통해 하늘의 뜻을 알면 누구나 그렇게 된다.

열심히 공부하는 증자도 그런 방법을 터득하고 있을까? 궁금해진 공자가 증자에게 물었다. "참參아! 나의 도는 하나로써 꿰뚫고 있다." 공자의 말을 들은 증자는 "옛!" 하고 바로 대답했다. 놀랍게도 증자는 터득하고 있었던 것이다. 하늘의 뜻은 하늘마음이고, 하늘마음은 한마음이다. 한마음은 마음 깊숙한 곳에 있는 마음이고 모두가 다 같이 가지고 있는 같은 마음이다. 깊은 곳에 있는 마음이라서 충忠이고, 같은 마음이라서 서恕다. 삶으로 향하는 마음이라서 성性이고, 남과 하나 되는 마음이라서 인仁이다. 글자는 다르지만 모두 한마음을 표현하는 말들이다.

제16장

자왈군자　유어의　소인　유어리
子曰君子는 喩於義하고 小人은 喩於利니라

| 국역 |

공자께서 말씀하셨다 "군자는 의로움에 대해 잘 알아듣고, 소인은 이로움에 대해 잘 알아듣는다."

| 강설 |

유喩는 '밝다' '잘 알아듣는다' 등의 뜻이다. 군자는 의로운 일에 민감하지만, 소인은 이로운 일에 민감하다. 군자는 의로운 일에 대해서 빠르게 반응하지만, 소인은 이로운 일에 대해서 빠르게 반응한다. 의로움을 추구하는 것은 한마음에서 나온 것이고, 이로움을 추구하는 것은 욕심에서 나온 것이다. 의로움에 민감한 사람을 보면 한마음을 가진 사람임을 알 수 있고, 이로움에 민감한 사람을 보면 욕심을 가진 사람임을 알 수 있다.

한마음은 남과 내가 하나 되는 마음이다. 그런 뜻에서 인仁이라 한다. 한마음이 외부로 드러나는 것을 의라고 한다. 친구가 장학금을 받고 내가 못 받았을 경우, 한마음을 가진 사람은 친구에게 진심으로 축하를 한다. 반대로 내가 장학금을 받고 친구가 못 받았을 경우에는 기뻐하기보다는 슬픈 마음이 되어 친구를 위로한다. 그 마음이 의로운 마음이다. 의로운 마음은 외부로 드러나는 마음이다. 그 의로운 마음이 구체적인 형태로 표현된 것이 예다. 친구에게 축하를 하는 구체적인 방식이 예이고, 위로를 하는 구체적인 방식이 예다. 예는 외부로 드러난 구체적인 형식이기 때문에 흉내 낼 수가 있고 위장할 수가 있다. 축하하는 마음이 없어도 축하하는 형식을 취할 수 있고, 위로하는 마음이 없어도 위로하는 형식을 취할 수 있다. 그런 것을 분별할 수 있는 안목이 있어야 한다.

제17장

자 왈 견 현 사 제 언 　 견 불 현 이 내 자 성 야
子曰見賢思齊[1]焉하며 見不賢而內自省也니라

| 국역 |

공자께서 말씀하셨다. "어진 이의 행동을 보고는 그와 같아지기를 생각하고, 어질지 못한 이의 행동을 보고는 마음속에서 스스로 반성한다."

| 난자풀이 |

[1] 齊 : 같다. 똑같다.

| 강설 |

학문은 한마음을 회복하기 위해 꾸준히 나아가는 과정이다. 어진 사람을 보면 늘 그와 같은 사람이 되게 노력해야 한다. 그리고 어질지 못한 사람을 보면 마음속에서 반성해야 한다. '저 사람 같은 면이 나에게도 있지 않을까?' 만약 그런 면이 남아 있다면 철저히 반성하여 남김없이 제거해야 한다. 그래야 학문을 이룰 수 있다.

제 18 장

子曰事父母하되 幾諫이니 見志不從하고 又敬不違하며 勞而不怨이니라

(사왈사부모 기간 견지부종 우경불위 노이불원)

| 국역 |

공자께서 말씀하셨다. "부모를 섬기되 은밀하게 간해야 한다. 부모의 뜻이 (내 말을) 따르지 아니하는 것을 보면 더욱 공경하여 (부모의 뜻을) 어기지 아니하며, 수고롭더라도 원망하지 아니해야 한다."

| 난자풀이 |

1 幾 : 조짐. 조짐을 보고 미리 대처하는 것.
2 又 : 더욱.
3 不違 : 부모의 마음을 거스르지 않는다.

| 강설 |

인간의 도리 중에서 가장 중요한 것이 부모와 하나 됨을 유지하는 것이다. 이 세상에서 나를 자기처럼 아끼고 사랑해 주시는 분은 오직 부모다. 부모의 사랑보다 더 고귀한 것은 없다. 부모에게 사랑받는 것보다 더 행복한 것은 없다. 자녀가 부모에게 효도하는 것은 그 때문이다. 효도란 부모에게 사랑받기 위한 자녀의 노력이다.

한마음을 회복하는 것이 득도이고, 남과 하나 되는 것이 득도다. 우리는 모두가 하나로 연결되어 있지만, 그 연결된 끈이 보이지 않기 때문에 그것을 모르고 산다. 그것을 모르고 사는 것이 도를 잃은 것이다. 우리들은 모두 그물처럼 하나로 연결되어 있지

만, 그물이 물 밑에 가라앉아 있어서 볼 수 없는 것처럼 그것을 보지 못한다. 그러나 아무리 봐도 남 같지 않은 사람이 있다. 바로 부모다. 부모와 나 사이에 연결되어 있는 끈은 보이는 것 같다. 그 끈을 확실하게 붙잡아야 한다. 부모와 자녀 사이의 연결 끈을 붙잡는 것은 물 밑에 가라앉아 있는 그물의 한 끈을 들어올리는 것과 같다. 그물의 한 끈을 들어올리기만 하면 그물 전체가 올라온다. 사람의 관계를 연결하는 끈도 이와 같다. 어느 한 끈만이라도 확실하게 붙잡으면 모든 끈들이 뚜렷해진다. 부모와 나 사이에 연결되어 있는 끈을 뚜렷하게 하는 방법이 효도다. 효도를 해서 그 끈을 뚜렷하게 하면 형제를 연결하는 끈이 뚜렷해지고, 형제를 연결하는 끈이 뚜렷해지면 삼촌과 하나 되는 끈이 뚜렷해지며, 삼촌과 하나 되는 끈이 뚜렷해지면 사촌과 연결하는 끈이 뚜렷해진다. 이런 방식으로 해서 모든 사람과 연결된 끈이 뚜렷해진다. 모든 사람과의 끈이 뚜렷해지면 결국 모든 것과 연결된 것이 뚜렷해진다. 이를 맹자는 "부모와 하나가 되면 모든 사람과 하나가 되고, 모든 사람과 하나가 되면 만물과 하나가 되어 만물을 아끼고 사랑하게 된다."고 했다.

효도는 이처럼 위대하다. 효도는 득도하는 지름길이고 행복을 얻는 지름길이다. 효도하는 사람은 모든 사람을 사랑하고, 동식물까지 사랑하며, 물건도 아낀다. 다른 사람을 괴롭히는 사람이 있다면 그는 효자가 아니다. 동식물을 학대하는 사람이 있다면 효자가 아니다. 물건을 낭비하는 사람이 있다면 효자가 아니다. 효자는 성공한다. 성공한 사람 중에 불효자는 없다. 불효자는 남을 사랑하지 못하므로 남에게 사랑받지 못한다. 남에게 사랑받지 못하는 사람이 성공하는 경우는 결코 없다.

효도는 이처럼 중요하다. 그러나 효도가 쉬운 것은 아니다. 효도하는 사람은 부모의 뜻을 잘 받들어야 한다. 부모는 자녀가 훌륭한 사람이 되기를 바란다. 그렇기 때문에 훌륭한 사람이 되지 않으면 효도한 것이 아니다. 부모와 내가 하나이기 때문에 내가 훌륭한 사람이 되어야 하듯이 부모도 훌륭한 사람이 되어야 효도가 완성된다. 부모를 깨우치기란 쉬운 일이 아니다. 부모가 만약 나쁜 일을 할 것 같으면, 그런 낌새가 있을 때 미연에 방지하지 않으면 안 된다. 나쁜 일을 한 뒤에 그것을 따지면 오히려 부모와 사이만 벌어진다. 아버지에게 만약 도박판에 갈 낌새가 있을 때는 직설적으로 말하지 말고, 도박을 하다가 망한 사람의 이야기를 은근히 들려주는 것도 한 방법이다. 어머니와 함께 외가에 가야 할 일을 꾸미는 것도 하나의 방법이다. 그래도 아버지가 말을 들어주지 않을 때는 저항하지 말아야 한다. 저항한다고 해서 개선되는 경우는 거의 없다. 내가 남을 공경하면 남도 나를 공경하는 법이다. 아버지가 내 말을 듣지 않는 것은 나를 공경하지 않기 때문이고, 그것은 내가 아버지를 공경하지 않았기 때문이다. 그러므로 반성하면서 더욱 공경해야 한다. 아버지 때문에 힘든 일이 있다 하더라도 원망하지 않고, 더욱 학문에 열중해야 한다. 학문이 진전되어 한마음을 회복하면 공자처럼 되고, 부처님처럼 된다. 그렇게만 되면 아버지를 감화시킬 수 있는 마음의 능력이 저절로 나온다.

제19장

子曰父母在어시든 不遠遊하며 遊必有方이니라
(자왈부모재 불원유 유필유방)

| 국역 |

공자께서 말씀하셨다. "부모가 생존해 계실 때는 먼 데 가서 놀지 아니하며, 놀더라도 반드시 일정한 장소가 있어야 한다."

| 강설 |

부모는 자녀를 자기 자신보다도 더 사랑하므로 자녀의 안전에 대

하여 늘 걱정한다. 부모의 이러한 사랑을 받아들이는 방법은 부모에게 걱정을 끼쳐드리지 않는 것이다. 먼 데 가서 놀거나 부모가 모르는 장소에 가서 놀면 부모가 걱정하시므로 그렇지 않도록 해야 한다. 지금은 휴대전화가 있어 언제든지 연락이 가능하므로 그렇게까지 신경을 쓰지 않아도 된다. 다만, 휴대전화의 전원을 꺼놓지 않아야 하고, 배터리를 수시로 확인하여 부모님의 연락을 언제든지 받을 수 있게 해야 한다.

제 20 장

자왈삼년 무개어부지도 가위효의
子曰三年을 無改於父之道라야 可謂孝矣니라

| 국역 |

공자께서 말씀하셨다 "3년 동안을 아버지의 방식을 고치지 않아야 효孝라 이를 수 있다."

| 강설 |

학이편學而篇 제11장에 나온 말이다.

제 21 장

자왈부모지년 불가부지야 일즉이희 일즉이구
子曰父母之年은 不可不知也니 一則以喜[1]요 一則以懼니라

| 국역 |

공자께서 말씀하셨다. "부모의 나이는 알지 않을 수 없다. 한편으

로는 그 때문에 기쁘고 한편으로는 그 때문에 두렵다."

| 난자풀이 |

1 以 : 앞의 부모지년父母之年을 가리킨다. '일즉이부모지년희一則以父母之年喜'로 될 것이지만 부모지년父母之年이 앞에 있으므로 생략되었다.

| 강설 |

부모의 나이는 알지 않을 수 없다. 한편으로는 오래 사신 것이 기쁘지만, 한편으로는 부모님에게 무슨 일이 일어날까 두렵다.

제22장

子曰古者에 言之不出은 恥躬之不逮也니라
(자왈고자 언지불출 치궁지불체야)

| 국역 |

공자께서 말씀하셨다. "옛날에 말을 함부로 내지 아니한 것은 몸소 행하는 데에 미치지 못할까 부끄러워했기 때문이다."

| 난자풀이 |

1 之 : 언言과 불출不出의 도치를 나타내는 역할을 한다.

2 之 : 궁躬과 불체不逮의 도치를 나타내는 역할을 한다. '치불체어궁야恥不逮於躬也'로 놓고 해석하면 될 것이다.

| 강설 |

말은 빠르고 행동은 느리다. 말을 많이 하는 사람은 행동이 다 따라가지 못한다. 그러므로 군자는 말을 앞세우지 않는다. 행동하지 못하면서 말을 앞세우는 사람은 남을 속이는 사람이다. 말을 많이 하는 사람은 한마음을 가진 사람이 아니다. 한마음을 가진 사람은

말을 많이 하지 않으면서 묵묵히 실천을 한다.

제23장

자왈이약 실지자선의
子曰以約이면 失之者鮮矣니라

| 국역 |

공자께서 말씀하셨다. "약約을 실천하면 실수하는 것이 적다."

| 강설 |

약約은 쓸데없는 것을 줄이고 짜임새 있게 하는 것이다. 말·행동·살림살이 등 삶의 전반을 짜임새 있고 규모 있게 해야 한다. 방만하거나 너절하게 하면 실수하는 일이 많다.

제24장

자왈군자 욕눌어언이민어행
子曰君子는 欲訥於言而敏於行이니라

| 국역 |

공자께서 말씀하셨다. "군자는 말은 어눌하게 하고 행동은 민첩하게 하려고 해야 한다."

| 강설 |

제22장의 내용과 같다.

제25장

자왈덕불고 필유린
子曰德不孤라 必有鄰이니라

| 국역 |

공자께서 말씀하셨다. "덕 있는 사람은 외롭지 않다. 반드시 이웃이 있다."

| 강설 |

덕이 있는 사람은 남과 나를 하나로 여기는 사람이다. 덕이 있는 사람은 남을 사랑하고 남을 존경한다. 남을 사랑하는 사람은 남도 그를 사랑하고, 남을 존경하는 사람은 남도 그를 존경한다. 그래서 덕이 있는 사람은 남에게 사랑을 받고 남에게 존경을 받는다.

덕이 있는 사람은 남을 경쟁 상대로 여기지 않는다. 그 때문에 그와 함께 있는 사람은 마음이 편안해진다.

덕이 있는 사람은 남의 장점을 자랑하고 단점은 숨겨준다. 덕이 있는 사람은 남의 재주를 기뻐하고 남의 훌륭한 점을 좋아한다. 그러므로 덕이 있는 사람을 만나는 사람은 인정을 받고 보람을 느낀다.

그렇기 때문에 덕이 있는 사람에게는 사람들이 모여든다. 덕이 있는 사람은 외롭지 않다.

제26장

자유왈사군삭 사욕의 붕우삭 사소의
子游[1]曰事君數[2]이면 斯辱矣요 朋友數이면 斯疏矣니라

| 국역 |

자유가 말했다. "임금을 섬김에 자주 간하면 욕을 당하고, 붕우간에 자주 충고하면 곧 소원해진다."

| 난자풀이 |

1 子游 : 공자의 제자. 문학에 능했다. 성은 언言, 이름은 언偃이며, 자字가 자유다.
2 數 : '자주'라는 뜻. 음은 '삭'. '수를 센다'는 의미일 때는 음이 '수'이고, '빽빽하다'는 뜻일 때는 음이 '촉'이다.

| 강설 |

임금이나 친구에게 충고하는 것에는 나는 옳고 너는 옳지 않다는 것이 전제되어 있으므로, 충고를 하는 것은 자존심을 상하게 할 가능성이 있다. 임금에게 간한다고 해서 고치는 임금은 거의 없다. 오히려 임금의 기분을 상하게 하여 처벌당하는 경우가 있다. 섣불리 간하다가 처벌당하는 것은 희생당하는 것이다. 희생당하는 것은 잘못이다. 그렇다고 해서 가만히 있는 것도 잘못이다. 임금에게 문제가 있는데도 간하지 않고 가만두는 것은 책임을 회피하는 것이다. 그렇다면 어떻게 하는 것이 바람직한 방식인가? 사직을 하고 떠나는 것이 상책이다. 잘못된 임금을 남겨두고 떠난다고 해서 나라를 사랑하지 않는 것은 아니다. 내가 정치에 참여해야 나라가 바로 된다고 생각한다면, 그 생각이 독단이다. 나 혼자서 나라를 유지하고 세상을 이끌어가는 것이 아니다. 그 땅에 사는 사람들의 시대정신에 의해서 진행되는 것이다. 민심을 천심이라 했다. 그 시대 사람들의 민심이 하늘의 마음이다. 내가 나라를 책임져야 한다고 생각한다면, 그 생각은 모든 사람들을 무시하는 생각이고, 하늘을 무시하는 생각이다.

그러므로 임금에게 간해도 들어주지 않을 때는 욕을 당하기 전에 떠나면 된다. 떠난 뒤에 초야에 묻혀 아무도 모르게 살아야 하는 것은 아니다. 더욱 학문에 정진하여 진리를 얻어야 한다. 그것이 수신이다. 개인적으로 수신을 하여 하늘마음을 완전히 회복하면 저절로 가정이 행복의 보금자리로 바뀌고 온 나라가 이상적인 나라로 바뀌며 온 세상이 낙원으로 바뀐다. 수신·제가·치국·평천하의 단계가 설정된 것이 그 때문이다. 나라가 혼란한 것은 임금 탓이 아니라 '내 탓'이다. 내가 공자 같은 사람이 되고 부처님 같은 사람이 되었다면, 나라는 안정되고 세상은 평화로워질 것이다. 내가 그렇지 못했기 때문에 나라가 혼란하고 세상이 어지럽다. 모든 것은 '내 탓'이다.

친구가 잘못할 때 친구에게 충고를 자꾸 하면 친구가 받아들이기보다는 자존심이 상해서 나에게서 멀어진다. 그렇다면 친구에게 문제가 있어도 가만히 보고만 있어야 할까? 그것은 아니다. 이를 해결하는 방법에는 몇 가지가 있다. 하나는 친구를 버리고 떠나면 된다. 문제 많은 친구를 끝까지 사귀어야 할 이유는 없다. 문제 많은 친구를 고치려는 노력도 없이 계속 사귀기만 하는 것은 친구를 이용하는 것이거나 친구를 속이고 있는 것이다. 그 또한 옳은 방법이 아니다. 차라리 떠나는 것이 낫다.

또 하나의 해결책은 한마음으로 친구를 바라보는 것이다. 미워하는 사람을 보면 나쁜 점이 많이 보이지만, 좋아하는 사람을 보면 좋은 점이 많이 보인다. 문제 많은 사람도 그 부모의 눈에는 좋은 점이 보이게 마련이다. 그러므로 한마음으로 친구를 보고 좋은 점을 찾아 칭찬을 하는 것이 좋은 방법이 된다. 고래도 칭찬하면 춤을 춘다고 했다. 친구의 좋은 점을 찾아서 칭찬을 하면 친구 스스로가 자기의 좋지 않은 점을 고친다. 그것이 제일 좋은 방법이다.

五. 공야장편 公冶長篇

제1장

子謂公冶長[1]하사대 可妻也[2]로다 雖在縲絏[3]之中이나 非其罪也라하시고 以其子[4]로 妻之하시다 子謂南容[5]하사대 邦有道에 不廢하며 邦無道에 免於刑戮이라하시고 以其兄之子로 妻之하시다

| 국역 |

공자께서 공야장을 평하시기를, "사위 삼을 만하다. 비록 포승줄 가운데 있었으나 그의 죄가 아니었다." 하시고, 자기의 딸을 그에게 시집보내셨다. 공자께서 남용을 평하시기를, "나라에 도가 있을 때에는 버려지지 않을 것이고, 나라에 도가 없을 때에도 형벌받아 죽는 일을 당하지 않는다." 하시고, 형의 딸을 그에게 시집보내셨다.

| 난자풀이 |

1 公冶長 : 공자의 제자. 공야公冶가 성이고 장長이 이름이다. 자字는 자장子長. 『사기』에는 제나라 사람으로 되어 있고, 『공자가어』에는 노나라 사람으로 되어 있다.

2 妻 : 동사로서 '아내를 얻게 하다'는 뜻이므로 '사위 삼다'로 번역하는 것이 좋다.

3 縲絏 : 류縲는 '검은 포승' 또는 '검은 포승으로 묶는다'는 뜻이다. 설絏은 설紲과 같다. '맨다'는 뜻이다. 류설縲絏은 '검은 포승으로 묶는다', '구속한다' 등의 뜻이다.

4 子 : 이때의 子는 '딸'이라는 뜻.

5 南容 : 『사기』에는 '남궁괄南宮适, 자字는 자용子容'으로 되어 있고 『공자가어』에는 '남궁도南宮韜, 노나라 사람, 자字는 자용子容'으로 되어 있다.

| 강설 |

나라에 도가 있다는 말은, 정치를 담당하고 있는 사람들이 백성들과 한마음이 되어 백성들이 원하는 정치를 함으로써 나라가 질서 있고 안락한 상태로 유지되는 경우를 말하는 것이고, 나라에 도가 없다는 말은, 정치를 담당하고 있는 사람들이 사사로운 욕심을 채우기 위해 백성들을 착취하고 억압함으로써 백성들의 반발이 커지고 나라가 혼란에 빠지는 경우를 말하는 것이다. 나라에 도가 있을 때는 백성들의 마음을 대변하는 지식인들이 등용된다. 이와 반대로 나라에 도가 없을 때는 백성들이 원하지 않는 정치를 하기 때문에 백성들의 마음을 대변하는 지식인들이 탄압을 받기 쉽다.

정권의 교체는 백성들의 불만이 나라 안에 충만해진 뒤에 일어나기 때문에, 백성들의 마음을 대변하는 지식인들은 구정권에 의해 탄압을 받는 경우가 많다.

공야장은 양심대로 사는 사람이다. 그가 형벌을 받더라도 자기의 죄 때문이 아니라 정권에 탄압을 받은 것이다. 남용은 양심대로 사는 사람이면서도 신중한 사람이다. 그는 나라에 도가 있을 때는 반드시 등용되지만, 나라에 도가 없을 때도 형벌을 받지 않는다.

나라에 도가 없을 때 형벌을 받는 사람만이 훌륭한 것은 아니다. 가을에 낙엽이 떨어진 뒤에 바로 봄이 오는 것은 아니다. 추운 인내의 시간을 거친 뒤에 봄이 온다. 나라에 도가 없을 때도 마찬가지다. 도 있는 시대가 바로 찾아오는 것은 아니다. 혼란의 시기가 지난 뒤에라야 겨우 찾아온다. 따라서 혼란의 시기에 나서다가 희생되는 것을 반드시 옳다고만 볼 수는 없다. 착실히 봄 준비를 했다가 봄이 왔을 때 씨를 뿌려야 하듯이, 혼란의 시기에는 나서지 말고 차분하게 도 있는 시대를 맞을 준비를 하는 것도 중요하다. 남용이 그런 사람이다. 남용 같은 사람이 없다면 도 있는 시대가 와도 순조롭게 끌고 갈 수가 없다.

사윗감으로는 신중한 사람이 좋다. 공야장도 사윗감으로는 좋은 사람이지만, 남용처럼 신중한 사람이 더 좋다. 공자는 남용을 형님의 사위로 삼았고, 공야장은 자기의 사위로 삼았다. 형님에 대한 정을 느낄 수 있는 대목이다. 물론 두 사위를 동시에 맞은 것은 아닐 것이다. 시간적인 차이가 상당히 있기는 할 것이다.

제2장

자위자천 군자재 약인 노무군자자 사
子謂子賤하사대[1] 君子哉라 若人이여[2] 魯無君子者면 斯[3]
언취사
焉取斯리오[4]

| 국역 |

공자께서 자천을 평하셨다. "군자답도다. 그 사람이여! 노魯나라에 군자다운 사람이 없었다면 이 사람이 어디에서 이러한 덕德을 취했겠는가?"

| 난자풀이 |

1 子賤 : 공자의 제자. 노魯나라 사람. 성은 복宓, 이름은 부제不齊, 자천子賤은 그의 자字. 『사기』에는 공자보다 30세 연하로 되어 있고, 『공자가어』에는 40세 연하로 되어 있다. 단부單父(산동성山東省 단현單縣)의 지사가 되어 선정을 베풀었다는 일화가 전한다.

2 若 : 이와 같은, 그와 같은.

3 斯 : 차인此人.

4 斯 : 차덕此德.

| 강설 |

자천의 훌륭함을 보고 공자는 흐뭇했다. 공자의 조국 노魯나라는 정치가 혼란해서 몹시 아쉬웠다. 노나라 사람들이 외국에서 두각을 나타내지 못하고 있는 것도 아쉬웠다. 그러던 중에 자천의 훌륭한 모습을 보았다. 공자는 기뻤다. 노나라에 대한 자부심이 되살아났다. 노나라는 혼란한 나라처럼 보이지만 거기에는 아직 군자가 있다.

제3장

子貢問曰賜[1]也는 何如하니잇고 子曰女[2]는 器也니라 曰何器也잇고 曰瑚[3]璉[4]也니라

(자공문왈사야는 하여하니잇고 자왈여는 기야니라 왈하기야잇고 왈호련야니라)

| 국역 |

자공이 물었다. "저는 어떠합니까?" 공자께서 말씀하셨다. "너는 그릇이다." "무슨 그릇입니까?" "호瑚와 련璉이다."

| 난자풀이 |

1 賜 : 자공子貢의 이름.

2 女：너. 여汝와 통용.

3 瑚：기장을 담아서 제사에 올릴 때 쓰는 그릇.

4 璉：기상을 담아서 세사에 올릴 때 쓰는 그릇. 하대夏代에는 련璉, 은대殷代에는 호瑚, 주대周代에는 궤簋라 하였다. 모두 노공魯公이 제사 때 쓰는 중요한 그릇인 것이다. 주자朱子는 "하왈호夏曰瑚, 상왈련商曰璉"이라 했는데 잘못된 것이다. 『예기禮記』 명당위편明堂位篇에 이에 관한 설명이 있다.

| 강설 |

자공은 이재理財를 잘하고 재주가 있으며 뽐내는 것을 좋아하므로, 공자가 자천子賤을 칭찬하는 말을 듣고 자기도 칭찬받고 싶은 나머지 "저는 어떠합니까?" 하고 물었던 것으로 생각된다. 이에 대한 공자의 답변은 "너는 그릇이다."였다.

'군자는 그릇처럼 살지 않는다.'는 공자의 말에 의하면, 자공은 군자가 아니라는 말이 된다. '너는 아직도 그릇처럼 살고 있는 단계이므로 뽐내지 말고 열심히 공부하여 군자가 되도록 하라.'는 당부의 말을 한 것인데, 자공은 알아듣지 못했다. 그릇 중에도 좋은 그릇과 나쁜 그릇이 있다. 자기를 그릇이라고 평한 공자의 답변을 들은 자공은 그릇 중에 어떤 그릇인지 궁금해서 다시 물었다. "무슨 그릇입니까?" 아무리 좋은 그릇이라도 사람이 그릇으로 살면 안 된다. 그러나 그렇게 말하면 자공이 포기할지 모른다. 꾸짖는 일은 다음으로 미루고 좋은 그릇이라 말하여 우선 용기를 북돋워주었다.

제4장

혹왈옹야 인이불녕 자왈언용녕 어인이
或曰雍也는[1] 仁而不佞이로다[2] 子曰焉用佞이리오 禦人以[3]
구급 루증어인 불지기인 언용녕
口給[4]하여 屢憎於人하나니 不知其仁이어니와 焉用佞이리오

| 국역 |

어떤 사람이 말하기를 "옹은 어질기는 하지만 말을 잘하지 못합니다." 했다. 이에 공자께서 말씀하셨다. "말재주를 어디에 쓰겠는가? (말재주 있는 사람은) 넉넉한 말재주로 남의 공격을 막기 때문에 자주 남에게 미움을 받는다. 그가 어진지 어떤지는 모르겠으나 말재주를 어디에 쓰겠는가?"

| 난자풀이 |

1 雍 : 공자의 제자. 성은 염冉, 옹雍은 그의 이름, 자字는 중궁仲弓이다. 덕행德行으로 일컬어진다.
2 佞 : 말재주가 있다. 변설을 잘한다. 음은 '녕'.
3 禦 : 막다. 대항하다. 음은 '어'.
4 口給 : 구변이 넉넉한 것.

| 강설 |

'옹은 어질지만 말을 잘 못한다.'는 평에는, 어진 것보다 말 잘하는 것을 더 중요하게 생각하는 가치관이 깔려 있다. 그러므로 이 문장은 '옹은 좀 어질기는 할지 몰라도 말재주가 없어서 시원찮습니다.'라는 말로 이해할 수 있다. 말은 마음을 전하기만 하면 된다. 말 잘하는 것에 신경을 쓰는 사람은 욕심이 많은 사람이다.

제 5 장

子使漆雕開(자사칠조개)로 仕(사)하신대 對曰吾斯之未能信(대왈오사지미능신)이로소이다 子說(자열)하시다

1 漆雕開 2 斯 3 信 4 說

| 국역 |

공자께서 칠조개로 하여금 벼슬을 하게 하시니, "저는 아직 벼슬할

자신이 없습니다."고 대답했다. 공자께서 기뻐하셨다.

| 난자풀이 |

1 漆雕開 : 『사기』에는 '칠조개漆雕開, 자字는 자개子開'로 되어 있다. 개開가 이름이다. 『한서』의 예문지藝文志 및 고금인표古今人表에는 이름이 계啓로 되어 있다. 『공자가어』에는 채蔡나라 사람으로 되어 있다. 공자보다 11세 연하이다.

2 斯 : 이것, 그것. 여기서는 벼슬하는 것을 가리킨다. 그래서 '벼슬하는 것'으로 번역했다.

3 之 : 도치를 나타내는 역할을 한다. '미능신사未能信斯'로 해석하면 될 것이다.

4 說 : 열悅과 통용. '기쁘다'는 뜻.

| 강설 |

자신이 행복해지는 것보다 더 중요한 것이 없고, 진리를 얻는 것보다 더 행복한 것은 없다. 이를 놓아두고 다른 목적을 위해 노력하는 것은 학문이 아니다. 학문이란 오직 자신의 행복을 위해 노력하는 것이다. 그런데도 학문보다 벼슬하는 것에 관심을 가지는 제자들이 많았다. 그런데 칠조개는 공자가 벼슬하도록 권유했음에도 "아직 인격이 완성되지 않았으므로 벼슬할 자신이 없습니다." 하고 대답하여 다른 제자들과 다른 면을 보여주었다. 공자는 기뻤다.

제6장

子曰道不行(자왈도불행)이라 乘桴(승부)[1]하여 浮于海(부우해)하리니 從我者(종아자)는 其(기)[2] 由也與(유야여)[3]인저 子路聞之(자로문지)하고 喜(희)한대 子曰由也(자왈유야)는 好勇(호용)이 過我(과아)나 無所取材(무소취재)[4]로다

| 국역 |

공자께서 말씀하셨다. "도가 행해지지 않는구나, 뗏목을 타고 바다로 떠버릴까. 나를 따라올 자는 유由일 것이다." 자로가 이 말을 듣고 기뻐하니, 공자께서 말씀하셨다. "유는 용맹함을 좋아하는 것이 나보다 나으나, 재목으로 취할 것이 없다."

| 난자풀이 |

1 桴 : 뗏목.
2 其 : 미래에 대한 막연한 추측을 나타내는 역할을 한다.
3 與 : 추측을 나타내는 접미사.
4 材 : 재목.

| 강설 |

하늘의 뜻대로 조화로운 사회가 이루어지는 것을 도가 행해진다고 한다. 공자가 천하를 돌아다니며 부단한 노력했는데도, 세상은 도가 실현되지 않고 더욱 혼란해져 가기만 했다. 속이 상한 공자는 바다로 떠버릴까 하고 잠시 생각해 보았다. 뗏목을 타고 바다에 떠버리면 저절로 동이족이 사는 곳에 도달한다. 거기는 공자의 인仁사상이 발원한 곳이기도 하다. 거기의 사람들은 원래부터 어질었다.

공자가 강조한 인仁은 옛 동이족의 마음에서 유래한 것이다. 공자에게 동이족이 사는 곳은 정신적 고향이기도 하고 이상향이기도 했다. 사람들이 고향을 버리고 타향으로 온 까닭은 목적을 달성하기 위해서다. 그 목적은 사람마다 다르다. 돈벌이가 목적인 사람도 있고, 학업성취가 목적인 사람도 있고, 출세가 목적인 사람도 있다. 타향에서 목적을 이루지 못하고 고생만 잔뜩 하게 되면 다 집어치우고 고향으로 가버리고 싶은 생각이 들기도 한다. 공자도 그랬다. 공자의 목표는 중원에 진리를 펴는 것이었다. 그 목적을 달성하기 위해 온갖 고생을 했지만 뜻은 이루어지지 않았다. 그러자 공자는 다 집어치우고 싶은 생각이 들었다. 뗏목이나 타고 바다에 떠버리자. 그러면 저절로 꿈에도 그리던 이상향에 가 닿는다. 뗏목 타고 가는 길은 험하기 때문에 제자들은 따라오지 않을 것이다. 오직 자로는 무술이 뛰어난 무인이면서, 아홉 살밖에 차이가 나지 않는 듬직한 제자이기 때문에 따라나설 것이다. 공자는 그 심정을 토로했다. "도가 행해지지 않는구나, 뗏목을 타고 바다로 떠버릴까. 유는 나를 따라오겠지. 유나 데리고 갈까." 이 말은 속이 상해서 한 말이다. 자로가 만약 스승의 뜻을 알았다면, "선생님, 속이 상하시더라도 참으십시오. 우리들이 함께 있지 않습니까. 도가 실현되는 세상이 오고 말 것입니다."라고 말하면서 위로했을 것이다. 그러나 선생님의 속뜻을 이해하지 못하고, 단지 자기를 데리고 가시겠다는 말에 기분이 좋아졌다. 이를 본 공자는 더욱 속이 상해서 자로를 꾸짖었다. "유는 용기만 있었지, 아무 쓸모가 없구나."

제7장

맹무백 문자로 인호 자왈부지야 우문
孟武伯이 問子路는 仁乎잇가 子曰不知也로라 又問[1]한
자왈유야 천승지국 가사치기부야 부지
대 子曰由也는 千乘之國에 可使治其賦[2]也어니와 不知
기인야 구야 하여 자왈구야 천실지
其仁也로라 求也는 何如하니잇고 子曰求也는 千室之
읍 백승지가 가사위지재야 부지기인야
邑과 百乘之家에 可使爲之宰也어니와 不知其仁也로
적야 하여 자왈적야 속대입어조
라 赤[3]也는 何如하니잇고 子曰赤也는 束帶[4]立於朝하여
가사여빈객언야 부지기인야
可使與賓客言也어니와 不知其仁也로라

| 국역 |

맹무백이 "자로는 어집니까?" 하고 묻자, 공자께서는 "모르겠습니다." 하고 대답하셨다. "그렇다면 어떤 사람입니까?" 하고 다시 묻자, 공자께서 말씀하셨다. "유는 천승의 나라에 그 군정을 다스리게 할 수는 있거니와, 그가 어진지는 모르겠습니다." "구는 어떻습니까?" 하고 묻자, 공자께서 말씀하셨다. "구는 일천 가옥이 있는 고을과 백 대의 전차를 가진 집에서 재상 노릇 하게 할 수는 있으나, 그가 어진지는 모르겠습니다." "적은 어떻습니까?" 하고 묻자, 공자께서 말씀하셨다. "적은 허리띠를 매고 조정에 서서 빈객과 대담을 할 수 있으나, 그가 어진지는 모르겠습니다."

| 난자풀이 |

1 又 : 또. 다시. 여기서의 물음의 내용은 어떤 사람인가에 대한 것이므로 "어떤 사람입니까?"로 번역했다.

2 賦 : 군비. 군정. 군대에서 쓰는 양식 또는 금전.

3 赤 : 공자의 제자, 성은 공서公西, 적赤은 그의 이름, 자字는 자화子華. 공자보다 42세 연하. 노魯나라 사람이다.

4 帶 : 조정에 설 때 입는 관복에 두르는 허리띠. 속대束帶, 즉 '허리띠를 맨다'는 것은 관복을 입는다는 말이다.

| 강설 |

맹무백은 노魯나라의 실권을 잡고 있는 사람이었다. 인재를 구해야 했으므로 공자의 제자들에게 관심을 갖고 공자에게 물었다. "선생님께서는 인仁을 중요시하는데 자로는 인仁한 사람에 해당합니까?" 인을 완전히 실천할 수 있는 사람은 완전자다. 그러므로 공자는 사람을 평가할 때 인하다는 말을 거의 쓰지 않는다. 자로를 완전자라고 할 수는 없다. 그래서 "모르겠다."고 대답했다. 공자가 '모르겠다.'고 대답하는 것은 아니라는 뜻이다. 맹무백은 자로에 대해 다시 물었다. 그것은 건성으로 묻는 것이 아니라는 뜻이다. 이에 공자도 제자들의 능력을 있는 그대로 설명해 주었다.

자로는 용기가 있는 무인으로서 전차 일천 대를 보유하고 있는 제후의 나라에서 군정을 담당할 수 있는 능력이 있고, 염구는 재정에 대한 처리능력이 있으므로 일천 가옥이 있는 고을이나 전차 일백 대를 보유하고 있는 대부의 집에서 재상 노릇을 할 수 있으며, 공서적은 대화술이 좋기 때문에 외국에서 온 사신들과 외교적 대담을 할 수 있는 능력이 있다.

제 8 장

子謂子貢曰女與回也로 孰愈오 對曰賜也何敢望回리잇고 回也는 聞一以知十하고 賜也는 聞一以知二하노이다 子曰弗如也니라 吾與女는 弗如也니라

(자위자공왈여여회야 숙유 대왈사야하감망회 회아 문일이지십 사야 문일이지이 자왈불여야 오여여 불여야)

국역

공자께서 자공에게 말씀하셨다. "너와 회는 누가 나은가?" 이에 자공이 대답했다. "제가 어찌 감히 회를 우러러보겠습니까? 회는 하나를 들으면 열을 알지만, 저는 하나를 들으면 둘을 알 따름입니다." 공자께서 말씀하셨다. "(그보다) 못하다. 나와 너는 (그보다) 못하다."

난자풀이

1. 女 : 여汝와 통용. 너.
2. 回 : 안회顔回.
3. 賜 : 자공子貢의 이름.

강설

자공은 똑똑하고 재주가 많았다. 똑똑한 사람은 뽐내기를 좋아하

고, 자기보다 못한 사람과 비교하기를 좋아한다. 공자는 그러한 자공의 단점을 고치고 싶었다. 뽐내기 좋아하는 사람을 깨우치는 방법은 그보다 우수한 사람을 생각하게 하는 것이다. 공자의 제자 중에서 가장 우수한 제자는 안회였다. 그래서 공자는 자공에게 안회와 비교해 보도록 유도했다. 자공이 만약 안회와 자기를 비교해 본다면, 자신의 부족함을 알고 겸허해질 수 있을 것이기 때문이다.

"자공아 네가 재주 있다고 뽐내지만, 안회보다는 못하지 아니하냐. 다 같은 나의 제자지만 안회는 나보다도 낫다. 그런데도 그는 뽐내지 않고 조용히 공부하고 있다. 너는 부끄럽지 않느냐? 좀 자중하고 학문에 정진하기 바란다."

공자가 안회가 자기보다도 우수하다고 한 것은, 안회의 훌륭함을 강조하기 위함이었다.

제 9 장

宰予晝寢(재여주침)이어늘[1] 子曰朽木(자왈후목)은[2] 不可雕也(불가조야)요 糞土之牆(분토지장)은[3] 不可杇也(불가오야)니[4] 於予與(어여여)에[5] 何誅(하주)리오[6] 子曰始吾於人也(자왈시오어인야)에 聽其言而信其行(청기언이신기행)이러니 今吾於人也(금오어인야)에 聽其言而觀其行(청기언이관기행)하노니 於予與(어여여)에 改是(개시)로라

| 국역 |

재여가 낮잠을 자니까, 공자께서 말씀하셨다. "썩은 나무에는 조각할 수 없고, 똥거름 흙을 쌓아 만든 담장은 흙손질 할 수가 없다. 재여에게 무엇을 꾸짖겠는가?" 공자께서 말씀하셨다. "처음에 나는 사람을 대할 때, 그의 말을 듣고 그의 행실을 믿었다. 그러

나 지금은 사람을 대할 때, 그의 말을 듣고 그의 행실을 살피게 되었다. 재여 때문에 그 방법을 바꾸었다."

| 난자풀이 |

1 宰予 : 공자의 제자. 성은 재宰, 이름은 여予, 자字가 자아子我다. 흔히 재아宰我라고도 불린다. 학행이 뛰어나 열 명의 뛰어난 제자 중의 한 사람으로 꼽힌다.
2 朽 : 썩다.
3 糞 : 똥오줌. 거름.
4 杇 : 흙손질 하다.
5 與 : 어조사.
6 誅 : 꾸짖다. 벌주다. 죽이다.

| 강설 |

제자에 대한 공자의 사랑과 교육에 대한 공자의 열정을 엿볼 수 있는 대목이다. 제자를 아들처럼 사랑하여 성이나 자를 부르지 않고 꼭 이름을 불렀다. 그리고 그 제자를 가르치는 데 조금도 게을리 하지 않고 모든 정열을 쏟았다. 남을 나처럼 여기고 사랑하는 사람이 아니면 불가능할 것이다.

학문은 이루기 어렵다. 열심히 하지 않으면 안 된다. 학문을 이루지 못하면 불행한 채로 인생이 끝나고 만다. 공자는 사랑하는 제자들이 학문을 게을리하면 안타까워 견딜 수 없었다. 그런데 재여가 낮잠을 자고 있었다. 공자의 심정이 어떠했을까? 공자는 격분을 했다.

"썩은 나무에는 조각을 할 수 없고, 똥거름 흙을 쌓아 만든 담장은 흙손질을 할 수 없다. 재여에게 무엇을 꾸짖겠는가." 보통 속상한 것이 아니다. 오늘날 말로 표현하면, "야! 이 썩을 놈아." 하고 야단치는 것과 같다. 너무 화가 나면 벌주고 싶은 생각도 없어진다. 그냥 포기하고 싶을 뿐이다. "재여에게 무엇을 꾸짖겠는가." 라고 한 말이 그런 뜻이다. 재여 뒤에 여與라는 글자가 하나 더 있다. 극도로 화가 나서 말을 더듬은 것으로 보인다.

한참 있다가 공자는 마음을 가라앉혔다. 그러고는 다시 말을 이었다. "처음에 나는 사람을 대할 때, 그의 말을 듣고 그의 행실을 믿었다. 그러나 지금은 사람을 대할 때, 그의 말을 듣고 그의 행실을 살피게 되었다. 재여 때문에 그 방법을 바꾸었다." 아직도 재여를 말할 때 여與라는 글자가 하나 더 들어가 있다. 흥분이 남아 있었던 것으로 보인다. 공자에게 심한 꾸지람을 들은 재여는 열심히 공부를 했다. 나중에 그는 학행으로 이름이 높았다.

제10장

子曰吾未見剛者로라(자왈오미견강자) 或對曰申棖[1]이니이다(혹대왈신정) 子曰棖也는(자왈정야) 慾이어니(욕) 焉得剛이리오(언득강)

| 국역 |

공자께서 말씀하셨다. "나는 아직 센 자를 보지 못했다." 이 말을 듣고 어떤 사람이 대답했다. "신정申棖입니다." 공자께서 말씀하셨다. "정은 욕심내는 것일 뿐이니, 어디에 센 구석이 있겠느냐?"

| 난자풀이 |

[1] 申棖 : 공자의 제자. 노魯나라 사람. 『사기史記』에 '신당申黨, 자字는 주周'로 되어 있다.

| 강설 |

공자가 말하는 '센 사람'이란 힘이 센 사람을 말하는 것이 아니다. 사람들을 행복한 사람으로 만들기 위해 모든 것을 희생하는 사람이 센 사람이고, 목숨 걸고 불의에 저항하는 사람이 센 사람이다. 전체의 질서를 위해 남에게 양보하는 사람이 센 사람이고, 시비판단을 바로 해낼 수 있는 사람이 센 사람이다. 공자가 센 사람을 좋아하는 이유가 여기에 있다.

일반인들은 힘이 세고 용기가 있는 사람을 센 사람으로 생각하지만, 공자는 그렇지 않았다. 신정이 센 사람처럼 보이는 것은 용기와 힘을 남에게 과시하고 싶은 욕심 때문이었다. 신정은 센 사람처럼 보이지만, 자기보다 힘이 더 센 사람을 만나면 비굴해진다. 자신의 죽음을 맞이할 때는 더욱 그렇다.

제11장

子貢曰我不欲人之加諸我也를 吾亦欲無加諸人하노이다
(자공왈아불욕인지가저아야 오역욕무가저인) ①②

子曰賜也아 非爾所及也니라
(자왈사야 비이소급야)

국역

자공이 말했다. "남들이 나에게 하는 것 중에서 내가 싫은 것이 있다면, 나 또한 그런 것을 남에게 하지 않을 것입니다." 공자께서 말씀하셨다. "사야 네가 도달한 곳이 아니다."

난자풀이

① 加 : 가만두지 않고 접근하여 무언가를 하는 것이 모두 가加하는 것에 해당한다.
② 諸 : 지어之於와 같다. 이때의 음은 '저'이다.

강설

뽐내기 좋아하는 자공은 스승에게 칭찬 받고 싶은 마음이 생겼다. 공자가 강조하는 것은 인仁이다. 인仁한 사람은 저절로 서恕를 하게 되지만, 인仁을 얻기 위한 실천방법 중에도 억지로 서恕를 하는 것이 들어 있다. 서恕란 내가 하기 싫은 일을 남에게 시키지 않는 것을 말한다. 자공은 자기도 공자처럼 서恕를 실천하고 있다고 말했다. 자공이 "남들이 나에게 하는 것 중에서 내가 싫은 것이 있다면, 나도 또한 그런 것을 남에게 함이 없기를 바랍니다."라고 말한 것은 서恕의 내용을 돌려서 말한 것일 뿐이다. 자공이 '나도 또한'이라고 한 말에는, '공자도 그렇게 하듯이, 자기도 또한 그렇게 한다.'는 뜻이 들어 있다.

자공은 아직 그럴 수 있는 사람이 아니다. 단지 공자에게 칭찬받고 싶어서 돌려서 말한 것일 뿐이다. 공자가 그것을 모를 리 없다. 공자의 교육목적은 제자들로 하여금 인仁에 도달하도록 하는 데 있다. 자공은 아직 인仁에 도달한 사람이 아니다. 그렇기 때문에 저절로 서恕를 실천할 수 있는 사람이 아니다. 공자는 자공에게 당부한다. "자공아, 너는 아직 거기에 도달하지 못했다. 더욱 열심히 정진해서 거기에 도달하도록 하라."

제12장

자공왈부자지문장 가득이문야 부자지언성
子貢曰夫子[1]之文[2]章[3]은 可得而聞也어니와 夫子之言性

여천도 불가득이문야
與天道는 不可得而聞[4]也니라

| 국역 |

자공이 말했다. "선생님의 교양이나 예절은 이해할 수 있으나, 선생님께서 성性과 천도天道를 말씀하시는 것은 알아들을 수 없다."

| 난자풀이 |

[1] 夫子 : 선생님.

[2] 文 : 문紋과 통용. 무늬. 나무나 옥돌 등에 무늬가 있듯이 사람의 행동에 무늬가 있는 것. 교양.

[3] 章 : 창彰과 통용. 빛나는 예의범절. 아름다운 예절.

④ 聞 : 듣는다. 알아듣는다. 안다. 가득이문可得而聞을 글자 그대로 번역한다면 '내 것으로 만들어서 알아듣는다.'고 해야 할 것이지만, 내 것으로 만들지 않고 알아들을 수는 없으므로, 내 것으로 만든다는 말을 굳이 번역할 필요가 없다.

| 강설 |

공자의 예절이나 교양은 이해하기가 쉽다. 그러나 그 예절이나 교양의 바탕이 되는 성과 천도는 심오하기 때문에 이해하기 어렵다.

우주에는 우주 만물을 움직이고 유지하는 생명력이 있다. 그것을 공자는 하늘[天]이라 했다. 우주의 생명력이 만물에 작동하는 것을, 장군이 부하들에게 명령하는 것과 같다는 뜻에서 천명天命이라 하고, 흐르는 강물처럼 일정한 흐름을 갖고 흐른다는 뜻에서 천도天道라 하며, 만물을 움직이고 유지하려는 의지가 있다는 뜻에서 천지天志라 하고, 자녀를 사랑하는 부모의 마음처럼 만물을 사랑하는 마음으로 이해하여 천심天心이라 한다.

제13장

子路(자로)는 有聞(유문)이오 未之能行(미지능행)하여선 唯恐有聞(유공유문)하더라

| 국역 |

자로는 들은 것이 있는데 아직 그것을 실행할 수 없을 때는 다른 것을 또 듣게 될까 오직 그것을 두려워했다.

| 강설 |

자로는 배우는 것보다 배운 것을 실천하는 데 주력하는 사람이었다. 공자의 가르침은 단순히 지식을 전달하는 것이 아니다. 공자의 가르침은 제자들로 하여금 진리에 도달하도록 하는 데 있다.

진리에 도달하는 것은 지식만으로 되는 것이 아니다. 가르침의 내용을 몸으로 실천할 수 있어야 다음 단계로 나아갈 수 있다. 그런 방식으로 계속 나아가다 보면 마침내 진리에 도달하게 된다.

자로는 실천을 중시하는 사람이므로, 자기가 완전히 실천하게 되지 못했을 때 다음 단계의 가르침을 접하게 될까봐 걱정하는 사람이었다. 잘 실천하지도 못하면서 다음 단계의 가르침을 접하고 싶어하는 성급한 사람들과 달랐다.

제14장

子貢問曰孔文子[1]를 何以謂之文也잇고 子曰敏而好學하며 不恥下問이라 是以謂之文也니라

(자공문왈공문자 하이위지문야 자왈민이호학 불치하문 시이위지문야)

| 국역 |

자공이 물었다. "공문자를 무엇 때문에 문文으로 일컫게 되었습니까?" 공자께서 말씀하셨다. "민첩하면서 배우기를 좋아하고, 아랫사람에게 묻는 것을 부끄러워하지 않았다. 그 때문에 그를 문文이라 일컬은 것이다."

| 난자풀이 |

[1] 孔文子 : 위나라의 대부. 성은 공孔, 이름은 어圉, 문文은 그의 시호이다.

| 강설 |

공문자가 태숙질太叔疾로 하여금 본부인을 쫓아내게 하고는 자기의 딸인 공길孔姞을 그에게 시집보내었는데, 뒷날 태숙질이 본부인의 여동생과 간통을 하므로, 화가 난 공문자가 태숙질을 치려 하면서 공자에게 물었던 일이 있었다. 그때 공자는 대답하지 않고 수레를

재촉하여 떠나셨다. 태숙질이 쫓겨서 송나라로 달아나니 공문자는 태숙질의 아우인 유遺로 하여금 공길을 아내로 맞이하게 한 사실이 있었다. 이러한 공문자에게 문文이라는 시호가 주어졌으므로 의아하게 생각한 자공이 물은 것이다.

옛날에는 훌륭한 사람이 죽으면 조정에서 시호諡號라는 것을 내려준다. 시호는 죽은 사람을 높여서 붙여준 이름이다. 시호 중에는 문文이라는 글자가 들어가는 시호를 가장 영광스럽게 생각했다. 참고로 우리나라의 회헌 선생의 시호는 문헌공文軒公이고, 퇴계 선생의 시호는 문순공文純公이며, 율곡 선생의 시호는 문성공文成公이다.

『일주서逸周書』 익법해諡法解에는 문文이라는 시호를 붙일 수 있는 경우를 ① 천지를 경위하는 자, ② 도덕이 넓고 두터운 자, ③ 학문에 근면하고 묻는 것을 좋아하는 자, ④ 자혜로우며 백성들을 사랑하는 자, ⑤ 백성에게 작위를 수여한 자 등의 다섯 가지를 열거하였는데 공문자의 경우는 ③항에 해당한다.

민첩한 사람은 가만히 앉아서 진득하게 공부하기가 어렵다. 재주가 뛰어난 사람은 뽐내는 것을 좋아하고 남에게 묻는 것을 싫어한다. 그중에서도 아랫사람에게 묻는 것은 특히 더 싫어한다. 자공은 민첩하고 재주가 뛰어난 사람이다. 공자가 보기에 자공에게는 이 두 가지 걱정거리가 있다. 자공의 이 걱정거리를 고쳐주는 것이 공자의 소원이었다. 자공의 질문에 접한 공자는 자공의 문제점을 고쳐줄 기회로 삼았다. 공문자에게 문文이라는 시호를 붙여준 까닭은 그가 학문을 좋아하고 묻기를 좋아했기 때문이다. 공자는 공문자의 시호에 대해 설명하면서, 자공이 고쳐야 할 점을 깨우쳐주었다. "민첩하면서 배우기를 좋아하고 아랫사람에게 묻는 것을 부끄러워하지 않았다. 그 때문에 그를 문文이라 일컬은 것이다." 스승의 깊은 뜻을 엿볼 수 있는 대목이다.

제15장

자 위 자 산 유 군 자 지 도 사 언 기 행 기 야 공
子謂子産[1]하사대 有君子之道四焉하니 其行己也恭하며

기 사 상 야 경 기 양 민 야 혜 기 사 민 야 의
其事上也敬[2]하며 其養民也惠하며 其使民也義니라

| 국역 |

공자께서 자산을 평하셨다. "군자의 도道 네 가지를 가지고 있다. 자기의 몸가짐이 공손하며, 윗사람 섬김이 진실하며, 백성을 기름이 은혜로우며, 백성을 부리는 것이 의義롭다."

| 난자풀이 |

[1] 子產 : 정鄭나라의 정치외교가 공손교公孫僑의 자字. 기원전 554년에 경卿이 되었고 기원전 543년에 정치를 담당한 후 22년 간 재상으로 있다가 기원전 522년 노魯의 소공昭公 20년에 졸卒하였다. 진晉과 초楚 양 대국 사이에 끼어 있는 소국小國인 정鄭을 잘 지켰으며 내정內政과 외교外交에 큰 성과를 거두었다. 자산子產의 부음訃音을 들은 공자는 '옛날의 유애遺愛였다.'고 하며 눈물을 흘렸다는 사실이 『춘추좌씨전春秋左氏傳』에 전한다.

[2] 敬 : 경건함. 이기적인 계산을 하지 않는 상태를 유지하는 것. 이기적인 계산을 하지 않으면 마음가짐이 진실해진다.

| 강설 |

사람들은 혼자 있을 때 흐트러지기 쉽다. 남이 보지 않을 때는 아무렇게 해도 된다고 생각한다. 그러나 사실은 그렇지 않다. 하늘이 보고 있고, 자기의 본마음이 자기를 보고 있다. 어떤 경우에도 혼자인 경우는 없다. 이를 안다면 어떤 경우에도 흐트러져서는 안 된다. 자산이 그런 사람이었다.

사람들은 윗사람을 섬길 때 출세하기 위해 윗사람에게 잘 보이려고 생각하기 쉽다. 그러나 그렇게 하는 것은 진실하지 않다. 그런 마음은 욕심에서 나오는 것이다. 오직 욕심을 비우고, 진실하

게 아랫사람 된 도리를 다해야 한다. 자산이 그런 사람이었다.

백성의 마음으로 백성을 다스리면 백성을 위하는 정치를 할 수 있다. 그런 정치가 은혜로운 정치다.

백성들을 다스리는 데 자기의 이익이 개입되면 안 된다. 정치는 백성을 위해서 하는 것이지 자기의 이익을 채우기 위해 하는 것이 아니다. 이익을 채우는 것과 반대되는 것이 의로운 것이다.

제16장

자 왈 안 평 중　선 여 인 교　구 이 경 지

子曰晏平仲[1]은 善與人交로다 久而敬之온여

| 국역 |

공자께서 말씀하셨다. "안평중은 남과 사귀는 것을 잘했다. 오래되어도 존경심을 잃지 않았다."

| 난자풀이 |

[1] 晏平仲 : 안晏은 성, 평平은 시호, 중仲은 자字, 이름은 영嬰. 제나라의 유명한 재상이었다. 공자보다 약간 선배에 해당한다.

| 강설 |

돈 많은 사람과 사귀는 사람이 있다. 그는 사람이 좋은 것이 아니라 돈이 좋은 것이다. 권력자와 사귀는 사람이 있다. 그는 사람이 좋은 것이 아니라 권력이 좋은 것이다. 유명한 사람과 사귀는 사람이 있다. 그는 사람이 좋은 것이 아니라 명예가 좋은 것이다. 다 바람직하지 않다. 바람직한 사귐은 상대의 인격에 매료되어서 사귀는 경우이다. 그렇게 사귀는 사람은 오래되어도 존경심이 변하지 않는다.

오래된 친구에게 함부로 대하는 사람이 있다. 그 또한 바람직하지 않다. 남에게 함부로 하는 사람은 자기에게도 함부로 하는 사람이다. 안평중이 사람을 사귀는 방법은 모범이 되는 것이었다. 오래된 친구에 대해서도 존경심이 변치 않았다.

공자가 존경했던 선배격인 사람으로는 제나라의 안영晏嬰, 정나라의 자산子産, 진나라의 숙향叔向, 위나라의 거백옥蘧伯玉, 오나라의 계찰季札 등이었다.

제17장

자왈장문중 거채 산절조절 하여기지야
子曰臧文仲이 居蔡하되 山節藻梲하니 何如其知也리오
1 2 3 4 5

| 국역 |

공자께서 말씀하셨다. "장문중이 큰 거북을 보관하는데, (보관하는 집의) 기둥머리에 있는 두공에 산 모양을 조각하고, 들보 위 동자기둥에 물풀을 그렸으니, 그가 지혜롭다는 것이 어떠한 것인가?"

| 난자풀이 |

1 臧文仲 : 성은 장손臧孫, 문文은 시호, 중仲은 자字, 이름은 신辰. 노魯나라의 대부. 공자가 탄생하기 66년 전에 죽었다.

2 蔡 : 등의 길이가 일척이촌一尺二寸이 되는 큰 거북. 채蔡의 특산물이므로 채蔡라고 부르게 되었다. 이 거북은 천자天子가 점을 칠 때 쓰도록 바쳐지는 것이다. 거居는 '있게 한다'는 뜻이므로 보관하는 것을 말한다.

3 節 : 기둥 위에 받쳐 들보와 마룻대를 괴는 목재. 두공斗栱을 말함.

4 藻 : 마름풀. 물풀.

5 梲 : 동자기둥. 들보 위의 짧은 기둥. 음은 '절'. 산절조절山節藻梲은 장문중이 거북을 보관하는 집을 꾸민 방식을 설명한 것이다. 장문중은 거북을 보관하는 집의 두공에 산 모양을 조각하고, 동자기둥에 물풀을 그려넣었다.

| 강설 |

장문중은 지혜로운 사람으로 소문이 나 있었다. 그러나 공자의 평가는 다르다. 세상 사람들은 꾀가 많은 사람을 지혜로운 사람으로 착각하는 경우가 많다. 그래서는 안 된다. 장문중은 꾀가 많은 사람이었다. 그것을 지혜로운 사람으로 착각하면 안 된다. 참된 지혜는 본심에서 우러나오는 지혜다. 참된 지혜는 남을 이기기 위해서 발휘되는 지혜가 아니라, 남을 사랑하기 위해 발휘되는 지혜다. 남을 사랑하기 위한 지혜는 남과 하나 되기 위해 발휘되는 지혜다.

형제간에 생긴 갈등은 부모의 마음으로 판단하는 사람이 해결할 수 있다. 그런 사람이 지혜로운 사람이다. 사촌간에 생긴 갈등은 조부모의 마음으로 판단하는 사람이 해결할 수 있다. 그런 사람이 지혜로운 사람이다. 세상 사람들 사이에 얽힌 문제는 하늘마음으로 판단하는 사람이 해결할 수 있다. 그런 사람이 지혜로운 사람이다. 그렇기 때문에 지혜로운 사람은 언제나 남과 조화를 이룬다. 남과 조화를 이루는 사람의 실천방식이 모두 예禮로 표현된다. 예를 지켜야 조화롭게 되는 것이 아니라, 조화로운 삶의 방식이 예인 것이다.

장문중은 예禮를 실천하지 못했다. 큰 거북은 천자天子가 보관하는 것이 예다. 또 천자가 거북을 보관할 때는 보관하는 집의 두공斗栱에 산 모양의 조각을 하고 동자기둥에 물풀을 그리는 것인데, 장문중이 그렇게 했다. 그것은 예禮를 어긴 것이다. 천자가 되고 싶은 욕심 때문이었을 것이다. 그러므로 장문중을 지혜로운 사람이라고 할 수 없다.

제 18 장

자 장 문 왈 영 윤 자 문 삼 사 위 영 윤 무 희 색 삼
子張問曰令尹[1] 子文[2]이 三仕爲令尹하되 無喜色하며 三

이 지 무 온 색 구 영 윤 지 정 필 이 고 신 영 윤
已之하되 無慍色하여 舊令尹之政을 必以告新令尹하

하 여 자 왈 충 의 왈 인 의 호 왈 미 지
니 何如하니잇고 子曰忠矣니라 曰仁矣乎잇가 曰未知로

언 득 인 최 자 시 제 군 진 문 자 유 마 십 승
라 焉得仁이리오 崔子[3]弑齊君이어늘 陳文子[4]有馬十乘[5]이

기 이 위 지 지 어 타 방 즉 왈 유 오 대 부 최 자
러니 棄而違之하고 至於他邦하여 則曰猶吾大夫崔子

야 위 지 지 일 방 즉 우 왈 유 오 대 부 최 자
也라하고 違之하며 之一邦하여 則又曰猶吾大夫崔子

야 위 지 하 여 자 왈 청 의 왈 인 의
也라하고 違之하니 何如하니잇고 子曰淸矣니라 曰仁矣

호 왈 미 지 언 득 인
乎잇가 曰未知로라 焉得仁이리오

| 국역 |

자장이 물었다. "영윤令尹인 자문子文이 세 번 벼슬하여 영윤이 되었으되 기뻐하는 기색이 없었고, 세 번 그만두게 되었으되 서운해하는 기색이 없이 전임 영윤의 업무 내용을 반드시 신임 영윤에게 보고했습니다. 어떠합니까?" 공자께서 말씀하셨다. "진실하다." "인仁한 것입니까?" "아직 모르겠다. 어찌 인仁을 얻은 것이겠느냐?" "최자崔子가 제齊나라 임금을 시해하자, 진문자陳文子는 말 마흔 마리를 가지고 있었는데 그것을 버리고 거기를 떠났습니다. 다른 나라에 이르러 말하기를 '우리나라 대부 최자崔子와 같다.' 하고 그곳을 떠났으며, 어떤 나라에 가서 또 말하기를 '우리나라의 대부 최자崔子와 같다.' 하고 거기를 떠났습니다. 어떠합니까?" 공자께서 말씀하셨다. "맑다." "인仁한 것입니까?" "아직 모르겠다. 어찌 인仁

을 얻은 것이겠느냐?"

| 난자풀이 |

1 令尹 : 초楚나라의 관명官名. 국무총리에 해당한다.
2 子文 : 초楚의 대부. 성은 투鬪, 이름은 곡어토穀於菟, 자字는 자문子文. 일설에는 이름이 곡穀, 자字가 어토於菟라고도 한다. 그는 태어나자마자 버려져 범의 젖을 먹고 살았다. 초楚의 방언方言에 젖을 곡穀, 범을 어토於菟라고 하므로, 곡어토穀於菟라는 이름이 붙었다고 한다.
3 崔子 : 제齊의 대부 최저崔杼. 제齊의 장공莊公이 최저崔杼의 처妻와 간통하자 이에 화가 난 최저가 장공을 시해했다.
4 陳文子 : 진陳은 성, 문文은 시호, 이름은 수무須無. 제齊나라의 대부.
5 乘 : 말 네 마리가 끄는 전차. 또는 네 마리 말. 마십승馬+乘은 말 마흔 마리이다.

| 강설 |

세상 사람들이 부귀영화를 좋아하는 까닭은 거기에 행복이 있다고 착각하기 때문이다. 그러나 참다운 행복은 부귀영화에 있는 것이 아니다. 참다운 행복은 하늘마음으로 살 때 찾아온다. 하늘마음이 한마음이다. 하늘마음이 천심天心이고, 한마음이 인仁이다. 천심이 인이고, 인이 천심이다. 하늘마음은 진실하고 맑다.

초나라 영윤이었던 자문은 부귀영화에 초연했다. 그는 권력을 탐하지 않았다. 그는 진실한 사람이었다.

제나라 진문자는 부귀영화에 초연했다. 그는 부를 탐하지 않았다. 그는 맑은 사람이었다. 그러나 자문이나 진문자가 인仁을 완전히 얻은 사람은 아니다. 인을 완전히 얻은 사람은 남과 완전히 하나가 된 사람이다. 남과 하나가 된 사람은 남들로 하여금 인을 얻도록 유도하고, 남들로 하여금 완전한 행복을 얻도록 유도한다.

제 19 장

계문자삼사이후행 자문지 왈재사가의
季文子三思而後行하더니 子聞之하시고 曰再斯 可矣니라
1 2

| 국역 |

계문자는 세 번 생각한 뒤에 행동으로 옮겼다. 공자께서 이 말을 들으시고 말씀하셨다. "두 번이면 될 것이다."

| 난자풀이 |

1 季文子 : 계손씨季孫氏, 문文은 시호, 이름은 행부行父. 노魯나라 문공文公·선공宣公·성공成公·양공襄公의 4대代에 걸쳐 벼슬한 명재상으로서 신중하여 앞일을 잘 생각하고 행동한 사람이었다. 계강자季康子가 그의 아들이다.

2 斯 : 조건문을 만드는 역할을 하는 경우가 많다. '두 번이면'의 '면'에 해당하는 것으로 보면 될 것이다.

| 강설 |

순수한 사람은 느낌이 발달한다. 순수한 사람의 느낌은 순수한 느낌이다. 느낌으로 판단하고 느낌으로 행동하면 된다. 그러나 순수하지 않은 사람은 욕심에 가려 순수한 느낌이 사라진다. 욕심이 많은 사람도 느낌이 있다. 그런 느낌은 욕심에서 나오는 느낌이므로 제대로 된 느낌이 아니다. 그런 사람은 느낌대로 판단해도 안 되고, 느낌대로 행동해도 안 된다. 그런 사람은 예를 배워서 예에 맞게 판단하고 예에 맞게 행동해야 한다. 잘 생각해서 판단해야 하고, 잘 생각해서 행동해야 한다.

그러나 너무 많은 생각을 하는 것은 좋지 않다. 욕심을 채우는 것은 남과의 경쟁에서 이겨야 하는 것이기 때문에 복잡하다. 그렇기 때문에 욕심을 채우려는 사람은 생각이 복잡하다. 생각이 자꾸 복잡해지면 그 생각을 그만두는 것이 좋다. 자꾸 생각할수록 욕심에 빠지기 쉽다.

제20장

자왈녕무자방유도즉지　　방무도즉우　　기지
子曰甯武子[1]邦有道則知하고 邦無道則愚하니 其知는

가급야　　기우　　불가급야
可及也어니와 其愚는 不可及也니라

| 국역 |

공자께서 말씀하셨다. "녕무자는 나라에 도가 있을 때는 지혜롭고 도가 없을 때는 어리석었으니, 그 지혜는 따를 수 있으나 그 어리석음은 따를 수 없다."

| 난자풀이 |

[1] 甯武子 : 녕甯은 성, 무武는 시호, 이름은 유兪. 위나라의 문공文公 · 성공成公 때 활약한 사람이다.

| 강설 |

훌륭한 사람은 남과 한마음이 되는 사람이다. 훌륭한 사람은 늘 전체와 하나가 되어 전체의 차원에서 생각하고 행동한다. 나라 전체가 정상적일 때는 나라 전체를 대변하기 때문에 그 지혜가 드러난다.

그러나 나라 전체에 도가 없을 때는 상황이 달라진다. 훌륭한 사람은 개인의 영달보다는 언제나 전체를 위하는 마음이 앞선다.

일본 강점기는 나라에 도가 없는 시기였다. 그때는 어리석은 모습으로 살아간 사람들이 많다. 학봉 김성일 선생의 종손이었던 김용환 선생도 그런 사람이었다. 그는 온 집안의 재산을 도박으로 날렸다. 전답을 다 날리고 마지막으로 집을 팔자, 집안 어른들이 돈을 모아 다시 사주었다. 사준 집을 또 팔고 다시 사주고를 반복했다. 무남독녀 외동딸 시집보낼 때, 사돈댁에서 혼수로 농 하나 사오라고 보내온 돈도 도박으로 날렸다. 도박에 미친 파락호로 소문이 났다. 그러나 사실은 도박으로 잃은 돈이 모두 독립군의 군자금으로 보내진 것이었다. 임종 무렵에 이 사실을 알고 있던 독립군 동지가 머리맡에서 "이제는 만주에 돈 보낸 사실을 이야기해도 되지 않겠나?" 하고 물었지만, "선비로서 당연히 할 일을 했을 뿐인데 이야기할 필요 없다."고 말하면서 눈을 감았다고 한다.

평생을 바보취급 받으면서 산다는 것은 쉬운 일이 아니다. 남보다 앞서고 싶은 욕심을 가진 사람에게는 불가능한 일이다.

공자가 녕무자의 어리석음을 따라갈 수 없다고 한 것은 공자 자신의 수준을 이야기한 것이 아니다. 가르침을 받는 제자를 깨우치기 위해서 한 말이다.

제21장

子在陳(자재진)하사 曰歸與歸與(왈귀여귀여)인저 吾黨①之小子狂②簡③(오당지소자광간)④하여 斐然⑤(비연)成章⑥(성장)이나 不知所以裁之(부지소이재지)로다

| 국역 |

공자께서 진陳나라에 계시면서 말씀하셨다. "돌아가자, 돌아가자. 우리 고향의 제자들은 학문에 미친 듯이 몰두하고 고집스럽게 매달려서 진전된 모습이 환하게 얼굴에 드러났으나 마무리할 줄을 모른다."

| 난자풀이 |

① 黨 : 고향. 향당鄕黨. 오백가五百家를 단위로 하는 지역사회.

2 小子 : 젊은이들. 제자들.
3 狂 : 체면을 차리거나 몸을 도사리지 않고 미친 듯이 몰두하는 것.
4 簡 : 굳세고 고집스러워서 다른 것에 흔들리지 않고 하나에만 몰두하는 것. 견狷과도 통한다. 다른 곳에서는 광견狂狷이란 말로 쓰이기도 한다.
5 斐然 : 찬란한 모양. 환한 모양.
6 章 : 문채. 진리에 접근할수록 얼굴에 나타나는 환한 빛.

| 강설 |

공자는 50세가 되어 천명天命을 알았고, 인仁을 실천하게 되었다. 그래서 공자는 천하의 모든 사람이 진리를 얻도록 해야 했고, 이 세상을 진리가 실현되는 세상으로 만들어야 했다. 그렇게 하기 위해서는 소수의 제자들에게 교육을 시키는 방법보다는 정치적인 방법을 택하여야 했다. 정치의 담당자가 되어 많은 학교를 짓고, 도덕을 가르치며, 경제건설도 해야 했다. 공자는 자신의 뜻을 알아주는 제후를 찾아서, 조국 노魯나라는 물론 제齊·위衛·송宋·진陳 등으로 돌아다녔다. 그러나 당시의 제후들은 너무나 타락해 있었다. 제후 중에는 공자의 마음을 알아주는 사람이 아무도 없었다. 공자의 꿈은 무너지기 시작했다. 지금 세상에 뜻을 이루지 못하면 다음 세상에서라도 이루어야 한다. 그렇게 하기 위해서는 제자들을 잘 길러야 한다. 공자는 고향에 두고 온 제자들 생각이 났다. 고향에 두고 온 제자들은 학문에 미친 듯이 몰두하고 고집스럽게 매달렸었다. 그들은 이제 진리가 몸에 배어 환하게 얼굴에 드러나는 단계에 와 있다. 이제 마무리하기만 하면 된다. 공자는 고향으로 돌아갔다. 그리고 제자들을 완성시키고, 서적을 마무리했다. 공자의 학문이 세상에 이어져 오게 된 것은 그 때문이다.

제22장

子曰伯夷叔齊(자왈백이숙제)1는 不念舊惡(불념구악)이라 怨是用希(원시용희)2 3니라

| 국역 |

공자께서 말씀하셨다. "백이伯夷와 숙제叔齊는 전에 있었던 다른 사람의 잘못을 염두에 두지 않았으므로, 그 때문에 원한이 적었다."

| 난자풀이 |

1 伯夷叔齊 : 고대 은나라 말기 고죽국孤竹國의 두 왕자. 아버지가 죽자 서로 왕위를 양보하다가 결국 두 형제가 모두 나라를 떠나 문왕이 있는 데로 가서 살았다. 무왕이 무력으로 은나라의 임금을 치려 하자, 그 말의 고삐를 붙들고 간하였다. 주나라의 혁명이 성공하자 주나라의 곡식을 먹지 않고 수양산首陽山으로 들어가 고사리를 먹다가 굶어 죽었다.

2 用 : 이以와 통용. '때문에'로 번역한다.

3 希 : 희稀와 통용. 적다. 드물다.

| 강설 |

훌륭한 사람은 과거의 일들을 마음에 담아두지 않기 때문에 남에게 피해본 일이나 억울했던 기억들이 마음에 남아 있지 않다. 과거의 나쁜 일들을 많이 기억하고 있는 사람들에게는 원망할 일도 많고 미워하는 사람도 많다. 그런 사람들은 기회가 되면 미운 사람들에게 복수를 한다. 내가 복수를 하면 나에게 당한 사람들은 나를 원망할 것이고 나에게 복수하기 위해 노력할 것이다. 원한이 원한을 낳아 끝없이 이어진다.

— 제23장 —

子曰孰謂微生高直(1)고 或乞醯(2)焉(3)이어늘 乞諸其鄰而與之로다

(자왈숙위미생고직 혹걸혜언 걸저기린이여지)

| 국역 |

공자께서 말씀하셨다. "누가 미생고를 정직하다 했는가! 어떤 사람

이 그에게 식초를 얻으러 가니까, 그의 이웃에서 빌어다가 주었다."

| 난자풀이 |

1 微生高 : 미생微生은 성, 고高는 이름. 노나라 사람.
2 醯 : 식초.
3 焉 : 장소를 나타내는 경우가 많은 조사이기 때문에 '그에게'로 번역한다.

| 강설 |

정직은 본마음 그대로 실천하는 솔직함을 말한다. 남이 자기에게 무엇을 얻으러 왔을 때 없으면 없다고 말하는 것이 솔직하다. 이웃집에서 얻어다가 주는 것은 이웃집의 물건으로 자기가 생색내는 것이다. 그렇게 하는 것은 남에게 인자하다는 말을 듣고 싶은 욕심 때문이다. 솔직하다고 할 수 없다.

제24장

子曰巧言令色足恭(1)을 左丘明(2)이 恥之러니 丘亦恥之하노라 匿怨而友其人을 左丘明이 恥之러니 丘亦恥之하노라

(자왈교언영색족공 좌구명 치지 구역치지 익원이우기인 좌구명 치지 구역치지)

| 국역 |

공자께서 말씀하셨다. "말을 교묘하게 하는 것, 얼굴빛을 예쁘게 꾸미는 것, 발을 공손히 디디는 것을 좌구명左丘明이 부끄럽게 여겼는데, 나 또한 그것을 부끄럽게 여긴다. 원한을 감추고 그 사람과 벗하는 것을 좌구명이 부끄럽게 여겼는데, 나 또한 그것을 부끄럽게 여긴다."

| 난자풀이 |

1 足恭 : 주자朱子는 과過의 뜻으로 취하여 '지나친 공손'이라 해석하였다. 그러

나『예기禮記』 표기편表記篇에 '자왈부실족어인子曰不失足於人, 부실색어인不失色於人, 부실구어인不失口於人'이란 말이 있는 것에서 보면, '발놀림, 얼굴빛, 입으로 말하는 것을 남에게 실수하지 않아야 한다.'고 하여 이 세 가지를 명칭하고 있다. 따라서 여기서도 족공足恭을 '발을 공손하게 디디는 것'으로 보아야 할 것이다. 『예기』 왕조편王藻篇에는 '족용중足容重'이라 하여 '발을 정중하게 디디어야 한다.'는 말이 나와 있다.

[2] 左丘明 : 좌구左丘가 성이고 명明이 이름이다. 『사기史記』 십이제후년표서十二諸侯年表序에는 노魯나라의 군자로 되어 있다.

| 강설 |

남에게 잘 보이는 것이 예禮가 아니다. 예禮란 본마음이 밖으로 나타남으로써 남과 조화를 이루게 되는 행동방식이다. 그러므로 말은 소박하게 본마음을 표현하면 되고, 얼굴빛은 수수하게 가지면 되며, 발은 정중하게 디디면 된다.

미사여구를 구사하고 얼굴빛을 예쁘게 꾸미는 것은 욕심에서 나온 것이다. 발걸음을 공손한 듯 사뿐사뿐 걷는 것 또한 욕심에서 나온 것이다. 영화나 드라마에 나오는 간신이나 내시들의 걸음걸이가 그런 걸음걸이다.

원한이 있는데도 그것을 감추고서 그 사람과 사귀는 것은 그 사람을 이용하려는 이기심에서 나온 것이다. 그런 것 역시 부끄러운 것이다.

제25장

안연계로시 자왈합각언이지 자로왈원거마의
顔淵季路侍러니[1] 子曰盍各言爾志오[2] 子路曰願車馬衣[3]

경구 여붕우공 폐지이무감 안연왈원
輕裘를 與朋友共하여 敝之而無憾하노이다[4] 顔淵曰願

무벌선 무시로 자로왈원문자지지
無伐善하며[5] 無施勞하노이다[6] 子路曰願聞子之志하노이다

자왈노자안지 붕우신지 소자회지
子曰老者安之하며 朋友信之하며 少者懷之니라

| 국역 |

안연과 계로가 공자를 모시고 있었을 때 공자께서 말씀하셨다. "어찌 각각 너희들의 뜻을 말하지 아니하는가?" 그러자 자로가 말했다. "수레와 말을 타는 것과 가벼운 갖옷을 입는 것을 친구와 함께 하다가, 망가지더라도 유감이 없겠습니다." 안연이 말하였다. "잘하는 것을 자랑함이 없고, 수고한 일을 과시하는 것이 없겠습니다." 자로가 말했다. "선생님의 뜻을 듣고자 합니다." 공자께서 말씀하셨다. "늙은이에게는 편안케 해주고, 붕우에게는 미덥게 해주며, 젊은이에게는 (진리를) 그리워하도록 해주겠다."

| 난사풀이 |

1 季 : 여러 형제 중 막내에게 붙이는 호칭.
2 盍 : 하부何不. 어찌… 아니하는가?
3 車 : 수레를 타는 것. 옹야편雍也篇 제3장에 '승비마乘肥馬, 의경구衣輕裘'라는 말이 있는 것을 보면 거車 앞에 승乘이 생략된 것으로 보아야 할 것이다.
4 敝 : 신이나 옷, 자동차 등이 떨어지거나 부서지는 것을 말한다. 음은 '폐'.
5 伐 : 자랑한다. 음은 '벌'.
6 施 : 과시한다. 음은 '시'.

| 강설 |

진리로 향해 가는 길은 과정이 있고 단계가 있다. 먼저 물질적 가치에서 초월하는 것이고, 다음으로는 자기중심적 삶에서 벗어나는 것이며, 최종적으로는 남과 하나가 되어 남으로 하여금 진리를 얻도록 유도하고, 남으로 하여금 행복하도록 인도하는 것이다.

자로는 물질적인 집착에서 완전히 벗어났다. 자기의 물건을 친구와 함께 사용해도 좋고 그러다가 망가지거나 떨어져도 개의치 않을 수 있었다. 그러나 아직 자기중심적 삶에서 벗어나지는 못했다. 여전히 남에게 과시하고 싶은 생각을 가지고 있었다.

안연의 학문은 한 단계 더 진전되었다. 안연은 자기를 드러내지도 않았고, 남에게 공치사를 하지도 않았다. 그러나 아직 남과 하나가 되지도 못했고, 남을 진리로 인도하지도 못했다.

학문이 완성단계에 이르면 남과 하나가 되어 남을 행복한 사람으로 인도하는 사람이 된다. 공자가 그런 사람이다.

노인들은 걱정이 많다. 죽음을 생각하지 않을 수 없다. 죽음과 함께 모든 것이 끝나고 말 것이라는 허무감 때문에 마음은 늘 쓸쓸하다. 따라서 노인들에게는 죽음이 어떤 것인지를 깨닫게 해야 한다. 죽음은 사라지는 것이 아니라 고향으로 돌아가는 즐거운 것이라는 것을 깨닫게 해주는 것, 그것이 노인을 편안하게 하는 것 중에서 제일 중요한 것이다.

중년의 사람들은 한창 활동하는 사람들이다. 그들은 사회생활을 하기 위해 많은 친구를 사귄다. 친구를 사귈 때 경계해야 하는 것은 이기적인 계산이 개입하는 것이다. 이기적인 계산으로 친구를 사귈수록 욕심은 자꾸 커지고 본심은 자꾸 작아진다. 욕심에서 벗어나기가 제일 어려운 사람들이 중년들이다. 그들은 사회를 움직이는 중추들이고 기득권자들이기 때문에 그렇다. 그러므로 제일 중요한 것은 중년들로 하여금 욕심에 빠지지 않도록 유도하는 것이다. 중년들이 욕심에 빠지지 않을 수 있는 좋은 방법 중의 하나는 친구를 사귈 때 이기적인 계산을 하지 않는 것이다.

젊은이들은 인생을 설계할 단계에 있는 사람들이다. 젊을 때 인생설계를 잘못하면 일생을 그르치고 만다. 제대로 된 인생설계는 하나뿐이다. 진리를 얻도록 설계하는 것 외에는 어떤 것도 정답이 아니다. 인생설계를 제대로 해야 인생농사를 제대로 지을 수 있고, 인생농사를 제대로 지어야 참다운 행복을 얻을 수 있다.

제 26 장

자왈이의호 오미견능견기과이내자송자야

子曰已矣乎라 吾未見能見其過而內自訟者也로라

| 국역 |

공자께서 말씀하셨다. "그만두자꾸나! 나는 아직 자기의 허물을 보고 마음속에서 자기를 꾸짖는 자를 보지 못했다."

| 강설 |

반성을 하지 않는 사람은 진리에 다가갈 수 없다. 진리는 욕심을 비울 때 찾아온다. 자기의 욕심을 들여다보는 사람은 자기가 혐오스러운 인간임을 안다. 그럴수록 자기를 반성하며 욕심을 없애기 위해 최선을 다한다.

욕심이 많은 사람은 욕심을 채우기 위해 급급할 뿐 욕심을 들여다보지 않는다. 욕심을 들여다보지 않기 때문에 자기가 혐오스러운 인간인 줄 모른다. 그런 사람은 반성을 하지 않는다. 그런 사람에게는 진리가 찾아오지 않는다.

진리로 나아가는 길은 반성으로부터 시작된다. 공자는 사람들을 진리로 인도하기 위해 최선을 다했지만, 반성하는 사람들을 잘 보지 못했다. 공자는 허탈했다. 모든 것을 집어치우자.

그러나 공자는 그만두지 못했다. 연로한 어머니가 아들을 돕기 위해 노점에서 나물을 판다. 그 아들은 그 돈으로 노름을 한다. 어머니는 속고 또 속았다. 어머니는 허탈해진다. "이 일을 그만둘까 봐. 아무 효과가 없는 걸." 그러나 다음날 그 연로한 어머니는 다시 노점에 나와 나물을 판다. 못 말리는 사랑 때문에. 사랑은 마음속에서 일방적으로 솟아나오는 것이다. 결과가 좋을 때만 나오는, 그런 조건적인 것이 아니다. 공자도 그랬다.

제27장

子曰十室之邑에 必有忠信如丘者焉이어니와 不如丘之好學也니라

(자왈십실지읍 필유충신여구자언 불여구 지호학야)

| 국역 |

공자께서 말씀하셨다. "열 집쯤 되는 조그만 고을에도 반드시 충성스럽고 신실함이 나와 같은 자가 있으나, 내가 학문을 좋아하는 것과는 같지 않았다."

| 강설 |

공자만큼 충성스럽고 공자만큼 신실한 사람은 조그만 마을에도 있지만, 공자만큼 학문을 좋아하는 사람은 있지 않았다는 말이다.

공자는 진리에 목이 말랐다. 진리에 도달하지 않고는 살아도 사는 것이 아니다. 진리에 도달하여 진리로 사는 것 외에는 의미 있는 것이 없다.

진리에 도달하는 방법은 학문이다. 공자가 학문을 좋아하는 것은 그 때문이다.

六. 옹야편 雍也篇

제1장

子曰雍[1]也(자왈옹야)는 可使南面[2](가사남면)이로다 仲弓(중궁)이 問子桑伯[3]子(문자상백자)한대

子曰可也(자왈가야)나 簡[4](간)이니라 仲弓曰居敬而行簡(중궁왈거경이행간)하여 以臨其(이임기)

民(민)이면 不亦可乎(불역가호)잇가 居簡而行簡(거간이행간)이면 無[5]乃[6]大簡乎(무내태간호)잇가

子曰雍之言(자왈옹지언)이 然(연)하다

| 국역 |

공자께서 말씀하셨다. "옹은 남면하게 할 만하다." 중궁이 자상백자에 대하여 물으니, 공자께서 말씀하셨다. "무난하지만, 단순하다." 중궁이 말했다. "경건만 마음을 가지면서 단순하게 처리하여 백성들을 대한다면 또한 괜찮지 않습니까? 단순해야 한다는 마음을 가지고 단순하게 처리하면 너무 단순하게 되는 것이 아닙니까?" 공자께서 말씀하셨다. "옹의 말이 옳다."

| 난자풀이 |

[1] 雍 : 성은 염, 이름은 옹. 중궁은 그의 자이다. 노나라 사람으로 공자의 십대

제자 중의 한 사람이다. 덕행으로 이름이 높다.

2 南面 : 임금 노릇 하는 것. 임금은 북쪽에서 남쪽으로 향하고 있기 때문이다. 반대로 신하 노릇 하는 것은 북면北面이라 한다.

3 子桑伯子 : 노나라 사람. 아마도 『장자』에 나오는 자상호子桑戶라는 인물로 보인다.

4 簡 : 세밀하거나 꼼꼼하지 않고 대범하고 간략함.

5 無乃 … 乎 : … 하지 아니한가?

6 大 : 태太와 통용. 음은 '태'.

| 강설 |

『공자가어』 제자행편弟子行篇에 "가난하면서도 손님처럼 근엄하며, 신하를 부릴 때는 빌려온 물건 다루듯이 조심하며, 자기가 화가 나더라도 다른 사람에게 파급시키지 않으며, 원한을 깊이 담아두지 않으며, 전날의 남의 죄를 염두에 두지 않으니, 염옹冉雍의 행동거지이다. 공자가 그의 재목을 논하여 말하기를 '나라를 다스릴 군자다.'고 하셨다."는 말이 있다.

중궁은 너그럽고 포용력이 있으며 중후하고 좀스럽지 않으므로 군주의 국량이 있다. 똑똑하여 잘 따지며, 많은 전문지식으로 꼼꼼하게 모든 일에 간섭하는 사람은 군주로는 적합하지 않다. 너그럽고 포용력이 있어 남의 똑똑함을 기뻐해 주고 수용하는 사람에게는 똑똑한 사람들이 모여들기 때문에 군주가 될 수 있다. 군주는 가만히 있으면서 똑똑한 사람들의 역량을 결집시키기만 하면 된다.

공자에게 군주의 국량이 있다는 말을 들은 중궁은 황송하여 가만히 있을 수가 없었다. 그리하여 평소 존경하던 자상백자를 추천하여 "그 사람이 더 낫지 않습니까?" 하고 물어보았다. "자상백자도 무난하지만, 매사를 처리하는 것이 단순하다."는 대답이 나온다. 중궁은 평소에 단순하게 처리하는 것을 좋게 여겼다. 그래서 다시 물었다. "경건한 마음을 가지면서 단순하게 처리하여 백성을 대하는 것은 좋은 것이 아닙니까? 마음속에 단순해야 한다는 고정관념을 가지고 단순하게 처리하면 단순해야 한다는 생각에 사로잡혀 있기 때문에 너무 단순하게 되는 것이 아니겠습니까?" 고정관념에 사로잡혀 있는 사람은 순수하지 않다.

고정관념이 없는 사람은 하늘마음으로 산다. 그런 사람의 마음은 깨끗하다. 마음이 깨끗한 사람의 처사는 단순하다. 복잡하게 일을 처리하는 사람은 문제가 있는 사람이다. 중궁의 말을 들은 공자는 그가 대견스러웠다. "옹아 너의 말이 옳다."

제 2 장

애공 문제자숙위호학 공자대왈유안회자
哀公이 問弟子孰爲好學[1]이니잇고 孔子對曰有顔回者

호학 불천노 불이과 불행단명사의
好學하여 不遷怒[2]하며 不貳過[3]하더니 不幸短命死矣라

금야즉무 미문호학자야
今也則亡[4]하니 未聞好學者也니이다

국역

애공이 물었다. "제자 중에 학문을 좋아하는 사람이 누구입니까." 공자께서 대답하셨다. "안회라는 자가 있었는데, 학문을 좋아하여 노여움을 옮기지 아니하며, 잘못을 되풀이하지 않았으나, 불행히도 명이 짧아 죽었습니다. 지금은 없습니다. 아직 학문을 좋아하는 자에 대해 듣지 못했습니다."

난자풀이

[1] 爲 : '된다', '이다' 등으로 해석해야 하므로 뒤의 호학好學을 '학문을 좋아하는 사람'으로 번역하는 것이 좋다.

[2] 遷 : 옮긴다. 천노遷怒는 '갑甲에게 화가 난 것을 을乙에게 화풀이하는 것'을 말한다.

[3] 貳 : 두 번 한다. 되풀이한다.

[4] 亡 : 無와 통용. '없다'는 뜻이다. 음은 '무'.

| 강설 |

갑甲에게서 화가 난 것이 을乙에게로 영향을 미치게 되는 것은 마음속에 집착이 있기 때문이다. 돈을 좋아하는 사람은 돈을 잃었을 때 화가 난다. 그 화는 마음속의 집착에서 나오는 것이기 때문에 집착이 남아 있는 한 계속된다. 마음속에 화가 들어 있으므로 만나는 사람마다 화난 사람으로 대한다. 화가 이리저리 옮겨다니는 것이다.

마음에 아무런 집착이 없을 때는 상대방의 행동이 의롭지 못할 때를 제외하고는 화를 내지 아니한다. 상대방의 행동이 의롭지 못하기 때문에 화를 내었을 경우에는 그 원인이 상대방에게 있는 것이므로, 내 마음에는 남아 있는 것이 없다. 마음은 흔들림이 없이 고요할 뿐이다. 화가 다른 사람에게까지 전달될 이유가 없다.

화를 낸 것이 잘못인 줄 알았다 하더라도 마음속에 '돈을 벌어야 한다'는 집착이 남아 있는 한, 다음에 또 손해를 보면 또 화를 내는 잘못을 저지를 것이다. 잘못을 되풀이하지 않기 위해서는 마음속의 집착을 버리고 순수해져야 한다.

마음속의 집착을 버리는 것은 학문을 통하여 가능하다. 학문을 좋아한 안회는 마음속의 집착을 버렸기 때문에 화를 다른 사람에게로 옮기지 않았고 같은 실수를 되풀이하지 않았다.

공자는 너그럽고 포용력이 있었지만, 학문에 대해서만은 엄격했다. 가장 가치 있는 삶을 찾아내는 것이 학문이므로, 학문보다 더 중요한 것이 없기 때문이다. 다른 실수는 큰 문제가 되지 않지만, 학문에서의 잘못은 모든 것을 잃게 되는 것이므로 그만큼 더 철저함이 요구되는 것이다.

공자가 안회 이외에 아무도 학문을 좋아하는 사람으로 인정하지 아니하는 까닭이 여기에 있다.

제3장

자화시어제 염자위기모청속 자왈여지부
子華使於齊러니 冉子爲其母請粟한대 子曰與之釜하라
1 2 3 4

청익 왈여지유 염자여지속오병
請益한대 曰與之庾하라하여시늘 冉子與之粟五秉한대
5 6

자왈적지적제야 승비마 의경구 오문지야
子曰赤之適齊也에 乘肥馬하며 衣輕裘하니 吾聞之也

군자 주급 불계부 원사위지재 여
하니 君子는 周急이요 不繼富라호라 原思爲之宰러니 與
7 8 9

지속 구백 사 자왈무이여이인리향당호
之粟 九百이어시늘 辭한대 子曰毋以與爾鄰里鄉黨乎아
10 11 12 13 14 15

| 국역 |

자화가 (공자를 위하여) 제齊나라에 심부름 가게 되자, 염자가 자화의 어머니를 위해 곡식을 요청했다. 공자께서 말씀하셨다. "부釜를 주어라." 더 줄 것을 요청하자 "유庾를 주어라." 하셨다. 염자는 곡식 오병五秉을 주었다. 공자께서 말씀하셨다. "적이 제나라에 갈 때에 살찐 말을 탔고, 가벼운 갖옷을 입었다. 내가 들으니 '군자는 급박한 자를 두루 돌봐주지, 부유한 자를 계속 돌봐주지는 아니한다.' 하였다." 원사가 (공자의) 가신家臣이 되었는데, (공자께서) 그에게 곡식 구백九百을 주었더니 사양하였다. 공자께서 말씀하셨다. "그것을 너의 이웃이나 마을 또는 고을 사람들에게 주지 않겠느냐?"

| 난자풀이 |

1 子華 : 공자의 제자 공서적公西赤. 공야장편公冶長篇 제7장에 보면 공서적公西赤은 외교적 대담을 잘하는 사람임을 알 수 있다.

2 使 : '심부름 간다'는 의미로서 음은 '시'.

3 冉子 : 공자의 제자 염구冉求.

4 釜 : 양量을 헤아리는 단위. 육두사승六斗四升. 대개 한 가마니 정도 됨.

5 庾 : 십육두十六斗. 음은 '유'.
6 秉 : 십육석十六石. 음은 '병'.
7 急 : 빈궁하여 절박한 것.
8 原思 : 공자의 제자. 원原은 성, 이름은 헌憲, 자字는 자은子恩. 공자보다 36세 연하이다. 노魯나라 사람이라고도 하고 송宋나라 사람이라고도 한다. 청빈한 사람으로 전한다.
9 宰 : 재상. 여기서는 공자의 가정의 재정을 맡아보는 가신家臣.
10 九百 : 구백두九百斗라는 설도 있고 구백부九百釜라는 설도 있으나 확실치 않다. 당시에 통용되고 있던 단위이므로 생략한 것으로 보인다.
11 毋 : 주자朱子는 무毋를 금지사로 보아 '사양하지 말라'는 뜻으로 해석하였으나, 무無와 통용되므로 아래에 붙여 '너의 이웃이나 마을 또는 향당에 주지 않겠느냐?'로 해석하는 것이 문맥이 부드럽다.
12 鄰 : 이웃. 대개 이웃에 있는 다섯 집 정도를 말함.
13 里 : 마을. 대개 이십오가二十五家임.
14 鄕 : 고을. 대개 만이천오백가萬二千五百家.
15 黨 : 대개 오백가五百家.

| 강설 |

공자는 제자를 자녀와 똑같이 생각했다. 부모가 자녀를 사적인 일로 심부름을 보낼 때 반드시 비용을 지불해야 하는 것은 아니다. 재산이 넉넉한 제자는 자기의 돈을 쓰면서 스승의 일을 도울 수 있다. 물론 어려운 제자에게는 심부름을 보내지 않을 때도 먹을 것을 제공할 수 있다. 스승과 제자의 관계는 부모와 자녀의 관계이다.

국가는 부양할 아들이 없는 노인·고아·폐질자·극빈자 등을 보살필 책임이 있다. 보살핀 결과 그들이 부유해지면 보살핌을 계속하지 않는 법이다. 이러한 법은 개인이 주위 사람들을 보살피는 경우에도 마찬가지이다.

공서적은 공자의 제자이므로 심부름을 가는 것은 자기의 도리이고, 그가 없는 사이에 그의 어머니를 보살피는 것은 공자의 도리이지만, 공서적은 부자이기 때문에 보살피지 않아도 된다.

원사原思는 단순한 심부름을 한 것이 아니라 재정담당관으로서 고용되었기 때문에 고용주가 스승이라 하더라도 급료를 지급해야 한다. 이 경우 제자는 사양할 필요가 없다. 정말 돈을 필요로 하지 않는다면 일단 급료를 받은 후에 어려운 사람들에게 나누어주면 될 것이다.

제4장

子謂仲弓曰犁牛之子騂且角이면 雖欲勿用이나 山川其舍諸아

(자위중궁왈이우지자성차각 수욕물용 산천기사저)

| 국역 |

공자께서 중궁을 평하여 말씀하셨다. "얼룩소의 송아지가 색이 붉고 또 뿔이 좋으면 비록 쓰지 않고자 하나 산천의 신이 그것을 놓아두겠는가?"

| 난자풀이 |

1 犁 : 얼룩소.
2 騂 : 붉은 소. 『예기』 명당위편明堂位篇에 "하후씨는 희생물을 쓸 때 검은 색을 썼고, 은나라에서는 흰 수컷을 썼으며, 주나라에서는 붉은 수컷을 썼다."는 말이 있다.
3 其 : 막연한 추측을 나타낼 때 쓰는 조음소.
4 諸 : 지호之乎의 뜻. 음은 '저'.

| 강설 |

얼룩소는 무늬가 잡스럽기 때문에 제사에 쓸 수 없지만, 얼룩소의 송아지라도 붉은 색이고 뿔이 잘 자랐으면 제사상에 올리는 희생물로 쓰기에 적합하므로, 가만히 있어도 저절로 쓰이게 된다.

사람 사는 것도 이와 같다. 신분이 천한 집의 자녀라 하더라도 훌륭한 능력을 갖게 되면, 자신은 활동하지 않으려 하더라도 그 능력을 필요로 하는 사람들이 가만 놓아두지 않을 것이다. 세상에는 능력 있는 사람은 적고 능력을 필요로 하는 사람은 많기 때문에 능력만 있으면 저절로 출세하게 되지만, 능력이 없으면서 출세하려 하면 어려울 수밖에 없다.

제5장

子曰回也는 其心三月不違仁이오 其餘則日月至焉[1]而已矣니라

(자왈회야 기심삼월불위인 기여즉일월지언이이의)

| 국역 |

공자께서 말씀하셨다. "안회는 그 마음이 3개월 동안 인에서 떠나지 않았으나, 그 나머지 사람들은 하루나 한 달 정도 거기에 이를 뿐이다."

| 난자풀이 |

[1] 焉 : 장소를 나타내는 경우가 많으므로 여기서는 '거기에'라고 해석하였다. 거기는 인仁을 가리킨다.

| 강설 |

인仁은 한마음이다. 한마음은 하늘마음이다. 하늘마음을 가진 사람은 하늘 같은 사람이다. 하늘마음으로 보면 모든 것이 하나로 연결되어 있다. 하늘마음을 가진 사람은 자기 몸 하나만을 자기로 생각하지 않는다. 모든 존재가 자기다. 하늘마음으로 사는 사람은 개체를 초월한다. 개체가 늙어 죽는 것은 전체가 살아가는 방식이다. 그러므로 하늘마음으로 사는 사람에게는 죽음이 없다. 영생이란 그런 것이다. 영생이란 개체가 영원한 생명으로 부활하는 것이

아니다. 개체로 살던 사람이 전체인 줄 알고 전체의 삶으로 바뀌는 것이다.

안회는 석 달이나 인의 마음을 유지할 수 있었다. 그는 석 달 동안 영생의 삶을 살았다. 그러다가 마음속에 남아 있는 욕심이 발동하여 하늘마음을 누르고 삶을 지배하기도 한다. 계속 학문을 정진하여 욕심이 하나도 남아 있지 않도록 해야 한다. 욕심이 제로가 되는 순간이 완전 득도를 하는 순간이다. 욕심이 제로가 되었을 때 완전한 영생의 삶이 찾아온다.

보통 사람들도 영생의 모습을 할 때가 있다. 아기에게 젖을 먹일 때의 어머니 모습이 그렇다. 어머니는 아기를 위해서라면 죽어도 좋다는 생각을 한다. 죽어도 행복할 수 있는 것이 영생이다.

제6장

계 강 자 문 중 유 가 사 종 정 야 여　자 왈 유 야 과　어
季康子問仲由可使從政也與잇가 子曰由也果[1]하니 於

종 정 호　하 유　왈 사 야 가 사 종 정 야 여　왈 사 야
從政乎에 何有리오 曰賜也可使從政也與잇가 曰賜也

달　어 종 정 호　하 유　왈 구 야 가 사 종 정 야 여
達[2]하니 於從政乎에 何有리오 曰求也可使從政也與잇

왈 구 야 예　어 종 정 호　하 유
가 曰求也藝[3]하니 於從政乎에 何有리오

| 국역 |

계강자가 물었다. "중유는 정사에 종사토록 할 만합니까?" 공자께서 말씀하셨다. "유는 과단성이 있으니 정사에 종사하는 데 무슨 어려움이 있겠습니까?" "사는 정사에 종사토록 할 만합니까?" "사는 세상사에 달통했으니 정사에 종사하는 데 무슨 어려움이 있겠습니까?" "구는 정사에 종사토록 할 만합니까?" "구는 재주가 있으니 정사에 종사하는 데 무슨 어려움이 있겠습니까?"

| 난자풀이 |

1 果 : 과단성이 있음. 결단력이 있음.
2 達 : 세상사에 달통함.
3 藝 : 재주가 있음.

| 강설 |

공자의 제자들은 학문을 완성하지 못했기 때문에 늘 공자에게 지적을 당했지만, 계강자가 요구하는 정도의 정치를 할 능력은 충분히 갖추고 있었다.

제7장

季氏使閔子騫(계씨사민자건)[1]으로 爲費宰(위비재)[2]한대 閔子騫曰善爲我辭焉(민자건왈선위아사언)[3][4]하라 如有復我者則吾必在汶上矣(여유부아자즉오필재문상의)[5][6][7]로리라

| 국역 |

계씨가 민자건을 비費의 재상으로 삼으려 하자, 민자건이 (사자에게) 말했다. "나를 위해 그에게 잘 사양해 달라. 만약 나에게 다시 이런 말이 나온다면 나는 반드시 문수 가에 있을 것이다."

| 난자풀이 |

1 閔子騫 : 민閔은 성, 자건子騫은 자字, 이름은 손損. 공자의 제자. 15세 연하이며 노魯나라 사람이다.
2 費 : 환공桓公이 계손씨季孫氏에게 봉封해준 읍邑. 옛 성城이 산동성山東省 기주부沂州府 비현費縣의 서북 20리에 남아 있다.
3 辭 : 사양하다.
4 焉 : '그에게'라는 뜻을 함유하고 있다.
5 復 : 다시 오는 것. 다시 말하는 것. 음은 '부'.
6 汶 : 제齊와 노魯의 국경지방을 흐르는 강. 음은 '문'.

7 上 : 가. 상上이 강이나 물과 함께 쓰일 때는 '위'라는 뜻보다는 '가' 라는 뜻으로 쓰인다.

강설

민자건은 덕행으로 유명하고 효자로도 소문난 사람이다. 계모가 두 이복동생에게는 솜옷을 입히고 민자건에게는 솜 대신 갈대꽃을 넣어서 만든 옷을 입혔다. 이 사실을 안 아버지가 계모를 쫓아내려 하자, 민자건이 그 아버지에게 "어머님이 계시면 한 아들이 춥지만, 어머님이 안 계시면 세 아들이 춥습니다." 하고 호소하여 쫓아내지 않도록 하였고, 계모도 감명을 받아 착해졌다는 이야기가 전한다.

민자건의 목적은 학문을 완성하는 것이었으므로 아직 정치에 관여할 마음이 없었다. 더구나 계씨와 같은 의롭지 못한 사람 밑에서 벼슬하는 것은 더욱 싫었다. 한 번만 더 그런 말을 하면 외국으로 가버리겠다고 단호하게 거절했다.

제8장

伯牛有疾(백우유질)이어늘 1 子問之(자문지)하실새 2 自牖執其手曰(자유집기수왈) 3 亡之(무지)러니 4 命矣夫(명의부)인저 斯人也而有斯疾也(사인야이유사질야)할새 斯人也而有斯疾也(사인야이유사질야)할새

국역

백우가 병을 앓자, 공자께서 문병하면서 창문으로 그의 손을 잡고 말씀하셨다. "(이 병에 걸릴 리가) 없을 터인데, 명이로구나. 이런 사람에게 이런 병이 있다니, 이런 사람에게 이런 병이 있다니."

| 난자풀이 |

1 伯牛 : 공자의 제자. 성은 염冉, 이름은 경耕, 백우伯牛는 그의 자字. 노魯나라 사람. 공자보다 7세 연하.

2 問 : 병문안하다.

3 牖 : 창. 음은 '유'. 전염병을 앓는 백우가 방에 들어오지 못하게 하였으므로 창 밖에서 손을 잡았던 것으로 생각된다. 주자는 이를 남쪽의 창이라 해석하고, 그 이유를 다음과 같이 설명했다. 예법에 '병자는 북쪽 창 아래에 있는데 임금이 문병하러 오면 남쪽 창 아래로 옮겨 임금으로 하여금 남면하여 자기를 보게 한다.' 하였는데, 당시 백우의 집에서 이 예법으로 공자를 높이자, 공자는 감히 감당할 수 없으므로 들어가지 않고 창으로 그의 손을 잡으셨다는 것이다.

4 亡 : 무無와 통용, '(이 병에 걸릴 리가) 없을 텐데'라는 뜻이다.

| 강설 |

백우가 아프다. 공자의 마음도 아프다. 덕이 있는 사람은 건강하고 오래 살게 되어 있다. 백우는 덕이 있으므로 건강하고 오래 살아야 한다. 그런데 중병에 걸렸다. 명이라고 할 수밖에, 달리 표현할 방법이 없다.

어떤 한 개인의 삶이 그 사람 혼자에 의해 결정되는 것은 아니다. 삶은 조상에서 자녀로 이어지는 긴 여정이다. 한 개인의 삶은 그 긴 여정의 한 부분일 뿐이다. 그 개인의 삶에는 많은 조상들의 삶이 녹아 있다. 마찬가지로 지금 이 순간을 살아가는 한 개인의 삶의 내용도 두고두고 후손들의 삶 속으로 녹아 들어간다. 그러므로 개인의 삶이 개인의 삶으로 끝나는 것이 아니다. 산다는 것이 그리 간단한 것만은 아니다.

사는 것이 반드시 행복한 것이고 죽는 것이 반드시 불행한 것이기만 하다면 세상에 불공평한 것이 너무도 많을 것이지만, 반드시 그런 것만은 아니다. 진리의 모습으로 사는 것이 행복한 것이고, 자연의 모습으로 사는 것이 행복한 것이다. 진리의 모습으로 죽고 자연의 모습으로 죽는다면 그 또한 행복한 것이다. 진리에서 벗어나고 자연에서 벗어나는 것이 불행한 것이다.

제9장

자 왈 현 재 회 야 일 단 사 일 표 음 재 루 항 인 불
子曰賢哉라 回也여 一簞食一瓢飮으로 在陋巷을 人不
감 기 우 회 야 불 개 기 락 현 재 회 야
堪其憂어늘 回也不改其樂하니 賢哉라 回也여

| 국역 |

공자께서 말씀하셨다. "어질도다, 안회여. 한 그릇의 밥과 한 표주박의 마실 것으로 누추한 골목에 산다. 사람들은 그 근심을 견뎌내지 못하지만 안회는 그 즐거움을 바꾸지 아니한다. 어질도다, 안회여!"

| 난자풀이 |

1 簞 : 대로 만든 둥근 도시락.
2 食 : '먹는다' 는 의미의 동사일 때는 음이 '식' 이지만, 여기서는 '밥' 이라는 의미의 명사로 쓰였으므로 음이 '사' 이다.
3 瓢 : 표주박.
4 飮 : 마실 것, 국 또는 물.
5 陋 : 누추하다.
6 巷 : 골목.

| 강설 |

군자의 즐거움은 하늘마음으로 사는 데 있고, 소인의 즐거움은 몸의 욕구를 충족하는 데 있다. 소인은 가난하면 고통스러워 견딜 수 없다. 그러나 군자는 그렇지 않다. 군자는 가난해도 즐겁다.

학문을 좋아하는 안회는 밥 한 그릇, 국 한 그릇만 먹고, 누추한 동네에 살아도 여전히 즐겁게 살았다. 군자가 된 것이다.

제10장

염 구 왈 비 불 열 자 지 도 　 역 부 족 야 　 자 왈 역
冉求曰非不說子之道이언마는 力不足也로이다 子曰力
[1] [2] [3]
부 족 자 　 중 도 이 폐 　 금 여 획
不足者는 中道而廢하나니 今女畫이로다
[4]

| 국역 |

염구가 말하였다. "저는 선생님의 도를 기뻐하지 않는 것은 아니지만, 힘이 부족합니다." 공자께서 말씀하셨다. "힘이 부족한 자는 중도에까지 가다가 쓰러진다. 지금 너는 금을 긋는구나."

| 난자풀이 |

[1] 冉求 : 성은 염冉, 이름은 구求, 자는 자유子有다. 흔히들 염유冉有라고도 한다. 공자의 제자이며, 노나라 사람이다. 재주가 뛰어났으나 뜻이 나약했다.
[2] 說 : '기뻐한다'는 뜻으로 음은 '열'. 열悅과 통용.
[3] 道 : 학문의 길.
[4] 畫(畫) : 금을 긋는다. 음은 '획'.

| 강설 |

공자가 제자들에게 가장 강하게 주문한 것은 학문이었다. 이 세상에 학문하는 기쁨보다 더 큰 기쁨은 없다. 그렇지만 사람들 중에는 학문의 기쁨을 모르는 사람들이 많다. 돈벌이에 주력하는 사람도 있고, 출세에 눈이 먼 사람도 있다. 잔재주 부리기를 좋아하는 사람도 있고, 잔기술을 중시하는 사람도 있다. 염구는 잔재주가 많았고, 재주 부리는 데 관심이 많았다. 그는 공자의 가르침이 싫은 것은 아니지만, 거기에 몰두하고 싶지는 않았다. 그래서 어느 날 공자에게 그의 심정을 피력해 본다. "선생님, 저는 선생님께서 가르쳐주시는 학문의 길이 기쁘지 않은 것은 아니지만, 능력이 모자랍니다."

참으로 좋다면, 그것보다 더 좋은 것이 없다면 자기의 능력을 따지지 않고 추진하게 되는 법이다. 비록 도중에서 쓰러지는 한이 있어도 추진하고 본다. 좋기는 하지만 능력이 모자란다고 말하는 것은 건성으로 하는 말이다. 의욕이 없는 것이지 능력이 없는 것은 아니다. 참으로 좋다면 그렇게 말하지 않는다. 그것은 하지 않겠다고 미리 금을 긋는 것이다. 공자의 지적은 날카롭다. "지금 너는 금을 긋는구나."

제11장

자 위 자 하 왈 여 위 군 자 유 　 무 위 소 인 유
子謂子夏曰女爲君子儒요 無爲小人儒하라

| 국역 |

공자께서 자하에게 말씀하셨다. "너는 군자다운 선비가 되고, 소인 같은 선비가 되지 말라."

| 강설 |

자하는 고지식하게 예를 지키는 것에만 집착하는 경향이 있다. 예의 형식만 고집하고 본질을 모르면 답답한 사람이 되고 만다. 소인이 그런 사람이다. 중요한 것은 예의 본질이다. 예의 본질은 한마음이다. 사람이 한마음을 실천하기만 하면, 그 행동이 저절로 예가 되고 저절로 남과 조화를 이루게 된다. 군자의 삶이 그렇다.

제12장

자유위무성재 / 자왈여득인언이호 / 왈유담대멸

子游爲武城宰러니 子曰女得人焉耳乎아 曰有澹臺滅
[1] [2]

명자 / 행불유경 / 비공사 / 미상지어언지실

明者하니 行不由徑하며 非公事어든 未嘗至於偃之室
[3] [4] [5]

야

也니이다.

| 국역 |

자유가 무성의 재상이 되어 있었을 때, 공자께서 말씀하셨다. "너는 거기에서 사람을 얻었느냐?" "담대멸명이라는 자가 있습니다. 길을 가도 지름길로 가지 않으며, 공적인 일이 아니면 일찍 저의 집에 이르지 않았습니다."

| 난자풀이 |

[1] 武城 : 노魯나라에 있는 지명. 요충지였음. 지금의 산동성山東省 비현費縣의 서남쪽에 옛 성이 남아 있다.

[2] 澹臺滅明 : 담대澹臺가 성, 멸명滅明이 이름, 자字는 자우子羽. 무성武城 사람. 공자보다 39세 연하인 제자.

[3] 由 : 지나가다, 경유하다.

[4] 徑 : 지름길.

[5] 偃 : 자유子游의 이름.

| 강설 |

정치의 성공 여부는 인재를 얻는 데 있으므로 공자가 그것을 깨우친 것이다.

조그만 고을이라 하더라도 그 우두머리 혼자서 다스릴 수는 없다. 너그러운 포용력을 가지고 지혜로운 사람들을 포용하여, 그들의 능력을 결집해야 정치의 효과를 극대화시킬 수 있다.

이기적인 계산이 빠른 사람일수록 이익을 보기 위해 지름길로 다닌다. 잔디밭을 가로질러 다니느라 잔디를 훼손하기도 한다. 출세하기 위해 윗사람에게 아부하기도 하고 은밀히 찾아다니기도 한다. 그런 사람을 가까이하면 정치는 성공할 수 없다.

제13장

자왈맹지반 불벌 분이전 장입문 책
子曰孟之反은 不伐이로다 奔而殿하여 將入門할새 策 [1] [2] [3] [4]
기마왈비감후야 마부진야
其馬曰非敢後也라 馬不進也라하니라 [5]

| 국역 |

공자께서 말씀하셨다. "맹지반은 자랑하지 아니하는 사람이구나. 달아날 때 군대의 후미에 위치하였는데, 문에 들어올 즈음에 그 말에 채찍질을 하면서, '감히 뒤에 처지려 한 것이 아니라 말이 나아가지 않았기 때문이다.' 하고 말했다."

| 난자풀이 |

[1] 孟之反 : 노나라의 대부. 맹孟은 성, 지반之反은 자, 이름은 지측之側. 『춘추좌씨전』을 보면, 애공 11년에 노나라의 군대가 제나라의 군대에게 패하여 달아날 때, 맹지반이 제일 뒤에서 달아난 사실이 기록되어 있다.
[2] 奔 : 달아나다. 여기서는 전쟁에 패하여 달아나는 것을 말한다. 음은 '분'.
[3] 殿 : 군대의 후군後軍을 말한다.
[4] 策 : 채찍. 음은 '책'.
[5] 後 : 뒤에 처지려 하다.

| 강설 |

내가 잘생긴 사람이라면 다른 사람을 슬프게 할 수도 있다. 내가 나타나기 전에는 다른 사람들이 못생긴 사람이 아니었다. 그러나 내가 나타나는 순간, 다른 사람들은 못생긴 사람이 되고 만다. 그래서 잘생긴 사람이 미움을 받을 수 있다.

내가 재주 있는 사람이라면 다른 사람을 슬프게 할 수도 있다. 내가 돈이 많은 사람이라도 다른 사람을 슬프게 할 수도 있다. 내가 남보다 나은 것을 갖고 있다면 그것 때문에 다른 사람을 슬프게 할 수 있는 것이다.

좋은 점을 가지고 있는 사람은 그 좋은 점 때문에 남들을 괴롭힐 수 있다는 사실을 알아야 한다. 남을 괴롭히는 것은 좋지 않다. 그것은 남들에게 죄를 짓는 것이다. 좋은 점을 가지고 있는 사람이 만약 그것을 과시하기라도 하면, 사태는 심각해진다.

맹지반은 용감한 사람이었다. 맹지반은 끝까지 싸우다가 최후에 달아났다. 용감함은 좋지만 그것 때문에 다른 사람을 괴롭히는 것은 좋지 않다. 맹지반이 만약 달아나 성문으로 들어갈 때, 먼저 들어와 있는 장군들에게 "이 비겁자들아, 그렇게도 겁이 났냐?"라고 호통을 쳤다면, 심각한 일이 일어났을 것이다. 먼저 들어온 장군들은 맹지반 때문에 비겁자가 되어버렸다. 그들은 맹지반을 가만 놓아두지 않았을 것이다.

조선시대의 남이南怡(1441~1468) 장군은 무력이 출중하고 용기가 빼어났다. 그는 16세 때 무과에 급제했고, 27세 때 병조판서가 되었다. 그것만으로도 다른 장군들에게 미움을 받을 것이다. 그런데도 자기의 능력을 과시하고 말았다. "남아 스무 살에 나라를 평정하지 못한다면 후세에 누가 대장부라 하겠는가!"라고 읊었다. 남이 장군의 등장으로 다른 사람들은 졸장부가 되고 말았다. 병조판서가 된 몇 달 뒤에 졸장부 유자광 등의 모함에 걸려 목숨을 잃었다. 27세의 젊은 나이였다. 참으로 안타까운 일이다.

맹지반은 성문으로 들어갈 때 채찍으로 말의 엉덩이를 치면서 말했다. "내가 늦게 오고 싶어서 늦게 온 것이 아니다. 이놈의 말이 도대체 느리다." 이는 다른 사람을 배려하는 마음에서 나온 말이다. 이 말 한 마디로 다른 사람들의 비겁자라는 족쇄를 풀어주었다. 세상 사는 지혜를 보여준 대목이다.

제 14 장

子曰不有祝鮀之佞이며 而有宋朝之美면 難乎免於今之世矣니라

(자왈불유축타지녕 이유송조지미 난호면어금지세의)

| 국역 |

공자께서 말씀하셨다. "축관인 타의 말재주나 송나라의 공자 조의 미모를 갖고 있지 않으면, 어렵도다! 지금의 세상에서 면하기가."

| 난자풀이 |

1 祝鮀 : 축祝은 제사에서 축문祝文을 관장하는 관리. 타鮀는 이름, 자字는 자어子魚. 위衛의 대부. 대축大祝이었기 때문에 축祝이 성이 되었다.

2 宋朝 : 송宋나라의 공자 조朝. 미남자美男子로 유명하다. 위衛나라 영공靈公의 부인인 남자南子의 젊은 시절 애인이었다.

| 강설 |

교언영색巧言令色 즉, 말을 교묘하게 잘하고 얼굴빛을 예쁘게 꾸미는 사람은 순수한 사람이 아니건만, 요사이같이 타락한 시대에는 오히려 교언巧言이나 영색令色을 해서 남에게 잘 보이는 자들이 잘 살아가는 것 같다. 이를 본 공자가 탄식을 했다.

말을 들을 때는 곧이곧대로 들어서는 안 된다. 말한 사람의 속뜻을 이해하는 것이 중요하다. 축관인 타의 말재주나 송나라의 공자 조의 미모를 갖고 있지 않으면, 지금의 세상에서 면하기가 어렵다고 말한 공자의 속뜻은 타의 말재주나 공자 조의 미모를 가져야 한다는 것이 아니다. 잘못된 세상을 바로잡아야 한다는 강력한 의지가 담겨 있는 말이다.

제15장

子曰誰能出不由戶리오마는 何莫由斯道也오

| 국역 |

공자께서 말씀하셨다. "누구인들 나갈 적에 문을 지나지 않을 수 있겠는가? 어찌 이 도道를 말미암지 아니하는가?"

| 강설 |

도道는 문과 같은 것, 문을 통하지 않고는 출입할 수 없듯이 도道를 따르지 않고는 삶을 영위할 수 없다. 길을 잃은 사람은 제대로 길을 갈 수 없다. 길을 잃은 사람에게 가장 중요한 것은 길을 도로 찾는 것이다.

도道를 벗어나서 사는 것은 참다운 삶이 아니므로 살아도 사는 것이 아니다. 공자가 안타까워하는 이유가 여기에 있다.

제16장

子曰質[1]勝[2]文[3]則野요 文勝質則史[4]니 文質彬彬[5]然後君子니라

| 국역 |

공자께서 말씀하셨다. "바탕이 외관보다 나으면 촌스럽고, 외관이 바탕보다 나으면 호화스럽다. 외관과 바탕이 어울린 뒤에라야 군자답다."

난자풀이

1 質 : 마음속의 본질. 바탕.
2 文 : 바깥의 꾸밈. 형식적 예의범절.
3 野 : 야성. 꾸밈이 없는 상태. 순박하지만 외관을 잘못 꾸민 상태.
4 史 : 호화스럽다. 사관史官이 역사를 쓸 때 수식을 잘한다는 뜻에서 유래하는 것으로 외관을 잘 꾸미는 것을 말한다. 반지르르하다.
5 彬 : 잘 어울려 보기 좋은 모양.

강설

예를 배워서 잘 실천할 수 있게 되면 교양미를 갖춘 인격자로서 사회생활을 할 수 있는 자격을 갖춘다. 그런데 예를 실천하는 것이 예의 형식만이고, 거기에 예의 정신이 들어 있지 않으면 외형적으로만 교양인이지 참다운 교양인이 아니다. 이런 사람의 모습을 여기서는 '외형만 호화스럽다'는 의미에서 사史라고 했다.

마음은 순박하지만 예를 잘 배우지 못한 사람은 교양 있는 행동을 잘하지 못한다. 거기다가 외관을 잘 꾸밀 줄을 모르면 촌스럽게 된다. 그런 사람은 여기서는 '촌스럽다'는 의미로서 야野라고 했다.

마음이 순박하지 않으면서 교양만 잘 지키고 외관만 잘 꾸미는 호화스러운 사람이 되어서도 안 되고, 마음은 순박하지만 세련되지 못해서 촌스럽게 보이는 사람이 되어서도 안 된다. 순박하면서도 세련되어 안팎이 어울리는 사람이 되어야 한다. 그런 사람이 군자의 모습이다.

제17장

자 왈 인 지 생 야 직　　망 지 생 야　　행 이 면
子曰人之生也直이니 罔之生也는 幸而免이니라
　　　1　　　　　　2

| 국역 |

공자께서 말씀하셨다. "사람이 살 수 있는 바탕은 정직이다. 속이는 사람들이 사는 것은 요행히 (죽음을) 면하고 있는 것일 뿐이다."

| 난자풀이 |

1 之 : 주격조사. 망지罔之의 지之도 마찬가지다.
2 罔 : 속이는 것. 여기서는 '속이는 사람'으로 번역하는 것이 좋다.

| 강설 |

사람이 살 수 있는 바탕은 정직함이다. 사기성이 있는 사람은 결코 살아갈 수 없다. 그중에 혹 있다 하더라도 요행히 죽지 않았을 따름이지 정상은 아니다.

혼탁한 세상에서는 정직한 자가 못살고 정직하지 못한 자가 잘 산다는 생각을 하기 쉽고, 또 그런 예를 볼 수도 있다. 그러나 좀 더 깊이 잘 생각해 볼 필요가 있다. 현재 정직하지 못한 사람이 잘 사는 것을 보았을 때, 이것이 바로 정직하지 못한 사람이 잘사는 본보기라고 섣불리 판단하지 말고, 그 사람의 어릴 때 모습이나 집안 내력을 잘 살펴볼 필요가 있다.

어릴 때부터 거짓말을 하던 사람이 성공하는 경우는 없다. 거짓말하는 사람을 남들은 믿지 않는다. 남들에게 신뢰받지 못하는 사람은 성공할 수는 없다. 성공은 혼자서 하는 것이 아니다. 많은 사람들에게 도움을 받고 지지를 받아야 성공할 수 있다. 성공한 사람이 거짓말하는 것은 성공한 뒤의 일이다. 사람이 성공한 뒤에는 그것을 지키고 싶은 욕심이 생기기 쉽다. 성공한 사람들이 거짓말하는 것은 그 욕심 때문이다.

조상의 덕으로 성공하는 경우도 있다. 착하고 정직한 부모에게서 태어나는 사람은 대체로 착하고 정직하기 때문에 성공할 가능성이 높다. 또 부모나 조부모가 남들에게 베푼 것이 많기 때문에, 은혜를 입은 사람들은 그 후손에게라도 보답하고 싶어한다. 그 때문에 훌륭한 조상에게서 태어난 사람들이 성공하는 수도 있다.

그러나 성공한 사람들이 성공한 뒤에 정직하게 살지 않으면 말년이 가서 패망하게 되고, 자녀들도 피해를 본다.

조상 때까지 거슬러 올라가 보면 세상에는 불공평한 것이 없는 것 같다. 뿌린 대로 거둔다는 말이 틀린 말이 아니다. 공자의 말씀은 틀림이 없다. 조금의 오차도 없이 정확하다.

제18장

자왈지지자불여호지자 호지자불여락지자

子曰知之者不如好之者요 好之者不如樂之者니라

| 국역 |

공자께서 말씀하셨다. "아는 것은 좋아하는 것만 못하고, 좋아하는 것은 즐거워하는 것만 못하다."

| 강설 |

사람이 어떤 일을 추진할 때는 먼저 그 일의 내용을 알아야 한다. 모르면서 할 수 있는 일은 없다. 어떤 일에 대해서 안다는 것, 그것이 그 일을 할 수 있는 첫째 조건이다. 그러나 그 일을 잘 알고서 하는 사람도 그 일이 좋아서 하는 사람을 따라가지는 못한다. 아는 것은 머리가 움직이는 것이지만, 좋아하는 것은 머리와 가슴이 동시에 움직인다. 머리가 하는 일은 냉철하고 분석적이다. 머리가 하는 일은 따지고 분별하는 일이다. 머리가 하는 일은 하늘마음에 닿아 있지 않다. 그렇기 때문에 머리가 하는 일은 남을 감동시키지 못한다. 머리가 하는 일은 에너지를 소모시키는 일이지 에너지가 솟아나는 일이 아니다. 그러므로 머리가 하는 일은 피곤하다. 머리가 하는 일은 추진력이 생기지 않는다.

가슴이 하는 일은 마음이 하는 일이다. 마음은 하늘마음에 닿아 있다. 좋아서 하는 일이 하늘마음에 닿아 있다면, 그 일은 남을 감동시킨다. 하늘마음은 모두가 다 같이 가지고 있는 한마음이기 때문에 그렇다. 좋아서 하는 일이 하늘마음에 닿아 있다면, 그 일은 하면 할수록 에너지가 솟아난다. 하늘마음에는 무한한 에너지가 들어 있기 때문에 그렇다.

좋아서 하는 일에 추진력이 붙어서 성숙해지면 즐거워진다. 하늘마음으로 하는 일보다 더 즐거운 일은 없다. 즐거운 마음으로 일하는 사람을 대적할 사람은 없다. 그가 하는 일은 하늘이 하는 일이다. 그가 만들어낸 것은 하늘이 만든 예술품이다.

공부도 마찬가지다. 어릴 때 공부하기가 싫었던 사람은 그 공부를 머리로 했기 때문이다. 머리로 하는 공부는 피곤하다. 싫을 수밖에 없다. 공부를 가슴으로 접근하면 공부하는 것이 좋아진다. 욕심을 채우기 위해서 하는 공부는 그렇지 않다. 욕심은 하늘마음에 닿아 있지 않다. 욕심은 몸에만 들어 있는 작은 마음이므로 금방 에너지가 고갈되어 지친다. 하늘마음으로 하는 공부라야 좋아할 수 있고, 지치지도 않는다. 공부가 성숙하여 즐거워진 사람은 그 공부로 성공한다.

즐거움에 이를 수 있는 공부는, 하늘마음을 회복하기 위한 공부뿐이다.

제19장

자왈중인이상 가이어상야 중인이하 불가
子曰中人以上은 可以語上也어니와 中人以下는 不可
이어상야
以語上也니라

| 국역 |

공자께서 말씀하셨다. "중간쯤 되는 사람 이상에게는 심오한 진리

를 말해도 되지만, 중간쯤 되는 사람 이하에게는 심오한 진리를 말하면 안 된다."

| 강설 |

말을 하는 사람에게 중요한 것은 그 말을 듣는 사람과 호흡을 맞추는 일이다. 목이 마른 사람에게 밥의 중요성을 이야기해도 안 되고, 배가 고픈 사람에게 독서의 즐거움을 이야기해도 안 된다.

교육을 하는 것에도 과정이 있어야 하고 단계가 있어야 한다. 그런 것을 무시하고 누구에게나 자기가 알고 있는 최고 수준의 내용을 말하는 것은 상대를 무시하는 것이다. 그런 가르침은 따분할 수밖에 없다.

공자가 사람을 중인 이상과 중인 이하로 나눈 것은 사람을 차별한 것이 아니라 사람을 존중한 것이다. 교육에 임하는 사람이 피교육자에게 맞추는 것은 피교육자를 존중하는 것이다.

사람을 존중하는 사람은 상대의 수준에 맞게 말하는 것이 상대를 존중하는 것이지만, 사람을 무시하는 사람은 상대의 수준에 맞게 말하는 것이 상대를 무시하는 것이다. 존중하고 무시하는 것은 말을 하기 전에 마음속에서 이미 결정된다.

제20장

번지문지 자왈무민지의 경귀신이원지 가위
樊遲問知[1]한대 子曰務民之義[2]요 敬鬼神而遠之면 可謂
지의 문인 왈인자선난이후획 가위인의
知矣니라 問仁한대 曰仁者先難而後獲[3]이면 可謂仁矣
니라

| 국역 |

번지가 지혜로움에 대해서 물으니, 공자께서 말씀하셨다. "백성들

을 의롭게 만드는 데 힘쓰고, 귀신을 공경하되 멀리하면 지혜롭다고 할 수 있다." 어진 것에 대해서 물으니, 말씀하셨다. "인자仁者가 어려운 일을 먼저 하고 얻는 것을 나중에 하면, 어질다고 할 수 있다."

| 난자풀이 |

1 樊遲 : 성은 번樊, 이름은 수須, 자는 자지子遲. 공자보다 36세 연하의 제자다.
2 之 : 민民과 의義의 도치를 나타내는 역할을 한다. '무의민務義民'으로 보고 해석하면 될 것이다.
3 獲 : 얻는 것, 소득, 수입. 음은 '획'.

| 강설 |

이 문장은 난해하다. 번지가 지知와 인仁에 대해 질문한 것인데, 그 답변의 내용이 난해하다. 먼저 어진 것에 대해 생각해 보자. 인자의 마음이 인仁이라고 하면 이해가 쉽다. 그러나 공자의 대답은 그렇지 않다. 인자가 어려운 일은 남보다 먼저 하고 얻는 것은 남보다 나중에 해야 인仁이라고 한 것에서 보면, 인자도 어려운 것을 남보다 나중에 하고, 얻는 것을 남보다 먼저 할 수 있다는 말이 된다. 그런 사람이 인자일 수 있을까? 이 문장은 다음과 같이 이해해야 의문이 풀린다.

공자가 인자라고 했을 때의 인자는 어진 사람이란 뜻이 아니라 동이족을 지칭한다. 동이족은 지금의 한국인의 조상이다. 동이족은 마음을 중시한다. 마음의 깊은 곳에서는 하나로 연결되어 있는 한마음이 있다. 마음을 중시하는 사람일수록 한마음을 강조한다. 오늘날 한국인들이 한마음이라는 말을 많이 쓰는 이유도 그 때문이다. 한마음을 기준으로 판단하면 네가 나이고 내가 너이다. 네가 나이고, 내가 너이면, '너=나'라는 등식이 성립한다. '너=나'라는 등식에서는 네가 나이고 내가 너이기 때문에, 너와 나는 너도 아니고 나도 아닌 '우리'로 바뀐다. 한국인들은 지금도 우리라는 말을 많이 쓴다. 한국인들은 너와 나를 하나로 여기는 정서 때문에 헤어지는 것에 서툴고 나누기를 잘 못한다. 여럿이 어울려서 밥을 먹고 나갈 때 밥값을 각자 나누어서 지불하기보다는 먼저 나가는 사람이 다 지불하는 경우가 많다. 밥을 먹고 난 뒤에도 바로 헤어지지 못하고 함께 차를 마시러 가기도 한다. 한국인들의 '너=나'라는 등식에서는 장점과 단점이 동시에 나타난다. '너'에 무게가 실리면, 너를 나처럼 아끼고 사랑하는 따뜻한 마음이 우러나오지만, '나'에 무게가 실리면, 너의 것은 나의 것이고 나의 것은 나의 것이라는 식이 됨으로써 자기중심에 빠지는 단점이 되기도 한다. 잘된 것은 '나'의 덕으로 돌리고 잘못된 것은 '남'의 탓으로 돌리며, 힘든 일은 남에게 미루고 수당은 자기가 먼저 챙기려고 하는 좋지 못한 비릇이 생기는 것이 이 때문이다. 아마도 한국인의 이런 장단점은 먼 옛날 동이족에게서 비롯된 것일 것이다. 공자가 인자가 어려운 일은 남보다 먼저 하고 얻는 것은 남보다 나중에 해야 인仁이라고 한 것은, 동이족이 가지고 있는 단점을 제거한 것을 말한다. 동이족의 단점을 제거하고 나면 남을 나처럼 아끼고 사랑하는 따뜻한 마음이 남는다. 공자가 말한 인仁이란 바로 그 마음이다. 이런 방식으로 판단할 때 비로소 공자 인 사상을 이해할 수 있다.

그러면 지知의 내용은 어떻게 이해해야 할 것인가? 인의 내용을 오늘날의 한국인의 정서에서 찾을 수 있듯이, 지의 내용은 오늘날의 일본인에게서 찾을 수 있다. 오늘날의 일본인들은 가장 지적知的인 사람들이다. 일본인들은 마음보다 몸을 중시한다. 몸을 중심으로 보면 사람들은 모두 각각이다. '너=나'라는 등식은 성립하지 않는다. 남과 나를 남남으로 생각하므로 남의 것과 나의 것을 잘 분별하고 분명하게 따지는 합리적인 사고를 한다. 친구와 함께 식사를 할 때도 각각 자기가 먹은 밥값을 정확하게 지불한다. 이러한 일본인들의 장점은 주체성과 독립심이 강하고 책임 의식이 투철하다. 그래서 질서 있는 사회를 건설하기가 쉽다. 이런 점들이 지혜로운 사람들의 장점이다. 그러나 일본인들에게는 다음과 같은 단점이 있다. 일본인들의 정서에서는 너는 너이고, 나는 나이기 때문에 너와 나를 분명히 구별하고, 네 것과 내 것을 명확히 따진다. 그렇기 때문에 일본인들 중에는 평소 친하던 사람이라도 곤경에 빠지면 도와주지 않는 사람이 많다. 차갑고 의리가 없는 사람들도 많다.

일본인들에게는 또 하나의 단점이 있다. 그들 중에는 귀신에게 의지하는 사람이 많다. 귀신이란 죽은 뒤에 남아 있는 영혼을 말한다. 일본인들은 하늘을 모르기 때문에 하늘 대신 귀신에 의지하기도 한다. 귀신에 얽매이는 사람도 많다. 귀신은 가까이에서 의지하고 얽매이는 대상이 되어서는 안 된다. 귀신이 사람의 일에 개입하고 간섭하면 사람의 일이 제대로 진행되지 않는다. 귀신은 존경하고 달래서 멀리해야 한다. 귀찮게 구는 불량배에게도 무시하고 함부로 하면 화를 입는다. 오히려 존경심을 표하면서 멀리해야 한다. 귀신에 대해서도 이렇게 하는 것이 중요하다.

일본인들의 단점 중에 가장 큰 것은 의리가 없는 것과 귀신에 얽매인다는 것, 이 두 가지다. 이 두 단점을 제거하고 남는 것은 주체성·독립심·책임의식·질서의식 등이다. 이런 것이 지혜로운 사람들이 가지고 있는 장점이다. 지知에 대해 물었을 때, 백성들을 의롭게 되도록 힘쓰고 귀신을 공경하여 멀리하면 지知라고 할 수 있다고 한 공자의 답변이 바로 그런 뜻이다. 한국인의 장점이 인仁이라면, 일본인들의 장점은 지知이다.

공자가 인과 지를 설명할 때 한국인과 일본인을 염두에 두고 한 말은 아니다. 당시의 중국에는 동이족과 서부의 화하족이 섞여 살았다. 그 두 종족은 사고방식도 다르고 삶의 방식도 다르다. 동이족은 인자仁者로 분류할 수 있고, 화하족은 지자知者로 분류할 수 있다. 공자는 이 두 부류의 사람들의 장점에서 답변을 찾아낸 것이다. 그런데 오늘날의 상황으로 보면, 동이족의 문화는 그들의 후예인 한국인에게서 찾을 수 있고, 화하족의 문화는 일본인들에서 찾을 수 있다. 화하족과 일본인들이 혈통으로 연결된다고 보기는 어렵다. 다만 환경적 요소나 다른 어떤 요인에 의해 같은 정서를 갖게 된 것으로 보아야 할 것이다.

제 21 장

子曰知者는 樂水하고 仁者는 樂山하며 知者는 動하고 仁者는 靜하며 知者는 樂하고 仁者는 壽하니라
(자왈지자 요수 인자 요산 지자 동 인자 정 지자 락 인자 수)

| 국역 |

공자께서 말씀하셨다. "지자는 물을 좋아하고 인자는 산을 좋아한다. 지자는 동적動的이고 인자는 정적靜的이다. 지자는 즐기고 인자는 오래 산다."

| 난자풀이 |

1 樂 : '즐거워한다'는 뜻일 때는 음이 '락'이고, '음악'이란 뜻일 때는 음이 '악'이며, '좋아한다'는 뜻일 때는 음이 '요'인데, 여기서는 '좋아한다'는 뜻으로 쓰였고 음이 '요'이다.

| 강설 |

이 문장은 지자知者의 부류에 속하는 사람과 인자仁者의 부류에 속하는 사람들의 일반적인 경향을 설명한 것이다.

두 그루의 대나무가 있다고 생각해 보자. 대나무에는 벌레가 와서 잎을 갉아먹고, 태풍이 와서 가지를 찢으며, 지진이 와서 줄기를 꺾어버린다. 이 대나무는 줄기와 가지와 잎을 유지하기에 바쁘다. 살기 위해서는 끊임없이 투쟁을 해야 한다. 벌레와의 투쟁, 바람과의 투쟁, 지진과의 투쟁을 계속해야 한다. 그러다 보니 뿌리를 생각할 틈이 없다. 뿌리를 생각하지 않으면 두 그루의 대나무는 아무 관계가 없는 남남이다. 그러므로 대나무도 남남끼리의

투쟁을 계속해야 한다. 이러한 대나무의 삶의 모습이 지자의 삶의 모습과 통한다. 지자의 전형적인 모습을 오늘날의 일본인에게서 찾을 수 있다. 유럽인들도 지자의 그룹에 속한다.

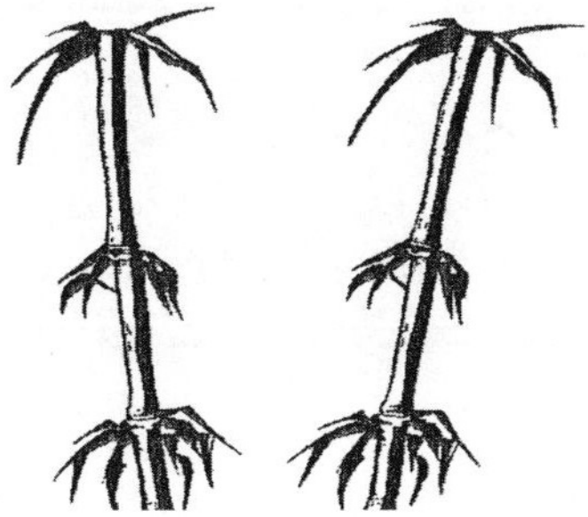

그러나 벌레가 별로 없고, 태풍과 지진도 없다면 어떨까? 대나무는 여유가 있다. 대나무는 여유가 있기 때문에 생명의 근원을 생각하고, 찾아본다. 그러다가 두 그루의 대나무는 지하에서 하나의 뿌리로 연결되어 있다는 사실을 안다.

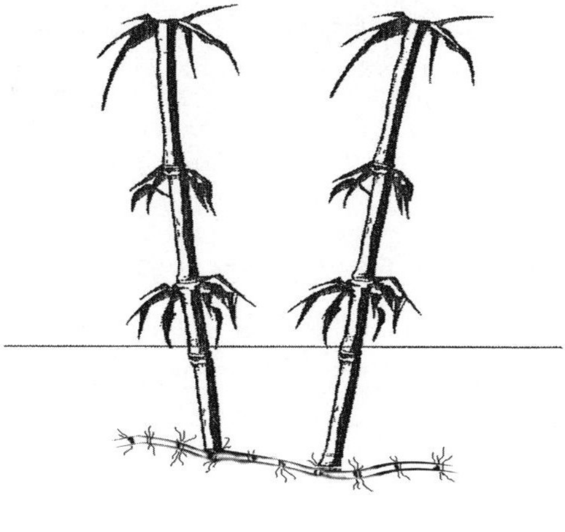

두 그루의 대나무가 하나의 뿌리로 연결되어 있다는 것을 알면 삶의 방식이 달라진다. 뿌리가 본질이기 때문에 두 그루의 대나무는 본질적으로 하나다. 하나이기 때문에 투쟁하는 것은 잘못이다.

삶은 투쟁이 아니라 조화다. 서로 돕고 사랑하며 사는 것이 제대로 된 삶의 모습이다. 이러한 대나무의 삶의 모습이 인자들의 삶의 모습과 통한다. 인자들은 뿌리의식이 강하다. 인자들은 뿌리 찾기를 좋아한다. 인자의 전형적인 모습을 오늘날의 한국인에게서 찾을 수 있다. 동남아・중동・아프리카의 사람들도 인자의 그룹으로 이해할 수 있다. 한국인들은 지금도 족보를 만든다. 그것은 세상에서 유일한 일이다. 족보를 만드는 것은 뿌리 찾기다.

잎과 가지는 흔들린다. 잎은 봄에 싹이 텄다가 가을에 떨어진다. 그러나 뿌리는 변함이 없다. 한국인들은 뿌리를 좋아하는 정서 때문에 변하는 것을 싫어한다. 변덕스럽다는 말은 한국에서는 좋지 않은 말이다. 산은 변하지 않는다. 언제나 그 자리에 있다. 그래서 한국인은 산을 좋아한다. 산에 오르면 고향에 온 것처럼 좋다. 산에 안기어 있으면 어머니 품속에 안긴 것처럼 마음이 편하다. 그래서 한국인들은 산 밑에 살기를 좋아한다.

그러나 일본인들은 그렇지 않다. 일본인들의 삶은 경쟁이고 투쟁이다. 경쟁에서 이기기 위해서는 이익을 빨리 챙겨야 하고, 변신을 잘해야 한다. 그래서 일본인들은 이익에 민감하고 변하는 것을 좋아한다. 물은 잠시도 쉬지 않고 흐른다. 잠시도 그 자리에 있지 않는다. 그래서 일본인들은 물을 좋아한다. 물가에 있으면 이익을 챙길 수 있다. 배가 고프면 물고기를 잡아먹어도 된다. 교통이 편해서 다니기도 좋다. 물이 있으면 농사 짓기도 편하다. 물가에 살면 여러 가지로 이익이 된다. 그래서 일본인들은 물가에 살기를 좋아한다.

지자의 관심은 늘 남과의 경쟁에 집중된다. 경쟁에서 이기기 위해서는 힘을 길러야 하고, 정보를 많이 수집해야 하며, 지식을 많이 쌓아야 한다. 그래서 지자들은 늘 움직인다. 많이 움직일수록 힘을 기를 수 있고 많은 지식을 쌓을 수 있으며 많은 정보를 얻을 수 있기 때문이다. 그러나 인자는 그렇지 않다. 인자들은 경쟁에 민감하지 않기 때문에 움직이는 것을 좋아하지 않는다. 인자들이 좋아하는 뿌리 찾기는 고요해야 한다. 사람의 뿌리는 마음이다. 마음을 찾기 위해서는 마음을 고요히 가라앉혀야 한다. 그래서 한국인들은 고요하게 있는 것을 좋아한다.

지자들은 몸 중심으로 산다. 몸의 삶은 영원할 수 없다. 일정 기간을 살고 난 뒤에 죽음을 맞이할 수밖에 없는 유한한 삶이다. 어차피 유한한 인생을 살 수밖에 없다면 실컷 즐기다가 가야 하지 않겠는가! 그래서 일본인들은 매사를 즐기려고 한다.

인자들은 마음을 중시한다. 마음의 본질은 하나로 연결되어 있는 한마음이다. 인자들은 한마음으로 살기 때문에 남을 남으로 여기지 않는다. 남을 나로 여기기 때문에 남에 대한 두려움이 없다. 남을 만날 때도 긴장하지 않는다. 늘 마음이 느긋하고 매사에 낙천적이다. 그래서 인자들은 장수한다. 한국인들도 장수하는 사람들이다. 오늘날 여러 가지 어려운 문제들이 생겨 일본인보다 장수하지 못하고 있지만, 원래는 훨씬 장수하는 사람들이었다.

제22장

자왈제일변 지어노 노일변 지어도

子曰齊一變이라야 至於魯하고 魯一變이라야 至於道니라

| 국역 |

공자께서 말씀하셨다. "제나라가 크게 바뀌어야 노나라에 이르고, 노나라가 크게 바뀌어야 도에 이른다."

| 강설 |

제나라는 크고 부강한 나라지만, 노나라는 작고 빈약한 나라다. 오늘날의 상황으로 말하면 제나라는 미국이나 일본과 같은 나라지만, 노나라는 한국과 같은 나라다. 그런데 공자가 제나라가 한번 크게 바뀌어야 노나라 수준에 이른다고 한 것은 무슨 뜻일까?

오늘날 한국인들 중에는 미국과 일본을 선진국으로 삼고, 미국과 일본처럼 되는 것을 지상목표로 삼고 있는 사람들이 많다. 그러나 공자의 생각은 그렇지 않았다. 공자는 진리를 얻는 것을 가장 중요한 것으로 삼았다. 공자는 진리에 다가가는 수준이나 능력으로 사람을 평가했다. 국가에 대한 평가도 예외가 아니었다. 진리를 얻는 능력으로 보면 한국인이 월등하다. 미국 하버드 대학을 졸업하고 한국에 와서 승려가 된, 현각이라는 사람이 있다. 그는 한국에 와서 한국인들의 능력을 알고는, 한국인들은 보물을 가지고 있다고 했다. 한국인들의 보물은 다른 것이 아니라 진리를 얻는 능력이다. 미국인이나 일본인이 크게 한번 바뀌지 않고는 한국인의 능력을 따라올 수 없다. 공자가 살던 시대의 제나라와 노나라의 관계도 그러했다. 제나라가 아무리 크고 부강한 나라라 하더라도 진리를 얻는 능력에서는 노나라 사람들을 따라올 수 없었다.

그렇다고 노나라가 이상적인 국가인 것은 아니다. 노나라 사람들이 진리를 얻을 수 있는 능력은 탁월하지만 그 능력을 발휘한 것은 아니다. 노나라가 진리의 수준에 이르기까지는 아직도 멀었다.

지금의 한국도 마찬가지다. 한국은 예로부터 '군자의 나라', '동방예의지국', '군자가 죽지 않고 사는 나라' 등으로 불렸다. 그러나 지금은 물질주의에 젖어 그런 모습을 잃었다. 빨리 되찾아야 하지만, 아직 멀었다. 공자의 깨우침에 귀를 기울여야 한다.

제23장

자 왈 고 불 고 　 고 재 고 재
子曰觚[1]不觚면 觚哉觚哉아

| 국역 |

공자께서 말씀하셨다. "모난 술잔이 모나지 아니하면 모난 술잔이

겠는가? 모난 술잔이겠는가?"

| 난자풀이 |

[1] 觚 : 술잔. 고觚는 8각형 정도의 각이 있는 술잔이다.

| 강설 |

8각형 정도로 모가 나 있는 술잔을 '고觚'라고 부른다. 그런데 고는 만들기가 복잡하므로, 나중에는 각을 없애고 원형으로 만들어서 사용하면서, 그것을 그대로 '고觚'라고 불렀다. 이를 보고 공자가 그 명칭의 잘못됨을 지적한 것이다. 모가 난 술잔을 고라고 하는 것이니, 모가 나지 않은 술잔은 고라고 하더라도 고가 아니다.

임금이란 백성들을 위해 모든 것을 희생하는 사람인데, 임금의 자리에 있는 사람이 백성을 괴롭힌다면 임금이라 하더라도 임금이 아니다. 신하가 신하의 도리를 다하지 않으면 신하라 하더라도 신하가 아니다. 부모가 부모의 도리를 다하지 않으면 부모가 아니고, 자녀가 자녀의 도리를 다하지 않으면 자녀가 아니다. 선생이 선생의 도리를 다하지 않으면 선생이 아니고, 학생이 학생의 도리를 다하지 않으면 학생이 아니다. 사장이 사장의 도리를 다하지 않으면 사장이 아니고, 사원이 사원의 도리를 다하지 않으면 사원이 아니다.

공자의 이 말씀은 무서운 말이다.

제24장

재아문왈인자 수고지왈정유인언 기종지야
宰我問曰仁者는 雖告之曰井[1]有仁焉[2]이라도 其從之也로

자왈하위기연야 군자 가서야 불가함
소이다 子曰何爲其然也리오 君子는 可逝也언정 不可陷

야 가기야 불가망야
也며 可欺也언정 不可罔[3]也니라

| 국역 |

재아가 묻었다. "인자仁者의 부류에 속하는 사람들은 비록 너절한 거리에 어진 사람이 있다고 말하더라도 그를 따라갈 것입니다." 공자께서 말씀하셨다. "어찌 그렇겠는가. 군자는 가보게 할 수는 있으나 빠지게 할 수는 없으며, 속일 수는 있어도 멍청하게 만들 수는 없는 것이다."

| 난자풀이 |

1 井 : 시정市井. 시장이 있고 우물이 있는 다운타운의 너절한 거리.
2 仁 : 어진 사람.
3 罔 : 멍청한 상태. 음은 '망'.

| 강설 |

앞의 인자仁者는 인자의 부류에 속하는 사람을 말하고, 뒤에 나오는 인仁은 인을 실천하는 훌륭한 사람을 말한다. 이와 같은 용례는 앞의 제20장에서도 나왔다. 또 정井은 시정市井이란 뜻으로, 시장이 있고 우물이 있는 마을의 중심부를 말한다. 주자를 위시한 대부분의 주석가들은 정井을 '우물'로 해석하고 인仁을 '인人'으로 해석하여 '정유인언井有仁焉'을 '우물 안에 사람이 있다'는 뜻으로 이해하였으나 맥락이 통하지 않는다. 시정市井이란 시정잡배들이 우글거리는 마을의 너절한 곳, 또는 도시의 다운타운을 말한다.

지자知者의 부류에 속하는 사람들은 교양과 품위를 중시한다. 그들은 교양의 수준에 따라 A급, B급, C급, D급 등으로 분류된다. A급의 사람들은 A급 사람들이 사는 고급 동네에 살고, A급 사람들이 쓰는 언어를 사용하며, A급 사람들과 어울리고, A급 사람들이 다니는 음식점에 다니며, A급 사람들이 입는 옷을 입는다. B급 사람들, C급 사람들 등등이 또한 그렇다. 그러므로 지자知者들은 너절한 곳에 훌륭한 사람이 있다 하더라도 믿지 않는다. 그러나 인자仁者의 부류에 속하는 사람들은 다르다. 용모나 교양 등에 대해 그다지 신경을 쓰지 않으며 너절한 거리에 다니기도 하고, 깔끔하지 못한 용모를 하기도 한다. 사람을 사귈 때도 외모나 교양을 중시하기보다 마음이 통하는 사람을 택하곤 한다. 따라서 그러한 사람은 너절한 거리에 너절한 옷차림을 한 사람이 나타났다 하더라도 그가 마음이 깊고 훌륭한 사람이라는 말을 들으면 가보기도 하고 가르침을 구하기도 한다. 그러나 가서 보고 그가 사이비이거나 엉터리일 경우에는 그의 술수에 빠지지 않는다. 따라서 '인인仁人이 있다'는 말로 그를 속일 수는 있어도 멍청하게 만들 수는 없는 것이다.

제25장

자왈군자박학어문 약지이례 역가이불반의부
子曰君子博學於文이요 約之以禮면 亦可以弗畔矣夫인저

| 국역 |

공자께서 말씀하셨다. "군자가 여러 가지 삶의 도리와 방식에 대하여 널리 배우고, 예를 가지고 짜임새 있게 행한다면, 또한 (도에서) 어긋나지 않을 것이다."

| 난자풀이 |

1 約 : 요약함, 집약함. 짜임새 있는 것.
2 畔 : 배반하다, 어긋나다.
3 夫 : 감탄조사.

| 강설 |

군자는 진리를 얻기 위해 정진하고 있는 사람들이다. 문학·사학·철학·정치·경제·교육·예술 등 다양하게 공부해야 하고, 여러 가지 예의범절과 교양을 두루 공부해야 한다. 그런 내용을 통틀어서 문文이라 한다.

그러나 널리 배운 내용들을 이것저것 두서없이 실천하다 보면 혼란스럽다. 중요한 것은 널리 배운 것들을 하나로 꿰는 것이다. 대밭에서 자라고 있는 많은 대나무들이 하나의 뿌리로 연결되어 있는 것처럼, 복잡하게 펼쳐져 있는 사람 사는 도리들도 하나로 꿰어져 있다. 사람이 널리 배우는 까닭은 그 하나로 꿰어져 있는 뿌리를 알기 위해서다. 하나의 뿌리를 알기만 하면 더 이상 많은 것을 배우지 않아도 된다.

예의범절이니 교양이 아무리 복잡하더라도 그것이 하나의 뿌리로 집약된다. 그러므로 그 뿌리만 알면 실천하는 것이 어렵지 않다. 수많은 잎과 가지가 아무 연관성 없이 제멋대로 움직인다면 극도로 혼란하게 되지만, 뿌리의 뜻으로 움직인다면 모든 움직임이 짜임새가 있고 체계가 있다. 사람의 삶의 방식도 마찬가지다. 삶의 방식이 아무리 다양하고 복잡하더라도 하나로 꿰어져 있는 뿌리를 안다면, 그때그때의 상황에 맞게 짜임새 있게 행동할 수 있다. 그런 행동방식이 예다. 인仁이 나타난 것이 의義이고, 의義가 구체적인 방식으로 표현된 것이 예禮이기 때문에, 예를 실천하는 것은 인으로 모든 것을 꿰는 것이다. 지극히 짜임새가 있다.

제26장

자견남자 / 자로불열 / 부자시지왈여소부자

子見南子하신대 子路不說이어늘 夫子矢之曰予所否者

1 / 2 / 3

천염지 천염지

인댄 天厭之, 天厭之시리라

| 국역 |

공자께서 남자南子를 만나시자, 자로가 기뻐하지 않았다. 이에 공자께서 맹세하셨다. "내가 잘못한 것이었다면 하늘이 나를 미워할 것이다. 하늘이 나를 미워할 것이다."

| 난자풀이 |

1 南子 : 위衛의 영공靈公의 부인. 실권을 쥐고 있었으나 송宋의 공자 조朝와 사통私通하는 등 품행에 문제가 있는 사람이었다.

2 矢 : 맹세하다. 음은 '시'. 옛날 맹세할 때 화살을 입에 대고 한 데서 유래하여, 맹세한다는 뜻이 생겼다.

3 所 : 맹세하는 말의 앞부분에 쓰이는 말. '만약'으로 번역하기도 한다.

| 강설 |

공자께서 위나라 영공의 부인인 남자를 만났다. 나이가 많고 용기가 있는 자로가 불쾌함을 표시했다. "품행이 좋지 아니한 여자와 무엇 때문에 만납니까?" 하고 항의하는 의미였다.

천명을 깨달은 공자는 다른 사람들을 내 몸처럼 사랑하게 되었고, 모든 사람들에게 참다운 삶이 무엇인지 깨우쳐주고 싶었다. 그러기 위해서는 정치에 관여해야 했으므로 당시 위나라의 권력을 쥐고 있는 남자를 만난 것이지, 다른 뜻이 있어서 만난 것이 아니다. 그래서 자로의 항의를 받은 공자는 다음과 같은 말로 해명했다. "내가 남자를 만난 것은 하늘의 뜻을 실천하기 위한 것이지 다른 뜻이 없었다. 내가 그녀를 만난 것이 잘못된 것이었다면 하늘이 나를 미워할 것이다."

제27장

자왈중용지위덕야기지의호 민선구의
子曰中庸之爲德也其至矣乎인저 民鮮久矣니라

| 국역 |

공자께서 말씀하셨다. "중용의 덕이 지극하구나! 백성 중에 오래

하는 이가 드물다."

| 강설 |

인자는 마음을 중시하기 때문에 마음에 치중하는 면이 있다. 반대로 지자는 몸을 중시하기 때문에 몸에 치중하는 면이 있다. 그렇게 되면 원만한 삶을 살 수 없다. 가장 원만한 삶은 몸과 마음이 다 함께 충실한 삶이다. 건전한 마음과 건강한 몸으로 조화롭게 사는 것이 최선이다. 그러한 삶이 중용이다. 인에 치중하는 사람을 인자라 하고, 지에 치중하는 사람을 지자라 한다면, 중용을 추구하는 사람은 성자聖者라 한다.

그러므로 중용은 최고의 덕이다. 중용의 실천자는 산을 좋아하기도 하고 물을 좋아하기도 하며, 움직여야 할 때 움직이고 가만히 있어야 할 때 가만히 있으며, 자기의 일을 즐기면서도 오래 살 수 있는 사람이다.

산과 물을 동시에 좋아할 수는 없다. 산에 가면서 동시에 물에 갈 수는 없다. 따라서 산과 물을 다 좋아하기 위해서는 상황에 따르는 방법밖에 없다. 그때그때의 상황을 살펴, 산에 갈 상황이면 산에 가고, 물에 갈 상황이면 물에 가면 된다. 공자의 '시중時中'이 바로 그것이다. 시時는 상황을 말하고, 중中은 알맞게 하는 것이므로, 시중이란 상황에 알맞게 행동하는 것이다.

상황은 조금도 쉬지 않고 바뀌는 것이므로 중용의 실천은 그래서 어렵다. 백성들 중에는 중용을 잠깐 실천할 수 있는 사람은 있어도 오래 실천할 수 있는 사람은 드물다고 했다.

제28장

子貢曰如有博施於民而能濟衆이면 何如하니잇고 可謂仁乎잇가 子曰何事於仁이리오 必也聖乎인저 堯[1]舜[2]도 其猶病諸시니라 夫仁者는 己欲立而立人하며 己欲達而達人이니라 能近取[3]譬[4]면 可謂仁之方也已니라

(자공왈여유박시어민이능제중 하여 가위인호 자왈하사어인 필야성호 요순 기유병저 부인자 기욕립이입인 기욕달이달인 능근취비 가위인지방야이)

| 국역 |

자공이 말했다. "만약 백성에게 널리 은혜를 베풀어 많은 사람을 구제할 수 있다면 어떻겠습니까? 인仁하다고 할 수 있습니까?" 공자께서 말씀하셨다. "어찌 인仁에 해당되는 일만이겠느냐? 반드시 성聖에 속한 일인 것이다. 요순도 (그렇게 하지 못하는 것을) 병통으로 여겼다. 무릇 인자仁者는 자신이 서고자 할 때 남을 세우며, 자신이 출세하고 싶을 때 남도 출세하게 한다. 가까운 것에서 취하여 알아차리는 것을, 인仁을 실천하는 방법이라고 할 수 있다."

| 난자풀이 |

[1] 堯 : 고대 당唐나라의 성군聖君 도당씨陶唐氏의 호인데 본래는 고高라고 했다. 성은 당唐, 이름은 방훈放勳.

[2] 舜 : 성은 우虞, 이름은 중화重華, 순舜은 그의 호, 옛날의 성군聖君으로서 요堯의 선양을 받아서 통치함. 그가 통치하던 나라를 우虞라 함. 요堯와 순舜은 당시의 신민들이 부르던 호칭이다.

[3] 近取 : 가까운 것에서 취하여 판단하는 것. 가까운 것은 내 마음이므로 내 마음을 헤아려 판단하는 것을 말한다.

[4] 譬 : 비유하다. 깨닫다. 알아차리다. 근취비近取譬는 내 마음에서 헤아려 다른 사람의 마음을 알아차리는 것을 말한다. 내 마음을 헤아려 다른 사람의 마음을 알아차릴 수 있다. 다른 사람의 마음을 알아서 내가 서고 싶을 때 다른 사람을 서게 하고, 내가 출세하고 싶을 때 다른 사람을 출세하도록 하는

것이 인仁을 실천하는 좋은 방법이 된다.

| 강설 |

자공은 이재를 잘하여 재산이 많으므로 널리 백성들에게 베풀 수 있고, 또 많은 어려운 사람들을 구제할 수 있을 것 같은 생각이 들었는데, 이러한 것이 혹시 공자가 중시하는 인仁에 해당될지도 모른다는 기대에서 공자의 평가를 요구한 것으로 짐작된다.

공자의 대답은 예상 밖이었다. 널리 백성들에게 은혜를 베풀고 많은 사람들을 구제하는 것은 물질적인 차원에서 이루어지는 것만이 아니다. 한마음을 회복한 사람이 나타나 과감하게 세상을 구제할 때만 가능하다. 세상을 구제하는 데는 지혜로움도 필요하고 용감한 실천력도 필요하다. 인자仁者의 마음과 지자知者의 지혜를 갖춘 뒤에 과감한 실천력으로 나설 때 세상을 구제할 수 있다. 그런 사람을 성인聖人이라 한다.

七. 술이편述而篇

제1장

자 왈 술 이 부 작　　신 이 호 고　　절 비 어 아 노 팽

子曰述而不作①하며 ② 信而好古를 竊③比於我④老彭⑤하노라

| 국역 |

공자께서 말씀하였다. "계승은 하되 창작하지 아니하며, 미더운 마음으로 살면서 옛것을 좋아하는 것을 가만히 우리 노팽에게 견주어본다."

| 난자풀이 |

1 述 : 계승한다. 잇는다.

2 作 : 창작한다. 새로 만든다.

3 竊 : '훔치다', '몰래', '가만히' 등의 뜻. 겸양하는 말투에 많이 쓰인다.

4 我 : 친근미를 나타내는 말 앞에 많이 붙인다.

5 老彭 : ① 은나라의 현명한 대부 ② 팽조 ③ 노자와 팽조 등의 세 가지 설이 있다. 『대대례기大戴禮記』 우대덕편虞戴德篇의 기록에 의하면, 노팽老彭은 대부에게 정치를 가르치고, 사에게 관직을 가르치고, 서인에게 기술을 가르쳤다는 은나라 초기의 현명한 대부이다.

| 강설 |

괴이한 사상이나 이상한 이론을 자꾸 만들어내면 자기는 유명해질 수 있지만, 사회 전체로 보면 혼란을 가중시키는 결과를 가져온다. 그런 것을 자꾸 만들어내는 사람은 명예욕이 많은 사람이다.

진리는 이미 예로부터 다 전해오고 있다. 옛날에 밝혀놓지 않은 진리는 없다. 그러므로 훌륭한 사람은 예로부터 전해오는 것을 계승하여 시대에 맞게 재해석을 할 뿐 엉뚱한 것을 자꾸 만들어내지는 않는다.

공자는 그런 사람이었다. 공자는 열심히 옛것을 공부했고, 예로부터 내려오는 진리를 다 깨쳤다. 공자는 옛 진리에 대해서 의심하지 않았다. 옛 진리를 의심하는 사람은 옛 진리를 모르는 사람이다. 옛 진리를 확실히 안다면 의심할 여지가 없다. 공자는 하늘을 믿고, 진리를 믿고, 옛 성인을 믿었다. 미더운 마음으로 살면서 옛것을 좋아했다. 그런 모습이 은나라 초기의 현명한 대부였던 노팽老彭과 비슷했던 모양이다.

제2장

자왈묵이식지 학이불염 회인불권 하유 어아재

子曰默而識之하며 學而不厭하며 誨人不倦하니 何有於我哉오

| 국역 |

공자께서 말씀하셨다. "묵묵하게 알고, 배우고서 싫증내지 아니하며, 남에게 깨우치기를 게을리하지 아니하니 (이외에) 나에게 무엇이 있겠느냐?"

| 강설 |

배우고 따져서 아는 것은 머리로 아는 것이다. 머리로 아는 것은 자기의 삶에 녹아들어오지 못한다. 삶을 결정하고 삶을 이어가는 것은 가슴에서 나오는 감정이다. 감정에는 두 가지가 있다. 하늘마음에서 내려오는 순수한 감정과 이기적 계산에 의해 왜곡된 욕심이다. 순수한 감정으로 사는 사람은 하늘마음으로 사는 사람이다. 하늘마음으로 사는 사람은 진실한 사람이고 행복한 사람이지만, 욕심으로 사는 사람은 거짓된 사람이고 불행한 사람이다. 이러한 사실은 배우고 따져보면 알 수 있지만, 그것은 머리로 아는 것이다. 머리로 아는 것만으로는 행복해질 수 없다. 행복은 가슴속이 순수한 감정으로 채워질 때 찾아온다. 순수한 감정은 욕심의 크기와 반비례한다. 욕심이 줄어들수록 순수한 감정은 커진다. 욕심을 없애는 방법은 머리로 알 수 있지만, 실지로 없애는 것은 머리로 할 수 있는 것이 아니다. 머리로 아는 것을 몸으로 터득해야 참으로 아는 것이다. 욕심을 없애는 방법은 여러 가지가 있다. 잡념을 버리고 묵묵히 앉아 있어도 되고, 한 가지 일에 몰두해도 되며, 철저하게 예법을 실천해도 된다. 공자가 여기서 설명한 방법은 이 방법들 중에서 첫 번째 방법이다.

잡념을 버리고 묵묵히 앉아 있으면 욕심이 줄어들고, 욕심이 줄어들면 하늘마음이 내려오는 통로가 열려 순수한 감정이 불어난다. 순수한 감정이 불어나면 깨달음이 온다. 깨달음은 순수한 감정에서 나타나는 느낌이다. 그 느낌은 행복감으로 이어진다. 그 느낌은 세상의 모든 이치에 통한다. 공자가 말한 묵이식지默而識之다.

행복은 느끼는 것이고, 진리를 체득하는 것도 느낌이다. 몸으로 안다는 것은 느낌으로 아는 것을 말한다. 느낌으로 아는 것이 다시 머리에 입력되므로, 느낌으로 아는 진리가 많을수록 머리로 아는 진리도 많아진다. 머리로 아는 진리가 많아질수록 경전의 가르침이 더 많이 이해된다. 경전은 성인이 몸으로 느낀 것을 기록해 놓은 것이기 때문에 그렇다. 경전의 가르침 중에서 느낌으로 알게 된 것은 이미 자기의 것이다. 그것을 제외한 나머지는 또 배워서 머리로 알아야 하고, 그 안 것은 다시 묵이식지의 과정을 통해서 자기 것으로 만들어야 한다.

이처럼 머리로 아는 것과 몸으로 아는 것이 상호보완작용을 하면서 진리로 다가가는 것이다. 그러다가 어느 날 완전 득도의 순간이 다가온다.

공자가 말한 묵이식지와 학이불염學而不厭은 몸으로 알기 위한 노력과 머리로 알기 위한 공부를 게을리하지 않았다는 말이다. 그리하여 공자는 마침내 하늘마음을 알았고, 하늘마음으로 살 수 있게 되었다. 하늘마음으로 살면 모든 사람이 나로 바뀌고 모든 사람의 고통이 나의 고통으로 바뀌기 때문에, 남을 깨우치는 것이 가장 중요한 일로 다가온다. 공자는 가르치는 일을 게을리하지 않았다. 이 세 가지 일 외에 공자가 해야 할 일은 아무것도 없었다. 공자가 정치에 관심을 가진 것은, 정치가 남을 깨우치기 위한 수단이었기 때문이다.

제 3 장

子曰德之不脩(자왈덕지불수)[1]와 學之不講(학지불강)과 聞義不能徙(문의불능사)와 不善不能改(불선불능개)是吾憂也(시오우야)니라

| 국역 |

공자께서 말씀하셨다. "덕을 닦지 못하는 것, 학을 강마하지 못하는 것, 의를 듣고 옮겨가지 못하는 것, 착하지 아니한 것을 고치지 못하는 것, 이것이 나의 걱정이다."

| 난자풀이 |

1 之 : 덕德과 불수不修의 도치를 나타내는 역할을 한다.

| 강설 |

공자의 말씀은 모두 진리를 얻는 방법에 관한 것이다. 덕을 닦는 것은 하늘마음이 제대로 내려올 수 있도록 노력하는 것이고, 배우는 것은 진리의 내용을 머리로 이해하는 것이며, 의로움을 실천하는 것은 하늘마음을 따르는 것이고, 불선을 고치는 것은 욕심을 없애는 것이다. 공자는 위의 방법대로 열심히 노력해서 진리를 얻었다.

그러나 제자들을 보니 그렇지 않았다. 낮잠 자는 제자도 있고, 한가하게 인물평이나 하고 있는 제자도 있으며, 벼슬자리에 탐을 내는 제자도 있고, 취직 걱정을 하는 제자도 있다. 그 제자들은 진리에 목말라 있지 않은 것 같다. 공자는 걱정이 되었다. 제자들을 꾸짖기도 해보지만 별로 효과가 없다. 욕심이 많은 사람일수록 욕심을 없애라고 하면 바로 반발한다. 욕심이 그를 그렇게 하도록 시키기 때문이다. 시간을 두고 차분히 생각을 할 때 본심이 끼어들 여지가 생기고, 본심이 끼어들면 받아들일 수 있는 여유가 생긴다.

공자는 그런 효과를 노렸다. 공자는 자기의 일인 것처럼 설명했다. "진리를 얻지 못하는 것, 오직 그것이 나의 유일한 걱정이다." 공자가 이렇게 말한 것은 제자들을 진리로 유도하기 위해서였다.

제4장

子之燕居(자지연거)[1]에 申申如也(신신여야)[2]하시며 夭夭如也(요요여야)[3]러시다

| 국역 |

공자께서 한가로이 계실 때의 모습은 느긋하시며 온화하셨다.

| 난자풀이 |

[1] 燕 : 제비. 제비는 편안하게 날게 때문에 '편안함', '한가함' 등의 뜻이 생겼다.
[2] 申申如 : 느긋한 모양. '긴장된 모양과 반대의 뜻.
[3] 夭夭如 : 온화한 모양.

| 강설 |

소인은 육체적 욕구를 충족하기 위해 남과 경쟁하므로 늘 불안하고 초조하지만, 군자는 그렇지 않다. 군자에게는 욕심이 없다. 그저 무심히 본마음을 실천하기만 하면 된다. 욕심을 채울 것이 없으므로 늘 느긋하고 온화하다.

제5장

자왈심의 오쇠야 구의 오불부몽견주공
子曰甚矣라 吾衰也여 久矣라 吾不復夢見周公[1]이여

| 국역 |

공자께서 말씀하셨다. "심하도다! 나의 쇠약함이여. 오래되었도다! 내가 주공周公을 꿈에서 다시 뵙지 못한 것이."

| 난자풀이 |

[1] 周公 : 주周나라 문왕文王의 아들이고 무왕武王의 동생이다. 성은 희姬, 이름은 단旦, 시호는 원元 또는 문文. 무왕을 도와 주紂를 토벌하였다. 무왕이 죽자 성왕成王을 도와 섭정을 하였으며, 제도制度와 예악禮樂을 만들고 관혼상제의 의례와 절차를 정하였다. 뛰어난 철학자이자 웅변가이며 군인이며 정치가였다.

| 강설 |

공자가 천명을 깨닫고 이 세상을 구제하려 하였을 때 제일 먼저 해야 할 일은, 사람들을 사람다운 사람으로 만들고 사회를 인간사회로 만드는 것이었다. 구체적으로 그것은 예禮를 실현하는 것이었다. 이러한 점에서 공자는, 예禮를 만들어내어 인간사회를 건설했던 주공周公을 모범으로 생각하지 않을 수 없었다. 공자의 일차적인 목표는 주공처럼 하는 것이었을 것이다. 그러므로 공자가 탄식한 것은 몸이 쇠약해진 것에 대한 것이 아니라 아직도 예禮를 구현하지 못한 데 대한 것이라고 볼 수 있다.

이 문장만을 읽고서 공자가 가장 존경한 인물이 주공이었다고 판단하는 것은 옳지 않다. 일차적인 목표인 예를 실현하게 되면, 그 다음으로 예의 본질인 인을 구현하는 단계로 나아가야 한다. 그때는 요와 순의 사상이 중심이 될 수밖에 없다. 그 단계가 되었다면 공자는 요와 순을 꿈꾸었을 것이다.

제6장

子曰志於道하며 據於德하며 依於仁하며 遊於藝니라
(자왈지어도 거어덕 의어인 유어예)

| 국역 |

공자께서 말씀하셨다. "도에 뜻을 두며, 덕에 근거하며, 인에 의하며, 예술의 세계에서 노닌다."

| 강설 |

진리에 다가가는 과정을 설명한 것이다. 사람이 세워야 할 목표는 도를 얻는 것, 오직 그것 한 가지뿐이다. 이를 제외하고는 어떠한 목표라도 다 문제가 있다.

도는 하늘마음이 내려오는 길이다. 도에 목표를 둔다는 것은 그 길을 확실하게 수리한다는 뜻이다. 그 길이 확실하게 수리가 되면 하늘마음이 다른 데로 가지 않고 바르게 내려올 수 있다. 덕德은 하늘마음이 똑바로 내려오게 할 수 있는 능력이다. 길이 열려서 하늘마음을 똑바로 내려오게 할 수 있다면 하늘마음으로 살 수 있다. 하늘마음은 한마음이고, 한마음이 인仁이다. 하늘마음으로 살면 무한히 행복하다. 그 행복한 마음이 표현되는 것이 예술이다. 하늘마음으로 사는 사람은 삶 자체가 예술이다. 그의 흥얼거림이 음악이고, 그의 몸놀림이 무용이며, 그가 그린 그림이 미술이고, 그가 쓴 글씨가 서예다.

제 7 장

자 왈 자 행 속 수 이 상 　 오 미 상 무 회 언
子曰自行束脩以上은 吾未嘗無誨焉이로다
[1] [2]

| 국역 |

공자께서 말씀하셨다. "속수 이상을 행한 자는 내 일찍이 가르쳐 주지 않은 적이 없다."

| 난자풀이 |

[1] 束 : 다발. 여기서는 열 개를 말함.
[2] 脩 : 말린 고기, 포. 속수束脩는 처음 인사드릴 때 드리는 예물로서 가장 약소한 것이다.

| 강설 |

공자의 가르침은 누구에게나 열려 있었다. 공자의 목적은 모든 사람을 다 깨우치는 것이었다. 그렇다고 해서 공짜로 가르치지는 않았다. 배움은 예를 배우는 것에서부터 시작한다. 배우는 학생으로서 선생에게 예를 차리는 것은 당연하다. 또 공짜로 배우면 열의가 생기지 않고 교육효과도 떨어진다.

선생에게 차리는 예물은 비싼 것이면 안 된다. 가난한 사람도 부담이 되지 않는 수준이어야 한다. 속수束脩는 말린 포 열 개 정도를 묶어놓은 다발이다. 비싼 것이 아니다. 그러나 모든 학생의 예물이 다 똑같은 것은 아니다. 형편이 나은 학생은 형편에 따라 더 비싼 것을 가지고 오기도 한다.

공자가 세운 학교는 개인이 세운 것이므로 오늘날의 개념으로 말하면 사립학교다. 교육방침을 공자가 정할 수 있었다. 오늘날의 학교라기보다는 교회와 같은 형태였을 것이다.

제8장

자왈불분　　불계　　불비　　불발　　거일우

子曰不憤[1]이어든 不啓하며 不悱[2]어든 不發하며 擧一隅에

불이삼우반즉불부야

不以三隅反則不復[3]也니라

국역

공자께서 말씀하셨다. "분발하지 아니하면 열어주지 아니하며, 애태우지 아니하면 말해주지 아니하며, 한 모퉁이를 들 때, 세 모퉁이로써 돌아오지 아니하면 다시 일러주지 아니한다."

난자풀이

[1] 憤 : 학문을 좋아하게 되어 마음속에서 분발하는 것.

[2] 悱 : 알고 싶은 내용이 잘 이해되지 않아 마음을 태우는 것.

[3] 復 : 다시 한다. 음은 '부'.

강설

이 문장은 공자의 교육방법을 알 수 있는 대목이다.

목마른 사람에게 물을 주면 효과가 있지만, 목마르지 않은 사람에게는 효과가 없다. 학문도 마찬가지다. 스스로 분발하여 의욕을 보이지 않는 사람들에게 가르쳐주는 것은 효과가 없다. 그러므로 분발하여 의욕을 보이는 제자들에게 그 다음 단계를 열어서 보여주며, 알고 싶어서 애태우는 제자에게 해답을 가르쳐주며, 한 모퉁이만 건드려주면 나머지 세 모퉁이를 이해할 정도로 무르익지 않으면 완전히 소화하여 무르익을 때까지 다시 가르쳐주지 아니한다. 효과적인 교육방법이라 생각된다.

제9장

자식어유상자지측 미상포야 자어시일 곡
子食於有喪者之側에 未嘗飽也러시다 子於是日에 哭
즉불가
則不歌러시다

| 국역 |

공자께서는 상 중에 있는 자의 곁에서 음식을 먹을 때에는 일찍이 배불리 먹은 적이 없으셨다. 공자께서는 곡을 하신 날에는 노래를 부르지 않으셨다.

| 강설 |

인仁을 실천하게 되면 남을 나처럼 여기게 되므로 남의 슬픔이 나의 슬픔이 되고 남의 기쁨이 나의 기쁨이 된다. 따라서 상을 당한 사람을 보면 자기의 마음도 슬퍼져 저절로 배부르게 먹히지 아니하며, 문상을 가서 곡을 한 일이 있으면 그날 중에는 슬픔이 가시지 않으므로 노래할 기분이 되지 아니한다.

제10장

子謂顔淵曰用之則行하고 舍之則藏을 唯我與爾有是夫인저 子路曰子行三軍則誰與시리잇고 子曰暴虎馮河하여 死而無悔者를 吾不與也니 必也臨事而懼하며 好謀而成者也니라

| 국역 |

공자께서 안연에게 말씀하셨다. "써주면 활약하고 버려지면 숨는 것을, 오직 나와 너만이 할 수 있구나!" 자로가 말했다. "선생님께서 삼군三軍을 통솔하신다면 누구와 함께 하시겠습니까?" 공자께서 말씀하셨다. "맨손으로 범을 잡으려 하고 맨몸으로 황하를 건너려다가, 죽어도 후회함이 없는 자를 나는 함께하지 않을 것이니, 반드시 일에 임하여 두려워하고, 계책 세우기를 좋아하여 성공하는 자와 함께할 것이다."

| 난자풀이 |

1 舍 : 사捨와 통용. 놓아두다. 버려두다. 음은 '사'.
2 藏 : 감추다. 숨다. 음은 '장'.
3 三軍 : 『주례周禮』 하관夏官의 서관序官에 '만이천오백인萬二千五百人을 군軍이라고 하는데, 왕王은 육군六軍, 대국大國은 삼군三軍, 차국次國은 이군二軍, 소국小國은 일군一軍'이란 말이 있다.
4 暴 : 맨손으로 침. 음은 '포'.
5 馮 : 맨발로 건넘. 음은 '빙'.

| 강설 |

군자는 마음에 집착이 없다. 고집하는 것이 없이 상황에 맞추어

무심히 처한다. 등용되면 정치적 역량을 발휘하지만, 등용되지 않으면 저절로 자취를 감출 따름이다. 공자는 공자 자신과 안연만이 이런 군자의 삶을 살 수 있다고 했다. 공자의 말씀을 듣는 순간 자로는 불만이었다. 안연은 자기보다 훨씬 후배이다. 자신도 인정받고 싶었다. "선생님께서 만약 삼군을 통솔하신다면 누구와 함께하시겠습니까?" 자로는 "그래, 유야 너와 함께하겠다."라는 스승의 말을 기대했다. 그러나 공자의 대답은 달랐다. "맨손으로 범을 잡으려 하고, 맨발로 황하를 건너려 하며, 죽어도 후회하지 않는 무모한 자하고는 같이하지 않겠다. 반드시 면밀한 계책을 세워 꼭 성공하는 자와 함께하겠다."

공자가 애초에 말을 꺼낸 것은 자로를 위해서였다. 공자에게는 자로가 걱정이었다. 자로는 무모하면서도 용감하기 때문에 제명대로 살지 못할까 그것을 늘 걱정했다. 자로를 깨우칠 계기를 마련하기 위해 안연을 칭찬하는 말을 꺼낸 것이다.

자로의 질문을 접한 공자는 먼저 자로의 단점(暴虎馮河, 死而無悔)을 지적하고, 보충해야 할 방향(臨事而懼, 好謀而成)을 제시했다. 제자를 깨우치는 위대한 스승의 마음을 읽을 수 있다.

제11장

子曰富而可求也(자왈부이가구야)인댄 雖執鞭之士(수집편지사)라도 吾亦爲之(오역위지)어니와
[1] [2]
如不可求(여불가구)인댄 從吾所好(종오소호)하리라

| 국역 |

공자께서 말씀하셨다. "부를 만약 구하여 얻을 수 있다면 비록 말채찍을 잡는 마부라도 내 또한 하겠으나, 만일 구하여 얻을 수 없는 것이라면 내가 좋아하는 것을 하겠다."

| 난자풀이 |

1 而 : 여기서는 의미상 '여如'의 뜻으로 보아야 할 것이다.
2 鞭 : 채찍. 음은 '편'. 집편지사執鞭之士는 '마부'를 말한다.

| 강설 |

돈이 필요하다. 욕심 많은 사람은 욕심을 채우기 위해서 돈이 필요하고, 하늘마음으로 사는 사람은 세상을 구제하기 위해서 돈이 필요하다. 공자도 돈이 필요했다. 돈이 있으면 학교를 크게 세워 많은 학생을 가르칠 수 있고, 여러 군데 학교를 세워 여러 곳의 사람들을 가르칠 수 있다. 그런데 그런 돈이 없다. 만약 돈을 많이 벌 수 있다면 이것저것 안 가리고 다 해볼 생각도 들었다. 그러나 돈은 벌고 싶다고 벌어지는 것이 아니다. 돈은 좇아갈수록 달아난다. 돈을 좇다가 시간을 낭비할 수는 없다. 너무 많은 시간을 낭비하여 학문할 기회를 잃어버리면 참으로 낭패다. 학문을 완성하는 데는 많은 시간이 걸린다. 열심히 노력하여 학문을 완성한다면, 그래서 하늘 같은 사람이 된다면 그때는 사람들이 모여들 것이고, 저절로 학교가 세워질 것이다.

아무리 좋은 계획을 세우더라도 역량이 따라가지 못하면 성공할 수 없다. 성공의 비결은 자기의 역량을 키우는 데 있다.

제12장

자지소신 재전질
子之所愼은 齋戰疾이러시다

| 국역 |

공자께서 신중하게 다루신 것은 재계하는 것과 전쟁하는 것과 질병이었다.

| 강설 |

공자가 신중하게 다루었던 부분은 제사지낼 때 하는 목욕재계, 전쟁, 질병이었다. 목욕재계는 조상을 섬기는 일이다. 제사를 잘 지내면 모두가 평화롭고 화목하게 살 수 있다. 신중히 할 필요가 있다. 전쟁은 여러 사람의 목숨과 국가의 존망이 달려 있다. 조심하지 않으면 안 된다. 질병 또한 사람의 생사가 걸려 있는 것이다. 주의하지 않으면 안 된다.

— 제 13 장 —

자 재 제 문 소 / 삼 월 부 지 육 미 / 왈 부 도 위 악 지

子在齊聞韶하시고 三月不知肉味하사 曰不圖爲樂之

지 어 사 야

至於斯也호라

| 국역 |

공자께서 제나라에 계실 적에 (순임금의 음악인) 소韶를 듣고 배우시는 석 달 동안 고기 맛을 모르셨다. 그러시더니, "음악을 하는 것이 이러한 경지에 이를 줄은 생각하지 못했다."고 하셨다.

| 강설 |

기원전 517년, 노나라의 소공昭公이 삼환三桓에 쫓겨 제나라로 망명을 하였는데, 이때 공자도 그의 뒤를 따라 제나라로 간 일이 있다. 소韶를 듣게 된 것은 그때의 일일 것으로 생각된다. 35세 때의 일이다.

『사기』 공자세가에는 '학지삼월學之三月, 부지육미不知肉味'로 되어 있다. 배우는 석 달 동안 고기 맛을 알지 못했다는 뜻이다. 고기 맛을 몰랐다는 것은 그 음악을 배우는 데 열중하였다는 말이다.

사람이 하늘마음을 회복하면 즐거움이 극에 달한다. 순임금의

즐거움이 그런 것이었다. 노자는 그 즐거움을 '홀황惚恍'이라 했고, 석가는 '법열法悅'이라 했다. 순임금은 그 홀황의 세계를 음악으로 표현했다.

순임금의 음악은 홀황의 세계로 통한다. 순임금의 음악을 완전히 이해하면 홀황의 경지에 이른다.

제14장

冉有曰夫子爲衛君乎아 子貢曰諾다 吾將問之호리라 入曰伯夷叔齊何人也잇고 曰古之賢人也니라 曰怨乎잇가 曰求仁而得仁이어니 又何怨이리오 出曰夫子不爲也시리라

(염유왈부자위위군호 자공왈낙 오장문지 입왈백이숙제하인야 왈고지현인야 왈원호 왈구인이득인 우하원 출왈부자불위야)

| 국역 |

염유冉有가 말했다. "선생님께서 위나라 임금을 지지하실까요?" 자공이 말했다. "그렇겠지. 아니, 내가 바로 여쭈어보겠다." (공자의 방에) 들어가 말하였다. "백이와 숙제는 어떠한 사람입니까?" "옛날의 현인이다." "원망하였습니까?" "인을 구하여 인을 얻었으니, 더 이상 무엇을 원망했겠느냐?" 나와서 말하였다. "선생님께서는 돕지 않으실 것이다."

| 난자풀이 |

1 爲 : 위하다. 돕다. 지지하다.
2 諾 : 대체로 긍정할 때 쓰는 말. '응!', '그러지', '그렇지'.
3 將 : 곧. 바로. 장차.

| 강설 |

위나라 임금이란 위나라의 출공出公, 이름은 첩輒, 영공의 손자이며 괴외蒯聵의 아들이다. 괴외가 품행이 나쁜 남자南子(영공의 부인)를 죽이려 하다가 실패하여, 기원전 496년 송나라로 도망갔다가 다시 진晉나라로 망명했다. 기원전 493년 영공이 죽자 첩輒이 즉위하였는데, 그 아버지 괴외가 상속권을 주장하며 진나라의 후원을 얻어 위나라로 돌아오려 하였으나 첩이 군대를 동원하여 저지하였다. 기원전 489년, 첩이 즉위한 지 4년째 되던 해에 공자가 초나라에서 위나라로 갔으므로, 이 문답은 그때의 일로 생각된다. 당시의 여론은 첩을 지지하자는 파와 괴외를 맞아들이자는 파로 양분되어 있었을 것이므로, 공자가 어느 쪽을 지지하는지에 대한 관심이 집중되었을 것이다. 당시의 공자는 63세였다. 그 후의 경과를 보충 설명하면, 기원전 480년 괴외가 위나라로 돌아와 즉위하여 장공莊公이 되고 첩은 노나라로 망명하지만, 그 후 기원전 478년에 다시 장공이 쫓겨나고 그 이듬해 첩이 제나라에 있다가 돌아와 즉위하게 된다. 부자간의 심각한 왕위쟁탈전이었다. 염유가 선생님께서 첩을 지지할 것인가에 대해서 자공에게 물었더니 자공은 무심코 "그렇겠지." 하고 대답했다. 공자가 정치에 관심이 많았음을 전부터 알고 있었다. 그런 공자가 위나라에 오셨으니 위나라의 임금을 도와 정치에 참여하시겠지, 그러나 대답하고서 다시 생각해 보니 알 수 없는 일이었다. 공자의 선택이 자기의 판단과 다른 적이 많았다. 첩은 당연히 망명가 있는 그 아버지를 맞아들여 왕으로 추대했어야 하는데도 오히려 군대를 동원하여 그 아버지의 귀국을 저지한 불효자이니, 선생님께서 지지하지 않으실 것이라는 생각도 들었다. 그리하여 "잠시 기다려. 내 잠깐 여쭈어 보고 오마." 하고 말하고 공자의 방에 들어가 여쭈었다.

자공의 대화법은 독특하다. "선생님, 이번에 위나라 임금을 지지하시겠습니까?" 하고 직설적으로 질문하는 것은 고상한 대화법이 아니다. 자공은 고상한 대화법을 찾았다.

군자가 정치에 참여하려는 것은 벼슬하는 것에 집착하기 때문이 아니라, 사람들을 참된 사람으로 만들고 사회를 참된 사회로 만들기 위한 것이다. 구차하게 의롭지 못한 임금을 도우면서까지 벼슬하지는 않는다. 아무리 정치에서 소외되더라도 거기에 미련을 갖지 않는다. 정치에서 소외된 군자 중의 대표적인 사람은 백이와 숙제다. 자공은 백이와 숙제의 일로 질문을 했다. "선생님, 백이와 숙제는 한 많은 삶을 살았습니까?" 백이와 숙제가 정치에 참여하지 못해 한이 맺힌 사람이라고 대답하신다면, 선생님께서도 정치에 참여하지 못하시는 것에 한이 맺히실 것이다. 그렇다면 선생님께서는 정치에 참여하실 것이다. 선생님의 대답은 그렇지 않았다. "백이와 숙제는 인을 구하여 인을 얻었으니 더 이상 무엇을 원망했겠느냐?" 인은 하늘마음이다. 하늘마음을 얻어 하늘마음으로 사는 사람은 하늘이고 우주다. 우주에서 보면 지구는 콩알보다도 작다. 그 작은 지구의 한 모퉁이에 살면서 정치에서 소외되지 않기 위해 안간힘을 쓴다는 것은 상상할 수도 없다.

공자는 하늘마음을 얻었고, 하늘마음으로 사는 사람이다. 정치에 참여하지 못한다고 안달할 사람이 아니다. 의롭지 못한 임금을 도울 정도로 구차하게 살지 않는다. 공자의 말을 듣고 자공은 확실히 알았다. "선생님께선 첩을 지지하지 않으신다."

제15장

자 왈 반 소 사 음 수　곡 굉 이 침 지　낙 역 재 기 중 의
子曰飯疏[1]食[2]飮水하고 曲肱[3]而枕之라도 樂亦在其中矣니

불 의 이 부 차 귀　어 아 여 부 운
不義而富且貴는 於我如浮雲이니라

| 국역 |

공자께서 말씀하셨다. "거친 밥을 먹고 물을 마시며 팔을 굽혀 베

고 누워도 즐거움은 또한 그 가운데 있으니, 의롭지 않으면서 부자 되고 귀하게 되는 것은, 나에게는 뜬구름과 같다."

| 난자풀이 |

1 疏 : 거친 것. 성긴 것.
2 食 : '밥'이라는 뜻의 명사이므로, 음이 '사'이다.
3 肱 : 팔.

| 강설 |

하늘마음으로 살면 가난해도 행복하다. 너무나 가난해서 거친 밥 한 그릇을 먹고 물만 마셔도 행복하다. 베고 누울 베개조차 없어 팔을 굽혀 베고 누워도 행복하다.

그러나 욕심으로 사는 사람은 부귀영화를 누려도 불행하다. 부귀영화를 누리는 것이 오히려 더 큰 불행일 수도 있다. 하늘마음을 잃고서 부귀영화를 얻는다면 그것은 아무 의미가 없다. 공자는 그것을 하늘에 떠 있는 뜬구름 같은 것으로 표현했다.

제16장

자왈가아수년 오십이학역 가이무대과의
子曰加我數年하여 五十以學易이면 可以無大過矣리라
1

| 국역 |

공자께서 말씀하셨다. "나에게 몇 년을 더 주셔서, 오십 세까지 『주역』을 배운다면 큰 허물이 없을 것이다".

| 난자풀이 |

1 以 : 이以의 목적어는 수년數年이다.

| 강설 |

공자는 경전 공부에 주력했다. 그중에서도 제일 많이 파고든 것은 『주역』이었다. 『사기』 공자세가에는, 공자가 『주역』을 좋아하여 『주역』을 묶은 가죽 끈이 세 번이나 닳아서 떨어질 정도로 읽었다고 되어 있다. 『주역』이 어떤 책이기에 그럴까?

하늘은 만물을 살리고 유지시키는 일을 쉬지 않고 한다. 하늘을 자연의 생명력으로 이해해도 무방하다. 하늘은 만물에게 삶의 방향으로 나아가도록 쉬지 않고 지시한다. 밥 먹어야 할 때는 '먹어라.'고 지시하고, 쉬어야 할 때는 '쉬어라.'고 지시한다. 안전한 곳에서는 '머물러라.'고 지시하고, 위험한 곳에서는 '피하라.'고 지시한다. 하는 일마다 성공하도록 지시하고, 행복한 삶으로 유도한다. 그런 하늘의 지시는 느낌으로 전달된다. 그러므로 느낌에 충실한 사람은 먹어야 할 때 먹고, 쉬어야 할 때 쉬며, 안전한 곳에서는 머물고, 위험한 곳은 피한다. 하는 일마다 성공하며 행복하게 살아간다. 그러나 욕심이 많은 사람은 하늘의 지시를 듣지 못한다. 욕심이 하늘의 지시를 차단하기 때문이다. 그러므로 욕심이 많은 사람은 느낌이 없다. 먹어야 할 때 안 먹고, 쉬어야 할 때 안 쉬며, 안전한 곳에서는 머물지 않고 위험한 곳을 찾는다. 하는 일이 성공하기 어렵고, 늘 불행하게 산다.

산다는 것은 계속되는 선택의 과정이다. 어느 학교를 가야 할지, 어떤 전공을 해야 할지, 어느 회사에 취직을 해야 할지, 어떤 일을 해야 할지. 이런 수많은 선택의 과정에서 욕심 많은 사람은 잘못된 선택을 하여 불행해지고, 하늘마음으로 사는 사람은 잘된 선택을 해서 행복해진다. 하늘마음으로 사는 사람의 선택은 힘들여서 하는 것도 아니고, 많이 생각해서 하는 것도 아니다. 그저 느낌에 따를 뿐이다.

그러면 하늘의 마음으로 살고 있지 않은 우리들로서는 어떻게 해야 할까? 수많은 선택의 순간에서 제대로 된 선택이 무엇인지, 잘못된 선택이 무엇인지, 그것을 어떻게 알 수 있을까? 그것을 설명해 놓은 책이 『주역』이다.

『주역』은 64괘 384효로 이루어져 있다. 64괘와 384효는 사람이 살면서 처하게 되는 각종의 상황과 경우에 해당한다. 그 각각의 상황에서 하늘의 지시에 따르는 지혜로운 대처 방식과, 욕심으로 잘못 대처하여 탈이 나는 경우를 설명해 놓았다. 그러므로 『주역』을 알면 삶의 과정에서 주어지는 하늘의 지시가 어떤 것인지 알 수 있고, 그 지시를 따를 수 있다. 『주역』을 완전히 알면 하늘의 지시 그 자체가 어떤 것인지를 알게 되어, 삶 전체가 하늘의 지시대로 사는 것으로 바뀐다. 하늘마음을 완전히 회복한 것이다.

공자는 『주역』 공부에 몰두했다. 몇 년만 더 공부하면 다 알 수 있을 것 같았다. 공자는 그때의 심경을 다음과 같이 술회했다. "하늘이 몇 년만 더 허락해 주셔서 『주역』 공부를 계속하게 해주신다면, 50세 쯤 되었을 때 『주역』을 다 알 수 있을 것 같다. 그렇게 되면 하늘마음으로 살 수 있다. 드디어 잘못된 삶에서 완전히 벗어날 수 있을 것이다."

공자는 50세가 되었을 때 『주역』 공부가 완성되었고, 하늘마음으로 살 수 있게 되었다. 공자가 "50세가 되었을 때 천명을 알았다."고 한 것이 바로 이를 말한 것이다.

제17장

자소아언　　시서집례　　개아언야
子所雅言은 詩書執禮니 皆雅言也러시다
1

| 국역 |

공자께서 평소에 늘 말씀하시는 것은 『시경』과 『서경』과 예를 실시하는 것이었으니, 모두 늘 말씀하셨다.

| 난자풀이 |

1 雅 : 평소. 늘. 음은 '아'.

| 강설 |

공자가 평소에 가장 많이 가르친 것은 『시경』의 내용과 『서경』의 내용 그리고 예에 관한 것이었다. 『시경』과 『서경』의 내용은 말로 설명할 수 있는 것이지만 예는 실지로 시범을 해 보여야 하는 것이므로 '집례執禮'로 표현했다. 예를 완전히 터득하여 실천할 수 있게 된 후에라야 비로소 도道나 덕德에 관한 것을 가르치기 때문에, 초보자나 중견 제자들에게는 늘 『시경』·『서경』의 내용과 예를 실시하는 방법을 주로 가르친 것이다.

— 제18장 —

葉公(섭공)1이 問孔子於子路(문공자어자로)어늘 子路不對(자로부대)한대 子曰女奚不(자왈여해불)2 曰其爲人也發憤忘食(왈기위인야발분망식)하고 樂以忘憂(낙이망우)하여 不知老之將(부지로지장) 至云爾(지운이)3오

| 국역 |

섭공이 자로에게 공자에 대해 물었는데, 자로는 대답하지 않았다. 공자께서 말씀하셨다. "너는 어찌 '그 사람됨은, 분발하여 먹는 것도 잊고, 즐거워하여 걱정거리도 잊어버리며, 늙음이 눈앞에 다가오는 것도 알지 못한다.'고 말하지 않았는가?"

| 난자풀이 |

1 葉公 : 엽葉은 지명일 때는 음이 '섭'이다. 초楚나라 땅인데 지금의 하남성河南

省 섭현葉縣이다. 섭공葉公은 초楚의 대부로서 섭葉이 그의 식읍食邑이었다. 성은 침沈, 이름은 제양諸梁, 자字는 자고子高. 명망 있는 사람이었다.

2 奚 : 어찌. 음은 '해'.

3 云爾 : '…라고 할 뿐이다'는 뜻의 어조사.

| 강설 |

'분발하여 밥 먹는 것도 잊어버린다.'는 것은 학문에 열중하는 것을 말하며, '즐거워하여 걱정거리를 잊어버린다.'는 것은 학문하는 즐거움을 표현한 것이다. 학문을 통해 진리를 얻고 나면 생로병사의 고통에서도 벗어난다. 진리를 얻은 사람에게는 늙어도 늙는 것이 아니고, 죽어도 죽는 것이 아니다.

섭공이 자로에게 공자에 대해서 물었을 때 자로는 어떻게 설명해야 할지 몰랐다. 완벽한 인격자를 표현할 방법을 몰랐기 때문일 것이다. 이를 전해들은 공자는 자신의 모습을 설명해 주었다. 그 설명은 섭공에게 전달하는 데 목적이 있는 것이 아니었다. 제자들에게 학문하는 방법을 깨우쳐주기 위한 것이었다. 학문보다 정치에 관심이 많은 자로에게는 더욱 그랬다.

제19장

자 왈 아 비 생 이 지 지 자 호 고 민 이 구 지 자 야

子曰我非生而知之者라 好古敏以求之者也로라

| 국역 |

공자께서 말씀하셨다. "나는 나면서부터 알았던 사람이 아니다. 옛것을 좋아하여 부지런히 그것을 구한 사람이다."

| 강설 |

제자들은 아무리 노력을 해도 공자를 따라갈 수 없었으므로 공자

를 날 때부터 그러한 사람이라고 생각하였다. 공자는 제자들의 그런 심경을 알았다. 만약 그렇다면 제자들이 학문을 포기하게 된다. 공자는 제자들을 격려해야 했다. "제자들아 열심히 하라. 너희들은 포기하지 말라. 나는 나면서부터 안 사람이 아니다. 열심히 배워서 도달한 것이다. 진리는 옛날 사람들이 다 밝혀놓았다. 나는 그것을 좋아하여 빨리빨리 배웠다."

제20장

자불어괴력란신
子不語怪力亂神이러시다

| 국역 |

공자께서는 괴이한 것, 힘센 것, 어지러운 것, 귀신에 관한 것을 말씀하시지 않으셨다.

| 강설 |

괴이한 것을 말하는 사람은 남의 호기심을 자극하기 때문에 주목을 받을 수는 있지만, 사람들을 옳고 바른 삶으로 인도하는 데 방해가 된다. 힘센 것을 말하는 사람은 다른 사람들의 경쟁심을 유발하기 때문에 주목을 받을 수는 있지만, 사람들의 마음 챙기는 삶을 방해한다. 어지러운 것을 말하는 사람은 사람들의 재미를 자극하기 때문에 주목을 받을 수는 있지만, 사람들을 어지러운 삶으로 유도하게 된다. 귀신 이야기를 하면 사람들의 궁금증을 자극하기 때문에 주목을 받을 수는 있지만, 사람들을 헷갈리게 만든다.

오늘날 각종의 매스컴들은 이 네 가지를 보도하기 위해 경쟁을 하는 것 같다. 누구에게나 알 권리가 있다는 핑계로 이 네 가지를 찾아 온 세계를 뒤진다.

세상에는 괴이한 것이 너무도 많다. 그런 것을 구경하느라 정신이 없다. 텔레비전에서 본 뒤에는 직접 찾아가서 구경하기도 한다.

세상은 온통 힘자랑이다. 강대국들은 기상천외한 무기들을 개발하여 주변국들을 위협한다. 약소국들을 조종하여 전쟁을 일으키고는 신무기들을 실험한다. 수많은 사람들이 죽어나간다. 스포츠 열기는 또 얼마나 뜨거운지. 수많은 종목의 운동시합에 사람들은 열광을 한다. 사람들은 운동경기를 보고 열광하면서 서서히 중독되어 간다.

세상에 어지러운 일들이 또 얼마나 많은지, 온갖 범죄들이 날이 갈수록 기승을 부리고, 기상천외한 수법들이 경쟁적으로 등장한다. 기상천외한 수법이 등장하면, 그 수법을 모방한 모방범죄가 뒤를 잇는다. 전쟁 이야기, 도둑들의 이야기, 범죄자들의 이야기로 영화를 만들고 연속극을 만든다. 세상은 온통 시끄럽다.

사람들이 흥미를 가지는 것 중의 하나가 귀신 이야기다. 언론매체들은 이를 놓칠 리 없다. 귀신을 둘러싼 괴담으로 사람들의 영혼을 자꾸 혼란스럽게 만든다.

사람들은 정신이 없다. 온갖 언론매체에 끌려다니느라 정신을 차릴 여유도 없고 시간도 없다. 그러면서 진리에서 차츰 멀어져 간다. 이러다가 언제 진리를 얻을 것인지. 영영 기회를 놓치고 마는 것은 아닌지.

조선시대 약천 남구만(1629~1711) 선생의 시조가 생각난다.

동창이 밝았느냐 노고지리 우지진다
소치는 아이는 상기 아니 일었느냐
재 너머 사래 긴 밭을 언제 갈려 하느니.

농사 중에 가장 중요한 농사는 인생농사요 진리농사다. 농사에는 때가 있다. 밭 갈 때 밭 갈아야 하고, 씨 뿌릴 때 씨 뿌려야 한다. 때를 놓치면 농사를 망친다. 인생농사도 그렇다. 시간은 자꾸 흘러가는데, 우물쭈물하다가 인생 망치면 어찌할 것인가! 영국의 극작가 버나드쇼George Bernard Shaw는 그의 묘비명에 이렇게 썼다.

"내, 우물쭈물하다가 이렇게 될 줄 알았다!"

— 제 21 장 —

자왈삼인행 필유아사언 택기선자이종지
子曰三人行이라도 必有我師焉이니 擇其善者而從之요

기불선자이개지
其不善者而改之니라

| 국역 |

공자께서 말씀하셨다. "세 사람이 길을 가더라도 반드시 거기에는 나의 스승이 있으니, 그 선한 것은 찾아서 따르고 그 선하지 않은 것은 고친다."

| 강설 |

스승은 도처에 있다. 나의 인격을 향상시키는 데 도움이 되면 모두 스승이다. 세 사람만 있어도 그 사람들 중에는 착한 것을 보여주는 것도 있고, 나쁜 것을 보여주는 것도 있다. 세 사람 중 착한 사람도 있고 나쁜 사람도 있다는 말은 아니다. 한 사람에게도 착한 면이 있고 나쁜 면이 있다. 그러나 한 사람일 경우는 주로 착한 면만 보여주는 사람도 있고, 나쁜 면만 보여주는 사람도 있기 때문에 좋은 점과 나쁜 점을 골고루 보기가 쉽지 않다. 세 사람 정도 있으면 골고루 볼 수 있다.

착한 것은 배워서 따르는 데 도움이 되고, 나쁜 것은 그것을 통하여 자기가 하지 말아야 할 것이 무엇인지 알게 되므로 역시 도움이 된다.

제22장

자왈천생덕어여 환퇴기여여하
子曰天生德於予시니 桓魋其如予何리오
①

| 국역 |

공자께서 말씀하셨다. "하늘이 나에게 덕을 주셨으니 환퇴가 나를 어떻게 하겠는가!"

| 난자풀이 |

① 桓魋 : 송나라의 사마司馬, 성은 향向, 이름은 퇴魋. 경공景公에게 총애받는 신하였다. 송나라 환공桓公의 후예이기 때문에 환퇴라고 한다.

| 강설 |

공자가 조曹나라를 떠나 송나라에 갔을 때 제자들과 큰 나무 밑에서 예를 익히고 있었는데, 송나라에서 사마라는 벼슬을 하고 있던 환퇴가 공자를 죽이려고 그 나무를 뽑아서 넘어뜨렸다. 공자는 하는 수 없이 거기를 떠났다. 그때 빨리 도망가라고 재촉하는 제자들에게 한 말이다. 공자의 나이 60세 때의 일이다.

공자는 하늘의 지시대로 살고 하늘의 지시대로 움직였다. 공자가 하는 일은 하늘이 하는 일이다. 공자의 일을 막을 사람은 없다. 공자는 환퇴 따위에게 겁먹을 사람이 아니다. 오직 두려운 것은 하늘의 뜻을 어기는 것뿐이다.

제23장

자왈이삼자 이아위은호 오무은호이 오무행
子曰二三子는 以我爲隱乎아 吾無隱乎爾로라 吾無行
① ②
이불여이삼자자시구야
而不與二三子者是丘也니라

| 국역 |

공자께서 말씀하셨다. "그대들은 나를 숨기는 사람으로 생각하는가? 나는 그대들에게 숨기는 것이 없다. 내가 행하고서 그대들과 함께하지 아니한 것이 없는 것, 그것이 나이다."

| 난자풀이 |

1 二三子 : 제자들을 부를 때 쓰는 말.
2 以 : 以A爲B는 'A를 B로 생각한다'는 뜻이므로 B에 해당하는 은隱은 '숨기는 사람'이란 뜻의 명사로 해석해야 할 것이다.

| 강설 |

제자들은 공자를 따라갈 수 없다고 생각했다. 공자는 무한한 능력을 가지고 있으면서 자기들에게는 그 비법을 가르쳐주지 않고 숨기고 있다고 생각하는 듯했다. 그것을 간파한 공자가 제자들을 깨우쳤다. "내가 숨기는 것은 하나도 없으니, 잘 보고 따르면 될 것이다."

제 24 장

子以四敎(자이사교)하시니 文行忠信(문행충신)이러시다

| 국역 |

공자께서는 네 가지로써 가르치셨으니, 문文과 행行과 충忠과 신信이었다.

| 강설 |

공자는 먼저 옛 서적을 통하여 문학·역사·정치 등에 관해서 두루 가르치고, 다음에 예禮를 실시하는 방법을 가르치며, 다음으로

마음에 대해서 가르쳤다. 충忠은 진실한 마음이고, 신信은 미더운 마음이다.

제25장

자왈성인　　오부득이견지의　　　득견군자자　　사가
子曰聖人을 吾不得而見之矣어든 得見君子者면 斯可

의　　　자왈선인　　오부득이견지의　　　득견유항자
矣니라 子曰善人을 吾不得而見之矣어든 得見有恒者[1]

　사가의　　　무이위유　　　허이위영　　　약이위태
면 斯可矣니라 亡[2]而爲有하며 虛而爲盈하며 約而爲泰

　난호유항의
면 難乎有恒矣니라

| 국역 |

공자께서 말씀하셨다. "성인聖人을 내가 만나볼 수 없으면 군자만이라도 만나볼 수 있으면 좋겠다." 공자께서 말씀하셨다. "선인善人을 내가 만나볼 수 없으면 한결같은 사람만이라도 만나볼 수 있으면 좋겠다. 없으면서 있는 체하며, 비었으면서 가득한 체하며, 곤궁하면서 호화스러운 것을 하면, 어렵도다! 한결같음을 유지하기가."

| 난자풀이 |

[1] 恒 : 항상 일정한 것. 변덕스럽지 않은 것. 한결같은 것.
[2] 亡 : 무無와 통용.

| 강설 |

인간은 때로는 본마음에 따라서 행동하기도 하고, 때로는 육체적 욕구를 충족하기 위해 양심을 저버리면서 살아간다. 말하자면 대개의 사람들은 본마음과 욕심을 동시에 가지고 있는 것이다. 본심이 욕심보다 큰 사람은 군자고, 그렇지 못한 사람은 소인이다. 욕심이 없이 본심만으로 가득한 사람이 성인聖人이다.

사람은 성인聖人이 되어야 이상적이지만, 그렇지 못할 경우 군자만 되어도 괜찮다. 왜냐하면 때때로 양심을 어기기도 하지만 전체적으로 보면 양심을 지키는 사람에 해당하므로 남과의 조화를 유지할 수 있는 사람이기 때문이다.

갓 태어난 어린이는 본마음대로 행동하지만 성인聖人이라고 하지 않고 선인善人이라 한다. 어린이는 자라면서 타락할 가능성을 갖고 있는 것처럼, 선인善人은 타락할 가능성이 있다. 선인 중에서 전혀 타락하지 아니하는 사람이 성인聖人이다. 타락했다가 다시 선善을 회복하여 다시는 타락하지 아니하는 사람 또한 성인聖人이다.

마음속에 선善으로 가득 차 있는 사람을 선인善人이라고 한다면, 대부분을 차지하고 있는 사람을 한결같은 사람이라 한다. 마음이 한결같은 사람은 일정하게 지키는 것이 있다. 그러므로 선인이 되는 것이 좋지만, 그렇지 못할 경우에는 한결같은 사람이라도 되어야 한다.

한결같지 못한 사람은 늘 이익이 되는 쪽으로 행동하기 때문에 신뢰할 수 있는 구석이 없다.

한결같지 못한 사람은 늘 이익을 좇는다. 이익을 좇는 사람은 늘 자기를 과장하고 자기를 포장한다. 없어도 있는 것처럼 가장하고, 비었어도 가득한 것처럼 포장하며, 빈궁해도 호화스럽다. 그런 사람은 한결같이 행동하지 못한다.

제26장

자 조이불망 익불석숙
子는 釣而不網하시며 弋不射宿이러시다
1 2

| 국역 |

공자께서는 낚시질을 하시되 그물질은 하지 않으시며, 주살질을 하시되 잠자는 새는 쏘아 맞히지 않으셨다.

| 난자풀이 |

1 釣 : 낚시.
2 射 : '쏜다'는 뜻일 때는 음이 '사'이지만 '쏘아서 맞힌다'는 뜻일 때는 음이 '석'이다. 여기서는 '석'으로 읽어야 한다.

| 강설 |

하늘마음으로 사는 사람은 사랑이 몸에서 퍼져나간다. 사람을 사랑하고, 동식물도 사랑하고, 물건까지 사랑한다. 물고기를 잡을 때에는 낚시로써 하지 그물을 쳐서 전부 잡는 방법을 쓰지 않으며, 주살로 새를 잡을 때에는 잠자는 새는 잡지 아니한다. 미안하기 때문이다.

물고기를 잡는 것이 미안하다면, 낚시는 왜 하는 것일까?

사람은 먹고 살아야 한다. 먹지 않다가 자기 몸이 죽게 되면 몸에게 미안하다. 몸은 살아야 하고, 살기 위해서는 먹어야 한다. 동물도 잡아먹어야 하고 식물도 뜯어먹어야 한다. 그렇지만 먹을 때는 늘 미안하다. 음식이란 말의 수羞는 부끄럽다는 의미도 된다. 먹는 것이 부끄럽기 때문에 그렇다. 음식을 먹을 때 부끄러워하는 마음이 있으면 많이 먹지 않을 것이며, 또 먹다가 남은 것을 함부로 버리지 않을 것이다. 그리고 될 수 있으면 덜 부끄러운 음식을 택할 것이다. 예를 들면, 가까이서 같이 사는 소·돼지 등의 길짐승보다는 멀리서 사는, 그러면서도 번식력이 강한 생선을 먹을 때가 덜 부끄러울 것이며, 생선보다는 뜯어 먹어도 생명에 지장이 없는 채소가 덜 부끄러울 것이다. 음식 중에는 부끄럽지 않은 것도 있다. 과일이나 꿀은 먹힐수록 기뻐하는 것이다. 그런 것은 기쁜 마음으로 먹어도 된다.

어부들이 그물을 치는 것은 예외다. 어부들이 그물을 치는 것은 먹고 살기 위한 수단이다. 그렇지만 어부들이 너무 촘촘한 그물을 쳐서 어린 물고기까지 잡는 것은 잘못이다. 산란기에 있는 암컷을 잡는 것도 잘못이다. 그 이유는 잡히는 물고기의 마음을 헤아려보면 바로 알 수 있다.

— 제27장 —

子曰蓋有不知而作之者나 我無是也로라 多聞하여 擇其善者而從之하며 多見而識之하니 知之次也니라

(자왈개유부지이작지자 아무시야 다문 택기선자이종지 다견이식지 지지차야)

| 국역 |

공자께서 말씀하셨다. "아마도 알지 아니하고서도 실천하는 것이 있지만, 우리들에게는 그러한 것이 없다. 많이 듣고서 그중에서 선善한 것을 골라서 따르며, 많이 보아서 아는 것이니, 지혜로움의 두 번째 단계이다."

| 강설 |

학문을 완성하여 성인聖人이 되면 어떤 모습이 될까? 『중용中庸』을 참조하여 생각해 보기로 하자.

『중용』 제20장에 "성자誠者는 불면이중不勉而中하며 불사이득不思而得하여 종용중도從容中道하나니 성인야聖人也이오 성지자誠之者는 택선이고집지자야擇善而固執之者也니라."라는 문장이 있다. 이에서 보면, 성인聖人은 하늘의 도道인 성誠을 실천하는 사람이다. 성誠을 실천하는 사람은 '힘써서 어떤 일을 하지 않지만 적중하고, 생각해서 하지 않지만 제대로 이루어져 저절로 진리에 적중하게 된다.'

'부지이작지자不知而作之者'란 바로 이러한 상태로 볼 수 있다. 따져서 안 뒤에 행동하는 것이 아니라 무심히 행동한다는 것이니 바로 '불면이중不勉而中, 부사이득不思而得'에 해당된다.

그러면 성인聖人이 되지 못한 사람은 어떻게 해야 하는 것인가? 학문에 열중하여 성인이 되도록 노력해야 한다. 그 구체적인 방법을 『중용』에서는 '택선이고집지擇善而固執之' 즉, '현재의 상태에서 잘 판단하여 선善한 것을 골라 그것을 확고하게 붙드는 것'이다. 이것이 바로 여기서 말하는 '많이 듣고서 그중에서 선善한 것을 골라서 따른다.'는 것에 해당한다. 『중용』에서는 또 선善을 고를 수 있는 방법으로 '널리 배우고 자세히 물으며 신중히 생각하고 명확히 분별하며 돈독하게 행하는 것'을 제시하고 있는데, 이것이 '많이 보아서 아는 것'에 해당된다고 볼 수 있다.

공자의 교육방법은 언제나 제자들의 입장에서 함께 문제를 풀어간다. 그러므로 공자가 '나'라고 표현하는 것은 공자 자신이 아니라 제자들의 입장을 표현하는 경우가 많다. 따라서 여기서의 '我'도 '우리'로 번역하는 것이 좋을 것이다. 그러면 위의 문장은 다음과 같은 뜻이 된다.

"최고의 지혜는 성인聖人의 지혜이다. 그것은 따져서 알고 난 후에 행동하는 것이 아니라 무심히 행동할 수 있는 것이다. 그러나 성인이 되지 못한 우리들은 그렇게 할 수가 없다. 많이 듣고서 그중에서 좋은 것을 선택하여 그것을 실천해야 하며, 많이 보아서 알아야 하는 것이니, 이는 지혜로움의 두 번째 단계이다."

세속에 살고 있는 우리들이 택해야 하는 공부방법의 모범답안이다.

— 제28장 —

互鄕은 難與言이러니 童子見커늘 門人惑한대 子曰與其進也요 不與其退也니 唯何甚이리오 人潔己以進이어든 與其潔也요 不保其往也니라

| 국역 |

호향 사람과는 더불어 말하기 어려운 것인데, (호향의) 동자가 (공자孔子를) 뵈오니, 문인들이 이상하게 생각하므로, 공자께서 말씀하셨다. "여기에 다가올 때의 태도만 따지지, 물러간 뒤의 것은 따지지 않는 법이다. 도대체 무엇이 심한가? 사람이 자기의 처신을 깨끗하게 해서 오면, 그 깨끗한 점을 봐서 어울리고, 과거의 일은 담아두지 않아야 한다."

| 난자풀이 |

1 互鄕 : 지명이지만 어디인지 확실치 않다. 다만 '호향 사람들은 어질지 못하기 때문에 상종하지 않아야 한다.'는 것이 당시의 상식이었던 것 같다.
2 童子 : 미성년자.
3 見 : 윗사람을 '뵙는다'는 뜻이며 음은 '현'이다.
4 進 : '온다', '다가온다' 등의 뜻.
5 唯 : 여기서는 '도대체'로 번역하는 것이 좋다.
6 保 : 마음으로 붙들고 있는 것이므로 '담아두다', '집착하다' 등의 뜻.

| 강설 |

남과 나의 관계는 그와 내가 만날 때 시작되는 것이다. 처음 만났을 때 그의 태도가 예에 맞고 도에 어긋나지 않으면 공경스럽게 대해주어야 한다. 교제하기 전에 그가 어떤 사람이었는가를 따져서 깨끗한 사람하고만 만난다면 세상에 만날 사람이 아무도 없다.

과거의 잘못은 누구나 가지고 있다. 그런 것을 따지고 꾸짖는 것은 사람을 사랑하는 방법이 아니다.

과거에 잘못이 있는 사람을 배제한다면 배제당하지 않을 사람이 없다. 나도 예외가 아니다. 내가 남을 배제하기 전에 내가 배제당하고 말 것이다. 예수 그리스도는 "죄 없는 자 돌로 치라."고 했다.

'어느 지역 사람은 문제가 있고', '어느 나라 사람은 안 되고', '어떤 성은 괜찮고, 어떤 성은 안 되고' 등등으로 사람을 평가하는 것은 인간에 대한 모독이다. 그것은 사람을 사랑하는 사람의 태도가 아니다. 사람을 직접 만나본 뒤에 평가할 일이다.

제29장

자왈인원호재　아욕인　사인지의
子曰仁遠乎哉아 我欲仁이면 斯仁至矣니라

| 국역 |

공자께서 말씀하셨다. "인이 멀리 있는가? 내가 인을 하고자 하면 곧 인에 이른다."

| 강설 |

인은 하늘마음이다. 인으로 사는 것이 진실이고 행복이다. 그런데도 사람들이 인을 구하지 않는 것은 어렵다고 생각하기 때문이다. 인은 멀리 있는 것이 아니다. 그것은 내 속에 있는 것이며 나의 삶의 원동력이다. 나에게 있는 것이므로 내가 원하기만 하면 된다.

제30장

진 시 패 문 소 공 지 례 호 　 공 자 왈 지 례 　 공 자 퇴
陳司敗[1]問昭公知禮[2]乎잇가 孔子曰知禮시니라 孔子退커

읍 무 마 기 이 진 지 　 왈 오 문 군 자 부 당 　 군
시늘 揖巫馬期[3]而進之하여 曰吾聞君子不黨이라하니 君

자 역 당 호 　 군 취 어 오 　 위 동 성 　 위 지 오 맹 자
子亦黨乎아 君取[4]於吳[5]하니 爲同姓이라 謂之吳孟子[6]라

군 이 지 례 　 숙 부 지 례 　 무 마 기 이 고 　 자 왈
하니 君而知禮면 孰不知禮리오 巫馬期以告한대 子曰

구 야 행 　 구 유 과 　 인 필 지 지
丘也幸이로다 苟有過어든 人必知之온여

| 국역 |

진나라 사패가 "소공은 예를 아는 사람입니까?" 하고 묻자, 공자께서 말씀하셨다. "예를 아는 사람이니라." 공자께서 물러가시자, (사패가) 무마기에게 읍하고 나아가 말했다. "나는 군자는 편당을 하지 않는다고 들었는데, 군자도 편당을 하십니까. 임금께서는 오나라에서 (부인을) 얻었으니, 성이 같기 때문에 오맹자라 부르게 된 것이니, 임금이 예를 안다면 누가 예를 알지 못하겠습니까?" 무마기가 그 사실을 공자에게 말씀드리니, 공자께서 말씀하셨다. "나는 다행하다. 진실로 허물이 있으면 남이 반드시 아는구나!"

| 난자풀이 |

[1] 陳司敗 : 진陳은 지금의 하남성河南省에 있었던 작은 나라. 사패司敗는 관명官名. 형刑을 관장한다. 보통은 사구司寇라고 하지만 진陳나라와 초楚나라에서는 사패司敗라 하였다.

[2] 知禮 : '예禮를 아는 사람'으로 번역하는 것이 좋다.

[3] 巫馬期 : 공자의 제자. 무마巫馬는 성, 이름은 시施, 자字는 자기子旗. 기旗를 여기서는 음이 같은 기期로 기록하였다.

[4] 取 : 취娶와 통용. 부인을 얻는 것.

5 吳 : 지금의 강소성江蘇省에 있었던 나라.

6 吳孟子 : 노魯나라 임금과 오吳나라 임금의 성姓이 모두 희姬이므로 동성同姓이다. 제후의 부인은 그의 본국의 이름과 성을 합쳐서 이름을 삼는다. 예를 들면 제齊나라에서 시집온 부인이라면, 나라 이름인 제齊와 성姓인 강姜을 합쳐 제강齊姜이라 부르는 것이다. 이러한 예例에 따르면 오吳나라에서 온 소공昭公의 부인은 오희吳姬라 해야 하는데 동성불혼同姓不婚의 예禮가 있기 때문에 오희吳姬라고 하지 못하고 희姬 대신 그의 자字인 맹자孟子를 써서 오맹자吳孟子라 칭하게 된 것이다.

강설

다른 나라 사람에게는 자기 나라의 임금을 흉보지 아니하는 것이 예禮다. 자기 나라의 임금은 어쨌든 자기 나라 국민들의 대표이므로, 자기 나라의 임금을 흉보는 것은 자기 나라 국민 모두를 흉보는 것이 되기 때문이다.

그러므로 공자는 진사패의 질문에 대해서 '소공은 예를 아는 사람이다.'라고 대답했다. 그런데 이 말 때문에 소공이 예를 아는 사람으로 역사에 평가되면, 공자는 본의 아니게 역사를 왜곡한 것이 된다. 이는 공자도 원치 않는 바이다.

진사패는 공자의 말을 곧이듣지 않았다. 오히려 공자가 거짓말을 한 것으로 여기고 공자를 비난했다. 진사패의 말을 전해들은 공자는 오히려 안도했다. 역사를 왜곡하는 죄를 짓지 않게 되었기 때문이었다.

제31장

자여인가이선 / 필사반지 / 이후화지

子與人歌而善이어든 必使反之[1]하시고 而後和之[2]러시다

국역

공자께서는 다른 사람들과 노래를 부를 때, (상대방이) 노래를 잘하면 반드시 다시 부르게 하시고, 그 뒤에 답가를 부르셨다.

난자풀이

[1] 反 : 되풀이함. 반복. 요사이의 '앙코르'에 해당한다.
[2] 和 : 화답和答하는 것. 여기서는 답가答歌를 말한다.

강설

공자의 일상생활의 한 단면이다. 다른 사람의 좋은 점을 좋아하는 모습을 볼 수 있다.

제32장

자 왈 문 막 오 유 인 야 궁 행 군 자 즉 오 미 지 유 득
子曰文莫吾猶人也아 躬行君子則吾未之[1]有得호라

국역

공자께서 말씀하셨다. "예의범절은 내 남처럼 하지 못하겠는가마는, 군자의 도道를 몸소 행함은 나도 아직 얻지 못한 것이다."

난자풀이

[1] 之 : 유득有得과 도치되어 있다. '미유득지未有得之'로 보고 해석하면 될 것이다.

강설

문文은 예의범절 등 사람의 행동규범을 말한다. 예의범절을 배워서 그대로 따라하는 것은 노력만 하면 누구나 가능하다. 참으로 중요한 것은 군자의 도道를 몸소 실천하는 것이다.

이 문장은 제자들에게 참으로 중요한 것이 무엇인지 제시한 것이다. 공자가 매우 중시하고 강조할 때 쓰는 독특한 화법이 있다. 그것은 '나도 하지 못한다.'고 말하는 것이다. 나도 할 수 없는 것이라는 공자의 말은 제자들의 의욕을 자극하는 효과가 있다.

제33장

子曰若聖與仁則吾豈敢이리오 抑爲之不厭하며 誨人不倦은 則可謂云爾已矣니라 公西華曰正唯弟子不能學也로소이다

(자왈약성여인즉오기감 억위지불염 회인불권 즉가위운이이의 공서화왈정유제자불능학야)

| 국역 |

공자께서 말씀하셨다. "성聖과 인仁과 같은 것은 내가 어찌 감히 할 수 있겠는가? 그러나 배우는 것을 싫어하지 아니하며, 가르치는 것을 게을리하지 아니한다고는 말할 수 있다." 공서화가 말했다. "바로 그것이 오직 저희 제자들이 배울 수 없는 점입니다."

| 난자풀이 |

1 爲 : 제2장에는 '학지불염學之不厭'으로 되어 있으므로 '爲'는 학문을 하는 것이다.

2 云爾已矣 : '…라고 할 뿐이다'는 뜻의 조사.

| 강설 |

제2장의 내용과 유사하다. 공자는 겸양하여 스스로를 성인聖人이라고 하지 않지만 배우는 것을 싫어하지 않는 것이 지知이고, 가르치기를 게을리하지 아니하는 것이 인仁이므로, 인仁과 지知를 겸한 공자의 평소 모습이 바로 성인聖人의 모습이다.

제34장

子疾病이어시늘 子路請禱한대 子曰有諸아 子路對曰 有之하니 誄에 曰禱爾于上下神祇라하니이다 子曰丘之禱久矣니라

(사질병 / 자로청도 / 자왈유저 / 자로대왈 / 유지 / 뢰 / 왈도이우상하신기 / 자왈구지 / 도구의)

| 국역 |

공자께서 병환이 위중하시자 자로가 (신에게) 기도할 것을 청하였다. 공자께서 말씀하셨다. "그런 전례가 있느냐?" 자로가 대답했다. "그런 전례 있습니다. 뢰에 '너를 상하上下의 신명에게 빈다.'고 했습니다." 공자께서 말씀하셨다. "나의 기도는 오래되었다."

| 난자풀이 |

1 疾 : 병환.
2 病 : 위중해지다.
3 諸 : 지호之乎와 같은 뜻.
4 誄 : 제문. 음은 '뢰'.
5 祇 : 땅 귀신. 음은 '기'.

| 강설 |

기도란 하늘의 뜻에 따르지 못하는 사람이 하늘의 뜻에 따를 수 있기를 희망하는 것이다. 공자는 애당초 학문을 시작할 때부터 그 목적이 하늘의 뜻에 따르는 것이었다. 공자의 삶 자체가 기도였다.

우리 아이가 시험에 합격하게 해달라고 기도한다면, 그것은 기도가 아니다. 우리 아이가 합격하는 것은 다른 아이 하나가 불합격하는 것이다. 그러므로 우리 아이가 시험에 합격하게 해달라는

기도는 다른 아이 하나가 불합격하게 해달라는 기도다. 그런 것은 기도가 아니다. 오직 하늘의 뜻에 따르게 해달라는 것만 기도다.

공자는 위독할 때도 살려고 몸부림치지 않았다. 죽는 것이 하늘의 뜻이라면 기꺼이 맞이하면 된다. 하늘의 뜻이 아니라면 죽게 되지 않을 것이다.

제35장

자 왈 사 즉 불 손　　검 즉 고　　여 기 불 손 야　　영 고

子曰奢則不孫하고 儉則固니 與其不孫也론 寧固니라

| 국역 |

공자께서 말씀하셨다. "사치스러우면 불손하고 검소하면 고루하다. 불손하기보다는 차라리 고루한 것이 낫다."

| 강설 |

화려한 사람은 남에게 비추어지는 자기의 모습에 신경을 많이 쓴다. 그런 사람은 자기중심적이다. 남을 위해 쓰는 돈은 아끼면서 자기를 위해서는 아낌없이 쓴다. 반대로 검소한 사람은 자기를 위해 써야 할 돈도 잘 쓰지 못한다. 고루하고 답답하다. 바람직한 것은 돈을 써야 할 때 쓰고, 쓰지 않아야 할 때 쓰지 않는 것이다.

사람이 화려하게 사는 것도 욕심 때문이고, 검소하게 사는 것도 욕심 때문이지만, 화려하게 사는 사람의 욕심이 더 크고 제어하기 어렵다.

제36장

子曰君子는 坦蕩蕩이요 小人은 長戚戚이니라
(지왈군자 탄탕탕 소인 장척척)

| 국역 |

공자께서 말씀하셨다. "군자는 평온하여 느긋하지만, 소인은 늘 조마조마하여 초조해한다."

| 난자풀이 |

1 坦 : 평온함. 편안함.
2 蕩 : 넓음.
3 戚 : 걱정스러워 조마조마한 모양.

| 강설 |

군자는 하늘마음으로 사는 사람이다. 하늘마음으로 사는 사람은 가난해도 행복하고, 죽어도 즐겁다. 이 세상에 걱정될 것이 없다. 늘 느긋하다.

소인은 남과의 경쟁에서 이기기 위해 노심초사한다. '내가 어떻게 다른 사람을 이길 수 있을까?' '어떻게 하면 돈을 더 많이 벌 수 있을까?' 늘 걱정한다. 또 내가 다른 사람에게 이기고 돈을 벌었을 때도, '다른 사람이 나를 따라잡지 않을까?' '내 돈을 빼앗아 가지 않을까?' 불안하고 초조하다.

제37장

子는 溫而厲하시며 威而不猛하시며 恭而安이러시다
(자 온이려 위이불맹 공이안)

| 국역 |

공자께서는 온화하면서도 엄숙하시며, 위엄이 있으면서도 사납지 않으시며, 공손하시면서도 편안하셨다.

| 강설 |

공자는 하늘마음으로 모든 사람을 포용했기 때문에 언제나 따뜻했지만, 하늘의 지시대로 살기 때문에 흐트러지는 일이 없었다. 늘 근엄하고 엄숙했다.

공자는 하늘 같은 사람이었기 때문에 위엄이 있었지만, 하늘마음으로 만물을 품어주기 때문에 사납지 않았다.

하늘마음으로 사는 사람은 다른 사람을 하늘처럼 섬긴다. 돼지의 눈에는 부처님도 돼지로 보이고, 부처님의 눈에는 돼지도 부처님처럼 보인다고 했다. 공자는 언제나 공손했다. 사람들을 만나면 큰 손님처럼 받들었다. 욕심으로 윗사람을 모시는 사람은 불안하다. 윗사람이 실망하면 큰 손해를 보기 때문에 그렇다. 그러나 공자는 달랐다. 공자가 사람을 공손하게 받드는 마음은 하늘마음이었으므로 불안할 것이 없었다. 언제나 편안했다.

八. 태백편 泰伯篇

제 1 장

子曰泰伯은[1] 其可謂至德[2] 也已矣[3]로다 三以天下讓하되 民無得[4]而稱焉이온여

(자왈태백 기가위지덕 야이의 삼이천하양 민무득이칭언)

| 국역 |

공자께서 말씀하였다. "태백은 지극한 덕을 가진 사람이라고 말할 수 있다. 세 번 천하를 양보하였으나, 백성들이 그것을 칭송할 수 없었다."

| 난자풀이 |

[1] 泰伯 : 주나라 문왕文王의 아버지 계력季歷의 맏형. 문왕의 할아버지인 고공단보古公亶父에게 세 아들 태백泰伯·중옹仲雍·계력季歷이 있었는데, 고공단보가 왕위를 계력에게 전하려고 하였으므로, 아버지의 뜻을 살핀 태백과 중옹은 주나라를 떠나 오나라로 가서 오나라의 사람이 되었다. 나중에 고공단보가 죽은 뒤에도 돌아가지 않고 계력에게 주나라를 양보했다.

[2] 至德 : 지극한 덕을 가진 사람.

[3] 也已矣 : 어조사로서 '…일 뿐이다'는 뜻.

[4] 無得而稱 : 득得은 그런 사실을 터득하고 파악하는 것이다. '터득하여 칭송하지 못했다'는 말은 알 수 없어서 칭송하지 못했음을 의미한다.

| 강설 |

덕이 있는 사람은 욕심을 부리지 않는다. 자기가 적임자가 아니면 적임자에게 양보한다. 태백은 왕자 중의 장남이었지만 자기가 왕위를 이어받을 적임자가 아님을 알고는, 적임자인 동생 계력에게 양보하고 떠났다. 덕이 있는 사람은 좋은 일을 하더라도 남에게 생색을 내지 않는다. 무심히 좋은 일을 할 뿐, 자기도 좋은 일을 했다는 것을 의식하지 않는다. 그래서 사람들은 그가 좋은 일을 한 줄도 모른다. 태백이 그런 사람이었다. 태백이 동생에게 황제 자리를 양보했지만 사람들은 그것을 알 수 없었고, 알 수 없었으므로 칭송할 수 없었다.

제2장

자왈공이무례즉로 신이무례즉사 용이무례
子曰恭而無禮則勞하고 愼而無禮則葸[1]하고 勇而無禮

즉란 직이무례즉교 군자독어친즉민흥어인
則亂하고 直而無禮則絞[2]니라 君子篤於親[3]則民興於仁

고구불유즉민불투
하고 故舊[4]不遺則民不偸[5]니라

| 국역 |

공자께서 말씀하였다. "공손하되 예가 없으면 수고롭고, 신중하되 예가 없으면 두려움을 갖게 되며, 용맹스럽되 예가 없으면 난리를 일으키고, 강직하되 예가 없으면 빡빡해진다. 군자가 부모와 돈독해지면 백성들이 하늘마음에서 자극을 받고, 옛 친구나 오래 알던 사람을 버리지 않으면 백성들은 각박해지지 아니한다."

| 난자풀이 |

1 葸 : 두려워한다.
2 絞 : 조급해진다.
3 親 : 부모.
4 故舊 : 옛 친구. 예전부터 아는 사람.
5 偸 : 각박함, 박정함.

| 강설 |

예禮는 남과 조화를 이룰 수 있는 객관적 기준이 된다. 그러므로 예는 사람이 사회에서 남과 살아갈 수 있도록 갖추어야 할 기본적 요건이 된다.

공손하여 남을 존경하게 되면 존경하는 사람의 수고로움을 대신하려는 마음이 생겨난다. 그런데 이때 적당한 기준이 없으면 상대방의 수고로움을 한없이 대신하게 되어 수고롭게 된다.

신중하고 조심하는 사람에게 객관적인 행동방식이 없으면 만사에 너무 조심만 하게 되어 겁쟁이가 된다.

용감한 사람은 불의를 보면 곧 항거하게 되는데, 항거해야 될 때인지 아닌지에 대한 판단기준이 없으면, 항거하지 않아야 될 때도 항거하여 혼란을 일으킨다.

강직한 사람이 적당한 기준이 없으면 강직하기만 하고, 강직하지 않은 것을 용납하지 못하므로 성급해지고 빡빡해진다.

여기서 말하는 군자는 사회지도층 인사를 의미한다. 군자가 부모에게 효도하여 부모와 한마음이 되어 행복해지면, 백성들도 하늘마음에 자극을 받는다. 사람은 환경의 동물이다. 사람은 주변의 환경에 민감하게 반응한다. 특히 정치인·연예인·학자·지식인 등에게는 많은 영향을 받는다. 사람의 마음에는 하늘마음도 있고 욕심도 있다. 욕심 많은 사람들 틈에 있으면 욕심에 자극을 받고, 하늘마음을 가진 사람들 틈에 있으면 하늘마음에 자극을 받는다. 욕심에 자극받으면 욕심을 채우기 위해 노력하고, 하늘마음에 자극받으면 하늘마음을 따르기 위해 노력한다. 특히 사회지도층 사람들이 하늘마음으로 살면 사람들이 마음속의 하늘마음에 민감해져서 한마음을 회복한다.

이기적인 계산으로 친구를 사귀는 사람은 손해가 될 때 그 친구를 버린다. 하늘마음으로 친구를 사귀는 사람은 손해가 되더라도 그 친구를 버리지 않는다. 군자가 옛 친구를 버리지 아니하면 백성들도 각박해지지 않는다.

제3장

증자유질 소문제자왈계여족 계여수 시
曾子有疾하여 召門弟子曰啓[1]予足하며 啓予手하라 詩[2]
운전전긍긍 여림심연 여리박빙 이금
云戰戰兢兢하여 如臨深淵하며 如履薄氷이라하니 而今
이후 오지면부 소자
而後에야 吾知免[3]夫로라 小子아

| 국역 |

증자가 병이 들자 문하의 제자들을 불러놓고 말했다. “내 발을 들추어보고 내 손을 열어보라. 『시경詩經』에 ‘조심조심하여 깊은 못가로 가는 듯, 엷은 얼음을 밟는 듯이 한다.’라고 하였으니, 지금 이후에야 나는 벗어난 줄 알겠다. 제자들아.”

| 난자풀이 |

[1] 啓 : 이불을 젖히는 것.
[2] 詩 : 『시경』 소아小雅 소민小旻.
[3] 免 : 불효의 죄에서 벗어나다.

| 강설 |

증자는 효자로서도 유명한 사람이다. 효도의 내용은 부모를 잘 봉양하는 것이며, 부모의 뜻에 잘 따르는 것이다. 부모가 자녀에게 바라는 것 중에 제일 큰 것은 다치지 않고 건강하게 사는 것이다. 조금이라도 다치거나 건강을 잃으면 부모의 마음을 아프게 하는 것이다.

증자는 조심조심 살았다. 평생을 그렇게 살다가 이제 죽음에 임박했다. 제자들을 불러놓고 최후로 확인을 했다. "이불을 젖혀 내 발을 보아라, 내 발이 온전하냐?" 온전하다는 말을 들은 뒤에 다시 말했다. "이불을 젖혀 내 손을 보아라. 내 손이 온전하냐?" 제자들에게 온전하다는 말을 들은 증자는 안도하면서 말했다. "『시경』에 '전전긍긍하며 깊은 못가를 가는 듯, 엷은 얼음을 밟는 듯 조심한다.'는 말이 있는데, 내가 지금까지 내 몸을 보존하기 위해 그렇게 살았다. 내 수족이 온전하니 이제야 불효의 죄에서 벗어나게 되었구나!"

제4장

曾子有疾이어늘 孟敬[1]子[2]問之러니 曾子言[3]曰鳥之將死에 其鳴也哀하고 人之將[4]死에 其言也善이니라 君子所貴乎道者三이니 動容貌에 斯遠暴慢矣며 正顏色에 斯近信矣며 出辭氣에 斯遠鄙[5]倍[6]矣니 籩[7]豆[8]之事則有司[9]存이니라

(증자유질 맹경자문지 증자언왈조지장사 기명야애 인지장사 기언야선 군자소귀호도자삼 동용모 사원포만의 정안색 사근신의 출사기 사원비배의 변두지사즉유사존)

| 국역 |

증자가 병이 들었을 때 맹경자가 문병을 하니, 증자가 말했다. "새가 죽게 되면 그 울음소리가 슬퍼지고, 사람이 죽게 되면 말이 착해지는 법이다. 군자가 도를 실천함에 귀하게 여기는 것이 세 가지 있으니, 용모를 가다듬되 사나움과 거만함을 멀리하며, 안색을 바르게 드러내되 신의에 가깝도록 하며, 말을 하거나 소리를 낼

때는 비루한 것과 어그러진 것을 멀리해야 한다. 제기를 다루는 일은 유사에게 맡기면 된다."

| 난자풀이 |

1 孟敬子 : 노나라의 대부. 경敬은 시호, 성은 중손仲孫, 이름은 첩捷. 삼환三桓(노나라의 대부 맹손씨孟孫氏 · 숙손씨叔孫氏 · 계손씨季孫氏를 말함. 모두 환공桓公의 자손이므로 삼환三桓이라 함) 중의 한 가문에 속한다.
2 問 : 위문하다. 문병하다.
3 曰 : 따옴표(" ")의 역할을 하는 것이다.
4 將 : 곧. 장차.
5 鄙 : 비루한 것.
6 倍 : 배반하는 것. 어그러지는 것.
7 籩 : 제기. 제사에 쓰는 그릇.
8 豆 : 제기.
9 有司 : 담당자.

| 강설 |

'새가 죽게 되면 그 울음소리가 슬퍼지고 사람이 죽게 되면 말이 착해진다.'는 말은 당시에 있었던 속담인 듯하다. 평소 욕심이 많은 사람도 죽음에 임박하면 욕심 채우는 것이 의미가 없어지므로 착해진다. 병을 앓던 사람이 마음이 변하면 죽는다는 말이 있는데, 그것은 잘못 안 것이다. 사실은 마음이 변한 것이 아니라 욕심이 없어져 착해진 것이다.

증자가 "죽음에 임박하며 말이 착해진다."고 한 것은, 자기도 죽음에 임박했으므로 착한 말을 할 것이니, 잘 들으라는 뜻으로 한 말이다.

증자는 매일 세 가지를 반성할 정도로 공자의 가르침에 충실한 사람이었다. 특히 예의 실천에 역점을 두었고 사람들에게도 많이 강조했다. 그러나 죽음에 임박해 생각해 보니, 그것보다 더 중요한 것이 많다. 예를 너무 따지는 사람은 예를 지키지 않는 사람에 대해 포악해질 수 있고, 아랫사람에게 예를 강요하다 보면 거만해질 수도 있다. 얼굴빛을 드러낼 때도 예의 형식에만 집착하면 허위로 공손한 얼굴을 꾸미기도 한다. 말을 할 때도 예에만 집착하면 윗사람에게 비굴하게 되기가 쉽고, 예를 갖추지 않은 사람에게는 따지고 덤빌 수도 있다.

중요한 것은 형식에 얽매이는 것보다는 한마음을 갖는 것이다. 사람들은 예의 형식에 많이 얽매여 있다. 특히 제사를 지내는 절차와 방법 등에 대해서 민감하다. 증자는 죽음에 임박해서 마지막으로 강조했다. "부디 한마음을 갖도록 노력하기 바랍니다. 제사 지낼 때의 절차나 방법 같은 그런 예의 형식에 너무 많이 얽매이지 마십시오. 그런 것은 그다지 중요하지 않습니다. 유사들에게 맡기면 될 것입니다."

제5장

曾子曰以能問於不能하며 以多問於寡하며 有若無하며 實若虛하며 犯[1]而不校[2]를 昔者에 吾友嘗從事於斯[3]矣러니라

(증자왈이능문어불능 이다문어과 유약무 실약허 범이불교 석자 오우상종사어사의)

국역

증자가 말했다. "유능한 사람이면서 유능하지 못한 사람에게 물으며, (학식이) 많은 사람이면서 적은 사람에게 물으며, 있어도 없는 것처럼 하며, 가득 찼어도 빈 것처럼 하며, 남이 덤비더라도 따지지 않는 것을, 옛날에 내 친구가 일찍이 해내었다."

난자풀이

1. 犯 : 공격하는 것. 덤비는 것. 음은 '범'.
2. 校 : 비교하는 것. 따지는 것. 음은 '교'.
3. 從事於斯 : 글자 그대로 번역하면, '이런 것에 종사했다'는 뜻이 된다. 종사한다는 것은 해낸다는 뜻이다.

| 강설 |

유능한 사람이 무능한 사람에게 묻는 것은 무능한 사람이 어느 정도 무능한지 시험하기 위해서도 아니고, 자기의 겸손함을 과시하기 위하여 허위로 그렇게 하는 것도 아니다. 그의 마음의 상태가 어떠한 것인지 파악하기 위해서이다.

인仁이란 남을 나처럼 아끼고 사랑하는 마음이다. 인을 실천하기 위해서는 우선 남과 내가 마음으로 통해야 한다. 남과 내가 마음으로 통하기 위해 먼저 해야 할 것은 남과 내가 하나로 통한다는 것을 확인하는 것이다. 그러기 위해서 그의 고향을 묻기도 하고, 취미가 무엇인지 묻기도 하며, 출신학교를 묻기도 한다. 하나로 통하는 근거를 찾기 위해서다. 하나로 통하는 근거를 찾으면 그것을 바탕으로 하나가 되는 길을 모색할 수 있다.

인자仁者는 자기의 실력이나 학식을 과시하지 않는다. 있어도 없는 것처럼 보이고, 꽉 찼어도 비어 있는 것처럼 보인다. 남이 자기에게 덤벼들어도 구차하게 따지지 않는다.

증자가 말한 '친구'란 안연으로 생각된다.

제6장

증자왈가이탁육척지고 가이기백리지명 임
曾子曰可以託六尺之孤하며[1] 可以寄百里之命이요 臨

대절이불가탈야 군자인여 군자인야
大節而不可奪也면 君子人與[2]아 君子人也[3]니라

| 국역 |

증자가 말했다. "육척六尺의 어린 임금을 맡길 만하고, 백리百里 길에 명命을 부탁할 만하며, 크게 절개를 지킬 일에 임하여 그의 절개를 빼앗을 수 없으면, 군자다운 사람인가? 군자다운 사람이다."

| 난자풀이 |

1 孤 : 일반적으로 '고아'를 말하지만, 여기서는 어린 임금을 말한다.
2 君子 : 뒤의 명사 인人을 수식하는 형용사로 쓰였으므로 '군자다운'으로 번역해야 한다.
3 與 : 의문조사.

| 강설 |

군자는 의리에 따라서 행동하고 소인은 이익에 따라서 행동한다. 그러나 평소 이익에 따라 행동하지 않는 사람도 큰 이익 앞에서는 마음을 바꾸는 사람이 많다. 그런 사람은 군자처럼 보이지만 참다운 군자가 아니다. 참다운 군자는 큰 이익 앞에서도 마음을 바꾸지 않아야 한다.

어린 임금 대신해서 전권을 가진 사람은 임금 자리를 빼앗기 쉽다. 백리 길에 임금의 사신으로 가는 사람은 임금의 전언을 자기의 이익에 맞게 왜곡시키기 쉽다. 크게 절개를 지켜야 할 때도 자기의 큰 이익이 될 때는 지키지 않는 경우가 많다. 큰 이익 앞에서도 마음을 바꾸지 않아야 참다운 군자다.

제7장

증자왈사불가이불홍의 임중이도원 인이위기
曾子曰士不可以不弘毅니 任重而道遠이니라 仁以爲己
1

임 불역중호 사이후이 불역원호
任이니 不亦重乎아 死而後已니 不亦遠乎아

| 국역 |

증자가 말했다. "선비는 도량이 넓고 뜻이 굳세지 않으면 안 된다. 짐이 무겁고 길이 멀기 때문이다. 인仁으로써 자기의 짐으로 삼으니 또한 무겁지 아니한가? 죽은 뒤에야 끝나는 것이니 또한 멀지 아니한가?"

| 난자풀이 |

1 任 : 짐.

| 강설 |

증자에게는 인仁을 터득하는 학문의 길이 멀게 보였다. 인을 터득하는 것이 자기의 짐이므로 가장 무거운 짐이고, 죽을 때까지 가도 끝날 것 같지 않으므로 가장 먼 길이다.

공자는 학문하는 길을 기쁨으로 느끼고 있었으므로, 학문의 길을 먼 길로 느끼지 않았을 것이고, 무거운 짐으로 느끼지도 않았을 것이다.

제8장

子曰興於詩하며 立於禮하며 成於樂이니라

(자왈흥어시 입어례 성어악)

| 국역 |

공자께서 말씀하셨다. "시詩에서 (감정을) 흥기시키며, 예禮에서 서며, 악樂에서 완성한다."

| 강설 |

시는 한마음을 표현한 것이기 때문에 시를 읽으면 마음속에 있는 한마음이 자극을 받는다. 따라서 시를 읽는 것은 마음속의 한마음을 흥기시키는 좋은 방법이다.

예는 한마음으로 사는 사람의 행동양식이기 때문에 질서가 있고, 보기에 좋다. 욕심으로 사는 사람은 사회를 혼란에 빠뜨리기 때문에 예를 따르지 않으면 사회생활을 할 자격이 없다. 공자가 "예에서 선다."고 한 것은 예를 실천할 수 있어야 사회생활을 할 수 있는 자격을 갖춘다는 뜻이다. 욕심을 가진 사람도 예를 따르면 욕심으로 사는 방식이 한마음으로 사는 방식으로 차츰 바뀐다.

시를 읽으면 한마음이 솟아나는 효과가 있고, 예를 실천하면 한마음의 삶의 방식이 구체화된다.

예의 실천을 계속하여 욕심이 완전히 사라지면 한마음이 완전히 되돌아온다. 그때가 학문이 완성되는 때다. 학문이 완성되었을 때의 무한한 즐거움이 표현되는 것이 음악이다. 공자는 "음악에서 완성된다."고 했다.

제9장

子曰民은 可使由之오 不可使知之니라
(자왈민 가사유지 불가사지지)

| 국역 |

공자께서 말씀하셨다. "백성은 (도리에) 말미암게 할 수는 있으나 그것을 알게 할 수는 없다."

| 강설 |

사람들로 하여금 하늘의 뜻으로 살도록 유도할 수 있다. 밥 먹어야 할 때 밥 먹도록 유도하고, 쉬어야 할 때 쉬도록 유도하면 된다. 그렇지만 삶의 전 분야에서 일일이 다 유도할 수는 없다. 삶의 전 분야에서 하늘의 뜻으로 살 수 있으려면 스스로 하늘의 뜻을 깨닫지 않으면 안 된다. 남이 깨닫게 할 수는 없다. 하늘의 뜻을 안다는 것은 깨닫는 것이고, 깨닫는다는 것은 느낌으로 감지한다는 것이다.

제10장

子曰好勇疾貧이 亂也요 人而不仁이오 疾之已甚이면 亂也니라

(자왈호용질빈 난야 인이불인 질지이심 난야)

| 국역 |

공자께서 말씀하셨다. "용맹을 좋아하면서 가난을 싫어하면 난리를 친다. 사람이 인하지 못하면서 미워함이 너무 심하면 난리를 친다."

| 강설 |

용맹을 좋아하는 사람은 참을성이 적다. 용맹한 사람이 만약 자기의 가난을 싫어하면 부자에게 덤빈다. 개인적으로 일을 벌이면 강도가 되기도 하고, 집단적으로 일을 벌이면 산적이 되기도 하고 역적이 되기도 한다.

인한 사람이 미워하는 것은 하늘이 미워하는 것이다. 하늘이 하는 일은 질서를 유지하는 것이다. 하늘이 미운 자를 제거하는 경우에는 혼란이 일어나지 않는다. 하늘은 미운 자를 자멸하게 만든다.

그러나 불인한 사람이 미워하는 것은 다르다. 불인한 사람은 자기의 욕심 때문에 미워한다. 욕심을 채우기 위한 행동은 남과 조화를 유지하지 못한다. 미워함이 심하면 공격하여 파멸시킨다. 그 과정에서 엄청난 혼란이 일어난다.

제11장

자 왈 여 유 주 공 지 재 지 미　　사 교 차 인　　기 여　　부
子曰如有周公之才之美라도 使驕且吝이면 其餘는 不
　　　　　　　　　　　　　[1]
족 관 야 이
足觀也已니라

| 국역 |

공자께서 말씀하셨다. "만약 주공의 재주와 같은 아름다움이 있다 하더라도, 가령 교만하고 인색하다면 그 나머지는 볼 것이 없다."

| 난자풀이 |

[1] 使 : '…으로 하여금 …하게 한다'는 뜻의 조건문이기 때문에 '가령'으로 번역해도 좋다.

| 강설 |

아무리 훌륭한 재주가 있는 사람이라도 교만하고 인색하다면 봐줄 것이 없다. 주공은 공자가 매우 존경하는 인물이다. 그런 인물이라 하더라도 교만하고 인색하면 봐 줄 수 없다고 한 것은 교만함과 인색함이 그 만큼 좋지 않다는 것을 강조한 것이다.

진리를 얻는 데 가장 큰 걸림돌은 교만함과 인색함이다. 교만한 사람은 자기가 훌륭하다고 착각하기 때문에, 반성을 하지 않는다. 반성을 하지 않는 사람은 욕심을 없앨 수 없다.

인색한 사람은 욕심을 붙들고 놓지 않는 사람이다. 진리를 얻을 수 없다.

교만하고 인색한 사람이 재주가 있다면, 그 재주를 욕심을 채우는 데 쓰기 때문에 큰 폐해를 끼친다. 예로부터 나라를 망친 사람들은 다 재주가 있는 사람들이었다.

제12장

자왈삼년학 부지어곡 불이득야
子曰三年學에 不至於穀을 不易得也니라
[1] [2]

| 국역 |

공자께서 말씀하셨다. "삼 년을 배우고 벼슬에 이르지 아니하는 자를 쉽게 얻지 못하겠다."

| 난자풀이 |

[1] 穀 : 벼슬하는 사람이 받는 녹봉. 녹봉에 이른다는 말은 벼슬하게 된다는 말이다.
[2] 易 : 쉽다. 이때의 음은 '이'.

| 강설 |

학문의 목표는 진리를 얻는 것이다. 취직이 학문의 목표가 될 수는 없다. 그러나 학생들 중에는 학문을 취직의 수단으로 삼는 학생들이 많다. 공자에게 배우는 학생들은 3년만 배우면 큰 능력을 갖게 되는데, 많은 학생들이 그 능력으로 취직을 하고 말기 때문에 공자는 안타까웠다. 진리를 얻으면 먹고 사는 문제는 저절로 해결되지만, 취직을 하여 돈 버는 일에 주력하면 진리를 얻는 길은 멀어진다.

제13장

자왈독신호학 수사선도 위방불입 난방
子曰篤信好學하며 守死善道니라 危邦不入하고 亂邦

불거 천하유도즉현 무도즉은 방유도
不居하며 天下有道則見하고 無道則隱이니라 邦有道에
[1]

빈차천언 치야 방무도 부차귀언 치야
貧且賤焉이 恥也며 邦無道에 富且貴焉이 恥也니라

| 국역 |

공자께서 말씀하셨다. "독실하게 믿고 배움을 좋아하며, 죽음을 무릅쓰고 도를 잘 지키며, 위태로운 나라에는 들어가지 않고 어지러운 나라에서는 살지 않으며, 세상에 도가 있으면 나타나고 도가 없으면 숨는다. 나라에 도가 있을 때에는 가난하고 천한 것이 부끄러운 일이지만, 나라에 도가 없을 때에는 부유하고 귀한 것이 부끄러운 일이다."

| 난자풀이 |

[1] 見 : '나타난다'는 뜻으로 음은 '현'.

| 강설 |

하늘에 대한 믿음이 없고, 성인의 말씀에 대한 믿음이 없는 사람은 진리를 얻지 못한다. 하늘을 독실하게 믿고, 성인의 말씀에 따라 쉬지 않고 정진할 때 진리는 손을 내민다.

처음부터 하늘에 대한 믿음이 생기는 것이 아니고, 처음부터 성인의 말씀이 와닿는 것도 아니다. 욕심이 많아서 욕심 채우기에 급급한 사람은 성인의 말씀을 들어도 공감하지 못한다. 공감하기는커녕 오히려 현실성이 없는 말이라고 비판하고 반발한다. 욕심 많은 사람에게는 욕심을 채울 수 있는 것만이 현실적인 것으로 보이고, 그렇지 않은 것은 비현실적인 것으로 보이기 때문이다.

사람은 아파야 한다. 몸이 아니라 마음이 아파야 한다. 산다는 것은 끊임없이 경쟁하느라 피곤하다. 그러면서도 늙어가고 죽어간다. 일생이라는 것이 그렇게 긴 것이 아니다. 지나온 시간을 생각해 보면 남은 시간도 순식간이라는 것을 실감할 수 있다. 그런 자신의 일생을 통찰해 보면, 참다운 삶의 의미가 무엇인지, 그것을 알 수 없어 헤맬 수밖에 없다. 아픔은 거기에서 나온다. 아픔이 없는 사람은 아무도 없다. 단지 눈앞의 경쟁에서 이기는 데만 몰두하느라 자신의 일생을 돌아보지 않기 때문에 아픔을 모를 뿐이다. 불치병에 걸려 두 달밖에 남지 않은 사람도 진단을 받지 않으면 그것을 모르고 희희낙락 살아간다. 아픔을 모르는 사람도 이와 마찬가지다. 자신의 일생을 돌아보지 않은 사람은 진단을 받지 않은 사람과 같다. 진단을 받아야 자기의 아픔을 알 수 있듯이, 생각을 해봐야 인생의 아픔을 알 수 있다. 인생의 아픔을 처절하게 맛본 사람은 자기처럼 인생을 아파한 사람의 말을 들으면 공감이 되지 않는 말이 하나도 없다. 그에 대한 믿음이 속에서 솟아난다. 그에 대한 믿음은 조건이 없다.

그런 그가 약을 먹고 아픔을 치료했다는 말을 들으면, 그 약에 대한 믿음 또한 절대적이다. 그 약을 먹을수록 효과를 보기 때문에 더욱 그렇다.

인생을 아파했던 사람이 먹고 낳은 약이 하늘이다. 하늘을 알고 하늘의 뜻을 따르는 것, 그것이 아픔을 치료하는 약이었다. 아파본 사람이 아니면 약에 대한 관심도 없고 약에 대한 믿음도 없다. 인생을 아파본 사람이 아니면 하늘에 대한 관심을 가질 수 없고, 믿을 수도 없다. 약에 대한 믿음이 없는 사람은 약을 찾지 않는다. 독실하게 믿고 배우기를 좋아한다는 공자의 말은, 하늘을 믿고 하늘처럼 되기 위해 노력한다는 뜻으로 한 말이다.

죽음을 무릅쓰고 도를 잘 지킨다는 말은 몸을 죽이더라도 인을 이룬다는 말과 같다. 독실하게 믿고 배우기를 좋아하여 도를 깨치면, 가난해도 행복하고 죽어도 좋다. 도는 하늘의 뜻을 따르는 길이다. 도를 깨치면 하늘의 뜻대로 산다. 하늘의 뜻대로 사는 것은 하늘마음으로 사는 것이고, 한마음으로 사는 것이다. 하늘마음으로 살면 몸이 죽어도 죽지 않는다. 그러므로 하늘마음으로 사는 사람은 죽더라도 하늘마음을 지킨다. 몸을 살리기 위해 하늘마음을 저버리는 일은 없다.

하늘마음으로 사는 사람은 위태로운 나라에는 들어가지 않고 어지러운 나라에서는 살지 않는다. 죽더라도 하늘의 뜻을 따른다는 말은, 하늘의 뜻을 따르면 죽는다는 말이 아니다. 몸을 살리기 위한 마음이 하늘의 뜻을 따르는 마음을 능가하지 않는다는 말일 뿐이다. 하늘은 만물을 살리는 마음이기 때문에 하늘의 뜻을 따르면 삶이 충만해진다. 위태로운 나라에는 들어가지 않고 어지러운 나라에서는 살지 않는다. 위험한 일은 하지 않고, 혼란한 문제를 일으키지 않는다. 살기 위한 계산으로 그렇게 하는 것이 아니다. 느낌에 따라 무심히 처신한 결과 그렇게 되는 것이다.

세상에 도가 있다는 말은 세상 사람들이 하늘의 뜻에 따르고 있는 세상이란 말이다. 하늘의 뜻에 따르고 싶은 사람은 하늘의 뜻을 전달해 주는 사람을 믿고 따른다. 그런 세상에는 하늘의 뜻을 전달해 주는 사람이 저절로 드러난다. 그러나 세상에 도가 없으면 반대다. 세상에 도가 없다는 말은 세상 사람들이 하늘의 뜻대로 살지 않는 세상이란 말이다. 그런 세상에서는 하늘의 뜻을 전달해 주는 사람이 무시당하기 때문에 숨을 수밖에 없다.

나라에 도가 있다는 말은 나라의 정치가 하늘의 뜻에 따르고, 백성들 또한 하늘의 뜻에 따르는 경우를 말한다. 그럴 때는 하늘의 뜻에 따라 사는 사람이 부유하고 귀하게 된다. 나라에 도가 있을 때는 사람들이 하늘의 뜻에 따르는 사람을 믿고 따르기 때문에, 하늘의 뜻에 따르는 사람이 성공을 한다. 성공하는 사람은 부유해지고 귀하게 된다. 그러나 나라에 도가 없으면 반대다. 나라에 도가 없다는 말은 나라의 정치가 하늘의 뜻에 따르지 않고, 백성들 또한 하늘의 뜻에 따르지 않는 경우를 말한다. 그럴 때는 사람들이 하늘의 뜻에 따르는 사람을 무시하고 외면하기 때문에, 하늘의 뜻을 따르는 사람이 실패를 한다. 가난하고 천할 수밖에 없다.

나라에 도가 있을 때에는 가난하고 천한 것이 부끄러운 일이지만, 나라에 도가 없을 때에는 부유하고 귀한 것이 부끄러운 일이다.

제 14 장

자왈부재기위 불모기정

子曰不在其位하여는 不謀其政이니라

| 국역 |

공자께서 말씀하셨다. "그 자리에 있지 않으면 그 정사를 도모하지 아니한다."

| 강설 |

사람들의 자리는 늘 바뀐다. 이는 수업시간마다 수업할 과목과 내용이 바뀌는 것과 같다. 국어시간에 몰래 영어공부를 하고, 영어시간에 수학공부를 하는 것은 잘못이다. 국어시간에는 국어공부에 충실하고, 영어시간에는 영어공부에 집중하는 것이 바람직하다.

공자의 이 말을 지배이데올로기로 해석하는 사람이 있다. 한때 공자를 지배계급을 옹호하는 반동 철학자라고 비판했던 사람들이 근거로 제시한 것도 이 문장이다. 그들은 이 문장을 '피지배자는 자신들에게 주어진 일만 해야지 지배자의 일에 상관해서는 안 된다.'는 뜻으로 해석한 것이다. 이는 잘못된 해석이다.

여기서 말하는 자리라는 것이 계급사회로 고착화되었을 때의 계급을 의미하는 것이 아니다. 그 자리에 있지 않으면 그 정사를 도모하지 아니한다는 말이 프롤레타리아 계급이 부르주아 계급에 저항하면 안 된다는 것을 뜻하는 것은 더더욱 아니다.

가난한 사람은 계속 가난해야 하고, 부자는 계속 부자여야 한다는 논리는 어디에도 없다. 계급이 없는 사람은 계속 계급이 없어야 하고, 계급을 가진 사람은 계속 계급을 가져야 한다는 논리 또한 어디에도 없다. 가난한 자도 열심히 노력하면 부자가 되고, 부자도 게으르면 가난하게 된다. 계급이 없는 사람도 열심히 노력하면 계급을 갖게 되고, 계급이 있는 사람도 잘못을 하면 계급을 잃게 된다. 가난한 자가 열심히 노력해서 부자가 되는 것은 가난한 자의 도리이고, 부자가 가난한 사람들에게 많이 베푸는 것은 부자의 도리이다. 계급 없는 자가 덕을 가지면 자연히 계급을 갖게 되고, 계급 있는 자도 덕을 잃으면 계급을 잃는다.

공자가 계급을 고착시켜야 한다고 생각해 본 적은 한 번도 없다. 가난하면서도 행복해야 한다는 말을 한 적은 있어도 가난한 자는 계속 가난해야 한다고 주장한 적은 한 번도 없다. 가난한 자는 열심히 노력하여 부자가 되어야 한다. 노력은 하지 않으면서 부자들이 베풀지 않는 것을 비난하고만 있으면 가난에서 벗어날 수 없다. 가난한 자가 부자에게 받을 것을 못 받았을 때 비난하고 항의하는 것은 지극히 당연하지만, 부자들이 베풀지 않는다고 비난하는 것은 의미가 없다. 부자들이 베풀지 않는 것이 싫으면 자기가 나중에 부자가 되었을 때 잘 베풀면 될 것이다.

그러나 공자의 가르침에 대해서 놓치지 않아야 하는 것이 있다. 공자의 주된 관심은 진리를 얻는 데 있는 것이지, 부자 되는 것이나 계급을 갖는 것에 목적을 두지는 않는다. 진리를 얻으면 가난해도 행복하고 계급을 갖지 않아도 행복하지만, 진리를 얻지 못하면 부자가 되어도 불행하고 계급을 가져도 불행하다.

제15장

자왈사지지시 관저지란 양양호영이재

子曰師摯之始에 關雎之亂이 洋洋乎盈耳哉라

1 2 3 4

| 국역 |

공자께서 말씀하셨다. "악사樂師인 지摯가 처음 벼슬을 할 때 연주하던 관저關雎의 마지막 악장이 넘실넘실 귀에 가득하구나!"

| 난자풀이 |

1 師 : 악사樂師. 음악을 관장하는 사람의 우두머리.
2 摯 : 악사樂師의 이름. 음은 '지'.
3 亂 : 풍류의 끝 장단. 악곡樂曲의 종장終章. 음은 '란'.
4 洋洋 : 아름다운 음률이 생생하게 들리는 모습.

| 강설 |

주자朱子의 주에 의하면, 공자가 위衛나라에서 노魯나라로 돌아와 음악을 바로잡았을 때가 지摯가 악관樂官에 임명된 초기에 해당된다. 그때 지摯가 연주하였던 관저장關雎章의 마지막 장章은 음률이 아름다워 아직도 귀에 가득하여 생생하다는 뜻이다.

— 제16장 —

子曰狂[1]而不直하며 侗[2]而不愿[3]하며 悾悾[4]而不信을 吾不知之矣로라
(자왈광이부직 동이불원 공공이불신 오부지지의)

| 국역 |

공자께서 말씀하셨다. "미친 듯 일에 잘 몰두하면서 정직하지 않으며, 뜻은 크나 성실하지 않으며, 마음이 간절하기는 하나 미덥지 않은 사람은 내가 알 바 아니다."

| 난자풀이 |

1 狂 : 어떤 일에 미친 듯이 열중하는 모습.
2 侗 : 뜻이 큰 것. 사람이 하나가 되려는 것은 뜻이 큰 것이다.
3 愿 : 성실함.
4 悾悾 : 간절하게 원하는 모양. 텅 빈 사람이 채우려고 간절히 노력하듯이 '간절하게 원한다'는 뜻.

| 강설 |

학문을 할 때는 미친 듯이 열중해서 하고, 뜻을 크게 가져서 기필코 인仁을 이루고 말겠다는 각오가 있어야 하며, 목마른 사람이 물을 찾듯 간절히 원해야 성과가 있다.

그러나 미친 듯이 열중하는 사람이 정직하지 못하면 사이비 종교에 빠지거나 해서 일을 크게 그르칠 수 있다.

뜻을 크게 가지는 사람이 성실하지 못하면 현실성이 없는 허황된 사람이 되기 쉽다.

간절하기만 하고 진실성이 없으면 잘못된 것에 적극적으로 파고드는 왜곡된 사람이 되기 쉽다.

사이비에 빠져버린 사람, 허황된 사람, 잘못된 이론에 빠진 사람은 구제하기 어렵다.

공자가 '알 바 아니라'고 한 말에는 '가르치지 않겠다'는 뜻이 내포되어 있다.

제17장

子曰學如不及(자왈학여불급)이요 猶恐失之(유공실지)니라

| 국역 |

공자께서 말씀하셨다. "배움은 따라가지 못할 듯이 하면서도, 또한 놓칠까 두려워해야 한다."

| 강설 |

학문하는 사람은 목마른 사람이 물을 구하듯 절실해야 한다. 아무리 열심히 해도 따라가지 못할 것처럼 절박해야 한다. 한눈을 팔거나 한가하게 게으름을 부리다가 학문을 이루지 못하면 돌이킬

수 없다.

학문은 배운 것을 발판으로 해서 높이 올라가는 것이다. 발판을 견고하게 하면서 높이 올라가는 일에 게을리하지 않아야 한다. 배운 것을 잃지 않고 다지면서 전진을 계속하지 않으면 학문을 완성할 수 없다.

제18장

자 왈 외 외 호　　순 우 지 유 천 하 야 이 불 여 언

子曰巍巍乎라 舜禹之有天下也而不與焉이여

(1: 巍巍, 2: 禹, 3: 之, 4: 與)

| 국역 |

공자께서 말씀하셨다. "위대하도다! 순임금과 우임금은 천하를 소유하시고도 그것을 의식하지 않으셨으니."

| 난자풀이 |

1 巍巍 : 높은 모양.
2 禹 : 순임금의 선위를 받아 하夏나라를 창업한 고대의 임금. 성은 사姒, 이름은 문명文命. 홍수를 다스린 것으로 유명하다.
3 之 : 주격조사.
4 與 : 관여함.

| 강설 |

"천하를 소유하시고도 거기에 관여치 않았다."는 말은 왕이 되었어도 자기가 왕이라는 생각을 한 적이 없다는 것을 뜻하는 말이다.

세상에는 다양한 직업이 있다. 대통령도 있고, 국회의원도 있다. 사장도 있고, 선생도 있다. 상인도 있고, 기능공도 있다. 그러나 그런 직업을 가진 사람이 원래 그 사람의 모습은 아니다. 대통령은 잠깐 대통령 역할을 하는 것일 뿐 자기가 원래 대통령인

것이 아니고, 사장은 잠깐 사장 역할을 하는 것일 뿐 자기가 원래 사장인 것이 아니다. 세상살이는 한 편의 영화와 같고, 사람들은 배우들과 같으며, 각종의 직업은 배우들의 여러 역할과도 같다. 대통령 역할을 하는 배우가 대통령이 아니고, 사장 역할을 하는 배우가 사장이 아니듯, 대통령은 잠깐 대통령 역할을 하는 것일 뿐이고, 사장은 잠깐 사장 역할을 하는 것일 뿐이다.

임금이 임금 된 데에는 이유가 있다. 임금이 원래부터 임금이었던 것은 아니다. 사람은 다 같다. 원래부터 다른 사람은 하나도 없다. 똑같은 사람들 중에서 임금이 된 사람은 어째서일까?

사람들에게는 각종의 고민거리가 있다. 공통적인 고민거리도 있고, 개별적인 고민거리도 있다. 그렇지만 그 고민거리를 해결하는 방법은 사람마다 다르다. 한마음을 가진 사람은 모두의 고민거리를 해결하기 위해 노력하지만, 욕심 많은 사람은 자기 고민만을 해결하기 위해 노력한다. 이 두 가지의 사람 중에서 사람들은 한마음을 가진 사람을 좋아하고 따른다. 그 결과 한마음을 가진 사람이 추대가 되어 임금이 된다. 한마음을 가진 사람이 한마음을 잃지 않는다면, 자기가 임금이 되어도 자기가 임금이란 생각이 없다. 그는 언제나 모든 사람과 하나이다. 그에게는 남의 고민이 자기의 고민이고 남의 슬픔이 자기의 슬픔이기 때문에, 그는 언제나 남들의 고민과 슬픔을 해결하기 위해 최선을 다한다. 남들이 배고프면 밥을 먹여주고, 남들이 피곤하면 쉬게 해주며, 남들을 행복하게 해주기 위해 진리로 인도한다. 그런 사람은 늘 새롭다. 가려운 데를 긁어주는 사람은 늘 새롭다. 『대학』에서 "진실로 날로 새롭고, 날로 날로 새롭고, 또 날로 새롭다."고 한 말이 바로 이를 두고 한 말이다.

그러나 한마음을 잃어버리면 상황이 달라진다. 임금이 되어 '나는 이제 임금이다.'라고 생각하는 순간 한마음을 잃어버린다. '나는 임금이다.'라는 말은 '너는 임금이 아니다.'라는 말이다. 그러므로 '나는 임금이다.'라고 마음먹는 순간부터 백성들과 남남이 된다. 백성들과 남남이 되면, '나는 임금이기 때문에 백성들 위에 군림해야 하지만, 백성들은 나를 받들고 따라야 한다.'고 생각한다. '나는 잘 먹어야 하고 잘 살아야 하지만, 백성들은 굶어도 되고 못 살아도 된다.'고 생각한다. 그렇게 되면 임금은 더 이상 백성들의 고민을 해결하지 못한다. 가려운 데를 긁어주지 못하는 임금, 그런 임금은 지겹다. 더 이상 임금으로 받들 이유가 없다.

순임금이나 우임금은 임금이 된 뒤에도 자기가 임금이란 것을 의식하지 않았다. 언제나 한마음으로 백성들의 고민을 해결해 갔다. 그래서 그때는 늘 새로웠다.

순임금이나 우임금의 시대가 어떠했는지를 이해하는 방법은 세종대왕 때를 들여다보면 된다. 세종대왕 때가 그랬다. 세종대왕은 늘 백성들에게 필요한 것을 채워주었다. 세종대왕 때는 언제나 새로웠다.

제19장

자 왈 대 재 요 지 위 군 야 외 외 호 유 천 위 대 유
子曰大哉라 堯之爲君也여 巍巍乎唯天爲大어시늘 唯

요 칙 지 탕 탕 호 민 무 능 명 언 외 외 호 기 유 성
堯則之하시니 蕩蕩乎民無能名焉이로다 巍巍乎其有成
[1]

공 야 환 호 기 유 문 장
功也여 煥乎其有文章이여
[2] [3] [4]

| 국역 |

공자께서 말씀하셨다. "위대하도다! 요堯의 임금 노릇하는 모습이여. 높다랗게 오직 하늘이 크거늘, 오직 요임금만이 그것을 본받았도다! 넓고 넓어 백성들이 이름붙일 수 없도다! 높고 높도다! 그 공을 이룬 모습이여. 찬란하도다! 그 문채 나는 모습이여."

| 난자풀이 |

1 蕩 : 넓은 것.
2 煥 : 찬란한 모양.
3 文 : 문채.
4 章 : 창彰과 통용. 빛이 밖으로 드러나 빛나는 모양.

| 강설 |

하늘의 뜻을 따르는 사람의 마음은 하늘의 마음이고, 그가 하는 일은 하늘이 하는 일이다. 하늘은 만물을 쉬지 않고 사랑하며, 빠짐없이 사랑한다. 그렇게 사랑하면서도 생색을 내지 않는다. 태양이 비추어 뭇 생명을 살려주면서도 자기의 공이라고 내세우지 않는 것과 같다. 요임금이 그랬다. 요임금은 하늘의 마음으로 살았지만 생색을 내는 일이 없었다. 그렇기 때문에 백성들은 하늘의 고마움을 모르듯, 요임금의 고마움을 몰랐다고 한다.

요임금 때 80~90세 노인들이 다음과 같은 노래를 불렀다. "해가 뜨면 일어나 일을 하고(日出而作), 해가 지면 들어와 쉬며(日入而息), 우물 파서 물마시고(鑿井而飮), 밭을 갈아 밥 먹으니(耕田而食), 임금의 힘이 내게 무슨 소용이 있으랴(帝力于我何有哉)." 『제왕세기帝王世紀』에 있는 말이다.

오직 요임금만이 하늘을 본받았다는 말은 요임금만이 하늘의 독생자란 말이다. 기독교에서는 예수를 하나님의 독생자라 했다. 독생자란 부모의 전 재산을 다 물려받는 사람을 말한다. 부모는 자녀 하나하나에게 100%의 사랑을 준다. 열 명의 자녀를 둔 부모는 열 명의 자녀 각각에게 100%의 사랑을 쏟아 붓는다. 100을 열 번 더한다고 해서 1000이 되는 것이 아니다. 이 경우는 100을 열 번 더해도 그냥 100이다.

하늘에 떠 있는 달이 지상의 물에 비출 때 물의 수만큼 나누어서 비추는 것이 아니다. 달 전체를 온전히 비춘다. 그러나 지상의 물에 따라서 그 달을 받아들이는 것이 다르다. 흙탕물에는 달이 비쳐지지 않고, 파도치는 물에는 일그러져 비친다. 오직 완전히 고요하고 완전히 맑은 물에만 온 달의 모습이 그대로 비쳐진다. 부모와 자녀의 관계도 이와 같다. 여러 명의 자녀는 각각 부모의 사랑을 100%씩 다 받았지만, 자녀의 마음 때문에 온전히 다 받아들이는 자녀도 있고, 못 받아들이는 자녀도 있다. 부모가 자기를 미워한다고 생각하는 자녀도 있고, 다른 형제보다 자기를 덜 사랑한다고 생각하는 자녀도 있다. 이 중에서 부모의 사랑을 온전히 다 받아들이는 자녀가 독생자다.

하늘과 사람의 관계도 이와 같다. 하늘은 각각의 사람에게 100%의 사랑을 쏟아 붓지만, 욕심이 하나도 없는 사람만이 온전히 다 받아들인다. 욕심이 있는 사람은 받아들이는 정도가 다를 뿐, 결코 온전히 다 받아들이지는 못한다. 요임금은 욕심이 하나도 없는 사람이었다. 요임금 당시에는 요임금만이 사랑을 온전히 다 받아들이는, 하늘의 독생자였다. 하늘의 독생자는 하늘 같은 모습이다. 요임금은 하늘 같아서, 하늘 같은 공을 세우고 하늘같이 빛나지만, 하늘을 표현할 수 없듯이, 표현할 수 없다.

제20장

순유신오인이천하치 무왕왈여유난신십인
舜有臣五人而天下治하니라 武王曰予有亂臣十人호라
1 2

공자왈재난 불기연호 당우지제 어사 위성
孔子曰才難이 不其然乎아 唐虞之際와 於斯에 爲盛
3 4 5

유부인언 구인이이 삼분천하 유기이
하나 有婦人焉이라 九人而已니라 三分天下에 有其二
6

이복사은 주지덕 기가위지덕야이의
하사 以服事殷하시니 周之德은 其可謂至德也已矣로다
7

| 국역 |

순舜임금에게는 신하 다섯 사람이 있었는데 천하가 다스려졌다. 무왕이 말했다. "나에게는 신하 열 사람이 있다." 공자께서 말씀하

셨다. “인재를 얻는 것이 어렵다고들 하는데, 그렇지 아니한가? 당우지제唐虞之際와 여기(문왕文王과 무왕武王의 즈음)에서 번성하였으나, 부인이 한 사람 있었기 때문에 아홉 사람일 뿐이다. (문왕文王은) 천하를 셋으로 나누어 그 둘을 가지고서도 은殷에 복종하여 섬겼으니, 주周나라의 덕德은 지극한 덕이라고 말할 수 있다.”

| 난자풀이 |

1 武王 : 문왕文王의 아들. 성은 희姬, 이름은 발發. 아우 주공단周公旦과 협력하여 은殷을 멸하고 전국을 통일했다.
2 亂 : '어지러운 것을 다스린다'는 뜻이다. 주자朱子는 혹자或者의 말을 인용하여 란亂을 치乿로 보고 치治의 옛 글자라 했다.
3 唐 : 요堯가 통치하던 나라.
4 虞 : 순舜이 통치하던 나라.
5 際 : 즈음. 여기서는 당唐에서 우虞로 바뀌는 시기를 말한다.
6 婦人 : 문왕文王의 부인 태사太姒를 말한다.
7 周 : 문왕文王이 세운 나라. 문왕의 아들 무왕武王이 은殷을 멸하고 천자天子가 되었다.

| 강설 |

순임금 때는 우禹·직稷·슬契·고요皐陶·백익伯益의 다섯 신하가 있었고, 무왕 때는 태사太姒·주공단周公旦·소공석召公奭·태공망太公望·필공畢公·영공榮公·대전大顚·굉요閎夭·산의생散宜生·남괄南宮适 등 열 사람의 신하가 있었다.

인재를 얻기 어렵다는 말이 정말인 듯 실감이 난다. 인재는 요堯와 순舜의 즈음과 이때 즉, 문왕과 무왕의 즈음에 가장 많았지만, 요·순 때는 다섯 사람에 불과했고, 문왕 때는 엄밀히 말하면 무왕의 어머니는 신하가 아니므로 아홉 사람에 불과했다.

문왕이 천하의 3분의 2를 확보하고 있었으면서 은殷을 멸하지 않은 것은, 힘으로 천자天子가 되려고 하지 않고 하늘의 뜻에 따라 기다렸기 때문이다. 훌륭한 덕德의 소유자다.

제21장

자왈우 오무간연의 비음식이치효호귀신
子曰禹는 吾無間[1]然矣로다 菲[2]飮食而致孝乎鬼神하시며

악의복이치미호불면 비궁실이진력호구혁
惡衣服而致美乎黻[3]冕[4]하시며 卑宮室而盡力乎溝[5]洫[6]하시

우 오무간연의
니 禹는 吾無間然矣로다

| 국역 |

공자께서 말씀하셨다. "우임금은 내가 비난할 데가 없다. 음식은 간략하게 하면서도 귀신에게는 효도를 다하였고, 의복을 검소하게 입으면서도 불黻이나 면冕과 같은 제복에는 아름다움을 다했으며, 궁실을 낮게 하면서도 논도랑을 다스리는 데 진력하였으니, 우임금은 내가 비난할 데가 없다."

| 난자풀이 |

[1] 間 : 틈을 본다. 흠을 잡는다.
[2] 菲 : 엷다. 박하게 한다.
[3] 黻 : 예복 위에 껴입는 가죽으로 만든 슬갑膝甲.
[4] 冕 : 면류관.
[5] 溝 : 도랑.
[6] 洫 : 도랑.

| 강설 |

우임금은 왕으로서의 부귀영화를 누린 것이 아니라 백성들 전체를 위해 힘을 썼다. 자기가 먹는 음식은 소박했지만, 제사상에 올리는 음식은 성대히 차렸다. 자기가 입는 의복은 열악했으나, 제사 드릴 때의 예복은 화려했다. 자기가 사는 궁실은 낮게 만들면서도, 논밭 사이의 도랑을 파는 일에는 온 힘을 쏟았으니, 비난하려

고 해도 비난할 수가 없다. 우임금은 마음보다 힘을 중시하는 측면이 있었다. 그러나 욕심이 없었기 때문에 임금 자리를 자기 것 챙기는 데 이용하지 않았다. 그 때문에 비난할 수 없다.

九. 자한편 子罕篇

제 1 장

자 한 언 리 여 명 여 인
子罕言利與命與仁이러시다
[1]

| 국역 |

공자께서는 이익에 관한 것과 하늘의 지시에 관한 것과 인에 관한 것을 드물게 말씀하셨다.

| 난자풀이 |

[1] 罕 : 드물다.

| 강설 |

이익을 챙기는 것도 중요하긴 하지만, 그 일에만 매달리면 진리의 길에 나아가지 못한다. 하늘의 뜻을 따르는 것이 하늘마음으로 사는 것이고, 한마음으로 사는 것이다. 학문이 완성되어 진리에 도달했을 때의 삶이 그렇다. 그러므로 하늘의 뜻을 따르는 것과 한마음으로 사는 것보다 더 중요한 것은 없지만, 학문의 초보단계에 있는 사람은 잘 이해하지 못하므로, 공자는 많이 말하지 않았다.

공자는 늘 남과 하나가 되기 때문에, 말을 할 때는 언제나 듣는 사람이 알아들을 수 있는 말을 한다. 그것이 명命과 인仁에 대해서 자주 말하지 않은 이유다.

『논어』에는 인仁과 명命에 대한 언급이 많이 나오는데, 그 이유는 『논어』의 내용을 기록한 제자들이 공자에게 들은 말 중에서 인仁과 명命에 관한 것을 많이 기록했기 때문이다.

제2장

達巷黨人[1]曰大哉라 孔子여 博學而無所成名[2]이로다 子聞之하시고 謂門弟子曰吾何執고 執御乎아 執射乎아 吾執御矣로리라

(달항당인왈대재 공자 박학이무소성명 자문지 위문제자왈오하집 집어호 집사호 오집어의)

| 국역 |

달항당의 사람이 말했다. "크도다. 공자여! 널리 배웠으나 이름을 이룬 것이 없구나." 공자께서 이 말을 들으시고 문하의 제자들에게 말씀하셨다. "내가 무엇에 집중하겠는가? 말 모는 일에 집중하겠는가? 활 쏘는 일에 집중하겠는가? 나는 말 모는 일에나 집중하겠네."

| 난자풀이 |

[1] 達巷黨人 : 달항達巷은 당黨의 이름. 당黨은 본래 500집으로 구성되는 고을이다. 달항達巷이라는 고을의 사람. 일설에는 '달達이라는 항당巷黨의 사람' 으로 보는 경우도 있다.

[2] 成名 : 특정한 부분의 전문가로서 이름을 이루는 것.

| 강설 |

달항達巷이라는 동네의 사람이 공자의 제자들에게 공자를 비꼬는 내용의 말을 한 것으로 보인다. "당신들의 스승은 위대하네요. 널리 배우고서도 전문가로서의 이름을 이룬 것이 없군요." 철학하는 사람들이 일반인들에게 비판받는 내용이기도 하다. 공부만 열심히 했지 실지로 사회에 나가서 할 수 있는 전문분야의 일이 하나도 없다는 것이다. 사회적으로 눈에 보이는 구체적인 역할을 담당해야만 가치가 있다고 생각하는 입장에서 보면 철학하는 사람은 무용지물일지 모른다. 그렇기 때문에 철학과를 졸업한 학생들은 취직이 안 될 것이라는 생각을 하기도 한다.

이와 유사한 내용의 문답이 『맹자孟子』 등문공상滕文公上에도 보인다. 농가農家 입장을 가진 어떤 사람이 맹자에게 '현인이라 하더라도 직접 농사를 지어서 먹어야지 놀고서 먹으면 안 된다.'라는 주장을 하였을 때, 맹자의 답변은 다음과 같았다. "사람에게는 도道가 있다. 배불리 먹고 옷을 따뜻하게 입고 편안하게 살고서 가르침이 없으면 금수에 가까워진다. 그러므로 오륜五倫을 가르쳐 인간다운 생활을 할 수 있도록 해야 한다. 그러한 일에 종사하는 성인聖人은 직접 농사를 지을 겨를이 없다."

달항達巷이라는 동네의 사람은 학문의 가치를 이해하지 못했다. 사회에 공헌할 수 있는 유용한 직업을 가져야 가치가 있다고 생각했다. 공자의 제자들은 학문이 직업훈련을 하는 것이 아니라는 것을 알고 있었다. 공자가 제자들에게 학문의 가치에 대해 설명하지 않아도 되었다. 그래서 여유 있게 농담조로 말했다. "전문분야에 종사하여 그 분야에 일인자가 되는 것이 학문의 목적인가? 그렇다면 나는 일등 마부가 되어 이름을 날려볼까? 아니면 일등 궁사弓士(활쏘는 사람)가 되어 이름을 날려볼까? 일등 마부가 되어야겠네."

제3장

子曰麻冕[1]이[2] 禮也어늘 今也純[3]하니 儉이라 吾從衆하리라 拜下[4]이 禮也어늘 今拜乎上하니 泰[5]也라 雖違衆이나 吾從下하리라

(자왈마면 예야 금야순 검 오종중 배하 예야 금배호상 태야 수위중 오종하)

| 국역 |

공자께서 말씀하셨다. "삼으로 만든 면류관을 쓰는 것이 예에 맞지만, 지금은 생사生絲로 만드니 검소한 것이다. 나는 대중들이 하는 것을 따르겠다. 당堂 아래에서 절하는 것이 예에 맞지만 지금은 위에서 절하니 교만한 것이다. 비록 대중들의 하는 것과 다르다 하더라도 나는 아래에서 하는 것을 따르겠다."

| 난자풀이 |

1 麻 : 삼.
2 冕 : 면류관, 음은 '면'. 마면麻冕은 '삼으로 만든 면류관'이다.
3 純 : 실. 생사生絲. 음은 '순'.
4 下 : 당堂 아래. 주자朱子는 "신하가 임금과 예禮를 행할 때에는 마땅히 당堂 아래에서 절해야 하며, 임금이 이를 사양하면 그제야 당堂 위로 올라가 절을 끝낸다."라고 주석하여 배하拜下를 군신관계에서의 예禮로 설명했다. 그러나 이 예禮는 군신관계 외에, 제사를 지낼 때나 부모를 섬길 때도 두루 적용될 것이다.
5 泰 : 교만함.

| 강설 |

예의 근본은 사치한 것보다는 검소한 데 있다. 사치스러운 것은 예의 형식만을 중시하고 본질을 경시한 것이며, 검소한 것은 예의 형식을 경시하고 본질을 중시한 것이다. 공자는 형식에만 고집하

지 않고 본질을 더 중시하므로 대중들이 검소하게 하는 것을 따른다고 했다. 그러나 본질을 무시하고서 편의에 따라 형식을 바꾸는 것은 예가 아니다. 아무리 대중이 실시하고 있다 하더라도 따르지 않아야 한다.

제4장

자절사 무의 무필 무고 무아
子絶四러시니 毋意, 毋必, 毋固, 毋我러시다

| 국역 |

공자께서는 네 가지를 단절하셨으니, 사사로운 의견이 없으셨으며, 반드시 해야 된다는 것이 없으셨으며, 고집함이 없으셨으며, 내가 아니면 안 된다는 것이 없으셨다.

| 강설 |

천명을 알고 난 공자는 오직 하늘의 뜻을 따를 뿐, 자기 개인을 위한 계산이나 고집이 없었다. 개인의 의견을 제시함이 없이 하늘의 뜻을 따랐고, 반드시 해야 한다고 우기는 것이 없이 하늘의 뜻을 따랐다. 고집부리는 것이 없이 하늘의 뜻을 따랐고, 내가 나서지 않으면 안 된다는 생각이 없이 하늘의 뜻을 따랐다.

제5장

자외어광 왈문왕기몰 문부재자호 천
子畏於匡[1]이러시니 曰文王旣沒[2]하시니 文不在玆乎[3]아 天

지장상사문야 후사자부득여어사문야 천
之將喪斯文也신댄 後死者[4]不得與於斯文也어니와 天

지미상사문야 광인 기여여하
之未喪斯文也신댄 匡人이 其如予何[5]리오

| 국역 |

공자께서 광匡이라는 땅에서 두려운 일이 있었을 때 말씀하셨다. "문왕이 이미 돌아가셨으니 진리가 여기에 있지 아니한가! 하늘이 앞으로 이 진리를 없애려 하신다면, 뒤에 죽는 사람이 이 진리를 펴는 일에 참여하지 못할 것이지만, 하늘이 아직 이 진리를 없애려 하지 않으신다면 광 땅의 사람들이 나를 어떻게 하겠는가!"

| 난자풀이 |

1 匡 : 지명. 그 위치가 어디인지 확실하지 않다.
2 文王 : 천하를 통일한 주나라 무왕의 아버지. 성은 희姬, 이름은 창昌. 은나라의 주왕紂王 때 서백西伯이 되어 인자하게 백성을 다스렸다. 뒤에 그의 아들 무왕이 은나라를 멸망시키고 왕위에 오른 뒤에, 그의 아버지를 문왕이란 시호로 칭하였다.
3 文 : 사람이 사람답게 살 수 있는 방법과 도리. 진리대로 사는 모습.
4 後死者 : 뒤에 죽는 자. 존경하는 사람이 죽고 없을 경우, 그에 대해 자신을 낮추어 말할 때 쓰는 말이다. 여기서의 후사자는 공자 자신을 지칭한다.
5 如 : 뒤의 하何와 구문을 이룬다. 그 가운데에 목적어가 들어온다. '~을 어떻게 하겠느냐?'로 번역한다.

| 강설 |

『사기』 공자세가孔子世家에 의하면, 공자가 위나라를 떠나 진陳으로 갈 때 광匡이라는 땅을 지나게 되었는데, 그때 광 땅의 사람들이 공자를 한때 광 땅에서 폭동을 일으켰던 양호陽虎로 착각하고, 5일간 포위한 일이 있었다고 하였다. 이 문장은 이때의 일이었을 것이다. 공자 56세 때의 일이었다.

50세 때 하늘의 뜻을 알게 된 공자는 하늘의 뜻에 따라서 사는 사람이 되었다. 하늘의 뜻은 사람들이 사람답게 살 수 있도록 이 세상에 그 방법과 도리를 전파하는 것이지만, 하늘이 직접 전파하지 못하므로 대행자를 시켜서 전파한다. 문왕이 죽은 뒤 하늘의 뜻을 대행하는 사람은 오직 공자밖에 없었다.

하늘이 이 세상에 사람이 사람답게 살 수 있는 방법과 도리를 전파하려 하지 않는다면, 공자는 더 이상 하늘의 뜻을 전파하는 일에 참여할 수 없을 것이므로 거기서 죽게 될지도 모른다. 그렇지만 하늘이 여전히 이 세상에 그 뜻을 펴려 한다면 그 대행자를 죽이지는 않을 것이다. 하늘이 공자를 살리고자 한다면 광 땅의 사람들이 어떻게 해칠 수 있겠는가?

하늘이 죽게 한다면 죽으면 될 것이고, 살게 한다면 살면 될 것이므로, 죽고 사는 문제는 신경 쓸 일이 아니다.

제6장

태재문어자공왈부자성자여 하기다능야 자공왈
大宰[1]問於子貢曰夫子聖者與아 何其多能也오 子貢曰

고천종지장성 우다능야 자문지왈태재지
固天縱[2]之將[3]聖이시고 又多能也시니라 子聞之曰大宰知

아호 오소야천고 다능비사 군자 다호재
我乎인저 吾少也賤故로 多能鄙事하니 君子는 多乎哉

불다야 뇌왈자운오불시고 예
아 不多也니라 牢[4]曰子云吾不試[5]故로 藝[6]라하시니라

| 국역 |

태재가 자공에게 물었다. "공자가 성자인가? 어찌 그 할 줄 아는 것이 많은가?" 자공이 말하였다. "본래 하늘이 내보내신 큰 성인이신데 거기다가 할 줄 아는 것이 많으십니다." 공자께서 이 말씀을 들으시고 말씀하셨다. "태재가 나를 아는구나. 내가 젊었을 때 미천했기 때문에 비천한 일을 많이 할 줄 안다. 군자는 많은 것을 할 줄 아는가? 많지 않다." 뇌牢가 말했다. "선생님께서 말씀하시기를 '내가 쓰이지 않았기 때문에 재주가 많다.'라고 하셨다."

| 난자풀이 |

[1] 大宰 : 대大는 태太와 통용되므로 대재大宰는 '태재太宰'로 읽어야 한다. 태재

는 국무총리에 해당되는데, 여기서의 태재는 오나라의 태재 비嚭라는 설이 있으나 확실하지는 않다.

2 縱 : 내보낸다.

3 將 : 크다.

4 牢 : 공자의 제자. 성은 금琴, 이름은 뇌牢, 자字는 자개子開 또는 자장子張.

5 試 : 용用과 통용되어 '쓰인다'는 뜻이 된다.

6 藝 : 재주가 많은 것.

| 강설 |

유명한 사람에 대해서는 그 과거를 트집 잡아 헐뜯는 사람이 있게 마련이다. 태재가 그러한 사람이다. 『춘추좌씨전』에는 애공 7년 여름과 12년 여름에 오나라 태재와 자공이 만난 사실이 기록되어 있다. 태재의 공자에 대한 평가는 이 두 번의 만남 중에서 있었던 것으로 생각된다. "공자를 다들 성인이라고 하는데 그 사람은 세상의 비천한 잡사에 못하는 것이 없으니 어떻게 고매한 인격자인 성인이라 할 수 있겠는가?" 공자를 비꼰 태재의 말이다. 이에 자공은 공자의 과거에 대해 말하기가 민망하기도 했다. 그래서 그냥 태재에게 얼버무렸다. "본래 하늘이 내보내신 큰 성인이신데, 거기다가 또한 능력이 많으신 것입니다."

사람들이 부끄러워하는 것은 천한 신분, 가난, 못생긴 얼굴 등이다. 그런 것은 몸에 관한 것이다. 공자는 그런 것을 부끄러워하지 않았다. 오직 부끄러운 것은 하늘의 뜻을 어기는 것뿐이다.

공자는 태연히 말한다. "태재가 나의 과거를 아는구나. 나는 젊었을 때 미천했기 때문에 먹고 살기 위해서 안 해본 일이 없다. 온갖 비천한 일도 다 할 수 있다. 군자는 인격이 어떠하냐에 달려 있는 것이지 어떤 일을 잘 하느냐에 달려 있는 것은 아니다."

공자는 일찍이 금뇌琴牢에게 "나는 쓰이지 않았기 때문에 재주가 많다."라고 하여 자신의 입장을 토로하기도 하였다.

제7장

子曰吾有知乎哉아 無知也로라 有鄙夫問於我라도 空空如也하되[1] 我叩其兩端而竭焉하노라[2]

(자왈오유지호재 무지야 유비부문어아 공공여야 아고기양단이갈언)

국역

공자께서 말씀하셨다. "내가 아는 것이 있는가? 나는 아는 것이 없다. 비천한 남자가 나에게 묻더라도 텅 비어 있는 것 같다. 나는 두 상황을 살펴 최선을 다해 알맞은 답을 찾을 뿐이다."

난자풀이

1 空空如 : 텅 빈 것 같은 모양.
2 叩 : 두드린다. 묻는다. 살핀다.

강설

아는 것에는 세 단계가 있다. 귀로 들은 것만 아는 단계가 있고, 머리로 이해하는 단계가 있고, 몸으로 알고 실천하는 단계가 있다. 귀로 듣고 아는 것은 귀로 들은 것을 단순히 외워서 아는 것이므로 자기의 지식이 되지 않는다. 응용할 수도 없고 융통성도 없다. 그러나 머리로 아는 것은 그 내용과 원리를 완전히 이해한 것이므로 자기의 지식이 된 것이다. 융통성도 있고 남에게 가르칠 수 있는 응용력도 있다. 그러나 그렇게 아는 것은 아직도 머릿속에서 아는 것일 뿐이므로 몸으로 완전히 체득한 것은 아니다. 몸으로 아는 단계가 되면 모든 지식이 몸에 소화되어 저절로 실천하게 된다. 몸으로 아는 단계에서는 몸이 스스로 알고 움직이므로 머릿속은 오히려 텅 비게 된다.

초보 운전자는 귀로 들은 대로 운전하기 때문에 융통성도 없고 응용력도 없으며, 남에게 잘 설명하지도 못한다. 그런 운전자는 곧이곧대로 운전을 하다가 돌발적인 상황에 대처하지 못하고 사고를 낸다. 그러나 운전에 숙달이 되면 귀로 들은 지식을 머릿속에서 이해하기 때문에 융통성도 있고 응용능력도 있다. 돌발적인 변수에 대처할 수도 있고, 남에게 설명할 수도 있다. 그렇지만 머릿속의 지식으로 운전하는 사람은 머릿속의 에너지를 쓰는 것이다. 운전을 하면 할수록 피곤해진다. 이에 비해 완전히 숙달된 사람은 다르다. 머릿속이 텅 빈 상태에서 몸으로 알고 몸으로 운전하기 때문에 자유자재로 운전한다. 오래 운전을 해도 쉽게 피곤하지 않다.

사람의 삶도 그렇다. 귀로 들은 대로 사는 사람이 있고, 머리로 이해한 대로 사는 사람도 있으며, 몸이 체득한 대로 사는 사람도 있다. 귀로 들은 대로 사는 사람은 들은 대로만 움직이는 로봇 같은 존재다. 그런 사람은 응용력이 없고 융통성도 없다. 머리로 이해하는 대로 사는 사람은 나름대로의 삶의 이치를 가지고 있다. 융통성을 발휘할 수도 있고 응용능력도 있다. 그런 사람은 머리로 이해한 내용을 남에게 잘 설명할 수도 있다. 그러나 그런 사람은 몸으로 체득한 대로 살아가는 자유자재한 사람은 아니다. 몸으로 체득하여 몸의 느낌대로 사는 사람은 머릿속이 텅 빈 채로 몸의 느낌대로만 산다.

사람이 산다는 것은 느낌이다. 행복도 느낌이고, 진리도 느낌이다. 느낌은 가슴에서 나온다. 느낌은 하늘의 지시를 받아들이는 수단이다. 느낌에 충실한 사람은 하늘의 지시대로 사는 사람이고, 하늘마음으로 사는 사람이다. 그런 사람은 늘 남과 하나가 된다.

사람이 살아가는 과정은 선택의 연속이다. 새로운 일을 시작해야 할까, 말아야 할까? 이사를 가야 할까, 말아야 할까? 적극적으로 나서야 할까, 참아야 할까? 적에게 응징해야 할까, 용서해야 할까? 등등의 기로에서 적극적인 사람은 적극적으로 대처하다가 실패할 때가 있고, 소극적인 사람은 소극적으로 대처하다가 실패할 때가 있다. 오직 고정관념이나 편견을 없애고 상황을 살펴서,

적극적으로 대처해야 할 때는 적극적으로 대처하고, 소극적으로 대처해야 할 때는 소극적으로 대처해야 한다.

공자는 하늘마음으로 사는 사람이고 느낌에 충실한 사람이다. 어떤 사람이 어떤 방법이 좋을지에 대해 물어오더라도 그에 대한 해답을 미리 갖고 있지 않다. 그 사람의 처지가 되어, 두 가지 상황 중에 어떤 것을 선택해야 정답인지를 느낌으로 찾아낸다.

사람들 중에는 머릿속에 넣어둔 해답을 가지고 삶의 방식을 찾으려는 사람이 있다. 머릿속에 넣어둔 해답은 머릿속에 고정되어 있는 것이지만, 사람의 삶은 고정되어 있는 것이 없다. 시간에 따라 다르고 공간에 따라 다르며, 사람에 따라서도 다르다. 그러므로 머릿속에 넣어둔 고정된 삶의 방식으로 해답을 구하면 늘 어긋난다. 정답은 그때그때 주어지는 하늘의 지시에 따르는 데에 있다. 하늘은 잠시도 쉬지 않고 만물에게 삶의 방향을 지시한다.

제8장

자왈봉조부지　하불출도　오이의부

子曰鳳鳥不至하며[1] 河不出圖하니[2] 吾已矣夫인저

국역

공자께서 말씀하셨다. "봉황새가 오지 않으며 황하黃河에서 하도河圖가 나오지 않으니 내 그만둘까 보다."

난자풀이

[1] 鳳 : 봉황새. 순舜임금 때 나타났고 문왕文王 때 기산岐山에서 울었다 하여 성인聖人이 나타날 때 나타나는 상서로운 새로 일컬어진다.

[2] 圖 : 복희伏羲 때 황하黃河에서 나타난 용마龍馬의 등에 그려져 있던 그림. 역시 성인聖人이 나타나는 징조로 알려져 있다.

| 강설 |

하늘이 이 세상에 진리를 펴기 위해 그 대행자인 공자를 내려보냈다. 공자는 그런 하늘의 뜻을 어기지 않고 열심히 천하를 돌아 다녔다. 그러나 만족스런 결과를 얻지 못했다. 회의가 들었다. "하늘이 이 세상에 진리를 펼 생각이 없으신가? 하늘이 나를 내려보내신 것이 아닌가? 봉황새가 날아오지도 않고, 황하黃河에는 등에 그림이 그려진 용마龍馬가 나타나지도 않네. 나는 그만두어야 하는 건가?"

그러나 공자는 그만두지 않았다. 만족스런 결과가 나오지 않는 것 또한 하늘의 뜻이었다. 공자가 세상에 진리를 펴는 것은 학문을 통해야 한다. 부귀영화를 누리는 사람이 좋은 제자를 기르기는 어렵다. 고생하는 사람이 오히려 제자들에게 감명을 주기 쉽다. 하늘이 공자를 고생시킨 것은 그 때문이다. 공자는 다시 나섰다. 하늘의 뜻임을 알기 때문에.

제9장

子見齊衰者와 冕衣裳者와 與瞽者하시고 見之에 雖少나 必作하시며 過之必趨러시다

(자견자최자 ① 면의상자 ②③④ 여고자 견지 수소 필작 과지필추)

| 국역 |

공자께서 자최齊衰를 입은 자와 면류관을 쓰고 의상을 입은 자와 장님을 만나시면, 그와 마주칠 때는 (상대가) 비록 젊더라도 반드시 일어나시며, 지나가실 때는 종종걸음을 하셨다.

| 난자풀이 |

① 齊衰 : 3년상을 당한 사람이 입는 상복. 음은 '자최'.

[2] 冕 : 면류관.
[3] 衣 : 저고리.
[4] 裳 : 치마. 면의상冕衣裳은 공무원들의 옷차림.

| 강설 |

남을 나처럼 여기는 공자는 상중에 있는 사람을 보면 슬픔을 같이 하고 위로하는 뜻에서 태연히 앉아 있지 못하고 일어섰고, 그 앞을 지나갈 때는 그들을 방해하지 않도록 빠른 걸음으로 지나갔다. 그들을 방해하면 그들을 더욱 슬프게 만들기 때문이다.

공무원은 나라의 일을 맡아보는 사람이다. 나라의 일이 개인의 일보다 중요하다. 그러므로 공자는 공무원을 만나면 경의를 표하는 마음으로 자리에서 일어났고, 그 앞을 지나갈 때는 방해하지 않도록 빠른 걸음으로 지나갔다.

장님을 만나면 어려운 상태에 놓여 있는 상대가 애처로워 태연히 앉아 있을 수가 없었다. 또 그 앞을 지나갈 때는 방해하지 않도록 빠른 걸음으로 지나갔다.

제10장

顔淵(안연)이 喟[1]然歎曰仰之彌[2]高(위연탄왈앙지미고)하며 鑽[3]之彌堅(찬지미견)하며 瞻[4]之在前(첨지재전)이러니 忽焉在後(홀언재후)로다 夫子循循然善誘人(부자순순연선유인)하사 博我以文(박아이문)하시고 約我以禮(약아이례)하시니라 欲罷不能(욕파불능)하여 既竭吾才(기갈오재)나 如有所立卓[5]爾(여유소립탁이)라 雖欲從之(수욕종지)나 末[6]由[7]也已(말유야이)로다

| 국역 |

안연이 '하아!' 하고 탄식하며 말했다. "우러러볼수록 더욱 높아지

시고, 뚫을수록 더욱 단단해지시며, 쳐다보면 앞에 계셨는데, 어느덧 뒤에 계시는도다! 선생님께서는 순조롭게 사람을 잘 이끌어주신다. 나에게 문文을 가르쳐 폭넓은 지식인으로 만들어주시고, 나에게 예를 가르쳐 교양 있는 사람으로 만들어주신다. 그만두고자 해도 그만둘 수 없다. 이미 내 재주를 다했으나, (선생님께서) 서 계신 곳은 우뚝해서 아무리 좇아가려 해도 어찌할 도리가 없다."

| 난자풀이 |

1 喟然 : 탄식하는 소리.
2 彌 : 더욱.
3 鑽 : 뚫는다.
4 瞻 : 바라본다.
5 卓 : 우뚝한 모양..
6 末 : 무無와 통용.
7 由 : 말미암는다. 근거로 하다. 실마리로 삼다.

| 강설 |

성인이 될 목적으로 학문에 큰 뜻을 둔 안연이 공자에 대하여 평한 문장이다.

사람들은 의식 속에 나름대로의 삶의 방식을 넣어놓고 살아간다. 큰 것을 넣어놓은 사람은 크게 살고, 작은 것을 넣어놓은 사람은 작게 산다. 높은 것을 넣어놓은 사람은 높게 살고, 낮은 것을 넣어놓은 사람은 낮게 산다. 딱딱한 것을 넣어놓은 사람은 딱딱하게 살고, 유연한 것을 넣어놓은 사람은 유연하게 산다.

사람이 사람을 안다는 것에는 두 가지가 있다. 얼굴을 아는 것도 있고, 속을 아는 것도 있다. 얼굴을 아는 것은 속을 모르기 때문에 제대로 아는 것은 아니다. 속을 알 때 비로소 안다고 할 수 있다. 속을 안다는 것은 다른 것이 아니다. 그 사람이 의식 속에 넣어놓은 삶의 방식을 아는 것이다.

공자는 의식 속에 삶의 방식을 넣어놓지 않았다. 공자는 자기의 삶의 방식이 따로 없다. 오직 하늘의 지시대로만 산다. 하늘은 고정된 것이 없다. 하늘이 만물에게 지시하는 것은 고정된 것이 없다. 때에 따라 다르고 장소에 따라 다르며, 사람에 따라 다르다. 그러므로 하늘의 지시는 느낌으로 따를 수는 있어도 머리로 알 수는 없다.

공자를 알 수 없는 것도 하늘을 알 수 없는 것과 같다. 안연이 공자의 삶의 방식이 얼마나 높은지 확인하려 했지만, 그럴수록 자꾸 더 높아졌다. 자꾸 높아진다는 것은 무한히 높다는 것이고, 무한히 높다는 것은 사람이 넣어놓은 것이 아니라는 말이다. 공자의 삶은 하늘의 삶이므로 그 높이를 알 수 없고 그 깊이를 알 수 없으며, 그 단단하기를 알 수 없고 그 유연하기를 알 수 없다. 앞에 있다고 판단하면 뒤에 있고, 뒤에 있다고 판단하면 앞에 있다.

공자가 제자들을 대하는 것은 남달랐다. 부모가 자녀를 돌보듯이 부드럽게 가르치고, 하늘이 만물을 살리듯이 정확하게 깨우쳤다. 넓은 교양을 갖추게 하고, 간결하게 행동할 수 있게 했다. 자녀들이 부모의 품을 벗어날 수 없듯이, 제자들은 공자의 문하를 벗어날 수 없었다. 안연은 열심히 노력했다. 공자처럼 되어보는 것이 소원이었던 안연이다. 힘껏 노력해서 어느 날 공자에게 다가가 공자의 서 있는 모습을 보았다. 그 모습이 너무나 우뚝해서 공자처럼 될 수 있는 실마리를 찾을 수가 없었다.

제 11 장

자질병 자로사문인 위신 병간왈구
子疾[1]病[2]이어시늘 子路使門人으로 爲臣이러니 病間[3]曰久

의재 유지행사야 무신이위유신 오수기 기
矣哉라 由之行詐也여 無臣而爲有臣하니 吾誰[4]欺오 欺

천호 차여여기사어신지수야 무녕사어이삼자지
天乎아 且予與其死於臣之手也론 無寧死於二三子之

수호 차여종부득대장 여사어도로호
手乎아 且予縱[5]不得大葬이나 予死於道路乎아

| 국역 |

공자께서 병이 위독해지자 자로가 자기의 제자를 보내 신하로 삼았다. 공자께서 위독한 상태가 좀 덜해지자 말씀하셨다. "오래되었구나! 유가 거짓을 행한 것이. 신하가 없어야 하는데 신하가 있게 되었으니 내 누구를 속일 것인가! 하늘을 속일 것인가! 또한 내가 신하들의 손에서 죽기보다는 제자들의 손에서 죽는 것이 낫지 않겠는가! 내가 비록 크게 장사지내지지는 못한다 하더라도 내가 도로에서 죽기야 하겠는가!"

| 난자풀이 |

1 疾 : 병.
2 病 : 위독하다.
3 間 : 병에 걸린 사람이 위독한 상태로 계속되는 경우는 드물다. 위독하다가 좀 나았다가 다시 위독하다가 하는 것을 반복한다. 여기서 간間이라 한 것은 위독한 상태와 위독한 상태 사이의, 좀 호전되었을 때의 상태를 말한다.
4 誰 : 누구. 의문대명사이므로 타동사의 목적어이면서도 타동사의 앞에 온다.
5 縱 : 비록.

| 강설 |

공자가 위독하게 되자, 원로제자인 자로가 자기의 제자를 보내 공자의 신하로 삼고 간병케 했다. 당시 공자는 벼슬하고 있지 않았으므로 공적으로 신하를 둘 수 있는 처지가 아니었다. 그런데도 자로가 불법으로 공자에게 신하를 간병인으로 붙여주었다. 물론 그 신하의 월급은 정부의 지원이었다. 공자는 이런 것들이 못마땅했다.

공자는 하늘의 뜻을 어기는 것을 죽기보다 싫어했다. 불법으로 간병인을 쓰는 것은 하늘의 뜻을 어기는 것이다. 공자가 좋아할 리 없다.

제자 앞에서 죽는 것은 좋지만 신하 앞에서 죽는 것은 좋지 않다. 간병인을 보내 돌보게 하면 몸은 편할지 모르지만 마음은 편하지 않다. 환자의 마음을 편하게 해드리는 것보다 더 좋은 것이 없다.

제 12 장

子貢曰有美玉於斯하니 韞匵而藏諸잇가 求善賈而沽諸잇가 子曰沽之哉沽之哉인저 我는 待賈者也로라

(자공왈유미옥어사 / 온독이장저 / 구선고이고 / 저 / 자왈고지재고지재 / 아 / 대고자야)

| 국역 |

자공이 말했다. "여기에 아름다운 옥玉이 있으면 궤 속에 감추어서 보관하시겠습니까? 좋은 상인을 구하여 파시겠습니까?" 공자께서 말씀하셨다. "팔 것이다. 팔 것이다. 나는 상인을 기다리는 사람이다."

| 난자풀이 |

1 韞 : 넣는다. 감춘다.
2 匵 : '궤' 라는 뜻으로 음은 '독'. 궤櫃과 통용.
3 賈 : '장사하는 사람' 이라는 뜻으로 음은 '고'. 일설에는 가賈를 가價로 보아 '값' 이라는 뜻으로 보기도 한다.
4 沽 : '판다' 는 뜻으로 음은 '고'.

| 강설 |

자공이 공자가 능력이 있음에도 벼슬하지 아니함을 안타깝게 여긴 나머지 미옥美玉에 비유하여 질문한 것이다. 공자는 벼슬하는 것을 목적으로 삼지 않았다. 오직 하늘의 뜻을 따르는 것이 목적이었다. 공자가 지금 벼슬하지 못하는 것은 하늘의 뜻이다.

제13장

子欲居九夷[1]러시니(자욕거구이) 或曰陋커니(혹왈루) 如之何잇고(여지하) 子曰君子居之니(자왈군자거지) 何陋之有리오(하루지유)

| 국역 |

공자께서 이족들이 사는 곳에 가서 살고자 하셨다. 이에 어떤 사람이 말했다. "누추한 곳이니 어떻게 하시렵니까?" 공자께서 말씀하셨다. "군자들이 살고 있으니 무슨 누추함이 있겠는가?"

| 난자풀이 |

[1] 九夷 : ① 현토玄菟, ② 낙랑樂浪, ③ 고려高麗, ④ 만식滿飾, ⑤ 부유鳧臾, ⑥ 색가索家, ⑦ 동도東屠, ⑧ 왜인倭人, ⑨ 천비天鄙의 총칭이라고도 하고, ① 무이畝夷, ② 간이干夷, ③ 방이方夷, ④ 황이黃夷, ⑤ 백이白夷, ⑥ 적이赤夷, ⑦ 원이元夷, ⑧ 풍이風夷, ⑨ 양이陽夷의 총칭이라고도 하지만 그저 '여러 이족들이 사는 곳'으로 보면 될 것이다.

| 강설 |

고향에서 태어나 고향에 머물러 사는 사람도 있지만 대부분의 사람들은 고향을 떠나 타향에서 산다. 타향에서 살면 고향이 그리워진다. 고향을 그리워하면서도 고향에 가지 못하는 것은 타향에서 할 일이 남아 있기 때문이다. 공자도 그랬다. 공자의 목적은 온 세상 사람들을 한마음으로 살도록 유도하는 것이었다. 그것은 하늘의 뜻이었고 공자의 사명이었다. 공자가 정치에 관여하려 했던 것도 바로 그 때문이었다.

그런데 공자의 노력은 성공하지 못했다. 아무리 노력을 해도 도가 잘 펼쳐지지 않았다. 그래서 공자는 허탈해질 때도 있었다. 타향에서의 일이 제대로 되지 않을 때 사람들은 다 집어치우고 고향으로 떠나고 싶은 생각이 들기도 한다. 공자도 그랬다. 공자가 가서 살고 싶은 곳은 군자들이 살고 있는 곳, 바로 동이족들이 사는 곳이다. 동이족의 나라는 공자 인仁사상의 발상지이다. 동이족의 나라는 공자의 정신적 고향이다. 동이족들은 옛날 단군조선 시대에 인의 문화를 꽃피우며 영광스럽게 살았지만, 단군이 망한 이래 여러 부족으로 흩어졌다. 공자가 구이九夷라고 표현한 것은 여러 부족으로 흩어져서 살고 있는 동이족들을 일컫는다. 아홉이란 수는 여럿이란 뜻이지 반드시 아홉을 일컫는 것은 아니다.

동이족들은 원래 군자였기 때문에 단군조선이 망한 뒤 여러 부족으로 흩어져 살고 있어도 여전히 군자의 모습으로 살고 있었다. 그래서 공자는 그들이 사는 곳에 가서 살고 싶어했다.

이夷라는 글자에는 수십 가지의 뜻이 있다. 일본의 『대한화사전大漢和辭典』을 보면, 그중 첫 번째의 뜻은 인仁이다. 고대에는 이夷와 인仁이 동의어였다. 이夷를 쓸 때 인仁이라고 써도 되고, 인仁을 쓸 때 이夷라고 써도 된다는 것이다. 『대한화사전』은 『설문통훈정성說文通訓定聲』을 참조하여 이러한 정의를 내리고 있다. 이에서 보면 공자의 인仁은 이夷와 밀접한 관련이 있음을 알 수 있다. 이夷는 우리 민족에 대한 옛 칭호이다. 이夷는 대大와 궁弓을 합한 글자다. 활을 잘 쏘는 키 큰 사람이란 뜻이다. 우리 민족은 키가 크고 활을 잘 쏘았으므로, 우리 민족에게 붙여진 별명이 이夷란 글자였다. 그러면 인仁으로 불린 이유는 무엇일까? 우리 민족의 마음 밑바닥에 깔려 있는 공통적인 정서는 '너=나'라는 등식이다. '네가 나이고 내가 너'이기 때문에 너와 내가 따로 행동하기 어렵다. 그래서 한국인들은 혼자서 잘 다니지 않는다. 식사를 하러 갈 때도 혼자서 가지 않고 누군가 함께 갈 사람을 찾아서 함께 간다. 술집에 갈 때도 혼자 가는 경우가 드물다. 한국인들이 함께 다니는 습관은 매우 독특하다. 우리 옛 조상인 이족들도 그랬을 것이다. 인仁은 인人과 이二를 합한 글자이다. 그 의미는 두 사람이 함께 다닌다는 뜻이다. 두 사람이 함께 다닌다는 뜻은 한 사람이 혼자서 다니지 않는다는 말이다. 세 사람일 수도 있고 여러 사람일 수도 있지만, 대표로 두 사람이라고 한 것에 불과하다. 이夷가 우리 조상들에게 붙여진 별명이듯이, 인仁 또한 우리 조상들에게 붙여진 별명이었음이 분명하다. 우리 조상들에게 붙여진 별명이었기 때문에 그 말이 서로 통용되는 것은 당연한 것이다.

동이족이 살던 곳은 공자 인사상의 발원지다. 그곳은 군자들이 살고 있는 곳이다. 예로부터 군자의 나라, 동방예의지국, 군자들이 죽지 않고 사는 나라 등으로 불렸다. 공자는 늘 그곳이 그리웠다.

제14장

자왈오자위반로연후 악정 아송 각득기소

子曰吾自衛反魯然後에 樂正하니 雅[1]頌[2]이 各得其所하니라

| 국역 |

공자께서 말씀하셨다. "내가 위衛나라로부터 노魯나라에 돌아온 뒤에 음악이 바르게 되어 아雅와 송頌이 각각 제자리를 찾게 되었다."

| 난자풀이 |

[1] 雅 : '명곡'에 해당함. 『시경詩經』을 민요·명곡·찬송가의 노래 가사로 되어 있다고 본다면, 이 중에서 명곡에 해당하는 것이 아雅이다. 궁중이나 점잖은 연회 때 연주한다.

[2] 頌 : '찬송가'에 해당한다. 주로 종묘宗廟에서 조상신을 제사할 때 연주한다.

| 강설 |

공자가 돌아다니는 것을 그만두고 고국인 노魯나라로 돌아온 것이 68세 때였다. 이제 정치에서 떠나 조용히 학문을 정리할 때가 온

것이다. 고국에 돌아온 공자가 『시경詩經』·『서경書經』 등 육경六經을 정리하게 되니, 아雅와 송頌 등이 혼란 없이 연주되게 된 것이다.

제15장

子曰出則事公卿하고 入則事父兄하며 喪事에 不敢不勉하며 不爲酒困[1]이니 何有於我哉리오

(자왈출즉사공경 입즉사부형 상사 불감불면 불위주곤 하유어아재)

| 국역 |

공자께서 말씀하셨다. "나가서는 공경公卿을 섬기고, 돌아와서는 부형父兄을 섬기며, 상사喪事에 감히 힘쓰지 않음이 없으며, 술 때문에 곤란하게 되지 아니하니, 나에게 (이 외에) 무엇이 있겠는가?"

| 난자풀이 |

[1] 酒困 : 과음하여 정신을 잃고 남에게 피해를 주는 등 '술 때문에 곤란하게 되는 것'.

| 강설 |

성인聖人이라고 하더라도 외형적으로는 평범하게 예禮를 지키는 것 외에 남과 다른 것이 없다. 다른 점은 일반인들이 예를 지키는 것은 예를 지키지 않으면 안 되기 때문에 억지로 지키는 것이지만, 성인이 예를 지키는 것은 다르다. 성인은 예를 의식하고 지키는 것이 아니다. 오직 본마음을 실천하기만 하는데도 그것이 모두 예가 되는 것이다.

제16장

자 재 천 상 왈 서 자 여 사 부　　불 사 주 야
子在川上曰逝者如斯夫인저 不舍晝夜로다
　　　1

| 국역 |

공자께서 냇가에 계실 때 말씀하셨다. "가는 것이 이 물과 같구나! 밤낮을 그치지 않는도다!"

| 난자풀이 |

1 上 : 상上이 물을 나타내는 말 다음에 오면 물의 '가'를 말한다.

| 강설 |

공자는 어느 날 제자들과 함께 강가에서 물을 보고 있었다. 강물은 잠시도 쉬지 않고 흐른다. 흐르고 흘러 바다로 간다. 사람도 이 물과 같다. 잠시도 쉬지 않고 흘러 죽음의 바다에 도달한다. 그런데 사람들은 그것을 깨닫지 못한다. 살아 있는 사람은 자기가 늘 살아 있을 것으로 착각하고 있다. 만약 이 물처럼 잠시도 쉬지 않고 죽음을 향하여 달려가고 있음을 자각한다면 그렇게 태연하지는 못할 것이다. 너무 늦기 전에 그 길에서 벗어나는 방법을 찾아야 한다. 꾸물거릴 여유가 없다. 그런데도 공부에 열중하지 않고 한가하게 세월을 보내고 있는 제자들이 있다. 흐르는 세월은 이 물처럼 쉬지 않는다. 공자는 안타까운 마음으로 탄식을 했다. "가는 것이 이 물과 같구나! 밤낮을 그치지 않는도다!" 제자들이 알아들었으면 좋으련만.

제 17 장

자 왈 오 미 견 호 덕 여 호 색 자 야
子曰吾未見好德如好色者也로다

| 국역 |

공자께서 말씀하셨다. "나는 아직 덕을 좋아하기를 색을 좋아하듯이 하는 자를 보지 못했다."

| 강설 |

몸을 챙기는 사람이 있고, 마음을 챙기는 사람이 있다. 진리는 마음을 챙기는 사람에게 찾아오는 것이지, 몸을 챙기는 사람에게 찾아오는 것이 아니다. 마음을 챙기는 사람은 덕을 좋아하는 사람이고, 몸을 좋아하는 사람은 색을 챙기는 사람이다.

색을 챙기기도 해야 하지만, 덕을 챙기는 마음보다 더 크면 안 된다. 공자가 끊임없이 진리를 설파했지만, 덕을 챙기는 사람을 보지 못했다. 공자는 안타깝다. 사람들이 불쌍해서 볼 수가 없다.

제 18 장

자 왈 비 여 위 산 　 미 성 일 궤 　 지 　 오 지 야 　 비 여
子曰譬如爲山이니 未成一簣[1]하여 止도 吾止也며 譬如

평 지 　 수 복 일 궤 　 진 　 오 왕 야
平地[2]니 雖覆一簣[3]하여 進도 吾往也니라

| 국역 |

공자께서 말씀하셨다. "(학문하는 것은) 비유하자면 산을 쌓는 것과 같다. (마지막) 한 삼태기를 이루지 못하고 그만두는 것도 내

가 그만두는 것이다. 비유하자면 땅을 고르는 것과 같다. 비록 한 삼태기를 부어서 나아감도 내가 가는 것이다."

| 난자풀이 |

[1] 簣 : 삼태기.
[2] 平 : 저지대를 메워서 땅을 평평하게 고르는 것.
[3] 覆 : 뒤엎는다는 뜻으로 음은 '복'. 삼태기를 뒤집어 그 속의 흙을 쏟아부어서 땅을 메우는 것을 말한다.

| 강설 |

학문은 남을 위해서 하는 것이 아니다. 학문을 하지 못해서 겪게 되는 고통도 남이 책임져 줄 수 없다. 『법구경』에 이런 말이 있다. "자식도 믿지 말아라, 부모도 믿지 말아라, 죽음에 다달아 숨질 때에 구해줄 사람 아무도 없다(非有子恃, 亦非父母, 爲死所迫, 無親可怙)."

제19장

자 왈 어 지 이 불 타 자 기 회 야 여
子曰語之而不惰者[1]는 其[2]回也與인저

| 국역 |

공자께서 말씀하셨다. "말해주면 게을리하지 않는 자는 그 안회顔回일 것이다."

| 난자풀이 |

[1] 惰 : '게으르다'는 뜻으로 음은 '타'.
[2] 其 : 막연한 추측을 나타내는 조음소.

| 강설 |

공자는 평생 동안 가르치는 것을 게을리하지 않았다. 오직 제자들

이 학문을 완성하는 것, 그것이 공자의 희망이었다. 열심히 학문에 정진하는 제자 안회가 그래서 더욱 사랑스러웠다.

제20장

자 위 안 연 왈 석 호　오 견 기 진 야　미 견 기 지 야
子謂顏淵曰惜乎라 吾見其進也오 未見其止也로라

| 국역 |

공자께서 안연에 대해 말씀하셨다. "애석하구나! 나는 그가 나아가는 것만 보았고, 중지하는 것은 보지 못했다."

| 강설 |

안연의 학문은 계속 진전되기만 하고 중지하거나 후퇴함이 없었다. 그런 안연이 일찍 죽었다. 너무나 애석한 일이었다.

제21장

자 왈 묘 이 불 수 자 유 의 부　수 이 불 실 자 유 의 부
子曰苗而不秀[1]者有矣夫[2]며 秀而不實者有矣夫인저

| 국역 |

공자께서 말씀하셨다. "싹은 났으나 자라지 아니하는 것도 있으며, 자라기는 했으나 열매 맺지 아니하는 것도 있도다!"

| 난자풀이 |

[1] 秀 : 주자는 '꽃피우는 것'이라 하였으나 일설에는 '자라는 것'으로 보는 경우도 있다. 둘 다 통한다.

② 矣夫 : 감탄조사.

| 강설 |

싹은 학문을 시작하는 것, 자라는 것은 학문이 발전되는 것, 열매 맺는 것은 학문이 완성되는 것에 대한 비유다. 학문을 시작했어도 진전되지 못하는 사람이 있고, 진전되었어도 완성하지 못하는 자가 있다. 학문을 시작한 사람이 학문을 한다는 사실에만 만족하면 안 된다. 지극정성으로 노력해서 학문을 완성하는 데까지 나아가야 한다. 그렇지 못하면 허사가 된다. 초목이 싹트고 성장하는 것은 결실을 향하여 나아가는 것이므로 결실을 하지 못하면 싹트고 성장하는 것이 의미를 갖지 못하는 것과 같다. 풀 한포기를 보아도 인생의 의미를 깨달을 수 있다.

제22장

자왈후생 가외 언지래자지불여금야 사십오
子曰後生이 可畏니 焉知來者之不如今也리오 四十五
십이무문언 사역부족외야이
十而無聞焉이면 斯亦不足畏也已니라

| 국역 |

공자께서 말씀하셨다. "후생이 두려운 것이다. 나중에 오는 자들이 지금보다 못할지 어떻게 알겠는가? 그러나 40, 50세가 되어서도 한 소식 하지 못한다면 이 또한 두려워할 것이 없다."

| 강설 |

뒤에 태어난 사람이 선배들이 이룬 것을 참고하여 발전시킨다면 선배들보다 나을 수 있다. 그러므로 자기보다 늦게 태어난 사람들이 두려운 법이다. 그러나 늦게 태어난 사람이라고 해서 다 두려

운 것은 아니다. 열심히 노력하는 사람이 아니면 두려워할 것이 없다. 사람은 노력할수록 성숙해진다. 열심히 노력하여 40이나 50세쯤 되면 진리에 대해 한 소식 하게 된다. 40, 50세가 되어도 한 소식 하지 못하는 사람은 그다지 두려워할 것이 없다.

문聞은 듣는 것이고 아는 것이다. 학문을 열심히 한 사람이 사오십 세가 되면 대개 한 소식 하게 된다. 한 소식이란 진리의 내용에 대해 파악이 된다는 말이다. 학문에는 시간이 걸린다. 사오십 세가 되어도 깜깜한 사람은 큰 희망이 없다. 열심히 노력하지 않으면 안 된다.

제23장

자왈법어지언 능무종호 개지위귀 손여지언
子曰法語之言은 能無從乎아 改之爲貴니라 巽與之言
[1] [2]

능무열호 역지위귀 열이불역 종이불개
은 能無說乎아 繹之爲貴니라 說而不繹하며 從而不改
[3] [4]

오말여지하야이의
면 吾末如之何也已矣니라
[5]

| 국역 |

공자께서 말씀하셨다. "법어法語에 해당하는 말은 따르지 않을 수 있겠는가? 그러나 고치는 것이 귀하다. 부드럽게 접해지는 말은 기뻐하지 아니할 수 있겠는가? 그러나 의미를 찾아내는 것이 귀하다. 기뻐하기만 하고 의미를 찾아내지 못하며, 따르기만 하고 고치지 못한다면, 나는 그런 사람을 어떻게 할 수 없다."

| 난자풀이 |

[1] 法語 : 법 규정에 해당하는 말.

[2] 巽 : 부드러움. 손여巽與는 부드럽게 접해지는 것. 재미있는 이야기나 웃음거리 등이 이에 속한다.

3 說 : 열悅과 통용.
4 繹 : 의미를 찾아내는 것.
5 也已矣 : 깊은 감회를 나타내는 조사.

| 강설 |

누구든지 지켜야 하는 법 규정 같은 말은 따르지 않을 수 없지만, 거기에만 얽매여 융통성을 잃어버리면 큰 부작용이 생긴다. 법규는 어떤 목적을 달성하기 위해 존재하는 것이므로, 그 법규를 지키는 것이 그 목적을 위배하는 경우는 그 법규를 따르지 않을 수 있는 융통성이 있어야 한다.

예를 들면, 운전을 하는 사람은 '중앙선은 침범하지 못한다'고 하는 말은 따르지 않을 수 없지만, 전방에 위험물이 있을 때는 중앙선을 침범해서라도 피할 수 있어야 하는 것과 같다. 또 법으로 규정된 것은 드러난 형식이기 때문에 모든 상황에 다 적용될 수 없는 한계성을 가지고 있다. 그러므로 상황이 바뀌면 새로운 상황에 맞게 그 규정을 고칠 수 있어야 한다.

부드럽게 접해지는 말 즉, 우화·이솝이야기 등은 재미가 있지만, 그 속에는 교훈이 들어 있다. 그렇기 때문에 재미있는 것만 기억하고 그 속에 들어 있는 교훈을 간파하지 못하면 그 우화를 만들어낸 의미가 없다. 재미있는 이야기들 중에는 재미는 있지만 본심을 왜곡시키는 내용이 들어 있는 것도 있다. 그런 것의 폐해는 매우 심각하다. 자기도 모르는 사이에 나쁜 것에 물들고 말기 때문이다.

법어法語를 따르기만 하고 고쳐가지 못하고, 재미있는 이야기를 즐기기만 하고 그 숨은 뜻을 모르는 사람은, 형식에만 얽매이고 내용을 파악하지 못하는 답답한 사람이다.

제24장

자왈주충신 무우불여기자 과즉물탄개
子曰主忠信하며 毋友不如己者요 過則勿憚改니라

| 강설 |

학이편學而篇 제8장에 나온 내용이다.

제25장

자왈삼군 가탈수야 필부 불가탈지야
子曰三軍은[1] 可奪帥也[2]어니와 匹夫[3]는 不可奪志也니라

| 국역 |

공자께서 말씀하셨다. "삼군에게서 장수는 빼앗을 수 있지만, 필부에게서 뜻은 빼앗을 수 없다."

| 난자풀이 |

[1] 三軍 : 대국大國이 갖추고 있는 군사의 규모.
[2] 帥 : '장수' 라는 뜻으로 음은 '수'. '거느린다' 는 뜻으로 쓰일 때는 음이 '솔' 로 된다.
[3] 匹夫 : 하찮은 일개의 남자.

| 강설 |

힘만 있으면 삼군에게서 장수를 빼앗을 수 있지만, 하찮은 일개 남자에게서도 그 뜻은 힘으로 빼앗을 수 없다. 사람의 뜻은 고상하다. 아무리 하찮게 보이는 미미한 존재도 우주의 주인공이다. 하찮게 보고 무시하면 안 된다. 더구나 삶으로 향하는 그 뜻은 하늘의 뜻이다. 그 뜻을 꺾을 수 있는 사람은 아무도 없다. 모든 존

재는 삶으로 나아간다. 그 방향을 바꾸어 죽음으로 나아가게 할 수 있는 사람은 아무도 없다.

사람의 뜻을 꺾을 수 있는 것은 욕심에서 나오는 뜻에 국한된다. 욕심에서 나오는 뜻은 욕심을 크게 채워주기만 하면 바로 꺾을 수 있다.

제26장

子曰衣敝縕袍하여 與衣狐貉者로 立而不恥者는 其由也與인저 不忮不求하니 何用不臧이리오 子路終身誦之한대 子曰是道也何足以臧이리오

(자왈의폐온포 여의호학자 입이불치자 기유야여 불기불구 하용불장 자로종신송지 자왈시도야하족이장)

| 국역 |

공자께서 말씀하셨다. "해진 솜옷을 입고서 여우나 담비 가죽을 입은 자와 같이 서 있으면서도 부끄러워하지 않는 자는 아마도 유일 것이다. 남을 해치지 않으며 남의 것을 탐하지 아니하니 어찌 좋지 아니한가!" 자로가 늘 외우고 다니자 공자께서 말씀하셨다. "그 도가 무엇이 그리 좋은가?"

| 난자풀이 |

1 敝 : 해진다. 떨어진다.
2 縕 : 헌솜.
3 袍 : 솜옷. 음은 '포'.
4 貉 : 담비. 오소리. 음은 '학'.
5 忮 : '해친다'는 뜻으로 음은 '기.
6 用 : 이以와 통용.
7 臧 : 선善과 같은 뜻.
8 終身 : 늘, 항상.

9 道 : 남을 해치지 않고 남의 것을 탐하지도 아니하는 인간의 도리.

강설

자로는 물질적인 가치에 집착하지 않았다. 입는 옷이나 먹는 것으로 남에게 기죽는 일이 없었다. 그런 자로가 대견스러웠다. 그래서 공자는 『시경詩經』 패풍邶風 웅치편雄雉篇에 있는 '부기부구不忮不求, 하용불장何用不臧'이란 말로 칭찬해 주었다. 자로는 매우 기뻐서 『시경』의 그 구절을 종일 외우고 다녔다.

물질적인 가치에 집착하지 않는 것만으로 인간이 완성된 것은 아니다. 그것은 진리로 나아가는 시작에 불과하다. 공자는 자로를 깨우칠 필요를 느꼈다. "유야 그 정도의 도리가 어찌 그다지도 좋은 것이겠느냐? 아직도 낮은 차원에 속하는 것이다. 거기에 머물지 말고 학문에 더욱 정진해야 할 것이다."

제27장

자왈세한연후 지송백지후조야
子曰歲寒然後에 知松柏之後彫也니라
1

국역

공자께서 말씀하셨다. "해가 추워진 연후에야 소나무와 측백나무가 나중에 돋보인다는 것을 알 수 있다."

난자풀이

1 彫 : 조각한다. 드러낸다. 돋보이게 한다. 꾸민다. 수식한다.

강설

여름에는 모든 초목들이 다 푸르므로 최후까지 푸름을 유지할 초목이 어느 것인지 알기 어렵다. 추운 겨울이 된 뒤에라야 비로소 최후까지 푸름을 유지하는 초목이 어느 것인지 알 수 있다.

시절이 좋을 때는 모두가 애국자로 자처하기 때문에 누가 진정한 애국자인지 알 수 없지만, 시절이 나쁘게 된 뒤에는 진정한 애국자와 자신의 영달을 위해 애국자인 체하는 사람이 구별된다.

내가 부귀할 때는 모두가 나와 진정한 친구인 체하므로 누가 진정한 친구인지 알 수 없지만, 내가 미천해진 뒤에는 나를 이용했던 사람들은 떠나간다. 그때 진정한 친구가 누구인지 알 수 있다.

추사 김정희 선생이 59세가 되던 해(1844년)에 제주도로 귀양을 갔다. 추사가 서울에서 벼슬하고 있을 때는 친한 척하고 따르는 사람들이 많았지만, 귀양을 오고 난 뒤에는 모두 소식을 끊었다. 오직 제자 이상적李尙迪만이 자기에게 사제간의 의리를 저버리지 않고 두 번씩이나 북경으로부터 귀한 책들을 구해서 보내주었다. 이에 보답하기 위해 그려준 추사의 그림이 「세한도歲寒圖」이다. 국립중앙박물관에 소장되어 있고, 국보 180호로 지정되어 있다.

제28장

자왈지자 불혹 인자 불우 용자 불구
子曰知者는 不惑하고 仁者는 不憂하며 勇者는 不懼니라

| 국역 |

공자께서 말씀하셨다. "지혜로운 자는 혹하지 아니하고, 인仁한 자는 근심하지 않으며, 용맹스러운 자는 두려워하지 아니한다."

| 강설 |

지자知者는 사리를 잘 분별하므로 혹하지 아니하고, 인자仁者는 남과 경쟁하지 않으므로 걱정하지 아니하며, 용맹스러운 자는 과감하기 때문에 두려워하지 아니한다. 지知·인仁·용勇 이 세 가지를 고루 갖추어야 완전한 인격자인 성인聖人이다.

제29장

子曰可與共學이라도 未可與適道며 可與適道라도 未可與立이며 可與立이라도 未可與權이니라

| 국역 |

공자께서 말씀하셨다. "함께 배울 수는 있어도 함께 도에 나아갈 수는 없으며, 함께 도에 나아갈 수는 있어도 함께 설 수는 없으며, 함께 설 수는 있어도 함께 권權을 행할 수는 없다."

| 강설 |

이 문장은 학문이 진전되는 과정을 설명한 것이다.

다른 사람을 권유하여 학문하는 곳으로 데리고 갈 수 있다. 압력을 가할 수도 있고 강제로 끌고 갈 수도 있다. 그러나 학문하는 곳에 가서 책을 펴놓고 앉아 있어도 마음이 콩밭에 가 있으면 헛일이다. 그러므로 학문하는 곳에 데리고 갈 수는 있어도 학문에 집중하게 할 수는 없다. 집중하는 것은 어디까지나 본인의 마음에서 우러나야 한다.

그러나 학문의 필요성을 설명하고 차분히 설득하며 집중할 수 있는 분위기를 만들면, 어느 정도 학문에 집중하도록 유도할 수도 있다. 학문에 집중하면 『시경』·『서경』·『예기』 등을 읽고 그 내용을 이해할 수도 있다. 『시경』·『서경』·『예기』 등의 바탕은 도道다. 『시경』은 도에 따라 내려온 하늘의 마음을 노래한 것이고, 『서경』의 내용은 도에 따르는 정치의 방법을 서술한 것이며, 『예기』의 내용은 도를 따르는 삶의 모습이 구체적인 형식으로 드러난 것을 설명한 것이다.

학문에 집중하도록 유도하면 도를 이해하는 데까지 이르게 할

수는 있다. 그러나 도를 머리로 이해하는 것만으로는 몸으로 예를 실천하는 단계에까지 가지 못한다. 예의 실천은 예의 바탕이 되는 도를 알고, 그 도를 실천하는 습관이 몸에 밸 때 가능하다.

예를 실천하도록 유도하는 것은 쉽지 않다. 스스로 노력하는 사람은 문제가 없지만, 그렇지 않은 사람이라면 늘 옆에서 함께 생활하면서 하나하나 예를 실천하도록 유도하지 않으면 안 된다. 그러나 노력하면 예를 실천하도록 유도할 수도 있다. 함께 있으면서 끈질기게 유도하면 가능할 수도 있다.

예를 지키는 것이 습관이 되어버린 사람은 예를 지키는 기계처럼 되어버린다. 그런 사람은 예라는 틀 속에 갇혀버린다. 그런 사람은 예에서 자유롭지 못하다. 예에 갇혀버린 사람은 그 예 때문에 오히려 삶을 손상시키기도 한다. 옛날에는 남녀가 직접 물건을 주고받지 않는 것이 예였다. 그런 예를 기계처럼 지키는 남자는 물에 빠진 여자를 구할 수 없다. 그렇게 되면 삶에 충실하게 만든 예 때문에 삶을 해치고 만다.

그러므로 예를 지키되 예를 지키는 기계처럼 되지 않기 위해서는 마음에 한 점의 욕심도 남아 있지 않도록 노력해야 한다. 욕심이 하나도 남아 있지 않으면 마음속이 하늘마음으로 가득해진다. 하늘마음으로 가득해진 사람은 예를 지킬 필요가 없다. 하늘마음을 따르는 것이 예이기 때문에 하늘마음이 가득해진 사람은 그냥 마음이 내키는 대로 하면 된다. 그런 사람의 삶의 방식이 권權이다. 권은 저울질하는 것을 말한다. 저울질할 때는 다는 물건의 무게에 따라 저울추를 옮긴다. 저울추의 위치는 고정되어 있지 않다. 무게에 따라 자유자재로 움직일 수 있다. 하늘마음으로 사는 사람의 삶의 방식도 이와 같다. 삶의 방식이 고정되어 있는 것이 아니라 상황에 따라 자유자재로 달라진다. 그는 예를 실천하는 것이 아니라 내키는 대로 할 뿐이다. 그런 단계의 삶의 방식을 공자는 권이라 했다.

권을 실천하는 단계는 학문이 완성된 단계다. 욕심을 제로로 만드는 것만은 남이 해줄 수 있는 것이 아니다. 오직 본인만이 가능하다.

제30장

당체지화 唐棣之華[1]여 편기번이 偏[2]其反[3]而[4]로다 기불이사 豈不爾思리오마는 실시원 室是[5]遠

이 而니라 자왈미지사야 子曰未之[6]思也언정 부하원지유 夫何遠之[7]有리오

| 국역 |

"당체의 꽃이여! 펄럭펄럭 나부끼는구나. 어찌 그대를 사모하지 않겠는가마는 집이 너무 멀도다!" 공자께서 말씀하셨다. "사모하지 않는 것이다. 어찌 먼 것이 있겠는가?"

| 난자풀이 |

1 唐棣 : 산앵두나무.
2 偏 : 편翩과 통용. 바람에 나부끼어 펄럭이는 모습.
3 反 : 번翻과 통용. 바람에 나부끼어 펄럭이는 모습. 꽃잎이 바로 되었다가 뒤집혔다가 하는 모습. 음은 '번'.
4 而 : 어조사.
5 是 : 실室을 강조하는 뜻이 있으므로 '너무' 라고 번역하는 것이 좋다.
6 之 : 사思와 도치되었음. 부정을 나타내는 말+타동사+목적어로 이어질 때, 타동사와 목적어가 도치되는 예例에 따름.
7 之 : 하원何遠과 유有의 도치를 나타낸다.

| 강설 |

봄날이 되면 꽃들이 만발한다. 복숭아꽃도 피고 앵두꽃도 핀다. 그 핑크빛 꽃을 보면 님 생각이 절로 난다. 그러나 시인은 님 생각을 접으려 한다. 님의 집이 너무 멀기 때문에 갈 수가 없다고 한다. 이 시를 접한 공자는 시인이 핑계를 대고 있다는 것을 단번에

알아차렸다. 참으로 님을 사랑한다면 님의 집이 아무리 멀어도 찾아갈 것이다. 길이 멀어서 못 간다고 하는 것은 사랑하지 않으면서 핑계를 대는 것이다.

十. 향당편 鄕黨篇

— 제 1 장 —

공자어향당 孔子於鄕黨에 [1]	순순여야 恂恂如也하사 [2]	사불능언자 似不能言者러시다	기재 其在
종묘조정 宗廟朝廷하사는	변변 便便言하시되 [3]	유근이 唯謹爾러시다	

| 국역 |

공자께서 시골마을에 계실 때는 두려워 떠는 듯 말을 못하는 사람 같으셨다. 종묘와 조정에 계실 때에는 또박또박 말씀하시되 오직 신중하게 하셨다.

| 난자풀이 |

[1] 鄕黨 : 시골마을.
[2] 恂恂如 : 두려워서 떠는 모양.
[3] 便便 : 분명하고 조리 있게 말하는 모양. 『사기』 공자세가에는 변변辯辯으로 되어 있다.

| 강설 |

완전한 사람은 하늘 같은 사람이다. 하늘 같은 사람은 하늘마음으

로 모든 사람을 품는다. 자녀에 대한 어머니의 마음도 하늘이다. 어머니는 하늘마음으로 자녀를 품는다. 어머니는 자녀가 원하는 것을 받아주고, 원하는 대로 맞추어준다. 자녀가 어머니에게 "엄마 나빠." 하고 소리치면, 어머니는 "그래, 내가 나쁘다." 하고 받아준다. 나빠서 나쁘다고 한 것이 아니라, 하늘마음이라서 나쁘다고 한 것이다. 자녀가 바보라고 하면 바보가 되어주고, 죽으라고 하면 죽는 시늉이라도 한다. 하늘마음은 그런 것이다.

공자는 정상적인 가정에서 태어나지 않았다. 70세 된 아버지와 16세의 어머니 사이에서 태어났다. 물론 아버지에게는 본부인이 있었다. 공자가 세 살 되던 해에 아버지가 돌아가시고 홀어머니와 둘이서 가난하게 살았다. 그런 공자를 주위에서는 천대하고 멸시했다. 공자는 온갖 천대를 받으며 모진 고생을 했다. 그렇게 자란 공자였지만, 나중에 학문을 완성하여 성인聖人이 되었다. 그런 공자를 고향에서는 알아줄 리 없다. 고향 사람들은 타향에 나가서 성공한 사람도 어릴 때의 모습으로만 인정하는 습관이 있다. 더구나 공자의 성공은 돈을 많이 벌어서 성공한 것도 아니고, 큰 벼슬을 오랫동안 해서 성공한 것도 아니다. 공자의 성공은 정신적인 것이었으므로 시골의 어른들은 그 위대함을 알 수가 없다.

그렇기 때문에 공자가 시골에 가면, 시골의 어른들은 여전히 공자를 멸시하는 분위기였다. 서쪽 집의 할머니는 성인인 공자를 보고도 '동쪽 집의 구東家丘'라고만 불렀다. 그런 분위기였지만 공자는 하늘마음으로 맞추어주고 받아주었다. 시골 어른들이 공자를 멸시하면 그 멸시를 받아주었다. 옆에서 지켜보는 사람에게 공자가 말을 제대로 못하는 사람처럼 비친 것은 그 때문이었다. 하늘마음으로 맞추어주는 것은 맞추어주는 척하는 것이 아니다. 완전히 맞추어주는 것이다. 자녀가 바보라고 하면 바보가 되어주는 어머니의 모습, 바로 그것이었다.

공자가 종묘와 조정에 있을 때는 완전히 달랐다. 또박또박 말했다. 공자의 말씀은 근엄하고 신중했다.

제2장

朝(조)에 與下大夫言(여하대부언)에 侃侃如也(간간여야)하시며 與上大夫言(여상대부언)에 誾(은)誾如也(은여야)러시다 君在(군재)어든 踧踖如也(축적여야)하시며 與與如也(여여여야)러시다

(1 下大夫, 2 侃, 3 誾, 4 踧, 5 踖, 6 與與)

| 국역 |

조정에서 하대부下大夫와 말씀하실 때에는 깐깐하셨으며, 상대부上大夫와 말씀하실 때는 은은하셨다. 임금이 계실 때에는 공손하시며 근엄하셨다.

| 난자풀이 |

1 下大夫 : 제후국의 신하에는 경卿·대부大夫·사士가 있는데 경卿을 상대부上大夫, 대부大夫를 하대부下大夫라고도 한다. 당시 공자의 신분은 하대부下大夫였으리라는 설이 있다.

2 侃 : 강직하다. 음은 '간'. 간간侃侃은 분명하고 곧은 모양.

3 誾 : 온화하다. 음은 '은'. 은은誾誾은 온화한 모양.

4 踧 : 조심하여 걷는다. 음은 '축'.

5 踖 : 조심하여 걷는다. 음은 '적'. 축적踧踖은 조심하고 공손한 모습.

6 與與 : 근엄한 모양.

| 강설 |

조정에서 임금이 임조臨朝하기를 기다리면서 동료들과 담소할 때, 상대가 위계가 같거나 아래인 하대부下大夫에게는 또박또박 정확하게 말하는 것이 중요하다. 그렇게 말을 하면 깐깐한 듯이 보이기도 할 것이다. 윗사람인 상대부上大夫에게는 존경심을 표하여 부드럽고 은은하게 말하는 것이 중요하다. 그렇게 말을 하면 은은하게 보인다.

임금이 계실 때는 임금에 대한 존경심을 잃지 않아야 하고, 마음가짐이 늘 경건해야 한다.

제 3 장

군소사빈 색발여야 족확여야 읍소
君召使擯[1]이어시든 色勃[2]如也하시며 足躩[3]如也러시다 揖所

여립 좌우수 의전후첨여야 추진
與立하사대 左右手러시니 衣前後襜[4]如也러시다 趨進에

익여야 빈퇴 필복명왈빈불고의
翼如也러시다 賓退어든 必復命[5]曰賓不顧矣라하더시다

| 국역 |

임금이 불러 국빈國賓을 접대하게 하시면, 낯빛이 변하시며 발걸음을 조심하셨다. 함께 서 있는 사람에게 읍을 하실 때 손을 좌우로 하셨는데, 옷의 앞뒤 자락이 가지런하셨다. 빨리 나아가실 때는 날개를 편 듯하였다. 손님이 물러간 후에는 반드시 보고하시기를, "손님이 뒤돌아보지 않았습니다."고 하셨다.

| 난자풀이 |

[1] 擯 : 내빈을 맞아들이는 역할. 상빈上擯 · 승빈承擯 · 소빈紹擯 등 복수의 인원으로 조직된다.
[2] 勃 : 낯빛이 변하는 모습. 음은 '발'.
[3] 躩 : 공경하여 발걸음을 피하는 모양. 음은 '각' 또는 '확'.
[4] 襜 : 가지런한 모양. 음은 '첨'.
[5] 復命 : 결과를 보고하는 것. 음은 '복명'.

| 강설 |

국빈을 접대하게 되었을 때는 경건한 마음으로 인하여 저절로 얼굴빛이 변하고 발걸음이 조심스럽게 되었을 것이다.

내빈을 접대하는 역할을 담당하는 자들은 문 안의 동쪽에서 서쪽으로 향하여 남북으로 나란히 일렬로 선다. 그리하여 남단에 있는 말빈末擯이 내빈의 말을 승빈承擯에게 전하고 승빈이 그것을 또

상빈上擯에게 전한다. 왼쪽의 빈擯에게 말을 전해들을 때는 왼손을 앞으로 내어 읍을 하고, 오른쪽의 빈에게 말을 전할 때는 오른손을 앞으로 내어 읍을 한다. 따라서 소여립所與立은 함께 서 있는 빈들을 말하고, 좌우수左右手는 읍할 때의 모습이 혹 좌수左手로써 하고 혹 우수右手로써 함을 말한다. 옷의 앞뒤 자락이 늘 가지런하였다는 말은 당황하지 않고 침착하게 빈의 역할을 수행함을 암시하는 말로 보인다.

빨리 나아갈 때에 마치 새가 날개를 편 것과 같았다는 말은 몸을 펴고 손을 모은 모습이 단정하고 아름다웠음을 의미하는 말이다.

손님이 간 뒤 "손님이 뒤돌아보지 않고 잘 갔습니다."라고 보고한 것은 임금의 염려하는 마음을 풀어주기 위한 것이다. 손님이 뒤돌아보지 않고 갔다는 것은 불만이 없었다는 것을 의미한다.

제4장

入公門(입공문)하실새 鞠躬如也(국궁여야)[1]하사 如不容(여불용)이러시다 立不中門(입부중문)하시며 行不履閾(행불리역)이러시다 過位(과위)하실새 色勃如也(색발여야)하시며 足躩如也(족확여야)하시며 其言(기언)이 似不足者(사부족자)러시다 攝齊(섭자)[2][3]升堂(승당)하실새 鞠躬如也(국궁여야)하시며 屛氣(병기)[4][5]하사 似不息者(사불식자)러시다 出降一等(출강일등)하사는 逞顏(영안)[6]色(색)하사 怡怡(이이)[7]如也(여야)하시며 沒階(몰계)[8]하사는 趨進翼如也(추진익여야)하시며 復其位(복기위)[9]하사는 踧踖如也(축적여야)러시다

| 국역 |

공문公門(궁궐의 문)에 들어가실 적에는 몸을 굽히시어 (문이 작아

들어가기에) 넉넉하지 못한 것처럼 하셨다. 서 있을 때에는 문 가운데에 서지 않으시고, 다니실 때에는 문지방을 밟지 않으셨다. (임금의) 자리를 지나실 적에는 낯빛이 변하시고, 발걸음이 신중해지시며, 말을 잘 할 수 없는 사람 같으셨다. 옷자락을 잡고 당堂에 오르실 적에는 몸을 굽히시며, 숨소리를 죽이시어 숨을 쉬지 아니하는 사람 같으셨다. 나오시어 한 층계를 내려와서는 낯빛을 펴서 화평하게 하시며, 층계를 다 내려와서는 빨리 걸으시는 모습이 새가 날개를 편 듯하며, 자기 자리에 돌아와서는 공손하셨다.

| 난자풀이 |

1 鞠 : 몸을 굽힘. 음은 '국'. 국궁鞠躬은 존경하는 뜻으로 몸을 굽히는 것을 말한다.
2 攝 : 붙잡는 것. 섭자攝齊는 당堂에 오를 때 두 손으로 옷자락을 잡아 바닥에서 한 자쯤 떨어지게 하는 것을 말한다.
3 齊 : '옷의 아랫자락'이란 뜻으로 음은 '자'.
4 屛 : '감춘다'는 뜻으로 음은 '병'.
5 氣 : 숨기운. 숨소리.
6 逞 : '긴장을 푸는 것'을 말한다.
7 怡 : '온화하다'는 뜻으로 음은 '이'.
8 沒 : 진盡과 같은 뜻으로 몰계沒階란 계단을 다 내려온 것을 말한다. 제후의 당堂에는 7계단이 있다.
9 復 : '돌아온다'는 뜻.

| 강설 |

여불용如不容은 몸이 안에 다 들어갈 수 없는 것처럼 구부리는 것을 말한다. 남의 집을 방문할 때도 그 집의 사람을 공경한다면 몸을 숙이고 들어가게 될 것이다.

문에 서 있으면 다른 사람의 통행에 방해가 될 뿐만 아니라 마중하러 나오라는 뜻이 되기 때문에 결례가 될 것이다. 문지방은 사람이 밟기 위해서 만들어놓은 것이 아니므로 그것을 밟는 것은 조심성이 없는 것이다. 또 문을 드나드는 사람이 문지방을 자꾸 밟으면 닳아서 못쓰게 된다.

윗사람에 대한 존경심은 그의 집이나 자리에 대해서도 나타나게 된다.

제5장

執圭(집규)하사대[1] 鞠躬如也(국궁여야)하사 如不勝(여불승)하시며 上如揖(상여읍)하시고

下如授(하여수)하시며 勃如戰色(발여전색)하시며[2] 足蹜蹜如有循(족축축여유순)이러시다[3][4]

享禮(향례)에[5] 有容色(유용색)하시며[6] 私覿(사적)에[7] 愉愉如也(유유여야)러시다[8]

국역

규圭를 잡으실 적에는 몸을 굽혀 (그 무게를) 이기지 못하는 듯이 하셨으며, (규圭를 잡는 위치를 보면) 위로 높이 들 때는 서로 읍할 때의 위치와 같게 하시고, 아래로 낮춰 들 때는 물건을 줄 때의 위치와 같게 하시며, 낯빛을 변하여 두려워하는 빛을 띠시며, 발걸음의 폭을 좁고 낮게 하시어 땅을 끄는 것이 있으셨다. 연향燕享하는 자리에서는 온화한 낯빛을 하셨다. 사적私的으로 만나보실 때는 화평하게 하셨다.

난자풀이

[1] 圭 : 윗부분이 뾰족하고 아랫부분이 장방형인 단옥端玉. 제후가 천자에게 받는 것으로, 제후의 사자使者가 타국에 사절로 갈 때 이를 신표로 가지고 간다.

[2] 戰 : 전율. 무서움에 떠는 것.

[3] 蹜蹜 : 보폭을 좁고 낮게 하여 걷는 모양.

[4] 循 : 연緣과 같은 뜻으로 발이 땅에서 떨어지지 아니하는 것.

[5] 享 : 헌獻과 같은 뜻. 빙례聘禮가 끝나면 사자使者는 자기가 가지고 온 임금의 선물, 옥玉·벽璧·마馬·피皮·금錦·백帛 등을 상대편의 임금이나 그 부인에게 헌상하는 것.

[6] 容 : 얼굴. 용색容色은 본래의 얼굴빛.

7 覿 : '만나본다'는 뜻으로 음은 '적'.

8 愉 : '온화하다'는 뜻으로 음은 '유'.

| 강설 |

규圭는 제후의 상징이기 때문에 규를 잡을 때는 제후를 대하는 것과 같은 존경심을 갖게 될 것이다. 무거운 물건을 드는 것처럼 신중하게 들되 위로는 읍할 때의 위치보다 더 높게 쳐들지 않으며, 아래로는 다른 사람에게 물건을 줄 때의 위치보다 더 낮추지 않는 것이 예다. 규를 잡고 있을 때는 두려운 마음을 가지고, 신주神主를 모시고 갈 때처럼 보폭을 좁고 낮게 하여 조심한다. 예물禮物을 전할 때는 예식禮式이 끝난 뒤이기 때문에 원래의 얼굴빛이 될 수 있었고, 사사로이 사람을 접견하는 것은 개인과 개인의 만남이기 때문에 원래의 온화하고 인자한 마음으로 대할 수가 있다.

제6장

군자 불이감추식 홍자 불이위설복

君子는 不以紺[1]緅[2]飾하시며 紅[3]紫로 不以爲褻[4]服이러시다

당서 진치격 필표이출지 치의 고구

當暑하사 袗[5]絺[6]綌[7]을 必表而出之러시다 緇衣엔 羔[8]裘요

소의 예구 황의 호구 설구 장 단우

素衣엔 麑[9]裘요 黃衣엔 狐裘러시다 褻裘는 長하되 短右

메 필유침의 장일신유반 호학지후

袂러시다 必有寢衣하시니 長一身有半이러라 狐貉之厚

이거 거상 무소불패 비유상

로 以居러시다 去喪하사는 無所不佩러시다 非帷[10]裳이어든

필쇄지 고구현관 불이조 길월 필조

必殺[11]之러시다 羔裘玄冠으로 不以弔러시다 吉月[12]에 必朝

복이조

服而朝러시다

국역

군사는 감색과 검붉은 빛으로 옷 가장자리의 선을 두르지 않으셨으며, 다홍색과 자주색으로 평상복을 만들지 않으셨다. 더울 때에는 가는 갈포와 굵은 갈포로 만든 홑옷을 반드시 걸쳐서 (바깥으로) 내셨다. 검은 옷에는 검은 양가죽으로 만든 갖옷을 입고, 흰 옷에는 고라니가죽으로 만든 갖옷을 입고, 노란 옷에는 여우가죽으로 만든 갖옷을 입으셨다. 평상시에 입는 갖옷은 길게 하되 오른쪽 소매는 짧게 하셨다. 반드시 잠옷이 있었으니 길이가 한 길 반이 되었다. 여우와 담비의 두터운 가죽옷을 입고 거처하셨다. 탈상한 뒤에는 (패물을) 차지 않을 때가 없으셨다. 유상帷裳이 아니면 반드시 (치마의 위 폭에 주름을 잡아) 줄여서 꿰매셨다. 검은 양가죽으로 만든 갖옷을 입거나 검은 관冠을 쓰고서는 조문하지 않으셨다. 초하룻날에는 반드시 조복을 입고 조회하셨다.

난자풀이

1 紺 : 짙은 푸른 색.
2 緅 : 검붉은 색.
3 紅 : 다홍색. 핑크빛.
4 褻 : 평상복.
5 袗 : 홑옷.
6 絺 : 가는 갈포.
7 綌 : 굵은 갈포.
8 羔 : 새끼 양. 검은 양.
9 麑 : 고라니.
10 帷 : 장막. 유상帷裳은 조정에서 또는 제사 때 입는 예복禮服이다. 천을 치마의 길이로 잘라서 장막처럼 꿰맨 후 허리에 주름을 잡아서 입는 것이다.
11 殺 : 허리 부분을 잘라내어 폭을 줄이는 것을 말한다. 음은 '쇄'.
12 吉月 : 매월의 초하루.

강설

향당편鄕黨篇의 내용은 공자의 가르침을 기록한 것이 아니라 객관적인 거동을 기록한 것이므로 '자子'라고 하지 않고 '공자孔子'로 표기하였는데, 여기서는 '군자君子'로 표기함으로써 더욱 객관화시켰다.

감색紺色은 재계할 때 입는 옷의 색이고, 검붉은 색은 상복喪服의 장식용으로 쓰는 색이기 때문에 피했다.

다홍색은 핑크빛이니 자주색과 마찬가지로 감각적이기 때문에 평상복에 쓰지 아니했다.

여름에는 갈포로 만든 홑옷을 입는 것이니, 몸이 밖으로 보이지 않도록 하기 위해서이다. 춘추春秋에는 겹접袷褶을 입고 여름에는 치격絺綌을 입으며 겨울에는 갖옷(裘)을 입었다.

검은 옷에는 검은 양가죽으로 만든 갖옷이 어울리고, 흰 옷에는 고라니가죽으로 만든 갖옷이 어울리고, 노란 옷에는 여우가죽으로 만든 갖옷이 어울린다.

평상시에 입는 갖옷은 따뜻해야 하므로 길게 만드는 것이 좋지만, 오른쪽 소매는 일하기 편하도록 짧게 만드는 것이 좋을 것이다.

잠옷을 입고 자면 잠자리가 편하여 숙면할 수 있을 것이다.

평상시에는 외형보다 내실한 것이 좋으므로 여우와 담비의 두터운 가죽으로 만든 옷이 따뜻하고 좋을 것이다.

탈상한 뒤에 패물을 차는 이유는 장식물이 되는 것도 있겠지만, 그 패물의 소리에 맞춰 마음을 집중하게 되므로 마음을 가다듬는 도구가 되기도 하기 때문이다.

조정에서나 제사 때 입는 예복禮服이 아니면 입기 편하도록 치마의 허리 부분을 잘라내어 폭을 줄이는 것이 좋다.

길사吉事에 입는 옷인 검은 양가죽으로 만든 갖옷을 입거나 검은 관冠을 쓴 상태에서는 조문하지 않는 것이 좋다. 슬픈 마음이 표현되지 않기 때문이다.

매월 초하루에는 제후가 여러 신하들과 함께 대묘大廟에 가서 조상에게 보고하는 의식이 있었는데, 신하에 따라서는 게을러서

이 의식에 불참하는 경우도 있었으나 공자는 꼭 참가하였다.

제7장

재필유명의 / 포 / 재필변식 / 거필천좌

齊必有明衣[1]러시니 布러라 齊必變食하시며 居必遷坐러시다

| 국역 |

재계하실 때에는 반드시 명의明衣가 있었으니 베로 만들었다. 재계하실 때는 반드시 음식을 바꾸시며 거처할 때에 반드시 자리를 옮기셨다.

| 난자풀이 |

[1] 明衣 : 목욕한 뒤에 입는 옷.

| 강설 |

재계할 때는 몸을 정결하게 보존하여야 하므로 천으로 만든 명의明衣를 입는 것이 좋다. 재계할 때에는 마음을 가다듬어야 하므로 평소와 같이 술이나 마늘 등의 자극적인 음식은 피해야 하며, 거처하는 자리도 평소에 쓰지 아니하는 정결한 곳에서 거처하여야 한다.

食不厭精[1](사불염정)하시며 膾[2]不厭細(회불염세)러시다 食饐[3]而餲[4](사애이애)며 魚餒而肉(어뇌이육)
敗(패)면 不食(불식)하시며 色惡不食(색악불식)하시며 臭惡不食(취악불식)하시며 失飪[5](실임)
不食(불식)하시며 不時不食(불시불식)이러시다 割不正(할부정)이어든 不食(불식)하시며
不得其醬(부득기장)이어든 不食(불식)이러시다 肉雖多(육수다)나 不使勝食氣(불사승사기)하시
며 唯酒無量(유주무량)하사대 不及亂(불급란)이러시다 沽酒市脯[6](고주시포)를 不食(불식)하
시며 不撤[7]薑[8]食(불철강식)하시며 不多食(부다식)이러시다 祭於公(제어공)에 不宿肉(불숙육)
하시며 祭肉(제육)은 不出三日(불출삼일)하시며 出三日(출삼일)은 不食之矣(불식지의)러시
다 食不語(식불어)하시며 寢不言(침불언)이러시다 雖疏食菜[9]羹[10](수소사채갱)이라도 瓜[11](과)
祭(제)하사대 必齊如也(필재여야)러시다

| 국역 |

밥은 곱게 빻은 쌀밥을 싫어하지 않으셨고, 회는 가늘게 썬 것을 싫어하지 않으셨다. 밥이 상하여 쉬었거나 생선이 상하고 고기가 부패했으면 먹지 않으셨다. 빛깔이 나쁜 것은 먹지 않으셨고, 냄새가 나쁜 것도 먹지 않으셨다. 요리가 잘못된 것은 먹지 않으셨고, 덜 익은 것은 먹지 않으셨다. 반듯하게 자르지 않은 것은 먹지 않으셨고, 찍어 먹는 장이 없어도 먹지 않으셨다. 고기가 많아도 밥 기운을 능가하도록 많이 먹지는 않으셨고, 술의 양은 일정하지 않았으나 정신이 흐트러질 정도로 마시지는 않으셨다. 사온 술과 시장에서 만든 포를 먹지 않으셨다. 생강 먹는 것을 그만두

지 않으시고, 많이 먹지 않으셨다. 나라에서 제사지내고 받은 고기는 밤을 넘기지 않으셨고, 집에서 제사지낸 고기는 3일을 넘기지 않으셨으며, 3일이 지난 것은 먹지 않으셨다. 음식을 먹을 때는 말씀하지 않으시며, 잠자리에 누웠을 때도 말씀하지 않으셨다. 비록 거친 밥과 나물국이라도 과제를 하되, 반드시 마음을 가다듬으셨다.

| 난자풀이 |

1 精 : 정미. 도정한 쌀.
2 膾 : 회.
3 饐 : 밥이 쉬다. 밥이 상하다. 음은 '애' 또는 '의'.
4 餲 : 밥이 쉬다. 음은 '애' 또는 '알'.
5 飪 : 익힌다.
6 脯 : 말린 고기.
7 撤 : 거두다.
8 薑 : 생강.
9 菜 : 나물.
10 羹 : 국.
11 瓜 : '고수레'로 보는 설이 있다.

| 강설 |

곱게 빻은 쌀밥, 가늘게 썬 회를 좋아하시고, 상한 밥, 부패한 고기, 빛깔이나 냄새가 나쁜 음식, 요리가 잘못된 음식, 덜 익은 음식, 반듯하게 썰어지지 않은 음식 등을 먹지 않으신 것을 보면, 공자의 식생활은 매우 까다로운 것으로 보이지만, 실은 까다로운 것이 아니라 느낌의 충만함에서 오는 것임을 알 수 있다. 하늘마음은 몸에 좋은 것만 먹도록 느낌을 준다. 그러므로 느낌에 충만한 사람은 느낌에 따라 먹기 때문에 몸에 해로운 것을 먹는 일이 없다. 어린아이의 음식습관도 그렇다. 냄새가 나거나 색깔이 좋지 않은 것은 먹지 않는다. 그러나 욕심이 많은 사람은 다르다. 약간 상한 음식이나 색깔이 좋지 않은 음식도 아까워서 그냥 먹는다.

또 맛있는 고기가 있으면 밥을 먹지 않고 고기만 먹기도 한다. 술을 마실 때는 기분에 따라 과음하기도 한다. 공자에게는 결코 그런 식습관은 없었다. 공자는 하나하나 까다롭게 따지며 식사를 한 것이 아니었다. 그냥 느낌에 충실하게 따를 뿐이었다.

반듯하게 잘라지지 않은 음식에는 그 음식을 만든 사람의 정성이 들어 있지 않다. 먹는 사람에 대한 애정이 없이 만드는 음식에는 정성이 들어가지 않는다. 정성이 들어 있지 않은 음식을 먹는 것은 미움을 먹는 것이다. 그런 음식을 구차하게 먹을 것은 없다. 생선이나 고기 등의 음식에는 그 음식과 조화를 이루는 장이 있는 법이다. 음식은 조화롭게 섭취해야 탈이 없으므로 장이 마련되지 않으면 먹지 않는 것이 낫다.

생강은 정신을 맑게 하고 음식물의 더러움과 악취를 제거하는 음식이므로, 식후에는 생강을 먹는 것이 좋다.

많이 먹어서 몸을 해치는 지경에 이르는 것은 본마음을 어기는 것이며 물욕에 빠진 결과이다. 느낌에 충실한 사람은 과식을 하지 않는다.

나라에서 제사지내고 받아온 고기는 밤을 넘기지 않고 나누어 먹는 것이 좋다. 제사의 목적 중의 하나는 그 제사에 관계되는 사람들의 일체감을 조성하여 화합하게 하는 것이므로, 제사음식은 나누어 먹는 것이 그 목적에 부합되는 것이다. 그러므로 혼자서 두고두고 먹는 것보다 그날 중에 여러 사람이 나누어 먹도록 해야 하는 것이다. 제사에 쓴 고기는 적어도 3일을 넘기지 않고 나누어 먹어야 하는데, 3일을 넘긴 것은 제사의 목적에 부합되지 않는 것이며 또 변질될 가능성도 있으므로 먹지 아니하는 것이 좋다.

공자의 잠자리에 대해 묘사한 것은 별로 없다. 다만, 잠자리에 들었을 때는 말을 하지 않았다는 것과 시체처럼 가만히 누워서 자지 않았다는 기록만 있다. 공자의 삶은 시중時中이었다. 가야 할 때 가고, 멈춰야 할 때 멈추며, 빨리 가야 할 때는 빨리 가고, 천천히 가야 할 때는 천천히 가며, 자야 할 때는 자고, 먹어야 할 때는 먹으며, 열심히 노력해야 할 때는 노력하고, 쉬어야 할 때는 쉬는 것이 시중이다.

잠자리에 들어서 말을 하는 것은 시중이 아니다. 자기가 자는 모습을 알 수 있는 사람은 없다. 공자가 시체처럼 가만히 누워서 주무시지 않았다는 것은 공자의 주무시는 모습을 본 사람이 기록한 것이다. 건강한 사람은 몸부림을 치면서 잔다. 같은 자세로 꼼짝하지 않고 자면 피가 한쪽으로 쏠려 건강에 무리가 간다. 그러므로 몸부림을 치면서 자세를 바꾸어주는 것이다. 가만히 누워 꼼짝하지 않고 자는 사람은 몸이 건강하지 않은 사람이다.

몸을 챙기는 것은 중요하다. 그러므로 섭생을 게을리해서는 안 된다. 그러나 느낌에 충만한 사람이 느낌에 따라 섭생을 하는 것이 최고의 섭생이다. 공자의 섭생이 그런 것이었다.

비록 거친 밥과 나물국이라도 과제를 했다는 것에 대해서는 여러 가지 설이 있다. 윤경혁尹庚爀 씨의 설에 의하면, 거친 밥과 나물국을 먹으면서 제사지내는 것은 한국 전통의 고수레밖에 없으므로 과제瓜祭를 고수레로 봐야 한다. 고수레는 먼 옛날 우리 조상들이 했던 풍속으로 보이고, 그 풍속이 공자에게 전해졌다고 볼 수 있다. 만약 그렇다면, 당시의 고수레는 일반화된 것은 아니었다. 일반적인 풍속이었다면 기록하지 않았을 것이다.

제9장

석 부 정 부 좌
席不正이어든 不坐러시다

국역

자리가 바르지 않으면 앉지 않으셨다.

| 강설 |

비뚤어진 자리나 비좁은 자리에 삐딱하게 앉는 것은 보기에도 구차할 뿐만 아니라 건강을 해친다. 반듯한 자리에 반듯하게 앉아야 바른 자세를 유지할 수 있다. 건강은 바른 자세에서 나온다. 느낌에 충실한 사람은 서 있을 때도 바른 자세로 서고, 앉아 있을 때도 바른 자세로 앉는다.

제10장

향인음주 장자출 사출의 향인나 조
鄕人飮酒에 杖者出이어든 斯出矣러시다 鄕人儺[1]에 朝

복이립어조계
服而立於阼[2]階러시다

| 국역 |

시골 사람과 술을 마실 때, 지팡이를 짚은 분이 나가면 따라 나가셨다. 시골 사람이 굿을 할 때에는 조복朝服을 입고 동쪽 섬돌에서 계셨다.

| 난자풀이 |

[1] 儺 : 굿. 음은 '나'.
[2] 阼 : 건물 남쪽에 있는 두 개의 계단 중 동쪽에 있는 계단. 음은 '조'.

| 강설 |

지팡이를 짚는 사람은 노인인데 시골에서는 60세가 되면 지팡이를 짚게 되어 있다. 노인이 나가기 전에는 감히 나가지 못하고, 나가고 난 뒤에는 감히 남아 있지 못하는 것이다. 시골에서는 노인이 가장 존중된다.

굿은 신神과 관계되는 일이므로 경건한 마음을 갖고 대한다.

제 11 장

문인어타방　　　　　재배이송지　　　　　강자궤약
問人於他邦하실새 再拜而送之러시다 康子饋藥이어늘 [1]

배이수지왈구미달　　불감상
拜而受之曰丘未達이라 不敢嘗이라하시다 [2]

국역

사람을 다른 나라에 보내 안부를 물으실 때에는 두 번 절하고 보내셨다. 계강자季康子가 약藥을 보내오자 절하고 받으면서 말씀하셨다. "내가 아직 알지 못하기 때문에 감히 맛보지 못합니다."

난자풀이

[1] 饋 : 음식이나 물건을 보내줌. 음은 '궤'.
[2] 嘗 : '맛본다'는 뜻으로 음은 '상'.

강설

외국에 사람을 보내 문안을 할 때는 직접 문안할 때의 존경심을 사자使者에게 표한다. 사자에게 두 번 절하고 보내는 것은 그 때문이다. 임금이 사람을 시켜 물건을 보내올 때 그 사자에게 절하고 받는 것은, 그 사자 개인에게 절하는 것이 아니라 임금에게 절하는 것이다.

음식을 보내오면 맛을 보고 절하는 것이 예禮이지만, 약藥을 보내온 경우에는 자기 몸에 맞는지 어떤지를 아직 모르기 때문에 당장 맛볼 수 없다. 그러므로 맛볼 수 없다고 말하고 절하는 것이 예에 맞는다.

제 12 장

廐[1]焚이어늘 子退朝曰傷人[2]乎아하시고 不問馬하시다

| 국역 |

마구간에 불이 났었는데, 공자께서 조정에서 물러나셔서 "사람이 다쳤는가?" 하고 물으시고, 말에 대해서는 묻지 않으셨다.

| 난자풀이 |

[1] 廐 : 마구간.
[2] 傷人 : '사람을 다치게 한다'는 뜻이다. 우리말에는 목적어를 주어로 사용하는 경우가 많다. 여기서도 '사람이 다치다'로 해석하는 것이 낫다.

| 강설 |

교통사고가 났을 때 다친 사람은 안중에 없고, 차의 손상에 대해 관심을 표하는 것은 물욕에 가려 인류애를 상실한 것이다. 먼저 다친 사람들에 대해서 살펴보는 것이 도리이다.

제 13 장

君賜食이어시든 必正席先嘗之하시고 君賜腥[1]이어시든 必熟而薦[2]之하시고 君賜生이어시든 必畜[3]之러시다 侍食於君에 君祭어시든 先飯이러시다 疾에 君視之어시든 東首하시고 加朝服拖[4]紳[5]이러시다 君命召어시든 不俟駕[6]行矣러시다 入太廟하사 每事問이러시다

| 국역 |

임금이 음식을 주시면 반드시 자리를 바로 하고 먼저 맛보시며, 임금이 날고기를 주시면 반드시 익혀서 조상께 올리시고, 임금이 살아 있는 것을 주시면 반드시 기르셨다. 임금을 모시고 밥을 먹을 적에, 임금이 제사를 지내면 먼저 밥을 잡수셨다. 병이 있을 때 임금이 보러 오시면, 머리를 동쪽으로 두시고 조복朝服을 몸에 걸치고 띠를 걸쳐놓으셨다. 임금이 명령하여 부르시면 수레에 멍에하기를 기다리지 않고 가셨다. 태묘太廟에 들어가서 모든 일을 물으셨다.

| 난사풀이 |

1 腥 : 날고기.
2 薦 : 바치는 것. 여기서는 조상의 사당에 바치는 것을 말한다.
3 畜 : '기른다'는 뜻으로 음은 '휵'.
4 拖 : 끌어당김. 음은 '타'.
5 紳 : 큰 띠. 허리에 매고 남은 부분을 늘어뜨려 장식으로 하는, 고귀한 사람의 외관용의 큰 띠.
6 駕 : 멍에. 멍에를 함.

| 강설 |

임금이 음식을 줄 때는 자리를 바로 하고 먼저 맛봄으로써 존경심을 표하는 것이 예禮이다. 임금이 날고기를 줄 때는 반드시 익혀서 조상의 사당에 바친 후에 먹는 것이 예禮이다. 날고기는 바로 맛볼 수 없으므로 익혀야 하는데, 어차피 익히는 시간이 걸린다면 먼저 사당에 올려 고귀한 음식을 하사받은 사실을 알리는 것이 예禮라고 할 수 있다. 임금이 살아 있는 물건을 주었을 때, 임금에 대한 존경심이 있다면 그 물건도 중시하게 되므로 죽이지 못하고 기른다.

임금과 함께 식사를 할 때, 임금이 제사를 지내면 기다리지 않고 먼저 먹는다. 임금이 식사할 때 다른 일을 할 수 있을 것이기 때문이다.

병이 걸렸을 때 임금이 문병을 오면 머리를 동쪽으로 둔다. 임금은 북쪽에 앉는 법이다. 머리를 동쪽으로 두어야 임금의 자리가 오른쪽이 된다. 오른쪽이 윗자리이기 때문이다. 임금을 만날 때는 예복禮服을 입는 것이 예禮이므로, 비록 병실에 있어서 예복을 입지 못하더라도 몸 위에 걸쳐놓는 것이 예禮를 표시하는 방법이다.

임금이 부를 때는 말에 멍에를 할 때까지 기다리지 않고 바로 달려가는 것이 도리이다. 멍에 하기를 기다렸다가 수레를 타면 그만큼 시간이 지체된다. 멍에 하기를 기다리지 않고 바로 수레에 올라타야 시간을 절약할 수 있다. 임금에게는 백성을 오라 가라 할 권리가 없지만, 신하들에게는 부를 권리가 있다. 임금이 부를 때 백성은 가지 않아도 되지만, 신하는 지체 없이 달려가야 한다.

태묘太廟에 들어가서는 거기에서 행해지는 전통적인 방법에 따라야 하므로, 그 방식을 일일이 물어서 행하는 것이 예禮이다.

제14장

朋友死(붕우사)하여 無所歸(무소귀)어든 曰於我殯(왈어아빈)[1]이라하시다 朋友之饋(붕우지궤)는 雖車馬(수거마)라도 非祭肉(비제육)이어든 不拜(불배)러시다

| 국역 |

붕우가 죽어서 시신을 안장할 곳이 없으면, "우리 집에 빈소를 차리라."고 하셨다. 붕우가 주는 것은 비록 수레나 말이라도, 제사지낸 고기가 아니면 절하지 않으셨다.

| 난자풀이 |

[1] 殯 : 빈소.

| 강설 |

벗과의 관계는 한마음이 되는 관계이므로 벗이 죽어 빈소를 차릴 장소가 없으면 자기 집에서 차려줄 수 있다. 벗에게 받은 선물이 아무리 비싸고 귀한 물건이라도, 그것이 제사에 쓰인 고기가 아니면 절하지 아니한다. 제사에 쓰인 것은 단순히 벗이 주는 것이 아니라 그 조상이 주는 것으로 여기기 때문에 절하고 받는다.

제15장

寢不尸(침불시)하시며 居不容(거불용)이러시다 見齊衰者(견자최자)하시고 雖狎(수압)[1]이나
必變(필변)하시며 見冕者與瞽者(견면자여고자)하시고 雖褻(수설)이나 必以貌(필이모)러시
다 凶服者(흉복자)를 式之(식지)하시며 式負版者(식부판자)[2]러시다 有盛饌(유성찬)이어든
必變色而作(필변색이작)이러시다 迅雷風烈(신뢰풍렬)[3]에 必變(필변)이러시다

| 국역 |

잠잘 때에는 죽은 사람처럼 하지 않으시며, 집에 거처하실 때는 모양을 내지 않으셨다. 상복喪服 입은 자를 보시면 비록 막역한 사이라도 반드시 낯빛을 변하시며, 면류관을 쓴 자와 장님을 보시면 비록 일상적인 자리에서도 반드시 예모禮貌로 대하셨다. 상복 입은 자에게는 경의를 표하시고, 지도와 호적을 짊어진 자에게도 경의를 표하셨다. 성찬盛饌을 받으시면 반드시 낯빛을 변하시고 일어나셨다. 빠른 우레와 바람이 맹렬하면 반드시 낯빛을 변하시었다.

| 난자풀이 |

[1] 狎 : 친압하다.

[2] 版 : 호적이나 지도를 새긴 판.
[3] 迅 : 빠르다.

| 강설 |

어린이들은 잘 때 시체처럼 가만히 누워서 자지 않고 몸부림치면서 잔다. 시체처럼 가만히 누워서 자면 건강을 해치게 된다. 공자가 몸부림을 치며 잔다는 것은 건강하다는 증거다. 남을 공경해야 되는 자리에 참석할 때는 얼굴을 꾸며야 하지만, 그렇지 않은데도 얼굴을 꾸미는 것은 남에게 잘 보이려는 경쟁심에서 나온 것이다.

상중喪中에 있는 자, 공무원, 장님 등에 대한 예禮는 자한편子罕篇 제9장에서 이미 설명되었다.

식式은 수레의 앞에 가로로 있는 나무인데, 경의를 표할 때는 이 나무를 붙잡고 엎드리므로 '경의를 표한다'는 뜻으로 쓰이기도 한다. 상복喪服 입은 자와 공무를 담당하고 있는 자에게 경의를 표하는 것은 이미 언급한 바와 같다.

진수성찬을 대하게 되면 정색을 하고 일어나 차린 사람의 성의에 감사하는 것이 예禮이다. 천명天命을 따르는 사람은 자연의 질서와 일체가 되기 때문에 자연의 변화에 민감하게 반응한다.

제16장

升車(승거)하사 必正立執綏(필정립집수)[1]러시다 車中(거중)에 不內顧(불내고)하시며 不疾言(부질언)하시며 不親指(불친지)러시다

| 국역 |

수레에 오르시면 반드시 바르게 서서 손잡이를 잡으셨다. 수레에서는 안을 돌아보지 않으시며, 말씀을 빨리 하지 않으시며, 직접

손가락으로 가리키지 않으셨다.

난자풀이

[1] 綏 : 수레에 손잡이로 달아놓은 끈.

강설

수레를 타고 길을 갈 때 경거망동하면 넘어지기도 하고 마음을 흐트러뜨릴 수도 있으므로, 정중하게 바로 서서 손잡이를 잡고 가만히 서 있는 것이 중요하다.

뒤를 돌아보거나 수레 안을 두리번거리면 차가 흔들릴 때 균형을 잃을 수도 있고 자벌미를 할 수도 있다. 소용히 마음을 가다듬고 바로 앉아 있는 것이 좋다. 말을 빨리 하면 소음 때문에 알아듣기 어려우므로 듣는 사람들을 괴롭히는 결과가 된다. 또 손가락으로 여기저기를 가리켜 다른 사람의 시선을 유도하면 다른 사람들이 넘어지기도 하고 다치기도 하므로 다른 사람을 괴롭히는 결과가 된다.

제17장

色斯擧矣(색사거의)하여 翔而後集(상이후집)[1]이러니 曰山梁雌雉(왈산량자치)[2]이 時哉時哉(시재시재)인저 子路共之(자로공지)한대 三嗅而作(삼후이작)하시다

국역

사람의 기색을 보고 곧 날아올라 빙 돈 뒤에 모여 앉는다. 공자께서 말씀하셨다. "산의 다리에 있는 암꿩이여 (좋은) 시절이구나! (좋은) 시절이구나!" 자로子路가 공수하며 (길을) 재촉하자 세 번 봄내음을 깊이 들이키고 일어나셨다.

| 난자풀이 |

1 翔 : 날개. 날아서 빙 도는 것. 음은 '상'.
2 梁 : 다리. 음은 '량'.

| 강설 |

새들은 사람의 기색이 있으면 날아올라 빙 돌며 상황을 살핀 후 다시 한 자리에 모여 앉는 습성이 있다. 공자가 길을 갈 때 암꿩이 날아올랐다가 산기슭의 다리 아래에 앉았다. 암꿩을 쳐다보니 봄날에 모든 것이 피어나는 대자연의 작용을 여실하게 보는 것 같아 기분이 좋았을 것이다. 그리하여 "좋은 때로구나!" 하고 표현하였다.

옆에 있던 자로는 성급했다. 그에게는 봄을 만끽할 수 있는 여유가 없었다. 그는 빨리 가자고 공자에게 재촉했다. 공共은 공수共手하여 재촉하는 것을 말한다. 그러자 공자는 봄내음을 맡기 위해 숨을 크게 세 번 들이키고 자리에서 일어나셨다. 주자朱子는 "자로가 꿩을 잡아서 바쳤다."고 풀이하였으나 어색하다. 한국의 윤경혁尹庚爀 선생의 설을 따랐다.

十一. 선진편先進篇

제1장

자왈선진 어예악 야인야 후진 어예악 군
子曰先進이 於禮樂에 野人也요 後進이 於禮樂에 君

자야 여용지즉오종선진
子也니 如用之則吾從先進하리라

| 국역 |

공자께서 말씀하셨다. "선진이 예악을 함에 있어서는 촌스러웠고, 후진이 예악을 함에 있어서는 세련되었으나, 만약 예악을 쓴다면 나는 선진을 따르겠다."

| 강설 |

선진은 앞선 시대를 살았던 선배를 말하고, 후진은 선배들의 뒤를 잇고 있는 지금 시대의 사람들을 말한다. 야인은 세련되지는 못했으나 소박한 사람을 말하고, 군자는 세련되기는 했으나 마음씨가 소박하지 못한 도시의 교양인을 말한다. 앞선 시대를 살았던 선배들은 예와 악을 시행할 때 교양미를 다 갖추지는 못했으나 소박하였다. 이에 비해 지금의 사람들은 예와 악을 시행할 때 세련되기는 하나 소박하지 않다.

공자는 몸보다 마음을 더 중시했다. 몸이 세련된 것보다는 마음이 소박한 것이 낫다. 여기서 말한 군자는 진짜 군자를 의미하는 것이 아니다. '형식만을 모방하여 군자인 체하는 사람'을 말한다.

제2장

자왈종아어진채자개불급문야 덕행 안연민자
子曰從我於陳蔡者皆不及門也로다 德行엔 顔淵閔子
건염백우중궁 언어 재아자공 정사 염유
騫冉伯牛仲弓이요 言語엔 宰我子貢이요 政事엔 冉有
계로 문학 자유자하
季路요 文學엔 子游子夏니라

| 국역 |

공자께서 말씀하셨다. "나를 진陳나라와 채蔡나라에서 따르던 자들은 다 문門에 이르지 아니하는구나! 덕행에는 안연·민자건·염백우·중궁이었고 언어에는 재아·자공이었고 정사에는 염유·계로였고 문학에는 자유·자하였다."

| 강설 |

공자는 어느 날 문득 고생했던 시절과 그때 함께 고생했던 제자들을 회상하기도 했다.

덕행은 인간이 갖추어야 할 기본적인 인격이고, 언어는 덕을 표현하는 능력이며, 정사는 덕을 실천하는 방법이며, 문학은 덕을 문자로 표현하여 객관화시킨 형식이다.

여기에 열거된 열 사람은 공문십철로 유명하지만 증자가 빠져 있고, 또 공자가 평소 언어·정사·문학 등을 강조하지 않은 점을 들어 공자의 말이 아니라고 보는 설도 있다. 아니면 증자는 그 당시 공자와 함께 있었는지도 모른다.

제3장

자왈회야 비조아자야 어오언 무소불열
子曰回也는 非助我者也로다 於吾言에 無所不說이온여

| 국역 |

공자께서 말씀하셨다. "안회는 나를 돕는 자가 아니로다. 나의 말에 대해 기뻐하지 않는 바가 없구나."

| 강설 |

좋은 스승에 의하여 좋은 학생이 길러지지만, 좋은 학생에 의해서 스승도 발전한다. 스승의 학설에 미비한 점이 있을 때, 학생이 질문하여 따지면 스승은 그것을 계기로 더욱 숙고함으로써 미비한 점을 보충할 수 있다. 학생이 반응이 없으면 스승도 나태해지는 것이다.

안회는 공자의 말씀을 들을 때 질문을 하거나 비판을 하지 않고 웃고만 있었기 때문에 공자가 도움이 되지 않는 제자라고 했다. 그러나 공자의 이 말씀은 안회를 나무란 것이 아니다. 너무 잘 알아듣는 데 대한 기쁨을 반어법으로 표현한 것이다.

제4장

자왈효재 민자건 인불간어기부모곤제지언
子曰孝哉라 閔子騫이여 人不間[1]於其父母昆弟之[2]言이로다

| 국역 |

공자께서 말씀하셨다. "효성스럽다. 민자건閔子騫이여! 사람들이 그 부모형제에 대해 말한 것에서 트집을 잡지 못했다."

| 난자풀이 |

1 間 : 트집 잡는다. 빈틈을 찾아낸다.

2 之 : 도치를 나타내는 역할을 한다. 인불간어언기부모곤제人不間於言其父母昆弟로 놓고 해석하면 될 것이다.

| 강설 |

민자건閔子騫은 남에게 자기의 부모와 형제에 대한 말을 할 때 도리에 벗어난 말을 하지 않았다. 다른 사람들이 그의 말에서 트집 잡을 수가 없었다.

제5장

남용 삼복백규 공자이기형지자 처지
南容이 三復白圭어늘 孔子以其兄之子로 妻之하시다

| 국역 |

남용이 백규란 내용의 시를 (하루에) 세 번 반복하여 외우니, 공자께서 그 형님의 딸을 그에게 처로 삼게 했다.

| 강설 |

『시경』 대아 억편抑篇의 '백규지점白圭之玷, 상가마야尙可磨也, 사언지점斯言之玷, 불가위야不可爲也'란 내용을 남용이 하루에 세 번씩 반복하여 외웠다. 그 내용은 '흰 홀의 흠은 갈아서 없앨 수가 있지만, 이 말의 흠은 돌이킬 수 없다.'는 뜻이다. 이를 보면 남용南容이 신중한 사람임을 알 수 있다.

사윗감으로는 신중한 사람이 좋다.

제6장

계강자문제자숙위호학　공자대왈유안회자효

季康子問弟子孰爲好學이니잇고 孔子對曰有顔回者好

학　불행단명사의　금야즉무

學하더니 不幸短命死矣라 今也則亡하니라

| 국역 |

계강자가 "제자 중에 누가 학문을 좋아합니까?" 하고 묻자, 공자께서 말씀하셨다. "안회라는 자가 있었습니다. 학문을 좋아하였는데 불행히도 명이 짧아 죽었습니다. 지금은 없습니다."

| 강설 |

옹야편雍也篇 제2장에 같은 내용이 나온다.

제7장

안연사　안로청자지거　이위지곽　자왈재

顔淵死어늘 顔路[1]請子之車하여 以爲之椁[2]한대 子曰才

부재　역각언기자야　리야사　유관이무곽

不才에 亦各言其子也니 鯉[3]也死어늘 有棺而無椁이라

오부도행이위지곽　이오종대부지후　불가도행야

吾不徒行以爲之椁은 以[4]吾從大夫之後라 不可徒行也

일새니라

| 국역 |

안연이 죽었을 때 (그 아버지인) 안로가 공자의 수레를 팔아 그에게 곽을 만들어줄 것을 청하니, 공자께서 말씀하셨다. "재주가 있건 없건 역시 각각 자기 아들에 대해 말하게 되는군요. (내 아들

인) 리가 죽었을 때 관만 있었고 곽은 없었습니다. 내가 걸어 다녀서라도 그에게 곽을 만들어주었어야 했는데, 그렇게 하지 못한 것은, 내가 대부의 뒤를 따르고 있었기 때문에 걸어다닐 수가 없었습니다."

| 난자풀이 |

1 顏路 : 안연顏淵의 아버지. 이름은 유由, 또는 무요無繇, 자字는 계로季路.
2 椁 : 시체를 넣은 관棺을 넣는 외관外棺. 음은 '곽'.
3 鯉 : 공리孔鯉. 공자의 아들. 자字는 백어伯魚.
4 以 : ~이기 때문이다.

| 강설 |

안연이 죽었다. 공자가 가장 아끼는 제자였다. 안연의 아버지 안로는 아들의 장례식에 곽을 만들 돈이 없었다. 시신을 매장할 때 먼저 시신을 관에 넣고, 그 관을 넣는 방을 또 만든다. 그것을 곽이라 한다. 안로는 공자에게 청했다. 공자가 타고 다니는 수레를 팔아서 그 돈으로 곽을 만들어주자고 했다.

공자는 제자를 대하기를 아들처럼 대했다. 아들과 조금의 차이도 두지 않았다. 공자의 아들이 죽었을 때도 곽을 해주지 못했다. 그때도 수레가 있었지만, 그것을 팔지 않았다. 그런 공자에게 안로가 수레를 팔아서 안연의 곽을 만들어주자고 한 것이다. 안로는 자기 아들만 생각한 것이었다. 공자는 가타부타 말하지 않고 자기 아들 리鯉의 이야기를 함으로써 안로를 깨우쳤다.

"사람들은 각각 자기 아들만 생각하는군요. 재주 없는 아이의 부모도 재주 있는 아이의 부모보다 자기 자녀를 덜 사랑하지 않습니다. 나도 내 아들을 사랑합니다. 내 아들에 대해서 말하겠습니다. 내 아들 리가 죽었을 때, 관은 있었지만 곽은 만들어주지 못했습니다. 내 수레를 팔아서 만들어주면 되었겠지만, 나는 대부이기 때문에 수레가 있어야 했습니다."

안로의 요청에 대한 답변은 이 말로 충분했다.

공자가 만약 안연에게 곽을 만들어주었다면, 공자는 안연을 아들처럼 대한 것이 아니었다.

제8장

안연사 자왈희 천상여 천상여
顔淵死어늘 子曰噫라 天喪予샷다 天喪予샷다

| 국역 |

안연이 죽자, 공자께서 말씀하셨다. "아! 하늘이 나를 망치는구나! 하늘이 나를 망치는구나!"

| 강설 |

공자는 하늘의 지시에 따라서 사는 사람이다. 하늘은 세상에 진리를 펴고 싶지만 직접 나설 수 없기 때문에 대행자를 필요로 한다. 하늘은 이 세상에 진리를 펴기 위해 공자를 대행자로 삼았다.

세상에 진리를 펴는 일은 혼자서 할 수 있는 일이 아니다. 우수한 제자를 길러 그들과 힘을 합해야 겨우 가능한 일이다. 공자의 제자들 중에 가장 우수한 제자가 안연이었다. 공자는 안연을 끔찍하게 사랑했다. 그런데 그 안연이 죽었다. 공자의 낙담은 보통이 아니었다. 하늘이 공자로 하여금 진리를 펴는 일을 그만두게 하려는 것인가!

제9장

안연사 자곡지통 종자왈자통의 왈
顔淵死어늘 子哭之慟[1]하신대 從者曰子慟矣시니이다 曰

유통호 비부인지위통 이수위
有慟乎아 非夫人之爲慟[2]이요 而誰爲리오

| 국역 |

안연이 죽자 공자께서 곡하시기를 애통하게 하셨다. 종자가 말했다. "선생님께서 통곡하셨습니다." 공자께서 말씀하셨다. "통곡을 했었느냐? 그 사람을 위해서 통곡하지 않고 누구를 위해 하겠느냐?"

| 난자풀이 |

1 慟 : 통곡하는 것.
2 之 : 부인夫人과 위爲의 도치를 나타내는 역할을 한다.

| 강설 |

교육자로서 최대의 기쁨은 우수한 제자를 육성하는 것인데 안연이 죽었으니 최대의 기쁨이 최대의 슬픔으로 바뀌었다.

공자는 통곡을 했다. 공자는 머리로 판단하여 행동하지 않았다. 그저 느낌에 충실할 뿐이었다. 통곡을 한 것도 그랬다. 통곡해야겠다고 의식하고 통곡한 것이 아니었으므로 통곡했다는 사실이 의식에 남아 있지 않았다.

완숙한 운전자는 머리가 텅 빈 채로 운전을 한다. 몸이 알아서 저절로 움직인다. 그에게는 조금 전의 운전 동작도 머리에 남아 있지 않다. 그에게 조금 전의 운전 동작에 대해 물으면, 머리에 남아 있는 것을 대답하지 않는다. 그 처해진 상황을 되물어본 뒤에, 그런 상황에서의 마땅한 운전 동작은 여차여차하다고 설명을 한다. 공자가 통곡을 한 것도 그랬다.

제10장

안연사　문인　욕후장지　자왈불가　문
顏淵死어늘 門人이 欲厚葬之한대 子曰不可하니라 門

인　후장지　자왈회야　시여유부야　여부득
人이 厚葬之한대 子曰回也는 視予猶父也어늘 予不得

시유자야　비아야　부이삼자야
視猶子也하니 非我也라 夫二三子也니라

[1]

| 국역 |

안연이 죽었을 때 문인들이 후하게 장사지내려 하니, 공자께서 "안 된다."고 하셨다. 그런데도 문인들은 후하게 장사지냈다. 이에 공자께서 말씀하셨다. "안회는 나에게 아버지처럼 대했는데, 나는 그에게 아들처럼 대하지 못했다. 나의 탓이 아니다. 저 몇몇 제자들 탓이다."

| 난자풀이 |

[1] 視 : 본다. '아버지로 본다'는 것은 '아버지로 대한다'는 뜻이다.

| 강설 |

안연이 죽었을 때 애통한 것은 마음의 문제이고, 장례를 지내는 것을 분수에 맞게 해야 하는 것은 예이다.

스승은 제자를 자녀처럼 대해야 하고, 제자는 스승을 부모처럼 대해야 한다. 공자는 아들이 죽었을 때 분수에 맞게 검소하게 장례를 했다. 안연에 대해서도 그렇게 했어야 했다. 그래야 제자를 자녀로 대하는 것이 된다. 그런데 제자들이 장례식을 과분하게 치렀다. 공자는 안연이 살아 있었을 때 너무나 아꼈고, 죽었을 때 너무나 슬퍼했다. 그래서 제자들은 안연의 장례식을 후하게 치르면 공자가 기뻐할 것으로 생각했다. 그러나 그것은 공자의 마음을 잘못 헤아린 것이다. 공자가 안연을 아낀 것은 진리를 사랑한 것이다.

공자와 안연은 마음이 통했다. 공자는 안연을 아들처럼 대했고, 안연도 공자를 아버지처럼 대했다. 그러므로 안연의 장례식도 아들의 장례식처럼 했어야 했다.

제11장

季路問事鬼神(계로문사귀신)한대 子曰未能事人(자왈미능사인)이니 焉能事鬼(언능사귀)리오 [1]

曰敢問死(왈감문사)하노이다 未知生(미지생)이니 焉知死(언지사)리오

| 국역 |

계로가 귀신 섬기는 것에 대해서 묻자, 공자께서 말씀하셨다. "아직 사람도 잘 섬길 수 없으니, 어떻게 귀신을 섬길 수 있겠는가?" "감히 죽음에 대해서 묻겠습니다." "아직 삶도 잘 알지 못하니, 어떻게 죽음을 알겠는가?"

| 난자풀이 |

[1] 季路 : 공자의 제자. 자로子路로 추정하는 것이 정설이다. 성은 중仲, 이름은 유由, 자는 자로子路이다.

| 강설 |

학자들 중에는 이 문장을 근거로 유학에서는 죽음을 논하지 않고 사후세계를 논하지 않는다고 주장하는 사람이 많다. 그러나 사실은 그렇지 않다. 공자는 사람들이 같은 내용의 질문을 할 경우에도 같은 답을 하지 않는다. 많은 제자들이 인仁에 대해 질문을 했을 때 같은 대답을 한 적이 없다. 공자는 어떤 사람이 어떤 질문을

하더라도 정해진 답변을 하는 것이 아니라, 질문자에게 필요한 답변을 한다. 계로는 성급한 사람이다. 아직 사람을 잘 섬기지도 못하고, 사람 사는 것에 대해서도 잘 알지 못한다. 그런 그가 귀신 섬기는 것과 죽음에 관해 성급한 질문을 했다. 공자는 그런 그에게 사람 섬기는 법과 삶에 관해서 먼저 알 것을 주문한 것이다. 그러므로 이 말을 근거로 유학의 전체 내용을 규정한다는 것은 잘못이다.

제12장

閔子(민자)는 侍側(시측)에 誾誾如也(은은여야)하고 子路(자로)는 行行如也(행행여야)[1]하고 冉有子貢(염유자공)은 侃侃如也(간간여야)어늘 子樂若由也(자락약유야)는 不得其死(부득기사)[2]然(연)[3]이로다

| 국역 |

민자건은 옆에서 모실 때 은은했고, 자로는 씩씩하여 적극적이었고, 염유·자공은 분명하고 명확했다. 공자께서 말씀하셨다. "유와 같은 자는 제명에 죽지 못할 것이다."

| 난자풀이 |

[1] 行行如 : 씩씩하여 적극적인 모양.
[2] 不得其死 : 제대로 된 죽음을 얻지 못한다. 제명에 죽지 못한다.
[3] 然 : 조사.

| 강설 |

주자朱子는 혹자의 말을 인용하여 자락子樂을 자왈子曰로 볼 수도 있다고 했는데, 그렇게 보는 것이 더 낫다. 락樂과 왈曰의 발음이

비슷하여 오자가 난 것으로 보면 된다.

공자에게는 늘 자로가 걱정이었다. 씩씩하여 적극적인 자로를 보고 즐거워했다는 말은 문맥상 맞지 않는다.

제13장

노인위장부 민자건왈잉구관여지하 하필개작

魯人爲長府[1]어늘 閔子騫曰仍[2]舊貫[3]如之何[4]오 何必改作

자왈부인 불언 언필유중

이리오 子曰夫人이 不言이언정 言必有中이니라

| 국역 |

노魯나라 사람이 장부長府라는 창고를 짓자, 민자건閔子騫이 말했다. "옛날 하던 것을 그대로 하는 것이 어떻겠는가? 하필 고쳐 만들어야 하는가?" 공자께서 말씀하셨다. "저 사람이 말을 하지 않을지언정 말을 하면 (반드시) 도리에 맞는다."

| 난자풀이 |

[1] 長府 : 창고의 이름.
[2] 仍 : 인因과 같은 뜻. 음은 '잉'.
[3] 貫 : 하던 것. 습관.
[2] 如之何 : '어떻겠느냐?'는 뜻으로 관용구로 쓰임.

| 강설 |

창고 등은 될 수 있으면 지금까지 쓰던 것을 보완하여 사용하는 것이 낫다. 새로 짓는 것은 민폐가 되기 때문이다.

고치지 않아야 할 것은 창고만이 아니다. 모든 문물제도는 함부로 고치는 것이 아니다. 그런 문물제도가 있게 된 것은 나름대로 이유가 있기 때문이다. 그것을 잘 알아서 문제가 있으면 보완하는 것이 좋다. 함부로 뜯어고치다가는 부작용이 생긴다. 그렇다고 개혁을 하지 않아야 하는 것은 아니다. 문물제도가 생긴 원인을 잘 파악해서 개혁하지 않으면 안 될 때 비로소 개혁해야 한다.

새로 직책을 맡은 사람이 전임자의 것을 함부로 뜯어고치는 것은 전임자를 무시하는 오만한 마음 때문이고, 자기의 것을 내세우고 싶은 과시욕 때문이다. 욕심이 없는 사람은 그렇게 하지 않는다.

제14장

자왈유지슬 해위어구지문 문인 불경자로
子曰由之瑟을 奚爲於丘之門고 門人이 不敬子路한대

자왈유야 승당의 미입어실야
子曰由也는 升堂矣요 未入於室也니라

| 국역 |

공자께서 말씀하셨다. "유의 비파가락을 어찌 나의 문 안에서 연주하는가?" 문인들이 자로를 공경하지 않자, 공자께서 말씀하셨다. "유는 당에는 올랐으나 아직 방에 들어오지 아니한 것이다."

| 강설 |

자로가 타는 비파가락은 무인들이 힘을 과시하는 것처럼 씩씩했으므로, 평소 용감하고 성급한 자로가 혹시라도 제명에 죽지 못할까 걱정하던 공자는 이를 못마땅하게 여기고 나무랐다. 공자의 말씀을 들은 제자들이 그 때문에 자로를 공경하지 않았다. 공자가 자로를 꾸짖는다고 해서 자로보다 못한 사람이 덩달아 자로를 무시하는 것은 잘못된 일이다. 이에 공자는 자로에 대한 평가를 다시 내려서 자로를 무시하는 제자들을 깨우쳤다.

승당升堂과 입실入室이라는 말이 여기에서 비롯되었다. 승당은 진리의 언저리까지 간 것이고, 입실은 진리를 완전히 깨친 것을 말한다.

제15장

子貢이 問師與商也孰賢이니잇고 子曰師也는 過하고 商也는 不及이니라 曰然則師愈與잇가 子曰過猶不及이니라

(자공 문사여상야숙현 자왈사야 과 상야 불급 왈연즉사유여 자왈과유불급)

| 국역 |

자공이 물었다. "사師(자장子張을 말함)와 상商(자하子夏를 말함)은 누가 낫습니까?" "사는 지나치고 상은 미치지 못한다." "그렇다면 사가 낫습니까?" 공자께서 말씀하셨다. "지나친 것은 미치지 못하는 것과 같다."

| 강설 |

남을 평가하기 좋아하는 자공이 자장과 자하 중에서 누가 더 똑똑한지를 물었던 것이다.

공자가 이상으로 생각하는 것은 전체의 입장에서 조화로운 삶을 유지하는 것인데, 똑똑한 사람은 똑똑하기 때문에 남과 조화를 이루지 못하고, 못 미치는 사람은 못 미치기 때문에 남과 조화를 이루지 못하므로, 조화를 이루지 못하는 면에서 보면 둘 다 같다. 과유불급過猶不及이라는 말이 여기에서 비롯되었다.

제16장

季氏富於周公이어늘 而求也爲之聚斂而附益之한대

子曰非吾徒也로소니 小子아 鳴鼓而攻之可也니라

| 국역 |

계씨가 주공보다 부유하였는데도, 구(염유)가 그를 위해 세금을 모으고 걷어서 더 늘려주었다. 공자께서 말씀하셨다. "나의 제자가 아니다. 소자들이 북을 울려 성토하는 것이 좋겠다."

| 난자풀이 |

1 徒 : 무리. 여기서는 제자를 뜻한다.
2 攻 : 성토하는 것.

| 강설 |

노나라의 가신인 계씨는 노나라의 시조인 주공보다도 부유했다. 그런데도 염구가 세금을 혹독하게 걷어서 계씨의 재산을 더욱 늘려주므로, 공자가 이를 못마땅하게 여긴 것이다.

정치의 목적은 백성들을 잘살게 하는 것이므로, 백성들을 착취하는 정치가는 정치가의 자격이 없다. 그런 정치가는 비난받아 마땅하고, 그런 정치가를 돕는 신하들도 비난받아야 마땅하다. 제자인 염구는 비난받아야 마땅한 신하였다. 공자는 못마땅했다.

제17장

시야 우 참야 노 사야 벽 유야
柴也는 愚하고 參也는 魯하고 師也는 辟하고 由也는
[1]
언
喭이니라
[2]

| 국역 |

"시는 어리석고, 참은 둔하고, 사는 치우치고, 유는 거칠다."

| 난자풀이 |

[1] 柴 : 성은 고高, 시柴는 이름, 자字는 자고子羔. 공자보다 30세 연하인 제자이다.

[2] 喭 : '거칠다'는 뜻으로 음은 '언'.

| 강설 |

자왈子曰이 있어야 하는데, 빠졌다.

제18장

자왈회야 기서호 누공 사 불수명이화식
子曰回也는 其庶乎나 屢空이니라 賜는 不受命而貨殖
[1] [2] [3] [4] [5]
언 억즉루중
焉이나 億則屢中이니라
[6]

| 국역 |

공자께서 말씀하셨다. "안회는 근사했으나 자주 공쳤고, 자공은 명령을 받아들이지 않고 재화를 잘 늘렸는데, 예측하면 자주 들어맞았다."

| 난자풀이 |

1 庶 : 근사하다.
2 屢 : 자주. 여러 번.
3 空 : 공치는 것, 허탕 치는 것.
4 命 : 공부하라는 스승의 명령.
5 貨殖 : 재물을 늘리는 것.
6 億 : 억臆과 통용. 예측하는 것. 억측하는 것.

| 강설 |

안연은 학문을 열심히 하여 근사한 인격을 갖추었으나, 돈 버는 일에 나서면 자주 공치는 일이 많았다. 돈 버는 일에 치밀하지 않았기 때문일 것이다. 자공은 학문을 열심히 하라는 스승의 명령을 듣지 않고, 재물을 늘리는 일을 잘했다. 자공이 예측하기만 하면 자주 들어맞았다.

제19장

子張(자장)이 問善人之道(문선인지도)한대 子曰不踐迹(자왈불천적)이요 亦不入於室(역불입어실)이니라

| 국역 |

자장이 선인의 삶의 방식에 대해 묻자, 공자께서 말씀하셨다. "(성인聖人의) 자취를 밟지 아니하며 또한 (성인의) 방에 들어가지 아니한다."

| 강설 |

선인善人과 성인聖人은 착한 점에 있어서는 동일하지만, 선인은 타락할 가능성이 있으나, 성인은 타락할 가능성이 없다.

어린아이는 착하기 때문에 선인이지만, 자라면서 타락할 가능성이 있으므로 성인이 아니다. 성인이란 학문을 통하여 어린아이 때의 착한 마음을 회복한 사람이므로 다시 타락하지 않는다.

성인聖人이 되기 위해서는 학문을 해야 한다. 학문의 방법은 우선 성인의 자취인 예를 배워서 실천하고, 다음으로 그 예의 본질을 깨달아 성인의 마음의 세계로 들어가는 것이다. 선인善人은 타고날 때의 착한 마음은 가지고 있으나 학문을 하지 아니하기 때문에, 성인의 삶의 자취인 예를 실천하지도 않고, 또 성인의 마음의 세계로 들어가지도 아니한다.

제20장

자왈논독 시여 군자자호 색장자호
子曰論篤을 是與[1]면 君子者乎아 色莊者乎아

| 국역 |

공자께서 말씀하셨다. "논설이 독실한 사람이 옳은 것인가? 군자다운 사람인가? 얼굴만 장엄한 사람인가?"

| 난자풀이 |

[1] 與 : 의문조사.

| 강설 |

말을 잘하는 사람이 옳은 사람일까? 논문을 잘 쓰는 사람이 옳은 사람인가? 요즘 세상에서 사람을 평가할 때 가장 많이 하는 방식이 토론을 붙이는 것이다. 토론을 붙여놓고 누가 말을 더 잘하는지 살핀다. 논문을 쓰게 한 뒤에 논문으로 학자의 훌륭함을 평가하는 풍조도 있다. 말 잘하는 사람이 말만 잘하는지 사람이 훌륭한지, 논문을 잘 쓰는 사람이 논문만 잘 쓰는지 사람이 훌륭한지

알 수 없다. 오히려 그 반대일 가능성이 더 많다.

공자 당시에도 논설이 치밀하고 훌륭한 사람을 인격자로 평가하는 풍조가 있었던 듯하다. 그러나 논설이 훌륭한 것만을 기준으로 사람을 평가한다면, 그 사람이 정말 훌륭한 사람인지, 남에게 꾸미기를 잘 하는 사람인지 알 수 없다.

제21장

子路問聞斯[1] 行諸[2]잇가 子曰有父兄在하니 如之何其聞斯行之리오 冉有問聞斯行諸잇가 子曰聞斯行之니라 公西華曰由也問聞斯行諸어늘 子曰有父兄在라하시고 求也問聞斯行諸어늘 子曰聞斯行之라하시니 赤也惑[3]하여 敢問하노이다 子曰求也退라 故로 進之하고 由也兼[4]人이라 故로 退之니라

| 국역 |

자로가 "들으면 곧 행해야 합니까?" 하고 묻자 공자께서 말씀하셨다. "부형이 계시니 어떻게 듣고 곧 행하겠느냐?" 염유가 물었다. "들으면 곧 행해야 합니까?" 공자께서 말씀하셨다. "들으면 곧 행해야 한다." 공서화가 말했다. "유가 '들으면 곧 행해야 합니까?'라고 물었을 때는, 선생님께서 '부형父兄이 계신다.'고 하셨고, 구가 '들으면 곧 행해야 합니까?' 하고 물었을 때는, '들으면 곧 행해야 한다.'고 대답하시니, 저는 의혹되어 감히 묻습니다." 공자께서 말씀하셨다. "구는 물러나므로 나아가게 한 것이고, 유는 남보다 배

는 앞서 가므로 물러나게 한 것이다."

| 난자풀이 |

1 斯 : 곧.
2 諸 : 지호之乎와 같은 뜻. 음은 '저'.
3 赤 : 공서화公西華의 이름.
4 兼 : 남을 겸한다는 것은 남보다 배를 한다는 뜻이다.

| 강설 |

공자의 교육방법은 일반적인 지식을 전하는 것이 아니었다. 피교육자의 상황에 맞추어 구체적으로 계발시키는 방법을 택했다. 성급한 사람에게는 신중하게 사는 법을 가르치고, 소극적인 사람에게는 적극적으로 나서도록 가르쳤다.

제22장

子畏於匡(자외어광)하실새 顔淵後(안연후)러니 子曰吾以女爲死矣(자왈오이여위사의)로라

曰子在(왈자재)어시니 回何敢死(회하감사)리잇가

| 국역 |

공자께서 광 땅에서 두려운 일을 당했을 때 안연이 나중에 도착하자, 공자께서 말씀하셨다. "나는 네가 죽은 줄로 생각했다." "선생님이 계신데 제가 어찌 감히 죽겠습니까?"

| 강설 |

위험을 모면한 공자의 눈에 안연이 보이지 않았을 때 걱정이 어떠했을지는 뒤따라온 안연에게 한 말 속에서 알 수 있다.

하늘의 뜻을 실천하는 것이 공자의 사명이고 공자의 뜻을 도와

이 세상에 진리를 실천하는 것이 자신의 사명임을 자각하고 있는 안연은 공자를 두고 먼저 죽을 수 없다는 신념을 가질 수 있었다.

스승에 대한 신뢰와 자신의 사명에 대한 자각에서 우러나온 안연의 말을 들은 공자는 기뻤을 것이다.

제23장

季子然이 問仲由冉求는 可謂大臣與잇가 子曰吾以子爲異之問이러니 曾由與求之問이로다 所謂大臣者는 以道事君하다가 不可則止하나니 今由與求也는 可謂具臣矣니라 曰然則從之者與잇가 子曰弑父與君은 亦不從也리라

(계자연 문중유염구 가위대신여 자왈오이자 위이지문 증유여구지문 소위대신자 이도사군 불가즉지 금유여구야 가위 구신의 왈연즉종지자여 자왈시부여군 역 부종야)

| 국역 |

계자연季子然이 물었다. "중유·염구는 대신大臣이라 이를 만합니까?" 공자께서 말씀하셨다. "나는 그대가 색다른 질문을 하리라고 생각했는데, 결국 유由와 구求에 대해서 묻는구나! 이른바 대신大臣이란 도道로써 임금을 섬기다가 잘 안 되면 그만두는 것이다. 지금 유由와 구求는 자리만 채우는 신하라고 말할 수 있다." "그렇다면 따르기만 하는 자들입니까?" 공자께서 말씀하셨다. "아버지와 임금을 시해하는 일에는 또한 따르지 않을 것이다."

| 난자풀이 |

1 季子然 : 노나라의 실력자인 계씨季氏 일족. 일설에는 계환자季桓子의 동생이며 계강자季康子의 숙부叔父라고도 함.

[2] 曾 : 결국. 마침내. 음은 '증'.
[3] 具 : '자리를 채운다'는 뜻. 음은 '구'. 구신具臣은 자기의 역할을 못하고 자리만 채우고 있는 신하를 말한다.

| 강설 |

공자가 계자연을 만나주었을 때는 도덕정치나 학문 등에 관한 고상한 질문이 있을 것이라고 기대했다. 그러나 결국 자기의 가신家臣인 자로와 염유에 대한 질문을 받고는 실망하지 않을 수 없었다.

신하의 도리는 임금을 도와 모든 백성이 참다운 삶을 살 수 있는 사회를 건설하는 것이므로, 임금이 그러한 능력이 없을 때는 그만두어야 한다. 그렇지 않으면 신하의 도리를 하지 못하면서 신하의 자리만 차지하고 앉아서 월급만 축내는 사람이 된다. 그러한 신하를 구신具臣이라고 한다.

자로와 염유는 학문이 상당한 수준에 도달하였으므로 비록 구신具臣이라 하더라도 아버지를 죽이거나 임금을 죽이는 일에는 관여하지 않는다. 욕심이 극에 달한 사람은 큰 욕심을 채울 수 있는 일이라면 무엇이든 한다.

제24장

子路使子羔로 爲費宰한대 子曰賊夫人之子로다 子路曰有民人焉하며 有社稷焉하니 何必讀書然後에 爲學이리잇고 子曰是故로 惡夫佞者하노라

(자로사자고 위비재 자왈적부인지자 자로왈유민인언 유사직언 하필독서연후 위학 자왈시고 오부녕자)

| 국역 |

자로가 자고로 하여금 비읍의 읍재로 삼자, 공자께서 말씀하셨다. "남의 아들을 망쳤구나!" 자로가 말했다. "백성이 있고 사직이 있

으니, 하필 글을 읽은 뒤라야 학문을 하는 것이겠습니까?" 공자께서 말씀하셨다. "이 때문에 말재주 있는 자를 미워한다."

| 강설 |

아무리 착한 자라도 학문을 하지 않으면 진리를 얻지 못한다. 자로는 공부 중에 있는 자고를 취직시켰다. 자고는 공부를 계속해서 진리를 얻어야 하는 사람이다. 그보다 더 중요한 것은 없다. 그런 자고를 데리고 나가 취직을 시켰으니, 자고를 망친 것이다.

제25장

子路曾皙[1]冉有公西華侍坐러니 子曰以吾一日[2]長乎爾
나 毋吾以[3]也하라 居[4]則曰不吾知[5]也라하나니 如或知爾
則何以哉오 子路率[6]爾而對曰千乘之國이 攝[7]乎大國之
間하여加之以師[8]旅[9]요 因之以饑饉이어든 由也爲之면
比[10]及三年하여 可使有勇이요 且知方[11]也하리이다 夫子哂[12]
之하시다 求아 爾는 何如오 對曰方六七十과 如[13]五六十
에 求也爲之면 比及三年하여 可使足民이어니와 如其
禮樂엔 以俟君子하리이다 赤아 爾는 何如오 對曰非曰
能之라 願學焉하노이다 宗廟之事와 如會同에 端[14]章甫[15]
로 願爲小相焉하노이다 點아 爾는 何如오 鼓瑟希[16]러니
鏗[17]爾舍瑟而作하여 對曰異乎三子者之撰[18]이니다 子曰

何傷乎리오 亦各言其志也니라 曰莫春者[19]에 春服旣成이어든 冠者五六人과 童子六七人으로 浴乎沂[20]하고 風乎舞雩[21]하여 詠而歸하리이다 夫子喟然嘆曰吾與點也하노라 三子者出커늘 曾晳後러니 曾晳曰夫三子者之言이 何如하니잇고 子曰亦各言其志也已矣니라 曰夫子何哂由也시니잇고 曰爲國以禮어늘 其言不讓이라 是故로 哂之로다 唯求則非邦也與잇가 安見方六七十과 如五六十而非邦也者리오 唯赤則非邦也與잇가 宗廟會同이 非諸侯而何오 赤也爲之小[22]면 孰能爲之大리오

| 국역 |

자로 · 증석 · 염유 · 공서화가 (공자를) 모시고 앉아 있을 때, 공자께서 말씀하셨다. "내가 너희들보다 다소 연장자라고 해서 어려워하지만, 나를 그렇게 여기지 말라. 평소에 '나를 알아주지 아니한다.'고 하는데, 만약 어떤 사람이 너희들을 알아준다면 무엇을 하겠느냐?" 자로가 경솔하게 대답했다. "천승의 나라가 큰 나라 사이에 끼어 있어 군대가 압박해 오고, 인하여 기근이 들더라도, 제가 다스리면 3년쯤에 이르러 용맹이 있게 하고, 또 방향을 알도록 하겠습니다." 공자께서 비웃으셨다. "구야 너는 어떠하냐?" (염유가) 대답했다. "사방四方 60~70리 혹은 50~60리를 제

가 다스리면 3년쯤에 이르러 백성들을 풍족하게 할 수 있거니와 예악과 같은 것은 군자를 기다리겠습니다." "적아 너는 어떠하냐?" (공서화가) 말했다. "제가 잘할 수 있다고 말하는 것이 아니라 배우기를 원합니다. 종묘의 일과 혹은 제후들이 회동할 때에 현단복을 입고 장보관을 쓰고서, 조금 돕는 역할을 하겠습니다." "점아 너는 어떠하냐?" (증석이) 비파를 타는 속도를 줄이더니 쨍그랑 하고 비파를 놓고 일어나 대답했다. "세 제자들이 이야기한 것과 다릅니다." 공자께서 말씀하셨다. "무엇이 나쁘겠는가? 또한 각기 자기의 뜻을 말한 것이다." "늦봄에 봄옷이 만들어지고 나면, 갓을 쓴 사람 5~6명, 동자 6~7명과 더불어 기수에서 목욕하고, 무우에서 바람 쐬고 노래하면서 돌아오겠습니다." 공자께서 아! 하고 감탄하시며 말씀하셨다. "나는 점과 함께하겠다." 세 제자가 나가자 증석이 뒤에 남았다가 말했다. "저 세 제자의 말이 어떠합니까?" 공자께서 말씀하셨다. "또한 각각 자기의 뜻을 말했을 뿐이다." "선생님께서는 무엇 때문에 유를 비웃으셨습니까?" "나라를 다스리는 것은 예로써 해야 하는데, 그 말이 겸손하지 않았다. 그래서 비웃은 것이다." "오직 구는 나라 일이 아닙니까?" "사방 60~70리, 또는 50~60리가 되면서 나라 일이 아닌 것을 어디에서 보겠느냐?" "오직 적은 나라 일이 아닙니까?" "종묘의 일과 회동하는 일이 제후의 일이 아니고 무엇이겠느냐? 적의 일이 작은 것이라고 한다면 누구의 일이 큰 것이라고 할 수 있겠느냐?"

| 난자풀이 |

1. 曾晳 : 이름은 점點. 자는 석晳. 공자의 제자. 노나라 사람이며, 증삼曾參의 아버지이다.
2. 一日 : 여기서는 '조금'이란 뜻이 된다.
3. 以 : 목적어 오吾와 도치되어 있고 뒤에 동사가 생략되었다. 온전한 문장은 '무이오일일장호이야毋以吾一日長乎爾也'이다.
4. 居 : 평거平居. 평소 거처할 때.

5 知 : 알아주다. 여기서는 오吾와 지知가 도치되었다.
6 率 : 경솔함. 급함.
7 攝 : 끼어 있음.
8 師 : 군사.
9 旅 : 군사.
10 比 : 경. 무렵.
11 方 : 옳고 그른 것의 방향.
12 哂 : 비웃음.
13 如 : 혹或과 같은 뜻.
14 端 : 현단복玄端服. 제후가 입는 검은 빛의 예복.
15 章甫 : 관의 일종. 공자가 이 관을 썼으므로 유자儒者들의 관이라고도 함.
16 希 : 비파소리가 드물어짐.
17 鏗 : 쇳소리. 갱이鏗爾는 비파를 바닥에 놓을 때 쨍그랑 하고 나는 소리.
18 撰 : 찬술. 뜻을 서술한 것.
19 莫 : 모暮와 통용됨. 날이 저문 것. 늦은 것.
20 沂 : 곡부曲阜 남쪽에 있는 강.
21 舞雩 : 하늘에 기우제를 지내는 제단이 있는 곳. 우雩는 기우제를 말한다.
22 爲 : 여긴다. 생각한다. 말한다.

| 강설 |

춘추시대는 극도로 혼란한 시대였다. 사람들은 세상을 안정시킬 수 있는 방법을 찾아 동분서주하던 시대였다. 공자의 제자들도 예외가 아니었다. 자로는 성급했다. 자기가 정치를 하면 3년 안에 나라를 안정시킬 수 있을 것 같았다. 그러나 정치는 의욕만으로 되는 것이 아니다. 예에 맞게 적절하게 해야 하는 것인데, 자로의 말은 예에 맞지 않았다. 그래서 자로는 공자에게 인정받지 못했다. 염유와 공서화는 자로가 너무 큰 것을 말했기 때문에 인정받지 못한 것으로 알고, 작게 말했다. 작게 말했지만 정치에 집착하는 것에는 차이가 없었다. 역시 공자에게 인정받지 못했다. 그러나 증석은 달랐다. 증석은 정치에 관심이 없었다. 증석은 "기수에서 목욕하고, 무우에서 바람 쐬고 노래하면서 돌아오겠다."고 답했다. 공자는 제자 중에서 증석의 편을 들었다.

세상이 극도로 혼란한데 소풍이나 다니면서 세상을 방치하면 어떻게 할 것인가? 공자는 왜 증석의 편을 들은 것인가? 그 답은 바로 다음에 나오는 안연편 제1장에 있다.

十二. 안연편 顔淵篇

제1장 —

顔淵問仁한대 子曰克己復禮爲仁이니 一日克己復禮면 天下歸仁焉하리니 爲仁由己니 而由人乎哉아 顔淵曰 請問其目하노이다 子曰非禮勿視하며 非禮勿聽하며 非禮勿言하며 非禮勿動이니라 顔淵曰回雖不敏하나 請事斯語矣리이다

(안연문인 자왈극기복례위인 일일극기복례 천하귀인언 위인유기 이유인호재 안연왈 청문기목 자왈비례물시 비례물청 비례물언 비례물동 안연왈회수불민 청사사어의)

| 국역 |

안연이 인에 대해서 묻자 공자께서 말씀하셨다. "자기를 이기고 예로 돌아가는 것이 인이니, 어느 날 하루 자기를 이기고 예로 돌아가면 천하가 인으로 돌아간다. 인을 하는 것은 자기로 말미암는 것이니, 남으로 말미암는 것이겠는가!" 안연이 말했다. "그 구체적인 방법을 묻겠습니다." 공자께서 말씀하셨다. "예가 아니면 보지 말며, 예가 아니면 듣지 말며, 예가 아니면 말하지 말며, 예가 아니면 움직이지 말라." 안연이 말했다. "제가 비록 불민하지만 이

말씀을 받들겠습니다."

| 강설 |

이 문장은 가장 우수한 제자인 안연에게 답한 말이며 또 인에 대한 설명이므로, 학문을 통해서 도달할 수 있는 최고의 경지를 설명한 것이다. 여기에 공자 사상의 핵심이 다 들어 있다.

사람의 마음에는 두 마음이 있다. 하나는 하늘에서 주어진 본래의 마음이고, 다른 하나는 사람의 이기적 계산에 의해 생겨난 욕심이다. 욕심은 원래 없었던 마음이다. 욕심은 뱁새의 둥지에서 부화한 뻐꾸기 새끼 같은 존재다. 뻐꾸기 새끼가 본래의 뱁새 새끼를 밀어내는 것처럼, 욕심도 자라면서 본래의 마음을 밀어낸다. 욕심이 자꾸 커져서 본래의 마음을 능가하게 되면, 사람의 삶이 욕심을 채우는 것으로 전락한다. 욕심을 채우는 삶은 뻐꾸기 새끼를 키우는 뱁새의 삶과 다를 것이 없다. 뻐꾸기 새끼는 자기의 새끼를 다 죽여버린 철천지원수이고, 욕심은 자기의 본래 마음을 쫓아낸 철천지원수다. 뱁새가 그것을 모르고 철천지원수에게 지극정성으로 봉사하는 것처럼, 사람도 철천지원수인 욕심을 키우느라 전력투구한다.

뻐꾸기 새끼를 키우는 뱁새에게는 행복이 없듯, 욕심 채우기로 일관하는 사람에게는 행복이 없다. 행복은 오직 하나, 욕심에서 벗어날 때뿐이다. 욕심을 벗어나는 것은 자기와의 싸움이다. 자기와의 싸움에서 자기의 욕심을 이기는 것이 극기다.

극기를 하면 본래의 마음이 돌아온다. 본래의 마음이 욕심보다 더 커지는 순간, 사람이 바뀐다. 전에는 욕심을 채우기 위해 살았다. 욕심 채우는 삶은 남과 갈등하는 삶이다. 욕심을 채우기 위해서는 남과 경쟁해야 한다. 세상은 경쟁하는 전쟁터 같은 곳이고, 사람은 다 경쟁상대다. 이 세상이 평온할 날이 없다. 그러던 것이 본심이 돌아와 본심으로 사는 순간, 모든 것이 달라진다. 본심은 하늘에서 내려온 하늘마음이다. 하늘마음은 모두가 다 함께 가지고 있는 한마음이다. 한마음으로 보면 세상 사람이 남으로 보이지 않는다. 세상 사람들이 모두 형제로 보이고, 세상은 형제들이 함께 살아가는 사랑의 보금자리다. 눈앞에 전개되는 모든 것이 큰 질서 위에 서 있다. 그것이 예다.

극기복례다. 욕심을 이기는 순간이 복례의 순간이다. 극기를 해서 내 마음이 하늘마음이 되고, 예를 회복하여 세상이 질서 있는 아름다운 세상으로 바뀌는 것이 인仁이다. 인이란 내가 하늘처럼 되고, 세상이 천국이 되는 것이다.

학문은 다른 것이 아니다. 욕심을 없애고 본래 마음을 회복하는 것이다. 학문을 계속하다가 어느 날 본래의 마음이 욕심을 누르는 순간이 되면, 온 세상이 인이 된다.

이 세상은 원래 천국이었다. 이 세상이 전쟁터처럼 보였던 것은 욕심의 눈으로 보았기 때문이다. 욕심을 걷어내고 한마음으로 바라보는 순간 천국은 원래의 모습을 드러낸다. 이 세상을 천국으로 만드는 것은 자기에게 달려 있는 것이지, 남에게 달려 있는 것이 아니다. 이 세상은 과거와 지금이 바뀐 것이 없지만, 이 세상을 바라보는 내가 바뀐 것이다.

욕심으로 볼 때는 개체를 보지만, 한마음으로 볼 때는 전체로 본다. 개체로 보면 인생은 경쟁을 계속하다가 늙고 병들어 죽는 불행한 존재로 보이고 세상은 언제나 불공평하게 보인다. 힘센 자와 가진 자는 끊임없이 약한 자와 없는 자를 착취한다. 악한 자들이 잘살고 착한 자들이 고생한다. 죄 없는 토끼는 늑대의 밥이 되고, 사슴은 사자의 밥이다.

그러나 전체로 보면 다르게 보인다. 내 몸 하나만이 내가 아니다. 모든 사람이 다 나다. 전체로 보면 경쟁하는 것이 삶을 건강하게 만들고 충실하게 만드는 방법으로 보인다. 내 몸이 늙는 것은 모두가 자라는 현상으로 보이고, 내 몸이 죽는 것이 모두가 살아가는 현상으로 보인다. 힘센 자와 가진 자가 약한 자와 없는 자를 착취하는 것을 보면, 약한 자를 힘센 자로 만드는 과정이고,

없는 자를 있는 자로 만드는 과정임을 알 수 있다. 악한 자들이 잘 살고 착한 자들이 고생하는 모습을 보면, 악한 자들이 망하고 착한 자들이 성공하는 과정임을 알게 된다. 죄 없는 토끼가 늑대의 밥이 되고 사슴이 사자에게 먹히는 것을 보면, 그것이 제대로 되고 있는 것임을 안다. 토끼와 사슴은 풀을 먹고 산다. 토끼와 사슴의 수가 너무 많으면 초원의 풀이 모자라서 모두가 죽게 된다. 그러므로 늑대와 사자가 적정한 수만 남겨놓고 나머지를 잡아먹는다. 그것이 토끼와 사슴을 살리는 최선의 방법이다.

세상은 지금 이대로 천국이다. 불만을 가질 것이 없다. 천국에서 천사의 모습으로 행복을 누리기만 하면 된다. 공자가 증점을 칭찬한 것도 이 때문이었다. 봄날에 천사들과 어울려 기수에 가서 목욕하고 무우에 가서 바람 쐬고 노래하며 돌아오는 모습이 바로 천국에서 행복을 누리는 바로 그 모습이다.

공자는 이런 가르침을 다른 사람에게 주지 않았다. 다른 사람에게 이런 말을 하면 알아듣지 못하고 오해한다. 이 세상이 천국이라고 하는 말을 사람들이 어떻게 알아들을 수 있겠는가? 공자를 헛소리 하는 사람으로 오해할 것이다. 또 공자를 믿는 사람들에게는 부작용이 생길 수도 있다. 눈앞에서 사람들이 다투고 있어도 천국의 모습으로 생각하여 방치하기도 할 것이다. 비밀스럽게 안연에게 전한 것은 그 때문이었다.

안연이 다시 극기복례하는 구체적 방법을 물었을 때, 공자는 예에 맞게 보고 듣고 말하고 행동하라고 가르쳤다. 이 또한 다른 사람에게는 해당되기 어려운 가르침이다. 안연의 학문은 많이 향상되어 있었다. 안연의 마음에는 아직 욕심이 남아 있었지만, 본래의 마음이 크게 자리 잡고 있었다. 이런 경우의 공부 방법은 어렵지 않다. 행동할 때마다 그 행동이 욕심에서 나온 것인지 본심에서 나온 것인지를 판단하여, 욕심에서 나온 것이면 억제하고, 본심에서 나온 것이면 행동으로 옮기면 된다. 그렇게만 하면 남아 있는 욕심은 차츰 사라진다.

이 세상이 이대로 천국이라 하여 아무것도 하지 않으면 큰일이다. 천국이란 욕심을 없애고 한마음이 되었을 때의 모습이다. 공자의 이 가르침을 오해하여 나태해지는 사람이 있으면 안 될 일이다.

제2장

仲弓(중궁)이 問仁(문인)한대 子曰出門如見大賓(자왈출문여견대빈)하고 使民如承大祭(사민여승대제)하며 己所不欲(기소불욕)을 勿施於人(물시어인)하며 在邦無怨(재방무원)하며 在家無怨(재가무원)이니라 仲弓曰雍雖不敏(중궁왈옹수불민)이나 請事斯語(청사사어)矣(의)리라

| 국역 |

중궁이 인을 묻자, 공자께서 말씀하셨다. "문을 나갔을 때에는 큰 손님을 뵌 듯하며, 백성에게 일을 시킬 때에는 큰 제사를 받들 듯하고, 자기가 하고자 하지 않는 것을 남에게 베풀지 말아야 하며, 나라에 있어서도 원망함이 없으며 집에 있어서도 원망함이 없어야 한다." 중궁이 말했다. "제가 비록 불민하나 이 말씀을 받들겠습니다."

| 강설 |

문 밖에 나가서 만나는 사람들은 경쟁자가 아니다. 그들은 모두 나와 하나인 사람들이다. 내가 하늘 같은 사람이면 그들도 하늘 같은 사람이다. 큰 손님 대하듯 존중하는 것이 하늘마음으로 사는 사람의 태도다.

한마음으로 사는 사람은 백성들을 제 몸처럼 사랑하고 존중한다. 그러므로 백성들에게 일을 시키지 않을 수 없을 때는 큰 제사

를 받들 듯이 공손하게 한다.

남을 자기처럼 아끼는 사람은 자기가 하기 싫은 일을 남에게 시키지 못한다. 남을 자기처럼 아끼는 사람은 남의 탓으로 돌리거나 원망하는 일이 없다. 잘못의 근본 원인은 자기에게 있다. 모든 것을 자기 탓으로 돌리고 남의 탓으로 돌리지 않는다.

제 3 장

司馬牛問仁(사마우문인)①한대 子曰仁者(자왈인자)는 其言也訒(기언야인)②이니라 曰其言也訒(왈기언야인)이면 斯謂之仁矣乎(사위지인의호)잇가 子曰爲之難(자왈위지난)이니 言之得無訒乎(언지득무인호)아

| 국역 |

사마우가 인을 묻자, 공자께서 말씀하셨다. "인자는 그 말하는 것을 조심한다." "말하는 것을 조심하면 곧 인이라고 할 수 있겠습니까?" 공자께서 말씀하셨다. "그렇게 하는 것이 어려우니, 말을 할 때 조심성이 없어서 되겠느냐?"

| 난자풀이 |

① 司馬牛 : 『사기』에 '사마경司馬耕, 자字는 자우子牛. 우牛는 말이 많고 조급하였다.'고 하였다. 이름을 리犁라고도 한다. 송나라 환퇴桓魋의 동생.

② 訒 : 말을 함부로 하지 않고 조심하는 것.

| 강설 |

사마우는 말이 많고 말꼬리를 잡고 늘어지기를 좋아한다. 그런 사마우가 인을 묻자, 공자는 사마우를 계발시키기 위해 우선 사마우의 단점 중에서 인자의 모습과 가장 거리가 먼 것부터 지적하였

다. "인자가 되려면 너는 우선 말을 함부로 하는 습관부터 고쳐야 한다."

말꼬리를 잡고 늘어지기 좋아하는 사마우는 스승의 뜻을 깨닫지 못하고, 또 말꼬리를 잡고 늘어졌다. "말을 조심하기만 하면 곧 인이라 할 수 있습니까?" 이에 공자는 다시 묻는다. "말조심하는 것을 너는 쉽게 생각하지만 사실은 쉽지 않은 것이다. 지금 또 너는 말꼬리를 잡고 늘어지지 않느냐? 그래서 되겠느냐?"

공자의 교육방법은 일반적 진리를 전수하는 것이 아니라 제자들 각 개인을 계발시키는 구체적 방법을 택하기 때문에 공자의 말은 일반론으로 적용시킬 수 없는 것이 많다.

제4장

司馬牛問君子(사마우문군자)한대 子曰君子(자왈군자)는 不憂不懼(불우불구)니라 曰不憂(왈불우)不懼(불구)면 斯謂之君子矣乎(사위지군자의호)잇가 子曰內省不疚(자왈내성불구)[1]어니 夫何(부하)憂何懼(우하구)리오

| 국역 |

사마우가 군자에 대해서 묻자, 공자께서 말씀하셨다. "군자는 걱정하지 않으며 두려워하지 않는다." "걱정하지 않으며 두려워하지 않으면 군자라고 합니까?" 공자께서 말씀하셨다. "안으로 반성하여 께름칙하지 아니하니, 무엇을 걱정하며 무엇을 두려워하겠는가?"

| 난자풀이 |

[1] 疚 : '께름칙하다'는 뜻으로 음은 '구'.

| 강설 |

사마우가 군자에 대해서 물었을 때, 공자는 걱정이 많은 사마우의 단점을 지적했다. 사람들은 각자 가지고 있는 단점을 극복하면 누구나 군자가 될 수 있다.

사마우는 군자의 마음가짐보다는 군자라는 칭호에 관심이 많았다. 그래서 군자의 마음가짐에 대해 설명한 공자의 말씀을 신중하게 받아들이지 아니하고 경솔하게 반문한 것이다.

소인은 늘 걱정하지만 군자는 느긋하다.

제5장

司馬牛憂曰人皆有兄弟어늘 我獨亡로다 [1] 子夏曰商은 聞之矣로니 死生有命이요 富貴在天이라호라 君子敬而無失하며 與人恭而有禮면 四海之內이 [2] 皆兄弟也니 君子何患乎無兄弟也리오

| 국역 |

사마우가 걱정하면서 말했다. "남들은 모두 형제가 있는데, 나에게만 없구나." 자하가 말했다. "내가 들으니 '죽고 사는 것은 명에 달려 있고, 부와 귀는 하늘에 달려 있다.' 하였다. 군자가 경건한 마음을 가지면서 잃음이 없으며, 남과 더불어 있을 때 공손하고 예가 있으면, 사해 안이 다 형제다. 군자가 어찌 형제 없음을 걱정하겠는가?"

| 난자풀이 |

[1] 亡 : 무無와 통용. 음은 '무'.
[2] 四海之內 : 온 세상. 땅은 바다로 둘러싸여 있다. 사방의 바다 안이 온 세상이다.

| 강설 |

『춘추좌씨전』 애공 40년조에 송나라 임금과 환퇴桓魋가 권력투쟁하는 내용이 나온다. 이에 의하면, 사마우에게는 환퇴 외에도 향소向巢라는 형이 있고 자기子頎와 자차子車라는 두 동생이 등장하므로 사마우의 형제는 적어도 5인이 된다. 그러나 환퇴가 송나라 임금과 권력투쟁을 한 결과 환퇴는 위나라로 도망가고, 향소는 노나라로 도망가고, 사마우는 제나라로 도망갔다. 나중에 환퇴가 다시 제나라로 도망하자 제나라에 있던 사마우는 이를 피하여 오나라로 도망하였다.

형제가 함께 있지 못하고 또 사방으로 도망가 있으므로 생사를 알 수 없게 되자, 걱정이 된 사마우가 형제가 있어도 없는 것 같다고 한탄했다. 이 말을 들은 자하는 두 가지 이유를 들어 사마우를 위로했다.

죽고 사는 것은 명에 달려 있는 것이고 부귀는 하늘에 달려 있는 것이라고들 한다. 그러니 형제들의 안부를 걱정하지 말라고 위로했다. 일단 위로를 한 뒤에 자하는 다시 근본적인 해결책을 제시했다.

마음을 경건하게 유지하여 본마음을 잃지 않고, 남을 존중하되 예에 맞으면 한마음을 회복할 수 있다. 한마음을 회복하면 온 세상 사람이 모두 형제처럼 된다. 그렇게 되면 형제를 만나지 못하는 걱정은 걱정거리가 되지 않는다.

제6장

자장문명 자왈침윤지참 부수지소 불행언
子張問明한대 子曰浸潤之譖[1]과 膚受之愬[2]이 不行焉이

가위명야이의 침윤지참 부수지소 불행언
면 可謂明也已矣니라 浸潤之譖과 膚受之愬이 不行焉

가위원야이의
이면 可謂遠[3]也已矣니라

| 국역 |

자장이 현명함에 대해서 묻자, 공자께서 말씀하셨다. "서서히 젖어드는 참소와 피부에 와닿는 하소연이 행해지지 않는다면 현명하다고 할 수 있다. 서서히 젖어드는 참소와 피부에 와닿는 하소연이 행해지지 않는다면 뛰어나다고 할 수 있다."

| 난자풀이 |

[1] 譖 : 참소. 침윤지참浸潤之譖은 물에 젖어들 듯이 자기도 모르게 젖어들게 되는 참소. 광고효과 등이 이에 속한다.

[2] 愬 : 하소연. 음은 '소'. 부수지소膚受之愬는 피부에 와닿는 절실한 하소연. 눈앞에서 호소하는 것. 사기꾼들이 불쌍한 사람으로 가장하고 눈앞에서 호소하면, 그 불쌍한 모습만 보고 판단하는 것이 이에 해당한다.

[3] 遠 : 보통 사람보다 현명한 정도가 멀다는 뜻이므로 '매우 현명하다'고 해석하면 될 것이다.

| 강설 |

상업광고를 반복적으로 듣다가 보면 부지불식간에 그 내용을 믿게 되는 것처럼, 물이 젖어들 듯이 서서히 젖어드는 참소에 대해서는 부지불식간에 그 내용을 믿게 된다. 눈앞에서 불쌍한 모습을 연출하거나 절박한 모습을 연출하면 마음이 흔들리기 쉽다.

현명한 사람은 많은 사람이 지속적으로 주장한다 하더라도 그것이 본심에서 나온 것인지 욕심에서 나온 것인지를 분별할 수 있

다. 아무리 불쌍한 모습으로 절박하게 하소연을 하더라도 그것이 욕심을 채우기 위해서 하는 것임을 안다면 거기에 흔들리지 않을 수 있다.

제7장

자공 문정 자왈족식족병민신지의 자공왈
子貢이 問政한대 子曰足食足兵民信之矣니라 子貢曰
필부득이이거 어사삼자 하선 왈거병
必不得已而去인댄 於斯三者에 何先이리잇고 曰去兵이
자공왈필부득이이거 어사이자 하선
니라 子貢曰必不得已而去인댄 於斯二者에 何先이리잇
왈거식 자고개유사 민무신 불립
고 曰去食이니 自古皆有死어니와 民無信이면 不立이니라

국역

자공이 정치에 대해서 묻자, 공자께서 말씀하셨다. "먹을 것을 풍족하게 하는 것, 병력을 넉넉하게 하는 것, 백성들이 신뢰하는 것이다." 자공이 말했다. "부득이한 상황에서 반드시 없애야 한다면, 이 세 가지 중에서 무엇을 먼저 해야 합니까?" "병력을 없앤다." 자공이 말했다. "부득이한 상황에서 반드시 없애야 한다면, 이 두 가지 중에서 무엇을 먼저 해야 합니까?" "먹는 것을 버린다. 예로부터 누구나 죽는 일은 있었다. 백성들의 신뢰가 없으면 정치가 성립되지 아니한다."

강설

공자가 정치의 세 요소로 지적한 것은 경제와 국방과 백성들의 신뢰였다. 정치는 백성을 잘살게 하는 데 목적이 있으므로 정부는 경제정책과 국방정책에 만전을 기해야 하지만, 이는 어디까지나 정부가 성립된 후의 일이다. 정부는 백성들의 지지에 의해 성립되는 것이므로 백성들의 지지를 못 받는 정부는 정부로서 성립되지 아니한다. 백성들의 지지를 못 받는 정부는 외형으로는 정부지만 실지로는 정부가 아니다.

제8장

棘子成曰君子는 質而已矣니 何以文爲리오 子貢曰惜乎라 夫子之說君子也여 駟不及舌이로다 文猶質也며 質猶文也니 虎豹之鞟이 猶犬羊之鞟이니라

(극자성왈군자 질이이의 하이문위 자공왈석호 부자지설군자야 사불급설 문유질야 질유문야 호표지곽 유견양지곽)

| 국역 |

극자성이 말했다. "군자는 바탕에 있는 것이다. 외형을 가지고 무엇을 하겠는가?" 자공이 말했다. "애석하다. 그 사람의 군자에 대한 설명이여! 네 마리 말로 달려도 혓바닥을 따라잡지 못하는 것이다. 외형이 바탕과 같으며, 바탕이 외형과 같은 것이다. 범이나 표범의 가죽이라도 털 없는 가죽이라면 개나 양의 털 없는 가죽과 같다."

| 난자풀이 |

1 棘子成 : 위衛나라의 대부.
2 爲 : 위의 목적어는 하何로 보아야 한다. '이문위하以文爲何'로 된 문장인데, 의문대명사인 하何가 앞으로 나간 것으로 볼 수 있다.
3 駟 : 네 마리의 말, 또는 네 마리의 말이 끄는 매우 빠른 수레.
4 鞟 : 털만 벗긴 날가죽.

| 강설 |

군자는 본마음을 가지고 사는 사람이고, 군자는 그 본마음이 밖으

로 드러나 남과 조화를 이루는 사람이다. 본마음은 질質이고, 남과 조화를 이루는 모습은 문文이다. 질質이 밖으로 드러난 것이 문文이고, 문文의 본질이 질質이다. 질質과 문文이 따로 있는 것이 아니다.

말이란 한번 하고 나면 돌이킬 수 없다. 입소문의 빠르기는 말을 타고 달리는 것보다도 빠르므로 조심하지 않을 수 없다. 범이나 표범의 좋은 가죽도 털을 깎아버린다면 개나 양 가죽처럼 될 것이다. 문文의 중요성을 인정하지 않을 수 없다.

제9장

哀公(애공)이 問於有若曰年饑用不足(문어유약왈년기용부족)하니 如之何(여지하)오 有若對曰盍徹乎(유약대왈합철호)시니잇고 曰二(왈이)도 吾猶不足(오유부족)이어니 如之何其徹也(여지하기철야)리오 對曰百姓足(대왈백성족)이면 君孰與不足(군숙여부족)이며 百姓不足(백성부족)이면 君孰與足(군숙여족)이리잇고

(饑 [1], 盍 [2], 二 [3])

| 국역 |

애공이 유약에게 물었다. "해가 기근이 들어서 쓸 것이 부족하니 어떻게 할까요?" 유약이 대답했다. "어찌 철徹이라는 세법을 하지 아니하십니까?" "2도 내가 오히려 부족하게 여기니, 어떻게 그 철徹을 하겠습니까?" (유약이) 대답하여 말했다. "백성이 풍족하면 임금께서 누구와 더불어 부족하겠으며, 백성이 부족하면 임금께서 누구와 더불어 풍족하겠습니까?"

| 난자풀이 |

[1] 饑 : 굶주림. 기근이 드는 것.

2 徹 : '통한다'는 뜻이다. 수입의 10분의 1을 세금으로 걷는 것을 모두에게 적용시키는 과세법이란 뜻이다.

3 二 : 10분의 2.

| 강설 |

정치의 목적은 백성들이 잘살도록 하는 것이다. 흉년이 들면 세금을 낮추어서 백성을 구제해야 한다. 정부의 재정수입만을 생각하여 흉년에 세금을 더 걷는 것은 정치의 목적에 위배된다.

제10장

子張(자장)이 問崇德辨惑(문숭덕변혹)한대 子曰主忠信(자왈주충신)하며 徙義(사의)이 崇德(숭덕)也(야)니라 愛之(애지)란 欲其生(욕기생)하고 惡之(오지)란 欲其死(욕기사)하나니 既欲(기욕)其生(기생)이요 又欲其死(우욕기사)이 是惑也(시혹야)니라 誠不以富(성불이부)요 亦祗以(역지이)異(이)니라

| 국역 |

자장이 덕德을 높이며 미혹됨을 분별하는 것에 대해 묻자, 공자께서 말씀하셨다. "충忠과 신信을 중시하며, 의義로 옮겨가는 것이 덕을 높이는 것이다. 사랑하면 그것이 살기를 바라고, 미워하면 그것이 죽기를 바라는 법인데, 이미 그것이 살기를 바라고서, 또 그것이 죽기를 바라는 것이 미혹된 것이다. 진실로 부유하게도 하지 못하고 또한 다만 기이한 것을 취할 뿐이다."

| 강설 |

덕德은 한마음을 실천할 수 있는 능력이다. 덕을 높이는 방법에는

두 가지가 있다. 속에 있는 진실한 마음을 따르는 것과 욕심을 버리는 것이 그것이다. 속에 있는 진실한 마음을 따르는 것은 충忠과 신信을 따르면 되고, 욕심을 버리는 것은 의롭지 않은 것을 하지 않으면 된다.

사랑하는 마음은 살기를 바라는 마음이며, 미워하는 마음은 죽기를 바라는 마음이다. 인간의 본마음은 모두를 사랑하는 마음이지만, 현실적으로 모두를 동시에 사랑할 수 없으므로 우선 자기 자신을 사랑하고, 다음으로 가족을 사랑하며, 그 다음으로 이웃을 사랑하는 식으로 확산되어 결국 만물을 사랑하는 데까지 이른다.

헷갈리는 것 중의 가장 큰 헷갈림은 죽고 싶은 것이다. 제일 사랑해야 하는 것이 자신이고, 가장 잘 살아야 하는 것이 자신이다. 그런 자기가 죽고 싶어지는 것은 가장 크게 헷갈린 것이다. 자살하는 것보다 더 큰 헷갈림은 없다. 다음으로는 가족을 죽이는 것이며, 다음으로는 이웃을 죽이는 것이다.

아픔과 고통은 삶을 유도하기 위해 주어지는 하늘의 선물이다. 삶에 손상을 입을 정도로 무리를 하면 더 이상 무리하지 않도록 하기 위해 하늘은 아픔과 고통을 준다. 그러므로 아픔과 고통이 있을 때는 빨리 하늘이 나를 살리기 위해 준 선물이라는 것을 깨달아야 한다. 그것을 감당하지 못해 죽거나 죽고 싶다고 생각하는 것은 헷갈린 것이다.

그것은 비유하자면, 자녀에게 잘 되라고 매를 때렸더니 자녀가 그 아픔을 견디지 못하고 가출하거나 죽어버린 것과 같다.

주자朱子는 정자程子의 말을 인용하여 '성불이부誠不以富, 역지이이亦祇以異'는 계씨편季氏篇 제12장의 앞에 있어야 할 것인데 착오로 여기에 실려 있다고 하였는데 타당한 것 같다. 앞 문장과 문맥이 통하지 아니한다.

제11장

제경공 문정어공자 공자대왈군군신신부부자
齊景公이 問政於孔子한대 孔子對曰君君臣臣父父子
[1] [2]

자 공왈선재 신여군불군신불신부불부자불
子니이라 公曰善哉라 信如君不君臣不臣父不父子不
[3]

자 수유속 오득이식저
子면 雖有粟이나 吾得而食諸아
[4]

| 국역 |

제나라 경공이 공자에게 정치에 대해 묻자, 공자께서 대답하셨다. “임금은 임금답고 신하는 신하다우며 아버지는 아버지답고 아들은 아들답게 되는 것입니다.” 공이 말했다. “좋도다! 진실로 만일 임금이 임금답지 못하고, 신하가 신하답지 못하며, 아버지가 아버지답지 못하고, 아들이 아들답지 못하다면, 비록 곡식이 있더라도 내가 그것을 먹을 수 있겠습니까?”

| 난자풀이 |

1. 齊景公 : 기원전 547년에서 기원전 490년까지 즉위하였던 제나라의 임금. 성은 강姜, 이름은 저구杵臼이다.
2. 君君 : 앞의 군君이 주어이고 뒤의 군君이 서술어이므로, 군군君君은 ‘임금이 임금답다’는 뜻이다.
3. 信 : 진실로.
3. 諸 : 지호之乎의 뜻. 음은 ‘저’.

| 강설 |

임금이 임금답게 되고 신하가 신하답게 되며, 아버지가 아버지답게 되고 아들이 아들답게 되는 것이 공자의 정명正名이다. 정명의 내용은 모든 사람이 각자의 이름에 걸맞게 되는 것이다. 정명을 강조하는 공자의 정치사상을 정명사상이라 한다.

정치의 목적은 모두가 잘 살 수 있는, 질서 있고 조화로운 사회를 건설하는 것인데, 질서 있고 조화로운 사회는 사회의 구성원 모두가 각각의 역할을 충실히 수행할 때 건설된다.

군군君君을 '임금은 임금다워야 한다.'로 해석하면, 임금이 임금답지 못할 때는 혁명을 해야 한다는 맹자의 혁명사상으로 이어지지만, '임금은 임금이다.'로 해석하면, 아무리 나약하고 못된 임금이라도 받들어야 한다는 순자의 반혁명사상으로 이어진다.

사람들이 각각 남남으로 살아간다면 끊임없이 남을 의식해야 하고 남과 경쟁해야 하기 때문에 자기의 역할에만 충실할 수 없다. 각자가 자기의 역할에 충실하지 못하면 임금이 임금다울 수 없고, 신하가 신하다울 수 없으며, 아비지가 아비지다올 수 없고, 아들이 아들다울 수 없다. 사람들은 결코 각자의 이름에 걸맞은 사람이 될 수 없다. 사람들이 각자의 이름에 걸맞은 사람이 되려면 어떻게 해야 할까?

화엄철학華嚴哲學에 사법계설四法界說이 있다. 사법계事法界, 리법계理法界, 이사무애법계理事無礙法界, 사사무애법계事事無礙法界가 그것이다.

대밭에 있는 대를 보자. 지상에 있는 대들은 모두 별개의 대로써 살고 있는 것처럼 보인다. 그렇게 보이는 세계를 사법계事法界라 한다. 이 세상을 살아가는 사람들의 모습도 그렇다. 사람들이 남남끼리 모여서 각각 다른 삶을 살아가는 것처럼 보이는 세계가 사법계다.

지상의 대들은 그 본질이 보이지 않는 지하에 있다. 지하의 뿌리들은 하나의 뿌리로 연결되어 있다. 지하의 한 뿌리의 세계는 일체의 차별성이 없는 하나의 세계다. 그것을 이법계理法界라 한다. 사람의 모습도 그렇다. 사람의 본질은 몸에 있는 것이 아니라 마음에 있다. 모든 사람의 마음은 깊숙한 곳에서 한마음으로 연결되어 있다. 한마음으로 연결되는 세계는 일체의 차별성이 없는 하나의 세계이므로 이법계다.

지상의 대들과 지하의 뿌리가 따로따로 있는 것이 아니다. 아무 걸림이 없이 하나로 이어져 있다. 이를 이사무애법계라 한다. 사람도 마찬가지다. 몸과 마음은 따로따로 있는 것이 아니다. 아무 걸림이 없이 하나로 이어져 있으므로 이사무애법계다.

지상의 대들은 아무 걸림이 없이 지하의 한 뿌리와 연결되어 있으므로, 아무 걸림이 없이 하나다. 이를 사사무애법계라 한다. 모든 사람의 관계도 이와 같다. 남남으로 보이는 사람들이 사실은 아무 걸림이 없이 한마음으로 연결되어 있으므로, 아무 걸림이 없이 하나다. 사사무애법계인 것이다.

남이라는 개념이 없어지면, 사람들은 자기와 남을 비교하지 않는다. 오직 자기의 일에만 충실할 수 있다. 자기의 일에 최선을 다하는 모습이 자기다운 모습이다. 사람들이 모두 자기다운 모습으로 살게 될 때 세상은 천국이 된다. 사사무애법계가 되는 것이다. 정치는 그런 세상을 만드는 데 목적이 있다.

제12장

자왈편언 가이절옥자 기유야여 자로 무숙
子曰片言에 可以折獄者는 其由也與인저 子路는 無宿
　　　[1]　　　[2] [3]　　　　　　　　　　[4]
낙
諾이러라

| 국역 |

공자께서는 "한 쪽의 말만 듣고 죄의 유무를 결정하는 자는 아마도 유일 것이다."라고 하셨다. 자로는 승낙하는 것을 하루쯤 미루는 일이 없었기 때문일 것이다.

| 난자풀이 |

[1] 片 : 조각. 한 쪽.

2 折 : 단斷의 뜻. 판결하는 것.
3 獄 : 소송. 죄의 유무를 결정하는 것.
3 宿 : 잠재우는 것. 하루 후에 하는 것.

| 강설 |

다투는 자는 늘 자기가 옳고 상대가 나쁘다고 한다. 한 쪽의 말을 들으면 상대가 나쁜 것으로 생각되지만, 상대의 말을 들으면 그 반대가 되는 경우가 많다. 따라서 한 쪽 말만 듣고 판단하여 처리하면 잘못되는 경우가 많다.

자로는 성격이 급했다. 한 쪽의 말만 듣고 누가 옳고 그른지 바로 판단해 버린다. 공자는 늘 자로의 급한 성격이 걱정이었다. 기회가 있을 때마다 자로가 신중한 사람이 되도록 깨우쳤다. 제자를 사랑하는 공자의 마음을 읽을 수 있다.

'자로무숙낙子路無宿諾'은 '자로는 응답하는 것을 다음 날에 함이 없이 그 자리에서 바로 한다.'는 뜻인데 자로子路라는 자字를 쓴 것을 보면 이 문장은 공자의 말이 아님을 알 수 있다. 아마도 자로에 대한 공자의 평가를 기록한 자가 공자가 그렇게 평가한 이유를 나름대로 생각하여 덧붙여 기록한 것으로 생각된다.

제13장

자왈청송 오유인야 필야사무송호
子曰聽訟이 吾猶人也나 必也使無訟乎인저

| 국역 |

공자께서 말씀하셨다. "송사를 듣고 판결하는 것은 나도 남과 같으나, (그것보다도 나는) 반드시 소송이 없어지게 할 것이다."

| 강설 |

백성의 소송을 들어서 시비를 가려주는 것은 공자도 다른 재판관과 다를 바 없다. 그러나 공자는 다른 사람들과 다른 점이 있다. 공자는 아예 소송이 일어나지 않게 한다.

소송은 서로 이익을 차지하기 위해 다투는 데서 일어난다. 만약 사람들이 한마음을 회복하면 서로 아끼고 사랑하면서 살기 때문에 이익다툼을 벌이지 않는다. 소송이 일어나지 않게 하는 가장 좋은 방법이다.

형제가 다투다가도 인자한 부모를 만나면 부끄럽고 미안해져서 다툼을 멈춘다. 소송하던 사람이 공자를 만나도 그렇다.

공자는 사람의 마음을 환하게 들여다본다. 소송을 하는 사람 중에서 거짓말하는 사람이 있게 마련이다. 그런 거짓말은 공자 앞에서는 통하지 않는다. 거짓말을 할 수 없는 분위기에서는 소송이 계속되지 않는다.

제14장

자장문정 자왈거지무권 행지이충

子張問政한대 子曰居之無倦이요 行之以忠이니라

| 국역 |

자장이 정치에 대해서 묻자, 공자께서 말씀하셨다. "집에 혼자 있을 때 게으름이 없어야 하고, 정사를 행할 때 진실한 마음을 가져야 한다."

| 강설 |

정치는 남을 바로잡고, 세상을 바로잡는 것이다. 그러므로 먼저 자기를 바로잡지 않은 사람은 정치할 자격이 없다. 이 점을 정치

하는 사람은 놓치기 쉽다.

정치하는 사람은 집에 혼자 있을 때 쉬지 않고 자신을 바로잡는 일에 집중해야 한다. 혼자 있을 때 자기의 본마음을 잘 보존하여 그 본마음으로 정치에 종사해야 한다. 그렇게 하는 것이 충忠이다. 자장은 정치하는 데만 관심이 많았고 자기를 수양하는 데 소홀했으므로, 공자가 이처럼 대답한 것이다.

제15장

子曰博學於文이요 約之以禮면 亦可以弗畔矣夫인저
(자왈박학어문 약지이례 역가이불반의부)

| 강설 |

옹야편雍也篇 제25장에 나온 말이다.

제16장

子曰君子는 成人之美하고 不成人之惡하나니 小人은 反是니라
(자왈군자 성인지미 불성인지악 소인 반시)

| 국역 |

공자께서 말씀하셨다. "군자는 남의 아름다운 것을 이루어주고 남의 나쁜 것을 이루어주지 않지만, 소인은 이와 반대로 한다."

| 강설 |

군자는 남을 아끼고 사랑하므로 좋은 점을 드러내고 나쁜 점을 감

추어준다. 소인은 남과 경쟁하기 때문에 남의 나쁜 점을 드러내고 좋은 점을 감춘다.

제17장

> 계강자문정어공자 공자대왈정자 정야 자솔
> 季康子問政於孔子한대 孔子對曰政者는 正也니 子帥
> 이정 숙감부정
> 以正이면 孰敢不正이리오

| 국역 |

계강자가 공자에게 정치에 대해서 묻자, 공자께서 대답하셨다. "정치는 바르게 하는 것입니다. 당신이 바른 것으로 통솔한다면, 누가 감히 부정을 하겠습니까?"

| 강설 |

정치란 사회를 바르게 만드는 것이다. 올바른 사람이 윗자리에 있으면, 아랫자리에 있는 사람 중에서 올바른 사람만이 윗사람에게 인정받게 되므로 모두가 올바른 사람으로 바뀌게 되지만, 윗자리에 있는 사람이 올바르지 못하면, 그 반대가 되어 모두가 올바르지 않은 사람으로 바뀌게 된다.

제18장

> 계강자환도 문어공자 공자대왈구자지불욕
> 季康子患盜하여 問於孔子한대 孔子對曰苟[1]子之[2]不欲
> 수상지 부절
> 이면 雖賞之라도 不竊하리라

| 국역 |

계강자가 도둑을 걱정하여 공자에게 묻자, 공자께서 말씀하셨다. "진실로 그대가 원하지 않는 것이라면, 비록 상을 준다 하더라도 훔치지 않을 것입니다."

| 난자풀이 |

1 苟 : 진실로.
2 之 : 주격조사.

| 강설 |

정치하는 사람이 사욕을 채우기 위해 백성들에게 세금을 과다하게 걷으면, 백성들은 세금 내는 것의 부당함을 알기 때문에 수단과 방법을 가리지 않고 탈세를 하려고 할 것이다. 뿐만 아니라 가진 자들의 것을 훔치는 것도 당연한 것으로 생각하게 될 것이다. 이와 반대로 백성들을 잘살게 하기 위해 세금을 걷으면, 백성들은 세금 내는 것이 자신들을 위하는 것임을 알기 때문에 자진하여 납부할 것이며 도둑질하려는 마음이 생기지 않을 것이다. 남의 것을 훔치는 것보다 정당하게 사는 것이 고귀하고 행복한 것임을 알기 때문이다.

정치하는 사람이 백성들이 훔치는 것을 진실로 원하지 않는다면, 백성들이 훔치게 되는 원인을 조사하여 미연에 방지하게 될 것이다.

제19장

季康子問政於孔子曰如殺無道하여 以就有道인댄 何如하니잇고 孔子對曰子爲政에 焉用殺이리오 子欲善이면 而民善矣리니 君子之德은 風이요 小人之德은 草라 草上之風[1]이면 必偃[2]하나니라

| 국역 |

계강자가 공자에게 정치에 대해서 물었다. "만일 무도한 자를 죽여서 도가 있는 데로 나아가게 하면 어떻습니까?" 공자께서 대답하셨다. "그대가 정치를 하는 데 어찌 죽이는 것을 쓰겠습니까? 그대가 착해지려고만 하면 백성들은 착해질 것입니다. 군자의 삶은 바람이고 소인의 삶은 풀입니다. 풀 위에 바람이 불면 반드시 바람을 따라 죽 쓰러질 것이다."

| 난자풀이 |

[1] 之 : 초상草上과 풍風이 도치되었음을 나타내는 역할을 한다. '풍어초상風於草上'으로 놓고 해석하면 될 것이다.

[2] 偃 : 쓰러지다. 눕는다.

| 강설 |

정치는 인간사회를 바르게 만드는 것이다. 사회를 바르게 만드는 것은 바른 사람이 정치를 할 때만 가능하다. 바르지 않은 사람이 세상을 바르게 할 수는 결코 없다.

세상에 무도한 사람이 많은 것은 무도한 사람이 정치를 했기 때문이다. 무도한 사람이 정치를 하면서 무도한 사람을 죽이면 나쁜 정치는 끝없이 계속된다. 세상을 바르게 만드는 방법은 정치를 하

는 사람이 먼저 바르게 되는 것이다. 그 이외의 방법은 없다. 잘못을 백성들의 탓으로 돌리면 안 된다.

풀이 바람이 부는 대로 쓸리듯이, 백성들은 정치하는 사람의 마음을 바로 닮는다.

제20장

자장문사하여 사가위지달의 자왈하재
子張問士[1]何如라야 斯可謂之達矣[2]니잇고 子曰何哉오

이소위달자 자장대왈재방필문 재가필문
爾所謂達者여 子張對曰在邦必聞하며 在家必聞이니이

자왈시 문야 비달야 부달야자 질직이
다 子曰是는 聞也라 非達也니라 夫達也者는 質直而

호의 찰언이관색 여이하인 재방필달
好義하며 察言而觀色하며 慮以下人하나니 在邦必達하

재가필달 부문야자 색취인이행위 거지
며 在家必達이니라 夫聞也者는 色取仁而行違요 居之

불의 재방필문 재가필문
不疑하나니 在邦必聞하며 在家必聞이니라

국역

자장이 물었다. "선비가 어떻게 하면 통하는 사람이라고 할 수 있겠습니까?" 공자께서 말씀하셨다. "무슨 뜻인가? 네가 말하는 바의 통한다는 것은." 자장이 대답했다. "나라에 있어도 반드시 소문이 나며, 집에 있어도 반드시 소문이 나는 것입니다." 공자께서 말씀하셨다. "그것은 소문나는 것이지, 통하는 것이 아니다. 대저 통한다는 것은 마음이 정직하고 의로움을 좋아하며, 말을 살피고 얼굴빛을 자세히 보며, 잘 헤아려 남에게 낮추는 것이니, (이렇게 하면) 나라에서도 반드시 통하게 되며, 집에서도 반드시 통하게 되는 것이다. 대저 소문나는 것은 얼굴빛은 어질게 가지면

서 행실은 어기며, 혼자 있으면서도 (자기가 어질지 않다는 것을) 의심하지 않는 것이니, 나라에 있어서도 반드시 소문이 나며, 집에 있어서도 반드시 소문이 난다."

| 난자풀이 |

1 士 : 선비. 당시의 사士는 학문하는 사람의 통칭으로서 언제든지 벼슬길에 나아갈 수 있는 가능성을 가진 사람이다.

2 達 : 원래 팔방八方으로 통하는 길이란 뜻이므로, 어디서나 통하게 되는 것을 말한다. 여기서는 어디를 가더라도 통하여 환영을 받는 것을 말한다.

| 강설 |

자장의 희망은 어디를 가더라도 환영받을 수 있는 유명한 사람이 되는 것이었다.

어디를 가더라도 통하는 사람과 유명한 사람은 다르다. 어디를 가나 통하는 사람은 유명하기 때문이 아니다. 한마음을 가지고 남을 대하는 사람은 언제나 남과 하나가 된다. 그런 사람은 어디를 가더라도 통한다. 상대가 나를 알아주기 때문에 통하는 것이 아니다. 내가 상대와 한마음이 되기 때문에 통하는 것이다.

남과 하나가 되는 사람은 남의 말에 경청하여 말뜻을 잘 살피고, 남의 얼굴을 자세히 관찰한다. 그리고 언제나 남에게 자신을 낮춘다. 그렇게 하면 만나는 사람마다 통하고, 가는 곳마다 통한다.

유명인은 이와 다르다. 유명한 연예인이나 유명한 운동선수는 세상 사람들이 다 안다. 그런 사람은 만나는 사람마다 환영을 받고 가는 곳마다 환영을 받는다. 그러나 그것은 마음이 통해서 환영받는 것이 아니다. 그런 방식으로 환영받는 것은 허상이다.

자장은 허상을 좇고 있었다. 유명인처럼 누구를 만나도 존중받고 싶었고, 어디를 가더라도 환영받고 싶었다. 유명해지는 것은 겉모양만 그럴듯하면 된다. 운동선수라면 실력이 있으면 되고, 연예인이라면 잘생기면 된다. 공자 당시에는 운동선수도 없었고 연예인도 없었다. 그러므로 유명해지기 위해서는 인仁의 모습으로 겉모양을 꾸미기만 하면 된다. 속마음이 어떠하든 관계가 없다. 그런 사람은 겉모양에만 신경을 쓴다. 혼자 있을 때도 자기의 겉모양이 인仁의 모습이면 자기가 인仁하다고 생각한다. 그런 사람은 소문은 날지 몰라도 남과 마음으로 통하지는 않는다. 오늘날 정치인들 중에 그런 사람이 많다.

제21장

번지종유어무우지하 왈감문숭덕수특변혹
樊遲從遊於舞雩之下러니 曰敢問崇德脩慝[1]辨惑하노이
자왈선재 문 신사후득 비숭덕여 공기
다 子曰善哉라 問이여 先事後得이 非崇德與아 攻其
악 무공인지악 비수특여 일조지분 망기
惡이요 無攻人之惡이 非脩慝與아 一朝之忿으로 忘其
신 이급기친 비혹여
身하여 以及其親이 非惑與아

국역

번지가 (공자를) 따라서 무우 아래서 놀면서 말했다. "감히 덕을 높이는 것과 간특함을 닦아내는 것과 미혹됨을 분별하는 것에 대해 묻겠습니다." 공자께서 말씀하셨다. "좋구나! 질문이여. 일을 먼저 하고 얻는 것을 뒤로 하는 것이 덕을 높이는 것이 아니겠느냐? 자기의 악을 공격하고 남의 악을 공격하지 않는 것이 간특함을 닦아내는 것이 아니겠느냐? 하루아침의 분노로 자기 몸을 잊어버리고 (화가) 자기의 부모에게까지 미치도록 하는 것이 미혹된 것이 아니겠느냐?"

난자풀이

[1] 慝 : 간특함.

| 강설 |

인자仁者의 부류에 속하는 사람은 남과 자기를 하나로 생각하는 습성이 있다. 그런 사람이 욕심을 가지면, 남과 일을 할 때 어려운 일은 남에게 시키고, 소득은 자기가 먼저 챙기려고 한다. 반대로 인자仁者의 부류에 속하는 사람이 욕심에서 벗어나면 남을 자기처럼 아끼고 사랑하게 되므로, 일은 자기가 먼저 하고 소득은 나중에 챙기게 된다. 그러므로 일은 자기가 먼저 하고 소득을 나중에 챙기면 차츰 욕심에서 벗어나게 된다. 덕德이 길러지는 것이다.

간특한 마음은 남에게 이기려는 마음에서 생겨난다. 간특한 사람은 자기의 악은 숨기고 남의 악은 들추어낸다. 이와 반대로만 한다면 간특한 마음은 차츰 사라진다.

가장 미혹된 것은 가장 사랑해야 할 대상인 자기 자신을 해치는 것이며, 다음으로 미혹되는 것은 가족을 해치는 것이다. 순간적인 분노를 참지 못해 욱하는 기분으로 일을 저질러 자기의 생명을 잃고 가족들까지 화를 입히는 것이 가장 미혹된 것이다.

제22장

樊遲問仁(번지문인)한대 子曰愛人(자왈애인)이니라 問知(문지)한대 子曰知人(자왈지인)이니라 樊遲未達(번지미달)이어늘 子曰擧直錯諸枉(자왈거직조저왕)이면 能使枉者直(능사왕자직)이니라 樊遲退(번지퇴)하여 見子夏曰鄕也(견자하왈향야)에 吾見於夫子而問知(오견어부자이문지)하니 子曰擧直錯諸枉(자왈거직조저왕)이면 能使枉者直(능사왕자직)이라하시니 何謂也(하위야)오 子夏曰富哉(자하왈부재)라 言乎(언호)여 舜有天下(순유천하)에 選於衆(선어중)하사 擧(거)皐陶(고요)[1]하시니 不仁者遠矣(불인자원의)요 湯有天下(탕유천하)[2]에 選於衆(선어중)하사 擧(거)伊尹(이윤)[3]하시니 不仁者遠矣(불인자원의)니라

| 국역 |

번지가 인仁을 묻자, 공자께서 말씀하셨다. "사람을 사랑하는 것이다." 지知를 묻자, 공자께서 말씀하셨다. "사람을 아는 것이다." 번지가 깨닫지 못하자, 공자께서 말씀하셨다. "곧은 사람을 들어서 굽은 사람의 위에 놓으면 굽은 사람으로 하여금 곧게 할 수 있는 것이다." 번지가 물러가서 자하를 보고 말했다. "아까 내가 선생님에게 가서 뵙고 지知를 물었더니, 선생님께서 '곧은 사람을 들어서 굽은 사람 위에 놓으면 굽은 사람으로 하여금 곧게 할 수 있는 것이다.' 하셨는데 무엇을 말씀하신 것입니까?" 자하가 말했다. "넉넉하도다! 말씀이여. 순舜임금이 천하를 소유하였을 때 여러 사람들 중에서 고요皐陶를 뽑아 등용하니 불인자不仁者가 멀리 갔으며, 탕湯이 천하를 소유하였을 때 여러 사람들 중에서 이윤伊尹을 뽑아 등용하니 불인자不仁者가 멀리 갔다."

| 난자풀이 |

1 皐陶 : 순임금에게 발탁되어 사법장관司法長官이 된 사람.
2 湯 : 혁명을 일으켜 하왕조夏王朝를 멸망시키고 은왕조를 세운 임금.
3 伊尹 : 탕湯과 그 아들 태갑太甲을 보좌하여 은왕조殷王朝를 성립시킨 명재상.

| 강설 |

사랑이 중요하다. 사랑 중에서도 사람을 사랑하는 것이 가장 중요하고, 아는 것 중에서도 사람을 아는 것이 가장 중요하다.

제23장

子貢(자공)이 問友(문우)한대 子曰忠告而善道之(자왈충고이선도지)1하되 不可則止(불가즉지)하여 無自辱焉(무자욕언)이니라

| 국역 |

자공이 벗에 대해서 묻자, 공자께서 말씀하셨다. "본마음으로 말해주고 잘 인도하되 안 되면 그만두어서 자기가 욕되는 일이 없게 해야 한다."

| 난자풀이 |

1 道 : 도導와 통용. '인도한다'는 뜻.

| 강설 |

벗은 본래부터 맺어진 관계가 아니라 필요에 따라서 맺어진 관계이다. 사람에게 가장 중요한 것은 참다운 삶을 살 수 있는 인격을 완성하는 것이므로, 벗은 인격을 완성하는 데 도움이 될 때 의미가 있다. 따라서 악惡으로 나아가는 벗은 벗으로서 의미가 없다. 끝까지 충고하다가 원수질 이유가 없다.

제24장

증자왈군자 이문회우 이우보인

曾子曰君子는 以文會友하고 以友輔仁이니라

| 국역 |

증자가 말했다. "군자는 글로써 벗을 모으고, 벗으로써 인을 돕는다."

| 강설 |

필요에 따라 사귀는 벗이 다르다. 등산을 같이 다니기 위해서 사귀는 등산친구가 있고, 운동을 같이 하기 위해 사귀는 운동친구도 있다. 도박을 같이 하기 위해 사귀는 도박친구도 있고, 도둑질을

같이 하기 위해서 사귀는 도둑친구도 있다. 벗 중에서 제일 좋은 벗은 글공부하기 위해서 사귀는 벗이다. 그런 벗은 만날수록 좋다. 그런 벗과 사귈수록 진리를 얻는 데 도움이 된다.

十三. 자로편 子路篇

제1장

자로문정　자왈선지로지　청익　왈무권
子路問政한대 子曰先之勞之니라 請益한대 曰無倦이니라

| 국역 |

자로가 정치에 대해 묻자, 공자께서 말씀하셨다. "솔선해서 하고, 위로하는 것이다." 더 말씀해 주시길 청하자, 말씀하셨다. "게을리 함이 없어야 한다."

| 강설 |

다스리는 사람이 낭비를 일삼으면서 국민들에게 절약하라고 하면, 국민들은 안다. '우리들에게 절약하라고 하는 것은 자기들이 낭비하기 위한 것'이라는 사실을. 국민들이 들을 까닭이 없다. 국회의원이나 고관들은 해외에서 돈을 물 쓰듯 하면서, 백성들에게 해외여행에서 절약하라고 하면, 들을 사람이 없다. 다스리는 사람이 먼저 모범을 보여야 한다.

다스리는 사람이 먼저 모범을 보이면 국민들이 따라준다. 그런 국민들에게 위로해야 한다.

제2장

仲弓(중궁)이 爲季氏宰(위계씨재)하여 問政(문정)한대 子曰先有司(자왈선유사)[1]요 赦小過(사소과)하며 擧賢才(거현재)니라 曰焉知賢才而擧之(왈언지현재이거지)리잇고 曰擧爾所知(왈거이소지)면 爾所不知(이소부지)를 人其舍[2]諸[3](인기사저)아

| 국역 |

중궁이 계씨의 가신이 되어 정치에 대해서 묻자, 공자께서 말씀하셨다. "유사를 앞세우고 작은 허물을 용서해 주며, 어진 이와 재주 있는 사람을 등용해야 한다." "어떻게 어진 이와 재주 있는 사람을 알아서 등용합니까?" "네가 아는 사람 중에서 등용하면, 네가 모르는 사람은 남들이 놓아두겠느냐?"

| 난자풀이 |

[1] 有司 : 실무를 담당하는 실무자.
[2] 舍 : 사捨와 통용. 놓아둔다.
[3] 諸 : 지호之乎와 같은 뜻. 음은 '저'.

| 강설 |

다스리는 사람은 늘 실무자를 앞세워야 한다. 다스리는 사람이 똑똑하기만 하고 포용력이 없으면 실무자를 앞세우지 못한다. 똑똑한 사람은 실무자를 꾸짖기는 잘해도 칭찬하는 데는 인색하다. 그런 사람 밑에서 일하는 실무자는 의욕을 상실한다. 실무자가 나태해지면 성공할 수 없다. 실무자를 앞세워 실무자로 하여금 일 할 분위기를 만들어주는 것이 다스리는 사람의 성공 비결이다.

작은 허물은 누구에게나 있다. 그런 것을 일일이 꾸짖으면 실무자들은 허물을 보이지 않는 데만 신경을 쓰고, 일 자체의 원만한 해결에는 관심이 없어진다. 일이 될 리가 없다. 작은 허물은 과감히 용서해야 한다. 덮어줄 줄 모르는 사람은 좋은 리더가 될 수 없다.

정치의 두 원칙은 도덕의 확립과 경제의 건설이다. 어진 이를 등용하여 도덕의 확립에 힘쓰고, 재주 있는 이를 등용하여 경제건설에 힘써야 한다. 어진 이와 재주 있는 사람을 등용하면 사람들이 어진 이와 재주 있는 사람들을 여기저기서 찾아내어 추천할 것이다.

제3장

子路曰衛君이 待子而爲政인댄 子將奚先이시리잇고[1] 子曰必也正名乎인저 子路曰有是哉아 子之迂也여 奚其正이시리잇고 子曰野哉라 由也여 君子於其所不知에 蓋闕如也니라[2] 名不正則言不順하고 言不順則事不成하고 事不成則禮樂不興하고 禮樂不興則刑罰不中하고 刑罰不中則民無所措手足이니라 故로 君子名之면 必可言也며 言之면 必可行也니 君子於其言에 無所苟而已矣니라

국역

자로가 말했다. "위나라의 임금이 선생님을 모시고 정치를 한다면, 선생님께서는 앞으로 무엇을 먼저 하실 것입니까?" 공자께서 말씀

하셨다. "반드시 이름에 걸맞도록 하겠다." 자로가 말했다. "(어찌) 그것입니까? 선생님께서는 우둔하십니다. 걸맞도록 한다는 게 무어란 말입니까?" 공자께서 말씀하셨다. "거칠구나! 유는. 군자는 자기가 모르는 것에는 관여하지 않는다. 이름에 걸맞게 하지 못하면 말이 순조롭지 못하고, 말이 순조롭지 못하면 일이 이루어지지 않으며, 일이 이루어지지 않으면 예악이 무너지고, 예악이 무너지면 형벌이 정확하게 시행되지 않으며, 형벌이 정확하게 시행되지 않으면 백성들이 손발을 둘 곳이 없어진다. 그러므로 군자가 이름을 붙이면, 반드시 이름에 걸맞게 말할 수 있으며, 말을 하면 반드시 행할 수 있는 것이다. 군자는 말을 함에 구차한 것이 없어야 한다."

| 난자풀이 |

1 將 : 장차. 앞으로.
2 闕如 : 말하지 않고 가만히 있는 모양. 가만 두다. 빼놓다. 손대지 않는다.

| 강설 |

자로가 궁금한 것은 당시의 사회적·정치적 혼란상을 당장 수습할 수 있는 묘책이었다. 묘책으로 현안 문제를 바로 해결하는 것을 가장 좋은 정치라고 생각했기 때문에 공자에게 물었다. 헝클어진 실타래를 바로 풀어낼 수 있는 방법이 없는 것처럼, 그러한 묘책은 원래 없다. 차분히 실마리를 찾아서 차근차근 해결하는 것밖에는 다른 방도가 없다.

혼란한 사회를 바로잡는 근본적인 방법은 그 사회에 사는 사람들로 하여금 각자의 이름에 걸맞게 처신하도록 하는 것이다. 임금으로 하여금 임금에 걸맞게 다스리도록 하고, 신하로 하여금 신하에 걸맞게 일하도록 하며, 선생으로 하여금 선생에 걸맞게 가르치도록 하고, 학생으로 하여금 학생에 걸맞게 공부하도록 하는 것이다. 그렇게 되어야 사회 전체가 확실하게 안정된다. 자동차가 원활하게 달리기 위해서는 각 부품이 각 부품의 이름에 걸맞은 기능을 해야 하는 것과도 같다. 공자의 정명사상이 바로 이런 것이다.

이름에 걸맞게 처신하지 못하면, 다시 말하면 임금이란 이름에 걸맞지 않은 사람이 임금이 되어 있고, 신하라는 이름에 걸맞지 않은 사람이 신하가 되어 있으며, 선생이란 이름에 걸맞지 않은 사람이 선생이 되어 있으면, 모두들 자기의 역할에 맞는 말을 할 수 없다. 지시를 제대로 하지 못하면 일이 이루어지지 않는다. 일이 이루어지지 않으면 정상적인 질서가 유지되지 않는다. 질서가 무너지면 형벌이 정확하게 시행되지 않는다. 벌 받아야 할 사람이 상을 받기도 하고 상을 받아야 할 사람이 벌을 받기도 한다. 그렇게 되면 사람들이 손발을 둘 곳이 없어진다.

모든 사람으로 하여금 그에게 걸맞은 자리를 찾아주는 것이 그만큼 중요하다. 그러므로 군자가 정해준 자리에 있는 사람은 모두 그 자리에 걸맞게 말할 수 있고, 말을 하면 그 말한 내용을 반드시 행할 수 있다. 군자는 상황에 알맞은 말을 정확하게 말하는 법이다. 말 되지 않는 말을 구차하게 하면 안 된다.

제 4 장

번지청학가 자왈오불여로농 청학위포
樊遲請學稼한대[1] 子曰吾不如老農호라 請學爲圃한대[2]

왈오불여로포 번지출 자왈소인재 번수야
曰吾不如老圃호라 樊遲出커늘 子曰小人哉라 樊須也

상호례즉민막감불경 상호의즉민막감불복
여 上好禮則民莫敢不敬하고 上好義則民莫敢不服하

상호신즉민막감불용정 부여시즉사방지민
고 上好信則民莫敢不用情이니[3] 夫如是則四方之民이

강부기자이지의 언용가
襁負其子而至矣리니[4] 焉用稼리오

| 국역 |

번지가 농사짓는 법 배우기를 청하자, 공자께서 말씀하셨다. "나는 늙은 농부보다 못하다." 채소 가꾸는 법 배우기를 청하자 "나는 늙은 원예사보다 못하다."고 하셨다. 번지가 나가자, 공자께서 말씀하셨다. "소인이구나, 번수여! 윗사람이 예를 좋아하면 백성들은 감히 공경하지 아니함이 없고, 윗사람이 의로움을 좋아하면 백성들은 감히 복종하지 아니함이 없으며, 윗사람이 미더움을 좋아하면 백성들은 감히 사실대로 하지 않음이 없다. 이와 같이 된다면 사방의 백성들이 자기 자녀를 강보에 싸서 엎고 올 것이다. 농사짓는 방법을 어디에 쓰겠는가?"

| 난자풀이 |

1 稼 : 곡식을 심는 것. 농사짓는 것.
2 圃 : 채소 밭.
3 情 : 사실. 실정.
4 襁 : 어린아이를 업을 때 두르는 포대기 또는 띠.

| 강설 |

당시에 농가학파의 학설이 유포되고 있었던 것으로 보인다. 농가학파는 농경을 권장하여 의식을 풍족하게 하는 것을 중시한다. 나중에는 임금이라 하더라도 백성과 함께 직접 농사를 지어야 한다고 주장하기에 이르렀다.

번지가 공자에게 농사짓는 법에 대해서 물은 것도 농가학파의 학설을 접했기 때문으로 짐작된다. 이에 대한 공자의 대답은 다르다. 먼저 도덕정치를 하여 살기 좋은 나라를 만들어놓으면 사방의 나라에서 백성들이 몰려와 농사에 참여하게 될 것이고, 나라는 저절로 부강하게 될 것이다. 그러므로 직접 농사짓는 것보다 도덕정치를 하는 것이 급선무인 것이다. 공자가 '늙은 농부보다 못하다.'라고 답한 것은 늙은 농부에게 가서 배우라는 뜻으로 한 것이 아니다.

농사가 중요하지 않은 것은 아니다. 그러나 모든 사람이 다 농사를 지으면 안 된다. 정치하는 사람은 정치를 해야 하고, 도덕군자는 도덕을 펼쳐야 한다. 공자의 제자는 도덕을 펼치는 일에 치중해야 한다. 농사일에 신경을 쓰는 것은 잘못이다.

농사를 잘 지어 먹을 것이 많다고 해서 사람들이 다 행복해 지는 것은 아니다. 먹을 것이 많은 것은 육체적 삶을 해결하는 것일 뿐이다. 육체적 삶이 해결되면 다음으로 정신적 행복을 추구해야 한다.

제5장

자왈송시삼백 수지이정 부달 시어사방
子曰誦詩三百하되 授之以政에 不達하며 使於四方에 [1]
불능전대 수다 역해이위
不能專對면 雖多나 亦奚以爲리오 [2] [3]

| 국역 |

공자께서 말씀하셨다. "『시경』에 있는 시 300편을 외우더라도 정치를 맡겨주었을 때 통하지 못하고, 사방의 나라에 사신으로 가서 혼자서 대처하지 못한다면, 비록 많이 외운다 하더라도 또한 무엇을 하겠는가?"

| 난자풀이 |

[1] 使 : 사신으로 가는 것. 음은 '시'.
[2] 奚 : '이위해以爲奚'로 되어야 할 것인데, 해奚가 의문대명사이므로 앞으로 나왔다.
[3] 以 : 이以의 목적어는 '다多'이다.

| 강설 |

옛날에는 정치적 해결이나 외교적 교섭은 주연을 베푼 자리에서 시를 주고받으면서 해결했다. 그러므로 시를 많이 외우면 정치능력과 외교능력이 생긴다. 시를 많이 외우고서도 그러한 능력이 없다면 맹목적으로 암송만 한 것이지 그 내용을 소화한 것이 아니다.

제6장

子曰其身正(자왈기신정)이면 不令而行(불령이행)하고 其身不正(기신부정)이면 雖令不(수령부)從(종)이니라

| 국역 |

공자께서 말씀하셨다. "자기 몸의 처신이 바르면 명령하지 않아도 행해지고, 자기 몸의 처신이 바르지 않으면 비록 명령한다 하더라도 따르지 아니한다."

| 강설 |

올바른 처신은 남과 조화를 이룬다. 내 몸이 바르면 주위의 사람들과 조화를 이룬다. 조화를 싫어하고 갈등을 원하는 사람은 없다. 내가 조화로운 모습을 보여주면, 남들은 말하지 않아도 나를 따른다. 내 몸의 처신이 바르지 않아서 남과 갈등을 일으키면, 남들에게 명령을 해도 남들은 따르지 않는다.

제7장

자왈노위지정 형제야
子曰魯衛之政이 兄弟也로다

| 국역 |

공자께서 말씀하셨다. "노나라와 위나라의 정치는 형제간이다."

| 강설 |

노나라의 시조는 주공周公이고 위나라의 시조는 강숙康叔이다. 원래 형제였으므로 후대의 정치 형태도 닮은 점이 많았을 것이다.

제8장

자위위공자형 선거실 시유 왈구합의
子謂衛公子荊[1]하시되 善居室[2]이로다 始有에 曰苟合矣라

소유 왈구완의 부유 왈구미의
하고 少有에 曰苟完矣라하고 富有에 曰苟美矣라하니라

| 국역 |

공자께서 위나라의 공자公子 형荊을 평하셨다. "(위나라의 공자 형은) 집안 살림살이를 잘했다. 처음 가지게 되었을 때는 '대충 모여졌다.'고 했고, 다소 갖추어졌을 때는 '대충 완비되었다.'고 했으며, 넉넉하게 가지게 되었을 때에는 '대충 아름답게 되었다.'고 했다."

| 난자풀이 |

1 衛公子荊 : 계찰季札이 평한 위衛나라의 여섯 군자 중의 한 사람.
2 居室 : 집안 살림살이 하는 것.

| 강설 |

위나라의 공자인 형은 재산을 모으는 것을 목적으로 삼지 않았다. 재산이 불어났을 때도 기뻐하지 않고 '대충 갖추어졌다.'는 식으로 말했다. 집안 살림살이는 그렇게 하는 것이다. 재산에 집착하지 않아야 한다.

제9장

子適衛(자적위)하실새 冉有僕(염유복)이러니 子曰庶[1]矣哉(자왈서의재)라 冉有曰旣庶矣(염유왈기서의)어든 又何[2]加焉[3](우하가언)이리잇고 曰富之(왈부지)니라 曰旣富矣(왈기부의)어든 又何加焉(우하가언)이리잇고 曰敎之(왈교지)니라

| 국역 |

공자께서 위나라로 가실 때에 염유가 수레를 몰았다. 공자께서 말씀하셨다. "많구나!" 염유가 말했다. "이미 많아졌으면 또 거기에 무엇을 더해야 합니까?" "부유하게 해주어야 한다." "이미 부유하게 되었으면 또 거기에 무엇을 더해야 합니까?." "가르쳐야 한다."

| 난자풀이 |

[1] 庶 : 중衆의 뜻. 백성의 수가 많다는 뜻.
[2] 何 : '가하언加何焉'이어야 할 것인데 하何가 의문대명사이므로 강조되어 앞으로 나온 것이다.
[3] 焉 : 장소를 의미하는 경우가 많으므로 여기서는 '거기에'로 해석해 주는 것이 좋다.

| 강설 |

정치의 두 요소는 도덕의 확립과 경제의 발전이다. 도덕은 정신적

삶을 풍요롭게 하는 것이고 경제는 육체적 삶을 풍요롭게 하는 것이다. 이 둘 중에서 도덕의 확립이 근본이고 경제의 건설이 말단이다. 그러나 정책을 실시할 때는 경제건설을 먼저 해야 한다. 가난하여 굶어죽을 지경이 되면 도덕적 삶을 추구할 여유가 없다. 그렇다고 해서 경제건설에만 매달리다가 도덕의 확립에 시기를 놓치면 안 된다.

제10장

子曰苟有用我者(자왈구유용아자)면 朞月而已(기월이이)[1]라도 可也(가야)니 三年(삼년)이면 有成(유성)이니라

| 국역 |

공자께서 말씀하셨다. "진실로 나를 써주는 자가 있다면 일 년만이라도 괜찮을 것이니, 삼 년이면 완성됨이 있을 것이다."

| 난자풀이 |

[1] 朞 : 돌. 한 바퀴 도는 것, 달이 한 바퀴 돌면 일 년이 된다.

| 강설 |

진심으로 공자의 의견을 받들고 공자의 뜻을 따라주는 사람이 있기만 하면, 일 년만 정치를 하더라도 괜찮을 것이다. 일 년이면 정치의 기본원리와 제도를 확립할 수 있다. 정치의 기본원리와 제도를 확립해 놓기만 하면 다음 사람들이 이어갈 수 있을 것이기 때문이다.

사람의 몸을 구성하는 세포의 수명은 대개 3년이라고 한다. 그러므로 3년이란 사람의 체질을 바꾸어놓을 수 있는 기간이다. 3년 동

안 정치를 하면 사람들을 착한 사람으로 만들 수 있을 것이다.

제11장

子曰善人이 爲邦百年이면 亦可以勝殘去殺矣라하니 誠哉라 是言也여
(자왈선인 위방백년 역가이승잔거살의 성재 시언야)

| 국역 |

공자께서 말씀하셨다. "선인善人이 나라 다스리기를 100년 동안 하면 잔인한 사람을 이기고 사형하는 일을 없앨 수 있다고 하니, 참 되도다. 이 말이여!"

| 난자풀이 |

1 爲 : 치治의 뜻. 다스리는 것.
2 殘 : 잔인한 사람.

| 강설 |

100년이 지나면 현재 살아 있는 사람은 다 죽고 없다. 잔인무도한 악인도 남아 있지 않다. 그러므로 좋은 환경을 만들어 좋은 정치를 100년만 하면 모든 사람이 다 선인善人이 될 수 있다.

제12장

子曰如有王者라도 必世而後仁이니라
(자왈여유왕자 필세이후인)

| 국역 |

공자께서 말씀하셨다. "만일 세상을 구제하는 자가 있다 하더라도, 반드시 한 세대가 지난 뒤에야 백성들이 어질어질 것이다."

| 난자풀이 |

1 王者 : 덕德을 가지고 세상을 바로잡는 사람. 구세주. 이에 비해 힘으로 정치를 하는 사람을 패자霸者라 한다.

| 강설 |

한 세대는 대개 30년이다. 30년이 지나면 현재 활약하는 기성세대가 다 물러나고 새로 교육받은 사람들로 채워진다. 30년은 교육의 효과가 완전히 나타나는 시기이다.

— 제 13 장 —

자왈구정기신의 어종정호 하유 불능정기신

子曰苟正其身矣면 於從政乎에 何有며 不能正其身이면

여정인하

如正人何리오

1

| 국역 |

공자께서 말씀하셨다. "진실로 그 몸을 바르게 하면 정치하는 데 무슨 어려움이 있겠으며, 그 몸을 바르게 하지 못하면 어떻게 남을 바르게 하겠는가?"

| 난자풀이 |

1 如 : 뒤의 하何와 구문을 이룬다. 그 가운데의 정인正人을 목적으로 삼는다. 문법대로만 번역하면, "남을 바르게 하는 것을 어떻게 하겠는가?"이다.

| 강설 |

정치는 바르게 하는 것이다. 바르지 않은 사람은 정치를 할 수 없다.

제14장

冉子退朝어늘 子曰何晏也오 對曰有政이러이다 子曰其事也로다 如有政인댄 雖不吾以[1]나 吾其與聞之니라

(염자퇴조 자왈하안야 대왈유정 자왈 기사야 여유정 수불오이 오기여문지)

| 국역 |

염자가 조정에서 물러나왔을 때 공자께서 말씀하셨다. "어찌 늦었는가?" 염자가 대답했다. "정사가 있었습니다." 공자께서 말씀하셨다. "일을 한 것이었겠지. 만약 정사가 있었다면, 비록 나를 써주지 않았으나 내가 참여하여 들었을 것이다."

| 난자풀이 |

[1] 以 : 용用과 통용. 오吾와 도치되었으므로 '부이오不以吾'로 놓고 해석하여야 한다.

| 강설 |

공자는 정치와 사무를 구별한다. 정치는 바르게 하는 것이다. 바르지 않은 사람을 바르게 인도하고, 바르지 않은 세상을 바르게 인도하는 것이 정치다. 그러므로 바르지 않은 사람은 정치를 할 수 없다. 당시에 정치를 할 수 있는 사람은 공자 한 사람뿐이었다. 공자가 없는 곳에는 정치가 없다. 다른 사람들이 하는 정치는 정치가 아니라 일이었다.

제15장

정공 문일언이가이흥방 유저 공자대왈
定公[1]이 問一言而可以興邦이라하니 有諸[2]잇가 孔子對曰
언불가이약시기기야 인지언왈위군난 위
言不可以若是其幾[3]也어니와 人之言曰爲君難하며 爲
신불이 여지위군지난야 불기호일언이흥
臣不易라하나니 如知爲君之難也인댄 不幾乎一言而興
방호 왈일언이상방 유저 공자대왈언
邦乎잇가 曰一言而喪邦이라하니 有諸잇가 孔子對曰言
불가이약시기기야 인지언왈여무락호위군
不可以若是其幾也어니와 人之言曰予無樂乎爲君이니
유기언이막여위야 여기선이막지위야 불
唯[4]其言而莫予[5]違也라하나니 如其善而莫之違也인댄 不
역선호 여불선이막지위야 불기호일언이상
亦善乎잇가 如不善而莫之違也인댄 不幾乎一言而喪
방호
邦乎잇가

| 국역 |

정공이 물었다. "한 마디의 말을 가지고 나라를 일으킬 수 있다 하니, 그러한 것이 있습니까?" 공자께서 대답하셨다. "말은 이와 같이 근사할 수는 없습니다만, 사람들의 말에 '임금 노릇 하기가 어려우며 신하 노릇 하기가 쉽지 않다.' 하였습니다. 만약 임금 노릇 하는 것의 어려움을 안다면, 한 마디 말로 나라를 일으키는 데 가깝지 않겠습니까?" "한 마디 말 때문에 나라를 잃을 수 있다 하니, 그러한 것이 있습니까?" 공자께서 대답하셨다. "말이 이와 같이 근사할 수는 없거니와, 사람들의 말에 '나는 임금 노릇 하는 것을 즐거워하지 않으니, 나의 말에, 예! 예! 라고만 대답하여, 나를 어기지 말라.'고 하였으니, 만약 그가 선善한데 어기지 않는다면 또한 좋지 않겠습니까? 만약 불선不善한데 그를 어기지 않는다면, 한

마디의 말로 나라를 잃는 데 가깝지 않겠습니까?"

| 난자풀이 |

1 定公 : 노魯나라의 임금. 기원전 509년부터 기원전 495년까지 즉위하였다.
2 諸 : 지호之乎의 뜻.
3 幾 : '가깝다'는 뜻. 근사近似함.
4 唯 : '예'라고 말하는 것.
5 予 : 위違와 도치가 되었다. '막위여야莫違予也'로 놓고 해석하면 된다.

| 강설 |

정치는 아무나 하는 것이 아니다. 수양을 하여 욕심이 없어진 사람만이 할 수 있다. 임금도 그렇고 신하도 그렇다. 수양을 하여 자기를 완성하는 것은 어렵다. 그 어려움을 아는 자만이 비로소 나라를 일으킬 수 있다. 아무나 임금 노릇 할 수 있고 아무나 신하 노릇 할 수 있다고 생각하는 것은 착각이다.

임금이 독재를 하면 나라는 망한다. 독재자들이 부하들에게 쓰는 상투적인 수법은, '나는 지금 임금 노릇을 하고 싶어서 하는 것도 아니고 즐겁지도 않다. 나를 거역하는 사람은 내가 그만두는 한이 있더라도 용서하지 않겠다.'고 하면서 협박하는 것이다. 그렇게 되면 신하들은 '지당하옵니다.'라는 말만을 되풀이할 뿐 바른 길로 나아가지 않는다. 나라가 망할 수밖에 없다.

제16장

葉公(섭공)이 問政(문정)한대 子曰近者說(자왈근자열)하며 遠者來(원자래)니라

| 국역 |

섭공이 정치에 대해서 묻자, 공자께서 말씀하셨다. "가까이 있는

자들은 기뻐하게 하며, 먼 곳에 있는 자들은 오도록 하는 것이다."

| 강설 |

정치하는 사람이 어진 정치를 하면, 가까이에 있는 사람들은 부모와 함께 있을 때처럼 기뻐한다. 가까이 있는 사람들이 기뻐하면, 먼 곳에 있는 사람들은 자연히 모여든다.

제 17 장

子夏爲莒父宰하여 問政한대 子曰無欲速하며 無見小利니 欲速則不達하고 見小利則大事不成이니라

자하위거보재 문정 자왈무욕속 무견소리 욕속즉부달 견소리즉대사불성

| 국역 |

자하가 거보의 재상이 되어 정치에 대해서 묻자, 공자께서 말씀하셨다. "속히 하려고 하지 말고, 작은 이익을 보려고 하지 말아야 한다. 속히 하려고 하면 도달하지 못하고, 작은 이익을 보려 하면 큰일을 이루지 못한다."

| 난자풀이 |

1 莒父 : 노魯나라의 동남부에 있는 읍. 음은 '거보'.

| 강설 |

일이 이루어지는 것은 시간이 걸린다. 마치 물이 흐르는 것이 웅덩이가 있으면 그 웅덩이를 채운 뒤에 그 다음 단계로 나아가는 것과 같다.

작은 이익에 연연하는 사람은 자기 것 챙기기에 바쁘다. 그런 사람은 남들이 도와주지 않는다. 남의 도움 없이 큰일을 이루는

사람은 없다. 그러므로 작은 이익에 연연하는 사람은 큰일을 그르친다.

제 18 장

섭공어공자왈오당 유직궁자 기부양양
葉公語孔子曰吾黨에 有直躬[1]者하니 其父攘[2]羊이어늘

이자증지 공자왈오당지직자 이어시
而子證之하니이다 孔子曰吾黨之直者는 異於是하니

부위자은 자위부은 직재기중의
父爲子隱하며 子爲父隱하나니 直在其中矣니라

| 국역 |

섭공이 공자에게 말했다. "우리나라에 정직을 몸으로 실천하는 자가 있습니다. 그의 아버지가 양을 가로챘는데, 아들이 입증을 했습니다." 공자께서 말씀하셨다. "우리나라의 정직한 자는 이와 다릅니다. 아버지는 자식을 위해 숨겨주고 자식은 아버지를 위해 숨겨주는 것이니, 정직함은 그 가운데에 있는 것입니다."

| 난자풀이 |

[1] 躬 : 몸.
[2] 攘 : 횡령하는 것. 가로채는 것.

| 강설 |

정직함이란 사실을 사실대로 말하는 데 있는 것이 아니다. 본마음을 왜곡됨이 없이 곧게 표현하는 데 있다.

아버지가 양을 횡령했을 때의 아들의 본마음은 아버지를 숨기려는 쪽으로 작용할 것이므로, 숨겨주는 것이 정직한 것이다.

독립운동을 하는 사람이 경찰에 체포되었을 때, 동료의 행방을 알면서도 모른다고 대답하는 것은 거짓말을 하는 것이 아니라 진

실을 말하는 것이다. 그것이 정직한 것이다. 부모를 위하는 마음이 조국을 위하는 마음과 하나로 통한다.

사실을 사실대로 말하지 않으면 법질서가 무너져 사회가 혼란하게 된다고 생각할지 모르지만 본마음은 남과 조화를 이루는 마음이므로 결코 사회를 혼란시키는 방향으로 나타나지 않는다.

제19장

樊遲問仁(번지문인)한대 子曰居處恭(자왈거처공)하며 執事敬(집사경)하며 與人忠(여인충)이니 雖之夷狄(수지이적)이라도 不可棄也(불가기야)니라

| 국역 |

번지가 인仁을 묻자, 공자께서 말씀하셨다. "집에 거처할 때 공손하며, 일을 집행할 때 경건하게 하며, 남과 어울릴 때 진심으로 대하는 것이니, (그렇게만 하면) 비록 오랑캐 땅에 가더라도 버려지지 않을 것이다."

| 강설 |

혼자 있을 때 하늘의 뜻이 가장 많이 드러난다. 그러므로 하늘의 뜻을 따르는 사람은 혼자 있을 때 더욱 공손하다.

욕심이 없는 사람은 이기적인 계산을 하지 않기 때문에 일을 할 때 자기에게 유리하도록 하지 않고, 경건한 마음으로 공평하게 처리한다. 욕심이 없는 사람은 남을 나처럼 생각하기 때문에 남을 대할 때 늘 진실하다.

위의 세 가지를 실천하는 사람은 남과 어울리는 데 문제가 없다. 언제나 남과 조화를 이루기 때문에 어디를 가더라도 환영을 받는다.

제20장

子貢問曰何如라야 斯可謂之士矣니잇고 子曰行己有恥하며 使於四方하여 不辱君命이면 可謂士矣니라 曰敢問其次하노이다 曰宗族稱孝焉하며 鄕黨稱弟焉이니라 曰敢問其次하노이다 曰言必信하며 行必果이 硜硜然小人哉나 抑亦可以爲次矣니라 曰今之從政者는 何如하니잇고 子曰噫라 斗筲之人이니 何足算也리오

| 국역 |

자공이 물었다. "어떠해야 선비라고 말할 수 있습니까?" 공자께서 말씀하셨다. "자기의 몸가짐에 부끄러워함이 있으며, 사방에 사신으로 가서 임금의 명命을 욕되게 하지 않으면 선비라 할 수 있다." "감히 그 다음 수준을 묻겠습니다." "종족들이 효자라고 칭찬하며 온 고을에서 공손하다고 칭찬하는 사람이다." "감히 그 다음 수준을 묻겠습니다." "말한 것은 꼭 지키고, 행한 것은 반드시 확실한 결과가 있게 하는 자는 빡빡하여 소인스럽지만, 그러나 그 다음 수준은 될 수 있다." "지금 정사에 종사하는 자들은 어떠합니까?" 공자께서 말씀하셨다. "아아! 한 말이나 한 됫박 정도의 사람들이니 어찌 헤아릴 가치가 있겠는가!"

| 난자풀이 |

1 使 : 사신 가는 것. 음은 '시'.
2 果 : 결과. 행동한 것은 결과가 꼭 있도록 하는 것.
3 硜硜然 : 융통성 없이 빡빡한 모양.

4 筲 : 대로 만든 작은 그릇. 한 됫박 정도 됨.

| 강설 |

선비는 학문을 하는 사람으로서 벼슬을 할 수 있는 가능성을 가진 사람이다.

선비는 자기를 닦고 남을 편안하게 하는 사람이다. 그런 사람은 자기의 수양이 부족할 때 부끄러워한다. 수양이 된 사람은 정치를 제대로 할 수 있다. 이웃에 사신으로 가더라도 임금을 욕되게 하지 않을 수 있다. 부처님에게는 돼지도 부처님이다. 그러므로 돼지를 부처님으로 표현할 수 있다. 수양이 된 사람은 사신으로 가더라도 임금을 훌륭한 사람으로 표현할 수 있다. 수양이 되지 않은 사람은 돼지 수준이다. 훌륭한 임금의 심부름을 가서 임금을 돼지 수준으로 표현한다.

선비가 학문에 종사하여 최고의 수준에 도달하지 못했다 하더라도, 부모에게 효도하고 형에게 공경할 수만 있어도 훌륭하다. 부모에게 효도하고 형에게 공경하는 사람은 차츰 진리에 도달하게 된다.

선비가 효도하고 공경하는 수준에 이르지 못했다 하더라도, 말한 것을 꼭 지키고 행동한 것을 확실하게 책임지는 사람은, 답답하기는 하지만, 욕심에 휩쓸리지 않을 수 있다. 선비의 범주에 넣을 수 있다.

공자 당시에 정치하고 있는 사람들은 욕심이 가득한 사람들이었다. 그들은 정치할 자격이 없는 사람들이었다. 그들은 일고의 가치도 없는 사람들이었다. 그런데도 사람들은 그런 사람들에게 많은 관심을 가지고 있었다. 권력이라는 허상을 좇고 있었기 때문이다.

제21장

자왈불득중행이여지　필야광견호　광자　진
子曰不得中行而與之인댄 必也狂狷乎인저 ① 狂者는 進
취　견자　유소불위야
取요 狷者는 有所不爲也니라

| 국역 |

공자께서 말씀하셨다. “중행군자를 얻어서 함께할 수 없다면 반드시 광자나 견자와 함께할 것이다. 광자는 진취적이고 견자는 하지 않는 바가 있다.”

| 난자풀이 |

① 狷 : 고집스러운 사람.

| 강설 |

학문을 완성하여 하늘마음으로 사는 사람은 고정관념이 없다. 하늘의 지시에 따라 그때그때의 상황에 따라 알맞게 행동한다. 그런 사람이 시중을 행하는 중행군자다. 세상에서 가장 매력 있는 사람은 하늘 같은 사람이다. 그런 사람과 함께 있다면 그것만으로도 행복하다.

그러나 그런 사람을 만날 수 없다면 그렇게 될 사람이라도 만나는 것이 좋다. 그렇게 될 사람은 미친 듯이 학문에 몰두하는 사람과 학문 외의 다른 것은 결코 하지 않는 사람이다. 전자는 미친 듯이 몰두한다는 의미에서 광狂이라 하고, 후자는 다른 것을 하지 않는 고집스런 사람이란 의미에서 견狷이라 한다. 공자는 광과 견을 좋아했다.

제22장

자왈남인 유언왈인이무항 불가이작무의
子曰南人이 有言曰人而無恒이면 不可以作巫醫라하니

선부 불항기덕 혹승지수 자왈불점이이의
善夫라 不恒其德이면 或承之羞[1]니라 子曰不占而已矣니라

| 국역 |

공자께서 말씀하셨다. "남쪽 나라 사람들의 말에 '사람이 되어 변함없는 마음이 없으면 무당이나 의사가 될 수 없다.'는 말이 있으니, 좋은 말이다. 덕德을 변함없이 가지고 있지 않으면, 수치스러움을 받들 일이 있기 때문이다." 공자께서 말씀하셨다. "점을 치지 않았을 뿐이다."

| 난자풀이 |

[1] 羞 : 수치스러움. 수羞 앞에 이以가 생략된 것으로 볼 수 있다.

| 강설 |

평소에는 양심을 지키는 사람도 큰 이익을 얻을 수 있는 상황에서는 양심을 어기기 쉽다. 큰 이익을 얻을 수 있어도 흔들리지 않고 양심을 지킬 수 있는 사람이라야 무당이나 의사가 될 수 있다. 큰 이익 앞에 마음이 흔들리는 사람이 무당이나 의사가 되면, 큰 이익을 얻기 위해 사람의 생명을 버릴 수도 있다.

큰 이익 앞에 마음이 흔들리는 사람은 지도층 인사가 될 수 없고 되어서도 안 된다. 이는 모든 이에게 공통적으로 해당된다. 굳이 점을 쳐보지 않아도 틀림없다.

제23장

자왈군자 화이부동 소인 동이불화
子曰君子는 和而不同하고 小人은 同而不和니라

| 국역 |

공자께서 말씀하셨다. "군자는 조화를 이루되 똑같아지지는 않고, 소인은 똑같아지기를 좋아하되 조화를 이루지는 못한다."

| 강설 |

군자는 본질적으로 남과 하나가 되는 사람이므로 남과 갈등하지 않고 언제나 조화를 이루지만, 자기에게 주어진 역할에 충실하기 때문에 남과 똑같이 행동하지는 않는다.

소인은 얄팍해서 부평초처럼 흔들린다. 큰 것에 가서 달라붙지 않으면 불안해서 견디지 못한다. 남들과 똑같은 모습이 되어 남들과 똑같은 행동을 해야 안심이 된다. 그러면서도 늘 이익다툼을 하여 남과 조화를 이루지 못한다. 외형은 남과 같이 꾸미지만, 마음은 남과 같지 않다. 늘 불안하고 늘 갈등한다.

제24장

자공문왈향인개호지 하여 자왈미가야 향
子貢問曰鄕人皆好之면 何如잇고 子曰未可也니라 鄕
인개오지 하여 자왈미가야 불여향인지선
人皆惡之면 何如잇고 子曰未可也니라 不如鄕人之善
1
자호지 기불선자오지
者好之요 其不善者惡之니라

| 국역 |

사공이 물었다. "고을 사람들 모두에게 사랑을 받으면 어떻습니까?" 공자께서 말씀하셨다. "좋지 않다." "고을 사람들 모두에게 미움을 받으면 어떻습니까?" 공자께서 말씀하셨다. "좋지 않다. 고을 사람들 중에 착한 자에게 사랑을 받고, 착하지 않은 자에게 미움을 받는 것만 못하다."

| 난자풀이 |

1 惡 : 미워하다. 이때는 음이 '오'이다.

| 강설 |

모든 사람들에게 다 사랑받는 사람은 순수한 사람이 아니다. 그런 사람은 시비를 가리지 않는다. 오직 남의 비위를 맞추는 데 뛰어난 사람이다. 모든 사람들에게 다 미움을 받는 사람도 잘못이다. 그런 사람은 어떤 사람과도 어울리지 못하는, 오직 자기밖에 모르는 욕심쟁이다.

순수한 사람은 옳은 것을 좋아하고 나쁜 것을 싫어한다. 그런 사람은 착한 사람에게는 사랑을 받지만, 착하지 않은 사람에게는 미움을 받는다.

제25장

子曰君子는 易事而難說也니 說之不以道면 不說也니 及其使人也하여는 器之니라 小人은 難事而易說也니 說之雖不以道라도 說也나 及其使人也하여는 求備焉이니라

(자왈군자 이사이난열야 열지불이도 불열야 급기사인야 기지 소인 난사이이열야 열지수불이도 열야 급기사인야 구비언)

| 국역 |

공자께서 말씀하셨다. "군자를 섬기기는 쉬워도 기쁘게 하기는 어렵다. 기쁘게 하려고 하더라도 도를 가지고 하지 않으면 기뻐하지 않기 때문이다. 사람을 부릴 때는 그릇에 맞게 부린다. 소인을 섬기기는 어렵지만 기쁘게 하기는 쉽다. 기쁘게 하기 위해서 도를 가지고 하지 않아도 기뻐하기 때문이다. 그러나 사람을 부릴 때는 다 갖춘 사람을 구한다."

| 강설 |

군자가 사람을 쓸 때는 각각의 능력에 맞게 쓰기 때문에 누구라도 군자 밑에서 일하기는 쉽다. 군자는 도를 좋아하므로 도를 가지고 접근하지 않으면 기뻐하지 않는다. 돈을 주거나 명예를 주어도 소용이 없다. 따라서 도가 없는 사람은 군자를 기쁘게 할 수 없다.

소인은 이와 반대다. 소인이 사람을 쓸 때는 각각의 능력에 맞게 쓰지 못한다. 능력에 맞지 않는 일을 시켜놓고 완벽하게 처리하기를 기대하기 때문에 소인 밑에서 일하기는 어렵다. 그러나 소인은 돈을 좋아하고 명예를 좋아하기 때문에, 그런 것만 챙겨주면 기뻐한다. 소인을 기쁘게 하기는 쉽다.

제26장

자왈군자 태이불교 소인 교이불태

子曰君子는 泰而不驕하고 小人은 驕而不泰니라

| 국역 |

공자께서 말씀하셨다. "군자는 느긋하되 교만하지 않고, 소인은 교만하되 느긋하지 못하다."

| 강설 |

군자는 남과 경쟁하지 않으므로 느긋하다. 남과 비교하지 않으므로 자기보다 못한 사람에게 교만하게 굴지 않는다. 소인은 이와 반대다. 소인은 늘 남과 비교하므로 자기보다 나은 사람에게는 비굴하고, 자기보다 못한 사람에게는 교만하다. 소인은 끊임없이 남과 경쟁하므로 언제나 긴장한다. 느긋할 때가 없다.

제27장

자왈강의목눌 근인
子曰剛毅木訥이 近仁이니라
1 2

| 국역 |

공자께서 말씀하셨다. "굳세고 꿋꿋하고 질박하고 어눌함이 인에 가깝다."

| 난자풀이 |

1 木 : 질박함.
2 訥 : 어눌함.

| 강설 |

인자는 하늘마음으로 산다. 돈이나 힘 따위에 굴복하지 않는다. 언제나 굳세고 꿋꿋하다. 인자는 본래의 마음으로 산다. 꾸밈이 없고 질박하다. 인자는 남에게 잘 보일 생각이 없다. 말을 꾸미지 않는다.

제28장

子路問曰何如면 斯可謂之士矣니잇고 子曰切切偲偲하며 怡怡如也면 可謂士矣니 朋友엔 切切偲偲요 兄弟엔 怡怡니라

(자로문왈하여 사가위지사의 자왈절절시시 이이여야 가위사의 붕우 절절시시 형제 이이)

| 국역 |

자로가 물었다. "어떻게 하면 선비라고 말할 수 있습니까?" 공자께서 말씀하셨다. "절실하고 자상하며 화락하면 선비라 할 수 있다. 붕우간에는 절실하고 자상하며, 형제간에는 화락해야 한다."

| 난자풀이 |

[1] 斯 : 칙則과 같은 조건을 나타내는 말이다.
[2] 切切 : 절실함. 애상함.
[3] 偲偲 : 자상한 모양. 음은 '시시'.

| 강설 |

선비의 일차적인 목표는 학문을 연마하여 진리를 얻는 것이다. 학문은 혼자서 하는 것보다 뜻이 맞는 친구와 함께 하는 것이 좋다. 친구와 서로 격려하며, 절실하고 확실하게 진리로 나아가야 한다.

진리를 얻는 방법은 학문 외에도 있다. 부모에게 효도를 다하는 것이다. 부모에게 효도를 하여 부모와 하나가 되면 형제와도 하나가 된다. 형제와 하나가 되면 삼촌 · 사촌으로 퍼져나가 결국 모두와 하나가 되는 진리에 도달한다.

제 29 장

子曰善人이 教民七年이면 亦可以卽戎矣니라
(자왈선인 교민칠년 역가이즉융의)

| 국역 |

공자께서 말씀하셨다. "선인善人이 7년 동안 백성을 가르치면 또한 전쟁에 나아가게 할 수도 있다."

| 난자풀이 |

[1] 戎 : 전쟁. 음은 '융'.

| 강설 |

대체로 3년 정도 교육시키면 백성들은 어느 정도 선량해질 수 있지만, 전쟁에 나가는 일은 의로움이 목숨보다 더 중요하다는 사실을 확실히 깨달아야 하기 때문에 시간이 배 이상 걸릴 것이다.

'또한 전쟁에 나아가게 할 수도 있다'는 것은 모든 것을 하게 할 수 있다는 것을 전제한다. 농업에 종사하게 할 수도 있고, 부역에 나가게 할 수도 있으며, 상업을 하게 할 수도 있다. 거기다가 또한 전쟁에 나가게 할 수도 있다.

제 30 장

子曰以不教民戰이면 是謂棄之니라
(자왈이불교민전 시위기지)

| 국역 |

공자께서 말씀하셨다. "사람들을 가르치지 않고 전쟁을 하면, 이

는 버리는 것이라고 한다."

| 강설 |

사람들에게 하늘마음으로 살 수 있도록 가르치면, 사람들은 가난해도 행복할 수 있고 죽어도 행복할 수 있다. 하늘마음으로 살면 죽어도 사는 것이지만, 하늘마음을 잃으면 살아도 죽은 것이다.

하늘마음으로 사는 사람은 옳지 못한 침략자가 나라를 침략하여 부모형제의 삶을 위협하는 것을 보면 목숨을 걸고 나가 싸운다. 의롭게 죽는 것은 죽는 것이 아니므로 기꺼이 죽을 수 있다.

사람들에게 가르치지 않으면, 사람들은 하늘마음으로 살 수 없다. 하늘마음으로 살지 않는 사람은 몸이 죽는 것을 죽는 것으로 안다. 그런 사람을 전쟁에 내보내는 것은 죽음으로 몰아넣는 것이다. 그것은 사람들을 내다버리는 것이다.

十四. 헌문편憲問篇

제 1 장 —

헌문치 자왈방유도 곡 방무도 곡 치야
憲問恥한대 子曰邦有道에 穀이니 邦無道에 穀이 恥也 [1]
니라

| 국역 |

원헌原憲이 수치스러운 것에 대해서 묻자, 공자께서 말씀하셨다. "나라에 도가 있을 때 벼슬하는 것이니, 나라에 도가 없을 때 벼슬하는 것이 수치스러운 것이다."

| 난자풀이 |

[1] 憲 : 원헌原憲의 이름. 자는 자사子思. 원헌은 공자가 돌아가신 뒤 벼슬하지 않고 한평생을 초야에 묻혀 살았다. 아마도 공자의 이 가르침에 영향을 받은 것으로 생각된다.

| 강설 |

공무원의 역할은 임금을 도와 모든 백성들을 행복하게 인도하는 것이다. 백성들을 괴롭히는 임금을 돕는 것은 부끄러운 일이다.

제2장

극벌원욕 불행언 가이위인의 자왈가이
克伐怨欲이 不行焉이면 可以爲仁矣니잇가 子曰可以

위난의 인즉오부지야
爲難矣어니와 仁則吾不知也로라

| 국역 |

"이기려 하는 것, 자랑하는 것, 원망하는 것, 욕심내는 것을 하지 않으면 인仁한 사람이라 할 수 있습니까?" 공자께서 말씀하셨다. "어려운 일을 하는 사람이라 할 수는 있으나 인仁한 사람인지는 내 모르겠다."

| 강설 |

이기려 하는 것, 자랑하는 것, 원망하는 것, 욕심내는 것은 남에게 이기려는 이기심에서 나온 것이므로 불인不仁한 것임에는 틀림없다. 그러므로 이 네 가지를 하지 않으면 불인不仁하지는 않은 것이지만 그렇다고 인仁하다고 할 수는 없다.

남을 미워하지 않는 것만으로는 인仁이 될 수 없다. 남을 사랑해야 인이다.

이 문장에서는 질문자가 명시되어 있지 않으므로, 앞 문장에서의 질문자인 원헌原憲을 질문자로 보는 것이 정설이다.

제3장

자왈사이회거 부족이위사의
子曰士而懷居면 不足以爲士矣니라

| 국역 |

공자께서 말씀하셨다. "선비로서 편안한 거처를 좋아하면 선비라고 하기에 부족하다."

| 강설 |

선비는 진리를 얻기 위해 노력하는 사람이다. 아직도 육체적 욕구에 집착하고 있으면 선비라고 할 수 없다.

제4장

자왈방유도 위언위행 방무도 위행언손
子曰邦有道엔 危言危行하고 邦無道엔 危行言孫이니라
[1]

| 국역 |

공자께서 말씀하셨다. "나라에 도道가 있으면 말을 당당하게 하고 행동도 당당하게 하며, 나라에 도가 없으면 행실은 당당하게 하되 말은 공손하게 한다."

| 난자풀이 |

[1] 危 : 위태롭다. 높은 산은 위험하므로, '산이 높은 모양'을 뜻하기도 하다. 높은 산을 보듯이 모두가 볼 수 있도록 드러나게 하는 것. 당당하게 하는 것.

| 강설 |

사람의 삶을 위해서 나라가 있는 것이지, 나라를 위해서 사는 것이 아니다. 그러므로 나라에 도道가 없을 때는 살기 좋은 나라로 옮겨가는 것이 정상이다.

나라에 도道가 있다는 것은 백성들의 공통된 의지를 정부가 실현하는 경우이고, 나라에 도가 없다는 것은 백성들의 공통된 의지를 정부가 실현하지 아니하는 경우이다.

군자는 백성들의 공통된 의지를 파악하여 대변하는 사람이다. 그러므로 나라에 도道가 있을 때는 정부가 군자의 말과 행동을 따르므로, 군자가 남이 다 알 수 있도록 공공연하게 말을 하고 드러나게 행동하면 곧바로 등용되어 백성들에게 유익하게 되지만, 나라에 도가 없을 때는 정부가 군자의 말과 행동을 억압하기 때문에, 공공연하게 말을 하면 희생당하기 쉽다. 따라서 행동은 당당하게 하더라도 말은 공손하게 해야 한다. 사람의 삶을 위하여 필요한 것이 나라이므로, 나라 때문에 희생당할 수는 없다.

제5장

자왈유덕자 필유언 유언자 불필유덕
子曰有德者는 必有言이어니와 有言者는 不必有德이니[1]라
인자 필유용 용자 불필유인
仁者는 必有勇이어니와 勇者는 不必有仁이니라

| 국역 |

공자께서 말씀하셨다. "덕이 있는 자는 반드시 말이 있지만, 말이 있는 자가 반드시 덕이 있는 것은 아니다. 인자는 반드시 용기가 있지만, 용기 있는 자가 반드시 인이 있는 것은 아니다."

| 난자풀이 |

[1] 必 : 필불必不은 전체를 부정한다. '반드시 … 하지 않는다'로 해석한다. 불필不必은 부분을 부정한다. '반드시 … 하지는 않는다'로 해석한다.

| 강설 |

덕이 있는 사람은 사람을 깨우치기 위해 반드시 말을 하지만, 말을 하는 사람이 반드시 덕이 있는 것은 아니다.

인자는 남과 하나가 되는 사람이다. 남과 하나가 되는 사람은 남이 어려움에 처하면 용감하게 구한다. 그러나 용감한 사람이 반드시 인자인 것은 아니다. 욕심을 채우기 위해서 용감한 사람도 많다.

제6장

南宮适[1]이 問於孔子曰羿[2]는 善射하고 奡[3]는 盪舟[4]하되 俱[5]不得其死[6]어늘 然이나 禹稷[7]은 躬稼而有天下하니이다 夫子不答이러시니 南宮适出커늘 子曰君子哉라 若人[8]이여 尙德哉라 若人이여

(남궁괄이 문어공자왈예는 선사하고 오는 탕주하되 구부득기사어늘 연이나 우직은 궁가이유천하하니이다 부자부답이러시니 남궁괄출커늘 자왈군자재라 약인이여 상덕재라 약인이여)

국역

남궁괄이 공자에게 "예는 활을 잘 쏘았고, 오는 배를 끌고 다녔으되, 모두 제대로 된 죽음을 얻지 못하였습니다. 그러나 우임금과 직은 몸소 농사를 지었는데도 천하를 얻었습니다."라고 물었으나 공자께서 대답하지 않으시다가, 남궁괄이 밖으로 나가자 공자께서 말씀하셨다. "군자로구나, 그 같은 사람은! 덕德을 숭상하는구나, 그 같은 사람은!"

난자풀이

[1] 南宮适 : 남궁南宮은 성, 괄适은 이름, 자字는 자용子容. 공야장편公冶長篇이나 선진편先進篇에 나오는 남용南容이다.

[2] 羿 : 유궁有窮의 임금으로 활을 잘 쏘았다. 하후夏后를 죽이고 왕위를 찬탈하였으나 백성을 다스리지 않고 사냥을 즐기다가 결국 신하인 한착寒浞에게 죽었다. 신하들은 예羿의 고기를 삶아 예의 아들에게 먹이려 하자, 예의 아들은 차마 먹지 못하고 자살하였다고 한다.

3 奡 : 한착寒浞의 아들로 힘이 세어 육지에서 배를 끌고 다녔다고 한다. 한착이 예羿가 죽은 후 예의 부인을 자기의 부인으로 삼아서 두 아들을 나았다. 그중의 한 아들을 요澆라 하였는데, 그 요澆가 오奡이다. 한착과 오는 모두 하夏나라 사람들에게 죽었다.

4 盪 : 움직이다. 음은 '탕'.

5 俱 : 함께, 모두.

6 其 : 제대로 된. 기사其死는 '제대로 된 죽음'을 말한다.

7 稷 : 우禹임금과 함께 백성들의 식량을 해결한 사람. 주周를 세운 문왕文王과 무왕武王이 그의 후손이었기 때문에, 천하를 얻었다고 했다.

8 若人 : 약시지인若是之人. 그 같은 사람.

| 강설 |

역사적으로 보면, 권력은 있으나 덕德이 없는 자들은 결국 실패했고, 권력은 없으나 덕德이 있는 자들은 성공했다. 군자君子라고 한 것은 사람의 유형과 수준을 말한 것이고, 상덕尙德이라 한 것은 군자의 마음가짐을 말한 것이다.

남궁괄의 말은 우禹와 직稷을 공자에 비유한 것이었으므로 공자가 대답하지 않았던 것이다.

제7장

자왈군자이불인자 유의부 미유소인이인자
子曰君子而不仁者는 有矣夫어니와 未有小人而仁者

야
也니라

| 국역 |

공자께서 말씀하셨다. "군자이면서 인하지 못한 자는 있어도, 소인이면서 인한 자는 있지 않다."

| 강설 |

군자는 진리를 얻기 위해 노력하는 사람이다. 진리를 얻기 위해

노력한다고 해서 모두 진리를 얻는 것은 아니다. 전심전력으로 학문에 몰두하지 않으면 진리를 얻기 어렵다. 진리를 얻은 사람이 인자다. 군자 중에는 인자가 되지 못한 사람도 많다.

소인은 진리를 얻기 위해 노력하지 않는 사람이다. 노력하지 않고 얻어지는 것은 없다. 따라서 소인이 진리를 얻는 경우는 없다.

제 8 장

자왈애지 능물로호 충언 능물회호
子曰愛之인댄 能勿勞乎아 忠焉인댄 能勿誨乎아

| 국역 |

공자께서 말씀하셨다. "사랑한다면 수고롭게 하지 않을 수 있겠는가? 진심으로 대한다면 깨우쳐주지 않을 수 있겠는가?"

| 강설 |

사랑하는 사람이 불행해지기를 바라는 사람은 없다. 많이 사랑할수록 많이 행복해지기를 바란다. 사람은 고생하면서 발전한다. 고생을 모르고 큰 사람은 자생력이 없다. 고통을 맛보지 않은 사람은 행복을 추구하지 않는다.

사랑 중에서 자녀에 대한 부모의 사랑만큼 진한 것도 드물다. 그런데 부모들 중에는 자녀를 고생시키지 않고 기르는 사람이 있다. 그런 사람은 사랑하는 자녀를 망치고 있는 것이다.

진심은 속에 있는 하늘마음이고 한마음이다. 한마음으로 사는 사람은 남을 남으로 보지 않는다. 남을 행복으로 인도하기 위해 깨우치지 않을 수 없다. 또 남이 잘못되는 것을 볼 때도 깨우쳐주지 않을 수 없다. 깨우침을 받아들이는 것은 그쪽의 문제이다.

제9장

자왈위명 비심 초창지 세숙 토론지 행
子曰爲命에 裨諶이 草創之하고 世叔이 討論之하고 行
인자우 수식지 동리자산 윤색지
人子羽이 脩飾之하고 東里子産이 潤色之하니라

| 국역 |

공자께서 말씀하셨다. "사명辭命(외교문서)을 만들 때에 비심이 초안을 작성하고, 세숙이 검토하여 따지고, 행인인 자우가 수식을 하고, 동리의 자산이 윤색을 했다."

| 난자풀이 |

1 命 : 사명辭命. 외교문서.
2 裨諶 : 정나라의 대부大夫. 음은 '비심'.
3 草創 : 초안을 작성함. 초草는 략畧이란 뜻이므로 초창草創은 대략 만드는 것이다.
4 世叔 : 정나라의 대부大夫인 유길游吉.
5 討論 : 검토하고 따져서 결점을 고침.
6 行人 : 관명官名. 외교관에 해당함.
7 子羽 : 정나라 공손휘公孫揮의 자字.
8 脩飾 : 문장을 꾸미는 것.
9 東里 : 자산子産이 살던 마을의 이름.
10 子産 : 정나라의 명재상인 공손교公孫僑.
11 潤色 : 문장을 부드럽고 매끈하게 다듬어서 문채가 나도록 하는 것.

| 강설 |

정나라에서 외교문서를 작성할 때 창의력이 뛰어난 비심이 초안을 만들고, 치밀한 성격을 가진 세숙이 검토하여 고치고, 문장력이 있는 자우가 다듬고, 모든 능력을 종합적으로 갖춘 자산이 마지막 손질을 하여 완성시켰으므로 매우 훌륭하게 되었다. 정나라는 큰 나라인 제齊나라와 진晉나라 사이에 있는 작은 나라인데 자산의 외교술에 의하여 천하의 주도권을 잡았었다.

— 제10장 —

或問子産한대 子曰惠人也니라 問子西[1]한대 曰彼哉彼哉여 問管仲한대 曰人也奪伯氏[2]騈邑[3]三百[4]하여늘 飯疏食하되 沒齒[5]無怨言하니라

| 국역 |

어떤 사람이 자산에 대해 물으니, 공자께서 말씀하셨다. "은혜로운 사람이다." 자서에 대해 물으니, "그 사람이야! 그 사람이야!" 하셨다. 관중에 대해서 물으니, "그 사람이 백씨의 병읍 삼백 호를 빼앗았는데, 백씨는 거친 밥을 먹으며 평생을 마치도록 원망하는 말이 없었다."

| 난자풀이 |

[1] 子西 : 초楚나라의 공자公子 신申. 소왕昭王의 동생으로 국무총리격인 영윤令尹이었다.
[2] 伯氏 : 제齊나라의 대부大夫. 백씨伯氏란 대부大夫의 신하가 대부를 높여서 부르는 호칭이란 설이 있다. 황간皇侃은 그의 이름을 언偃이라 하였다.
[3] 騈邑 : 지명. 산동성山東省 임병현臨騈縣 구성朐城이 바로 그 땅이다.
[4] 三百 : 삼백三百 호戶.
[5] 齒 : 나이.

| 강설 |

정권이 바뀌면 으레 부정축재자들의 재산을 몰수하는 법인데, 몰수한 사람이 그 재산으로 다시 자기의 사욕을 채우면 빼앗긴 사람

은 불평을 하게 된다. 빼앗은 사람의 부도덕성을 보고 자기의 부도덕성을 합리화하기 때문이다. 그러나 빼앗은 사람이 재산을 도덕적으로 쓰면 빼앗긴 사람은 자신의 잘못을 뉘우치게 되어 원망하지 아니한다.

제11장

자왈빈이무원　난　부이무교　이
子曰貧而無怨은 難하고 富而無驕는 易하니라

| 국역 |

공자께서 말씀하셨다. "가난하면서 원망하지 않기는 어렵고, 부자이면서 교만함이 없기는 쉽다."

| 강설 |

생명에 위협을 느낄 정도로 가난하면, 절박하므로 원망하지 않기가 어렵다. 부자는 돈의 위력 때문에 교만해지기 쉽지만, 절박하지 않으므로 가난한 사람이 원망하지 않는 것보다는 상대적으로 교만해지지 않기가 쉽다.

제12장

자왈맹공작　위조위로즉우　불가이위등설대부
子曰孟公綽이[1] 爲趙[2]魏[3]老則優커니와 不可以爲滕[4]薛[5]大夫니라

| 국역 |

공자께서 말씀하셨다. "맹공작은 조씨와 위씨의 원로가 되는 데는

넉넉하지만, 등나라나 설나라의 대부大夫는 삼을 수 없다."

난자풀이

1 孟公綽 : 노魯나라의 대부大夫.
2 趙 : 진晉나라의 경卿.
3 魏 : 진晉나라의 경卿. 진나라는 춘추시대春秋時代의 제후국 중에서 제일 큰 나라이므로, 그 나라의 경卿인 조씨趙氏와 위씨魏氏도 다른 제후국보다도 규모가 큰 가家에 봉封해져 있었다. 나중에 진나라는 조씨趙氏·위씨魏氏·한씨韓氏에 의해 세 나라로 나누어졌다.
4 滕 : 규모가 작은 제후국.
5 薛 : 규모가 작은 제후국이었다. 등滕과 설薛은 모두 현재 산동성山東省 등현滕縣 가까이에 있었다.

강설

가신家臣의 역할은 가家의 살림살이를 맡아 하는 것이므로, 가家의 규모가 아무리 크다고 하더라도 탐욕만 없는 사람이면 가노家老 즉, 가家의 원로가 될 수 있다.

대부大夫는 정치에 관여하는 사람이므로 아무리 규모가 작은 나라의 대부大夫라 하더라도 정치의 두 요소인 도덕의 확립과 경제의 운용에 대한 능력이 동시에 요구된다.

제13장

子路問成人[1]한대 子曰若臧武仲[2]之知와 公綽之不欲과 卞莊子[3]之勇과 冉求之藝에 文之以禮樂이면 亦可以爲成人矣니라 曰今之成人者는 何必然이리오 見利思義하며 見危授命하며 久要[4]에 不忘平生之言이면 亦可以爲成人矣니이다

(자로문성인 자왈약장무중지지 공작지불욕 변장자지용 염구지예 문지이예악 역가이위 성인의 왈금지성인자 하필연 견리사의 견위수명 구요 불망평생지언 역가이 위성인의)

| 국역 |

자로가 완성된 사람(성인成人)에 대해서 물으니, 공자께서 말씀하셨다. "장무중의 지혜와 공작의 탐욕하지 않음과 변장자의 용기와 염구의 기예 같은 것에다가 예악으로 가다듬으면, 또한 완성된 사람이라고 할 수 있다." 자로가 말했다. "지금의 성인이란 어찌 반드시 그러해야 합니까? 이익을 보면 의로움을 생각하며, 위태로운 것을 보면 목숨을 바치며, 오랫동안 곤궁해도 (곤궁해지기 전에) 평소에 하던 말을 잊어버리지 아니하면, 또한 성인이라 할 수 있을 것입니다."

| 난자풀이 |

1 成 : 완성되는 것. 성인成人은 완성된 자.

2 臧武仲 : 노魯나라의 대부大夫 장손흘臧孫紇. 『춘추좌씨전春秋左氏傳』 양공襄公 이십삼년조二十三年條에 보면, 제齊나라의 임금이 장손흘에게 땅을 주려 하자, 장손흘은 제나라가 장차 진晉나라에 패할 줄 알고 땅을 받지 않기 위해 일부러 제나라의 임금에게 쥐에 비유하여 말함으로써 화를 내게 하고, 그 결과 땅을 받지 않게 되었다는 기록이 있다.

3 卞莊子 : 변卞은 노魯나라에 있는 읍명邑名. 장자莊子는 변읍卞邑의 대부大夫였음. 『한씨외전韓氏外傳』에는 변장자卞莊子가 그 어머니가 살아 있을 때에는 전쟁에 나가서 세 번 도망한 일이 있었으나, 어머니가 돌아간 후 3년이 지나자 적의 목 세 개를 베어 세 번의 도망을 보상하고, 다시 돌격하여 적 7인을 죽이고 전사하였다는 기록이 있다.

4 要 : 약約과 통용.

| 강설 |

완성된 사람은 욕심 없는 본마음을 가지고 지혜롭게 현실을 분별하며, 용감하게 진리를 행하며, 즐거움을 예술로 승화할 수 있으며, 예와 악으로 삶의 내용을 가다듬을 수 있는 사람이다.

자로는 자만심이 많은 사람이다. 자기와 같은 인격자를 성인으로 생각했다. 이에 공자는 지·인·용·기예 등을 갖춘 사람들을 구체적으로 열거하여, 자로로 하여금 따르도록 제시했다. 그러나 자로는 공자의 말을 받아들이지 않았다. 자기의 생각을 피력하며 공자에게 반발했다.

제 14 장

자 문 공 숙 문 자 어 공 명 가 왈 신 호 부 자 불 언 불 소 불 취 호
子問公叔文子[1]於公明賈[2]曰信乎夫子不言不笑不取乎아

공 명 가 대 왈 이 고 자 과 야 부 자 시 연 후 언 인
公明賈對曰以告者過也로소이다 夫子時然後言이라 人

불 염 기 언 낙 연 후 소 인 불 염 기 소 의 연 후 취
不厭其言하며 樂然後笑라 人不厭其笑하며 義然後取라

인 불 염 기 취 자 왈 기 연 기 기 연 호
人不厭其取하나니이다 子曰其然가 豈其然乎리오

국역

공자께서 공명가에게 공숙문자에 대해서 물으셨다. “정말인가? 그 사람은 말하지 않고 웃지 않으며 취하지 아니하는가?” 공명가가 대답했다. “(선생님께) 말씀드린 자가 실수했습니다. 그 사람은 때가 된 연후에 말하기 때문에 남들이 그의 말을 싫어하지 않으며, 즐거운 연후에 웃기 때문에 남들이 그의 웃음을 싫어하지 않으며, 의롭게 된 연후에 취하므로 남들이 그의 취함을 싫어하지 않는 것입니다.” 공자께서 말씀하셨다. “그런가? 어찌 그럴 수 있겠는가?”

난자풀이

[1] 公叔文子 : 위衛나라의 대부大夫 공손지公孫枝.
[2] 公明賈 : 위나라 사람으로. 공명公明은 성이고 가賈는 이름.

강설

때에 맞게 말하는 것은 시중時中을 실천하는 것이고, 즐거운 뒤에 웃는 것은 억지웃음이나 꾸민 웃음이 없이 자연 그대로를 표현하

는 것이며, 의로움을 실천하는 것은 본마음을 따르는 것이므로, 이 세 가지는 성인聖人만이 가능한 것이다. 따라서 공자는 의심할 수밖에 없었을 것이다.

세속에서 훌륭하다고 하는 사람들 중에는 실지로는 훌륭하지 않으면서 훌륭하게 보이는 기술을 가진 자가 많다. 공숙문자도 그런 사람이었을 것이다.

제15장

자왈장무중 이방 구위후어로 수왈불요군
子曰臧武仲이 以防으로[1] 求爲後於魯하니 雖曰不要君[2]이나

오불신야
吾不信也하노라

| 국역 |

공자께서 말씀하셨다. "장무중이 방읍防邑을 가지고 노나라에서 후계자를 삼아주기를 요구하였으니, 비록 임금을 협박하지 않았다고 말하나 나는 믿지 않는다."

| 난자풀이 |

[1] 防 : 장씨臧氏가 봉해진 읍邑. 산동성山東省 비현費縣의 동북쪽에 있는 화성華城이 그곳이라고 한다.

[2] 要 : 강요하는 것. 협박하는 것.

| 강설 |

장무중이 죄를 얻어 주邾나라로 갔다가, 주나라에서 다시 방읍防邑으로 가서, 후계자를 세워주면 방읍을 떠나겠다고 요청하였는데, 그때 요청을 들어주지 않으면 방읍을 점거하여 반란을 일으키겠다는 뜻을 비추었으므로, 형식은 협박한 것이 아니지만 내용은 협박한 것이었다.

제16장

자왈진문공 휼이부정 제환공 정이불휼
子曰晉文公은 譎而不正하고 齊桓公은 正而不譎하니라
[1] [2] [3]

| 국역 |

공자께서 말씀하셨다. "진문공은 꾀가 많았으나 바르지 않았고, 제환공은 바르기는 했으나 꾀가 없었다."

| 난자풀이 |

[1] 晉文公 : 이름은 중이重耳. 기원전 636년에 즉위하였고 기원전 628년에 졸卒하였다. 제후의 패자覇者가 되었다.

[2] 譎 : 권모술수. 잔꾀. 음은 '휼'.

[3] 齊桓公 : 이름은 소백小白. 기원전 685년에서 기원전 643까지 재위하였음. 관중의 도움을 받아 춘추시대 최초의 패자覇者가 되었다.

| 강설 |

당시의 사람들은 춘추시대에 패권을 차지했던 진문공晉文公과 제환공齊桓公을 가장 위대한 사람으로 생각하는 풍조가 있었으므로 공자가 그들의 한계를 지적한 것이다.

제17장

자로왈환공살공자규 소홀 사지 관중 불
子路曰桓公殺公子糾어늘 召忽은 死之하고 管仲은 不
[1] [2]
사 왈미인호 자왈환공 구합제후 불이
死하니 曰未仁乎인저 子曰桓公이 九合諸侯하되 不以
[3]
병거 관중지력야 여기인 여기인
兵車는 管仲之力也니 如其仁, 如其仁이리오
[4]

| 국역 |

자로가 말했다. "환공이 공자 규를 죽이자 소홀은 그를 위해 죽었고, 관중은 죽지 않았으니, 아직 인仁하지 않다고 말해야 할 것입니다." 공자께서 말씀하셨다. "환공이 제후들을 규합하되 병거로써 하지 않은 것은 관중의 힘이었다. 그의 인仁만 같겠는가? 그의 인仁만 같겠는가?"

| 난자풀이 |

1 公子糾 : 환공桓公의 이복동생.
2 召忽 : 제齊나라의 대부. 공자 규의 스승이 되었다가 공자 규를 따라 죽었다.
3 九 : 『춘추재씨전春秋在氏傳』에는 규糾로 되어 있다. '모은다'는 뜻.
4 如 : 여如의 앞에 수誰가 생략된 것으로 보고 '누가 그의 인仁만 같겠는가?'로 해석했다.

| 강설 |

제나라의 양공襄公이 무도하였으므로 포숙아鮑叔牙는 공자 소백小白을 받들어 거莒나라로 망명했다. 그 뒤 무지無知가 양공襄公을 시해하자 관중管仲과 소홀召忽은 공자 규糾를 받들고 노魯나라로 망명하였는데, 뒤에 노나라가 공자 규를 제齊나라로 들여보내 정권을 잡게 하려 하였으나, 소백과의 싸움에서 이기지 못했다. 소백이 들어가 정권을 잡으니 그가 환공桓公이었다. 나중에 환공이 노나라로 하여금 공자 규를 죽이고 관중과 소홀을 보내주도록 하였는데, 소홀은 거기서 죽었으나 관중은 포로가 되었다가 포숙아의 도움으로 제나라의 재상이 되어, 환공을 도와 제후 중의 패자覇者가 되게 했다.

자로는 관중이 공자 규를 따라 죽지 않았다고 나무랐지만, 공자 규는 형인 소백과 권력투쟁을 벌였던 사람이므로 훌륭한 사람이라 할 수 없고, 또 벼슬하는 사람의 목적은 윗사람을 위한 것이 아니라 모든 백성들을 잘살게 하기 위한 것이므로, 공자 규를 보좌하였다고 해서 공자 규를 따라 죽을 이유가 없다.

환공이 제후를 규합하였어도 힘으로 하지 않을 수 있었던 것은 관중의 역량 때문이었으므로, 관중은 인仁을 실천한 것이라고 할 수 있다.

제18장

자공왈관중 비인자여 환공 살공자규 불
子貢曰管仲은 非仁者與인저 桓公이 殺公子糾어늘 不

능사 우상지 자왈관중 상환공패제후 일
能死요[1] 又相之온여[2] 子曰管仲이 相桓公覇諸侯하여 一

광천하 민도우금 수기사 미관중 오
匡天下하니 民到于今에 受其賜하나니 微管仲이면[3] 吾

기피발좌임의 기약필부필부지위량야 자경
其被髮[4]左衽矣[5]리라 豈若匹夫匹婦之爲諒也[6]하여 自經[7]

어구독이막지지야
於溝瀆[8]而莫之知也리오

| 국역 |

자공이 말했다. "관중은 인자가 아닙니다. 환공이 공자 규를 죽였는데 그를 죽이지 못하고 더욱이 그를 섬겼습니다." 공자께서 말씀하셨다. "관중이 환공을 도와 제후의 패자가 되어 천하를 통일하여 바로잡았으니, 백성들이 지금에 이르도록 그 은혜를 받고 있다. 관중이 없었더라면 우리는 머리를 풀어헤치고 옷깃을 왼쪽으로 여몄을 것이다. 어찌 필부·필부가 조그마한 신의를 지켜 스스로 도랑에서 목매 죽어, 알아주는 사람 하나 없게 되는 것과 같겠는가?"

| 난자풀이 |

[1] 不能死 : 능能은 사역의 의미가 있다. '죽게 하다'는 뜻이므로 '죽이다'로 번역하면 된다.

2 又 : 더욱이.
3 微 : 무無와 통용.
4 被 : 풀어헤침. 피발被髮은 머리를 풀어헤치는 오랑캐의 풍속.
5 衽 : 옷깃. 좌임左衽은 옷깃을 왼쪽으로 여미는 오랑캐의 풍속.
6 諒 : 신의. 믿음.
7 經 : 목매어 죽는 것.
8 溝瀆 : 도랑. 구溝도 도랑이고, 독瀆도 도랑이다.

| 강설 |

관중은 공자 규를 섬긴 사람이었다. 그런 관중이 공자 규를 죽인 환공을 다시 섬겼다. 자공은 그런 관중을 이해할 수 없었다. 환공은 공자 규를 죽인 원수다. 마땅히 환공을 죽여서 원수를 갚는 것이 신하된 도리다. 그런데 관중은 오히려 환공을 섬겼으니 잔인하기 짝이 없는 사람이다. 그런 관중을 공자는 어떻게 평가할까? 물어볼 수밖에 없었다.

공자의 생각은 달랐다. 벼슬하는 목적은 임금을 위하는 데 있는 것이 아니다. 정치는 세상을 바르게 인도하는 데 목적이 있다. 환공을 돕는 것이 개인의 영달을 위한 것이라면 옳지 않지만, 세상을 안정시키는 데 목적이 있다면 돕는 것이 좋다.

실지로 관중은 환공을 도와 큰 업적을 이루었다. 만약 관중이 없었더라면 온 세상이 쑥밭으로 바뀌었을 것이다. 지금 사람들이 이 정도로라도 살 수 있게 된 것은 관중의 덕이다. 임금에 대한 신의를 지키느라, 알아주는 사람 하나 없는 채로 도랑에서 목매 죽는 사람과는 차원이 다르다.

제19장

공숙문자지신대부선 여문자 동승저공 자
公叔文子之臣大夫僎이 與文子로 同升諸公이러니 子
1 2 3

문지 왈가이위문의
聞之하시고 曰可以爲文矣로다

| 국역 |

공숙문자의 가신家臣인 대부大夫 선이 문자와 함께 공실 조정에 올랐다. 공자께서 이를 들으시고 말씀하셨다. "(시호를) 문文이라고 할 만하다."

| 난자풀이 |

1 僎 : 공숙문자公叔文子의 가신家臣. 이름이 '선僎'.
2 諸 : 지어之於의 뜻.
3 公 : 공실의 조정.

| 강설 |

백성들에게 작위를 주는 것도 문文이라는 시호를 붙일 수 있는 경우에 들어가므로, 자기의 신하였던 선僎을 추천하여 나란히 나라의 조정에 서게 한 공숙문자는 문文이라는 시호를 붙일 수 있다. 아랫사람이 훌륭할 경우 그를 추천하여 자기와 한 자리에 서게 하는 것은 쉬운 일이 아니다. 자존심이 없는 순수한 사람이어야 가능하다.

제20장

子言衛靈公之無道也러시니 康子曰夫如是로되 奚而不喪이니잇고 孔子曰仲叔圉는 治賓客하고 祝鮀는 治宗廟하고 王孫賈는 治軍旅하니 夫如是하니 奚其喪이리

(자언위령공지무도야 강자왈부여시 해이불상 공자왈중숙어 치빈객 축타 치종묘 왕손가 치군려 부여시 해기상)

1 靈, 2 圉

| 국역 |

공자께서 위령공의 무도함을 말씀하시니, 강자가 말했다. "이와 같은데도 어찌하여 망하지 않습니까?" 공자께서 말씀하셨다. "중숙

어가 빈객을 다스리고, 축타가 종묘를 다스리고, 왕손가가 군대를 다스리니, 이와 같이 하고서 어찌 망하겠는가?"

| 난자풀이 |

1 衛靈公 : 기원전 534년에서 기원전 493년까지 재위하였던 위衛나라의 임금. 그의 부인이 문제가 많은 남자南子였다.

2 仲叔圉 : 공문자孔文子.

제21장

자 왈 기 언 지 부 작 즉 위 지 야 난
子曰其言之不怍則爲之也難하니라
1

| 국역 |

공자께서 말씀하셨다. "말하는 것을 부끄러워하지 않으면 실천하는 것이 어렵다."

| 난자풀이 |

1 之 : 도치를 나타내는 역할을 함. '부작기언不怍其言'으로 놓고 해석하면 된다.

| 강설 |

말하는 것을 부끄러워하지 않고 함부로 말을 하면 다 실천하기 어렵다. 남에게 뽐내고 싶을 때 말을 많이 하게 되므로 주의해야 된다.

제22장

진성자시간공　공자목욕이조　고어애공왈
陳成子弑簡公[1][2]이어늘 孔子沐浴而朝하사 告於哀公曰
진항시기군　청토지　공왈고부삼자　공자
陳恒弑其君하니 請討之하소서 公曰告夫三子[3]하라 孔子
왈이오종대부지후　불감불고야　군왈고부삼자
曰以吾從大夫之後라 不敢不告也하니 君曰告夫三子
자　지삼자　고　불가　공자왈이오종대
者[4]온여 之三子하여 告하신대 不可[5]어늘 孔子曰以吾從大
부지후　불감불고야
夫之後라 不敢不告也니라

| 국역 |

진성자가 간공을 시해하자, 공자께서 목욕하고 조회하시어 애공에게 아뢰셨다. "진항이 그 임금을 시해했으니, 토벌하소서." 애공이 말했다. "저 세 사람에게 말하세요." 공자께서 말씀하셨다. "내가 대부의 뒤를 따르기 때문에 감히 아뢰지 않을 수 없었는데, 임금께서는 '저 세 사람에게 말하라.'고 하시는구나." 세 사람에게 가서 말씀하셨으나 통하지 아니했다. 공자께서 말씀하셨다. "내가 대부의 뒤를 따르기 때문에 감히 말하지 않을 수 없었다."

| 난자풀이 |

[1] 陳成子 : 제齊나라의 대부大夫 진항陳恒. 일명 전상田常이라고도 한다. 기원전 481년 진성자陳成子가 제나라의 임금 간공簡公을 죽이고 그 동생 평공平公을 즉위시킨 후 국가권력을 전횡하였다.

[2] 簡公 : 제齊나라의 임금. 이름은 임壬. 도공悼公의 아들.

[3] 三子 : 노魯나라의 유력한 세 대부大夫. 맹손씨孟孫氏・숙손씨叔孫氏・계손씨季孫氏를 말함.

[4] 者 : 어세語勢를 강하게 할 때 넣는 조음소.

[5] 可 : '통한다'는 뜻이므로 불가不可는 '통하지 않는다'는 뜻.

| 강설 |

대부의 지위를 가진 사람은 그에 상응하는 사회적 책임이 있다. 그것은 정치의 올바른 방법을 임금에게 제공해야 하는 것이다. 받아들이고 안 받아들이고는 임금의 역할이므로 거기까지는 책임이 없다.

정치의 두 요소는 도덕을 확립하는 것과 경제를 건설하는 것이다. 이웃 나라의 부도덕한 것을 좌시하는 것은 정치하는 사람의 도리가 아니다.

정치학자는 바람직한 정치원리를, 경제학자는 바람직한 경제의 운용방법을, 교육학자는 바람직한 교육 제도와 방법을 각각 제시해야 한다. 거기까지가 학자들의 책임이다. 정책에 반영하고 안 하고는 정부가 할 일이다.

제23장

자 로 문 사 군　　자 왈 물 기 야　　이 범 지

子路問事君한대 子曰勿欺也요 而犯之니라

| 국역 |

자로가 임금 섬기는 것에 대해서 묻자, 공자께서 말씀하셨다. "속이지 말아야 하며, 임금의 잘못을 공격해야 한다."

| 강설 |

출세하는 데만 눈이 먼 사람은 신하의 본분을 지키지 않고 오직 윗사람에게 잘 보이려고만 한다. 임금이 옳지 않은 말을 해도 '지당하십니다.'라고만 말한다. 그것은 임금을 속이는 것이다.

신하의 본분은 임금을 도와 훌륭한 나라를 건설하는 것이므로 임금에게 잘못이 있을 때는 그것을 공격하고 따져야 한다.

제 24 장

자왈군자 상달 소인 하달
子曰君子는 上達하고 小人은 下達하니라

| 국역 |

공자께서 말씀하셨다. "군자는 위로 통하고, 소인은 아래로 통한다."

| 강설 |

군자는 위로 향해 올라가 하늘과 하나가 된다. 소인은 그 반대다. 육체적 삶으로 전락하여 물질적 가치를 추구하느라 하늘에서 멀어져 간다.

제 25 장

자왈고지학자 위기 금지학자 위인
子曰古之學者는 爲己[1]러니 今之學者는 爲人이로다

| 국역 |

공자께서 말씀하셨다. "옛날의 배우는 자들은 자기 때문에 배웠지만, 지금의 배우는 자들은 남 때문에 배운다."

| 난자풀이 |

[1] 爲 : '… 때문에'로 번역할 때가 많다.

| 강설 |

학문은 남에게 과시하기 위해 하는 것이 아니고 간판 때문에 하는

것도 아니다. 잃어버린 자기의 본마음을 되찾기 위해서 하는 것이다. 본마음을 회복해서 본마음으로 사는 것, 그것이 진실한 삶이고, 그것이 행복한 삶이다. 자기의 행복을 놓아두고 다른 목적으로 학문을 한다면 그것은 제대로 된 학문이 아니다.

돈을 벌기 위해서 하는 학문은 학문이 아니다. 출세하기 위해서 하는 학문도 학문이 아니다. 자기의 욕심을 채우는 것은 자기를 위한 것이 아니다.

자기의 행복을 위해서 진리를 얻어야 하고, 진리를 얻기 위해서 학문을 해야 한다. 학문을 해서 자기가 행복해지면 온 세상이 그 혜택을 받는다. 자기를 위하는 것이 남을 위하는 것이다.

그러나 남에게 과시하기 위해 공부하거나, 남에게 이기기 위해 공부하는 것은 남 때문에 공부하는 것이다. 남 때문에 공부를 하면 남도 불행하게 만들지만, 자기도 불행해진다

제26장

蘧伯玉(거백옥)[1]이 使人於孔子(사인어공자)어늘 孔子與之坐而問焉曰夫子(공자여지좌이문언왈부자)[2] 何爲(하위)오 對曰夫子欲寡其過而未能也(대왈부자욕과기과이미능야)니이다 使者出(사자출)이어늘 子曰使乎使乎(자왈사호사호)여

| 국역 |

거백옥이 공자에게 사람을 보냈거늘, 공자께서 그와 함께 앉아서 물으셨다. "그분께서는 어떻게 하고 계시는가?" 이에 대답하기를, "그분은 자기의 허물을 줄이려고 하지만, 아직 안 되고 있습니다." 라고 말했다. 심부름 온 자가 나가자, 공자께서 말씀하셨다. "심부름하는 사람답구나! 심부름하는 사람답구나!"

| 난자풀이 |

1 蘧伯玉 : 위衛나라의 대부大夫 거원蘧瑗. 백옥伯玉은 그의 자字. 훌륭한 인물로 공자가 존경한 사람 중의 한 사람이다.
2 夫子 : 그 사람. 그분.

| 강설 |

거백옥의 심부름으로 온 사람은 훌륭한 사람이었다. 거백옥에 대한 질문을 받았을 때 가장 훌륭한 사람으로 답변했다. 심부름하는 사람으로서의 역할을 다한 것이다.

제27장

자왈부재기위 불모기정
子曰不在其位하여는 不謀其政이니라

| 강설 |

태백편泰伯篇 제14장에서 나온 말이다.

제28장

증자왈군자 사불출기위
曾子曰君子는 思不出其位니라

| 국역 |

증자가 말했다. "군자는 자기의 위치에서 벗어나지 않는 것을 생각한다."

| 강설 |

군자는 자기에게 주어진 역할에 충실함으로써 전체적으로 조화를

이루는 사람이다. 자기의 역할이 아닌 부분에 대해서는 생각하지 아니한다.

제29장

자왈군자 치기언이과기행
子曰君子는 恥其言而過其行이니라

| 국역 |

공자께서 말씀하셨다. "군자는 그 말하는 것을 부끄러워하고, 그 행하는 것을 여유 있게 한다."

| 강설 |

말을 함부로 하는 사람은 실수하기 쉽다. 욕심 많은 사람은 빨리 생색을 내야 하기 때문에 많은 말로 생색을 내지만, 막상 그 내용들을 실천에 옮기기는 어렵다. 그래서 실수를 많이 하게 된다.

말로써 되는 일은 거의 없다. 한마음을 가진 사람은 남에게 말로 표현하지 않아도 통한다. 말 않고 통하는 것이 제일 좋다. 말을 해야 겨우 통한다면 그것은 부끄러운 것이다.

행동은 넉넉하게 하는 것이 좋다. 계산에 밝은 사람은 넉넉하게 행동하는 것을 손해로 여기므로 넉넉하게 행동하기 어렵다.

제30장

자왈군자도자삼 아무능언 인자 불우 지자 불혹 용자 불구 자공왈부자자도야
子曰君子道者三에 我無能焉하니 仁者는 不憂하고 知者는 不惑하고 勇者는 不懼니라 子貢曰夫子[1]自道[2]也삿다

| 국역 |

공자께서 말씀하셨다. "군자의 도라는 것이 세 가지인데 나는 할 수 있는 것이 없다. 인자는 근심하지 않고, 지자는 미혹되지 않고, 용자는 두려워하지 않는다." 자공이 말했다. "선생님께서 스스로를 말씀하신 것입니다."

| 난자풀이 |

[1] 夫子 : 선생님.
[2] 道 : '말한다'는 뜻.

| 강설 |

군자의 도리로 열거한 지知·인仁·용勇은 덕德의 내용인데, 공자는 자신도 그것을 할 수 없다고 했다. 공자가 자기도 할 수 없다고 한 것은 중요한 말씀을 할 때 쓰는 상투적인 표현이다.

지·인·용의 내용은 자한편子罕篇 제28장에서 나왔다.

제31장

子貢(자공)이 方人(방인)[1]하더니 子曰賜也(자왈사야)는 賢乎哉(현호재)아 夫我則不暇(부아즉불가)로다

| 국역 |

자공이 사람들을 비교하니 공자께서 말씀하셨다. "사는 훌륭하도다! 나는 (내 공부하기 바빠서 남을 비교할) 겨를이 없더라."

| 난자풀이 |

[1] 方 : 비교한다.

| 강설 |

공자는 자공을 칭찬하면서 꾸짖었다. 칭찬하면서 꾸짖는 것이 큰 효과를 볼 때가 있다. "사야, 너에게 남을 비교할 여유가 있는 것을 보니 이미 학문이 완성되었나 보다. 나는 공부에 바빠 남을 비교할 겨를이 없다."

제32장

자 왈 불 환 인 지 불 기 지 　 환 기 불 능 야
子曰不患人之不己知요 患其不能也니라

| 국역 |

공자께서 말씀하셨다. "남이 나를 알아주지 않음을 걱정하지 말고 자기가 능하지 못함을 걱정해야 한다."

| 강설 |

학이편 제16장에 비슷한 내용이 나온다. 세상은 늘 유능한 사람을 영입하기 위해 혈안이 되어 있다. 내가 유능하기만 하면 가만히 있으려 해도 놓아두지 않을 것이다.

남이 알아주고 알아주지 않는 것은 남에게 속하는 문제이고, 내가 유능해지고 유능해지지 않는 것은 나에게 속하는 문제이다. 나는 나에게 속한 문제만 해결하면 된다.

제33장

자 왈 불 역 사 　 불 억 불 신 　 억 역 선 각 자 시 현 호
子曰不逆詐하며 不億不信이나 抑亦先覺者是賢乎인저
①　②

| 국역 |

공자께서 말씀하셨다. "(남이 나를) 속이리라는 것을 미리 생각하지 않고, 믿을 수 없는 사람이라고 억측하지도 않는다. 그러나 또한 먼저 깨닫는 것이 현명한 것이다."

| 난자풀이 |

[1] 逆 : 미리 헤아리는 것.
[2] 億 : 억臆과 통용. 생각하는 것. 억측하는 것.

| 강설 |

사람을 대하기 전에 '그는 사기꾼일 것이다.'라는 편견을 갖거나, '그는 믿을 수 없는 사람이다.'라는 억측을 하고서 상대하는 것은 남의 인격을 모독하는 것이다. 그러나 상대한 후에는 곧 그가 어떠한 사람인지 깨달아야 현명한 사람이다.

사람을 보지 않고서 평가해도 안 되며, 보고서 파악하지 못해도 안 된다.

— 제 34 장 —

微生畝[1]謂孔子曰丘는 何爲是栖栖[2]者與오 無乃爲佞[3]乎아 孔子曰非敢爲佞也라 疾固也니라

(미생묘위공자왈구 하위시서서자여 무내위녕호 공자왈비감위녕야 질고야)

| 국역 |

미생묘가 공자에게 말했다. "구丘는 무엇 때문에 바쁘게 돌아다니는 것인가? 말만 잘하는 것이 아닌가?" 공자께서 말씀하셨다. "감히 말을 잘하려는 것이 아닙니다. 고착된 것을 미워하기 때문입니다."

| 난자풀이 |

1 微生畝 : 미생微生은 성, 묘畝는 이름. 그가 공자에게 이름을 불렀고, 또 공자의 말씀을 기록할 때도 '자왈子曰'로 시작하지 않고 '공자왈孔子曰'로 시작한 것을 보면, 나이가 많고 지위가 높았던 사람으로 짐작된다.
2 栖栖 : 바쁜 모양.
3 無 : '無乃 … 乎'로 연용될 때는 '… 하지 아니한가?'로 해석한다.

| 강설 |

공자는 바쁘게 돌아다니고 싶어서 돌아다니는 것이 아니고, 말을 하기 좋아해서 말을 하는 것이 아니다. 혼란한 세상을 바로잡기 위해 어쩔 수 없이 그렇게 하는 것이다. 고固는 고착된 것이니, 세상 사람들이 물질적인 욕구를 추구하는 데만 고착되어 있고 참다운 삶을 찾으려 하지 않는 것을 말한다.

제35장

子曰驥는 不稱其力이라 稱其德也니라
(자왈기 불칭기력 칭기덕야)

| 국역 |

공자께서 말씀하셨다. "기라는 말을 훌륭하다고 하는 것은, 그 힘을 일컫는 것이 아니라, 그 덕을 일컫는 것이다."

| 강설 |

하루에 천 리를 달린다는 기驥라는 말을 사람들이 칭송하는 것은 힘이 세기 때문이 아니다. 힘센 말 중에는 사납게 굴어서 사람을 해치는 말도 많다. 그런 말은 못 쓰는 말이다. 기라는 말은 힘이 세기 때문에 훌륭한 것이 아니다. 사람과 잘 통하기 때문에 훌륭한 것이다.

덕은 본마음을 실현할 수 있는 능력이다. 덕이 있는 사람은 한마음으로 살기 때문에 남과 잘 통한다. 덕을 말에도 적용할 수 있다. 사람과 잘 통하는 말이 덕이 있는 말이다.

제36장

或曰以德報怨(혹왈이덕보원)이 何如(하여)하니잇고 子曰何以報德(자왈하이보덕)고 以直報怨(이직보원)이요 以德報德(이덕보덕)이니라

| 국역 |

어떤 사람이 말했다. "은덕을 베풀어 원한에 보답하면 어떠합니까?" 공자께서 말씀하셨다. "무엇으로 은덕에 보답하겠는가? 원한은 정직한 마음으로 갚아야 하고, 은덕은 은덕으로 보답해야 한다."

| 강설 |

예수는 "원수를 사랑하라."고 했고, 노자도 "원한을 은덕으로 보답하라."고 했다. 그런데 공자는 여기서 "원한은 정직한 마음으로 갚아라."고 했다. 무엇이 다른가?

사람을 대하는 방법은 입장에 따라서 다르다. 부모의 입장에서 자녀를 대할 때는 조건이 없다. 자녀에게 억울한 일을 당해도 용서를 한다. 원한을 은덕으로 보답하는 것이다. 그러나 형제끼리는 다르다. 형이 동생을 못살게 구는데도 동생이 그것을 용납하다가 만약 죽기라도 한다면 부모에게 큰 죄를 짓는 것이다. 부모에게 있는 그대로를 솔직하게 말한 뒤, 부모의 처분을 기다려야 한다.

삶의 방식은 사람에 따라 다를 수밖에 없다. 처한 상황에 따라서도 다르고, 사람의 마음 상태에 따라서도 다르다. 부모의 입장

과 자녀의 입장이 다르고, 선생의 입장과 학생의 입장이 다르다. 하늘마음으로 사는 사람의 대처방법과 욕심으로 사는 사람의 대처방법도 다르다. 자녀에게 부모의 방법을 강요해도 안 되고, 학생에게 선생의 방법을 강요해도 안 된다. 욕심 많은 사람에게 갑자기 성인의 방법을 강요해도 안 된다. 각자의 처해진 상황에서 알맞은 방법을 택해야 한다.

공자에게 질문한 사람은 성인의 방법을 따를 수 없는 사람으로 보인다. 욕심 많은 사람에게 성인의 방법을 강요하면 심한 스트레스를 받아서 병에 걸리기도 한다. 공자는 그 질문자의 상황에 맞는 방법을 가르쳐주었다.

제37장

子曰莫我知也夫인저 子貢曰何爲其莫知子也잇고 子曰 不怨天하고 不尤人하며 下學而上達하노니 知我者는 其天乎인저

(자왈막아지야부 자공왈하위기막지자야 자왈 불원천 불우인 하학이상달 지아자 기천호)

국역

공자께서 말씀하셨다. "나를 알아주는 사람이 없구나!" 자공이 말했다. "어째서 선생님을 알아주는 사람이 없다고 하십니까?" 공자께서 말씀하셨다. "하늘을 원망하지 않고, 사람을 탓하지 않으며, 아래로부터 배워서 위에 도달했으니, 나를 알아주는 자는 하늘이로다!"

강설

하학이상달下學而上達은 학문의 과정을 말한다. 처음에는 구체적 삶의 방식을 배운다. 그런 뒤에 예의 본질을 배운다. 본마음을 배우고, 그것이 하늘에 닿아 있는 하늘마음이라는 것을 배운다. 배움

이 깊어져서 하늘마음을 완전히 회복하여 하늘처럼 살게 되면 학문이 완성된다.

공자는 학문을 완성했다. 어릴 때 도저히 견디기 어려운 환경에서 태어나고 자랐음에도 하늘을 원망하지 않았다. 멸시하는 주위의 사람들을 탓하지도 않았다. 오직 학문에 열중하여 학문을 완성했다. 학문을 완성한 공자는 하늘이었다. 공자의 얼굴을 안다고 해서 공자를 아는 것이 아니다. 공자의 마음을 알아야 공자를 아는 것이다. 공자의 마음은 하늘마음이었다. 하늘마음으로 사는 사람은 하늘이다. 하늘이 된 공자는 하늘이 알아준다.

공자의 마음은 하늘의 마음이다. 하늘이 하는 일이 공자가 하는 일이다. 밝게 빛나는 태양이 공자의 모습이고, 봄날에 파릇파릇 돋아나는 새싹이 공자의 모습이며, 가을에 고운 얼굴이 되어 하늘하늘 떨어지는 나뭇잎이 공자의 모습이다. 솔잎 사이로 불어오는 바람 소리가 공자의 소리이고, 세상을 놀라게 하는 천둥소리도 공자의 소리다.

자공은 똑똑한 사람이었다. 그는 늘 남들에게 그의 똑똑함을 인정받고 싶었다. 공자가 그걸 모를 리 없다. 남들에게 인정받는 것은 중요하지 않다. 참으로 중요한 것은 학문을 완성하여 하늘처럼 되는 것이다. 하늘처럼 되어 하늘에게 인정받는 것보다 더 중요한 것은 없다.

제38장

공백료소자로어계손 / 자복경백 / 이고왈부자
公伯寮[1]愬子路於季孫이어늘 子服景伯[2]이 以告曰夫子

고유혹지어공백료 / 오력유능사저시조 / 자
固有惑志於公伯寮하나니 吾力猶能肆[3]諸[4]市[5]朝[6]니이다 子

왈도지장행야여 / 명야 / 도지장폐야여 / 명야
曰道之將行也與도 命也며 道之將廢也與도 命也니

공백료 / 기여명 / 하
公伯寮이 其如命에 何리오

| 국역 |

공백료가 자로를 계손에게 참소하니, 자복경백이 (공자에게) 그 사실을 알렸다. "그 사람(계손)은 본시 공백료에게 마음이 미혹되어 있습니다. (그러나) 나의 힘은 오히려 (공백료의 시체를) 시장이나 조정에 늘어놓을 수 있습니다." 공자께서 말씀하셨다. "도가 장차 행해지는 것도 천명이며, 도가 장차 사라지는 것도 천명이니, 공백료가 천명을 어떻게 하겠는가?"

| 난자풀이 |

1 公伯寮 : 공백公伯은 성, 료寮는 이름. 노魯나라 사람.
2 子服景伯 : 자복子服은 성, 경景은 시호, 백伯은 자字, 이름은 하何이다. 노魯나라 사람.
3 肆 : 사형당한 사람의 시체를 늘어놓는 것을 말한다.
4 諸 : 지어之於의 뜻.
5 市 : 시장. 사士를 사형시키면 시장바닥에 늘어놓을 수 있다.
6 朝 : 조정. 대부를 사형시키면 조정에 늘어놓을 수 있다.

| 강설 |

공백료가 계손에게 자로를 중상 모략했다. 계손은 공백료의 말에 잘 속는 사람이므로 자로는 위태롭게 될 수 있다. 이를 안 자복경백이 공자에게 생색을 내며 말했다. "나는 공백료를 사형시킬 수 있는 능력이 있습니다. 나에게 부탁하면 자로를 구하겠습니다."

공자의 생각은 달랐다. 사람이 사람의 일을 마음대로 할 수 있는 것이 아니다. 공자가 자로를 제자로 둔 것도 하늘의 뜻이고, 공자가 세상을 구제하는 것도 하늘의 뜻이다. 하늘의 뜻을 따르는 공자는 오직 하늘의 뜻을 따르기만 할 뿐, 달리 걱정할 것이 없다. 공백료 따위가 어떻게 할 수 있는 것이 아니다.

제39장

子曰賢者는 辟世[1]하고 其次는 辟地하고 其次는 辟色하고 其次는 辟言이니라

(자왈현자 피세 기차 피지 기차 피색 기차 피언)

| 국역 |

공자께서 말씀하셨다. "현명한 사람은 세상을 피하고, 그 다음은 땅을 피하고, 그 다음은 얼굴빛을 (보고서) 피하고, 그 다음은 말을 (들어보고서) 피한다."

| 난자풀이 |

[1] 辟 : 문맥에 따라 피避・벽僻・비譬・벽闢 등의 뜻으로 쓰인다. 여기서는 피避의 뜻이고 음은 '피'.

| 강설 |

현명한 사람은 어지러운 세상을 만났을 때 은둔하여 세상 그 자체를 피하고, 그 다음 수준의 사람은 어지러운 장소만 피하며, 그 다음 수준의 사람은 얼굴빛을 보아 위험함을 알아차리고서 피하고, 그 다음 수준의 사람은 얼굴빛만으로는 모르기 때문에 말을 들어본 뒤에 위험함을 알아차리고서 피한다.

위험한 줄 알면서도 떠나지 못하고 머물러 있는 것은 마음속에 집착이 있기 때문이다.

제40장

子曰作者七人矣로다

(자왈작자칠인의)

| 국역 |

공자께서 말씀하셨다. "일어나 움직인 자가 일곱 사람이었다."

| 강설 |

일어나 움직인 자는 어떤 사람을 말하는 것인지 정확하지 않다. 세상을 구하기 위해 나선 사람일 수도 있다. 세상을 피하고 땅을 피한 사람이라고 하는 설도 있다.

제41장

자로숙어석문　　　신문왈해자　　자로왈자공씨
子路宿於石門[1]이러니 晨門[2]曰奚自오 子路曰自孔氏로라

왈시지기불가이위지자여
曰是知其不可而爲之者與아

| 국역 |

자로가 석문에서 유숙하였는데, 신문이 물었다. "어디에서 왔는가?" 자로가 말했다. "공씨에게서 왔습니다." "안 되는 줄 알면서 하는 자로구나!"

| 난자풀이 |

[1] 石門 : 노魯나라의 성城 밖에 있는 문門.
[2] 晨門 : 새벽에 문을 여는 사람이란 뜻에서 붙여진 이름이다. 은자隱者이기 때문에 실제의 이름은 알려지지 않았다.

| 강설 |

가능성이 있을 때 하고, 가능성이 없을 때는 하지 않아야 하는데, 공자는 그렇지 않았다. 안 되는 일인 것같이 판단되어도 나섰다.

일의 성사 여부는 사람이 판단하는 것이 아니다. 그것은 하늘이

결정하는 것이다. 사람은 오직 하늘의 뜻을 따를 뿐이다.

제 42 장

자 격 경 어 위　　유 하 궤 이 과 공 씨 지 문 자 왈 유 심 재
子擊磬[1]於衛러시니　有荷蕢而過孔氏之門[2]者曰有心哉

격 경 호　　기 이 왈 비 재　　갱 갱 호　　막 기 지 야
라 擊磬乎여　旣而曰鄙哉라　硜硜[3]乎여　莫己知也어든

사 이 이 이 의　　심 즉 려　　천 즉 게　　자 왈 과 재　　말
斯已而已矣니　深則厲[4]요　淺則揭[5]니라　子曰果哉라　末

지 난 의
之[6]難[7]矣니라

| 국역 |

공자께서 위나라에서 경磬이라는 악기를 두드리고 계셨는데, 삼태기를 메고 공자의 문을 지나가던 자가 말했다. "마음에 미련이 남아 있구나! 경을 두들기는 것이여." 한참 있다가 또 말했다. "천박하도다! 땅땅거리는 소리여. 자기를 알아주는 사람이 없으면 그만둘 따름이니, 깊으면 옷을 벗고 건너고, 얕으면 옷을 걷고 건널 것이다." 공자께서 말씀하셨다. "과감하구나! 어렵게 여기는 것이 없도다."

| 난자풀이 |

[1] 磬 : 돌이나 옥으로 만든 악기. 나무에 달아놓고 두드리는 것이다.
[2] 門 : 공자가 숙박하는 집의 문.
[3] 硜硜 : 경磬을 두드리는 소리.
[4] 厲 : 옷을 벗고 건너감.
[5] 揭 : 옷을 걷고 건너감.
[6] 之 : 난難과 도치되어 있다. 부정을 나타내는 말+타동사+목적어로 이어질 때 타동사와 목적어가 도치되는 경우가 많다.
[7] 難 : 어렵게 여긴다.

| 강설 |

공자는 세상을 구하기 위해 열심히 돌아다녔지만 뜻대로 되지 않았다. 그럴수록 허탈하고 안타까운 마음을 억제할 수 없었다. 경磬이라는 악기를 두드릴 때 지나가던 은자隱者가 그 소리를 듣고 공자의 마음을 간파했다. "물이 깊으면 옷을 벗고 건너고, 물이 얕으면 옷을 걷고 건너면 된다. 세상 흐르는 대로 살면 될 것이다. 무슨 미련이 그렇게 많은가?"

세상의 잡사를 과감하게 잊어버리고 은둔하는 사람을 보면, 그 용기에 감탄할 때가 있다. 세상사를 중요하게 여기지 않고 훌쩍 떠나는 것은 쉬운 것이 아니다.

공자의 특징은 인간사회를 떠나서 본래적인 것을 구하는 데 있지 않다. 세상을 구하기 위해 나섰지만, 결과에 연연하지 않는다. 오직 하늘의 뜻을 따르기만 할 뿐, 결과는 하늘이 정하는 것이다. 그러므로 공자의 허탈함은 잠깐뿐이다. 다시 일어나 세상을 구제하기 위해 나서는 것이 공자다.

— 제43장 —

子張曰書[1]云高宗[2](자장왈서운고종)이 諒陰[3]三年(양암삼년)을 不言(불언)이라하니 何謂也(하위야)잇고 子曰何必高宗(자왈하필고종)이리요 古之人皆然(고지인개연)하니 君薨[4](군훙)이어든 百官[5](백관)이 總己(총기)하여 以聽於冢宰[6]三年(이청어총재삼년)하니라

| 국역 |

자장이 말했다. "『서경』에 이르기를, '고종이 양암諒陰에서 3년 동안을 말하지 않았다.' 하니, 무엇을 의미하는 것입니까?" 공자께서 말씀하셨다. "하필 고종뿐이겠는가? 옛사람이 다 그러했으니, 임

금이 죽으면 백관들은 자기의 직무를 총괄하여 총재에게 듣는 것을 3년 동안 했다."

| 난자풀이 |

1 書 : 『서경書經』을 말함.
2 高宗 : 은왕조殷王朝를 중흥시킨 현왕賢王. 이름은 무정武丁.
3 諒陰 : 량암梁闇이라고도 한다. 량梁은 여막의 량梁이고 암闇은 암庵이니, 부모의 상喪을 치르기 위해 만들어놓은 막사를 말한다. 음은 '양암'.
4 薨 : 임금이 죽는 것을 말한다.
5 百官 : 모든 관리.
6 冢宰 : 태재太宰, 국무총리에 해당하는 관직.

| 강설 |

임금이라 하더라도 부모상을 당하면 3년 간은 너무 슬퍼서 정치를 할 수 없다. 모든 정치는 총재가 대행한다.

제44장

자 왈 상 호 례 즉 민 이 사 야
子曰上好禮則民易使也니라
1

| 국역 |

공자께서 말씀하셨다. "윗사람이 예를 좋아하면 백성들을 부리기 쉽다."

| 난자풀이 |

1 易 : '쉽다'는 뜻으로 음이 '이'.

| 강설 |

윗사람이 예를 좋아한다는 것은 원칙을 지킴으로써 아랫사람들과

조화를 이룬다는 말이다. 윗사람이 원칙을 세워서 지키면, 아랫사람들은 윗사람의 눈치를 볼 필요가 없다. 모든 일을 원칙에 맞게 처리하기만 하면 되므로 따르기가 쉽다.

제45장

子路問君子(자로문군자)한대 子曰脩己以敬(자왈수기이경)이니라 曰如斯而已乎(왈여사이이호)[1]잇가 曰脩己以安人(왈수기이안인)이니라 曰如斯而已乎(왈여사이이호)잇가 曰脩己以安百姓(왈수기이안백성)이니 脩己以安百姓(수기이안백성)은 堯舜(요순)도 其猶病諸(기유병저)시니라

| 국역 |

자로가 군자에 대하여 물으니, 공자께서 대답하셨다. "자기를 닦기를 경敬으로써 한다." "그 정도뿐입니까?" "자기를 닦아서 남을 편안하게 하는 것이다." "그 정도뿐입니까?" "자기를 닦아서 모든 사람을 편안하게 하는 것이니, 자기를 닦아서 모든 사람을 편안하게 하는 것은 요순도 오히려 (그렇게 하지 못하는 것을) 병통으로 여겼다."

| 난자풀이 |

[1] 如斯 : 이와 같다. 그와 같다. '그와 같아?'라는 말은 '그 정도야?'라는 말이다.

| 강설 |

자로의 생각으로는 나라의 혼란을 당장 해결하는 것보다 더 중요한 것이 없었다. 나라의 혼란을 바로 해결할 인물, 그런 사람이 군자일 것이다. 그런 사람을 빼놓고 누가 군자일 수 있겠는가? 그런 생각으로 공자에게 물었다.

공자의 답변은 의외였다. 군자는 진리를 얻기 위해 자기를 닦는 사람이다. 세상에서 '나'보다 더 중요한 것은 없다. 나라가 중요한 것도 자기가 그 나라에 살기 때문이다. 자기가 그 나라에 살지 않는다면 그 나라가 중요할 까닭이 없다. '나'보다 더 중요한 것은 없다. 나라보다도 중요한 '나'이고, 우주보다도 중요한 '나'이다. 그런 '나'이기 때문에 '나'는 행복해야 한다. '나'의 행복은 진리를 얻는 데 있다. '나'를 닦아 진리를 얻는 것보다 더 중요한 것은 없다.

그런데 자로는 그런 것을 하찮게 생각한 모양이다. 나라의 혼란을 해결하는 것보다 더 중요한 것이 없다고 생각했다. 그런 자로이기 때문에 공자가 말한 군자는 하찮은 사람으로 보였다. "그 정도뿐입니까?"라고 한 자로의 말이 그것을 입증하고도 남는다.

자로는 자기를 닦는 것을 자기 개인만을 위하는 것으로 알았다. 자기 개인만을 위하는 일은 작은 일로 보였다. 자로의 판단은 잘못이다. 자기가 행복해지면 남도 행복해진다. 행복하지 않은 사람이 남을 행복하게 할 수 없고, 바르지 않은 사람이 남을 바르게 할 수 없다. 자기가 행복한 만큼 남을 행복하게 할 수 있고, 자기가 바른 만큼 남을 바르게 할 수 있다. 공자는 그 점을 깨우쳐주었다. "자기를 닦아서 남을 편안하게 하는 것이 군자다."라고 답했다. 그래도 자로가 못 알아듣자, "자기를 닦아서 모든 사람을 편안하게 하는 것"이라고 답했다. 이보다 더 중요한 것은 없다.

자기를 닦지 않은 사람이 나라를 바로잡겠다고 나서는 것처럼 어리석은 것은 없다.

제46장

原壤(원양)이 [1] 夷俟(이사)러니 [2] 子曰幼而不孫弟(자왈유이불손제)하며 長而無述焉(장이무술언)이 [3] 요 老而不死(노이불사)니 是爲賊(시위적)이라하시고 以杖叩其脛(이장고기경)하시다 [4]

| 국역 |

원양이 걸터앉아서 기다리니, 공자께서 "어려서는 공손하지 못하고, 자라서는 (도道를) 이어받음이 없으며, 늙어서도 죽지 아니하니, 이는 (도를) 해치는 자이다." 하시고, 지팡이로 그의 정강이를 두드리셨다.

| 난자풀이 |

1 原壤 : 노나라 사람. 어릴 때 공자와 같은 고을에서 자란 사람인 듯하다.
2 夷 : 책상다리 하고 앉는 것.
3 述 : 좋은 것을 이어받는 것.
4 脛 : 정강이. 음은 '경'.

| 강설 |

어려서는 부모에게 효도하고 윗사람을 공경하며 두루 예의를 갖추도록 노력해야 하고, 자라서는 학문을 하여 전해오는 도를 이어받아 실천해야 하며, 늙으면 죽어야 한다. 원양은 어릴 때부터 공자와 함께 자랐지만 인간의 도리를 하지 못했다. 살아 있어도 인간의 가치가 없다. 그런 인간이 죽지도 않고 있다. 구제불능인 인간에 대한 공자의 분노다.

제47장

궐당동자장명 혹문지왈익자여 자왈오견
闕黨童子將命이어늘 或問之曰益者與잇가 子曰吾見
1 2
기거어위야 견기여선생병행야 비구익자야
其居於位也하며 見其與先生並行也하니 非求益者也
욕속성자야
라 欲速成者也니라

| 국역 |

궐당의 동자가 명령을 전달하는 일을 맡아보고 있었다. 그것을 보고 어떤 사람이 물었다. "(학문이) 진전된 자입니까?" 공자께서 말씀하셨다. "내 그가 자리에 거처하는 것을 보며, 그가 선배들과 나란히 걸어가는 것을 보니, (학문이) 진전되기를 구하는 자가 아니라 빨리 이루고자 하는 자이다."

| 난자풀이 |

1 闕黨 : 지명. 공자가 살았던 궐리闕里라는 설이 있다.
2 將 : 거느리는 것. 관장하는 것.

| 강설 |

어린 동자가 유사가 되어 일을 맡고 있는 것을 기이하게 생각한 어떤 사람이, 학문이 특별히 진전되었기 때문에 유사가 된 것인지 물었던 것이다.

학생들의 행사는 학생들이 자체적으로 주관한다. 선생이 관여할 것이 없다. 보통은 중견 제자들이 일을 맡아서 하는 법인데, 어린아이가 유사가 되어 일을 보고 있었다. 그것을 보고 어떤 사람이 학문이 빨리 진전된 사람인지를 물었다. 그러나 그 아이는 학문보다는 나서기 좋아하는 사람이었다.

학문은 뿌리를 내리는 것과 같다. 뿌리를 충분히 내리면 자연히 꽃이 피고 결실을 하게 되는 것처럼, 학문을 충실히 하게 되면 저절로 남에게 대접을 받게 되고 유명해진다. 그러나 뿌리를 내리는 일은 남에게 보이지 않는, 혼자만의 노력을 요하는 것이므로 고독할 수도 있다. 따라서 빨리 꽃을 피우고 싶은 성급한 사람은 뿌리를 내리는 일을 소홀히 하기 쉽다. 그렇게 되면 비록 꽃을 피웠다고 하더라도 곧 시들게 되어 결실하지 못한다.

十五. 위령공편 衛靈公篇

— 제 1 장 —

위령공 문진어공자 공자대왈조두지사즉상문
衛靈公이 問陳[1]於孔子한대 孔子對曰俎[2]豆[3]之事則嘗聞
지의 군려지사 미지학야 명일 수행
之矣니와 軍旅之事는 未之學也라하시고 明日에 遂[4]行
재진절량 종자병 막능흥 자로온
하시다 在陳絶糧하니 從者病[5]하여 莫能興이러니 子路慍
현왈군자역유궁호 자왈군자 고궁 소인
見曰君子亦有窮乎잇가 子曰君子라야 固窮이니 小人
궁사람의
은 窮斯濫矣니라

| 국역 |

위나라의 영공이 공자에게 진법에 대해서 묻자, 공자께서는 "조두俎豆에 대한 일은 일찍이 들었습니다만, 군사에 관한 일은 아직 배우지 못했습니다."고 하시고, 다음날 마침내 떠나셨다. 진나라에 계실 때 양식이 떨어져, 따라간 자들이 쇠약해져 일어나지 못했다. 자로가 화가 나서 뵙고 말했다. "군자도 또한 곤궁함이 있습니까?" 공자께서 말씀하셨다. "군자라야 본래 곤궁할 수 있으니, 소인은 곤궁하면 바로 넘쳐버린다."

| 난자풀이 |

1 陳 : 전쟁할 때의 진법.
2 俎 : 제사 때 고기 종류를 담는 그릇.
3 豆 : 제기.
4 遂 : 마침내. 드디어.
5 病 : 쇠약해짐. 위독해짐.

| 강설 |

위나라의 영공이 무도하므로 공자는 위나라를 떠날 작정을 하고 있었다. 그러던 중에 영공이 전쟁할 때의 진법에 대해서 물어오니, 더 이상 미련을 가질 수 없게 되어 마침내 떠나게 되었다.

군자는 가난해도 행복하고, 죽어도 슬프지 않다. 먹을 것이 없어 굶고 있어도 태연하다. 그러나 소인은 다르다. 소인은 재물을 잃으면 안절부절못하고, 목숨이 위태로워지면 혼비백산한다. 죽음을 모면하기 위해서 무슨 짓이든 하기 때문에 평소의 모습을 유지하지 못한다. 넘쳐버린다는 말은 강물이 강을 따라 흐르지 못하고 범람한다는 뜻이다.

제2장

子曰賜也아 女以予爲多學而識之者與아 對曰然하이다 非與잇가 曰非也라 予一以貫之니라
(자왈사야 여이여위다학이지지자여 대왈연 비여 왈비야 여일이관지)
1

| 국역 |

공자께서 말씀하셨다. "사야, 너는 내가 많이 배워서 기억하고 있는 사람이라 생각하느냐?" 자공이 대답했다. "그렇습니다. 아닙니까?" "아니다. 나는 하나를 가지고 (모든 것을) 꿰뚫고 있다."

| 난자풀이 |

① 識 : 여기서는 '기억한다'는 뜻으로 해석하는 것이 정설이다. 음은 '지'.

| 강설 |

일이관지一以貫之라는 말은 이인편里仁篇 제15장에 나온다.

제3장

자 왈 유 지 덕 자 선 의
子曰由아 知德者鮮矣니라

| 국역 |

공자께서 말씀하셨다. "유야, 덕을 아는 자가 드물다."

| 강설 |

학문하는 사람들 중에서 예를 아는 사람은 적고, 그중에서 도를 아는 사람은 더욱 적고, 또 그중에서 덕을 아는 자는 더더욱 적다.

제4장

자 왈 무 위 이 치 자 기 순 야 여 부 하 위 재 공
子曰無爲而治者는 其舜也與신저 夫何爲哉시리오 恭

기 정 남 면 이 이 의
己正南面而已矣시니라
①

| 국역 |

공자께서 말씀하셨다. "하는 일이 없이 다스린 자는 순임금이로다! 무엇을 했는가? 자기의 몸가짐을 공손하게 가지고서 똑바로 남쪽

을 향하고 있었을 뿐이다."

| 난자풀이 |

1 南面 : 얼굴을 남쪽으로 향하는 것. 임금은 북쪽에서 남쪽으로 향하여 앉으므로 남면南面은 임금 노릇 하는 것을 말한다. 이와 반대로 북면北面은 신하 노릇 하는 것이다.

| 강설 |

정치를 하는 사람은 마음이 바른 사람이어야 한다. 바른 마음은 하늘마음이다. 하늘마음을 가진 사람은 언제나 공손하다.

정치는 임금 혼자서 하는 것이 아니다. 오늘날의 정치도 마찬가지다. 대통령은 각 분야의 최고의 인물을 각 부처의 장관으로 임명해야 한다. 그렇게 하면 대통령은 할 일이 없다. 할 일 없는 대통령이 최고의 대통령이다.

제5장

子張問行(자장문행)[1]한대 子曰言忠信(자왈언충신)하며 行篤敬(행독경)이면 雖蠻貊之(수만[2]맥[3]지)邦(방)이라도 行矣(행의)어니와 言不忠信(언불충신)하며 行不篤敬(행부독경)이면 雖州(수주[4])里(리[5])나 行乎哉(행호재)아 立則見其參於前也(입즉견기참어전야)요 在輿則見其倚於衡也(재여즉견기의어형[6]야)니 夫然後行(부연후행)이니라 子張書諸紳(자장서저신[7])하니라

| 국역 |

자장이 통하는 것에 대해서 묻자, 공자께서 말씀하셨다. "말이 진실하고 미더우며, 행실이 돈독하고 경건하면, 비록 오랑캐의 나라라 하더라도 통할 것이다. 말이 진실하지도 않고 미덥지도 않으

며, 행실이 돈독하지도 않고 경건하지도 않으면, 비록 중앙이라도 통하겠는가? 일어서면 그것(충신忠信과 독경篤敬)이 앞에 있는 것을 보고, 수레에 있으면 그것이 가로대에 기대어 있음을 보아야 하는 것이니, 그런 뒤에라야 통할 수 있는 것이다." 자장이 띠에 썼다.

| 난자풀이 |

1 行 : 행해진다는 말은 '통한다'는 말이다.
2 蠻 : 남쪽 오랑캐. 음은 '만'.
3 貊 : 동북쪽에 있었던 나라 이름. 음은 '맥'. 만맥蠻貊이라는 말은 구체적인 어떤 나라를 지칭하는 것이 아니라 오랑캐의 대명사로 쓰인 말이다.
4 州 : 주대周代에는 대개 2500호戶로 구성된 중앙지방의 마을을 일컫는 난위였다. 그러나 그 이전에는 전국을 나눈 행정구역으로서 전국을 구주九州 또는 십이주十二州로 나누었다.
5 里 : 대개 500호戶로 구성되는 마을.
6 衡 : 멍에. 수레 앞에 가로로 된 나무.
7 諸 : 지어之於와 같음.

| 강설 |

남과 관계를 맺을 수 있는 구체적인 것은 말과 행동이다. 말이 진실하고 미더우며, 행동이 돈독하고 경건하여 자기중심적이 되지 않으면 남들에게 받아들여진다. 그런 사람은 어디를 가더라도 통한다.

내가 남을 사랑하면 남도 나를 사랑하고, 내가 남에게 이기려 하면 남도 나에게 이기려고 한다.

제6장

자왈직재 사어 방유도 여시 방무도 여시
子曰直哉라 史魚여 邦有道에 如矢하며 邦無道에 如矢
1
군자재 거백옥 방유도즉사 방무도즉
로다 君子哉라 蘧伯玉이여 邦有道則仕하고 邦無道則
가권이회지
可卷而懷之로다

| 국역 |

공자께서 말씀하셨다. "정직하구나, 사어여! 나라에 도가 있을 때도 화살 같았고, 나라에 도가 없을 때도 화살 같았다. 군자로다, 거백옥이여! 나라에 도가 있으면 벼슬하고, 나라에 도가 없으면 능력을 거두어 가만히 간직하고 있었다."

| 난자풀이 |

1 史魚 : 위衛나라의 대부大夫 사추史鰌, 자字는 자어子魚, 사史는 관명官名. 『한시외전韓詩外傳』에 보면, 위衛나라의 대부大夫 사어史魚가 병이 들어 죽게 되었을 때 그 아들에게 말하기를, 나는 가끔 거백옥蘧伯玉의 현명함을 말했으나 등용시키지 못했고, 미자하彌子瑕는 불초不肖하였으나 물리치지 못했으므로 신하된 자격이 없으니, 나의 장례식을 정당正堂에서 하지 말고 실내室內에서 하라고 했고, 그 아들이 그렇게 하자, 이를 안 임금이 뉘우치고 거백옥을 불러 등용하고 미자하를 물리쳤다는 기록이 있다.

| 강설 |

사史라는 관직의 역할은 역사를 기록하는 것이므로 특히 칼날처럼 강직하여 굽히지 않는 사람이어야 감당할 수 있다.

군자는 나라에 도가 있으면 벼슬하고, 도가 없으면 숨는다. 도가 없는데도 벼슬하는 것은 군주의 독재를 도와주는 것이 되기 때문이다.

제7장

자왈가여언이불여지언 / 실인 / 불가여언이여
子曰可與言而不與之言이면 失人이요 不可與言而與

지언 / 실언 / 지자 / 불실인 / 역불실언
之言이면 失言이니 知者는 不失人하며 亦不失言이니라

| 국역 |

공자께서 말씀하셨다. "말을 해야 되는데도 말을 하지 않으면 사람을 잃는 것이요, 말을 하지 않아야 되는데 말을 하면 말을 잃는 것이다. 지혜로운 자는 사람을 잃지 아니하며, 또한 말도 잃지 않는다."

| 강설 |

말해야 될 때 말하지 않으면 상대를 무시하는 것이다. 나에게 무시당한 사람은 나에게서 떠나간다. 말하지 않아야 될 때 하는 말은 쓸데없는 말이다. 지혜로운 사람은 분별력이 있고 상황판단을 잘하기 때문에 상황에 맞는 적절한 말을 한다. 그래서 사람에게 원망받을 일이 적고, 쓸데없는 말을 하지도 않는다. 그러나 어진 자는 다르다. 어진 자는 남과 나를 하나로 여기는 습성 때문에 분별력이 약하고 상황판단을 잘하지 못한다. 말을 해야 하는 상황에서도 말하지 않아 오해를 받기도 한다. 어진 자들은 감사하는 마음, 미안한 마음 등을 잘 표현하지 않는 경향이 있다. 바로잡아야 한다.

제8장

자왈지사인인 / 무구생이해인 / 유살신이성인
子曰志士仁人은 無求生以害仁이요 有殺身以成仁이니라

| 국역 |

공자께서 말씀하셨다. "지사와 인인은 살기 위해서 인을 해치는 일이 없다. 몸을 죽여서라도 인을 이룬다."

| 강설 |

지사志士는 학문에 뜻을 둔 선비이다. 학문이 진전될수록 인인仁人에 가까워진다. 인인仁人은 남과 내가 하나가 되는 사람이다. 인인은 모든 사람 전체가 자기의 모습이다. 자기 개인의 죽음이 모두를 살리는 길이라면 기꺼이 자기의 죽음을 택한다.

인인에게는 삶만 있을 뿐 죽음은 없다. 몸이 죽는 것은 죽는 것이 아니다.

제9장

子貢(자공)이 問爲仁(문위인)한대 子曰工欲善其事(자왈공욕선기사)인댄 必先利其器(필선리기기)니

居是邦也(거시방야)하여 事其大夫之賢者(사기대부지현자)하며 友其士之仁者(우기사지인자)니라

| 국역 |

자공이 인仁을 하는 것에 대해서 묻자, 공자께서 말씀하셨다. "공인工人이 그 일을 잘하려고 하면, 반드시 먼저 그 연장(기器)을 예리하게 하는 것이니, 그 나라에 살 때는 그 나라의 대부 중에서 현명한 자를 받들고, 그 나라의 선비 중에서 인仁한 자를 사귀어야 한다."

| 강설 |

자공은 분별력이 있고 이재를 잘하며, 돈 많고 권력 있는 사람과 잘 사귀었다. 그러므로 공자는 자공에게 사람 사귐을 통해 인仁에

접근할 수 있는 방법을 제시했다.

돈 많은 사람 옆에 있으면 돈에 관한 이야기를 듣게 되고, 인자仁者 옆에 있으면 인仁한 이야기를 듣게 된다. 그러므로 사귐은 중요하다. 공인工人이 일을 할 때 연장부터 먼저 손질하듯이, 인仁을 하기 위해서는 환경부터 먼저 바꾸어야 한다.

사士는 학문을 통해 인仁으로 나아가는 사람이므로, 사士 중에서는 인仁에 도달한 사람이 가장 훌륭하므로 어진 사士와 사귀는 것이 중요하다. 대부大夫는 정치에 관여하고 있는 사람이다. 정치하는 사람은 인仁과 지知를 겸해야 한다. 그런 사람 중에 완벽한 사람이 성인聖人이고, 성인에 근접한 사람이 현인賢人이다. 따라서 대부 중에서는 현인을 찾아 사귀면 된다.

제10장

顔淵問爲邦(안연문위방)한대 子曰行夏之時(자왈행하지시)하며 [1] 乘殷之輅(승은지로)하며 [2] 服周之冕(복주지면)하며 [3] 樂則韶舞(악즉소무)요 [4] 放鄭聲(방정성)하며 遠佞人(원영인)이니 鄭聲(정성)은 淫(음)하고 佞人(영인)은 殆(태)하니라

| 국역 |

안연이 나라를 다스리는 것에 대해서 묻자, 공자께서 말씀하셨다. "하나라의 때(책력)를 행하며, 은나라의 수레를 타며, 주나라의 면류관을 쓰며, 음악은 소무를 할 것이고, 정나라 음악을 추방하며, 말재주 있는 사람을 멀리할 것이다. 정나라 음악은 음탕하고, 말재주 있는 사람은 위태롭다."

| 난자풀이 |

1 時 : 때, 책력. 하나라의 달력은 입춘이 정월에 있다.
2 輅 : 수레. 음은 '로'. 은나라의 수레는 소박하게 나무로 만들었다고 한다.
3 冕 : 면류관. 주나라의 예관禮冠. 장식이 훌륭하였다고 한다.
4 韶舞 : 순임금이 만든 음악.

| 강설 |

공자는 안연에게 정치하는 구체적인 방법을 설명했다. 안연은 학문을 통해 거의 인仁에 도달한 사람이므로 원리적인 것은 설명하지 않아도 되었을 것이다. 그러나 안연은 아직 역사 속에서 일어난 구체적인 정치방법에 대해서는 파악이 부족했을 것이다. 그래서 공자는 역사 속에서 있었던 정치방법 중에서 우수한 것을 열거하여 제시했다.

정치를 잘하는 구체적인 방법은, 과거의 역사 속에서 훌륭했던 것을 계승하는 것, 오늘날 있는 것 중에서 나쁜 것을 버리는 것, 사람을 잘 쓰는 것, 이 세 가지로 집약될 수 있을 것이다.

제11장

자왈인무원려 필유근우
子曰人無遠慮면 必有近憂니라

| 국역 |

공자께서 말씀하셨다. "사람에게 먼 헤아림이 없으면, 반드시 가까운 근심이 있다."

| 강설 |

사람이 먼 장래를 헤아려서 인생의 근본문제를 해결하고 나면, 눈앞에서 일어나는 작은 걱정거리는 걱정거리가 되지 않는다. 그러

나 먼 장래에 다가오는 문제를 해결해 놓지 않고 눈앞의 문제만 해결하면 수많은 문제들이 끝없이 다가온다. 결국 다가오는 문제를 해결하느라 끙끙거리다가 인생 끝나고 만다.

맹자는 "평생의 걱정은 있어도 하루아침의 근심은 없다(有終身之憂, 無一朝之患).'고 했다. 평생의 걱정은 학문을 완성하는 것이다. 학문을 완성하는 것이 원려遠慮에 해당한다.

제12장

子曰已矣乎라 吾未見好德如好色者也로라
(자왈이의호 오미견호덕여호색자야)

| 국역 |

공자께서 말씀하셨다. "그만두자꾸나! 나는 덕을 좋아하기를 색을 좋아하듯이 하는 자를 보지 못했다."

| 강설 |

사람의 몸에는 그 몸의 삶을 영위하는 원동력으로서의 성性이 내재해 있다. 이 성性이 몸을 살리기 위해 음식을 먹을 때 맛을 느끼도록 하고, 색色에 대해 쾌락을 느끼도록 한다. 그러나 사람들은 맛과 쾌락의 의미를 잊어버리고 맛과 쾌락 그 자체만 추구하곤 한다. 그렇게 되면 오히려 삶을 해치게 된다.

성性을 다시 회복하여 본마음이 시키는 대로 사는 것이 덕이 있는 삶이고, 참다운 삶이다. 공자는 사람들에게 덕을 닦도록 열심히 가르쳤지만, 사람들은 여전히 덕을 닦는 것보다는 색色을 좋아했다. 공자는 실망했다. 모든 것을 그만두고 싶어지기도 했다. 그러나 공자는 멈추지 못했다. 사람에 대한 못 말리는 사랑이 있었기 때문에.

제13장

자왈장문중 기절위자여 지류하혜지현이불여
子曰臧文仲은 其竊位者與인저 知柳下惠[1]之賢而不與

립야
立也로다

| 국역 |

공자께서 말씀하셨다. "장문중은 자리를 훔친 자이다. 류하혜의 현명함을 알고서도 그와 함께 조정에 서지는 않았다."

| 난자풀이 |

[1] 柳下惠 : 노나라의 대부. 성은 전展, 이름은 획獲, 자는 자금子禽. 류하柳下는 그의 식읍食邑이고 혜惠는 시호.

| 강설 |

역할을 제대로 하지 못하면서 자리에 있는 것은 그 자리를 훔친 도둑이다. 모든 자리는 적임자의 자리다. 적임자가 아닌 사람이 자리를 차지하고 있다면, 그것은 적임자의 자리를 훔친 것이다.

능력 있는 자를 추천해서 걸맞은 자리에 앉게 하는 것도 자리에 있는 자의 도리이다. 그 도리를 하지 않은 장문중은 도둑이다.

능력 있는 자를 오히려 배제하는 사람들도 있다. 능력 있는 자 때문에 자기의 무능함이 탄로날까 두려워해서이다. 그런 사람은 도둑이다. 자기의 밑에 있던 사람을 배제하는 사람도 있다. 계속 윗사람이어야 한다는 자존심 때문이다. 그런 사람도 도둑이다.

임금 역할을 제대로 하지 못하는 임금, 신하 노릇을 제대로 못하는 신하, 스승 노릇을 제대로 못하는 스승, 사장 노릇을 제대로 하지 못하는 사장, 모두 도둑이다.

제14장

자 왈 궁 자 후 이 박 책 어 인 즉 원 원 의
子曰躬自厚而薄責於人則遠怨矣니라
1

| 국역 |

공자께서 말씀하셨다. "몸소 자책하기를 두터이 하고, 남에게 요구하기를 엷게 하면, 원한을 멀리할 수 있을 것이다."

| 난자풀이 |

1 責 : 요구한다. 탓한다. 책임추궁을 한다.

| 강설 |

자기의 잘못을 남의 탓으로 돌리면 남에게 원망을 받게 된다.

제15장

자 왈 불 왈 여 지 하 여 지 하 자 오 말 여 지 하 야 이 의
子曰不曰如之何如之何者는 吾末如之何也已矣리라

| 국역 |

공자께서 말씀하셨다. "어찌할까, 어찌할까 하지 않는 자는, 나도 어찌할 수 없다."

| 강설 |

'어떻게 살아야 할까?' '어떻게 사는 것이 참다운 삶인가?' 등과 같은 인생의 문제를 스스로 고민하지 않는 사람에게는 인생의 문제를 해결해 줄 수 없다. 선생은 공부하려는 자를 도와주는 것뿐이

다. 애당초 공부하지 않는 자를 공부하게 할 수는 없다.

제16장

자 왈 군 거 종 일　언 불 급 의　호 행 소 혜　난 의 재
子曰羣居終日에 言不及義요 好行小慧면 難矣哉라

| 국역 |

공자께서 말씀하셨다. "여럿이 거처할 때, 종일토록 말이 의로운 데에 언급되지 아니하고, 작은 지혜를 행하기 좋아한다면 (구제하기) 어렵도다."

| 강설 |

여럿이 모여서 잡담만 하는 사람들은 남과 어울릴수록 퇴보한다. 기괴한 잡담이 개발될수록 퇴보에 가속도가 붙는다. 작은 지혜를 좋아하는 사람들은 자꾸 작은 지혜를 찾아다니느라 학문의 길에 들어서지 못한다. 그런 사람들은 학문의 길로 인도하기 어렵다.

제17장

자 왈 군 자　의 이 위 질　예 이 행 지　손 이 출 지
子曰君子는 義以爲質이요 禮以行之하며 孫以出之하며
신 이 성 지　군 자 재
信以成之하나니 君子哉라

| 국역 |

공자께서 말씀하셨다. "군자는 의義를 가지고 마음바탕으로 삼고, 예禮를 가지고 행하며, 겸손한 태도로 표현하며, 미더움을 가지고 이룬다. 그런 모습이 군자답다."

| 강설 |

사람의 본마음인 인仁이 나타나는 것이 의義이며, 의義가 구체화된 형식이 예禮이다. 그러므로 예를 행하면 의를 실천할 수 있다. 이때 주의해야 할 것은 마음가짐을 공손하게 가지는 것과 지속적으로 추진하는 것이다.

예禮는 분별하는 것이므로, 내가 사태를 잘 분별한 뒤 남에게 따르기를 강요하면, 결과적으로 나는 똑똑한 사람이 되고 남은 그렇지 못한 사람이 되므로 자존심이 상하여 잘 따르지 않는다. 그러므로 예를 실천할 때 남의 자존심을 상하지 않도록 공손한 마음을 가져야 한다.

모든 것은 하루아침에 이루어지지 않는다. 군자의 사업은 더욱 그렇다. 지속적인 노력을 기울이지 않으면 되는 일이 없다.

제18장

子曰君子는 病無能焉이요 不病人之不己知也니라
(자왈군자 병무능언 불병인지불기지야)

| 국역 |

공자께서 말씀하셨다. "군자는 자기의 무능함을 병으로 여기고, 남이 자기를 알아주지 않는 것을 병으로 여기지 않는다."

| 강설 |

헌문편憲問篇 제32장에 같은 내용이 나왔다. 다만 환患 자가 여기서는 병病 자로 바뀌었다.

제 19 장

자왈군자 질몰세이명불칭언
子曰君子는 疾沒世而名不稱焉이니라

| 국역 |

공자께서 말씀하셨다. "군자는 세상을 마치도록 이름이 일컬어지지 아니하는 것을 싫어한다."

| 강설 |

군자는 남에게 알려지기 위해서 학문을 하는 것은 아니지만, 학문이 완성되면 저절로 알려지게 되어 있으므로, 세상을 마치도록 알려지지 않는 것은 학문을 제대로 하지 못했기 때문이다. 명예를 바라는 마음은 가지지 않아야 하지만, 학문의 완성을 바라는 마음은 가져야 한다.

제 20 장

자왈군자 구저기 소인 구저인
子曰君子는 求諸己요 小人은 求諸人이니라

| 국역 |

공자께서 말씀하셨다. "군자는 자기에게서 구하고, 소인은 남에게서 구한다."

| 강설 |

군자는 남을 아끼고 사랑하므로 자기의 잘못을 남의 탓으로 돌리지 않지만, 소인은 남에게 이기려고만 하므로 모든 잘못을 남의

탓으로 돌린다.

인연因緣이란 것이 있다. 인因은 근본원인이고, 연緣은 외적 조건이다. 어떤 사람이 A라는 사람에게 사기를 당했다면, 그 원인은 두 가지가 있다. 근본원인은 자기에게 사기를 당할 수 있는 요인이 있었기 때문이고, 외적 조건은 A라는 사람이 나타나 사기를 쳤기 때문이다. 이 경우 근본원인은 가만 놓아두고 외적 조건만 따지는 사람은 자기가 사기당한 사실을 A라는 사람의 탓으로만 돌린다. 그런 사람은 근본적인 개선이 되지 않는다. 그런 사람은 A에게 사기를 당하지 않았더라면 B에게 당했을 것이고, B에게 당하지 않았더라면 C에게 당했을 것이다. 오직 근본원인을 찾아내어 그것을 바로잡는 사람만이 근본적인 개선이 된다. 그런 사람이 군자다.

만사를 남의 탓으로 돌리는 사람은 결코 성공할 수 없다. 오직 자기의 탓으로 돌리는 사람만이 성공을 한다.

제21장

子曰君子는 矜而不爭하고 羣而不黨하니라
(자왈군자 긍이부쟁 군이부당)

국역

공자께서 말씀하셨다. "군자는 자긍심이 있지만 다투지 아니하고, 무리를 지어서 살되 당파를 형성하지 아니한다."

강설

군자는 하늘과 하나가 된 사람이다. 자기가 하늘이기 때문에 자긍심이 있다. 그러나 군자는 남들을 하늘처럼 생각하고 존중하기 때문에 남과 다툴 일이 없다. 군자는 여럿이 모여 있어도 각각 자기의 역할에 충실하여 전체적으로 조화를 이루기 때문에, 이익을 같이하는 사람끼리 모이거나 당파를 형성하지 않는다.

제22장

子曰君子(자왈군자)는 不以言擧人(불이언거인)하며 不以人廢言(불이인폐언)이니라

| 국역 |

공자께서 말씀하셨다. "군자는 말만으로 사람을 쓰지 아니하며, 사람이 나쁘다 하여 좋은 말까지 버리지는 않는다."

| 강설 |

말은 마음을 표현하는 것이지만, 말만 잘하거나 남의 말을 흉내 내는 사람도 있으므로, 말을 잘한다고 하여 반드시 훌륭한 사람으로 평가해서는 안 된다. 또 나쁜 사람이라도 착한 본성이 있기 때문에 가끔은 착한 말을 할 때가 있고, 또 나쁜 사람이라 하더라도 분별력이 있는 사람은 사태를 예리하게 분석하는 경우도 있으므로 받아들여야 할 말도 있다.

제23장

子貢問曰有一言而可以終身行之者乎(자공문왈유일언이가이종신행지자호)잇가 子曰其恕乎(자왈기서호)인저 己所不欲(기소불욕)을 勿施於人(물시어인)이니라

| 국역 |

자공이 물었다. "한 마디 말로써 종신토록 행할 만한 것이 있습니까?" 공자께서 말씀하셨다. "서恕일 것이다. 자기가 하고자 하지

않는 것을 남에게 시키지 않는 것이다."

| 강설 |

'기소불욕己所不欲, 물시어인勿施於人'은 안연편顔淵篇 제2장에서 나왔다.

제24장

자 왈 오 지 어 인 야　　수 훼 수 예　　여 유 소 예 자　　기 유
子曰吾之於人也에 誰毁誰譽리오 如有所譽者면 其有

소 시 의　　사 민 야　　삼 대 지 소 이 직 도 이 행 야
所試矣니라 斯民也는 三代之所以直道而行也니라
1 2

| 국역 |

공자께서 말씀하셨다. "내 사람에 대해서, 누구를 헐뜯고 누구를 칭찬하겠는가? 만약 칭찬할 사람이 있다면 그는 쓰이게 될 것이다. 이 사람들은 하·은·주 시대에 도를 똑바로 실천했던 사람들이다."

| 난자풀이 |

1 三代 : 하夏·은殷·주周의 삼대三代.
2 之 : 도치되었음을 나타낸다. '소이직도이행어삼대야所以直道而行於三代也'로 놓고 해석하면 될 것이다.

| 강설 |

공자 당시에 사람들은 타락할 대로 타락했다. 모두가 물욕에 사로잡혀 이전투구를 계속하고 있었다. 칭찬할 사람 하나 찾을 수 없었다. 그런 사람이 있다면 이미 크게 쓰이고 있을 것이다.

그렇다고 당시의 사람들을 탓할 수만도 없다. 왜냐하면 당시의

사람들은 옛날 평화로운 시절에 바른 도리를 행했던 바로 그 사람들이기 때문이다.

지금의 한국인들 중에는 문제가 많은 사람들도 많지만, 그런 것을 보고 한국인들을 나무라면 안 된다. 한국인들은 세종대왕 시절에 천사처럼 살았던 사람들이다.

제25장

子曰吾猶及史之闕文也와 有馬者借人乘之러니 今亡矣夫인저
(자왈오유급사지궐문야 유마자차인승지 금무의부)

| 국역 |

공자께서 말씀하셨다. "나는 그래도 사관史官이 글을 빼놓는 것과, 말을 가진 자가 남에게 빌려주어 타게 하는 것을 보았는데, 지금에는 없어졌구나!"

| 난자풀이 |

1 及 : 과거에 …에 접했다는 말이므로 '보았다'고 해석하는 것이 좋다.
2 亡 : 무無와 통용. '없어졌다'는 뜻.

| 강설 |

옛날의 사관들은 정직하여 모르는 것은 비워두고 기록하지 않았으며, 말을 가진 자는 남에게 빌려주어 타게 했지만, 지금의 사관들은 모르는 것이 있어도 아는 체 위장하여 적당히 기록하여 자신의 무식함을 숨긴다. 말을 가진 자는 남이 말이 없어 불편해도 아랑곳하지 않는다. 시대가 흐를수록 사람들의 순수함이 없어지고 이기심으로 가득 차게 되는 것을 한탄한 말이다.

제26장

자 왈 교 언　　난 덕　　소 불 인 즉 란 대 모
子曰巧言은 亂德이요 小不忍則亂大謀니라

| 국역 |

공자께서 말씀하셨다. "교묘하게 꾸미는 말은 덕을 어지럽히고, 작은 것을 참지 못하면 큰일을 어지럽힌다."

| 강설 |

말을 교묘하게 잘하는 사람은, 악한 사람이라도 선한 사람으로 위장할 수 있고, 선한 사람을 악한 사람으로 몰기도 한다. 선악을 혼동하도록 만드는 것이다.

우리 속담에 '티끌 모아 태산'이라는 말이 있다. 작은 것이 모여 큰 것이 된다는 말이다. 큰 그림을 그리는 사람이 작은 부분 하나 하나를 소홀히 한다면 큰 그림이 제대로 완성될 수 없다.

이와 마찬가지로 큰일을 하고자 하는 사람이 작은 일에 등한하다면 그는 성공할 수 없다. 뜻이 크고 현실에 등한한 사람은 특히 경계할 일이다.

제27장

자 왈 중 오 지　　필 찰 언　　중 호 지　　필 찰 언
子曰衆惡之라도 必察焉하며 衆好之라도 必察焉이니라

| 국역 |

공자께서 말씀하셨다. "많은 사람들이 그를 미워하더라도 반드시 살펴봐야 하며, 많은 사람들이 그를 좋아하더라도 반드시 살펴봐야 한다."

| 강설 |

민심이 천심天心이라는 말에서 보면, 많은 사람에게 미움을 받는 사람은 나쁜 사람이고 사랑을 받는 사람은 좋은 사람이라고 생각하기 쉽지만 그렇지 않다.

사람들의 마음에는 본마음과 욕심이 있다. 본마음은 모든 사람에게 공통적으로 있기 때문에 그것을 천심이라 하는 것이다. 욕심은 사람마다 다 다르지만, 일시적으로는 공통의 이익 앞에 같을 수 있다. 그것을 천심으로 착각하면 안 된다. 그렇기 때문에 많은 사람들이 같은 주장을 하더라도 그것이 본마음에서 나온 것인지 욕심에서 나온 것인지를 살펴야 한다. 선거를 통해 사람을 선택하는 경우, 사람들의 일시적인 욕심에 좌우되기 쉽다. 최선의 방법이라고 하기 어렵다.

제 28 장

子曰人能弘道요 非道弘人이니라
(자왈인능홍도 비도홍인)

| 국역 |

공자께서 말씀하셨다. "사람이 도를 넓힐 수 있는 것이지, 도가 사람을 넓힐 수 있는 것이 아니다."

| 강설 |

도란 하늘마음이 내려오는 길이다. 그 길은 마음속이 욕심으로 채워지면 막힌다. 따라서 길을 다시 뚫고 넓히는 것은 사람이 마음속의 욕심을 줄이는 데 달려 있다. 이 세상에 도를 펴는 것도 그렇다. 하늘이 직접 이 세상에 도를 펼치는 것이 아니다. 도를 펼칠 수 있는 사람을 내세워 그 사람으로 하여금 펼치게 한다.

제29장

지 왈 과 이 불 개　시 위 과 의
子曰過而不改이 是謂過矣니라

| 국역 |

공자께서 말씀하셨다. "허물이 있어도 고치지 않는 것, 그것을 허물이라 한다."

| 강설 |

이 세상에 허물이 없는 사람은 없다. 허물은 고치면 된다. 허물을 부각시켜서 비난한다면 비난받지 않을 사람이 없다. 허물을 탓하기보다는 허물을 고치지 않는 것을 탓해야 한다.

제30장

자 왈 오 상 종 일 불 식　종 야 불 침　이 사　무 익
子曰吾嘗終日不食하고 終夜不寢하여 以思로되 無益

불 여 학 야
이라 不如學也로라

| 국역 |

공자께서 말씀하셨다. "내 일찍이 종일토록 먹지 않고 밤새도록 자지 않고서 생각하였으나 유익함이 없었다. 배우는 것만 같지 못했다."

| 강설 |

학문이란 마음의 병을 고치는 길이다. 한 개인이 혼자서 추진하다가 보면 시행착오를 겪게 되는 등 많은 어려움이 따른다. 오랜 역사 속에서 수많은 선각들이 수많은 시행착오를 거친 후에 터득한 보편적인 길을 배워서 참고하는 것이 훨씬 효과적이다.

제31장

子曰君子(자왈군자)는 謀道(모도)요 不謀食(불모식)하나니 耕也(경야)에 餒在其中矣(뇌재기중의)[1]요 學也(학야)에 祿在其中矣(녹재기중의)나 君子(군자)는 憂道(우도)요 不憂貧(불우빈)이니라

| 국역 |

공자께서 말씀하셨다. "군자는 도를 도모하고 밥을 도모하지 않는다. 밭을 갈면 밥이 그 가운데 있고, 배우면 녹祿이 그 가운데 있지만, 군자는 도를 걱정하고 가난함을 걱정하지 않는다."

| 난자풀이 |

[1] 餒 : 위餧와 통용. 위餧는 식食이라는 뜻이므로 뇌餒도 식食으로 해석해야 할 것이다.

| 강설 |

군자는 진리를 향해 나아가는 사람이다. 밭을 갈더라도 그것이 밥을 먹는 것에만 목적이 있는 것이 아니고, 학문을 하더라도 그것이 벼슬하는 데에만 목적이 있는 것이 아니다. 오직 진리를 향해 나아가는 데에 목적이 있다.

— 세 32 장 —

子曰知及之라도 仁不能守之면 雖得之나 必失之니라
知及之하며 仁能守之라도 不莊以涖之則民不敬이니라
知及之하며 仁能守之하며 莊以涖之라도 動之不以禮면 未善也니라

| 국역 |

공자께서 말씀하셨다. "지혜가 거기에 미치더라도 인仁이 그것을 지킬 수 없으면 비록 얻었더라도 반드시 잃는다. 지혜가 거기에 미치며 인仁이 그것을 지킬 수 있어도, 장중한 태도로 임하지 않으면 백성들이 공경하지 아니한다. 지혜가 미치며 인이 지킬 수 있으며 장중한 태도로 임하더라도, (백성들을) 움직일 때 예禮로써 하지 않으면 아직 최선이 아니다."

| 난자풀이 |

1 涖 : '임한다'는 뜻으로 음은 '리'.

| 강설 |

훌륭한 정책을 안다 하더라도 아는 것은 머리에서 아는 것이므로 백성을 아끼고 사랑하는 마음이 없으면 효과가 없다. 사람의 머리는 이해타산을 하게 되어 있다. 머리로만 알고 사랑하는 마음이 없으면 이기적인 계산을 당할 수 없다.

훌륭한 정책을 알고, 백성을 아끼고 사랑하는 마음으로 실시하더라도 장중하게 해야 한다. 그렇게 하지 않으면 백성들이 불안하여 따르지 않는다.

장중하게 실시하여 백성들이 따르더라도, 백성들을 움직일 때 예禮에 맞게 하지 않으면 기준이 모호해서 백성들이 우왕좌왕하게 된다.

제33장

자왈군자 불가소지이가대수야 소인 불가대
子曰君子는 不可小知而可大受也요 小人은 不可大
수이가소지야
受而可小知也니라

| 국역 |

공자께서 말씀하셨다. "군자는 작은 것에 대해서 알 수는 없으나 큰 임무를 받을 수 있고, 소인은 큰 임무를 받을 수는 없으나 작은 것에 대해 알 수 있다."

| 강설 |

군자는 좁은 분야에 대한 전문지식은 없으나 정치책임자와 같은 큰 임무를 맡을 수 있다.

군자는 개인을 초월한 전체의 입장에서 남을 포용할 수 있으므로, 많은 실무자들의 업적을 받아들여 종합함으로써 전체적으로 조화를 이룰 수 있다. 소인은 이와 반대이다.

제34장

자왈민지어인야 심어수화 수화 오견도이사
子曰民之於仁也에 甚於水火하니 水火는 吾見蹈而死
자의 미견도인이사자야
者矣어니와 未見蹈仁而死者也로라

| 국역 |

공자께서 말씀하셨다. "인仁에 대해 백성들이 받는 혜택은 물이나 불보다 더 크다. 나는 물과 불을 밟다가 죽는 자를 보았으나, 인仁을 밟다가 죽는 자는 보지 못했다."

| 강설 |

사람은 마음도 챙치고 몸도 챙기며 살아간다. 어느 하나가 없어도 살 수 없다. 마음을 챙기는 데 가장 중요한 것은 인仁이고, 몸을 챙기는 데 가장 중요한 것은 물과 불이다. 이에서 보면 사람의 삶에 가장 중요한 것은 인仁과 물·불이다. 그런데 물과 불은 잘못하면 그것 때문에 죽게 되는 경우도 있지만, 인仁은 그런 경우가 전혀 없다. 인仁이 훨씬 더 은혜로운 것이다.

제35장

子曰當仁(자왈당인)하여는 不讓於師(불양어사)니라

| 국역 |

공자께서 말씀하셨다. "인에 해당하는 일에는 스승에게도 양보하지 아니한다."

| 강설 |

인에 해당하는 일은 진리를 얻는 일이다. 진리를 얻는 것 외에 다른 목적이 있을 수 없다. 스승이 중요한 것은 스승이 진리를 전해주시기 때문이다. 진리를 위해 스승이 있는 것이지, 스승을 위해 진리가 있는 것이 아니다. 진리를 전해주지 않는 스승을 계속 받드는 것은 잘못이다.

제 36 장

자왈군자 정이불량
子曰君子는 貞而不諒이니라

| 국역 |

공자께서 말씀하셨다. "군자는 시비를 가려서 옳은 것을 따르지만, 무조건 믿지는 아니한다."

| 강설 |

정貞은 겨울의 덕德에 해당하는 것이고, 시비是非를 가리는 지知에 해당한다. 겨울의 역할은 가을에 결실한 열매들 중에서 충실한 것과 그렇지 못한 것을 가리는 역할을 한다. 충실한 것은 이듬해 다시 싹이 틀 수 있도록 보존하지만, 충실하지 못한 것은 없애버리는 것이다. 그래서 여기서는 정貞을 '시비를 가려서 옳은 것을 따른다.'로 번역했다.

량諒은 시비是非를 가리지 않고 무조건 믿는 것이다.

군자는 시비是非를 가려서 옳은 것은 따르지만 무조건 믿지는 않기 때문에 사이비 종교나 이단의 학설 등에 빠지지 아니한다.

제 37 장

자왈사군 경기사이후기식
子曰事君하되 敬其事而後其食이니라

| 국역 |

공자께서 말씀하셨다. "임금을 섬기되 그 일을 경건하게 처리하고 그 먹는 것(녹祿)은 뒤로 하여야 한다."

| 강설 |

임금을 심기는 것은 백성을 잘살게 하는 데 목적이 있다. 그러므로 일을 할 때는 일체의 이기적인 생각을 버리고 경건한 마음 상태를 유지해야 한다. 월급을 받을 목적으로 일을 하는 것은 순수한 것이 아니다.

모든 직업이 다 그렇다. 직업에 종사하는 사람이 돈을 버는 수단으로 직업에 종사하면 부작용이 많이 생긴다. 직업을 수단으로 생각하면 그 직업에 만족할 수 없다. 돈을 더 벌 수 있는 다른 직업에 관심이 가기 때문에 직업에 전념할 수 없다. 직업에 전념하지 못하면 생산성이 떨어져 성공할 수 없다. 오직 직업을 수단으로 생각하지 않을 때 직업에 전념할 수 있고, 그럴 때 뛰어난 능력을 발휘할 수 있다.

제38장

자왈유교 무류
子曰有敎나 無類니라

| 국역 |

공자께서 말씀하셨다. "가르침만 있을 뿐 차별함은 없다."

| 강설 |

공자의 교육목적은 진리를 전하는 것이다. 공자는 배우고 싶어하는 사람에게는 차별하지 않고 다 가르쳤다. 공자는 빈부·귀천 등으로 사람을 차별하지 않았다. 류類는 종류를 말한다. 무류無類는 어떤 종류의 사람인지를 따지는 일이 없다는 말이다.

제39장

자왈도부동 불상위모
子曰道不同이면 不相爲謀니라

| 국역 |

공자께서 말씀하셨다. "도가 같지 않으면 함께 모의하지 않아야 한다."

| 강설 |

도가 다른데도 함께 일을 하는 것은 이익을 얻기 위한 것이지 도를 실천하기 위한 것이 아니다. 부패한 관리, 도적, 이단자, 사이비 종교가 등과 함께 일을 해서는 도가 실현될 수 없다. 상相은 '서로'라는 뜻이지만, 서로 논의하는 것은 함께 논의하는 것을 말한다.

제40장

자왈사 달이이의
子曰辭는 達而已矣니라

| 국역 |

공자께서 말씀하셨다. "말은 전달하는 것일 뿐이다."

| 강설 |

말은 뜻이 전달되면 된다. 미사여구를 늘어놓거나 교묘하게 꾸밀 것이 없다. 사람이 말을 교묘하게 꾸미는 까닭은 남에게 잘 보이기 위한 것이거나 남을 속이기 위함이다.

제41장

師冕이 見할새 及階어늘 子曰階也라하시고 及席이어늘 子曰席也라하시고 皆坐어늘 子告之曰某在斯, 某在斯라 하시다 師冕出이어늘 子張問曰與師言之道與잇가 子曰然하다 固相師之道也니라

| 국역 |

악사인 면이 뵈러 왔을 때, 섬돌에 이르자 공자께서 "섬돌입니다." 하셨고, 자리에 이르자, "자리입니다." 하셨다. 모두 자리에 앉자, 공자께서 그에게 "아무개는 여기에 있고, 아무개는 여기에 있습니다." 하고 알리셨다. 악사 면이 나가자, 자장이 물었다. "악사와 말씀하실 때의 도리입니까?" 공자께서 말씀하셨다. "그렇다. 본시 악사를 도와주는 도리이다."

| 난자풀이 |

1 師 : 악사樂師. 악관樂官의 장長인데 대개 장님이 담당하였다.
2 冕 : 악사樂師의 이름.
3 相 : '돕는다'는 뜻. 음은 '상'. 상相에는 '돕는다', '본다', '재상' 등의 뜻이 있다.

| 강설 |

인자仁者는 남을 나처럼 여기므로 늘 상대의 입장에서 필요한 것이 무엇인지를 파악하여 챙겨준다.

十六. 계씨편 季氏篇

제 1 장

계씨장벌전유 염유계로현어공자왈계씨장유사
季氏將伐顓臾[1]러니 冉有季路見於孔子曰季氏將有事[2]

어전유 공자왈구 무내이시과여 부전유
於顓臾리이다 孔子曰求아 無乃爾是過與아 夫顓臾는

석자 선왕이위동몽주 차재방역지중의 시
昔者에 先王以爲東蒙[3] 主[4]하시고 且在邦域之中矣라 是

사직지신야 하이벌위 염유왈부자욕지 오
社稷[5]之臣也니 何[6]以伐爲리오 冉有曰夫子欲之언정 吾

이신자 개불욕야 공자왈구 주임유언왈
二臣者는 皆不欲也로소이다 孔子曰求아 周任[7]有言曰

진력취열 불능자지 위이부지 전이불부
陳力就列하여 不能者止라하니 危而不持하며 顚而不扶

즉장언용피상의 차이언 과의 호시출어합
則將焉用彼相矣리오 且爾言이 過矣로다 虎兕出於柙[8]

귀옥훼어독중 시수지과여 염유왈금부전유
하며 龜玉毁於櫝[9]中이 是誰之過與오 冉有曰今夫顓臾

고이근어비 금불취 후세 필위자손우
는 固而近於費하니 今不取면 後世에 必爲子孫憂하리

공자왈구 군자 질부사왈욕지 이필위지사
이다 孔子曰求아 君子는 疾夫舍曰欲之요 而必爲之辭

구야문 유국유가자 불환과이환불균 불환
니라 丘也聞 有[10]國有家[11]者는 不患寡而患不均하며 不患

빈이환불안 개균 무빈 화 무과
貧而患不安이라하니 蓋均이면 無貧이요 和면 無寡요

안 무경 부여시고 원인불복즉수문덕이
安이면 無傾이니라 夫如是故로 遠人不服則脩文德以 [12]

래지 기래지즉안지 금유여구야 상부자
來之하고 旣來之則安之니라 今由與求也는 相夫子하

원인불복이불능래야 방분붕리석이불능수야
되 遠人不服而不能來也하며 邦分崩離析而不能守也

이모동간과어방내 오공계손지우부재전유
하고 而謀動干戈於邦內하니 吾恐季孫之憂不在顓臾

이재소장지내야
而在蕭牆之內也하노라

| 국역 |

계씨가 장차 전유를 치려 하자, 염유와 계로가 공자에게 와서 뵙고 말했다. "계씨가 장차 전유에서 일을 벌이려 합니다." 공자께서 말씀하셨다. "구야, 네가 잘못하지 않았느냐? 저 전유는 옛적에 선왕께서 동몽산의 제주로 삼으셨고, 또한 우리나라의 영역 안에 있으니, 이는 사직을 담당하는 신하이다. 쳐서 무엇을 하려는가?" 염유가 말했다. "그 사람이 하려는 것이지, 우리 두 신하는 다 원하지 않았습니다." 공자께서 말씀하셨다. "구야, 주임이 말하기를, '능력을 펴서 대열에 나아가 (할 일을) 할 수 없는 자는 그만두어야 한다.'고 했다. 위태로운데도 붙들지 아니하고 넘어지는데도 붙들지 않는다면, 장차 저 재상을 어디에 쓰겠느냐? 또 너의 말이 잘못되었다. 범과 코뿔소가 우리에서 뛰쳐나오며, 거북의 등껍질과 옥이 궤짝 속에서 망가졌다면, 이는 누구의 잘못이겠느냐?" 염유가 말했다. "지금 저 전유는 견고하며 비읍에 가까우니, 지금 취하지 아니하면 후세에 반드시 자손들의 걱정거리가 될 것입니다." 공자께서 말씀하셨다. "구야! 군자는 하고 싶다고 말하는 것을 놓아두고, 반드시 그것을 위해 사설(변명)을 하는 것을 미워한다.

나는 들으니, '나라를 소유하거나 집을 소유한 자는 (백성들이) 적은 것에 대해서는 걱정하지 않고 고르지 못한 것에 대해서 걱정하며, 가난한 것에 대해 걱정하지 않고 불안한 것에 대해 걱정한다.'고 했다. 대체로 고르면 가난함이 없고, 화목하면 적은 것이 없으며, 편안하면 기울어짐이 없는 것이다. 이와 같으므로 먼 지방 사람들이 복종하지 아니하면 문덕을 닦아서 그들을 오게 하고, 이미 오고 나면 편안하게 해주는 것이다. 지금 유와 구는 그 사람을 돕되, 먼 지방 사람들이 복종하지 않는데도 오게 하지도 못하고, 나라가 분열되고 무너져 흩어지는데도 지키지도 못한다. 그러면서도 방패와 창을 나라 안에서 움직이기를 꾀하니, 나는 계손의 걱정거리가 전유에세 있지 아니하고 울타리 안에 있을까 두렵다."

| 난자풀이 |

1 顓臾 : 복희伏羲의 후예. 주공周公 단旦이 노魯나라에 봉해지기 전부터 몽산蒙山의 제사를 맡아왔던 작은 나라. 공자 당시에는 부용국附庸國으로서 노나라에 속해 있었다.

2 事 : 대사大事. 주로 전쟁과 제사를 가리키지만 여기서는 전쟁을 가리킨다.

3 東蒙 : 몽산蒙山. 지금의 산동성山東省 비현費縣의 서북쪽에 있다.

4 主 : '담당한다', '맡아서 한다'는 뜻으로, 사司와 같은 뜻이다. 여기서는 '몽산蒙山의 제사를 관장하는 자'란 뜻이 된다.

5 社稷之臣 : 사社는 토지를 관장하는 신神이고, 직稷은 곡식을 관장하는 신神을 말하는데, 토지와 곡식은 국가를 존립케 하는 기본적인 요건이므로, 사직社稷이란 국가에 대한 상징적인 표현이 되기도 한다. 그러므로 사직지신社稷之臣은 '국가를 위한 신하' 또는 '국가를 편안하게 하는 신하'라는 의미로 파악할 수 있다. 맹자孟子는 사람의 종류를 사군인事君人·안사직신安社稷臣·천민天民·대인大人으로 나누었는데, 이에서 보면 사군인事君人은 임금만을 섬기는 사람이기 때문에 폭군이라 하더라도 섬기게 됨으로써 반드시 국가에 유익한 사람이라고 할 수는 없지만, 안사직신安社稷臣은 국가에 도움이 되는 신하이다.

6 何 : 위爲의 뒤에 와야 할 것이지만, 의문대명사이기 때문에 앞으로 나왔다. '이벌위하以伐爲何'로 놓고 해석하면 될 것이다.

7 周任 : 옛날의 빼어난 사관史官.

8 柙 : 짐승의 우리. 음은 '합'.

9 櫝 : 함. 궤. 음은 '독'.

10 有國 : 나라를 소유한 자, 즉 제후諸侯를 지칭함. 유국자有國者여야 할 것이나 뒤의 유가자有家者에 자者가 있으므로 자者가 생략되었다.

11 有家者 : 집을 소유한 자, 즉 경卿이나 대부大夫를 지칭함.

12 文德 : 무덕武德과 상대되는 개념. 『서경書經』 대우모大禹謨에 '제내탄부문덕帝乃誕敷文德, 무간우우양계舞干羽于兩階, 칠순유묘격七旬有苗格'이란 말이 있다. 원방遠方의 사람이 복종하지 않을 때 무력으로 제압하지 않고 정신적인 사랑을 베푸는 것을 말하는 것이니, 이것이 원방을 감화시키는 참다운 방법이다.

| 강설 |

계씨가 전유를 벌하려 한 사실을 그 가신인 염유와 계로가 공자에게 아뢰자, 이를 부정적으로 본 공자가 제자인 염유와 계로를 깨우친 것이다. 여기에서 '자왈子曰'이라 하지 않고 '공자왈孔子曰'이라고 기록한 것은, 이 문장을 기록한 사람이 공자의 제자가 아니었기 때문인 것으로 생각된다.

힘을 다하여 신하의 대열에 나아갔다가 신하의 역할을 할 수 없을 때는 그만두어야 하는 것인데, 임금이 기울어져도 붙잡지 아니하고 넘어져도 붙들지 아니하여 신하의 역할을 하지 아니하면 잘못된 것이다. 범이나 코뿔소가 우리에서 나오고 거북의 등껍질이나 옥이 궤 속에서 헐면 그것을 지키는 사람들의 잘못이듯이, 임금이 잘못하는 것은 그 임금을 보좌하는 신하들의 책임이다.

그러나 염유는 공자의 가르침을 그대로 받아들이지 못하고 나름대로의 이유를 들어 자신들을 정당화시켰다. 공자에게는 그러한 것이 못마땅했다. 하고 싶은 것을 솔직하게 하고 싶다고 하면 순수함이라도 있지만, 솔직하게 하고 싶다고 하지 않고 다른 이유를 들어서 자신의 행위를 정당화시키는 것은 순수함마저 상실한 것이기 때문이다.

나라를 다스리는 제후나 집을 다스리는 대부는 백성들의 수가 적은 것을 걱정하지 않고 고르지 아니한 것을 걱정해야 하며, 가난한 것을 걱정하지 않고 안정되지 아니한 것을 걱정해야 한다.

인구가 많더라도 고르지 못하여, 성실하고 정직한 사람이 못살고 부정한 기회주의자가 잘살게 되면, 차츰 성실하고 정직한 사람이 없어져 그 나라는 얼마 안 가서 망하게 된다. 성실하고 정직한 사람이 잘살게 되면 그들은 가난한 사람들을 위하여 부를 재분배하지만, 부정한 사람들이 잘살게 되면 부를 축적하는 데만 주력하여 경제적 불균형이 심화된다.

나라가 안정이 되면 백성들은 열심히 생업에 종사하여 부유하게 되지만, 나라가 불안하면 우선은 부유하다 하더라도 백성들은 안정된 나라로 이주하고 말 것이므로, 나라는 곧 망하게 된다.

여기서 말하는 안정이란 정신적 안정을 말하는 것이므로, 문덕을 닦아서 백성들의 마음을 편안히게 해주는 것이 긴요하다. 전쟁을 일으키는 것은 백성들을 안정시키는 것이 아니라 오히려 불안하게 만드는 것이다.

이렇게 하고 보면 계씨의 걱정거리는 전유가 아니라 가까이에서 전쟁을 일으키도록 충동질하는 신하들인 염유·계로인 것이다.

제2장

공자왈천하유도즉예악정벌 자천자출 천하무
孔子曰天下有道則禮樂[1]征伐[2]이 自天子出하고 天下無

도즉예악정벌 자제후출 자제후출 개십
道則禮樂征伐이 自諸侯出하나니 自諸侯出이면 蓋十

세 희불실의 자대부출 오세 희불실의
世에 希[3]不失矣요 自大夫出이면 五世에 希不失矣요

배신집국명 삼세 희불실의 천하유도즉정
陪臣[4]執國命[5]이면 三世에 希不失矣니라 天下有道則政

부재대부 천하유도즉서인불의
不在大夫하고 天下有道則庶人不議하나니라

| 국역 |

공자께서 말씀하셨다. "천하에 도가 있으면 예악과 정벌이 천자로부터 나오고, 천하에 도가 없으면 예악과 정벌이 제후로부터 나온다. 제후로부터 나오면 십세에 잃지 않음이 드물고, 대부로부터 나오면 오세에 잃지 않음이 드물며, 배신이 국명을 잡으면 삼세에 잃지 않음이 드물다. 천하에 도가 있으면 정치권력이 대부에게 있지 않고, 천하에 도가 있으면 서민들이 (정치의 잘잘못을) 논의하지 아니한다."

| 난자풀이 |

1 禮樂 : 문물제도와 음악.
2 征伐 : 부정不正한 것을 성토하고 공격하는 것.
3 希 : 희稀와 통용. '드물다'는 뜻으로 음은 '희'.
4 陪臣 : 신하臣下의 신하. 제후의 신하는 천자의 배신이고, 대부의 신하는 제후의 배신이다.
5 命 : 작용. 움직임. 국명은 '국가의 움직임' 즉, '국가권력'으로 볼 수 있다.

| 강설 |

천하에 도가 있다는 말은, 천자天子가 백성의 뜻을 실현하고, 제후가 그 천자의 뜻을 따르고, 대부는 제후의 뜻을 따르고, 대부의 가신은 또 대부의 뜻을 따름으로써 모두가 한뜻이 되는 상태를 말한다. 이와 반대로 천하에 도가 없다는 말은, 천자가 백성의 뜻을 실현하지 않고 사욕을 채우며, 제후도 천자의 뜻을 따르지 않고 사욕을 채우며, 대부의 가신도 대부의 뜻을 따르지 않고 사욕을 채움으로써 다스리는 사람들이 모두 백성들의 뜻을 따르지 아니하는 상태를 말한다. 나라는 백성들의 힘으로 유지되는 것이므로 대다수의 백성들이 불만을 품으면 그 나라는 망하고, 백성들의 불만을 해소할 수 있는 새로운 이념에 의한 새로운 나라가 성립하게 된다.

천하에 도가 없으면, 초기단계에는 백성들의 뜻을 실현하지 않고 사욕을 채우는 천자에게 불만을 가진 제후들이 천자를 따르지 않고 자신들의 사욕을 채우기 때문에 예악과 정벌이 제후에게서 나오지만, 대부들은 여전히 제후를 따르기 때문에 그 불만이 백성들에게 확산되지 아니하므로 바로 망하지는 아니한다.

예악과 정벌이 제후들의 사욕에서 나오기 시작하면 그 불만이 차츰 대부, 대부들의 가신, 모든 백성들에게로 확산되어 나라가 망하는데, 그렇게 되기까지 십세十世 즉, 300년 정도의 시간이 걸린다고 공자는 지적했다. 그리고 예악과 정벌이 대부에게서 나오게 될 정도로 진전되면 나라가 망하는 데 오세五世 즉, 150년 정도 걸리며 배신이 국가의 정치를 좌우하게 될 정도로 진전되면 삼세三世 즉, 90년 정도 걸린다고 한다.

십세十世・오세五世・삼세三世 등은 당시의 상황에서 파악된 기간이므로 매스컴이 발달하여 백성들에게 빨리 전달되는 오늘날에는 더욱 빠를 것이다.

공안국孔安國이나 황간皇侃 등은 제후가 스스로 예악정벌禮樂征伐을 행한 것을 노魯의 은공隱公 때부터로 보고, 십세十世를 은공隱公・환공桓公・장공莊公・민공閔公・희공僖公・문공文公・선공宣公・성공成公・양공襄公・소공昭公으로 보았고, 대부大夫가 스스로 예악정벌을 행한 것을 계문자季文子가 노나라의 정치를 전횡한 것으로 보았으며, 오세五世를 계문자季文子・계무자季武子・계도자季悼子・계평자季平子・계환자季桓子로 보았다. 마융馬融은 배신陪臣을 계씨季氏의 가신家臣인 양씨陽氏로 보았고, 삼세三世를 양호陽虎까지의 삼대三代로 보았다.

천하에 도가 있을 때는 대부들이 정치를 전횡하지 않고, 서민들이 정치의 잘잘못에 대해서 논란할 일이 없어진다.

제3장

孔子曰祿之去公室이 五世矣요 政逮於大夫이 四世矣라 故로 夫三桓之子孫이 微矣니라

(공자왈녹지거공실 오세의 정체어대부 사세의 고 부삼환지자손 미의)

| 국역 |

공자께서 말씀하셨다. "녹祿이 공실에서 떠난 지 5세世가 되었고, 정치권력이 대부에게 미친 지 4세가 되었다. 그러므로 저 삼환三桓의 자손이 미약해진 것이다."

| 강설 |

문공이 죽은 뒤, 공자公子 수遂가 자적子赤을 죽이고 선공宣公을 세웠는데, 그 뒤 성공成公·양공襄公·소공昭公·정공定公에 이르는 동안 작록爵祿을 결정하는 권한이 제후를 떠나 대부大夫인 계씨季氏의 손에 있었기 때문에 녹祿이 공실公室을 떠난 지 5세世가 되었다고 한 것이다.

계무자季武子가 국정國政을 전횡한 뒤 계도자季悼子·계평자季平子를 거쳐 계환자季桓子에 이르러 가신家臣인 양호陽虎에게 꺾였으므로 정권이 대부에게 미친 것이 4세世가 되었다고 한 것이다.

정치권력이 대부에게서 나오면 5세世에 망하지 않음이 드물다는 전장의 말에서 보면, 작록이 공실을 떠난 것이 5세世이고, 정치권력이 대부에게서 나오기 시작한 것이 4세世이므로, 노魯나라의 세 대부인 삼환三桓 즉, 중손씨仲孫氏·숙손씨叔孫氏·계손씨季孫氏는 망할 때가 되었다고 할 수 있다. 엄밀히 말하면 삼환뿐 아니라 노나라도 거의 망할 때가 된 것이라고 보아야 할 것이지만, 차마 말로 표현할 수 없었을 것이다.

제4장

孔子曰益者三友요 損者三友니 友直하며 友諒하며 友多聞이면 益矣요 友便辟하며 友善柔하며 友便佞이면 損矣니라

| 국역 |

공자께서 말씀하셨다. "유익한 것에도 세 종류의 벗이 있고 해로운 것에도 세 종류의 벗이 있다. 정직한 이를 벗 삼으며 성실한 이를 벗 삼으며 문견이 많은 이를 벗 삼으면 유익하고, 편벽된 이를 벗 삼으며 잘 굽히는 이를 벗 삼으며 말을 잘하는 이를 벗 삼으면 해롭다."

| 강설 |

벗은 행동을 같이 하게 되므로 착한 벗과 함께 있으면 자기의 착한 마음이 계발되고, 악한 벗과 함께 있으면 자기의 악한 마음이 발동한다.

인을 회복하는 데 도움이 되는 벗이 유익한 벗이고 그렇지 못한 벗은 해로운 벗이다. 정직한 사람은 착한 본마음으로 사는 사람이므로 그와 사귀면 인을 회복하는 데 도움이 된다. 량諒은 이해타산에 빠지지 않는 우직한 사람이므로, 그와 사귀면 적어도 불인不仁에 빠지지는 아니한다. 견문이 많은 벗과 사귀면 잘못된 길로 빠지지 않을 수 있다.

편벽된 사람은 욕심이 많은 사람이다. 그런 사람과 사귀면 차츰 인에서 멀어진다. 잘 굽히는 사람은 나약하여 뜻이 잘 꺾이고 이익에 유혹되기 쉬운 사람이다. 그런 사람과 사귀면 꿋꿋하게 인을

추구할 수 없다. 변녕便佞은 자기편의주의에 빠지고 자기의 이익을 위해 아첨하는 사람이다. 그런 사람과 사귀면 인을 구하는 데 도움이 되지 않는다.

제5장

孔子曰益者三樂(공자왈익자삼요)[1]요 損者三樂(손자삼요)이니 樂節禮樂(요절예악)[2]하며 樂道(요도)[3]人之善(인지선)하며 樂多賢友(요다현우)면 益矣(익의)요 樂驕樂(요교락)하며 樂佚遊(요일유)하며 樂宴樂(요연락)이면 損矣(손의)니라

| 국역 |

공자께서 말씀하셨다. "유익한 것에도 세 가지 좋아하는 것이 있고, 해로운 것에도 세 가지 좋아하는 것이 있다. 예악을 절도에 맞게 시행하는 것을 좋아하며, 남의 선을 말하기 좋아하며, 어진 벗이 많은 것을 좋아하는 것이 유익한 것이고, 교만하고 즐기는 것을 좋아하며, 편안하게 노는 것을 좋아하며, 연락宴樂을 좋아하는 것이 해로운 것이다."

| 난자풀이 |

[1] 樂 : '좋아하다'는 뜻으로 음은 '요'.
[2] 樂 : '음악'이란 뜻으로 음은 '악'.
[3] 道 : 말한다.

| 강설 |

사람에게 가장 유익한 것은 인仁을 얻는 것이다. 인을 얻는 데 가장 먼저 추구해야 할 것은 예악에 맞게 사는 것이다. 남의 좋은 점을 칭찬하는 것이 예의 핵심이고, 남의 좋은 점을 보는 즐거움을

표현한 것이 음악의 핵심이다. 그러므로 남의 좋은 점을 보고 칭찬하고 즐거울 수 있다면 예악의 실천이 궤도에 오른 것이다. 인을 얻기는 쉽지 않다. 뜻이 맞는 사람과 합심하여 함께 추진하는 것이 좋다.

이와 반대로 사람에게 해로운 것은 육체적인 욕망에 사로잡혀 인을 잃어버리는 것이다. 교만한 사람은 남을 무시한다. 그것이 습관이 될수록 인에서 멀어진다. 육체적 욕구에 탐닉하고 육체적 안일에 안주하며, 노는 것을 좋아하고 잔치나 파티를 좋아하는 것은 모두 육체적 욕망에 사로잡히는 것이다.

제6장

孔子曰侍於君子에 有三愆하니 言未及之而言을 謂之躁요 言及之而不言을 謂之隱이요 未見顏色而言을 謂之瞽니라

(공자왈시어군자 유삼건 언미급지이언 위지조 언급지이불언 위지은 미견안색이언 위지고)

| 국역 |

공자께서 말씀하셨다. "군자를 모시는 데 세 가지 허물이 있으니, 말씀이 미치지 않았는데 말하는 것을 조급한 것이라 하고, 말씀이 미쳤는데 말하지 않는 것은 숨기는 것이라 하며, 안색을 보지 않고 말하는 것을 장님처럼 답답한 것이라 한다."

| 강설 |

군자를 모시고 있다는 말은 선생님·아버지·상관 등을 모시고 있는 경우를 말한다. 윗사람을 모시고 있을 때는 모든 것을 윗사람에게 맞추어야 한다. 자기 위주로 처리하는 것은 잘못이다. 윗사

람이 다른 사람에게 이야기를 할 때, 그 이야기의 내용을 알고 있다 하더라도 참견하지 않아야 한다. 윗사람이 스스로 파악하여 이야기할 것은 하고 안 할 것은 안 하며, 또 이야기의 순서도 스스로 알아서 하기 때문에, 윗사람이 아직 말하지 아니한 부분을 잊어버린 줄 알고 언급하면 윗사람의 뜻을 그르친다. 조급하게 참견하지 말고 은근히 분위기를 살펴야 한다. 그러나 윗사람이 잘못 알고서 이야기하거나 자기에게 확인해 왔을 때는 바로 말씀을 드려야지 그렇지 않으면 사실을 왜곡하는 것이 된다.

말은 뜻을 표현하는 것이므로 윗사람을 모시고 있을 때는 윗사람의 얼굴빛을 살펴 뜻이 어떠한지를 파악한 뒤에 그에 맞게 말해야 한다. 뜻을 살피지 않고 말을 하면 실수하기 쉽다.

제7장

孔子曰君子有三戒하니 少之時에는 血氣未定이라 戒之在色이요 及其壯也하여는 血氣方剛이라 戒之在鬪요 及其老也하여는 血氣旣衰라 戒之在得이니라

| 국역 |

공자께서 말씀하셨다. "군자에게는 세 가지 경계할 것이 있으니, 젊을 때에는 혈기가 안정되지 않으므로 경계해야 할 것이 색色에 있고, 장성해서는 혈기가 바야흐로 굳세기 때문에 경계해야 할 것이 싸우는 데 있고, 늙어서는 혈기가 쇠약해지므로 경계해야 할 것이 재물을 얻는 것에 있다."

| 강설 |

학문하는 사람에게 특히 조심해야 할 세 가지가 있다. 사춘기가 되면 육체적으로 성장을 하여 남자는 여자를, 여자는 남자를 찾게 되지만, 경험이나 절제력이 생기기 전이므로 잘 경계하지 않으면 색욕에 빠져 헤어나지 못하는 경우가 있다.

사춘기를 지나 청년기에 이르면 색욕에 대한 절제력은 어느 정도 갖추어졌으나 체력이 왕성하여 힘자랑을 하기 쉽고, 따라서 남과 싸우는 일에 말려들기 쉽다.

노년기가 되면 체력이 떨어져 남에게 과시할 수 있는 것은 오직 재물뿐이므로 재물에 집착하기 쉽다.

학문이 진전되어 육체를 조절할 수 있는 마음의 능력이 길러지면, 이 모든 어려움은 순조롭게 극복될 수 있다.

제8장

공자왈군자유삼외 외천명 외대인 외성인
孔子曰君子有三畏하니 畏天命하며 畏大人하며 畏聖人

지언 소인 부지천명이불외야 압대인
之言하나니라 小人은 不知天命而不畏也며 狎大人하며

모성인지언
侮聖人之言하나니라

| 국역 |

공자께서 말씀하셨다. "군자에게는 세 가지 두려워함이 있으니, 천명을 두려워하며, 대인을 두려워하며, 성인의 말씀을 두려워한다. 소인은 천명을 알지 못하여 두려워하지 아니하며, 대인을 함부로 대하며, 성인의 말씀을 업신여긴다."

| 강설 |

군자는 하늘의 뜻을 가장 중요하게 생각하며 하늘의 뜻을 실천하

지 못할까 늘 두려워한다. 소인은 이와 반대로 돈·권력·명예 등을 가장 중요한 것으로 생각하고, 그런 것을 추구하느라 여념이 없다. 천명을 알지 못하고 두려워하지도 않는다.

군자는 하늘의 뜻을 두려워하므로 하늘의 뜻을 실천하는 대인을 두려워하며, 하늘의 뜻을 표현한 성인의 말씀을 두려워한다.

성인聖人은 완전자다. 현존하는 사람에게 잘 붙이지 않는다. 과거의 인물 중에서 으뜸이 되는 사람에게 붙이는 이름이다. 현재 남아 있는 것은 성인의 말씀이다. 현존자로서 가장 훌륭한 사람을 대인大人이라 한다.

제9장

공자왈생이지지자 상야 학이지지자 차야 곤
孔子曰生而知之者는 上也요 學而知之者는 次也요 困

이학지 우기차야 곤이불학 민사위하의
而學之는 又其次也니 困而不學이면 民斯爲下矣니라

| 국역 |

공자께서 말씀하셨다. "태어나면서 아는 자는 최상이고, 배워서 아는 자는 그 다음이고, 어려움을 겪으면서도 배우는 자는 또한 그 다음이나, 어려움을 겪으면서 배우지 아니하는, 그런 백성은 곧 최하가 된다."

| 강설 |

사람에게 가장 귀중한 것은 인仁을 실천하는 것이다. 인을 나면서부터 알고 실천하는 자가 제일이고, 배워서 그것을 실천하는 자가 그 다음이다. 인을 상실하여 인을 실천하기 어렵다 하더라도 열심히 배워서 결국 인을 실천하는 자가 또 그 다음이지만, 인을 실천하는 것에서 보면 모두 똑같다. 그러나 인을 실천하기 어려운 상

황에서 포기하여 배우지 아니하는 백성들은 최하이다.

인이 가장 중요한 것이고, 인을 터득하는 학문이 또한 중요한 것이다. 공자가 말하는 학문의 과정은 예禮에서 출발하여 인에 이르는 데서 완성된다. 인에 이른 사람은 이미 예를 실천할 수 있으므로 성인聖人이 되는 것이다.

제10장

孔子曰君子有九思(공자왈군자유구사)하니 視思明(시사명)하며 聽思聰(청사총)하며 色思溫(색사온)하며 貌思恭(모사공)하며 言思忠(언사충)하며 事思敬(사사경)하며 疑思問(의사문)하며 忿思難(분사난)하며 見得思義(견득사의)니라

국역

공자께서 말씀하셨다. "군자는 아홉 가지 생각하는 것이 있다. 눈으로 볼 때에는 밝게 볼 것을 생각하며, 귀로 들을 때에는 밝게 들을 것을 생각하며, 얼굴빛은 온화하게 할 것을 생각하며, 모습은 공손하게 할 것을 생각하며, 말을 할 때에는 진실하게 할 것을 생각하며, 일을 할 때에는 경건하게 할 것을 생각하며, 의심이 날 때에는 물어볼 것을 생각하며, 분노가 일어날 때에는 어려움에 처하게 될 결과를 생각하며, 수입을 볼 때에는 의로운 것인가를 생각한다."

강설

학문을 하는 사람의 태도에 대해 설명한 대목이다.

밝게 본다는 것은 무엇인가? 욕심의 눈으로 보면 모든 것이 제대로 보이지 않는다. 나에게 이익을 주는 사람은 좋게 보이고, 나

에게 이익을 주지 않는 사람은 나와 상관없는 사람으로 보이며, 나에게 손해를 끼치는 사람은 좋지 않은 사람으로 보인다. 장미꽃은 돈이 되므로 좋은 꽃으로 보이고, 길가에 피어 있는 오랑캐꽃은 돈이 되지 않으므로 가치 없는 꽃으로 보인다. 모두 욕심에 눈이 가려서 잘못 보는 것이다. 오랑캐꽃 한 송이는 우주가 총동원되어서 피어났다. 오랑캐꽃 한 송이를 피우기 위해 태양이 계속 비쳤고 비가 오고 바람도 불었다. 천둥도 쳤고 소쩍새도 울었다. 오랑캐꽃 한 송이는 우주의 주인공이다. 그런 주인공을 하찮은 것으로 본 것은 크게 잘못 본 것이다. 욕심에서 벗어나 그 자체의 모습을 보아야 제대로 본다. 밝게 듣는다는 것도 마찬가지다. 욕심의 귀로 들으면 모든 것이 제대로 들리지 않는다. 욕심에서 벗어나 그 자체의 소리를 들어야 제대로 듣는다.

욕심 많은 사람의 얼굴에는 탐욕이 덕지덕지 붙어 있다. 온화한 빛을 발할 수 없다. 오직 욕심 없는 사람들의 얼굴에서만 온화한 빛은 발한다. 그러므로 자기의 얼굴을 들여다보고 온화한 빛을 발하도록 노력하면 욕심이 차츰 사라진다. 사람의 모습도 마찬가지다. 욕심 많은 사람의 모습은 공손하지 않다. 어깨에 힘이 들어가서 뻣뻣하다. 어깨에 힘이 들어가는 것은 욕심이 들어가는 것이다. 오직 욕심 없는 사람들의 모습에서만 공손함이 묻어나온다. 그러므로 자기의 모습을 보고 공손하게 유지하도록 노력하면 욕심이 차츰 사라진다.

욕심 많은 사람의 말은 진실하지 못하다. 욕심을 채우기 위해 말을 꾸미거나 거짓말을 한다. 오직 욕심 없는 사람의 말만이 진실하다. 그러므로 진실하게 말하도록 노력하면 욕심이 차츰 사라진다.

욕심 많은 사람이 하는 일은 깔끔하지 못하다. 욕심을 채우기 위해 일을 복잡하게 만든다. 욕심 없는 사람은 일을 할 때 이기적인 계산을 하지 않기 때문에 일을 깔끔하게 처리한다. 그러므로 일을 깔끔하게 처리하도록 노력하면 욕심이 사라진다.

진리로 향하는 길에 의심이 생기면 회의가 들어 추진력이 떨어진다. 조금이라도 의심이 나면 서슴지 않고 물어봐야 한다.

욕심은 남과의 갈등을 유발한다. 사람이 분노할 때는 욕심을 절제하기 어렵고, 그 때문에 갈등이 커져서 낭패를 볼 수가 있다. 분노가 일어날 때는 어려움에 처하게 될 결과를 생각하여 힘써 절제해야 한다.

재물을 볼 때 물욕이 가장 많이 발동한다. 견물생심見物生心이란 말이 있다. 길을 가다가 비싼 물건이 떨어져 있는 것을 보면 그 순간 평상심이 무너지고 가지고 싶은 욕심이 발동한다. 그 순간이 매우 위험한 순간이다. 특히 조심해야 한다. 뇌물수수사건으로 연루되는 사람들은 거의 그 순간을 조심하지 않았기 때문이다.

제11장

공자왈견선여불급 / 견불선여탐탕 / 오견기인의
孔子曰見善如不及하며 見不善如探湯을 吾見其人矣

오문기어의 / 은거이구기지 / 행의이달기도
요 吾聞其語矣로라 隱居以求其志하며 行義以達其道

오문기어의 / 미견기인야
를 吾聞其語矣요 未見其人也로라

국역

공자께서 말씀하셨다. "선善을 보고는 거기에 이르지 못할 듯이 열심히 노력하고, 불선不善을 보고는 끓는 물을 만지는 것처럼 빨리 피해야 한다. 나는 그렇게 하는 사람도 보았고, 나는 그렇게 하는 사람이 있다는 말도 들었다. 숨어 살면서도 뜻을 구해야 하고, 의義를 행하여 도道에 통달해야 한다. 나는 그러한 사람이 있다는 말은 들었으나, 그렇게 하는 사람을 보지는 못했다."

| 강설 |

선善을 추구하고 불선不善을 피하는 사람은 학문을 하는 과정에 있는 사람이므로, 학문을 완성하여 저절로 진리를 실천하는 단계에 있는 사람은 아니다.

사람들은 화려한 직책에서 물러나 세상 사람들에게 잊혀지면 자신의 모든 것이 끝났다고 생각하여 포기하기 쉽다. 그러나 인자仁者는 그렇지 않다. 숨어서 살아도 진리를 향한 꿈을 버리지 않는다. 혼자 있을 때 오히려 하늘의 뜻이 여실하게 드러나므로, 그때가 오히려 하늘의 뜻을 알고 따를 수 있는 기회라 생각하고 충실하게 노력한다. 의로움을 실천하는 사람은 욕심을 없앨 수 있다. 욕심을 없애면 도에 통할 수 있다.

제12장

齊景公(제경공)은 有馬千駟(유마천사)[1]하되 死之日(사지일)에 民無德而稱焉(민무덕이칭언)이요

伯夷叔齊(백이숙제)는 餓于首陽之下(아우수양지하)하되 民到于今稱之(민도우금칭지)하나니

其斯之謂與(기사지위여)[2][3]인저

| 국역 |

제나라 경공이 말 사천 마리를 가지고 있었으나, 죽는 날에 사람들이 덕德 있는 사람이라고 칭송하는 것이 없었다. 백이와 숙제는 수양산 아래에서 굶어 죽었으나, 사람들이 지금에 이르도록 칭송하고 있다. 이를 생각해야 할 것이다.

| 난자풀이 |

[1] 駟 : 말 네 필. 왕의 마정馬政을 담당하는 『주례周禮』의 교인校人의 설說에 의하

면, 천자天子는 3456필, 제후諸侯는 2592필의 말을 기른다고 한다. 따라서 제경공齊景公이 4000필을 소유하였다는 것은 지나치게 호화스러운 것이 된다.

[2] 之 : 사斯와 위謂가 도치되있음을 나타내는 역할을 한다.

[3] 謂 : 일컫다. 생각하다.

| 강설 |

이 문장에는 '공자왈孔子曰'이 빠져 있다. 또 주자朱子는 호씨胡氏의 말을 인용하여 '기사지위여其斯之謂與' 앞에 안연편顔淵篇 제10장의 '성불이부誠不以富, 역지이이亦祗以異'가 와야 한다고 했다.

돈이나 권력에 참다운 가치가 있는 것은 아니다. 참다운 가치는 인간의 본마음을 실천하는 데 있다. 인간의 본마음은 모두 같은 것이므로, 본마음을 가진 사람은 남을 나처럼 아끼고 사랑한다. 그 결과 남들로부터 칭송을 받게 된다.

제13장

陳亢(진항)[1]이 問於伯魚(문어백어)[2]曰子亦有異聞乎(왈자역유이문호)아 對曰未也(대왈미야)로라 嘗獨立(상독립)이어시늘 鯉趨而過庭(리추이과정)이러니 曰學詩乎(왈학시호)아 對曰未也(대왈미야)로이다 不學詩(불학시)면 無以言(무이언)이라하여시늘 鯉退而學詩(리퇴이학시)호라 他日(타일)에 又獨立(우독립)이어시늘 鯉趨而過庭(리추이과정)이러니 曰學禮乎(왈학례호)아 對曰未也(대왈미야)로이다 不學禮(불학례)면 無以立(무이립)이라하여시늘 鯉退而學禮(리퇴이학례)호라 聞斯二者(문사이자)로라 陳亢(진항)이 退而喜曰問一得三(퇴이희왈문일득삼)하니 聞詩聞禮(문시문례)하고 又聞君子之遠其子也(우문군자지원기자야)로라

| 국역 |

진항이 백어에게 물었다. "그대는 또한 달리 들은 것이 있습니까?" (백어가) 대답했다. "없었습니다. 일찍이 홀로 서 계실 때에 내가 종종걸음을 걸어 뜰을 지나는데, '시詩를 배웠느냐?' 하고 물으시기에, '못 배웠습니다.' 하고 대답했더니, '시를 배우지 않으면 말을 할 수 없다.' 하시므로, 내가 물러나 시를 배웠습니다. 다른 날에 또 홀로 서 계실 때에 내가 종종걸음을 걸어 뜰을 지나는데, '예禮를 배웠느냐?' 하고 물으시기에 '못 배웠습니다.' 하고 대답했더니, '예를 배우지 않으면 설 수 없다.' 하시므로, 내가 물러나 예를 배웠습니다. 이 두 가지를 들었습니다." 진항이 물러나와 기뻐하면서 말했다. "하나를 물어서 세 가지를 들었다. 시를 듣고 예를 들었으며, 또 군자가 그 아들을 멀리하는 것을 들었다."

| 난자풀이 |

1 陳亢 : 진陳은 성, 항亢은 이름, 자字는 자금子禽. 위衛나라 사람. 공자의 제자라고도 하고 자공子貢의 제자라고도 한다.
2 伯魚 : 공자의 아들. 이름은 리鯉. 백어伯魚는 그의 자字.

| 강설 |

학문의 과정은 먼저 시詩를 배워 마음을 흥기시킨 뒤, 예禮를 배워 인간의 도리를 실천할 수 있도록 하여야 한다. 그 뒤에 도道·덕德·인仁 등의 진리를 터득해 가는 것이다.

제14장

邦君之妻(방군지처)를 君稱之曰夫人(군칭지왈부인)이요 夫人自稱曰小童(부인자칭왈소동)이요 邦人稱之曰君夫人(방인칭지왈군부인)이요 稱諸異邦曰寡小君(칭저이방왈과소군)[1]이요 異邦人稱之(이방인칭지)에 亦曰君夫人(역왈군부인)이니라

| 국역 |

나라 인금의 처를 인금이 일컬을 때는 부인夫人이라 하고, 부인이 스스로 일컬을 때는 소동小童이라 하며, 나라의 백성들이 일컬을 때는 군부인君夫人이라 하고, 다른 나라에서 일컬을 때는 과소군寡小君이라 하며, 다른 나라의 백성들이 일컬을 때는 군부인君夫人이라 한다.

| 난자풀이 |

1 諸 : 지어之於 두 글자의 역할을 한다.

| 강실 |

이 문장에서도 '공자왈孔子曰'이 생략되어 있다.

인자仁者의 유형에 속하는 사람은 남과 자기를 구별하지 않기 때문에, 호칭에 있어서 남의 아버지와 자기 아버지를 구별하지 아니한다. 예를 들면, 내가 존대해야 할 아버지는 친구도 역시 존대해야 할 것이므로, 내가 친구에게 아버지에 대해 이야기할 때는 '아버지께서 오신다.' '아버지께서 가신다.' 등과 같이 존대어를 쓰게 되는 것이다. 그러나 지자知者의 부류에 속하는 사람은 남과 나를 엄밀히 구별하기 때문에, 나의 아버지는 우리 가정 안에서 나에게 존경받아야 할 대상이지, 다른 집 사람들에게 존경받아야 할 대상은 아니라고 생각한다. 그러므로 남에 대해서 나를 낮추어야 하듯이, 다른 집의 사람들에게 이야기할 때 우리의 가족에 대해서는 낮추어 말한다. 예를 들면 친구에게 아버지에 대해서 말할 때 '아버지가 온다.' '아버지가 간다.' 등으로 말하게 되는 것이다.

위의 두 유형에서 보면 용어의 사용에 있어서는 지자知者의 부류에 속하는 사람들이 더 분명하게 사용하기 때문에, 공자는 지자로서의 지혜로움을 따르는 것으로 생각된다.

임금이 자기의 부인을 칭할 때는 부인夫人이라는 경칭을 쓰지만, 부인이 자기 자신을 칭할 때는 소동小童이란 겸칭을 쓴다. 그리고 나라 안에서 나라의 백성들이 임금의 부인을 칭할 때는 군부인君夫人이라 하여 경칭을 쓰지만, 다른 나라에서 다른 나라의 사람들에게 자기 나라 임금의 부인을 칭할 때는 과소군寡小君이라 하여 겸칭을 쓴다. 그러나 다른 나라의 사람이 남의 임금의 부인을 칭할 때는 역시 군부인이라는 경칭을 쓰는데, 이는 모두 지자知者의 유형에서 나타나는 호칭의 예이다.

十七. 양화편 陽貨篇

제1장

陽貨欲見孔子(양화욕견공자)어늘 孔子不見(공자불견)하신대 歸孔子豚(귀공자돈)[1]이어늘 孔子時其亡也而往拜之(공자시기무야이왕배지)러시니 遇諸塗(우저도)하시다 謂孔子曰來(위공자왈래)하라 予與爾言(여여이언)하리라 曰懷其寶而迷其邦(왈회기보이미기방)이 可謂仁乎(가위인호)아 曰不可(왈불가)하다 好從事而亟失時(호종사이기실시)이 可謂知乎(가위지호)아 曰不可(왈불가)하다 日月逝矣(일월서의)라 歲不我與(세불아여)[2]니라 孔子曰諾(공자왈낙)다 吾將仕矣(오장사의)로리라

국역

양화가 공자를 만나고자 하였으나 공자께서 만나주지 않으시자, (양화가) 공자에게 돼지를 보냈다. 공자께서도 그가 없는 때를 보아 사례하러 가셨다가 길에서 마주쳤다. (양화가) 공자에게 말했다. "이리 오시오. 내가 그대와 말을 하겠소. 훌륭한 보배를 가지고 있으면서 나라를 혼미하게 만드는 것을 어질다고 할 수 있겠습

니까?" "그렇다고 할 수 없습니다." "일에 종사하기를 좋아하면서 자주 때를 놓치는 것을 지혜롭다고 할 수 있겠습니까?" "그렇다고 할 수 없습니다." "해와 달은 가는 것이니, 세월은 '나'에게 머물러 주지 않습니다." 공자께서 말씀하셨다. "알았습니다. 나는 곧 벼슬 하겠습니다."

| 난자풀이 |

1 豚 : 예물로써 보낸 삶은 돼지. 『맹자』에 이 이야기가 기록되어 있는데, 거기에는 '증돈蒸豚'으로 명기되어 있다.

2 我 : 양호陽虎를 지칭하는 일인칭대명사가 아니라 모든 사람에게 해당되는 불특정대명사이다. 또 문법적으로 보면 아我는 여與와 도치되어 있다.

| 강설 |

양화는 양호陽虎다. 그는 정공定公 5년에 주군인 계환자季桓子를 유폐시켰고, 정공 8년에 삼환의 적자들을 다 죽이고, 자기 마음에 드는 서자를 세우려 한 사람이다. 공자를 만나고자 했던 것은 그런 일이 있기 전인지 후인지 분명하지 않다. 어쨌든 양화가 공자를 만나고자 한 것은, 벼슬을 시켜 자기에게 협조토록 하려는 것이었다. 공자는 그것을 알기 때문에 만나지 않고 기피했다.

양화가 공자를 꼭 만나고 싶다면 공자의 집에 찾아가면 된다. 그러나 양화는 세력을 갖고 있는데다가 자존심이 강한 사람이었으므로 공자의 집으로 찾아가는 것이 싫었다. 당시의 예법으로는 대부大夫가 사士에게 선물을 할 때, 사士가 자기 집에서 직접 받지 못하였을 경우에는 대부의 집에 찾아가 사례해야 했다. 양화는 공자를 오게 하는 방법으로 그 예법을 이용했다. 공자가 집에 없을 때를 살펴서 삶은 돼지를 선물했다.

공자는 그 수법에 걸려들지 않는다. 공자는 양화가 없을 때를 살펴 그 집에 사례하러 갔다. 그러다가 길에서 우연히 마주치게 되었다. 좋은 기회를 얻은 양화는 때를 놓치지 않고 공자에게 따졌다. 훌륭한 능력을 가지고 있으면서도 정치에 참여하지 않아 나라를 혼미하게 만드는 것은 불인한 것이며, 정치를 해야 하는 때인데도 참여하지 않아 때를 놓치는 것은 지혜롭지 못한 것이며, 시간은 한없이 주어지는 것이 아니라는 세 가지 사실을 들어 공자에게 벼슬하도록 압박했다. 공자는 마지못해 참여하겠다고 말은 했지만, 그것은 피치 못해서 한 말이다. 참여하지 않았다. 공자로 하여금 정치에 참여하게 하려면 진리를 펼 수 있는 분위기를 만들어야 한다.

제2장

자왈성상근야 습상원야
子曰性相近也나 習相遠也니라

| 국역 |

공자께서 말씀하셨다. "본성은 서로 가깝지만, 습관은 서로 먼 것이다."

| 강설 |

사람은 마음과 몸으로 이루어져 있다. 몸이 지상의 나무라면 마음은 지하의 뿌리에 해당한다. 사람의 마음은 한마음으로 연결되어 있다. 그 모습이 마치 대밭에서 자라고 있는 대나무와 같다. 대나무들이 각각 다르게 자라고 있지만, 뿌리로 갈수록 가까워져서 결국 하나가 된다. 사람도 마찬가지다. 하나의 마음이 모든 사람의 몸에 각각 들어와 있다. 몸에 들어오는 순간의 마음을 특히 성性이라 한다. 성이 몸에 완전히 들어와 고여 있는 것이 정情이다. 성이 정으로 구체화될 때 사람의 의식작용에 따라 다양하게 변하기 때문에 사람의 정은 사람마다 다르다. 사람의 삶을 주도하는 것은 성이다. 정이 다르기 때문에 사는 방식도 다르고 습관도 다르다.

그러나 정의 뿌리에 해당하는 성은 한마음에서 나온 것이기 때문에 서로 가깝다. 성의 본원으로 가면 결국 하나다.

대밭의 대나무들을 한 뿌리를 중심으로 보면 모두 하나라고 할 수 있지만, 지상의 나무들을 중심으로 보면 각각 다르다. 맹자는 뿌리를 중심으로 봤기 때문에 모두 같다고 했고, 순자는 지상의 대들을 중심으로 봤기 때문에 각각 다르다고 했으며, 공자는 전체를 아울러 봤기 때문에 뿌리로 갈수록 서로 가깝지만 줄기와 잎으로 갈수록 서로 멀다고 했다.

맹자는 성의 같음을 보았기 때문에 성선설을 주장했다. 사람은 본질적으로 모두 같기 때문에 화합하게 되어 있다. 그것이 맹자 성선설의 근거다. 그러나 순자는 사람의 다른 점을 보았다. 다른 점만 보면 같은 점이 보이지 않는다. 순자가 말하는 성은 사람들이 각각 다르게 갖고 있는 정을 일컫는다. 사람들은 각각 다른 정을 가지고 있기 때문에, 남남끼리 투쟁하는 존재로 보고 성악설을 주장했다. 공자는 전체를 보았다. 마음과 몸의 연결부분에서 전체를 보면, 성으로 갈수록 같아지지만 정으로 갈수록 멀어진다.

제 3 장

자 왈 유 상 지 여 하 우　　불 이
子曰唯上知與下愚는 不移니라

| 국역 |

공자께서 말씀하셨다. "오직 지극히 지혜로운 자와 지극히 어리석은 자는 바뀌지 않는다."

| 강설 |

사람의 마음은 몸에 내포되어 있는 것이므로 몸이 깨끗하면 본래

의 마음을 그대로 간직하지만, 몸이 깨끗하지 못하면 본래의 마음을 간직하지 못한다.

마음의 본원에서만 본다면 성性은 다 같은 것이므로 사람이 서로 다를 수가 없지만, 몸의 깨끗한 정도만을 따진다면 사람은 모두 다르다. 그러므로 몸을 닦아 깨끗하게 하면 본래의 마음을 회복하여 다 같은 사람이 될 수 있지만, 그러나 현실적으로는, 몸이 워낙 깨끗하지 못한 하우下愚는 노력하더라도 상지上知가 될 수 없고, 워낙 깨끗한 상지上知는 가만두더라도 하우下愚가 되지 않는 사실을 공자는 간파한 것이다.

제4장

자지무성　문현가지성　부자완이이소왈할
子之武城[1]하사 聞弦歌[2]之聲하시고 夫子莞爾[3]而笑曰割

계　언용우도　자유대왈석자　언야문저부자
鷄에 焉用牛刀리오 子游對曰昔者에 偃也聞諸夫子하

왈군자학도즉애인　소인학도즉이사야
니曰君子學道則愛人이요 小人學道則易使也라호이다

자왈이삼자　언지언　시야　전언　희지이
子曰二三子아 偃之言이 是也니 前言은 戲之耳니라

| 국역 |

공자께서 무성에 가시어 현악弦樂에 맞추어 부르는 노래 소리를 들으셨다. 공자께서 빙그레 웃으시며 말씀하셨다. "닭을 잡는 데 어찌 소 잡는 칼을 썼느냐?" 이에 자유가 대답했다. "전에 제가 선생님께 듣자오니, '군자가 도를 배우면 사람을 사랑하고, 소인이 도를 배우면 부리기가 쉽다.'고 하셨습니다." 공자께서 말씀하셨다. "얘들아 언의 말이 옳다. 좀 전에 내가 한 말은 농담한 것이다."

| 난자풀이 |

1 武城 : 노나라의 도시. 당시 자유가 무성의 총재가 되어 있었다.
2 弦歌 : 현弦은 거문고나 비파처럼 줄로 소리를 내는 현악기이고, 현가弦歌는 현악기의 연주에 맞추어 부르는 노래이다.
3 莞爾 : 미소 짓는 모양.

| 강설 |

자유가 무성의 총재가 되어 예악을 잘 가르쳤으므로 무성의 사람들은 현악기에 맞추어 노래를 불렀다. 노래 소리를 들은 공자는 일면 기뻤으나, 일면 이와 같은 훌륭한 정치가 전국에 시행되지 못한 데 대한 아쉬움이 있었다.

'닭 잡는 데 어찌 소 잡는 칼을 썼느냐?'라고 한 공자의 말이 바로 그러한 심정을 표현한 것이다. 자유는 공자의 말을 온전하게 이해하지 못했다. 무성의 규모에 맞는 정치를 하지 못했음을 비난한 줄로만 알고 반박을 했다.

"저는 선생님께, 군자가 도를 배우면 사람을 사랑한다고 배웠습니다. 그래서 저는 사람을 사랑하는 정책으로 다스렸을 뿐입니다. 그것이 잘못된 것인가요?"

공자는 자신의 말뜻이 바로 전달되지 못했음을 알았다. 기쁘기도 했고 안타깝기도 했기 때문에 혼잣말처럼 불쑥 말을 하고 말았다. 공자가 말을 할 때는 언제나 듣는 사람의 마음이 되어서 말을 했다. 그러나 이번만은 그렇지 못했다. 자유를 탓할 수는 없는 일이다. 자신의 말을 철회하고 자유의 훌륭함을 드러내는 것으로 말을 마감했다.

공자가 아닌 다른 사람이었다면, 말귀를 알아듣지 못하는 숙맥이라고 자유를 꾸짖었을 것이다.

제5장

공산불요이비반 소 자욕왕 자로불열
公山弗擾以費畔하여 召어늘 子欲往이러시니 子路不說
[1]

왈말지야이 하필공산씨지지야 자왈부소아
曰末之也已니 何必公山氏之之也시리잇고 子曰夫召我
[2] [3] [4]

자 이기도재 여유용아자 오기위동주호
者는 而豈徒哉리오 如有用我者면 吾其爲東周乎인저
[5] [6]

국역

공산불요가 비읍을 가지고 반란을 일으키고 공자를 부르니 공자께서 가려고 하셨다. 자로가 기뻐하지 아니하며 말하기를, "가실 곳이 없으면 그만이지, 하필 공산씨에게 가시려 하십니까?" 공자께서 말씀하셨다. "나를 부르는 자는 어찌 하릴없이 그러겠느냐? 나를 써주는 자가 있다면 나는 동쪽의 주周나라로 만들 수 있을 것이다."

난자풀이

[1] 公山弗擾 : 공산公山은 성, 불요弗擾는 이름. 불뉴不狃라고 하기도 한다. 계씨季氏의 가신家臣.
[2] 末 : 무無와 통용. '갈 데가 없다면'이란 뜻이다.
[3] 已 : '그만둔다'는 뜻.
[4] 之 : 공산씨公山氏와 지之의 도치를 나타내는 역할을 한다. '하필지공산씨何必之公山氏'로 놓고 번역하면 될 것이다.
[5] 徒 : 한갓. 까닭 없이. 하릴없이.
[6] 東周 : 노魯나라는 동쪽에 있으므로 동쪽에 주周나라 같은 훌륭한 나라를 만들 것이라는 의미로 사용한 것이다.

강설

공산불요가 반란을 일으켰다 하여 무조건 나쁘다고 할 수는 없다. 반란을 일으킨 목적이 권력을 차지하기 위한 것이라면 나쁜 것이지만, 나쁜 정치에 시달리고 있는 백성을 구하기 위한 것이라면 나쁜 것이 아닐 수도 있다. 공산불요가 혹 그러한 사람일 수도 있기 때문에 공자가 그의 부름에 응하려고 하였을 것이다.

제 6 장

子張이 問仁於孔子한대 孔子曰能行五者於天下면 爲仁矣니라 請問之한대 曰恭寬信敏惠니 恭則不侮하고 寬則得衆하고 信則人任焉하고 敏則有功하고 惠則足以使人이니라

(자장 문인어공자 공자왈능행오자어천하 위인의 청문지 왈공관신민혜 공즉불모 관즉득중 신즉인임언 민즉유공 혜즉족이사인)

| 국역 |

자장이 공자에게 인仁에 대해서 여쭙자, 공자께서 말씀하셨다. "다섯 가지를 천하에서 행할 수 있으면 인仁이 된다." 청하여 더 물으니 (다음과 같이) 말씀하셨다. "공손함, 너그러움, 신뢰, 민첩함, 은혜로움이니, 공손하면 업신여김을 받지 않고, 너그러우면 뭇 사람들의 마음을 얻게 되고, 신뢰하면 사람들이 임무를 다하게 되고, 민첩하면 공功이 있게 되고, 은혜로우면 충분히 남들을 부릴 수 있게 된다."

| 강설 |

자장은 정치에 관심이 많으므로 주로 정치적인 분야에서 인仁을 실천하는 방법을 설명한 것이다.

인仁은 남을 자기처럼 아끼고 사랑하는 마음이므로, 인을 실천하는 사람은 남을 자신처럼 존중하고 공경하며, 남에게 너그러우며 남을 신뢰하며, 남을 돕는 일에 민첩하며, 남에게 은혜

를 베푼다.

남을 공경하면 남들도 그를 공경하므로 남에게 모욕을 받지 않으며, 남에게 너그러우면 남들은 그에게 인정받게 되고 편안함을 느끼게 되므로 그에게로 모여들며, 남을 의심하고 남의 결점을 들추어내는 데 주력하면 남들은 의심받지 않기 위하여 위장하고 결점을 숨기는 데만 힘쓰고 본래의 임무에 충실하지 않지만, 남을 신뢰하고 믿어주면 남들은 소신껏 맡은 바의 임무에 충실하게 될 것이며, 일에 민첩하면 공功이 이루어질 것이며, 남에게 은혜를 베푸는 일은 남들을 위하는 일이기 때문에 내가 시키는 일을 남들은 열심히 하게 된다.

제7장

佛肸[1]召어늘 子欲往이러시니 子路曰昔者에 由也聞諸夫子하니 曰親於其身에 爲不善者어든 君子不入也라하시니 佛肸이 以中[2]牟畔[3]이어늘 子之往也는 如之何잇고 子曰然하다 有是言也어니와 不曰堅乎아 磨而不磷[4]이니라 不曰白乎아 涅[5]而不緇[6]니라 吾豈匏[7]瓜也哉리오 焉能繫而不食이리오

| 국역 |

필힐이 부르거늘 공자께서 가려고 하셨다. 자로가 말했다. "전에 제가 선생님께 듣기로는 '직접 그 몸으로 착하지 않은 것을 하는 자에게는 군자는 들어가지 않는다.'고 하셨습니다. 필힐이 중모읍

을 가지고 모반했는데, 선생님께서 가시려는 것은 어째서입니까?" 공자께서 말씀하셨다. "그렇다. 그와 같은 말을 한 적이 있다. 그러나 단단하다고 말하지 않겠는가? 갈아도 닳지 않으니. 희다고 말하지 않겠는가? 검게 물들여도 검어지지 않으니. 내가 어찌 박이겠는가? 어찌 한 곳에 매달려서 먹히지 않을 수 있겠는가?"

| 난자풀이 |

1 佛肸 : 진晉나라의 대부大夫인 범씨范氏의 가신家臣으로서 중모中牟의 읍재邑宰였다. 음은 '필힐'. 공안국孔安國의 주注에는 조간자趙簡子의 가신으로 되어 있다.
2 中牟 : 진晉나라 대부大夫인 범씨范氏의 읍지邑地. 이 땅의 위치에 대해서는 여러 가지 설이 있다.
3 畔 : 반叛과 통용. 진晉나라의 대부인 조간자가 진공晉公을 옹위하고 범씨范氏와 중행씨中行氏를 공격했을 때 필힐佛肸은 중모中牟를 거점으로 하여 저항하였다.
4 磷 : '닳는다'는 뜻으로 음은 '린'.
5 涅 : '검은 물을 들인다'는 뜻으로 음은 '날'.
6 緇 : '물들여서 검게 된 것'을 의미한다. 음은 '치'.
7 匏瓜 : 박. 음은 '포과'.

| 강설 |

필힐이 진공晉公을 옹위하고 있는 조간자趙簡子에게 저항한 것은 명목상으로는 모반이 되지만, 당시의 상황으로 보면 조간자가 진공을 옹위하고 있는 것은 군주로 받드는 것이 아니라 자신의 세력을 확장하기 위해 이용하는 것에 불과하므로, 실질적으로는 조간자에게 저항하는 것이 직접 상관인 범씨范氏에게 대한 의로움을 행하는 것이라고 볼 수도 있다.

공자가 필힐佛肸의 초대에 응하려고 한 것은 아마도 이와 같은 필힐의 행위에는 의로운 것으로 볼 수 있는 여지가 있다고 판단되었기 때문이거나, 아니면 진리를 실현하려는 자신의 의지가 더욱 강렬했기 때문이었을 것이다.

공자가 자신에 대해서 갈아도 닳지 않을 정도로 단단하고, 검게 물들여도 검어지지 않을 정도로 희다고 한 것은, 의롭지 못한 사람에게 감으로써 물들게 될 것을 염려하는 자로子路를 안심시킨 것이다.

공자가 의롭지 못한 곳에 가지 말라고 가르친 것은 나쁜 물이 들까 염려해서였다. 공자 자신은 어떤 곳에 가도 나쁜 물이 들 염려가 없다. 자로는 공자의 가르침을 이해하지 못했다.

공자가 혼란한 이 세상에 진리를 실현시키기 위해서는 부지런히 다녀야 한다. 박처럼 한 곳에 매달려 먹히지도 않고 숨어 있을 수는 없다.

제8장

자왈유야 여문육언육폐의호 대왈미야 거
子曰由也아 女聞六言六蔽矣乎아 對曰未也로이다 居
오어여 호인불호학 기폐야우 호
하라 吾語女하리라 好仁不好學이면 其蔽也愚하고 好
지불호학 기폐야탕 호신불호학 기폐야
知不好學이면 其蔽也蕩하고 好信不好學이면 其蔽也
적 호직불호학 기폐야교 호용불호학
賊하고 好直不好學이면 其蔽也絞하고 好勇不好學이면
기폐야란 호강불호학 기폐야광
其蔽也亂하고 好剛不好學이면 其蔽也狂이니라

| 국역 |

공자께서 말씀하셨다. "유야 너는 육언六言과 육폐六蔽에 대해서 들었느냐?" (자로가) 대답했다. "아직 듣지 못했습니다." "(앉아) 있어라. 내가 너에게 말해 주겠다. 인仁을 좋아하고 배우기를 좋아하지 않으면 그 폐단은 어리석게 되는 것이고, 지혜로움을 좋아하고 배우기를 좋아하지 않으면 그 폐단은 방자하게 되는 것이고, 신의를 지키기를 좋아하고 배우기를 좋아하지 않으면 그 폐단은 (진리를) 해치게 되는 것이고, 정직한 것을 좋아하고 배우기를 좋아하지 않으면 그 폐단은 비좁게 되는 것이고, 용기를 좋아하고 배우기를 좋아하지 않으면 그 폐단은 어지럽게 되는 것이고, 굳센 것을 좋아하고 배우기를 좋아하지 않으면 그 폐단은 미치광이처럼 되는 것이다."

| 강설 |

육언六言은 인仁·지知·신信·직直·용勇·강剛이고, 육폐六蔽는 우愚·탕蕩·적賊·교絞·란亂·광狂이다.

육언으로 일컬어지는 여섯 가지 좋은 덕德의 내용과 원리를 알지 못하고 단지 맹목적으로 행하기만 하면 각각 폐단이 생기기 때문에 그 내용과 원리를 파악한 뒤에 행하는 것이 중요하다. 그 내용과 원리를 파악하는 과정이 또한 학문이다.

맹목적으로 인仁을 좋아하기만 하면 불쌍하고 딱한 사람으로 위장해서 접근해 오는 사람에게 사기당하기 쉽다. 맹목적으로 지知를 좋아하기만 하고 분별하는 의미를 알지 못하면 분별하기만 하고 동정심을 발휘하지 못하므로, 자기를 과시하고 어리석은 자를 무시하여 방자하게 된다.

믿기를 좋아하고 사리를 잘 분별하지 못하면 이단이나 사이비 종교에 빠져 진리를 해치기 쉽다.

정직한 것만을 중시하고 그 의미를 잘 모르면 편협하고 융통성이 없어진다.

용기를 좋아하는 사람이 사리를 잘 분별하지 못하면 참아야 할 때도 참지 못하고 어지러운 일을 일으킨다.

굳센 것을 좋아하고 사리를 잘 모르면 굳세어야 될 때 굳세지 못하고, 엉뚱하게 굳세지 않아야 할 때 굳세게 되어 미치광이처럼 되기 쉽다.

이와 같이 인간의 모든 참된 행위를 할 수 있는 능력은 학문을 통해서 비로소 터득되는 것이므로 학문이 가장 중시될 수밖에 없다. 공자는 자로가 혹시 학문을 게을리할까 염려하여 이와 같이 일깨운 것이다.

제 9 장

子曰小子(자왈소자)는 [1] 何莫學夫詩(하막학부시)오 [2] 詩(시)는 可以興(가이흥)이며 [3] 可以觀(가이관)이며 可以羣(가이군)이며 可以怨(가이원)이며 邇之事父(이지사부)며 [4] 遠之事君(원지사군)이요 多識於鳥獸草木之名(다식어조수초목지명)이니라 [5]

| 국역 |

공자께서 말씀하셨다. "너희들은 어찌하여 시詩를 배우지 아니하느냐? 시는 순수한 감정을 일으킬 수 있고, 사리를 살필 수 있으며, 무리를 이룰 수 있고, 제대로 원망할 수도 있으며, 가까이는 어버이를 섬길 수 있고, 멀리는 임금을 섬길 수 있으며, 새와 짐승과 풀과 나무의 이름에 대해서 많이 알 수 있다."

| 난자풀이 |

[1] 小子 : '얘들아'라는 뜻의 부르는 말로서 제자를 의미한다.
[2] 夫 : '그', '저' 등의 뜻으로 시詩를 막연하게 수식하는 역할을 한다.
[3] 以 : 시詩를 목적어로 갖는 타동사.
[4] 之 : 앞의 이邇를 타동사로 만드는 역할을 한다. '시를 가까이에서 응용한다면'이란 뜻이다.
[5] 於 : ~에 대해서.

| 강설 |

시詩로써 일으킨다는 말은 침체된 감정을 흥기시키는 것을 말한다. 감정은 흥기시켜야 순화시킬 수 있는 것이니, 시는 감정을 흥기시키고 순화시킬 수 있는 작용이 있다.

사기꾼에게는 남들이 다 사기꾼으로 보인다. 욕심쟁이에게는 자기에게 이익이 되는 사람은 착한 사람으로 보이지만, 그 반대의 사람은 나쁜 사람으로 보이기 때문에 참으로 착하고 옳은 자를 구별하지 못한다. 오직 감정이 순화되어 순수해진 사람에게만 선악과 시비가 제대로 보이는 것이다.

순수하지 못한 사람은 이익이 되는 사람과 사귀었다가 불리하게 되면 곧 헤어지기 때문에 사람을 제대로 사귈 수 없다. 그런 사람은 남과 조화롭게 무리를 이루지 못하고 늘 편당을 짓게 된다.

욕심쟁이는 자기에게 이익을 주는 사람을 좋아하고 불이익을 주는 사람을 원망하지만, 감정이 순화된 사람은 착한 사람을 좋아하고 나쁜 사람을 원망한다.

감정이 순화되면 남과 나를 하나로 생각하여 남을 나처럼 사랑하고 아끼게 되므로, 가까이는 부모와 하나가 되고 멀리는 만인萬人과 하나 됨을 실천할 수 있지만, 욕심쟁이는 모든 사람을 경쟁상대로 생각하기 때문에 부모형제와도 다툰다.

시詩에는 새·짐승·풀·나무 등의 이름이 많이 등장하므로 시를 배우면 부수적으로 그런 것을 많이 알고 기억하게 된다.

제10장

子謂伯魚曰女爲周南召南矣乎아 人而不爲周南召南이면 其猶正牆面而立也與인저

(자위백어왈여위주남소남의호 인이불위주남소남 기유정장면이립야여)

1

| 국역 |

공자께서 백어에게 이르셨다. "너는 주남周南과 소남召南을 공부하였느냐? 사람으로서 주남과 소남을 공부하지 않으면 담장에 얼굴

을 똑바로 대고 서 있는 것과 같다."

| 난자풀이 |

[1] 爲 : '한다'는 뜻의 동사인데 목적어가 학문과 관계될 때는 '공부한다'는 뜻이 된다.

| 강설 |

주남과 소남은 『시경』의 편명이다. 주남과 소남을 공부한다는 말은 『시경』을 공부한다는 말이다.

시를 배우면 순수한 감정이 일어난다. 순수한 감정이 일어나는 것은 진리로 향하는 싹이 트는 것이다. 시를 배우는 것이 학문의 첫 번째 관문이 되는 까닭이 여기에 있다. 욕심에 가로막혀 진리를 받아들이지 못하는 사람은 답답하다. 그런 사람에게는 소통할 수 있는 길이 없다. 마치 담장에 막혀 더 이상 나아가지 못하고 서 있는 사람의 모습이다. 그런 사람을 꼭 막힌 사람이라 한다.

제11장

자 왈 예 운 예 운 　 옥 백 운 호 재 　 악 운 악 운 　 종 고
子曰禮云禮云이나 玉帛云乎哉아 樂云樂云이나 鐘鼓
운 호 재
云乎哉아

| 국역 |

공자께서 말씀하셨다. "예라 예라 하지만, 구슬이나 비단을 말하는 것이겠는가? 음악 음악 하지만, 종과 북을 말하는 것이겠는가?"

| 강설 |

구슬이나 비단을 전하는 예의 형식에만 치중하는 것은 참다운 예

가 아니고, 종 치고 북 치는 등의 음악의 기술적인 것에만 치중하는 것은 참다운 음악이 아니다. 예는 형식으로 표현되는 것이지만, 그것은 단순한 형식이 아니다. 예를 실시하는 사람의 순수한 마음이 자연스럽게 발현되어 나오는 것이어야 한다. 음악은 기술적으로 표현하는 것이지만, 그것은 단순한 기술이 아니다. 음악을 연주하는 사람의 즐거운 마음이 자연스럽게 스미어 나오는 것이어야 한다.

제12장

자왈색려이내임 비저소인 기유천유지도야여

子曰色厲而內荏[1]을 譬諸[2]小人이면 其猶穿[3]窬[4]之盜也與인저

| 국역 |

공자께서 말씀하셨다. "얼굴빛은 사나우면서 마음이 나약한 것을 소인小人에게 비유하면, 벽을 뚫고 담을 넘는 도적과 같은 것이다."

| 난자풀이 |

[1] 荏 : '나약하다'는 뜻으로 음은 '임'.
[2] 諸 : 지어之於의 뜻. 음은 '저'.
[3] 穿 : '벽을 뚫는다'는 뜻으로 음은 '천'.
[4] 窬 : '담을 넘는다'는 뜻으로 음은 '유'.

| 강설 |

이 문장의 내용은 자격이 없는 사람이 자리에 앉아 있는 것을 비난한 것이다.

자격이 없는 사람이 자리에 있으면 자기의 무능함을 감추기 위해 얼굴빛을 사납게 하지만, 마음속에서는 늘 조마조마하다. 마치

도둑이 마음속에서는 탄로날까 봐 조마조마하지만 겉으로는 위장하여 태연한 척하는 것과 같다.

제13장

자왈향원 덕지적야
子曰鄕原은 德之賊也니라
1 2

| 국역 |

공자께서 말씀하셨다. "향원은 덕을 해친다."

| 난자풀이 |

1 鄕原 : 향원鄕愿이라고도 한다. 시골에서 점잖고 성실한 체 행동하는 사람.
2 之 : 덕德과 적賊이 도치되어 있음을 나타내는 역할. 따라서 적덕賊德으로 해석하면 될 것이다.

| 강설 |

향원은 순수하게 되려는 의욕이 없이 그저 현실에만 집착하고 점잖은 사람으로 대접받는 데만 힘쓰는 자이다.

사람이 참된 사람이 되기 위해서는 덕을 밝혀야 하고, 덕을 밝히기 위해서는 학문에 열중해야 한다. 미치광이처럼 어떤 것에 열중하는 사람이나 오직 한 곳만 파는 외골수는 성격의 결함이 금방 드러나지만, 잘 인도하면 학문에 매진하도록 할 수 있다. 스스로 훌륭한 체 행세하며 결함을 보이지 않고 점잔을 빼고 있는 향원鄕原은 학문에 대한 의욕이 전혀 없는 사람이다. 자신도 학문을 하지 않지만, 주위 사람들이 학문을 하는 것도 막는다. 덕을 망치는 사람이다. 공자가 가장 싫어하는 사람은 그런 사람이다.

제 14 장

자왈도청이도설 덕지기야
子曰道聽而塗說이면 德之棄也니라

| 국역 |

공자께서 말씀하셨다. "길에서 듣고 길에서 말하면 덕을 버린다."

| 강설 |

길에서 듣고 길에서 말한다는 것은, 들은 말을 잘 이해하여 자기의 것으로 소화한 다음에 다른 사람에게 말하는 것이 아니라 건성으로 듣고 건성으로 말한다는 뜻이다. 어떤 말을 들을 때 그 말의 내용을 잘 이해하여 섭취할 것은 섭취하고 반성할 것은 반성하면 덕을 밝히는 데 큰 도움이 된다. 그러나 건성으로 듣고 건성으로 말하면 진지한 모습을 자꾸 잃게 되므로, 덕을 밝히는 데 도움이 되기는커녕 오히려 덕을 버리게 된다.

제 15 장

자왈비부 가여사군야여재 기미득지야 환득
子曰鄙夫는 可與事君也與哉아 其未得之也에는 患得

지 기득지 환실지 구환실지 무소부
之하고 旣得之하여는 患失之하나니 苟患失之면 無所不

지의
至矣니라

| 국역 |

공자께서 말씀하셨다. "비루한 사람과는 함께 임금을 섬길 수 있겠는가? (벼슬자리를) 얻기 전에는 얻을 것을 걱정하고, 이미 얻고

나서는 잃을까 걱정한다. 참으로 잃을까 걱정되면 못할 짓이 없다."

| 강설 |

능력 있는 자가 정치적 지위에 있으면 백성들을 안락하게 하기 때문에 백성들의 존경을 받게 되지만, 그것이 목적이 되지는 아니한다. 그러나 비루한 사람은 능력이 없으면서 백성들에게 존경받을 수 있는 자리만을 탐내기 때문에 그 자리를 얻는 데만 치중하고, 또 얻고 나면 잃지 않는 데만 치중하며 잃지 않기 위해서는 무슨 짓이든 한다. 무소부지無所不至 즉, '이르지 않은 바가 없다'는 말은 무슨 짓이든 한다는 것을 뜻한다.

제16장

자왈고자 민유삼질 금야 혹시지무야
子曰古者에 民有三疾이러니 今也에는 或是之亡[1]也로다

고지광야 사 금지광야 탕 고지긍야 렴
古之狂也는 肆[2]러니 今之狂也는 蕩[3]이요 古之矜也는 廉

금지긍야 분려 고지우야 직 금지
이러니 今之矜也는 忿戾[4]요 古之愚也는 直이러니 今之

우야 사이이의
愚也는 詐而已矣로다

| 국역 |

공자께서 말씀하셨다. "옛날에는 백성들에게 세 가지의 병폐가 있었는데, 지금에는 혹 그것마저도 없어졌구나! 옛날의 광狂은 작은 일에 구애되지 않았으나 지금의 광은 방자하며, 옛날의 긍矜은 청렴하였으나 지금의 긍은 사나우며, 옛날의 어리석은 자는 정직했으나 지금의 어리석은 자는 속이기만 할 따름이다."

| 난자풀이 |

1 之 : 시是와 무亡가 도치되었음을 나타내는 역할을 한다.
2 肆 : 작은 일에 구애되지 않고 멋대로 하는 것. 음은 '사'.
3 蕩 : 방자하고 오만한 것.
4 戾 : '사납다'는 뜻으로 음은 '려'.

| 강설 |

옛날 사람들 중의 병폐는 일에 미친 듯이 몰두하는 것, 자기 자랑을 하거나 자만하는 것, 어리석은 것 등이었으나, 이러한 병폐를 가진 사람들도 순수한 면은 가지고 있었다. 그러나 지금의 사람들은 그 순수한 면까지도 없다.

옛날의 광狂 즉, 어떤 일에 미친 듯이 몰두하는 사람은 소탈하여 자기의 것과 남의 것에 구애되지 않았으나, 지금은 자기의 것만을 위하고 남의 것을 무시함으로써 방자하게 되었고, 옛날의 자존심이 강한 사람은 청렴하기라도 하였으나, 지금의 자존심이 강한 사람은 사납기 때문에 그 자존심을 건드리면 벼락이 떨어진다. 옛날의 어리석은 자는 정직하였지만, 지금의 어리석은 사람은 이익을 추구하는 데만 몰두하여 어리석으면서도 이익이 되는 일이면 무슨 짓이든 한다.

제17장

자왈교언영색 선의인
子曰巧言令色이 鮮矣仁이니라

| 강설 |

학이편學而篇 제3장에 나온 말이다.

제18장

자왈오자지탈주야 오정성지란아악야 오리
子曰惡紫之奪朱也하며 惡鄭聲之亂雅樂也하며 惡利
구지복방가자
口之覆邦家者하노라

| 국역 |

공자께서 말씀하셨다. "자주색이 붉은색을 빼앗는 것을 미워하며, 정鄭나라의 음악이 아악雅樂을 어지럽히는 것을 미워하며, 날카로운 입(말 잘하는 입)이 나라를 전복시키는 것을 미워한다."

| 강설 |

자주색은 사람의 감각을 자극하기 때문에 원색인 붉은색보다 더 평가받기 쉽고, 정鄭나라의 음악은 음란하여 사람들의 말초신경을 자극하기 때문에 순수한 음악인 아악雅樂보다 더욱 유행하기 쉬우며, 말 잘하는 사람은 인격이 부족하더라도 사람들에게 훌륭하게 평가받아 높은 자리를 차지하기 때문에 나라를 망치기 쉽다.

제19장

자왈여욕무언 자공왈자여불언즉소자하술언
子曰予欲無言하노라 子貢曰子如不言則小子何述焉이
자왈천하언재 사시행언 백물생언
리잇고 子曰天何言哉시리오 四時行焉하며 百物生焉하
천하언재
나니 天何言哉시리오

| 국역 |

공자께서 말씀하셨다. "나는 무언을 하련다." 자공이 말했다. "선

생님께서 만일 말을 하지 않으시면 저희들이 어떻게 가르침을 이어받겠습니까?" 공자께서 말씀하셨다. "하늘이 무슨 말을 하더냐? (그러나) 사계절이 운행되고 만물(백물百物)이 자라난다. 하늘이 무슨 말을 하더냐?"

| 강설 |

공자의 목적은 하늘의 뜻을 이어받아 사랑을 실천하는 것인데, 그것은 말로써 가능한 것이 아니다. 인仁은 남과 나를 구별하지 않고 남을 나처럼 사랑하는 것이지만, 말은 남과 나, 이것과 저것을 구별하는 것이므로 말로써는 인을 실현할 수 없다.

자공은 재주가 있고 말을 잘하므로 그를 깨우친 것이다.

제20장

孺悲欲見孔子(유비욕현공자)어늘[1] 孔子辭以疾(공자사이질)하시고 將命者出戶(장명자출호)어늘[2] 取瑟而歌(취슬이가)하사 使之聞之(사지문지)하시다

| 국역 |

유비가 공자를 뵙고자 하였는데, 공자께서는 병을 핑계로 사양하시고, 명령을 전달하는 자가 문을 나가자, 비파를 가져다 노래를 부르시어, 그로 하여금 듣게 하셨다.

| 난자풀이 |

[1] 孺悲 : 노나라 사람. 노나라 애공이 유비孺悲로 하여금 공자에게 가서 상례喪禮를 배우게 했다는 기록이 있다.

[2] 將 : 관장한다. 거느린다.

| 강설 |

구체직인 것은 일 수 없으나 아마도 당시에 유비기 예를 지키지 않은 일이 있었을 것이다. 공자께 뵙기를 청한 유비에게 아프다는 핑계로 만나주지 않고서 비파를 타고 노래를 하여 그에게 듣도록 한 것은, 그가 그의 잘못을 깨우치도록 행동으로 보여준 것이다.

제21장

재아문삼년지상 기이구의 군자삼년불위
宰我問三年之喪이 期[1]已久矣로소이다 君子三年不爲

례 예필괴 삼년불위악 악필붕 구곡
禮면 禮必壞하고 三年不爲樂이면 樂必崩하리니 舊穀

기몰 신곡기승 찬수개화 기가이의
既沒하고 新穀既升하며 鑽[2]燧[3]改火[4]하나니 期[5]可已矣로소

자왈식부도 의부금 어여안호 왈안
이다 子曰食夫稻하며 衣夫錦이 於女安乎아 曰安하나

여안즉위지 부군자지거상 식지불감
이다 女安則爲之하라 夫君子之居喪에 食旨不甘하며

문악불락 거처불안 고 불위야 금여
聞樂[6]不樂[7]하며 居處[8]不安이라 故로 不爲也하나니 今女

안즉위지 재아출 자왈여지불인야 자생
安則爲之하라 宰我出이어늘 子曰予之不仁也여 子生

삼년연후 면어부모지회 부삼년지상 천하
三年然後에 免於父母之懷하나니 夫三年之喪은 天下

지통상야 여야유삼년지애어기부모호
之通喪也니 予也有三年之愛於其父母乎아

| 국역 |

재아가 물었다. "삼년상三年喪은 기간이 너무 오랩니다. 군자가 3년 동안 예禮를 행하지 않으면 예가 반드시 무너지고, 3년 동안 음악을 익히지 않으면 음악이 반드시 무너질 것입니다. 묵은 곡식이

다 없어지고 새 곡식이 오르며, 부싯돌을 갈아 불을 바꾸니, 일년이면 그칠 만한 것입니다." 공자께서 말씀하셨다. "쌀밥을 먹고 비단옷을 입는 것이 너에게는 편안하냐?" "편안합니다." "네가 편안하다면 그렇게 하라. 대저 군자가 상을 입을 때에 기름진 것을 먹어도 달게 느껴지지 않으며, 음악을 들어도 즐거워지지 아니하며, 처소에 있어도 편해지지 않았다. 그러므로 하지 아니한 것이다. 지금 네가 편안하다면 그렇게 하라." 재아가 밖으로 나가자 공자께서 말씀하셨다. "여(재아)의 인仁하지 못함이여! 자식은 태어나서 3년이 지난 연후에야 부모의 품에서 벗어나는 것이다. 대저 삼년상은 천하에 공통된 상喪이니 여는 그 부모에게 3년 동안의 사랑받음이 있었는가?"

| 난자풀이 |

1 期 : 기간.
2 鑽 : '뚫는다'는 뜻으로 음은 '찬'.
3 燧 : 불을 일으키는 돌이나 나무. 음은 '수'. 찬수鑽燧는 나무에 구멍을 뚫고 거기를 문질러 불을 일으키는 것.
4 改火 : 불을 바꾸는 것. 옛날에는 불을 한 번 붙이면 그 불을 꺼트리지 않고 숯불의 상태로 보관하면서 계속 사용하였는데, 한식寒食과 청명淸明을 경계로 각 가정에서는 불을 완전히 꺼트린 후에 부싯돌을 문질러 새 불을 붙이는 행사가 있었다.
5 期 : 1년.
6 樂 : 음악. 따라서 음은 '악'.
7 樂 : '즐겁다'는 뜻으로 음은 '락'.
8 處 : 일상적인 처소. 여기서는 자기의 집을 말한다.

| 강설 |

예禮는 순수한 본래의 마음이 자연스럽게 발로되어 형식화된 것이므로, 순수한 본래의 마음을 상실한 일반인은 예를 실천하기 어렵다. 그러므로 일반인은 순수한 본래의 마음을 실현하는 성인聖人의 행위를 기준 삼아 그것을 모방하면서 차츰 저절로 그렇게 되도록 노력할 수밖에 없다. 그러므로 성인처럼 인격이 완성되기 전에는 예가 다소 인간 행위를 속박하는 요소가 되기도 하지만, 참된 인간이 되는 과정이기 때문에 참고 따라야 하는 것이다. 그러나 하기 싫은 것을 억지로 지키는 예는 의미가 없으므로 하지 않는 것만 못하다. 따라서 재아宰我의 입장에서는 차라리 일년상一年喪이 나을지 모른다.

그러나 공자가 재아에게 일년상을 허락하고서 부연 설명을 하지 않으면 다른 제자들에게 일년상이 진리인 것으로 오해될 수 있기 때문에, 재아가 나간 뒤 일반적인 예의 원리를 설명하여 오해의 소지를 없앴다.

제22장

자 왈 포 식 종 일　무 소 용 심　난 의 재　불 유 박 혁
子曰飽食終日하여 無所用心이면 難矣哉라 不有博[1]奕[2]
자 호　위 지 유 현 호[3] 이[4]
者乎아 爲之猶賢乎已니라

국역

공자께서 말씀하셨다. "배부르게 먹고 하루해를 마치도록 마음을 쓰는 곳이 없다면 곤란하다. 쌍륙이나 바둑이라도 있지 않은가? 그것을 하는 것이 그래도 하지 않는 것보다는 나을 것이다."

난자풀이

[1] 博 : 쌍륙. 주사위놀이와 유사함. 윷놀이도 이에 속한다고 할 수 있다.
[2] 奕 : 바둑. 음은 '혁'.
[3] 乎 : 비교를 나타내는 조사.
[4] 已 : 그만두는 것. 음은 '이'.

| 강설 |

머리를 쓰지 않으면 두뇌의 기능이 퇴보하고 나태해진다. 바둑이라도 두어 머리의 훈련을 시키는 것이 아무것도 하지 않고 가만히 있는 것보다는 낫다.

제23장

자로왈군자상용호 자왈군자 의이위상 군
子路曰君子尙勇乎잇가 子曰君子는 義以爲上이니 君
자유용이무의 위란 소인유용이무의 위도
子有勇而無義면 爲亂이요 小人有勇而無義면 爲盜니라

| 국역 |

자로가 말했다. "군자는 용기를 숭상하십니까?" 공자께서 말씀하셨다. "군자는 의로움을 가지고 최상으로 삼는다. 군자가 용기가 있고 의로움이 없으면 난亂을 일으키고, 소인이 용기가 있고 의로움이 없으면 도적질을 할 것이다."

| 강설 |

자로는 용기가 있고 또 용기를 좋은 것으로 생각하기 때문에 그것을 확인하기 위해 질문을 했다.

정당한 사람에게는 용기가 있을수록 좋지만, 정당하지 못한 사람에게는 용기가 있을수록 좋지 않다. 그러므로 용기가 의미를 갖기 위해서는 정당성이 먼저 전제되어야 한다. 정당한 행위 원리가 의義이다. 따라서 의義롭지 못한 사람이 용기가 있으면 부당한 일을 과감하게 행하므로, 영향력이 큰 사람은 난亂을 일으키게 되고 영향력이 작은 사람은 도적질을 하게 된다.

여기서 말하는 군자는 영향력이 큰 사람이고 소인은 영향력이 작은 사람이다.

제24장

지 공 왈 균 자 여 유 오 호　자 왈 유 오　오 칭 인 지 악
子貢曰君子亦有惡乎잇가 子曰有惡하니 惡稱人之惡
[1] [2]

자　오 거 하 류 이 산 상 자　오 용 이 무 례 자　오
者하며 惡居下流而訕上者하며 惡勇而無禮者하며 惡
[3]

과 감 이 질 자　왈 사 야 역 유 오 호　오 요 이 위 지 자
果敢而窒者니라 曰賜也亦有惡乎하니 惡徼以爲知者
[4]

오 불 손 이 위 용 자　오 알 이 위 직 자
하며 惡不孫以爲勇者하며 惡訐以爲直者하노이다
[5]

| 국역 |

자공이 말했다. "군자도 또한 미워함이 있습니까?" 공자께서 말씀하셨다. "미워함이 있다. 남의 나쁜 점을 말하는 것을 미워하며, 하류下流에 있으면서 윗사람 비방하는 것을 미워하며, 용기만 있고 예禮가 없는 것을 미워하며, 과감하기만 하고 꽉 막힌 것을 미워한다." "저도 또한 미워함이 있습니다. 요행히 맞히는 것을 지혜로운 것으로 여기는 것을 미워하며, 불손한 것을 용감한 것으로 여기는 것을 미워하며, 들추어내는 것을 정직한 것으로 여기는 것을 미워합니다."

| 난자풀이 |

[1] 惡 : '미워한다'는 뜻으로 음은 '오'.
[2] 惡 : '나쁜 것'이란 뜻으로 음은 '악'.
[3] 訕 : '비방한다'는 뜻으로 음은 '산'.
[4] 徼 : 투기 등을 하여 요행히 맞히는 것. 이以의 목적어이다.
[5] 訐 : '들추어낸다'는 뜻으로 음은 '알'.

| 강설 |

자공은 미워하는 것이 있었다. 자기가 미워하는 것은 훌륭한 것이

라는 생각이 들기도 했다. 그래서 칭찬받을 기회로 삼아 공자에게 질문했다. '군자도 또한'이라고 한 말에서 이를 알 수 있다.

남의 나쁜 점을 말하는 것은 인仁의 정신이 없기 때문이고, 윗사람을 비방하는 것은 의로움이 없기 때문이며, 용기가 있으면서 예禮가 없는 것은 예를 알지 못하기 때문이고, 과감하게 일을 일으키지만 꽉 막혀서 사리를 분별하지 못하는 것은 지혜롭지 못하기 때문이다. 공자가 미워하는 네 가지 요소는 '인仁·의義·예禮·지知를 지키지 못하는 것'이다.

요행히 맞히는 것은 참다운 지혜가 아니며, 불손하게 선배나 윗사람에게 덤비는 것은 참다운 용기가 아니며, 남의 잘못을 들추어내는 것은 참다운 정직이 아니다. 참다운 지혜는 정당하게 사는 이치를 아는 것이고, 참다운 용기는 겸손하고 착실한 마음속에 있는 것이며, 참다운 정직함은 인仁한 마음을 실현하는 것이다. 그러므로 자공이 미워하는 것은 '지知·인仁·용勇을 실천하지 못하는 것'으로 집약된다.

주자朱子를 위시한 대부분의 주석가들은 '사야역유악호賜也亦有惡乎'를 공자의 말로 보았으나 그 앞에 '왈曰' 자가 있는 점과 늘 자기의 의사를 잘 표시하는 자공의 성격 등을 참고해 보면, 자공의 말로 보인다. 황간皇侃의 『논어의소論語義疏』에는 '사야역유악호賜也亦有惡乎'의 호乎가 야也로 되어 있고, 또 이 문장이 자공의 말로 되어 있다.

제25장

자왈유여자여소인 위난양야 근지즉불손 원지즉원
子曰唯女子與小人은 爲難養也니 近之則不孫하고 遠之則怨이니라

| 국역 |

공자께서 말씀하셨다. "여자女子와 소인小人은 거두기가 어렵다. 가까이하면 불손해지고 멀리하면 원망한다."

| 강설 |

소인小人은 마음의 경건함을 유지하지 못하고 늘 자기의 이익 챙기기에 바쁘다. 따라서 소인은 군자를 알아보지 못한다. 가까이해주는 사람에게는 불손하게 대하고, 무시당하면 반성하지 못하고 그 원인을 남의 탓으로 돌리고 남을 원망한다.

여자 중에서도 군자와 소인이 있다. 그런데 여기서는 여자를 모두 소인의 부류에 넣었다. 그 까닭은 여기서 말하는 여자는 모든 여자를 가리키는 것이 아니다. 공자에게 접근했던 여자를 가리킨다. 공자에게 접근했던 여자는 순수한 여자가 아니었다. 공자를 농락하고 싶은 불순한 의도가 있었던 사람들이다. 공자가 여자였다면, 공자에게 접근한 남자들은 모두 늑대였을 것이다.

제26장

자왈년사십이현악언 기종야이

子曰年四十而見[1]惡[2]焉이면 其終也已니라

| 국역 |

공자께서 말씀하셨다. "나이가 40이 되었어도 나쁜 것을 드러낸다면 끝난 것이다."

| 난자풀이 |

[1] 見 : 드러내다. 음은 '현'.

[2] 惡 : 나쁘다. 음은 '악'.

| 강설 |

사람은 순수하게 태어났다가 성장하면서 욕심이 생겨 차츰 타락해 간다. 그것은 마치 천국을 등지고 지옥으로 달려가는 것과 같고, 고향을 등지고 타향을 향해 달려가는 것과 같다. 그것은 잘못이다. 그것은 행복을 등지고 불행을 향해서 달려가는 것과 같다. 너무 많이 가기 전에 돌아와야 한다. 너무 많이 가버리면 돌아오고 싶어도 돌아올 수 없다.

불행을 향해서 달려갔다가 행복이 있는 곳으로 돌아오는 것이 학문이다. 학문에도 때가 있다. 너무 늦게 시작하면 이루기가 어렵다.

40세가 되었어도 학문의 길로 돌아오지 못하고 타락의 길로 달려가고 있으면 돌아오기 어렵다.

十八. 미자편微子篇

제1장 ―

微子(미자)는 去之(거지)하고 箕子(기자)는 爲之奴(위지노)하고 比干(비간)은 諫而死(간이사)하니 孔子曰殷有三仁焉(공자왈은유삼인언)하니라

1 微子 2 箕子 3 比干

| 국역 |

미자는 떠나가고, 기자는 종이 되고, 비간은 간하다가 죽었다. 공자께서 말씀하셨다. "은나라에 세 인자仁者가 있었다."

| 난자풀이 |

1 微子 : 은나라의 마지막 임금인 주紂의 배다른 형. 이름은 계啓, 미微는 봉해진 나라의 이름, 자子는 작위爵位. 주紂에게 간하여 받아들여지지 않자 나라를 떠났다. 은나라를 멸망시킨 주나라는 미자를 송나라에 봉하여 은나라 왕조의 제사를 받들게 했다.

2 箕子 : 주紂의 숙부. 이름은 서胥, 기箕는 봉해진 나라의 이름. 자子는 작위爵位. 주紂에게 간한 것이 받아들여지지 않자 어떤 사람이 망명할 것을 권하였는데, 이를 뿌리치면서 말하기를, "간언이 받아들여지지 않는다고 하여 나라를 떠나는 것은 임금의 죄악을 드러내고 백성들에게 자신의 훌륭함을 과시하는 것이므로 할 수 없다."고 하고, 머리를 풀어헤치고 이상한 사람처럼 행동하여 노예가 되었다.

3 比干 : 주紂의 숙부. "신하된 사람은 죽음을 무릅쓰고 간해야 하는 것이니, 그렇지 않으면 인민은 구제되지 아니한다."고 말하고 간하기를 그치지 않았다. 주紂는 화가 나서 "성인의 심장에는 일곱 개의 구멍이 있다고 들었다." 하고서 비간을 죽여 심장을 꺼내어 확인하였다고 한다.

| 강설 |

같은 인자仁者라 하더라도 각각의 주어진 상황에 맞게 역할을 하기 때문에, 구체적인 행위는 다르게 나타난다.

제2장

류하혜위사사 삼출 인왈자미가이거호
柳下惠爲士師[1]하여 三黜[2]이어늘 人曰子未可以去乎아

왈직도이사인 언왕이불삼출 왕도이사인
曰直道而事人이면 焉往而不三黜이며 枉道而事人이면

하필거부모지방
何必去父母之邦이리오

| 국역 |

류하혜가 사사士師가 되어 세 번 쫓겨나자, 어떤 사람이 말했다. "그대는 떠나야 되지 않는가?" "도道를 곧게 하여 남을 섬긴다면 어디에 간들 세 번 쫓겨나지 않겠는가? 도를 굽혀 남을 섬긴다면 하필 부모의 나라를 떠나겠는가?"

| 난자풀이 |

1 士師 : 소송을 맡아보는 관직.

2 黜 : 쫓겨나는 것. 음은 '출'.

제 3 장

齊景公이 待孔子曰若季氏則吾不能이어니와 以季孟之間待之하리라하고 曰吾老矣라 不能用也라한대 孔子行하시다

| 국역 |

제나라의 경공景公이 공자를 접대하며 말하기를 "계씨같이는 내 대우할 수 없습니다만, 계씨와 맹씨의 중간 정도로 대우하겠습니다." 하고는 다시, "내 늙었으니 등용하지 못하겠습니다."고 하자, 공자께서 떠나셨다.

| 강설 |

노나라의 소공昭公이 기원전 517년에 제나라로 망명했는데 그때 공자도 함께 제나라로 간 일이 있으므로 경공이 이 말을 한 것은 아마 그때의 일일 것이다. 당시 공자는 35세였고 경공은 60세 가량이었다.

계씨 즉, 노나라의 계손씨는 상경上卿이었고 맹손씨는 하경下卿이었으므로, 경공景公은 공자에게 상경과 하경의 중간쯤으로 대우하려 하였다. 그러나 다시 공자를 등용할 수 없다고 한 것은, 그 사이에 제나라 신하들의 반대가 있었던 것으로 짐작된다.

공자는 벼슬하는 것을 목적으로 두지 않기 때문에 언제나 미련 없이 떠날 수 있었다.

제4장

齊人(제인)이 歸女樂(귀여악)[1]이어늘 季桓子受之(계환자수지)[2]하고 三日不朝(삼일부조)[3]한대 孔子行(공자행)하시다

| 국역 |

제나라 사람이 여악女樂(미녀로 구성된 가무단)을 보내니, 계환자가 그것을 받고 3일 간 조회를 열지 않자, 공자께서 떠나셨다.

| 난자풀이 |

1. 女樂 : 미녀로 구성된 가무단.
2. 季桓子 : 노나라의 대부인 계손사季孫斯, 환桓은 시호. 계강자季康子의 아버지.
3. 朝 : 조회를 여는 것. 오늘날의 국무회의에 해당함.

| 강설 |

공자는 52세 때 노나라의 사구司寇가 되었는데, 그 3년 뒤 제나라의 정치인들이 '공자가 정치를 하면 노나라가 강대해지고, 그렇게 되면 가까이 있는 제나라가 먼저 합병될 것'을 우려했다. 그래서 제나라는 노나라의 정치를 타락시킬 목적으로, 제나라의 미녀 80인을 춤추는 무희로 만들어 노나라의 임금에게 보냈다. 노나라의 실력자인 계환자는 이를 감상하느라 3일 동안 조회를 열지 않았다.

공자가 벼슬하는 목적은 도를 펴기 위한 것이었다. 계환자가 주도하는 노나라의 정치가 도를 실현하는 방향으로 갈 수 없음을 안 공자는 노나라를 떠났다.

제 5 장

楚狂接輿歌而過孔子曰鳳兮鳳兮여 何德之衰오 往者는 不可諫이어니와 來者는 猶可追니 已而已而어다 今之從政者는 殆而니라 孔子下하사 欲與之言이러시니 趨而辟之하니 不得與之言하시다

| 국역 |

초나라에서 미치광이 행세를 하던 접여가 노래하면서 공자 앞을 지나가며 말했다. "봉황새여! 봉황새여! 무슨 덕이 저리 쇠약한가! 지나간 것은 따질 수 없거니와 오는 것은 오히려 따를 수 있으니, 그만둘지어다. 그만둘지어다! 오늘날의 정치가들은 위험하다." 공자께서 내리시어 그와 말을 해보려 하셨는데, 종종걸음으로 피했으므로 그와 말을 할 수 없었다.

| 난자풀이 |

1 接輿 : 은자로서, 누구인지 이름이 알려지지 않았다. 공자의 수레에 접했다는 사실을 들어 접여接輿라 이름 붙인 것이다. 초나라에서 미치광이처럼 엉뚱한 행동을 하던 사람이 공자의 수레에 접했다고 하여 '초광접여楚狂接與'라 한 것이다.

2 鳳 : 성인이 나타날 때 나타난다는 전설적인 새. 봉황. 여기서는 공자에 비유한 것이다.

3 之 : 덕德과 쇠衰가 도치되었음을 나타내는 글자.

4 而 : 조사.

5 辟 : 피避와 통용된다. 피한다는 뜻이다.

구체적으로 어떠한 인물인지 전혀 알려져 있지 아니한 초광접여楚狂接輿가 공자에게 접근하여 '지금까지의 공자의 노력이 헛수고이며 앞으로도 그럴 것이므로, 앞으로는 그런 노력을 하지 않는 것이 좋을 것이다.'는 의미의 노래를 불러 공자의 노력을 만류했다. 공자는 그와 이야기를 나누고 싶어 수레에서 내렸으나, 그가 종종걸음으로 사라졌으므로 말을 나누지 못했다.

초광접여의 입장은 어떠한 것이었으며, 공자가 그를 만나보고 싶어했던 이유는 무엇이었을까?

초광접여는 도가사상의 소유자로 보아야 한다. 도가사상은 인간의 본래 모습을 잃어버리지 않고 그대로 간직하고 있는 사람들의 사상이다. 그러므로 그들에게는 극복해야 할 악이 없으며 또 그 상대개념으로서의 선도 없다. 인간의 본래 모습은 자연의 이치대로 살아가는 자연체이기 때문에 '나'라는 의식을 가지고 있지 않으며 남과 구별함도 없다. 구별이 있어야만 '안다'는 것이 성립되고 말이 성립되는 것이므로, 그들에게는 아는 것도, 말의 필요성도 없었다. 그들은 무지無知·무언無言·무아無我의 상태에서 무위자연을 실천할 뿐이었다.

이에 비해 유가사상과 불가사상은 인간의 본래 모습을 상실하여 고통받았던 사람들에게서 나온 사상이다. 그중에서 유가사상은 인간이 만든 사회 속에 머물러 있으면서 타락한 요소들을 극복하여 타락하기 이전의 본래 모습을 회복하려는 사상이고, 불가사상은 인간사회를 떠나는 것을 통해서 본래의 모습을 회복하려는 사상이다. 도가사상의 소유자를 고향에 머물러 있는 사람에 비유한다면, 유가사상의 소유자는 타향에 머물러 있으면서 타향을 고향처럼 만들려는 사람이고, 불가사상의 소유자는 타향을 버리고 고향으로 돌아가려는 사람이다.

도가사상과 불가사상에서는 인간사회를 발전시키는 일에 관심이 적다. 도가사상가의 삶은 유가나 불가에서 추구하는 목적지이기 때문에 늘 관심의 대상이 된다.

이런 맥락으로 보면, 초광접여가 사회의 개혁이나 발전에 관심을 보이지 않는 이유와 공자가 그를 만나보고 싶어한 이유를 알 수 있다.

제6장

장저 걸닉 우이경 공자과지 사자로문
長沮[1] 桀溺[2]이 耦[3]而耕이러니 孔子過之하실새 使子路問

진언 장저왈부집여자위수 자로왈위공구
津焉하신대 長沮曰夫執輿[4]者爲誰오 子路曰爲孔丘시니

왈시로공구여 왈시야 왈시지진의 문
라 曰是魯孔丘與아 曰是也시니라 曰是知津矣니라 問

어걸닉 걸닉왈자위수 왈위중유 왈시로공
於桀溺한대 桀溺曰子爲誰오 曰爲仲由로라 曰是魯孔

구지도여 대왈연 왈도도자천하개시야 이수
丘之徒與아 對曰然하다 曰滔滔[5]者天下皆是也니 而誰

이역지 차이여기종피인지사야 기약종피세지
以易之리오 且而[6]與[7]其從辟人之士也론 豈若從辟世之

사재 우이불철 자로행 이고 부
士哉리오하고 耰[8]而不輟하더라 子路行하여 以告한대 夫

자무연왈조수 불가여동군 오비사인지도여
子憮然曰鳥獸는 不可與同羣이니 吾非斯人之徒與[9]요

이수여 천하유도 구불여역야
而誰與리오 天下有道면 丘不與易也[10]니라

| 국역 |

장저와 걸닉이 짝을 이루어 밭을 가는데, 공자께서 지나시다가 자로를 시켜 나루를 묻게 하셨다. 장저가 말했다. "수레 고삐를 잡고 있는 사람이 누구인가?" 자로가 말했다. "공구라 합니다." "노나라의 공구인가?" "그렇습니다." "그는 나루를 알 것이오." 걸닉에게 물으니, 걸닉이 말했다. "당신은 누구라 하는가?" "중유라 합니다." "노나라 공구의 제자인가?" "그렇습니다." "도도하게 흐르는 것은 천하가 다 그러하니, 누가 무엇으로 그것을 바꾸겠는가! 또한 그대는 사람을 피하는 선비를 따르는 것이 어찌 세상을 피하는 선비를 따르는 것만 같겠는가!" 하고 써레질을 하며 그치지 않았다. 자로가 가서 그 사실을 아뢰니, 선생님께서 머쓱해서 말씀하셨다. "짐승들과 함께 무리지어 살 수는 없다. 내가 이 사람들과 함께 살지 않고 누구와 함께 살겠는가! 천하에 도가 있다면 내가 뛰어들어 바꾸려 하지 않을 것이다."

| 난자풀이 |

1 長沮 : 은자隱者. 이름이 알려지지 않았으므로 키가 크고 진흙에 젖어 있는 모습에서 붙여진 이름일 것이다.
2 桀溺 : 은자隱者. 걸출한 사람이 진흙에 빠져 흙투성이가 되어 있었던 모습에서 붙여진 이름일 것이다.
3 耦 : 짝.
4 執輿 : 수레의 고삐를 잡는 것. 원래는 자로가 잡아야 할 것이지만, 자로가 나루를 묻는 사이 공자가 대신 잡은 것으로 짐작된다.
5 滔滔 : 큰 강물이 흐르는 모양.
6 而 : 너.
7 與其 : 뒤에 나오는 기약豈若과 구문을 이룬다. 與其A豈若B : A를 하는 것은 어찌 B를 하는 것만 같겠는가.
8 耰 : 써레질하다
9 與 : '斯人之徒'와 도치되었다. 부정을 나타내는 말[非] 다음에 타동사[與]와 목적어[斯人之徒]가 올 경우 타동사와 목적어가 도치되는 경우가 있다.
10 與 : 참여하다. 여기서는 뜻을 실감나게 하기 위해 '뛰어들다'로 해석했다.

| 강설 |

장저와 걸닉은 초광접여와 마찬가지로 은자이므로, 공자가 목표로 삼고 있는 사상의 소유자들이다.

당시의 사람들은 타락할 대로 타락했다. 인간의 모습을 상실하고 짐승처럼 되어버렸다. 짐승들과는 함께 살 수 없다. 공자는 짐승처럼 되어버린 당시의 사람들에게 혐오감을 느낄 때도 있었다. 그런 와중에 공자는 은자들을 보았다. 그들은 타락하지 않았다. 순수한 본래 모습을 그대로 간직하고 있었다. 공자는 그들과 어울리고 싶었다. 지금까지 하던 일을 다 집어치우고 그들과 어울려 사는 것이 좋겠다는 생각이 들기도 했다.

그러나 당시의 사람들을 그냥 놓아둘 수는 없었다. 그 사람들도 과거에는 천사 같은 사람들이었다. 정치가 잘못되는 바람에 짐승처럼 되어버린 것이다. 공자는 그만두고 싶은 생각을 접었다.

만약 세상에 도가 있다면 그 세상에 뛰어들어 세상을 바꾸려고 하지 않아도 되련만, 도가 없는 세상을 바꿀 수 있는 사람은 자기밖에 없으니 어찌 그만둘 수가 있겠는가? 공자는 다시 수레를 타고 세상으로 향했다.

제7장

자로종이후 우장인이장하조 자로문왈자견
子路從而後러니 遇丈人以杖荷蓧[1]하여 子路問曰子見

부자호 장인왈사체불근 오곡불분 숙위
夫子乎아 丈人曰四體[2]不勤하며 五穀不分하나니 孰爲

부자 치기장이운 자로공이립 지자로
夫子오하고 植[3]其杖而芸[4]하더라 子路拱[5]而立한대 止子路

숙 살계위서이사지 현기이자언 명일
宿하여殺雞爲黍[6]而食之하고 見[7]其二子焉이어늘 明日에

자로행 이고 자왈은자야 사자로반견
子路行하여 以告한대 子曰隱者也라하시고 使子路反見

지 지즉행의 자로왈불사무의 장유지절
之러시니至則行矣러라 子路曰不仕無義라 長幼之節도

불가폐야 군신지의 여지하기폐지 욕결기신
不可廢也니 君臣之義를 如之何其廢之리오 欲潔其身

이란대륜 군자지사야 행기의야 도지불행
而亂大倫이로다 君子之仕也는 行其義也니 道之不行

이지지의
을 已知之矣라

| 국역 |

자로가 따라가다가 뒤에 처졌는데, 막대기로 삼태기를 메고 있는 장인丈人을 만났다. 자로가 물었다. "당신은 선생님을 보았습니까?" 장인이 말했다. "사체가 부지런하지 아니하고 오곡이 분간되지 아니하니 누구를 선생님이라 하겠는가?" 하고, 그 막대기를 놓아두고 김을 맸다. 자로가 두 손을 공손히 마주 잡고 서 있으니, 자로를 머물러 자게 하고는 닭을 잡고 기장밥을 지어 먹이고, 그의 두 아들을 보였다. 다음날 자로가 가서 그 사실을 아뢰니 공자께서 "은자이다." 하시고, 자로로 하여금 돌아가 만나보게 하였는데, 도착해 보니 떠나고 없었다. 자로가 말했다. "벼슬하지 않는 것은 의로움이 없는 것이다. 장유長幼의 예절도 폐할 수 없거늘 군신君臣의 의義를 어떻게 폐하겠는가? 자기 몸을 깨끗하게 하고자 하여 큰 도리를 어지럽히는 것이다. 군자가 벼슬하는 것은 의義를 행하는 것이니 도道가 행해지지 아니할 것을 이미 알았다."

| 난자풀이 |

1 蓧 : 삼태기. 음은 '조'.
2 四體 : 사지四肢. 두 팔과 두 다리.
3 植 : 여기서는 치置와 통용되어 '둔다'는 뜻으로 쓰임. 음은 '치'.
4 芸 : '김맨다'는 뜻으로 음은 '운'.
5 拱 : 두 손을 받들어 공손히 마주 잡는 것.
6 食 : '먹게 한다'는 뜻의 사역형으로 쓰일 때는 음이 '사'가 된다.
7 見 : '보인다'는 뜻으로 음은 '현'.

| 강설 |

사지가 부지런하지도 않고 오곡이 분간되지도 아니한다는 말은 농사를 짓지 않는다는 뜻이다. 장인이 공자에 대해 이렇게 말한 것은 농사를 짓지 않고 헛되이 돌아다니는 사람으로 보고 비난한 말이다.

공자는 은자를 동류同類로 생각하고 친근감을 갖기 때문에, 자로로 하여금 되돌아가 만나보게 했다. 그러나 그는 이미 떠나고 없어서 자로는 만나지 못했다. 자로는 공자의 의도를 알지 못했다. 다만 자기의 판단으로 벼슬하지 않고 숨어서 사는 은자를 의를 지키지 아니하는 사람으로 규정하고 비난했다.

제 8 장

일민 백이 숙제 우중 이일 주장 류하혜
逸民[1]은 伯夷와 叔齊와 虞仲[2]과 夷逸[3]과 朱張[4]과 柳下惠

소련 자왈불강기지 불욕기신 백이숙
와 少連[5]이니라 子曰不降其志하며 不辱其身은 伯夷叔

제여 위류하혜소련 강지욕신의 언중륜
齊與인저 謂柳下惠少連하사대 降志辱身矣나 言中倫

행중려 기사이이의 위우중이일
하며 行中慮하니 其斯而已矣니라 謂虞仲夷逸하사대

은거방언 신중청 폐중권 아즉이어시
隱居放言하나 身中淸하며 廢中權이니라 我則異於是하

무가무불가
니 無可無不可호라

| 국역 |

일민逸民은 백이伯夷와 숙제叔齊와 우중虞仲과 이일夷逸과 주장朱張과 류하혜柳下惠와 소련少連이었다. 공자께서 말씀하셨다. "그 뜻을 굽히지 않고 그 몸을 욕되게 하지 않는 자는 백이와 숙제다." 류하혜와 소련을 평하시기를, "뜻을 굽히고 몸을 욕되게 하였으나 말이 질서에 맞으며 행실이 사려에 맞으니, 그러할 뿐이다."고 하셨고, 우중과 이일을 평하시기를, "숨어 살면서 말을 함부로 하였으나 몸을 처신함이 언제나 깨끗했고, 벼슬을 하지 않을 때도 언제나 권도權道를 따랐다."고 하셨으며, "나는 이와 다르니, 가可한 것도 없고 불가不可한 것도 없다."고 하셨다.

| 난자풀이 |

[1] 逸民 : 덕德은 있으나 정치적 · 사회적 지위에서 벗어나 있는 사람.
[2] 虞仲 : 태백泰伯의 동생인 백옹伯雍. 태백과 함께 동생 계력季歷에게 왕위를 양보한 사람.
[3] 夷逸 : 누구인지 구체적으로 알려져 있지 않다.
[4] 朱張 : 누구인지 구체적으로 알려져 있지 않다.
[5] 少連 : 『예기禮記』 잡기하편雜記下篇에 부모의 상喪을 입는 것에 성실했던 사람으로 설명되고 있다.

| 강설 |

덕은 있으나 정치적 · 사회적 지위에서 벗어나 있었던 훌륭한 사람들을 열거하고 그들의 인물평을 한 문장이다.

백이伯夷와 숙제叔齊는 뜻을 굽히지 않고 몸을 더럽히지 않은 데 특징이 있는 사람이고, 류하혜柳下惠와 소련少連은 뜻을 굽히고 몸을 더럽히지만 말과 행동을 사리에 맞게 한 데 특징이 있으며, 우중虞仲과 이일夷逸은 숨어 살면서 함부로 말을 하지만 몸 처신이 언제나 깨끗했고, 물러나는 것이 언제나 상황에 맞았다.

성인聖人은 개체적 · 제한적 삶에서 벗어나 전체적 · 무한적 삶을 사는 존재이므로 개성이나 특징이 없다. 해야만 된다거나 하면 안 된다는 고정된 나름대로의 행동 규범에서 벗어나, 해야 될 상황에서는 하고 하지 않아야 될 상황에서는 하지 않는, 다시 말하면 시중時中을 실천하는 존재이다.

제 9 장

大師摯(태사지)[1]는 適齊(적제)하고 亞飯干(아반간)[2]은 適楚(적초)하고 三飯繚(삼반료)[3]는 適蔡(적채)하고 四飯缺(사반결)[4]은 適秦(적진)하고 鼓方叔(고방숙)[5]은 入於河(입어하)하고 播鼗武(파도무)[6]는 入於漢(입어한)하고 少師陽(소사양)[7]과 擊磬襄(격경양)[8]은 入於海(입어해)하니라

| 국역 |

태사大師인 지摯는 제齊나라로 가고, 아반亞飯인 간干은 초楚나라로 가고, 삼반三飯인 료繚는 채蔡나라로 가고, 사반四飯인 결缺은 진秦나라로 가고, 북치는 사람인 방숙方叔은 하내河內로 들어가고, 작은북을 흔드는 사람인 무武는 한중漢中으로 들어가고, 소사少師인 양陽과 경磬을 치는 양襄은 해도海島로 들어갔다.

| 난자풀이 |

1 大師摯 : 태사大師는 궁중에 있는 악사樂師의 장長. 음을 '태사'라 한다. 지摯는 태사大師의 이름.

2 亞飯干 : 아亞는 '버금'이란 뜻. 아반亞飯은 점심. 『백호통白虎通』 예악편禮樂篇에 천자天子는 아침, 점심, 점심과 저녁 사이의 간식, 저녁의 네 끼 식사를 하고, 그때마다 음악을 연주하는데, 아반亞飯은 점심을 말하고 干은 점심 때 연주하는 음악을 담당하던 사람의 이름.

3 三飯繚 : 삼반三飯은 점심과 저녁 사이의 간식(이를 포식晡食이라 함)이고, 료繚는 그때 연주하는 음악을 담당하던 사람의 이름.

4 四飯缺 : 사반四飯은 저녁이고 결缺은 그때의 음악을 담당하던 사람의 이름.

5 鼓方叔 : 고鼓는 북치는 것이고 방숙方叔은 북치던 사람의 이름.

6 播鼗武 : 파播는 '흔드는 것'으로서 음은 '파', 도鼗는 '작은북'으로서 음은 '도'이며, 무武는 작은북을 흔들던 사람의 이름.

7 少師陽 : 소사少師는 악사樂師의 차장次長이고 양陽은 그 차장의 이름.

8 擊磬襄 : 격擊은 '친다'는 뜻이고, 경磬은 옥玉으로 만든 타악기의 이름으로서 음은 '경'이며, 양襄은 경磬을 치던 사람의 이름. 양襄은 공자에게 거문고를 배운 일이 있다고 한다.

| 강설 |

세상이 어지러워지자 악관樂官들이 다 사방으로 흩어져 망명했다.

제10장

주 공 위 노 공 왈 군 자 불 이 기 친 불 사 대 신 원 호 불
周公謂魯公曰君子는 不施其親하며 不使大臣怨乎不
[1] [2]

이 고 구 무 대 고 즉 불 기 야 무 구 비 어 일 인
以하며 故舊無大故則不棄也하며 無求備於一人이니라
[3] [4]

| 국역 |

주공周公이 노공魯公에게 말했다. "군자는 친척을 버리지 아니하며, 대신大臣으로 하여금 쓰이지 않음을 원망하지 않게 하며, 옛 친구나 오래된 사람을 큰 연고가 없으면 버리지 않으며, 한 사람에게 다 갖추기를 요구하지 않는다."

| 난자풀이 |

[1] 魯公 : 주공周公의 아들인 백금伯禽.
[2] 施 : 이弛와 통용되어 '버린다'는 뜻이 되고, 음은 '이'.
[3] 以 : 용用과 통용.
[4] 故舊 : 옛 친구나 오래전부터 알던 사람.

| 강설 |

『중용中庸』에서 정치의 기본 원칙을 아홉 가지로 설명하였는데, 그것은 자신의 인격을 닦는 것, 정치이념을 세우는 것, 친족과 화합하는 것, 대신大臣을 공경하는 것 등의 순이었다.

친족과 화합하지 못하면 친족들이 권세를 부리거나 왕권에 도전하기 때문에 정치가 안정되기 어렵다.

대신大臣들이 각각의 역할을 충실히 하고 임금이 그것을 통괄하여 종합하면 일이 효과적으로 진행되지만, 대신들을 쓰지 않고 임금 혼자서 모든 것을 하려고 하면, 개인의 능력에 한계가 있으므로 일이 효과적으로 진행되지 않는다.

옛 친구나 오래전부터 알던 사람들에게 작은 실수가 있었을 때

그것을 용서하지 않고 곧바로 제거하면, 신하들은 언제 제거될지 모르기 때문에 실수를 하지 않는 데만 주력할 뿐 자신의 역할을 다하지 않으므로 일이 잘 진행되지 아니한다.

각 분야의 실무자들이 각자 맡은 일을 충실히 하면, 임금이 그것을 종합하여 전체적으로 완벽하게 될 수 있으므로 실무자들에게는 모든 능력을 요구할 필요가 없다. 임금이 종합하고 통괄할 능력이 없으면 일이 원만하게 되지 않으므로 그 책임을 실무자들에게 돌리곤 하는데, 이는 임금의 잘못이다.

제11장

周有八士(주유팔사)하니 伯達(백달)과 伯适(백괄)과 仲突(중돌)과 仲忽(중홀)과 叔夜(숙야)와 叔夏(숙하)와 季隨(계수)와 季騧(계왜)니라

국역

주나라에 여덟 선비가 있었으니 백달伯達과 백괄伯适과 중돌仲突과 중홀仲忽과 숙야叔夜와 숙하叔夏와 계수季隨와 계왜季騧이다.

강설

백伯·중仲·숙叔·계季는 형제간의 장유長幼를 나타내므로, 여덟 사람은 한 어머니가 네 번 쌍생아를 낳은 것이라고 하는 설이 있으나 확인할 길이 없다. 혹자는 성왕成王 때 사람이라 하고 혹자는 선왕宣王 때 사람이라 하나 역시 확인할 길이 없다.

이 장은 전 장과 마찬가지로 『논어』를 편찬한 자가 첨가한 메모로 보인다.

十九. 자장편 子張篇

제 1 장

子張曰士見危致命하며 見得思義하며 祭思敬하며 喪思哀면 其可已矣니라

| 국역 |

자장이 말했다. "선비가 위태로움을 보면 목숨 바칠 것을 생각하고, 소득이 생기면 그것이 의로운 것인가를 생각하며, 제사를 지낼 때는 공경할 것을 생각하며, 장례식에서는 슬플 것을 생각한다면, 괜찮은 것이다."

| 강설 |

구차하게 목숨을 유지하려 하거나 의롭지 못한 재물을 얻으려 하는 것은 집착에서 벗어나지 못한 것이다. 그런 집착에서 벗어나야 선비다.

제사 때는 경건한 마음을 유지해야 하고, 장례식에서는 슬픈 마음을 가져야 한다. 그렇게 하는 것이 본래 마음을 실천하는 것이다. 선비가 목표로 삼아야 한다.

제 2 장

자 장 왈 집 덕 불 홍 신 도 부 독 언 능 위 유 언 능
子張曰執德不弘하며 信道不篤이면 焉能爲有며 焉能

위 무
爲亡리오
1

| 국역 |

자장이 말했다. "덕德을 집행함이 넓지 못하며 도道를 믿음이 독실하지 못하면, 어찌 있다고 할 수 있으며, 어찌 없다고 할 수 있겠는가?"

| 난자풀이 |

1 亡 : 무無와 통용. 따라서 음은 '무'.

| 강설 |

덕德이 없고 도道를 행하지 못하는 사람은 존재 가치가 없으므로 그러한 사람은 있다 없다 등으로 논의할 가치가 없다.

덕은 '본마음을 실현할 수 있는 능력'이므로 밝혀서 가지는 것이지 실천의 대상은 아니다. 도는 '본마음을 따르는 길'이므로 닦아서 행하는 것이지 믿음의 대상은 아니다. 그러므로 덕을 집행하여 넓힌다거나 도를 믿기를 돈독하게 한다는 말은 어폐가 있다. 공자라면 이렇게 말하지 않았을 것이다.

제3장

子夏之門人이 問交於子張한대 子張曰子夏云何오 對曰子夏曰可者를 與之하고 其不可者를 拒之라하더이다 子張曰異乎吾所聞이로다 君子는 尊賢而容衆이며 嘉善而矜不能이니 我之[1]大賢與[2]인댄 於人에 何所不容이며 我之不賢與인댄 人將[3]拒我니 如之何其拒人也리오

| 국역 |

자하의 문인이 자장에게 사귀는 것에 대해서 묻자, 자장이 말했다. "자하는 무엇이라고 말했는가?" "자하께서는 '가可한 자를 사귀고 불가不可한 자를 거절하라.' 하셨습니다." 자장이 말했다. "내가 들은 것과는 다르다. 군자는 어진 이를 존경하고, 뭇사람을 포용하며, 잘하는 이를 좋게 여기고, 잘못하는 이를 불쌍히 여긴다. 내가 크게 어질다면 남에 대해서 어느 곳을 용납하지 못할 것인가? 내가 어질지 못하다면 남이 곧 나를 거절할 것이니 어떻게 남을 거절하겠는가?"

| 난자풀이 |

[1] 之 : 주격조사.
[2] 與 : 조사.
[3] 將 : 앞으로. 곧.

| 강설 |

사람은 크게 인자仁者의 유형에 속하는 사람과 지자知者의 유형에

속하는 사람으로 대별할 수 있다. 인자의 유형에 속하는 사람은 남과 나를 하나로 여기기를 좋아하고, 지자의 유형에 속하는 사람은 남과 나를 구별하기를 좋아한다. 그러나 공자는 두 유형의 장점을 통합하여 중용中庸을 실천하기 때문에, 때로는 남과 나의 하나 됨의 입장에서 예禮를 말하기도 하고, 때로는 분별하는 입장에서 예를 말하기도 하지만, 듣는 사람은 각각 자기의 성향에 맞는 말만을 받아들인다.

지자의 유형에 속하는 자하는 예를 중시하고 구별을 강조하므로 사귐에 대해서는 공자의 '무우불여기자無友不如己者'라는 말을 받아들여 '가자여지可者與之, 불가자거지不可者拒之'라고 하였으나, 인자의 유형에 속하는 자장은 인仁을 중시하고 하나 됨을 강조하므로 '현현역색賢賢易色', '범애중이친인汎愛衆而親仁', '은악이양선隱惡而揚善' 등의 말을 받아들여 '존현이용중尊賢而容衆', '가선이긍불능嘉善而矜不能'이라고 설명한 것으로 보인다.

제4장

자하왈수소도 필유가관자언 치원공니
子夏曰雖小道라도 必有可觀者焉이어니와 致遠恐泥①라

시이 군자불위야
是以로 君子不爲也니라

| 국역 |

자하가 말했다. "비록 작은 도道(기술技術)라도 반드시 볼 만한 것이 있으나, 원대함에 이르는 데 구애됨이 있을까 두렵다. 이 때문에 군자는 하지 않는 것이다."

| 난자풀이 |

① 泥 : 원래 '진흙'이란 뜻이나, 여기서는 '구애된다'는 뜻으로 쓰였다. 음은 '니'.

| 강설 |

기도碁道・나도茶道・무도武道 등과 같은 소도小道는 진리의 일면을 꿰뚫고 있기 때문에 볼 만한 것이 있다. 그러나 그것만 하다가 빠지게 되면 오히려 대도大道를 완성하는 일에 장애가 될 수 있기 때문에 안 하는 것이다.

— 제5장 —

子夏曰日知其所亡하며 月無忘其所能이면 可謂好學也已矣니라
(자하왈일지기소무 월무망기소능 가위호학야이의)

| 국역 |

자하가 말했다. "날마다 그 없는 것을 알며, 달마다 그 할 수 있는 것을 잊어버리지 아니하면, 학문을 좋아한다고 이를 만하다."

| 강설 |

학문은 예禮를 배우고 익혀서 축적해 가는 것과 덕德을 밝히고 마음을 비워가는 것으로 대별되지만, 자하는 예를 강조하는 사람이므로 배우고 익혀서 축적해 가는 과정을 학문의 내용으로 삼는다.

날마다 자기에게 부족한 것이 무엇인지 알아서 보충하고, 달마다 한 번씩 배운 것을 복습하여 잊어버리지 않도록 하는 것을 학문의 과정으로 생각한 것이다.

제6장

자하왈박학이독지 절문이근사 인재기중의
子夏曰博學而篤志며 切問而近思면 仁在其中矣니라

| 국역 |

자하가 말했다. "배우기를 널리 하고 뜻을 돈독히 하며, 절실하게 묻고 근사하게 생각하면, 인仁은 그 가운데에 있다."

| 강설 |

널리 배워야 하지만, 배워서 아는 것으로 끝나면 안 된다. 배울수록 진리를 향하는 마음이 독실해져야 한다. 모르는 것을 간절히 묻고 생각을 적절하게 하면, 결국 진리를 터득하게 된다.

제7장

자하왈백공 거사 이성기사 군자 학 이치기도
子夏曰百工은 居肆[1]하여 以成其事하고 君子는 學하여 以致其道니라

| 국역 |

자하가 말했다. "모든 공인工人들은 공장에 있으면서 그 일을 이루고, 군자는 배워서 그 도道를 이룬다."

| 난자풀이 |

[1] 肆 : 공인工人들이 일하는 장소. 음은 '사'.

| 강설 |

공인工人들이 일을 하는 것은 공장이 있어야만 가능하듯이 공부하는 사람이 도道를 이루는 것은 학문을 통해서만 가능하다. 이 문장은 학이편學而篇 제1장을 참고하면 쉽게 이해할 수 있다.

제8장

자하왈소인지과야 필문

子夏曰小人之過也엔 必文이니라

| 국역 |

자하가 말했다. "소인들은 허물이 있을 때 반드시 둘러댄다."

| 강설 |

소인들은 늘 남과 경쟁하며 남에게 이기려 하기 때문에, 자신에게 허물이 있을 때는 그것을 감추기 위해 위장하지만, 자랑거리가 있을 때는 과시하기 위해 수식하고 꾸민다.

제9장

자하왈군자유삼변 망지엄연 즉지야온

子夏曰君子有三變하니 望之儼然하고 卽之也溫하고

청기언야려

聽其言也厲니라

| 국역 |

자하가 말했다. "군자는 세 가지 변하는 것이 있으니 (멀리서) 우러러보면 근엄하고, 그에게 다가가면 따뜻하고, 그 말을 들어보면

엄격하다."

| 강설 |

군자를 멀리서 볼 때는 경건하게 외모를 갖추고 있으므로 근엄해 보이지만, 가까이서 보면 권위주의가 없이 남을 자신처럼 사랑하는 마음을 가지고 있으므로 따뜻하다. 그러나 그의 말은 자신의 마음속을 환히 꿰뚫고 있으므로 피부를 찌르는 것 같아 두렵고 무섭다.

이 문장은 공자에 대한 자하의 느낌을 말한 것으로 보인다.

제10장

子夏曰君子(자하왈군자)는 信而後勞其民(신이후로기민)이니 未信則以爲厲己也(미신즉이위려기야)니라 信而後諫(신이후간)이니 未信則以爲謗己也(미신즉이위방기야)니라

| 국역 |

자하가 말했다. "군자는 신뢰받음이 있은 뒤에 그 백성을 수고롭게 하는 것이니, 신뢰받지 못하면 자신들을 학대한다고 여긴다. 신뢰받음이 있은 뒤에 간하는 것이니, 신뢰받지 못하면 자기를 비방한다고 생각한다."

| 강설 |

신뢰감은 일체감이 있을 때 형성된다. 일체감이 있으면서 백성들을 부리면 백성들은 수고롭더라도 그것이 자신들을 위한 것임을 알기 때문에 불만이 없지만, 일체감이 없으면 백성들과 적대관계에 놓이게 되므로 백성들을 부릴수록 백성들은 자기들이 학대받는다고 생각하게 된다. 일체감이 있을 때 윗사람에게 간하면 윗사람

은 자기를 위하는 것으로 받아들이지만, 일체감이 없으면 윗사람과 아랫사람은 적대관계에 놓이게 되므로, 간할수록 윗사람은 자기를 비방한다고 생각하게 된다.

제11장

子夏曰大德이 不踰閑[1]이면 小德은 出入이라도 可也니라

(자하왈대덕 불유한 소덕 출입 가야)

| 국역 |

자하가 말했다. "큰 덕德이 한계를 넘지 않으면, 작은 덕은 왔다 갔다 해도 괜찮다."

| 난자풀이 |

[1] 閑 : 울타리 또는 문지방을 말하므로 여기서는 '한계'로 번역하는 것이 좋다. 음은 '한'.

| 강설 |

큰 범주에서 볼 때 악인惡人이 아니라 선인善人이며, 믿을 수 없는 사람이 아니라 믿을 수 있는 사람이면, 약속을 한 번 어겼다든가 하는 사소한 것은 크게 문제 삼지 않아도 된다는 것이다.

이는 사람을 평가할 때는 해당되겠지만 자신의 학문적 태도로서는 적합하지 않다.

제12장

자유왈자하지문인소자 당쇄소응대진퇴즉가의
子游曰子夏之門人小子는 當灑掃應對進退則可矣나
억말야 본지즉무 여지하 자하문지 왈희
抑末也라 本之則無하니 如之何오 子夏聞之하고 曰噫
언유과의 군자지도숙선전언 숙후권언
라 言游過矣로다 君子之道孰先傳焉이며 孰後倦焉이
비저초목 구이별의 군자지도언가무야
리오 譬諸草木컨대 區以別矣니 君子之道焉可誣也리
유시유졸자 기유성인호
오 有始有卒者는 其惟聖人乎인저

| 국역 |

자유가 말했다. "자하의 제자들은 물 뿌리고 청소하며 응대하고 진퇴하는 예절을 해야 하는 상황에 처해서는 괜찮지만, 그러나 말단인 것이다. 근본적인 것을 보면 아무것도 없으니 어찌하겠는가?" 자하가 듣고서 말했다. "아! 언유의 말이 지나치다. 군자의 도道에 어느 것을 앞세우고 전하며, 어느 것을 가볍게 여기고 게을리하겠는가? 이를 초목에 비유해 보면, 구분되어 (각각) 다른 것과 같으니, 군자의 도를 어찌 속일 수 있겠는가? 처음이 있고 끝이 있는 것은 오직 성인聖人일 것이다."

| 강설 |

학문의 내용에서 보면 인仁을 이루는 것이 근본이고 예禮를 배우는 것은 말단이지만, 순서는 말단인 예를 먼저 배우고 근본인 인을 나중에 터득한다.

자하는 특히 예를 강조했으므로 자유에게 말단에만 치중한다고 비난받았지만, 그러나 성인聖人처럼 근본과 말단을 골고루 취하지 못한다고 하여 말단을 하는 것이 의미 없는 것만은 아니다.

제13장

자 하 왈 사 이 우 즉 학 학 이 우 즉 사
子夏曰仕而優則學하고 學而優則仕니라

| 국역 |

자하가 말했다. "벼슬하면서 여유가 있으면 학문을 하고, 학문을 하고서 여유가 있으면 벼슬을 한다."

| 강설 |

자하는 예를 강조하고 분별을 잘하므로 아마도 지자知者의 유형에 속하는 사람으로 생각된다. 이러한 유형에 속하는 사람들의 사고 유형에서 보면, 남과 나는 엄격히 구별되므로 경쟁할 수밖에 없다. 경쟁은 투쟁으로 나아가기 때문에 그것을 억제할 수 있는 원리로서의 예와 억제하는 역할로서의 정치가 매우 중요한 것으로 부각된다.

그러므로 예를 배우는 것을 내용으로 하는 학문과, 예를 실시하는 역할인 정치에 참여하는 것은 똑같이 중요한 것이다.

제14장

자 유 왈 상 치 호 애 이 지
子游曰喪은 致乎哀而止니라

| 국역 |

자유가 말했다. "상喪에 있어서는 슬픔을 극진히 하고서 그치는 것이다."

| 강설 |

자유는 형식적인 면보다 본질적인 것을 중시하므로, 상喪을 당했을 때 상례喪禮의 형식을 잘 집행하는 것보다 그 본질에 속하는, 슬퍼하는 마음을 갖는 것을 강조했다. 본질과 형식이 잘 조화되는 것이 최상이므로 자유의 이 말 역시 어폐가 있다.

제15장

자유왈오우장야 위난능야 연이미인
子游曰吾友張也는 爲難能也나 然而未仁이니라

| 국역 |

자유가 말했다. "나의 벗 자장子張은 하기 어려운 것을 하지만, 그러나 아직 인仁을 이루지는 못했다."

| 강설 |

『논어』에 나온 지금까지의 내용에서 보면, 자장은 재주가 있으나 권력욕이 강한 사람이므로 아직 인仁을 이루지 못했다는 평가가 타당하다고 할 수 있을 것이다.

제16장

증자왈당당호 장야 난여병위인의
曾子曰堂堂乎라 張也여 難與並爲仁矣로다

| 국역 |

증자가 말했다. "당당하구나. 자장子張이여! 그러나 함께 인仁을 하기는 어렵다."

| 강설 |

힘과 재주와 능력이 있어 그것을 뽐내기 좋아하는 사람은 인仁에 나아가기 어렵다. 자장子張은 외모는 당당하였으나 순수하지 못한 면이 있었던 듯하다.

제17장

증자왈오문저부자 인미유자치자야 필야친상
曾子曰吾聞諸夫子하니 人未有自致者也나 必也親喪

호
乎인저

| 국역 |

증자가 말했다. "내가 선생님께 들으니 '사람이 자기의 일에 극진히 할 것이 없지만, 반드시 친상親喪(부모 상喪)에서는 그렇게 한다.'고 하셨다."

| 강설 |

일생에서 부모의 죽음보다 더 애통한 것은 없다.

제18장

증자왈오문저부자 맹장자지효야 기타가능야
曾子曰吾聞諸夫子하니 孟莊子之孝也[1]는 其他可能也

기불개부지신여부지정 시난능야
어니와 其不改父之臣與父之政은 是難能也니라

| 국역 |

증자가 말했다. "내가 선생님께 들으니 '맹장자의 효孝 중에서 그

다른 것은 할 수 있지만, 그 아버지의 신하와 아버지의 정치 방법을 고치지 아니하는 것은 하기 어렵다."

| 난자풀이 |

[1] 孟莊子 : 노魯나라의 대부大夫인 중손속仲孫速. 아버지인 맹헌자孟獻子는 현인賢人이라 불렸다.

| 강설 |

효孝란 부모의 사랑을 계속 받기 위한 자녀의 노력이다. 사랑을 계속 받기 위해서는 우선 부모가 살아 계셔야 하며, 다음으로 부모에게 사랑받을 수 있도록 뜻을 잘 받들어야 한다.

그러므로 효의 내용으로는 부모를 봉양하는 것과 부모의 뜻을 따르는 것의 두 가지를 들 수 있는데, 이 중에서 부모를 봉양하는 것은 차라리 쉽지만 부모의 뜻을 따르는 것은 어려운 것이다.

아버지의 신하와 아버지의 정치 방법은 아버지의 뜻으로 결정된 것이므로, 그것을 바꾸지 않는 것이 뜻을 따르는 것이 된다.

제19장

맹씨사양부위사사 문어증자 증자왈상실기도
孟氏使陽膚爲士師라 問於曾子한데 曾子曰上失其道
[1] [2]
민산 구의 여득기정즉애긍이물희
하여 民散이 久矣니 如得其情則哀矜而勿喜니라

| 국역 |

맹씨가 양부로 하여금 사사士師로 삼으니, (양부가) 증자에게 물었다. 이에 증자가 말했다. "윗사람이 도道를 잃어 백성들이 흩어진 지 오래되었다. 만일 (범법자들의) 실정을 파악했다면 (당연히) 슬퍼하며 불쌍히 여기고 기뻐하지 말라."

| 난자풀이 |

1 孟氏 : 맹손씨孟孫氏. 노魯나라의 대부大夫로서 삼환三桓 중의 하나임.
2 陽膚 : 증자曾子의 제자.

| 강설 |

재판관이 유능하게 범법자들의 죄상을 잘 가려내었다 하더라도 기뻐할 것이 없다. 범법자들이 범법하게 된 원인은 그들 자신에게도 있지만, 정치의 잘못에 기인하는 것도 있다. 그러므로 오히려 그들을 불쌍히 여기고 슬퍼해야 한다.

제20장

子貢曰紂之不善이 不如是之甚也니 是以로 君子는 惡居下流하나니 天下之惡이 皆歸焉이니라

(자공왈주지불선 불여시지심야 시이 군자 오거하류 천하지악 개귀언)

| 국역 |

자공이 말했다. "주왕紂王의 불선不善이 이처럼 심하지는 않았다. 이 때문에 군자君子는 하류下流에 처하는 것을 싫어한다. 천하天下의 악惡을 다 거기로 돌리기 때문이다."

| 난자풀이 |

1 惡 : '미워한다'는 뜻으로서 음은 '오'.

| 강설 |

한번 악인惡人으로 낙인이 찍히면 다른 사람들의 죄도 모두 그에게 덮어씌운다. 그러므로 악인으로 낙인찍히지 않도록 주의해야 한다.

은殷나라를 잃은 책임은 주紂 혼자만의 것이 아니지만 모든 책임을 그에게로 돌린다.

성인聖人이라면 나에 대한 남들의 평가에 신경 쓰기보다는 자신이 어떻게 사는가에 주력하였을 것이다. 공자라면 이렇게 말하지 않았을 것이다.

제21장

자공왈군자지과야 여일월지식언 과야 인개
子貢曰君子之過也는 如日月之食焉이라 過也에 人皆

견지 경야 인개앙지
見之하고 更也[1]에 人皆仰之니라

| 국역 |

자공이 말했다. "군자의 허물은 해와 달에 먹힘(일식과 월식)이 있는 것과 같아서, 허물이 있으면 사람들이 모두 보고, 고쳤을 때도 사람들이 모두 우러러본다."

| 난자풀이 |

[1] 更 : '고친다'는 뜻으로서 음은 '경'. '다시'라는 뜻이 될 때는 음이 '갱'이 된다.

| 강설 |

여기서의 군자君子는 주로 정치적 지위에 있는 사람으로 보아야 할 것이다.

제22장

衛公孫朝問於子貢曰仲尼는 焉學고 子貢曰文武之道未墜於地하여 在人이라 賢者는 識其大者하고 不賢者는 識其小者하여 莫不有文武之道焉하니 夫子焉不學이시며 而亦何常師之有시리오

| 국역 |

위나라의 공손조가 자공에게 물었다. "중니는 어디에서 배웠는가?" 자공이 말했다. "문왕·무왕의 도가 아직 땅에 떨어지지 아니하여 사람들에게 있으니, 현명한 자는 그중에서 큰 것을 기억하고 현명하지 못한 자는 그 작은 것을 기억하고 있으므로, 문왕·무왕의 도가 있지 아니함이 없다. 선생님께서는 어디에서인들 배우지 않으시겠는가? 또한 어찌 일정한 스승이 있겠는가?"

| 난자풀이 |

1 公孫朝 : 위衛나라의 대부大夫.
2 焉 : 장소를 나타내는 뜻이 있으므로 여기에선 '어디에서'로 해석하는 것이 좋다.
3 識 : '기억한다'는 뜻으로 음은 '지'.
4 之 : 상사常師와 유有의 도치를 나타내는 역할을 한다.

| 강설 |

공자는 요堯·순舜·우禹·탕湯·문文·무武의 도道를 배우는 것이 목적이었다. 그런 도를 가진 사람이면 누구에게나 가서 배우기 때문에 특정한 스승이 없었다.

제23장

숙손무숙 어대부어조왈자공현어중니 자복
叔孫武叔이[1] 語大夫於朝曰子貢賢於仲尼하니라 子服[2]
경백 이고자공 자공왈비지궁장 사지장야
景伯이 以告子貢한대 子貢曰譬之宮牆컨댄 賜之牆也
급견 규견실가지호 부자지장 수인
는 及肩이라 闚見室家之好어니와 夫子之牆은 數仞이
부득기문이입 불견종묘지미 백관지부 득
라 不得其門而入이면 不見宗廟之美와 百官之富니 得
기문자혹과의 부자지운 불역의호
其門者或寡矣니 夫子之云이 不亦宜乎아

| 국역 |

숙손무숙이 조정에서 대부들에게 말했다. "자공이 중니보다 낫다." 자복경백이 이 말을 자공에게 아뢰니, 자공이 말했다. "집의 담장에 비유하면, 나의 담장은 어깨에 미치므로 집안의 좋은 것들을 볼 수 있지만, 선생님의 담장은 여러 길이므로 문을 열고 들어가지 못하면 종묘의 아름다움과 백관百官의 풍부함을 볼 수 없는 것과 같다. 그 문을 열고 들어간 자가 적으니, 그 사람의 말이 또한 당연하지 아니한가!"

| 난자풀이 |

[1] 叔孫武叔 : 노나라의 대부. 이름은 주구州仇, 무武는 시호.
[2] 子服景伯 : 노나라의 대부.

| 강설 |

공자는 중용을 실천하여 늘 남과 조화를 이루기 때문에 자기의 훌륭함을 과시하지 아니한다. 그러므로 남들은 그 훌륭함을 쉽게 알 수 없다.

제24장

叔孫武叔이 毁仲尼어늘 子貢曰無以爲也라[1] 仲尼는 不可毁也니 他人之賢者는 丘陵也라 猶可踰也어니와 仲尼는 日月也라 無得而踰焉이니 人雖欲自絶이나 其何傷於日月乎리오 多[2]見其不知量也로다

| 국역 |

숙손무숙이 중니를 헐뜯자 (간접적으로 전해 들은) 자공이 말했다. "상관없다. 중니는 헐뜯을 수 없다. 다른 사람 중에서 어진 자는 구릉이어서 넘을 수 있지만, 중니는 해와 달이어서 넘을 수 없다. 사람들이 비록 스스로 단절하려 하더라도 해와 달에게 무슨 상처를 주겠는가! 다만 자기가 국량을 알지 못한다는 사실을 드러낼 뿐이다."

| 난자풀이 |

[1] 無以爲 : 이以의 목적어는 훼중니毁仲尼이다. 따라서 이 문장은 '중니를 헐뜯어봐야 할 수 있는 것이 없다'는 뜻이므로 '상관없다'로 번역했다.
[2] 多 : '다만'이란 뜻의 부사.

| 강설 |

공자는 하늘 같은 사람이다. 공자를 비방하는 사람들은 그런 공자를 모르기 때문이었다. 공자를 비난할수록 공자가 다치는 것이 아니라, 비난하는 자신의 무지함만 드러날 뿐이다.

제25장

陳子禽이[1] 謂子貢曰子爲恭也언정 仲尼豈賢於子乎리오 子貢曰君子는 一言에 以爲知하며 一言에 以爲不知니 言不可不愼也니라 夫子之[2]不可及也는 猶天之[3]不可階而升也니라 夫子之得邦家者인댄 所謂立之斯立하며 道[4]之斯行하며 綏之斯來하며 動之斯和하여 其生也榮하고 其死也哀니 如之何其可及也리오

| 국역 |

진자금이 자공에게 말했다. “당신이 공손해서 그렇지 중니가 어찌 당신보다 낫겠습니까?” 자공이 말했다. “군자는 말 한 마디만 듣고도 지혜로운 자인지를 알고, 말 한 마디만 듣고도 지혜롭지 못한 자인지를 안다. 말은 조심하지 아니할 수 없다. 선생님에게 미치지 못하는 것은, 하늘에 계단을 놓아서 올라갈 수 없는 것과 같다. 선생님께서 나라를 얻으신다면, 이른바 세우면 곧 서고, 인도하면 곧 행해지며, 편안하게 해주면 곧 몰려오고, 감동시키면 곧 화목하게 된다. 그 삶은 영광스러웠고 그 죽음은 슬펐다. 어떻게 미칠 수 있겠는가?”

| 난자풀이 |

[1] 陳子禽 : 진항陳亢.
[2] 之 : 도치되었음을 나타냄. ‘불가급어부자야不可及於夫子也’로 놓고 해석하면 될 것이다.
[3] 之 : 도치되었음을 나타낸다. ‘불가계이승어천야不可階而升於天也’로 놓고 해

석하면 될 것이다.

[4] 道 : 도導와 통용.

| 강설 |

군자는 말 한 마디만 들어도 그가 지혜로운 사람인지 아닌지를 알아본다. 말은 조심하지 않으면 안 된다.

공자는 하늘 같은 사람이다. 공자가 하는 일은 하늘이 하는 일처럼 신통하다. 공자가 기강을 세우면 금방 기강이 서고, 진리로 인도하면 진리가 곧 행해지며, 백성들을 편안하게 해주면 사방의 백성들이 금방 몰려오고, 감동시켜 다투지 않도록 하면 사람들은 곧 화합하게 된다.

二十. 요왈편 堯曰篇

제1장

요왈자이순 천지역수재이궁 유집기중 사
堯曰咨爾舜아 天之曆數[1]在爾躬하니 允執其中하라 四

해곤궁 천록 영종 순역이명우 왈
海困窮하면 天祿이 永終하리라 舜亦以命禹하시니라 曰

여소자리 감용현모 감소고우황황후제
予小子履[2]는 敢用玄牡하여 敢昭告于皇皇[3]后帝하노니

유죄 불감사 제신불폐 간재제심 짐
有罪를 不敢赦하며 帝臣不蔽하여 簡在帝心이니이다 朕

궁유죄 무이만방 만방유죄 죄재짐궁
躬有罪는 無以萬方이요 萬方有罪는 罪在朕躬이니이다

주유대뢰 선인시부 수유주친 불여인
周有大賚[4]하시니 善人是富니라 雖有周親이나 不如仁

인 백성유과 재여일인 근권량 심법
人이요 百姓有過는 在予一人이니라 謹權量하며 審法

도 수폐관 사방지정 행언 흥멸국
度하며 脩廢官하신대 四方之政이 行焉하니라 興滅國하

계절세 거일민 천하지민 귀심언
며 繼絶世하며 擧逸民하신대 天下之民이 歸心焉하니라

소중 민식상제 관즉득중 신즉민임언
所重은 民食喪祭러시다 寬則得衆하고 信則民任焉하고

민즉유공 공즉열
敏則有功하고 公則說이니라

| 국역 |

요임금이 말씀하셨다. "아! 너 순아, 하늘의 역수曆數가 너의 몸에 있으니, 진실로 그 중中을 잡도록 하라. 사해가 곤궁하면 천록이 영원히 끊어질 것이다." 순임금도 또한 이 말씀으로 우임금에게 명하셨다. (탕왕이) 말씀하셨다. "나 소자 리는 감히 검은 황소의 희생물을 써서 감히 거룩하신 하느님께 밝게 아룁니다. 죄 있는 사람은 감히 용서하지 못하겠으며, 하느님의 신하는 폐하지 못하겠으니, 간택하심은 하느님의 마음에 달려 있습니다. 내 몸에 죄가 있는 것은 만방의 백성들 때문이 아니며, 만방의 백성들에게 죄 있는 것은 죄가 내 몸에 있는 것입니다." 주나라에 큰 은혜가 내렸으니, 착한 사람을 많게 해준 것이었다. "(주紂에게는) 비록 두루 친척이 있으나, 어진 사람이 있는 것만 같지 못하니, 백성들에게 허물이 있는 것은, (책임이) 나 한 사람에게 있는 것이다." 저울과 도량형을 신중히 하고 법도를 살피며 폐지된 관직을 다시 설치하니, 사방의 정치가 제대로 행해졌다. 멸망한 나라를 일으켜주고, 끊어진 대를 이어주고, 숨겨진 사람을 등용하니, 천하의 백성들이 그에게 마음을 주었다. 소중하게 여겼던 것은 백성들의 먹는 것과, 상례喪禮와 제례祭禮였다. 너그러우면 대중의 마음을 얻고, 신의를 지키면 백성들이 임무에 충실하며, 민첩하면 공을 이룸이 있고, 공정하면 백성들이 기뻐한다.

| 난자풀이 |

1 曆數 : 천자 자리의 순서.
2 小子 : 천자가 하늘을 아버지로 여기므로 하늘에 대해서 자기를 소자小子라고 한다.
3 皇皇 : 거룩한 모습.
4 賚 : 은혜로이 베풀어준 선물.

| 강설 |

요가 중용을 강조한 것을 보면 요 이전에 이미 서로 상반되는 다

양한 가치관이 있었던 것으로 보인다. 다양한 가치관이 혼재해 있을 때 이를 조화로 이끌 수 있는 이론이 중용이기 때문이다. '비록 두루 친척이 있으나'로 시작되는 문장은 『서경』 주서편周書篇 태서泰誓에 나오는 말이므로 무왕의 말로 보아야 한다.

혼란한 독재 국가를 멸망시키고 새로운 나라를 세웠을 때는 먼저 혼란해진 정치의 기강을 세우고, 독재자에게 멸망한 나라를 다시 부흥시키며, 독재자에게 피해받은 지식인을 발굴하는 것이 급선무이다. 그런 뒤에 민생을 안정시키고 질서를 잡아야 한다.

너그러운 사람에게 가면 인정받을 수 있기 때문에 사람들은 너그러운 사람에게로 몰린다.

백성들과 신뢰가 형성되면 백성들은 자기의 임무에 충실하지만, 정부를 신뢰하지 못하면 노력의 대가를 받을 수 있을지 불확실하기 때문에 열심히 노력하지 않는다.

백성을 위하고 아끼는 사람은 백성들을 위하는 일을 자기를 위하는 일처럼 생각하여 민첩하게 하고, 또 백성들도 열심히 따르게 되어 실적을 올릴 수 있다.

일을 공평하게 하여 사복을 채우지 않으면 백성들은 정부가 하는 일이 자신들을 위한 것임을 알게 되어 기뻐한다.

제2장

자장문어공자왈하여 사가이종정의 자왈
子張問於孔子曰何如라야 斯可以從政矣니잇고 子曰
존오미 병사악 사가이종정의 자장왈하
尊五美하며 屛四惡이면 斯可以從政矣니라 子張曰何[1]
위오미 자왈군자 혜이불비 노이불원
謂五美니잇고 子曰君子는 惠而不費하며 勞而不怨하며
욕이불탐 태이불교 위이불맹 자장왈하
欲而不貪하며 泰而不驕하며 威而不猛이니라 子張曰何
위혜이불비 자왈인민지소리이리지 사불역
謂惠而不費니잇고 子曰因民之所利而利之니 斯不亦

惠而不費乎아 擇可勞而勞之어니 又誰怨이리오 欲仁而得仁이어니 又焉貪이리오 君子는 無衆寡하며 無小大히 無敢慢하나니 斯不亦泰而不驕乎아 君子는 正其衣冠하며 尊其瞻視하여 儼然하여 人望而畏之하나니 斯不亦威而不猛乎아 子張曰何謂四惡이니잇고 子曰不教而殺을 謂之虐이요 不戒視成을 謂之暴요 慢令致期를 謂之賊이요 猶之與人也로되 出納之吝을 謂之有司니라

2

| 국역 |

자장이 공자에게 물었다. "어떻게 해야 정치에 종사할 수 있습니까?" 공자께서 말씀하셨다. "오미五美를 높이고 사악四惡을 물리치면 곧 정치에 종사할 수 있다." 자장이 말했다. "무엇을 오미五美라 합니까?" 공자께서 말씀하셨다. "군자는 은혜롭되 허비하지 않으며, 수고롭더라도 원망하지 않으며, 하고자 하면서도 탐욕 내지 않으며, 태연하면서도 교만하지 않으며, 위엄이 있으면서도 사납지 않은 것이다." 자장이 말했다. "무엇을 은혜롭되 허비하지 않는다는 말입니까?" 공자께서 말씀하셨다. "백성들이 이롭게 여기는 것으로 인하여 이롭게 여기니, 그것이 또한 은혜롭되 허비하지 않는 것이 아니겠는가? 마땅히 수고로워야 할 것을 골라서 수고롭게 하니 또한 누구를 원망하겠는가? 인仁을 하고자 하여 인을 얻으니 또 무엇을 탐하겠는가? 군자는 많거나 적거나 크거나 작거나 관계없이 감히 오만하게 대하는 것이 없으니, 이것이 또한 태연하면서도 교만하지 않은 것이 아니겠는가? 군자는 의관을 바르게 하며

시선을 높게 고정함으로써 근엄하여 사람들이 우러러보고 두려워하니, 이것이 또한 위엄이 있으면서도 사납지 않은 것이 아니겠는가?" 자장이 말했다. "무엇을 사악四惡이라 합니까?" 공자께서 말씀하셨다. "가르치지 않고 죽이는 것을 학대하는 것이라 하고, 경계하지 않고 성공하는 것을 보려는 것을 포악한 것이라 하고, 명령하는 것을 게을리하고서 기일 안에 이루려는 것을 해치는 것이라 하고, 오히려 남에게 주어야 하는 것인데도 출납하는 것에 인색하게 하는 것을 유사有司 같은 것이라고 한다."

난자풀이

1 何 : 위謂의 목적어로서 '위하오미謂何五美'로 되어야 할 것이지만 의문대명사이기 때문에 앞으로 나온 것이다.
2 之 : 여與와 도치되어 있다. '(그것을) 남에게 주어야 한다'는 뜻이다.

강설

나 개인의 명예나 이익을 얻기 위해서는, 나에게 명예나 이익을 가져다줄 수 있는 사람들에게 물질적으로 직접 혜택을 베풀어주어야 하고, 그러기 위해서는 비용이 많이 든다. 그러나 백성들에게 이로운 것이 참으로 이로운 것이라고 생각하여 그것을 실천한다면, 그것은 백성들에게 은혜를 베풀게 되는 것이므로 직접 물질적으로 혜택을 주지 않더라도 백성들은 믿고 따를 것이다. 그렇게 하면 은혜를 베풀지만 개인적으로 비용이 드는 것이 아니다. 이는 국회의원들이 입후보할 때 유권자 개인들에게 선물을 나누어주기도 하지만 그보다는 백성들이 좋아하는 정책을 대변하는 것이 더 은혜로운 것과 같다.

정치하는 사람들은 정치를 잘하기 위해 고생하더라도 그것을 마땅히 해야 할 고생이라고 생각하고 감수해야 한다. 자기의 고생을 공치사하거나 남을 원망하면 안 된다.

인仁을 이루려는 의욕은 가지면 가질수록 남보다 많은 재산을 가지려는 탐욕이 없어진다.

남과 경쟁하려는 마음이 없으면 항상 태연하지만 남을 무시하는 마음이 없으므로 교만하지 않다.

경건함을 잃지 않으므로 위엄이 있지만 남에 대한 사랑이 있으므로 사납지 않다.

선악善惡이 어떤 것인지 가르치지 않으면 악惡이 무엇인지 모르고서 죄를 짓는 사람이 있게 되는데, 그 원인은 가르치지 아니한 데 있는 것이므로 그들을 죽이는 것은 학대하는 것이다. 실패에 대비하는 방법을 깨우쳐주지 않고 성공하기만을 바라면 실패한 사람에 대해서 포악한 것이 되고, 명령을 제때에 내리지 않으면서 기한 안에 완성되기를 요구하면 사람들은 외형적인 것만을 위장하여 완성된 것처럼 하기 때문에 일을 해친다. 당연히 주어야 되는 것을 인색하게 구는 사람을 유사有司처럼 쩨쩨한 사람이라 하는데, 유사처럼 하면 받는 사람은 고마움을 느끼기는커녕 적개심을 갖게 된다.

제3장

공자왈부지명　　무이위군자야　　부지례　　무이립
孔子曰不知命이면 無以爲君子也요 不知禮면 無以立

야　　부지언　　　무이지인야
也요 不知言이면 無以知人也니라

| 국역 |

공자께서 말씀하셨다. "명을 알지 못하면 군자가 될 수 없고, 예를 모르면 설 수 없고, 말을 모르면 사람을 알 수 없다."

| 강설 |

명은 천명이다. 천명을 알지 못하면 하늘의 뜻으로 살 수 없고, 하늘마음을 회복할 수 없다. 하늘마음을 회복하여 하늘의 뜻으로 살게 된 사람이 완전한 군자다.

공자가 말하는 군자의 개념은 이중구조로 되어 있다. 첫 번째의 군자는 진리를 얻기 위해 노력하는 사람이고, 두 번째의 군자는 진리를 완전히 얻은 사람이다.

진리를 얻기 위해 노력하는 사람이 모두 진리를 얻는 것은 아니다. 그중에는 진리를 얻는 사람도 있지만 진리를 얻지 못하는 사람도 있다.

군자 개념의 이중구조는 『논어』의 첫 문장과 마지막 문장에서 다루고 있다. 『논어』의 첫 문장에서 "남이 알아주지 않아도 화가 나지 않으면 또한 군자답지 아니한가!"라고 했을 때의 군자는 진리를 얻기 위해 노력하는 사람으로서의 군자이고, 마지막 문장에서 "명을 알지 못하면 군자가 될 수 없다."라고 했을 때의 군자는 진리를 완전히 얻은 사람으로서의 군자다.

사람의 얼굴을 아는 것만으로는 사람을 다 안다고 할 수 없다. 사람의 마음을 알아야 제대로 아는 것이다. 마음은 말로 표현된다. 말을 듣고 그 말에 실려 있는 의미를 알면 마음을 알 수 있고, 마음을 알 수 있으면 그 사람을 알 수 있다.

마음을 알면 마음의 본체인 성을 알고, 성을 알면 천명을 안다. 말을 아는 것이 천명을 아는 것으로 통한다.

인명색인人名索引

[가]

[나]

[다]

[라]

[마]

[바]

[사]

[아]

[자]

[차]

[타]

[파]

[하]

| 공자연표孔子年表 |

B.C.551　　11월 노魯의 창호향昌平鄕 추읍鄹邑에서 탄생. 주령왕周靈王 21년, 노양공魯襄公 22년

B.C.549(3세)　부친父親 숙량흘叔梁紇이 별세하다.

B.C.544(8세)　유희遊戱를 할 때에 항상 제기祭器를 벌여놓고 제사祭祀를 지내는 놀이를 하였다.

B.C.542(10세) 자로子路가 생生하다.

B.C.533(19세) 송宋의 기관씨亓官氏와 결혼하다.

B.C.532(20세) 아들 공리孔鯉가 생生하다. 노魯 위리委吏가 되다.

B.C.531(21세) 노魯의 사직리司職吏가 되다.

B.C.528(24세) 모친母親 안씨顔氏가 별세하다.

B.C.525(27세) 담자郯子에게 옛날 관제官制를 배우다.

B.C.522(30세) 12월 노자老子에게 예禮를 묻다. 중궁仲弓 · 유약有若이 생生하다.

B.C.518(34세) 노魯의 맹희자孟僖子가 임종 시에 그의 두 아들에게 공자에게 사사師事하여 예禮를 배우라고 유언하다.

B.C.517(35세) 제齊에 갔다가 노魯에 돌아오다. 벼슬을 하지 않고 교수敎授를 하니 제자들이 많이 오다.

B.C.514(38세) 안회顏回가 생生하다.

B.C.507(45세) 자하子夏가 생生하다.

B.C.506(46세) 자유子遊가 생生하다.

B.C.505(47세) 증삼曾參이 생生하다.

B.C.501(51세) 민자건閔子騫이 생生하다.

B.C.500(52세) 노魯의 사구司寇 벼슬을 하다. 노魯 정공定公을 도와 제齊 경공景公과 협곡夾谷에서 회담하다.

B.C.497(55세) 노魯에서 뜻을 얻지 못하고 위衛로 가다.

B.C.496(56세) 제齊에서 노魯에게 여악女樂을 보내다. 광匡 땅에서 난難을 당하다.

B.C.495(57세) 환퇴桓魋가 공자를 죽이려 하다.

B.C.493(59세) 위衛로 가다.

B.C.492(60세) 송宋을 지나 진陳으로 가다.

B.C.489(63세) 진陳에서 채蔡에서 섭공葉公을 보고 위衛로 돌아오다.

B.C.487(65세) 부인夫人 기관씨丌官氏가 별세하다.

B.C.484(68세) 노인魯人이 폐백幣帛으로 공자를 부르므로 노魯로 돌아오다. 시詩·서書·예禮를 정리하다.

B.C.483(69세) 공리孔鯉와 안회顏回가 죽다.

B.C.482(70세) 노魯 경공京公이 정사正事를 묻다.

B.C.481(71세) 노魯에서 기린麒麟을 잡았다. 『춘추春秋』의 집필을 끝내다.

B.C.479(73세) 하사월夏四月 기축己丑에 세상을 떠나다.

※ 성백효成百曉 역주譯註 『논어집주論語集註』(전통문화연구회 간刊)에서 전재轉載

이 기 동

1951. 경북 청도 출생
1975. 성균관대학교 유학과 졸업
1979. 성균관대학교 대학원 동양철학과 졸업
1985. 일본 츠쿠바대학 대학원 철학·사상연구과 졸업
1985. 성균관대학교 동양철학과 조교수
1991. 성균관대학교 유학과 교수
2001. 성균관대학교 유학·동양학부 학부장
2003. 성균관대학교 동아시아학술원 유교문화연구소 소장
2013. 성균관대학교 대학원장
2017. 성균관대학교 명예교수

주요 저서

東アジアにおはる朱子學の地域的全開(東京 東洋書院刊)
『대학·중용강설』, 『논어강설』, 『맹자강설』, 『주역강설』, 『서경강설』,
『시경강설』, 『동양 삼국의 주자학』(성균관대학교 출판부).

논어 강설

1판 1쇄 발행 1992년 3월 20일
2판 1쇄 발행 2005년 2월 15일
3판 1쇄 발행 2011년 2월 1일
4판 1쇄 발행 2013년 12월 30일
4판 10쇄 발행 2025년 3월 28일

역해자 | 이기동
펴낸이 | 유지범
펴낸곳 | 성균관대학교출판부

등록 | 1975년 5월 21일 제 1－0217호
주소 | 03460 서울특별시 종로구 성균관로 25-2
대표전화 | (02) 760－1252~4
팩시밀리 | (02) 762－7452
홈페이지 | http://press.skku.edu

값 25,000원

ISBN 978-89-7986-586-8 04140
ISBN 978-89-7986-524-0 (세트)